KB217332

선사문화의 패턴 II

고대 문명의 기원과 발전

선사문화의 패턴 II

고대 문명의 기원과 발전

저자 로버트 웬키 / 역자 김승옥

서 경

> 우주는 80억년간 수축과 팽창을 반복하고 있다라는 이야기를 들은 사람
> 들은 누구나 '그것이 나와 무슨 상관이야?' 라고 반문할 권리가 있다.
>
> 피터 드 브리(Peter De Vries)

우리는 이 책에서 300만년의 인간 역사를 산책하면서 소설가 피터 드 브리가 위에서 제시한 질문과 같은 다양한 문제들을 살펴볼 것이다. 특히, 우리의 선조들이 300만년 동안 남긴 석기, 부서진 토기 조각과 쓰레기(그리고 우리 조상들의 뼈 조각까지)로부터 우리는 무엇을 배울 수 있으며, 그러한 지식을 가지고 무엇을 할 수 있을 것인가?

위의 질문을 좀더 일반적으로 표현한다면, 우리의 조상들은 놀랍도록 다양한 사회와 기술과 문화를 창조하면서 이 지구 위에서 수 백만년간 끊임없이 삶과 죽음을 반복하여 왔다. 이러한 과거의 자취들이 우리들과 무슨 관련이 있으며 이 기나긴 역사가 의미하는 바는 과연 무엇인가?

과거 인간의 본질과 의미에 대한 이러한 우주론적 질문은 오랜 역사를 갖고 있지만 만족할만한 답변은 거의 도출되지 못한 실정이다. 영국의 위대한 생물학자인 할데인은 오랫동안 생물계를 연구하는 동안 신의 속성에 대해서 무엇을 배웠는지 신학자들이 물어보자 비슷한 질문을 제기하였다. 그는 연구과정에서 마주친 수많은 종의 딱정벌레를 염두에 두고, 신은 "지나칠 정도로 딱정벌레를 좋아하였다"라고 냉소적으로 응답하였다.

설령 우리의 과거에 대한 질문을 비신학적 측면에 한정한다고 하

더라도 우리의 오랜 역사가 주는 교훈과 의미는 대답하기 어려운 많은 질문들을 내포한다. 이 책은 바로 이러한 질문과 관련되는 증거를 다룰 것이다. 예를 들어보자. 왜 수 백만년 전 우리 조상들은 습관적으로 두 발로 걷게 되면서 유인원 친척들과 결정적으로 갈라지게 되었는가? 왜 침팬지 같은 영장류들, 그리고 다른 모든 동물들은 몸 크기에 비해 상대적으로 작은 두뇌를 갖고 있는데 반해 우리 조상들은 보다 큰 두뇌로 진화하기 시작하였을까? 지난 300만년간 존재하였던 수많은 영장류 중 어느 종이 우리의 유전적 조상일까? 왜 인류가 200만년 이상을 단순한 수렵채취인으로서 생활하다가 "갑자기" 우리 조상 중 일부가 1만년 전 구대륙만이 아니라 신대륙에서도 거의 비슷한 시기에 "독립적으로" 농민이 되었을까? 왜 모든 고대 문명은 수 천년 동안 많은 철학자들이 주장해온 민주적 사고에 따르지 않고, 오히려 세습된 소수 특권층이 착취하는 사회적 계급에 의하여 엄격하게 조직화되었을까? 왜 전쟁은 협동과 평화가 주는 장점에도 불구하고 역사상 그렇게 자주 일어난 것일까? 멕시코, 중국, 파키스탄, 메소포타미아의 고대 문명에서는 대도시가 출현하면서도 왜 호주, 서북유럽, 서북아메리카, 하와이 그리고 많은 다른 지역에서는 나타나지 않은 것일까? 왜 고대 세계 도처의 사람들은 대형 피라미드와 기타 "소모적" 기념물을 축조하기 위해 그렇게 많은 시간과 에너지를 쏟아 부었던 것이며, 지배층의 착취를 피동적으로 받아들인 것일까? 일부 마르크스주의자들이 주장하듯이 실제로 경제력이 역사를 "조정"하였으며 종교와 정부의 형태는 단순히 이들 기본적인 경제적 원동력의 부산물인가? 아니면 위대한 사상과 강력한 개인이 역사의 방향을 결정짓는가? "과거"란 정말로 얼마만큼 분석 가능한 형태와 의미로 존재하는 것인가? 아니면 우리들이 과거라고 부르는 것은 단지 존재하지 않는 어떤 것에 대한 우리들의 개인적이고 덧없는, 그리고

분석할 수 없는 상상에 불과한 것일까? 과거는 우리에게 우리의 현재와 미래에 대한 흥미로운 뭔가를 이야기해 줄 수 있고 우리는 우리의 미래를 조절할 수 있는가? 아니면 우리는 시간과 순환의 "흐름 위에 방치된" 것인가?

　　네 번째 개정판인 선사문화의 패턴은 이전 판들과 마찬가지로 인간의 과거를 몇 가지 본질적인 테마와 유형으로 환원함으로써 앞에서 제시한 것과 같은 다양한 질문들을 제기하고자 한다. 이 책은 인류 역사상 가장 중요한 네 가지의 혁명적 변화에 주안점을 둔다. (1) 유인원을 닮은 우리의 조상들이 아프리카 사바나에서의 살벌한 투쟁 속에서 진화하면서 인간의 사회적 행위, 인지 능력, 그리고 도구를 처음 사용하는 형태로 나타난 "문화" 자체의 진화. (2) 호주에서 북극까지 세계 곳곳의 변경지대를 침투한 빙하시대의 용맹한 수렵채취인 출신인 "우리" 호모 사피엔스의 첫 번째 출현. (3) 수 천년전 세계 곳곳에 농경과 촌락 생활 양식을 전해준 소규모 농민의 형태로 나타난 "농업"의 진화. (4) 위대한 고대 문명의 형태로 나타난 문화적, 사회적 "복잡성"의 첫 출현.

　　독자들은 이러한 네 가지의 거대한 변혁과, 우리의 과거와 인간 존재의 본성에 관한 기타 많은 질문들이 이 책에서 검토된 증거와 추론만으로는 완전히 해결될 수 없다는 점을 미리 알고 있어야 한다. 이러한 질문들에 답할 수 있는 유일한 자료는 인류가 이 지구 위에서 수 백만 년간 살면서 남긴 수많은 석기, 뼈, 토기조각, 폐기된 집터 및 기타 보잘것없는 잔존물 뿐이며, 따라서 역사의 역동적 본질에 관한 우리의 이해는 모두가 매우 초보적인 수준에 불과하다. 그러나 답변이 애매한 난해한 질문을 하는 것이 과학과 철학의 본질이며, 우리의 과거에 대한 많은 중요한 질문이 경험주의적 분석을 완전히 벗어나는 것은 아니다.

과거에 일어난 이러한 변혁을 분석하고 해석하는데 있어서 가장 어려운 점은 고고학과 세계 선사 연구에 적용될 수 있는 일관된 이론을 고안하는 것이다. 예를 들면 일부 현대 고고학자들은 이 책에서 채용한 "과학적" 접근법을 부정하고 있다. 제1장에서 언급되겠지만 이들에게 고고학은 과거의 사건에 대한 과학이 아니라 우리 스스로가 창조한 과거의 연구일 뿐이다. 우리는 과거의 뼈와 돌에서 우리 자신의 신념과 가치의 반영(反影)을 필연적으로 보기 때문이다. 이들 고고학자는 대부분의 서구 "과학"이란 인간의 과거를 분석하기에 본질적으로 부적절하다고 주장한다. 필자는 이 책에서 이러한 이론적 관점을 공정하게 논의하고 예증하려고 노력할 것이다. 아울러 선사문화 패턴의 대부분을 구성하는 이런 종류의 분석을 왜 일부 고고학자들이 거부하는지를 살펴볼 것이다.

그러나 필자는 전통적인 과학적 분석과 논리의 적용을 통해 우리의 과거에 대해 많은 것을 알아낼 수 있다고 확신한다. 그리고 이 책은 경험주의와 실증주의에 토대를 두고 있다. 직립보행을 시작한 이래 전 세계로 퍼진 인류의 확산, 농경과 문명의 발생에 이르는 우리 과거의 위대한 변혁은 실제로 인식될 수 있는 요인(要因)과 영향력의 결과이다. 이러한 영향력과 요인이 무엇인지를 알고 싶어하는 우리의 노력은 우리의 편견에 의해 오염되거나 우리의 개인적, 사회·정치적 상황에 의해 변조될 수도 있다. 그럼에도 필자는 흥미롭고 유익하며, 개인적 편견과 특이성의 한계를 극복할 수 있는 다양한 분석방법이 존재한다고 믿고 있다.

이 책의 목적은 세계 선사시대에 관한 일관된 접근법과 현대고고학의 실상을 독자들에게 제시하는데 있다. 다시 말해 현대고고학은 어떻게, 누구에 의해 이루어지며, 전문적 고고학자들이 그들의 학문에 대해 어떻게 생각하는지를 보여주겠다. 결과적으로 이 책은 현대 고고학에서의 이론적 쟁점도 다루기 때문에 대학의 학부 학생들에게는 다소 어려울지도 모르겠다. 16년 전 필자가 이 책의 첫 판을 출판하였을 때만 해도 고고학은 단지 소수의 사람들에게만 "정치적"도구였을 뿐이다. 그러나 오늘날의 고도로 정치화된 문화에서 고고학은 이제 제국주의, 식민주의, 인종주의, 성차별주의, 기타 다양한 반문화적 정책들과 뒤섞여 있는 실정이다. 바로 이 점 때문에 일부 고고학자들은 어떠한 문화 변동의 분석도 고고학적 증거, 그리고 고고학자 스스로의 사회 · 정치적 맥락으로부터 자유로울 수 없다고 믿게 된 것이다. 그러나 필자는 이에 동의하지 않는다.

이 책의 이전 판들은 고맙게도 대학 밖의 일반인들이 많이 읽어 주었다. 그러나 선사문화의 패턴은 기본적으로 대학 과정을 위한 교재로 디자인된 것이다. 이 책이 대학 교재에 적절하도록 필자는 다른 교양서적에서 나타나는 "고고학의 낭만"을 일부분 포기하였다. 학생들을 포함한 대부분의 비(非)고고학자들은, 투탄카멘이 잠시 지배했던 국가의 특징들과 관료 조직의 진화에 대한 지루한 사회과학적 분석보다는 오히려 투탄카멘 왕묘에서 발견된 휘황찬란한 유물 자체에 더 흥미를 느낄 것이다. 그러나 과거를 분석하기 위해서는 과거의 물질적 잔존물로서의 사물 뒤에 숨겨져 있는 것을 보아야하며, 과거의 역동성과 의미에 대해 앞에서 제기한 것과 같은 난해한 질문에 대한 답변을 생각해보아야 한다. 이 책은 대부분 이러한 난해한 질문과 과거의 역동성과 의미에 초점을 맞춘 것이다.

선사문화의 패턴은 학부생의 인문학적 교육에 도움을 주어야 한다는 전제하에 서구의 지성사, 문학, 미학, 철학, 그리고 기타 주제들도 다양하게 포함하고 있다. 인간의 태고성과 관련하여 우리 스스로를 성

찰하는 작업은 공학도, 벤처자본가, 신학자 등 모든 사람에게 요구되며 특히 대학생들에게는 인문학적 교육의 필수과정이라고 할 수 있다. 물론 모든 대학인들은 그들 자신의 학문이 가장 필수적인 분야라고 느낄 것이며, 필자도 세계 선사시대에 대한 연구가 가난을 퇴치하거나 세계 평화를 가져다 줄 것이라는 환상을 갖고 있지는 않다. 그럼에도 필자는 우리와 우리 문화의 실체를 형성한 과거의 역동성이 누구나 알고 흥미를 가져야 할 주제라고 확신한다. 그러나 현실은 그렇지 않다. 1982년도 갤럽 여론조사에 의하면 미국인의 44%가 인류의 진화론적 기원을 부정하고 있다. 이 책은 우리 과거에 대한 진화론적 관점을 제공하고 이 관점을 광범위한 분야의 인간 지식과 연관시키고자 한다. 대부분의 학생들이 이 책의 근간을 이루는 뼈와 돌에 대한 세부적 고찰을 모두  잊어버린 한참 뒤에도 우리의 생물학적 기원과 진화, 우리 문화를 형성하였던 과정에 대한 흥미만은 유지하기를 희망한다. 역사학자인 엘튼 (G.R. Elton)은 "개인적 경험은……편견과 사욕으로 늘 한정되고 자주 왜곡된다. 인간에게 필요한 것은 이러한 단점의 효과를 측정할 수 있는 확장된 경험이다…… 역사는 인간의 경험이 사용될 수 있도록 분석되고 증류되어 병에 담기는 실험실을 제공한다."라고 말한 바 있다. 이 책은 인간 과거의 전체 과정을 조사할 수 있는 그러한 맥락을 제공하려는 시도로 쓰여졌다.

　이 책은 주로 문화와 농업, 문명의 기원에 중점을 두고 있다. 그리고 다른 것들보다 이러한 목적에 부합하는 주제, 시기와 지리적 영역이 훨씬 많이 고려될 것이다. 복합사회의 기원에 대한 주제는 이 책의 2/3가량을 차지하는데 왜냐하면 필자가 이 주제를 연구하고 관련된 증거를 찾기 위해 이란, 이집트, 멕시코, 터키, 이탈리아 그리고 기타 다른 지역에서 25년이란 긴 세월을 보냈기 때문이다. 또한 필자는 복합사회의 기원 문제야말로 역사분석에서 가장 중요한 주제 중의 하나라고 믿는다. 세계의 모든 지역과 문화를 고루 언급한다는 것은 어려운 작업이며 보편적인 문화유형을 다루고자 하는 이 책의 목적에도 맞지 않는다 (세계의 선사시대에 대하여 보다 넓은 이해를 얻으려면 브라이언 페이건의 People of the Earth 제8판을 보기 바란다). 오히려 이 책은 문화적 발달에 대한 일련의 선택적 서술이며, 이들과 직접적으로 관련된 고고학적 증거들만이 구체적으로 검토될 것이다. 따라서 여기서는 세계의 많은 중요하고 흥미로운 지역, 예를 들어 로마 이전의 유럽, 호주, 폴리네시아, 사하라 이남 아프리카의 문화사를 불행하지만 간략하게 다룰 것이다.

이 책을 출판하는데 많은 사람들의 도움이 있었다. 그러나 그들이 이 책의 내용에 동의하지 않는 부분이 있을 것이고 이러한 모든 책임은 필자에게 있다는 점을 미리 밝혀둔다. 20년 동안 워싱턴대학교의 학생들이 이 책의 주제에 관한 나의 강의를 들어주었다. 학생들이 보여준 끈기와 흥미뿐 아니라 이 책을 완성하는데 도움을 준 학생들의 많은 질문과 코멘트에 고마움을 표한다.

많은 비고고학자들에게 고고학은 매우 흥미로운 대상이고 일정부분 이것은 사실이다. 그러나 동시에 고고학은 피나는 고된 노동을 요구하는 분야이다. 필자는 이 책에서 다루고 있는 유적에 대한 야외조사를 직접 현장에서 수행한 많은 고고학자들에게 감사드린다. 또한 그들의 성과를 자세히 인용함으로써 그들의 노력을 대변하도록 노력하였다.

끝으로 이 책의 발간에 조언과 질책을 아끼지 않은 많은 분들에게
이 지면을 빌어 깊은 감사를 드린다.

실린순서

서문 ————————————————————— 5

7장 복합사회의 진화 ——————————— 17

▨ 사회적 복합성과 인간의 가치 • 24
▨ 범문화적 비교분석 : 사회문화조직의 특성과 변이 • 29
▨ 전통적인 사회문화적 형식분류 • 30
▨ 사회형식론에 대한 최근 연구동향 • 36
▨ 복합사회의 고고학 • 39
▨ 문명의 진화에 대한 설명 : 동인에 대한 탐색 • 47
▨ 요약과 결론 • 78

8장 서남 아시아 복합사회의 기원 —— 84

▨ 환경적 배경 • 85
▨ 서남 아시아 문명의 기원과 전개과정 • 89
▨ 서남 아시아 복합사회의 기원 : 요약과 결론 • 136

9장 이집트 복합사회의 기원 ——————— 147

▨ 환경적 배경 • 149
▨ 이집트의 초기농경 • 153
▨ 선왕조시대(기원전 4000년~기원전 3000년) • 158
▨ 고기, 고왕국, 제1중간기
    (기원전 3000년~기원전 2040년) • 160

▣ 중왕국과 제2중간기(기원전 2040년~기원전 1550년) • 171
▣ 신왕국과 제3중간기(기원전 1550년~기원전 712년) • 172
▣ 고대 이집트의 예술과 사상 • 178
▣ 이집트의 문자와 문학 • 182
▣ 고대 이집트인은 누구인가? • 187
▣ 이집트 복합사회의 기원 : 결론 • 190

10장 인더스 계곡 복합사회의 진화 —— 197
▣ 환경적 배경 • 200
▣ 남부 아시아의 신석기 문화 • 202
▣ 신석기 문화에서 도시로의 전환 • 206
▣ 하라파 문명의 형성기 • 206
▣ 하라파 문명 • 212
▣ 하라파 문명의 쇠퇴 • 221
▣ 인더스 계곡의 문명 : 결론 • 224

11장 중국 복합사회의 진화 ———————— 230
▣ 환경적 배경 • 232
▣ 초기 농경문화(기원전 7000년~기원전 5000년) • 234
▣ 중국 신석기 문화의 지역적 양상(기원전 5000년~3000년) • 236
▣ 중국의 초기 복합사회(기원전 3000년~기원전 2000년) • 239

▦ 전기 상 문명(기원전 1800년~기원전 1650년) • 242
▦ 중기 상 문명(기원전 1650년~기원전 1400년) • 243
▦ 후기 상 문명(기원전 1400년~기원전 1110년) • 246
▦ 초기 제국시대(기원전 1100년~기원전 220년) • 250
▦ 중국 복합사회의 진화 : 요약과 결론 • 254

12장 구대륙 후기국가와 제국 ——— 259
▦ 에게해와 서부 아나톨리아 • 261
▦ 온대유럽 • 266
▦ 아프리카 • 276
▦ 유럽 주변지대 • 280
▦ 결론 • 288

13장 메조아메리카 복합사회의 진화 — 292
▦ 환경적 배경 • 294
▦ 초기 복합사회의 고고학적 기록
  (기원전 1600년~기원후 1524년) • 297
▦ 요약과 결론 • 358

**14장 남아메리카
안데스 복합사회의 진화 ——— 365**
▦ 환경적 배경 • 368

- 초기 수렵채집문화 • 370
- 안데스 문명의 농업기반 • 371
- 안데스의 초기복합사회(기원전 3000년~기원전 800년) • 372
- 전기 허라이즌기(기원전 800년~기원후 1년) • 381
- 전기 중간기(기원후 1년~600년) : 초기국가 • 385
- 중기 허라이즌기(기원후 600년~1000년) : 국가간의 경쟁 • 389
- 후기 중간기(기원후 1000년~1476년) : 초기제국 • 390
- 후기 허라이즌기(기원후 1476년~1532년) : 제국의 성장 • 391
- 유럽인의 정복 • 396
- 안데스 지역 복합사회의 기원 : 결론 • 397

15장 북아메리카 초기 복합사회의 진화 ─── 403

- 북아메리카 동부 • 406
- 북아메리카 서부의 선사 농경민들 • 432
- 요약과 결론 • 444

16장 세계 선사문화의 회고와 전망 ─── 451

- 선사문화의 교훈? • 459
- 고고학의 미래 • 463

옮긴이의 글 ──────── 466

7장
복합사회의 진화

진정으로 보고 싶다. 이것은 나의 생애에서 가장 강렬하게 보고 싶은 마지막 소망이다.
나는 마지막 성직자의 더러운 내장이 도려내지고 마지막 왕이 교살되는 모습을 진정으로 보고 싶다.

메실리어 (소망의 구절, 파리, 1733)

메실리어(J.Messelier)의 이러한 처절한 소망은 프랑스 군주제하에서 전제군주와 타락한 성직자에 의해 착취와 핍박을 당한 한 시민의 감정을 표현한 것이다. 인류역사상 왕과 사제계층에 의해 착취와 지배를 받은 사회는 수 천년동안 존재해 오고 있으며, 모든 문명의 시민들은 메실리어의 불평불만을 충분히 이해하고도 남을 것이다. 세계의 모든 지역에서 사회내부와 상이한 사회간에 형성되는 부나 권력, 명예의 차이는 계속 심화되고 있다[1]. 오늘날의 현대사회에서도 대부분의 사람들은 서구 사회나 일본, 기타 소수의 국가가 누리는 문명의 혜택을 거의 받지 못하며 살고 있다. 심지어 후자의 부유한 국가내에서도 극히 일부 계층만이 부와 명예를 향유하고 있다.

인류사회는 수 천년동안 도대체 왜 이처럼 사회적 계층화와 경제적 불평등이 심화되는 체계를 유지하고 있을까? 이러한 불평등을 우주 삼라만상의 자연적 질서라고 할 수 있을까? 이러한 불평등체계가 언젠가는 지구상에서 사라질 것인가? 역사상 도대체 무엇이 어떤 자는 부와 권력을 소유하고, 반대로 어떤 자는 힘도 없고 가난하게 살게 하였을까?

이러한 모든 질문에 답하기 위해서는 다음과 같은 사실을 명심할 필요가 있다. 즉 착취적인 정치엘리트와 종교지도자들은 '문명(civilization)' 이라는 개념의 핵심적인 요소이지만, 이들은 단지 '문명' 혹은 인류학적으로 '복합(complex)' 사회를 구성하는 많은 요소중의 하나일 뿐이다. 사회문화적 '복합성(complexity)', '문명', '국가(state)' 가 정확히 무엇을 의미하는가에 대해선 고고학자들간에 의견의 일치를 보지 못하고 있다. 특히 뼈나 돌, 벽돌과 같은 고대의 잔존물을 가지고 이러한 용어들의 개념과 의미를 설정하기란 여간 어려운 작업이 아니다. 그럼에도 불구하고 대부분의 고고학자들에게 최초의 복합사회 등장과 발전과정에 대한 예를 묻는다면 메소포타미아 지역, 즉 오늘날 이라크의 티크리스와 유프라테스 강의 충적 대지와 인근 구릉에서 태동한 문명을 제시할 것이다. 백년 이상에 걸친 체계적인 고고학연구 덕분에 우리는 당시의 사회에 대해 많은 모습을 알 수 있게 되었다. 예를 들어 기원전 6000년기에 A라는 사람이 살고 있었던 한 마을을 연상해보자. 이 마을에는 수 백명의 사람들이 살고 있고, 이들 대부분은 혈연적으로 가까운 사람이었을 것이다. A와 대부분의 마을 사람들은 식량생산을 위해 농사를 짓고 수확된 곡물은 확대가족, 크게는 공동체구성원을 위해 공동소유의 창고에 보관된다. 그리고 만약 A가 나이 먹은 남성이라면 A는 자신과 가족을 위해 일상생활의 모든 측면에 관한 결정을 내릴 것이다. 마을의 사방으로는 그와 같은 생활을 하는 사람들과 그들의 마을이 위치하고 있을 것이다. 그러나 그의 마을과 인접지역의 다른 마을이 서로 접촉하는 경우는 흑요석, 석기, 보석류, 기타 소수의 물품교역이나 혼례를 통한 남녀의 교환, 간헐적으로 발생할 수 있는 분쟁이 유일할 것이다. A와 그의 동료들은 종교생활, 도구의 제작, 방어, 식량생산 등 모든 일상생활에서 서로 역할이 비슷할 것이다. 예를 들어 마을의 모든 성인들은 생존에 필요한 모든 기술을 터득하고, 생계와 생존을 위해 때때로 사회적 협동작업을 할 것이다.

　그러나 A라는 사람이 3000년 후인 기원전 3000년경에 이 지역에 살았다면 매우 상이한 사회적 환경속에서 생활했을 것이다. 이제 이 사람은 출신성분에 따라 노예일수도 있고 천하를 호령하는 왕이 되었을 수도 있다. 거의 대부분의 사람들이 농사꾼이었던 그의 조상과는 달리 이제 그는 어부, 도공, 직공, 신관, 혹은 다른 종류의 전문직종에 종사할 수 있다. 그러나 그가 귀족신분이 아니라면 그의 직업과 일생에 대한 결정은 자신의 의사와는 무관하게 궁중의 관료에 의해 이루어질 것이다. A는 이제 세금을 납부해야 하며 자신의 생애에 벌어질 각종 전쟁과 혁명에 징집되어 국민의 의무를 다해야 한다. 농부로서나 준(準)장인, 혹은 장인으로서의 A는 자신이 소유하지 못한 기술을 지닌 사람들, 예컨대 도공, 전사, 목동, 조각가, 의사, 야금술사, 항해사, 사제와 같은 사람에게 자신의 존재와 생활방식을 의존할 수 밖에 없게 된다. 이제 그는 수 백명의 사람들이 모여 사는 이전의 촌락대신에 수 천명, 많게는 수 만명의 사람들이 모여 사는 도시에 거주할 수도 있다. A는 아마도 국교의 열렬한 신봉자일 것이며, 지위가 높든 낮든 자신이 처한 위치를 잘 인식하고 있을 것이다. 이상에서 기술한 모습과 기타 많은 측면에서 A가 살고 있는 사회는 이전의 단순하고 협동적인 촌락사회에 비해 훨씬 '복잡' 하다고 할 수 있다.

인류학자들은 일반적으로 몇 가지의 주요 변이를 가지고 특정 사회의 사회문화적 복합성을 설명한다. 이러한 변이로는 1) 경제적 부, 정치적 파워와 명성의 차별화, 2) 경제적 부, 정치적 파워와 명성의 세속여부, 3) 직업전문화의 수준과 전체 체계내의 직업의 통합과 조직화의 수준, 4) 정치적 권력의 중앙집권화의 수준을 들 수 있다.

이러한 주요 변이를 통해 살펴본 메소포타미아지역의 사회변천은 이집트, 인더스 계곡, 페루, 중국, 중남미와 기타 여러 지역에서도 – 대부분 독립적으로 – 관찰된다. 이제 독자들은 수세기 동안에 걸친 고고학자들의 최대 관심사항이 무엇인가를 듣게 되더라도 전혀 놀라지 않을 것이다. 즉 무엇 때문에 어떤 지역에서는 초기 농경문화가 좀 더 복잡한 사회의 형태로 발전하는 반면, 어떤 지역에서는 발전하지 못했을까? 우리의 조상들은 왜 단순 농경민으로 남거나 이전의 안정적인 수렵채집의 생활방식으로 돌아가지 않았을까? 이러한 초기 문명들은 사회경제적 구조와 정치체계에서 왜 그렇게 서로 유사한 모습을 보여주는 것일까? 더구나 농경사회에서 복합사회로의 변천은 왜 그렇게 급속히, 그리고 광범위하게 발생하였을까? 인류역사상 복합사회는 단지 수 천년의 역사에 지나지 않지만 이전의 조상들이 일백만년 이상 유지해 왔던 상대적으로 단순한 문화형태는 거의 완전하게 복합사회로 대체되고 있다. 오늘날 수렵채집집단은 아마존 계곡이나 칼라하리 사막, 기타 소수의 지역에서 아직도 전통적인 삶의 방식을 유지해 오고 있다. 그러나 현재의 추세가 계속된다면 먼 옛날 구석기시대에서 보였던 이들의 생활방식은 지구상에서 영원히 사라지게 될 것이다.

복합사회의 진화에 대한 모든 이러한 다양한 질문을 해결하고, 왜 오늘날 거의 대부분의 사람들이 복합사회라는 제도속에서 살고 있는가를 설명하기 위해서는 광범위한 증거가 필요하다. 복합사회의 진화는 대부분 문자기록이 충분히 발전되기 이전에 이루어졌기 때문에, 이러한 모든 측면에 대한 분석은 대부분 고고학적 증거에 의해 이루어져야 한다. 그러나 많은 지역에서 문명발달의 후반부에는 문자기록이 발달하게 되고, 이러한 문자기록은 고대 문명의 발생에 관한 귀중한 자료가 되기도 한다.

농업경제와 마찬가지로 복합사회도 구대륙과 신대륙에서 서로 독립적으로 발전하게 된다는 사실은 양 대륙의 문화를 비교하면 쉽게 알 수 있다. 예를 들어 아래에서 살펴보는 바와 같이 고대 이집트인들은 아즈텍인과는 전혀 다른 언어를 사용했고, 아즈텍인들에게 전혀 알려지지 않은 신을 숭배했으며 아즈텍인들은 상상도 할 수 없는 강 연안의 충적대지에 거주하였다. 이집트와 아즈텍은 독특하고 서로 연결이 되지 않은 상이한 문화사를 가지고 있다. 그러나 역사학에서는 고대 이집트인들과 아즈텍인들이 기본적으로 서로 유사하고, 동일한 개념과 용어로 분석될 수 있는 같은 부류의 정치집단으로 인식해 오고 있다.

아마도 모든 문화를 범주화하고 문화적 상사성과 상이성을 설명한 가장 유명한 접근은 칼 마르크스의 것을 들 수 있지만 이 외에도 많은 연구가 있다. 예를 들어 브루스 트리거(Bruce Trigger)는 초기 요루바(Yoruba) 국가와 이집트, 메소포타미아, 중국, 메조아메리카, 남미의 고대문명에 대한 비교분석을 시도하였다. 이들 문명은 농업생산에 대한 통제를 통해 정치적 파워가 획득되는 계층사회이고, 각각은 상대적으로 양호한 고고학적, 민족지학적, 문헌기록이 존재하기 때문에 트리거의 분석에 이용되었다. 트리거는 수년간에 걸친 분석을 통해 고대문명에 관해서 다음과 같은 흥미로운 결론을 제시하고 있다 :

필자는 이들 문명이 갖는 생태적 한계때문에 (초기 국가사이의) 경제체계의 차이는 제한을 받을 수밖에 없지만 사회정치조직, 종교체계, 예술양식에서는 좀더 많은 변이가 있을 것으로 예상하였다. 실제로 필자는 다양한 종류의 경제적 행위가 고대 문명에서 이루어졌고, 모든 문명에서 예외없이 상위계층은 공납관계를 통해 잉여생산물을 착취한다는 점을 발견하였다. 그러나 동시에 필자는 모든 문명이 오로지 한 가지 형태의 위계적 계층관계, 두 개의 일반적 정치조직형태, 하나의 기본적 종교 패러다임을 보인다는 사실을 발견할 수 있었다 …… 필자는 예술양식과 문화적 가치라는 측면에서만 문명간에 중요한 차이가 존재한다는 사실을 발견하게 되었다[2].

트리거의 이와 같은 탁월한 분석은 확실히 고대문명의 분석에 관한 기본적인 문제를 제시하고 있다. 예를 들어 트리거에 의하면 고대사회의 문명간에는 예술양식과 문화적 가치를 제외하고는 거의 차이가 존재하지 않는다. 그렇다면 우리는 왜 고대문명이 서로 유사한가라는 기본적인 의문에 직면하게 된다. 이 질문에 대한 해답은 트리거가 그랬던 것처럼 다음과 같이 가정하는 것이 합리적일 수 있다. 즉 고대문명의 일부 요소에서 차이가 거의 보이지 않은 이유는 이들 요소들의 상대적인 '효율성' 때문이고[3], 반대로 다른 요소에서 커다란 변이가 보이는 이유는 이러한 변이가 사회 유기체의 적응과 경쟁적 적응에 거의 영향을 미치지 못하기 때문이다. 그렇다면 고고학적 분석중의 하나는 이러한 문화요소의 적응성과 효율성에 결정적 영향을 미칠 수 있는 구체적인 요인을 조사하는 것이고, 이러한 변이의 시공간적 변화를 추적하는 것이다. 그렇다고 이런 종류의 연구가 고대문명의 독특하고 구체적인 가치, 아이디어, 개념이 그 문화의 구조를 형성하고, 어떤 의미에서 문화사를 결정한다는 점을 부정하는 것은 아니다. 트리거의 연구는 다양한 시각과 방법을 동원하여 고대 문화의 상사성과 상이성을 조사하고 설명해야 한다는 점을 시사하고 있다.

그러나 오늘날 문화의 비교론적 시각에 기초하여 역사의 과학을 발전시킬 수 있다는 명제는 상당히 흔들리고 있는 실정이다[4]. 일부 학자들은 이집트와 멕시코, 이와 유사한 수메르나 상문명, 인더스 계곡의 하라파 문명사이에서 발견되는 유일한 유사성이란 단지 환경과 기술적인 측면, 즉 넓은 의미에서의 유사성에 기인한다는 점을 지적하고 있다. 이들에 의하면 고고학적 분석은 상이한 문화의 사람들이 각기 상이한 문화적 척도를 사용하여 상이한 세계와 현실을 구축하는 방식의 설명에 더욱 치중해야 한다고 주장한다. 예를 들어 셍스(Shanks)와 틸리(Tilley)는 '범문화적 일반화의 타도'[5]를 외치는데, 이는 전통적인 범문화적 비교방법이 역사상의 구체적인 의미와 중요성을 놓칠수 있다는 점을 시사한다. 또한 오늘날 많은 고고학자들은 문화현상에 적용되는 '진화(evolution)'라는 용어를 너무나 잘 알고 있다. 일부 학자는 어떤 문화가 상대적으로 다른 문화에 비해 더 우월하거나 발전하였다는 의미로 진화라는 개념을 인식한다. 이와는 반대로 생물학적 실체(유성과 무성의 재생산)와 문화체계 사이의 특질(trait)은 서로 전달체계가 상이하기 때문에 어떤 의미의 진화개념도 문화에 적용될 수 없다고 보는 학자도 있다. 그러나 진화라는 의미를 생물학적 개념에서 분리하고 특질 전달의 구체적인 방법이 아닌, 특질의 전달에만 초점을 맞춘다면 다윈의 진화개념을 문화에 적용시킬 수 있다고 주장하는 학자도 상당수 존재한다[6].

우리는 이 장과 이후의 장에서 이 문제를 중점적으로 살펴볼 것이다. 왜냐하면 이 문제는 연쇄적으로 이어지는 모든 문제들에 대한 기초적 단서가 될 수 있기 때문이다. 예를 들어 고대의 다양한 문화에서 보이는 상사성과 상이성은 역사를 '과학적'으로 분석할 수 있는 발판이 될 수 있는가? 아니면 이러한 범문화적 상사성과 상이성이란 각 문화의 고유한 역사와 특징에 의해서만 분석될 수 있는 사회들을 억지로 꿰어 맞추어 두리뭉실하게 비교유추한 결과인가?

또 다른 어려운 논쟁거리는 고고학적 물질 잔존물로부터 고대인의 다양한 이념을 어떻게 분석할 수 있는 가이다. 칼 마르크스는 환경, 기술, 경제 등의 요소에 의해서 고대 문명의 기원을 설명하려고 했던 수많은 학자중의 한 사람이다. 그러나 이러한 시각으로 역사의 전개과정을 설명할 수 있을까? 예를 들어 이슬람은 강력한 이데올로기를 동원하여 단순한 부족단계에 살았던 사람들로 하여금 아시아와 유럽의 광활한 지역을 점령하게 한 경우이다. 이슬람의 전파는 이러한 독특하고 불가사의한 이데올로기가 등장한 결과로 이해되어야 할 것인가? 아니면 이데올로기는 사회에 내재하고 있던 강력한 역사적·경제적인 동력의 단순한 반영인가? 유사한 원리로 이집트의 고대 국가는 국가적 이데올로기에 의해서만 이해될 수 있는 문명중의 하나이다. 9장에서 살펴 볼 것처럼 이집트의 모든 사원과 무덤, 피라미드는 '신성불가침의 강력한 왕권'의 산물이라고 할 수 있다. 고대 이집트 문명은 나일강 유역의 비옥한 땅과 어느 정도 관련이 있으나 동시에 사회정치적인 틀, 즉 이데올로기와 깊은 관련이 있다. 그러나 고고학적 잔존물로부터 이러한 이념과 가치체계를 어떻게 복원할 수 있을 것인가? 특히 대부분의 이집트 문명은 문자기록이 문명

발전과정을 기술하기 훨씬 이전에 형성되었는데, 어떻게 그들의 고유한 이데올로기 체계를 복원할 수 있을 것인가?

또 다른 예를 들어보자. 고고학적 기록·고대 문헌·민족지에 근거할 때 모든 초기 복합사회의 등장과 관련되는 기본 요소중의 하나는 전제적인 엘리트들, 즉 사회의 권력과 명성, 부를 소유한 계층이다. 이들 엘리트들은 강압적 약탈에 의존하지 않고도 그들만의 고유한 특권을 소유했던 것으로 보인다. 다시 말해 이러한 사회에서는 일련의 고유한 '이데올로기'를 발전시켜 사회적 약탈과 권력의 독점화를 합리화할 수 있었다.[7] 예를 들어 고대 이집트에서 파라오는 신의 형상화로 간주되었고, 따라서 정치적 권력과 경제적 부를 독점할 수 있는 권한이 자동적으로 부여되었다. 고대 이집트의 평민들도 세금징수에 대한 불만이 없지는 않았겠지만 엘리트를 추방할 수 있는 혁명을 엄두도 내지 못하였다(빅토리아 시대의 영국인이나 대부분의 현대인들도 엄두를 못내는 것처럼). 그러나 고대사회에서 이처럼 가장 중요한 이념체계의 기원과 역학관계를 어떻게 연구할 수 있을 것인가? 문자로 기록되기전의 초기 복합사회의 이념행위는 고고학적 물질 잔존물을 통해 복원해야만 한다. 우리는 무덤유적에서 확인되는 경제적 부의 차이처럼 이념적 행위의 흔적을 일부 가지고 있다. 그러나 이러한 흔적은 기껏해야 전제적 엘리트가 존재했다는 것을 말해줄 뿐이지 어떻게 그들이 등장했다거나 그들 지위의 이념적 기반이 무었이었는지를 말해주는 것은 아니다.

고대사회의 이데올로기의 기원과 발전과정을 객관적으로 복원하기란 영원히 불가능할지도 모른다. 그러나 이러한 한계에도 불구하고 고고학자들은 예나 지금이나 끊임없이 이데올로기의 문제에 도전하고 있다.

초기 고대문명을 분석하는데 있어서 또 다른 논쟁은 권력관계라는 측면에서 이들 문명이 얼마나 서로 유사한가에 대해 고고학자들이 어떻게 가정하느냐이다. 역사상 존재했던 모든 사회를 단순한 수렵채집의 무리사회부터 고도로 발달된 사회단계까지의 연속적인 발전선상에 정확히 배열하기란 거의 불가능한 작업이다. 캐롤 크럼레이(Carol Crumley)[8]는 '이질체계(heterarchy)'라는 용어를 개발하였는데 이 용어는 초기 국가의 사회적 관계의 양상, 특히 그리스와 같이 엄격한 위계적 관료제도와 행정제도가 존재하지 않는 상황에서도 엘리트에 의한 경제적 통제와 다른 많은 사회적 상호작용이 발생하는 사회를 가리킨다. 그러한 사회에서 엘리트의 행위와 욕구는 국가의 행위 및 욕구와 항상 일치하지는 않는다. 크럼레이는 사회구조내의 특정요소가 다른 요소에 비해 계층화되지 않았거나 많은 다른 방식으로 계층화될 수 있는 가능성을 지닌 사회구조를 이질적 구조로 보고, 국가는 그러한 이질적인 사회구조를 포함할 수 있다고 본다. 그녀에 의하면 이러한 상황에서 권력이란 서열화되어 있는 것이 아니라 오히려 균형을 이루고 있다고 볼 수 있다.

이질체계의 개념은 이 책에서 본격적으로 논하기 어려운 변증법적 사회관계에 대한 것이다. 그러나 우리는 고대 사회체계와 관계를 지배와 위계라는 전통적인 관념으로 두부 자르듯이 간단명료하게 정의할 수 없다는 사실을 명심해야 한다.

문명의 진화에 대해 본격적으로 논의하기 전에 또한 우리는 문명의 붕괴과정을 생각해 보아야 한다. 다음 장들에서 논의되는 바와 같이 대부분의 지역에서 고대 문명의 진화과정은 연속적 · 축적적 · 점진적으로 이루어지지 않는다. 오히려 문화적 진화는 "급격히 발전했다가 급격히 소멸한다"란 개념으로 인식해야 한다. 복합사회의 단계에 도달한 사회가 더 이상 발전을 못하고 사멸하거나 주변의 선진문화에 의해 흡수되는 경우를 메소포타미아와 인더스 계곡, 그 밖의 많은 다른 지역에서 흔히 볼 수 있다. 이와 관련하여 브론슨(B.Bronson)은 다음과 같이 지적하고 있다:

이 모델의 대표적 특징은 복합성, 피이드백 요소, 불안정성이다. 수많은 매개체 – 정착생활, 전염병, 유전성, 환경구조, 생계와 비생계의 기술, 정치적 진화, 경제적 발전, 전쟁, 인구 밀도와 분포 등 – 중의 어느 특정 요소가 결정적인 영향을 미치는 것이 아니라 모든 매개체가 잠재적으로 영향을 미치는 것으로 보아야 한다 …… 상호작용하는 수많은 요소의 균형이 와해됨으로써 촉진되는 일련의 변화는 정상상태라고 보아야 한다. 우리가 설명해야 할 것은 안정성이지 변화가 아니다[9].

▨ 사회적 복합성과 인간의 가치

고대 사회가 어떠한 형태로 발전했는가를 논의하기 전에 오랫동안 학자들은 다양한 사회의 상대적 가치를 서술하기가 상당히 어려웠다는 사실을 상기할 필요가 있다. 인류가 범한 오류중에 가장 오래되고 보편적인 것 중의 하나는 문화적 복합성과 문화적 가치를 혼동하는 것이다. 이라크 지방에서 기원전 2500년경에 도시국가를 건설했던 사람들은 인근의 유목민들에 대해 "집과 도시를 모르고 농사짓는 법을 모르며 매장풍습을 모르는 (야만인)으로 매도하고 있다."[10] 심지어 오늘날 우리 자신도 각 문명이 가진 특별한 기술과 생명력 때문에 문명이 발전하게 되었다는 착각에 빠지기 쉽다. 또한 현존하는 미개민족사회는 불완전하게 발전한 경우이며, 모든 세계의 다양한 문화는 연속적인 발전선상에 있으며 이중에서 최고의 정점에 도달한 사회는 현대의 서구 산업사회라는 단선적 사고에 쉽게 젖어 든다. 이러한 사고는 유럽 식민지시대에서 저개발국가의 사람들이 미개인이며, 따라서 법과 도덕의 보호를 받을 가치가 없다고 매도함으로써 유럽인의 정복과 식민지건설을 합리화할 수 있었던 이론적 기반이었다. 임마누엘 칸트(Immanuel Kant)에 의하면 부도덕의 극치는 타국의 사람들을 하나의 물건으로 인식하는 것이며, 어떤 의미에서 이것은 문화적 복합성의 원죄(Origianl Sin)라고 할 수 있다. 우리는 유럽인들을 식민주의자의 전형적인 예로 인식하고 있지만 인류역사상 지배적 위치에 있었던 모든 문화는 유럽인 못지 않은 식민주의자였다는 점을 명심할 필요가 있다.

사회적 계층화의 수준, 사회의 규모, 그리고 정보·물질·에너지 교환의 복잡성의 기준에 의해 역사상 존재했던 수많은 사회를 분류하는 고고학의 작업은 다양한 고대 사회의 등장과정을 명확히 설명하기 위한 일종의 연구전략이라고 할 수 있다. 그러나 이러한 변이들의 분석을 궁극적인 분석의 척도로 간주해서는 결코 안된다. 만약 우리가 인간 사회를 도덕적 가치, 사회적 응집력, '사회적 정의', 혹은 기타 추상적이지만 중요한 개념으로 분류한다면 앞에서 논의한 것과는 상이한 사회의 범주화를 보게 될 것이다.

고고학자들은 고고학적 자료의 특성 때문에 과거의 물질잔존물, 즉 뼈나 돌, 혹은 그릇과 같은 유물을 통해 고대사회를 복원해야 하는 어려움을 가지고 있다. 그러나 고대 문화의 발전이 당시 인간의 존재방식과 세계관의 형성에 미쳤던 엄청난 지각변동을 고려할 필요가 있다. 만약 현존하는 무리사회(Band)가 갱신세의 무리사회와 흡사하다고 가정한다면 대부분의 갱신세 사람들은 구성원들간에 깊은 사회적 관계와 가족관계를 가졌을 것이며, 사회내에서 고유의 역할을 가지고 있었을 것이

7.1 남부 아메리카 칼라하리 부쉬맨 집단
의 크리스마스 황소 파티때의 리차드
리(이 축제에 묘사된 무리사회의 평
등원칙에 대한 책을 참조하기 바람).

다. 마샬 살린스(Marshal Sahlins)는 고대의 수렵채집인들이 '물질적 풍요에 대한 참
선의 길(Zen road to affluence)'을 걸어왔다는 사실을 지적하고 있다. 다시 말해 복
잡한 농경사회의 사람들은 끊임없는 욕구에 비해 한정된 충족이라는 영원한 경제
적 딜레마에 빠져 있었던 반면, 수렵채집사회의 사람들은 한정된 충족에 대해 제한
된 욕구로 적응을 하였다고 할 수 있다.[11] 수렵채집인들은 자주 이동하기 때문에
많은 양의 물질을 소유할 수 없으며, 따라서 에어컨과 쓰레기 분쇄 압축기를 탐내지
않는다. 또한 그들은 사회적 위계관계가 거의 필요하지 않거나 관련성이 없는 소규
모의 집단생활을 영위한다. 민족지학자 리차드 리(Richard Lee)는 자신이 칼라하리
부쉬맨의 대축제를 위해 1200 파운드의 황소를 제공하였던 경험을 기술한 바 있다
(그림 7.1). 이 황소는 부쉬맨 집단 전체가 먹을 수 있는 양보다 훨씬 많은 고기를 그
들에게 제공할 수 있었다.[12] 그럼에도 불구하고 부쉬맨의 모든 사람들은 한결같이
황소가 매우 말랐으며, 그의 선물이 매우 보잘것이 없다고 불평을 늘어놓았다. 리는

자신의 선물에 대한 이러한 부쉬맨의 냉담한 반응이 사회적 평등성을 유지하기 위한 부쉬맨 나름대로의 방식이었다는 점을 나중에야 깨닫게 된다. 다시 말해 매우 가치가 높고 생산적인 행위나 서비스도 부쉬맨들에게는 별로 환영을 받지 못하는데, 왜냐하면 어떤 사람이 개인적 성취를 통해 높은 명예와 명성을 얻게 되면 그들 사회의 사회적 관계가 균형을 이루지 못하고 붕괴할 수 있기 때문이다.

현존하는 수렵채집사회는 수 백만년 동안 유사한 형태의 생활을 영위했던 우리 선조들의 생활상에 대한 간접적인 증거가 될 수 있다. 그러나 이러한 고대세계에 대한 우리의 낭만적인 기대는 환상으로 끝날 수도 있다. 우리는 당시 사람들이 아량이 넓고 물자와 서비스의 공유를 선호했으리라 생각할 수 있다. 물론 우리의 조상들이 실제로 너그럽고 모든 것을 함께 소유했을 수도 있지만 반드시 그렇다고 단정할 수도 없다. 우리는 나중에 야노마뫼(Yanomamö)의 예를 살펴 볼 것이며, 기타 다른 민족지집단들도 정중한 예의를 요구하는 행위에 대해 오히려 무례한 언행을 보여주고 있다. 예를 들어 니콜라스 피터슨(Nicolas Peterson)은 자신이 연구중이었던 호주 원주민중 한 사람이 그에게 "나는 당신에게 5달러를 빚고 싶습니다"라고 요청했던 사실을 기록하고 있다. 피터슨은 이러한 일련의 행위를 '청구공유(demand sharing)' 라 부르고 있는데, 청구공유란 사람들이 관대하거나 관대하고 싶어서 물자를 배분한다는 일종의 위선적 허구를 제거하기 위해 이루어지는 행위이다.[13] 공유는 일부 사회조직, 특히 무리사회에서 모든 사람에게 혜택이 돌아가는 제도지만 그렇다고 이러한 공유가 반드시 그들의 관대함과 이타주의 때문에 발생한다고 상정할 필요는 없다. 우리는 갱신세에 살았던 우리의 조상이 어떠한 방식으로 공유와 협동의 패턴을 조직했는지 영원히 알지 못할 것이다. 그러나 그들은 우리가 상상하는 것처럼 '고고한 인격의 야만인' 만은 아니었을 것이다.

물론 모든 형태의 사회조직은 조직상의 이점도 있지만 동시에 그에 대한 대가도 치르게 된다. 선사시대부터 오늘날까지의 모든 복합사회의 구성원들은 자신의 존재가 타인의 이익을 위해 작동하는 거대한 기계의 대체용품 정도밖에 되지 않는다고 종종 느낄 것이다. 기원전 3000년경에 작성된 고대의 가장 오래된 기록을 보면 가난, 세금, 전제적 군주와 정부관료의 횡포, 기타 문화적 복합성으로 인해 야기된 각종 문제에 대한 끊임없는 불평불만이 언급되어 있다. 이러한 초기 문자기록을 통해 우리는 당시 사람들의 유토피아에 대한 강한 열망을 읽을 수 있다. 다시 말해 그들은 정치, 경제, 종교적 위계관계가 존재하지 않으며, 모든 사람들의 동등한 가치가 인정되고 똑같이 나누어 가지며 어느 누구도 다른 사람위에 군림하지 않은 그러한 유토피아적 세상과 시간으로 돌아가기를 열망하였을 것이다.

현대 사회에 만연하고 있는 사회적 병리의 많은 부분은 인간의 욕망 때문에 비롯된 것이다. 그러나 우리는 또한 인간의 이기심과 욕망이야말로 점점 복잡한 사회경제적·정치적 형태의 사회로 나아가게 하는 일종의 '동력'이라는 사실을 고려해야 한다. "금권욕이야말로 모든 악의 근원이다"라는 성경의 구절은 부정할 수 없는 사실이지만, 돈에 대한 사랑은 동시에 일부 긍정적인 부수효과도 가지고 있다. 소설가 존 르까레(John LeCarr)는 그의 책에서[14] 두 인물사이의 논쟁형태로 이 문제를 논하고 있다. 하나의 인물은 자본주의 사회에서 과도한 욕망과 소비로 인해 파멸의 길로 접어드는 사람이고, 다른 인물은 인간의 욕심과 성취욕구가 물자와 서비스의 생산을 촉진하고 이로 인해 궁극적으로 인간적인 생활과 존엄성, 그리고 자유를 신장시킨다는 논지로 서구사회를 옹호하는 사람이다.

필자가 이 글을 썼던 1997년은 동부 유럽이 중앙화된 준사회주의 체계에서 좀더 자본주의적 시장경제로 변화하는 고통스러운 전환기였다 — 최소한 이러한 변화는 정치가나 행정가의 의도라고 볼 수 있다. 이러한 변화를 추진하게 된 근본적인 원인은 물자와 서비스라는 측면에서 볼 때 개인적 이윤추구의 경제체계가 어떠한 다른 형태보다도 훨씬 더 생산적이라는 판단에 근거하고 있다. 공산주의 체제의 마지막 보루인 중국도 노동에 대한 이윤추구를 허용함으로써 매우 높은 성장률을 유지할 수 있다는 점을 발견하였다. 불과 20년 전만 해도 공산주의 체제에 대한 저항자는 홍위병에 의해 극형에 처해졌지만, 부분적 시장경제체제를 도입한 이후 중국에서는 빠른 속도로 '백만장자'들이 탄생하고 있다.

개인적 성취욕구와 집단적 경쟁, 사회경제적 불평등이 존재하지 않은 상태에서도 훨씬 생산적이고 '효율적'인 사회로 만들 수 있는 고도의 복합성과 통합이 이루어질 수 있는가의 여부는 오직 미래만이 말해줄 수 있을 것이다.

▦ 범문화적 비교분석 : 사회문화조직의 특성과 변이

상이한 사회를 분석하고 비교하는 작업은 다양한 사회를 분석적 의미가 있는 범주로 나누어서 문화간의 상사성과 상이성을 추출하는 작업이다. 물론 이러한 연구는 거의 대부분 고도로 발달된 사회를 대상으로 한 것이다. 또한 다양한 문화사이의 접촉지대 혹은 점이지대를 상세히 논하는 작업도 흥미로운 일이다.

인류학자 나폴레옹 샤농(Napolean Chagnon)[15]은 베네수엘라와 브라질의 정글지대에 살고 있는 야노마뫼 인디언을 처음 방문했을 때 놀라운 사실을 발견하게 되었다. 즉 이들 인디언들은 외부 세계와 거의 접촉하지 않고 있었기 때문에 소를 본 적도 없으며 그러한 동물이 지구상에 존재한다는 사실도 모르고 있었다. 그들의 가장 정교한 형태의 도구는 조잡한 형태의 토기, 활과 화살 정도였으며, 거의 대부분의 식량은 간단한 수렵과 채집활동을 통해 획득되고 있었다.

샤농은 대부분의 야노마뫼 인디언들로부터 환영을 받지 못하거나 놀림을 당하였다. 이들 인디언들은 습관적으로 콧구멍속에 환각제 가루를 집어넣기 때문에 콧물을 질질 흘리고 다니며 담배를 씹을 때 침을 계속해서 흘린다. 마을과 집에서는 악취가 풍기고 영양결핍 상태의 사나운 개들은 끊질기게 샤농을 괴롭혔다. 만약 샤농이 이들에게서 바나나나 다른 향토음식을 선물로 받게되면 그 대가로 이들은 어김없이 머쉐티*나 기타 다른 값비싼 물건을 요구한다. 또한 자신의 음식(대부분 오트밀, 정어리 통조림, 땅콩 버터)을 나누어 주지 않으면 모욕을 당하기 십상이다. 또한 이들은 "만약 당신의 도끼를 주지 않으면 당신이 집에 없을 때 집에 들어가 그것을 훔치겠다"[16]라는 식으로 끊임없이 샤농의 몇 안 되는 물건을 얻으려고 하였다. 만약 하나의 요구를 들어주면 이들의 요구와 협박은 더욱 심해진다. 이러한 행위를 수개월 동안 관찰한 후에 샤농은 "개인의 사생활은 서구문화의 최대업적이다"라고 기술하고 있다.[17] 샤농은 결국 아무것도 가진 것이 없는 빈털터리가 되고, 끝없이 이어지는 구걸을 피하기 위해 수 시간동안 방에 처박혀 지내게 된다. 샤농은 야노마뫼 인디언이 끊임없는 전쟁과 분규상태에 살고 있다는 사실을 관찰

＊머쉐티 : machete, 중남미 인디언이 벌목에 쓰는 칼

하였다. 야노마뢰 사회에서 배우자 구타는 다반사로 일어나고, 전쟁은 끊임없이 발생하며 낙태(임신한 여인이 친구에게 자신의 배 위로 뛰어오르라고 요구함으로 써 낙태가 이루어진다)도 자주 발생한다. 호전적인 이들의 문화에서 저주의 대상으로 간주되는 여아들은 태어나자마자 교살당하거나 나무에 거꾸로 메달려 살해 당하기도 한다.[18]

그럼에도 불구하고 샤농은 야노마뢰 인디언들이 풍부한 신화와 추상적이고 매우 흥미로운 민담, 복잡한 형태의 친족체계를 가지고 있다는 사실을 발견하게 된다. 그들은 사후세계를 신봉하며, 사자들이 자신들을 방문할 수 있도록 화장된 사자의 뼈가루를 정규적으로 소량씩 먹는다.

야노마뢰에 대한 여러 가지 의문중에서 가장 중요한 의미를 갖는 것은 다음과 같은 것이다. 야노마뢰의 생활상은 수렵채취생활을 했던 우리 조상의 삶을 복원하는 데 어떠한 도움을 줄 수 있을까? 야노마뢰는 인류학자들이 연구하는 수많은 수렵채취사회의 한 예일 뿐이고[19], 이들의 경제적 기반이 수렵채취라는 점을 제외하고는 모든 측면에서 이들 사회와 야노마뢰 사회는 다르다. 이러한 모든 사회는 우리의 과거에 대해 무엇을 말해 줄 수 있을 것인가?

여기서 핵심적 논쟁거리는 '범문화적 비교' 와 '민족지적 유추' 의 개념이다. 현존하는 이들 사회에 대한 정보를 통해 우리는 과거의 사회에 대해 어느 정도 정확하게 유추할 수 있을까? 어쨌든 이들 수렵채취사회와 사멸한 우리 조상과 유사한 사회조직과 경제를 영위하는 집단을 분석하는 민족지학자의 연구를 통해 현대의 고고학자들은 고대인의 복잡한 생활상의 복원에 많은 영향을 받는다.

▨ 전통적인 사회문화적 형식분류

엘만 서비스(Elman Service)와 모튼 프리드(Morton Fried)와 같은 인류학자에 의해 제시된 사회형식론은 주로 현존하는 문화의 다양성을 분류하기 위해 고안되었다. 그러나 이러한 사회형식론은 고고학자들에 의해서 선사문화의 연구에 광범위하게 적용되고 있다. 물론 이러한 민족지적 자료에서 도출된 형식분류체계를 단편적이고 불완전한 유물로서 존재하는 선사문화에 적용하는 것은 신중을 요한다. 왜냐하면 "세계의 수렵채집사회나 부족사회는……민족지적 연구가 이루어지기 전에 이미 기술적으로 훨씬 발전한 서구사회와의 접촉에 의해 상당한 영향을 받았을 가능성이 있기 때문이다."[20]

사회형식론과 분류안은 명확하지 않고 때때로 상호관련성이 없는 분류기준에 의해 수많은 사회를 부정확하게 묶는 작업이기 때문에 유용한 고고학적 분석에 장애가 될 수도 있다.[21] 그러나 거의 모든 고고학자들은 3개나 혹은 4개의 기본적인 사회 '형식(type)'으로 고고학적 자료를 분석하고 있다. 이러한 사회적 형식은 특정한 사회, 특히 사멸한 고대사회에 정확하게 부합되지 않을 수도 있는 추상적 개념이다. 그럼에도 불구하고 이러한 형식론은 고고학자에게 복합사회의 진화와 관련된 다양한 사회의 차이를 설명할 수 있는 유익한 개념적 틀이 될수 있다.

평등사회 : 무리와 부족사회

3장과 4장에서 살펴본 바와 같이 고고학적 증거는 인류역사상 거의 3백만년동안 우리 조상들이 소위 무리사회라고 부르는 사회조직을 유지하고 살았다는 점을 보여준다. 앞에서 살펴본 야노마뫼는 전형적인 무리사회이다. 그러나 이러한 무리사회도 매우 다양하며[22] 모든 무리사회는 현대 산업사회와의 접촉에 의해 어느 정도 그 성격이 변했다고 할 수 있다. 예를 들어 에스키모가 곰을 사냥하기 위해 설상차(雪上車)를 사용하는 모습이나 칼라하리 부쉬맨이 이웃 주민의 소를 훔치는 행위 등은 무리사회에 대한 왜곡된 모습일 수 있다. 왜냐하면 이러한 문화상은 서구 산업사회에 의한 문화적 '오염'의 산물이기 때문이다.

고고학자들은 세계 도처의 민족지 사회에 대한 연구를 분석하고 종합함으로서 무리사회의 정체성에 대한 해답을 찾으려 하고 있다. 에스키모, 아프리카 피그미족, 칼라하리 부쉬맨, 오스트레일리아 원주민들은 무리사회의 전형적인 예이다. 현존하는 무리사회의 가장 현저한 특징은 사회적 권리라는 측면에서 이들 사회간에 차이가 거의 없다는 점이다. 다시 말해 이들 사회의 구성원은 그 어느 누구도 다른 사람에 비해 물질자원에 대한 더 많은 권리를 주장할 수 없다. 생산의 주요 담당자인 무리 사회의 성인 남자는 가장 높은 존경을 받지만 다른 사람에 대해 강제할 수 있는 권력은 거의 없다. 이러한 사회적 차별화의 부재는 그들의 경제생활과도 밀접한 관련을 갖고 있다. 무리사회는 통상적으로 15 ~ 40명으로 구성되며 야생식물과 동물을 획득하기 위해 이동생활을 한다. 줄리안 스튜어드(Julian Steward)는 거의 대부분의 무리사회가 부계제와 부계거주제를 유지하고 있다고 결론짓고 있다. 다시 말해 무리사회의 구성원은 아버지의 혈통을 중시하며, 결혼을 하게되면 남편의 거주지에서 거주하게 된다.[23] 이러한 사회제도의 사실여부는 아직도 민족지학의 주요 논쟁사항이고, 실제로 많은 민족지학자들은 무리사회의 신혼부부가 어디에 사는가는 가용자원의 분포와 기타 요인에 따라 상당히 유동적일 수 있다고 생각한다.[24] 돌이나 뼈 부스러기로 구성된 고고학적 자료를 가지고 이러한 사회제도를 복원하기란 영원히 불가능할지도 모른다. 무리사회의 노동분화는 일반적으로 나이와 성에 따라 이루어지고 경제구조는 공동생산, 공동소유의 형태이다. 화폐는 사용되지 않으며 교환행위는 서로간에 친구나 친족이라고 간주되는 사람들 사이에서 주로 발생한다. 이러한 선물교환행위는 보통 약식으로 이루어지며, 상호호혜적 환대에 의해 서로간의 관계를 돈독하게 해주는 기능을 한다.

이 장의 주요 주제인 복합사회의 기원과 관련하여 무리사회의 가장 중요한 특징 중의 하나는 이들 사회가 '기능적으로 서로 중복된다(functionally redundant)'는 점이다. 다시 말해 무리사회는 사회조직과 경제체계에서 서로 흡사하며, 각 개인은 집단이 생존하고 재생산하는데 필요한 거의 모든 일을 담당한다. 각각의 무리사회는 구성원이 기능하고 존속하는데 필요한 모든 기술을 보유하고 있다. 뒤에서 살펴볼 것처럼 이러한 무리사회의 기능적 중복으로부터 기능적 '상호의존성(interdependence)'으로의 변화야말로 복합사회 기원의 핵심이라고 할 수 있다.

이러한 다양한 연구성과에도 불구하고 의문은 여전히 남는다. 즉 이러한 민족지 사회가 인류역사상 99%이상을 유지했던 수렵채취사회 단계의 조상들과 얼마나 유사한가?

'부족사회(tribe)'는 상당히 모호한 개념인데 인류학자들에 의하면 무리사회보다는 규모가 약간 더 크지만 사회경제적 위계관계, 법규 등의 척도에서 볼 때 그리 복잡하지 않은 사회를 지칭한다. 부족사회의 사람들은 미국 남서부 퓨에불로 인디언의 옥수수 경작이나 뉴 기니아의 얌 경작자처럼 농업을 생업으로 한다. 부족사회는 명목상의 지도자(보통 성인남자)를 가지고 있는데, 이러한 지도자는 음식을 재분배하고 간헐적으로 의례행위를 주재한다. 그러나 무리사회와 마찬가지로 부족사회의 지도자도 경제적 부나 정치적 권력에 대한 독점적 권리는 없다. 무리사회의 지도자는 단지 모범적 행위로서 부족구성원을 이끌고 부족의 안위와 행복을 위해 봉사할 뿐이다. 교환행위는 아직도 상호호혜적 교역을 통해 친족조직간에 이루어진다. 결론적으로 부족사회는 무리사회보다 규모가 더 크고 영역개념이 강하며, 좀 더 정교한 의례행위와 친족체계를 가지고 있으며 성원간 차별화가 약간 더 심한 특징을 보인다.[25]

대부분의 경우에 부족사회는 전환기적 형태를 보이는데, 예를 들어 좀 더 복잡한 사회조직의 형태로 나아가는 과도기적 농경사회의 모습을 보인다. 그리고 일부 부족사회는 국가단계사회의 영향으로 형성되거나 접촉에 의한 직접적 결과로 형성되기도 한다.[26]

서열사회 : 족장사회

티모시 어얼(Timothy Earle)은 '족장사회(chiefdom)'를 "몇 개의 마을 사이의 행위를 조정하고 중앙화된 의사결정 체계를 가진 지역적으로 조직화된 사회"로 정의하고 있다.[27] 대부분의 학자들은 족장사회가 무리나 부족사회와 질적 양적으로 다르다는 점에 동의한다. 족장사회는 '서열(rank)'이나 세습적 불평등의 개념에 기초하고 있다. 즉 족장사회에서 족장의 장자로 태어난 자는 능력에 관계없이 훗날 족장이 될 것이며, 능력이 있을지라도 평범한 가계에서 태어난다면 계층이동은 상당히 제한을 받을 것이다.

족장사회에서 보이는 신분상의 차이는 일반적으로 경제적 부에 대한 차별적 접근과 깊은 상관관계가 있다. 즉 족장과 그의 가족들은 일반인보다 많은 식량, 좀 더 희귀하고 비싼 물건, 최상의 농경지와 유리한 어로장소를 차지할 권리가 주어진다. 이들은 보통 초자연적 존재와 일반인을 연결하는 특권계층으로 간주되고 결혼도 같은 특권계층끼리 이루어진다. 족장사회의 경제는 무리나 부족사회의 경제보다 훨씬 높은 수준의 전문화와 다양화를 보여준다. 그러나 수공업의 장인은 존재하지만 동시에 이들은 농부이며 국가단계의 사회에서 보이는 것처럼 전문적이고 영속적인 장인계층이라고는 할 수 없다. 족장사회는 부족사회보다 훨씬 규모가 커서 보통 수 천명의 인구로 구성된다. 족장사회의 전형적인 예는 캐나다의 누트카(Nootka)나 하와이의 초기 족장사회를 들 수 있다.

어얼은 족장사회의 이념적 기반을 강조하는 고고학자이다. 그에 의하면 족장은 전형적으로 피라미드와 같은 신성한 장소를 창조한다. 또한 족장은 개인적 권력의 상징물을 사용하며, 장송의례에서 특별한 위치를 차지하고 이들의 상징적 장송행위는 보통 강력한 군사력을 표현한다. 최근의 고고학적 연구는 족장사회의 진화를 가능하게 한 요소로서 농경과 경제의 결정적 요소보다는 정치적·이념적 기반을 강조하는 경향이 있다.[28] 사실 족장에 관한 최근 연구는 현대고고학의 주요한 이론적 경향을 대변하고 있다고 해도 과언이 아니다. 족장의 기능을 변화하는 사회환경 속에서 불균등한 자원분포를 해결하는 것으로 보는 것처럼 족장사회에 대한 전통적인 분석은 족장의 기능적이고 적응적인 측면에 중점을 두었다.[29] 그러나 최근 연구는 족장이 사회적 통제를 어떻게 획득하고 유지하는가에 대한 다양한 방법에 초점을 맞추고 있다.

딕 드렌넌(Dick Drennan)이 지적한 바와 같이 족장사회의 고고학은 다양한 고고학의 연구중에서 특히 의미있는 작업이라고 할 수 있다. 왜냐하면 어떤 지역에서는 족장사회가 국가단계로 나아가는 과도기적 체제가 되는가 하면, 일부 지역에서는 독자적 발전요소가 족장사회를 등장하게 하기도 하지만 국가로 발전되지 않는 경우가 있는데 이 경우 족장사회가 사회발전의 '마지막 단계'가 되기 때문이다. 드렌넌은 족장사회의 개념을 계속 사용할 것을 주장하고 있다. 즉 그에 의하면 "하나의 기준으로만 본다면 족장사회란 실제적인 불평등사회의 등장이라고 할 수 있다. 그러나 족장사회는 공간의 확대와 인구의 증가, 중앙화, 경제적 전문화, 교역, 범지역적 정치조직의 등장과 같은 많은 특징을 가지고 있다……넓은 의미에서 이러한 모든 요소는 서로간에 밀접한 상관관계를 지니고 있다."[30]

계층사회 : 국가

국가(state)에 대한 정의는 연구자가 문화적 복합성의 등장원인을 무엇으로 보는 가와 어느정도 관련이 있다. 계층화란 용어는 사회경제적 계층과 정치적 엘리트들이 위계적으로 조직되었다는 것을 의미한다. 일반적으로 국가란 경제적 통제와 정치적 통제를 행사하는 정치적 · 종교적 엘리트들로 구성된 중앙화된 정부를 지칭한다. 다른 사회적 형태에 비해 국가는 인구가 많고 영토가 넓다는 점 외에도 전문적 장인계층을 가지고 있는데, 이들에 의해 생산된 물자는 국가의 일관된 경제체계에 의해 구성원에게 분배된다. 국가는 법을 제정하고 집행하며, 군인을 징집하며, 세금과 공물을 징수한다. 국가는 시장경제체제라는 강력한 경제구조를 가지고 있다. 또한 국가는 공동체의 크기에서 마을, 읍, 도시처럼 다양한 위계적 조직을 가지고 있다. 예를 들어 라이트와 존슨(Wright and Johnson)은 국가를 촌락의 장, 일정 지역내의 수장, 그리고 전 지역내의 통치자와 같이 최소한 3단계의 의사결정체계를 가진 정치체로 정의하고 있다.[31)]

초기국가는 고대세계에서 최소한 6지역에서 독립적으로 등장하였다고 볼 수 있다. 즉 메소포타미아, 이집트, 인더스 계곡, 중국, 메조아메리카, 페루에서 최초의 국가들이 등장하였다. 또한 민족지적 · 역사적 기록은 아프리카, 마다카스카르, 그 외의 많은 지역에서도 국가단계의 사회가 발생하였다는 점을 보여주고 있다.

학자에 따라서는 고대 이집트와 미국처럼 발전정도가 현저하게 다른 정치체 모두를 국가로 정의하기도 한다. 어떤 면에서 고대 이집트와 현대 미국사회의 차이는 발전정도의 차이라고 할 수 있다. 물론 현대 미국사회의 직업 전문화의 정도는 고대 이집트에 비해 훨씬 정교하고 복잡하다고 할 수 있지만, 이것은 주로 동일한 경제원칙이 얼마나 정교한가에 따라 나타나는 차이라 할 수 있다. 학자에 따라서는 산업사회의 국가와 고대 국가와의 차이에 주목하여 후자의 사회를 선산업기(先産業期)의 국가로 구분하여 부르기도 한다.

수많은 고대 국가는 주변의 국가와 경쟁적 관계를 형성하게 되는데, 이러한 경쟁적 관계는 오랫동안 이들 사회의 규모와 권력을 한정시키게 된다. 그러나 국가가 발생한 모든 지역에서 국가간의 경쟁적 관계는 궁극적으로 무너지게 되고, 하나의 정치체가 주변의 정치체를 급속하게 통합하여 거대한 영토를 건설하게 된다. 실제로 이러한 통합국가의 크기는 당시 사회의 의사전달 기술과 행정적 효율성에 의해서만 제한을 받게 된다. 국가 또는 제국이라 불리는 이러한 정치조직은 기원전 3000년경 메소포타미아에서 최초로 등장을 하게 되고, 이로부터 1천년 이내에는 이집트, 인더스 계곡, 중국에서 거의 동시다발적으로 등장하게 된다. 페루의 잉카 제국과 멕시코의 아즈텍 제국도 기원후 16세기경 유럽인들이 도착하기 직전에 거대한 제국을 건설하게 된다.

사회형식론에 대한 최근 연구동향

고고학적 자료를 무리사회, 부족사회, 족장사회, 국가라는 단순분류체계에 의해 논의하기보다는 인간의 독특한 적응성에 주목하여 변이의 연속성이란 관점에서 기술하는 것이 아마도 더 바람직할 것이다. 우리는 오스트랄로피테시네가 살던 사회에서는 수학이나 국제적 노동연맹에 대한 학술회의가 없었으며, 어떠한 고대국가의 등장도 순록사냥에 기초하고 있지 않다는 점을 확실히 알 수 있다. 그러나 이러한 몇 가지 명확한 차이를 제외하고는 각 사회형식에 대한 일반화는 거의 모두가 부정확하고 비논리적인 측면을 보이고 있다.

여기서 중요한 점은 '무리사회', '부족사회', '족장사회', '국가' 와 같은 단순한 사회형식론이 사회현상의 기원과 기능을 분석하는데 별로 도움이 되지 않는 정적이고 기술적 개념이라는 것이다. 예를 들어 이집트 사회를 중앙화된 정부나 계급사회와 같은 특징의 출현에 기초하여 국가단계의 사회라고 부르는 것은 하나의 분석이라기 보다는 정태적 기술(description)이라고 보아야 한다. 다시 말해 대부분의 학자는 이러한 형식론적 분류가 각 형식의 기저에 깔린 연속적이고 다차원적인 변이에 대한 부정확하고 비논리적인 일련의 범주화라고 비판하고 있다. 맥과이어(McGuire)에 의하면 이러한 "접근은 필연적으로 무엇이 단순사회이고 무엇이 국가인가라는 단순한 분류학적 주장으로 퇴보하게 된다"[32]

<그림 7. 2>는 사회형식론이 필수적으로 수반하는 문제를 분명히 보여주고 있다.

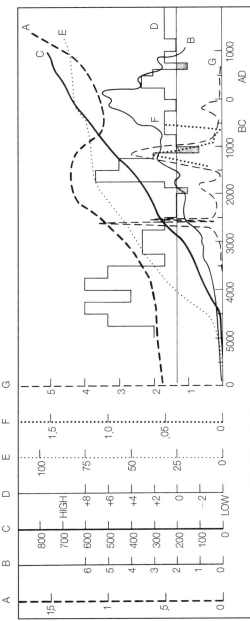

7.2 현대 고고학의 주요한 이론적 문제는 고고학자료에 기초하여 문화변동의 원인과 결과를 어떻게 분석하는가이다. 이 그림은 고대 이집트에서 보이는 변이를 상대적 크기로 도표화한 것이다. 우리는 복합사회의 기원을 설명하기 위해 많은 중요한 변이가 획기적으로 변화하는 전환기(예를 들어 이 그림에서는 기원전 3000∼기원전 2500년)를 제기할 수 있을 것이다. 그러나 고고학자료는 상당히 빈약하고 상관관계가 반드시 인과적 관계를 증명하는 것도 아니며 이러한 도표의 형태인 자료가 통계학적으로 어떻게 변형되는가에 따라 달라진다. 이 도표에서의 변이는 A) 위락 크기의 등급별(rank-size) 계수(係數), B) 벽만 단위의 인구, C) km²당 인구밀도, D) 동부 아프리카의 호수의 체적과 하천의 유출량. E) (발굴된 자료에 근거해서 계산한) 전체 동물뼈중에서 사육된 동물 뼈의 백분율, F) 단위당 농경지의 가격(은의 가치로), G) m³당 기념비적 건축물의 양. 이 이외도 많은 다른 변이가 도표로 표시될 수 있다(예를 들어 수공업제품의 평균 운송거리).

즉 그림에서 보는 바와 같이 중요한 문제는 연속적인 변이의 패턴에서 국가를 구분하는 경계선을 어떻게 설정할 수 있을 것인가이다. 이 그림은 문화적 변이에 대한 고고학적 분석의 치명적 한계를 보여준다. 다시 말해 어떠한 이론도 자료 분석의 적절한 단위가 무엇이며, 어떠한 원칙으로 그것들의 기능을 설명할 수 있는가를 제시하지 못하고 있다. 이러한 상황을 생물학과 비교해보자. 다윈의 이론과 근대의 유전학은 생물세계의 역사와 작동원리에 대하여 많은 사실을 밝혀줄 수 있는 강력한 설명적 틀이다. 다시 말해 다윈의 이론과 근대의 유전학은 생물학 세계의 분석단위(예를 들어 유전자, 세포, 인구 등)와 시공간상의 변화를 제시해 줄 수 있다. 고고학은 이에 대응할 만한 이론이 없으며, 그래서 상응하는 분석단위와 분석원칙을 가지고 있지 못하다. 일부 학자들은 고고학이 사람(죽은 사람일지라도)과 독특한 문화(지금은 존재하지 않을지라도)를 다루기 때문에 생물학에 대응할 수 있는 강력한 이론을 영원히 개발할 수 없을 것이라고 주장한다. 반면 일각에서는 고고학이 이미 강력한 이론을 개발하기 시작하였다고 주장한다. 후자의 학자들이 주장하는 이론은 아래에서 논의하는 바와 같이 마르크시즘과 문화진화론이다.

이러한 사회형식론의 모호함과 비논리성을 극복하기 위해 많은 고고학자들은 사회의 기저에 깔려있는 변이성의 분석을 시도하고 있다. 예를 들어 많은 고고학자들은 연구의 초점을 전문화와 교역의 개념에 맞추고 있다. 한 예로 캐씨 코스틴(Cathy Costin)은 한 사회가 어떻게 물자와 서비스를 생산하고 분배하는 가에 대한 복잡한 모델을 제시하였다.[33] 이와 유사하게 브럼펠과 얼(E. Brumfiel and T. Earle)은 직업 전문화의 개념을 다음과 같이 최소한 4가지 차원으로 나누고 있다. 1) 전문가는 독립적일 수도 있고 종속적일 수도 있다. 예를 들어 도공은 불특정의 변화하는 시장이나 자신의 마을 구성원을 위해, 혹은 이보다 더 큰 지역을 위해 토기를 생산할 수 있다. 또는 특정인에게 종속되어 귀족이나 국가기관을 위해 전문적으로 토기를 생산할 수도 있다. 2) 전문가들은 생산물의 종류와 본질에 있어서 차이를 보인다. 어떤 사람은 식량과 같은 생계물품을 전문적으로 생산하고, 어떤 사람들은 의례용 털모자나 금팔찌와 같은 값비싼 장식품을 생산한다. 또한 군사적 임무나 종교적 의례와 같은 서비스를 전문적으로 제공하는 사람도 있다. 3) 전문가들은 생산의 강도에서도 차이를 보인다. 예를 들어 이들은 마을경제에 사슴을 제공하는 한시적 수렵자일수도 있고, 교역을 위해 직물만을 전문적으로 생산하는 직공일 수도 있다. 4) 전문가들은 생산의 규모에서도 차이가 난다. 어떤 경우에서는 많은 수의 집단이나 한 마을 전체의 구성원, 심지어 한 지역내의 모든 사람이 소금생산과 같은 일에 전문적으로 종사할 수 있는 반면 한 두 사람만이 특수한 물자나 서비스를 생산하는 경우도 있다.[34] 또한 브럼펠과 얼은 고대사회에서 많은 상이한 종류의 교역이 존재한다는 점을 지적하고 있다. 즉 수많은 생계용 물자와 비생계용 '부 (wealth)' 가 한 마을내의 엘리트와 일반인들 사이에 교역될 수 있고, 마을과 지역, 이보다 훨씬 광범위한 정치체 사이에서 교역될 수 있다.

고대 사회의 형식적 분류와 관련하여 고려해야 할 또 다른 문제는 문명의 '붕괴(collapse)' 이다. 전통적으로 대부분의 학자들은 고대 사회를 탄생과 발전, 사망 혹은 붕괴의 과정을 거치는 유기체와 같은 것으로 인식해왔다. 고대사회는 메조아메리카의 마야문명(13장 참조)처럼 독특하고 기본적인 문화적 특징이 순식간에 완전히 사라져 버리는 경우를 분명히 보여주고 있다. 그러나 대부분의 경우 문명의 붕괴를 당시 사람들과 그들의 이념이 붕괴하거나 완전히 유실된 것이라고 볼 수는 없다. 오히려 이러한 붕괴는 하나의 적응과정으로서, 마크 케노이어 (Mark Kenoyer)의 용어[35]를 빌자면, 특정 정치체가 단지 사람과 경제에 대한 통제력을 일시적으로 상실하는 일종의 비중앙화와 지방화의 과정이라고 할 수 있다. 실제로 비중앙화의 시기에 인구가 감소하기보다는 증가하는 경우도 있으며, 많은 경우에 비중앙화의 시기 다음에는 동일 지역에서 훨씬 광범위하고 정치적으로 강력한 정치체가 부상한다. 우리는 이 문제에 대해 다음 장들에서 다시 논할 것이다.

▩ 복합사회의 고고학

고고학자들은 중기 갱신세의 무리사회와 선사시대 메조아메리카의 초기 족장사회에 대해 자주 논하지만 그들이 타임머신을 타고 올라가 당시 사회의 살아 있는 생생한 모습을 보고 기술하는 것은 아니다. 고고학자는 당시 사회가 남긴 유물만을 가지고 있으며, 이러한 물질 잔존물을 이용하여 당시 사회의 모습을 복원하려고 시도할 뿐이다.

문화적 복합성을 논하기 위한 많은 개념중에서 가장 핵심적인 것은 물질, 에너지, 정보교환의 변화형태와 수준이라고 할 수 있다. 각 개인과 사회는 식량자원과 기술을 통해 자연계로부터 에너지를 변형시킬 수 있으며, 이러한 변형의 일부는 선택적 이점을 지니기 때문에 사회가 존속할 수 있다. 하나의 사회가 많은 양의 에너지를 획득하고 효율적으로 이용하면 할수록 그 사회의 경쟁력은 높아진다. 그리고 우리는 인구밀도, 농업과 생산물의 생산성과 같은 일련의 변이를 측정함으로써 한 사회의 경쟁력을 산출할 수 있다.

인류학자 레슬리 화이트(Leslie White)는 문화의 발전정도를 연간 1인당 에너지 획득량으로 설명하고 있다.[36] 그의 이러한 주장은 많은 비판을 받아왔지만 여전히 흥미로운 설명이다. 고고학의 기본자료는 일반적으로 인간이 목적했던 방향으로 에너지를 변형시켜 제작한 석기, 토기, 기타 다른 도구(다시 말해 화이트가 강조했던 에너지 획득의 도구)이다. 그리고 모든 초기국가들은 관개시설, 석제도구, 농경지와 같은 경제적 기반의 흔적을 남기고 있다. 그러나 본질적으로 모든 초기국가는 동시에 이념과 필연적 관계를 맺고 발전하여 왔다고 할 수 있다. 고대의 이집트 사람들은 그들의 국가와 문화를 파라오부터 노예에 이르기까지 모든 사람이 구성원으로 작용하는 하나의 유기적 조직체로 인식하였다.

모든 다른 초기국가들도 유사한 정신적 기반, 즉 국가의 구성원과 구성요소들에 베여있는 이념체계를 가지고 있다. 따라서 초기 고대국가를 고고학적으로 분석하는 과정은 이러한 물질잔존물을 당시 사회의 이념적 맥락하에서 해석하는 과정이라고 할 수 있다.

건축물자료

갱신세의 고고학자료와 최근 5~6천년전의 고고학자료에서 보이는 가장 분명한 차이는 후자의 사회에서 발견되는 거대한 규모의 주거건축물과 공공건물의 존재라고 할 수 있을 것이다. 주지하다시피 모든 초기국가는 궁전과 거대한 고분을 축조하였다. 수렵채집인들도 때때로 영구적 건축물을 축조하기도 하지만 농업사회에서 이루어진 것과 같은 규모는 거의 존재하지 않는다.

고대사회에서 정착 취락과 거주용 건축물의 등장은 주로 경제적 생산성의 반영이라고 할 수 있다. 만약 하나의 집단이 한정된 영역내에서 충분한 식량자원을 생산하거나 획득할 수 있다면 정착생활을 선호할 것이고, 영구취락이 대부분의 기후지대에서 비, 태양, 열, 추위를 피할 수 있는 이점이 있다면 건설에 소요되는 비용과 노력을 감내할 것이다.

구대륙과 신대륙에서 영구적 정착취락이 등장한 후 얼마 지나지 않아 건축물은 급변하는 사회의 발전상을 반영하기 시작한다. 모든 공동체의 초기 주거들은 규모와 크기에서 서로 대동소이하지만, 후대의 공동체는 건축비용과 가구소유정도에서 상당한 차이를 보여준다. 이러한 건축물의 변이성이 당시 사회내의 경제적, 사회적, 정치적 차별화를 반영한다는 사실은 민족지 자료를 보더라도 명확하다. 그러나 여기서 가장 중요한 사실은 초기 단순사회에 비해 복합사회에서는 에너지와 자원의 투자패턴에서 중대한 변화가 발생한다는 사실이다.

주거용 건축물의 변이성이 공동체에서 나타나기 시작하면 이들 사회에서는 기념비적 건축물이 등장하게 된다. 피라미드, 흙이나 벽돌로 만든 제단, 사원, 궁전 등과 같은 기념비적 건축물이 중국에서부터 페루의 고지대에 이르기까지 세계 도처에서 등장하게 된다. 여기서도 중요한 사실은 이러한 투자를 가능하게 한 능력과 동기부여는 갱신세의 무리사회에서 보이는 것과는 근본적으로 다르다는 점이다. 다시 말해 복합사회에 들어오면 사회내의 극소수 사람들이 대다수의 많은 사람들을 통제하고 조직하는 사회경제적 파워를 가지게 된다.

무덤자료

초창기의 고고학은 현대의 무덤 도굴행위와 마찬가지였다고 해도 과언이 아니다. 다시 말해 초창기 고고학자들은 우리의 조상들이 남긴 찬란한 고대유물을 획득하기 위해 주로 고대의 거대한 무덤만을 발견하는데 주요 관심을 두게 된다.

무덤속에 소중하게 안치된 유물은 주거지나 도구 제작장에서 발견된 유물보다 보존이 훨씬 더 잘 된다. 또한 오늘날의 우리와 마찬가지로 고대사회에서도 어떤 다른 문화적 행위보다 사자에 대한 장송행위는 더 정교하고 체계적으로 이루어진다. 다시 말해 고분자료는 피장자의 사회적 위치뿐만이 아니라 복잡한 종교적·사회적 역학관계를 반영하는 최상의 고고학자료가 될 수 있다. 무덤에서 보이는 변이성은 당시의 다양한 매장풍습에 관한 유익한 정보를 제공할 수 있다. 예를 들어 사자는 그대로 매장되거나 화장될 수도 있고, 무덤속에 안치되거나 아니면 무덤시설이 없이 야외에 그대로 방치되기도 한다. 시체는 신전장(伸展葬)이나 굴장(屈葬)의 형태로 매장될 수 있으며, 특정방향이나 지형학적 특징에 따라 두향을 달리할 수도 있다. 또한 시체는 땅속, 동굴, 토굴, 나무, 혹은 쓰레기더미 위에 안치될 수도 있다. 무덤의 부장품은 전혀 부장되지 않는 경우부터 많은 양의 보석과 귀중품, 수많은 순장인골과 동물이 부장된 경우까지 매우 다양한 양상을 띠고 있다.

고고학의 기본적인 가정중의 하나는 사자에 대한 문화 복합성의 정도와 장송의례의 방식 및 내용사이에 밀접한 상관관계가 있다는 점이다.[37] 다양한 민족지 연구는 생계방식, 사회조직, 부장행위사이에 밀접한 관련성이 있음을 보여주고 있다. 즉 무리사회와 부족사회에서는 부장행위에서 상대적으로 거의 차이가 없다. 그러나 정착농경사회에서는 피장자의 나이, 성, 사회적 신분에 따라 무덤의 변이가 현저한 차이를 보여준다.[38] 이러한 상관관계는 상당한 설득력을 가지고 있지만 그렇다고 완벽하다고 할 수는 없다. 예를 들어 오늘날의 사회를 포함하여 일부 고대 사회에서는 가장 신분이 높고 부유한 사람 중 일부가 화장을 하기 때문에 피장자의 신분이나 경제적 부에 관한 증거가 물질적으로 남지 않을 수도 있다.

풍부한 부장품이 매장된 유아의 묘는 고대사회의 문화적 복합성을 가리키는 중요한 증거로 자주 이용되는데, 이는 이러한 유아묘가 당시 사회에 귀속지위(歸屬地位, ascribed status)가 존재했다는 점을 알려주기 때문이다. 다시 말해 유아들이 평범한 신분으로 태어났다면 자신의 힘으로 경제적 부를 축적하기가 거의 불가능했을 것이기 때문이다. 또한 고대의 무덤중에는 3~4단계의 계층구조를 보여주는 예가 존재한다. 어떤 무덤은 돌로 축조되고 풍부한 부장품이 안치되며 중앙부에 위치하고 있는 반면, 다른 무덤들은 인골외에는 부장품이 거의 없는 단순한 구조를 보인다. 이러한 무덤의 차이는 피장자가 생전에 누렸던 경제적·사회적 위치를 반영한다고 할 수 있다.[39]

기능적 차별화와 통합

15장에서 우리는 미국 동부의 강 연안에 거대한 분구를 건설했던 원주민들이 거대한 교역체계, 옥수수 집약농경, 수 천명의 인구, 그리고 순장제도와 값비싼 물건을 부장하는 장송의례를 가지고 있었다는 사실을 논의할 것이다. 그러나 이러한 미국 원주민들이 대부분 옥수수 경작자이고 종교, 사냥, 전쟁 등을 전문적으로 수행하는 전문계층이 거의 없었다는 점에서 대부분의 고고학자들은 이 사회를 국가단계의 사회로 보지 않는다. 문화적 복합도를 가늠하는 또 다른 중요한 요소는 공동체의 개인 및 소집단의 역할과 기능이 다양하며, 이러한 구성요소들이 기능적으로 상호의존적인가의 여부이다. 이러한 사실은 한 사회가 하나의 사회로서, 혹은 하나의 집단으로서 존속할 수 있고 멸망할 수도 있는 결정적인 상황을 야기할 수 있기 때문에 매우 중요하다. 이와는 반대로 수렵채집사회의 생존여부의 단위는 일반적으로 개인이거나, 각 개인이 함께 생활하는 12～15명 정도의 구성원일 뿐이다. 다시 말해 문화적 복합도가 변함에 따라 "선택(selection)"의 단위가 변한다는 점이다. 예를 들어 현대의 미국사회는 상호의존적 사회의 절정이라고 할 수 있다. 왜냐하면 물리적 개인과 사회조직으로서의 미국인 모두의 생존은 거의 모든 식량을 생산하는 3～4%의 농경민에 전적으로 의존하고 있기 때문이다.

고고학자는 기능적 상호의존성을 분석하기 위해 전문화의 정도를 보여주는 유물의 집중도와 분포를 분석한다. 초기 농경촌락사회의 개별 가옥들은 토기, 석기, 토우(土偶), 쓰레기 등과 같은 유물의 수와 형태에서 거의 비슷한 수준을 유지한다. 그러나 이후의 복합사회로 접어들게 되면 토기나 석기 제작장과 같이 생산의 전문화를 보여주는 유물의 집중적인 분포를 확인할 수 있다. 이러한 증거를 가지고 우리는 이들 사회가 전문화되었다고 추론하는데, 고고학적으로 중요한 사실은 특수한 종류의 유물이 발견장소, 양, 종류에서 수렵채집사회와 확연히 다르다는 점이다. 주거지에서 발견된 유물을 통해서도 수공업의 전문화를 확인할 수 있다. 예를 들어 어떤 주거지들은 소금제작, 보리 농경, 혹은 토기 제작과 같은 전문적 작업을 하는 곳일 수도 있다. 유적에서 발견되는 이러한 유물의 다양한 변이성은 문화복합성의 발전정도를 판단할 수 있는 중요 요소가 된다.

취락 패턴

특정 유적에서 발견된 유물의 분석을 통해 사회적 복합도를 측정하는 방법외에도 우리는 취락의 공간적인 분포를 통해서도 문화적 복합성을 분석할 수 있다. 첫째, 우리는 취락의 크기와 배치에서 보이는 변이성을 조사할 수 있다. 서남 아시아의 초기 농경마을들은 크기가 거의 흡사하지만, 몇 천년 후 이 지역의 취락은 면적이 수백 m²에서 수 m²까지 실로 다양하게 된다. 이와 함께 취락의 기본적인 형태도 변하게 된다. 예를 들어 일부 대형취락은 방형의 성곽과 같은 방어시설이 구비되지만, 어떤 것들은 단지 5~6채의 진흙 벽돌집으로만 구성된다. 따라서 취락의 크기와 형태에 대한 고고학적 조사는 문화적 복합성의 발전정도에 대한 지표가 될 수 있다.

둘째, 우리는 취락과 환경과의 공간적 관계와 취락간의 공간적 배치를 분석할 수 있다. 인간이 자원을 획득하는데 소요되는 주요 비용은 자원분포지와 생활공간사이의 거리라고 할 수 있다. 이러한 거리문제는 구석기시대 무리사회에서 사냥되는 사슴과 고대 중국의 관개농경에 동일하게 적용될 수 있다. 또한 이 문제는 생산, 이동, 저장에 관한 의사결정에도 중요한 영향을 미친다. 예를 들어 원시적 의사교환 체계를 가진 취락의 관리자는 수 십 km 떨어진 곳에 위치하는 마을의 농경이나 수공업 생산에 관한 시의적절한 결정을 내릴 수가 없다. 왜냐하면 관련정보를 획득하여 정확하고 신속하게 대처하는데 소용되는 비용이 너무 높기 때문이다. 이러한 거리문제를 해소하기 위해서는 중간 관리자와 매개자가 필요하게 된다.

결과적으로 선사시대의 취락조직은 일련의 공간적 배치를 보이기 때문에 각 취락의 배치를 연구함으로써 당시 사회의 사회적 관계를 분석할 수 있다. 물자와 서비스를 교환하는 충적 평야지대의 도시와 마을들은 서로 연결되는 육각형의 배치를 보이는 경향이 있다(그림 7.3). 왜냐하면 이러한 배치는 각 취락사이에 물자와 사람의 이동을 최대화시킬 수 있기 때문이다.[40] 우리는 이 책에서 고대 도시들의 공간적 배치가 이러한 육각형으로 구성된 몇 개의 예를 살펴볼 것이다. 물론 여기서도 고대 취락의 분포가 오늘날의 취락패턴과 정확하게 일치하는가의 여부는 상대적으로 중요한 문제는 아니다. 중요한 점은 시간의 흐름에 따라 취락패턴에 있어서 중요한 변화가 발생했다는 점이다. 구석기 시대의 수렵채집자와 초기 농경민들

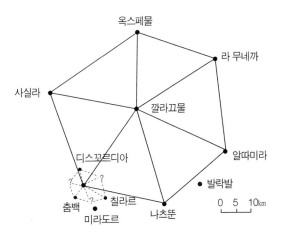

7.3 지역경제와 정치체계의 변화하는 복합성을 보여주는 고고학적 증거중의 하나는 공간적으로 정형성을 보여주는 취락 패턴의 등장이다. 중심지 모델(Central Place model)은 모든 자연 자원이 균일하게 분포된 평야지대에서 취락은 시장의 강도, 이동거리, 행정제도, 기타 요소에 따라 상이한 분포패턴을 보인다는 점을 시사한다. 물론 자원이 완벽하게 균일한 분포를 보이는 평야는 실제적으로 존재하지 않는다. 그러나 고고학적 유적의 실제적인 분포를 이러한 이상적인 취락분포와 비교평가해 볼 수 있다. 위의 모델에서 취락을 둘러싸고 있는 육각형의 영역은 평야지대에서 물자와 서비스의 이동이 집중적인 중심지 주위에 원형으로 다양한 취락이 위치할 것이라는 가정하에서 만들어진 것이다. 그러나 이론적으로 일부 외곽 지역의 취락은 다른 중심지의 외곽 취락과 중복이 되기 때문에 중복지역은 2등분되고 결과적으로 중심지 모델의 전체 형태는 육각형이 된다. 특정한 지역에 대한 고고학 유적의 분포뿐만이 아니라 근대의 취락 배치도 위에서 제시된 육각형과 유사한 형태를 보이는 것이 존재한다. 이 그림은 저지대 멕시코 마야문명의 주요 취락중의 일부가 육각형의 배치를 보이는 모습을 보여주고 있다.

은 주로 물질자원이 인접한 곳에 그들의 터전을 마련하였다. 그러나 이후의 시대에 이르게 되면 취락의 위치는 자연자원의 분포에 상대적으로 제약을 덜 받게 되고 교역로나 정치적 경계, 행정적 연결망에 더욱 많은 영향을 받게 된다. 물론 이러한 변화는 기념비적 건축물을 축조하고 높은 인구밀도를 유지하며 기타 다른 요소에서 높은 문화적 복합성을 이룩한 사회에서 나타난다. 결과적으로 고고학의 취락패턴 연구는 고대사회의 사회적, 정치적, 경제적 변동의 성격에 관한 귀중한 정보를 제공한다고 할 수 있다.[41]

고고학에서 끊임없는 논쟁중의 하나는 도시화(urbanism)와 국가와의 관계이다.

메소포타미아 문명과 같은 일부 고대문명은 도시에서 출발한 것으로 보이지만 이집트와 같은 문명은 대부분의 시기동안 비도시화의 상태로 남아 있었다. 트리거(Trigger)는 선산업사회의 도시에서 보이는 공통적인 변이에 대한 연구를 통해 다음과 같은 결론을 내리고 있다. 즉 우리는 이러한 도시들을 연결하는 핵심적인 변이를 파악할 수 있고, 이러한 변이들은 서로 복잡하게 결합되어 "선산업사회의 매우 다양한 형태의 도시발달을 형성하게 한다."[42] 트리거는 이러한 변이중에서 특히 중요한 3개의 변이를 다음과 같이 제시하고 있다:

> 1) 도시의 기반이 되는 경제적 복합성의 정도 – 이것은 수공업 생산에서의 노동분화의 정도, 식량생산에 종사하지 않는 비농업인구의 증가……,일상적인 경제적 상호작용에 의해 효율적으로 연결되는 영역의 확대와 인구의 증가에 의해 측정된다……, 2) 도시 거주자의 다양한 식량획득 전략……,3) 도시가 형성되는 정치적 상황.[43]

여기서 제시된 문화적 복합성의 요소들이 대부분 초기 국가의 도시중심지나 의례중심지에서 발견된다고 생각할 수 있지만 실상은 그렇지 않다. 예를 들어 이집트의 소규모 촌락의 고고학자료는 이집트 중앙권력으로부터의 영향력이 미치지 않은 단순한 농촌생활을 반영하고 있다. 그러나 이러한 지역촌락의 자료를 면밀하게 분석하면 전체적으로 국가의 많은 요소를 발견하게 된다. 유물의 양식은 국가의 거의 모든 지역에서 보이는 것이고, 조각된 토제 인장은 왕실과의 관련성을 직접적으로 나타내기도 하며, 교역물품은 국내뿐만이 아니라 국제적인 표준화와 통합을 반영하기도 한다. 이러한 유사한 패턴은 대부분의 초기국가에서 관찰된다.[44]

이상에서 논한 문화적 복합성을 결정하기 위한 고고학적 접근을 요약하면 다음과 같은 몇 가지 증거를 제시할 수 있다. 먼저 문화적 복합성은 건축물, 기술, 고분, 취락의 크기와 위치에서 나타나는 변화를 통해 분석될 수 있다. 그리고 우리는 이러한 복합성의 변화를 에너지의 상이한 수준과 형태의 변화, 정보 이용의 변화, 전반적인 열역학적 변환과 연결시켜 설명할 수 있다.

이 책은 세계 도처의 상이한 문화들이 어떠한 과정을 통해 문화적 복합성을 달성하는가를 살펴볼 예정인데, 이러한 논의는 위에서 논한 다양한 형태의 증거에 기초할 것이다. 그러나 구체적인 내용을 살펴보기 전에 이러한 진화패턴을 설명하는데 수반되는 전반적인 문제를 먼저 짚고 넘어갈 필요가 있다. 문화행위의 기원과 농업경제의 출현을 논했을 때와 마찬가지로, 독립적인 모든 초기국가를 하나의 범주에 포함시킬 수 있는 이론적 틀을 먼저 논하고 다음으로 각 문명의 출현시점과 위치를 살펴볼 것이다.

■ 문명의 진화에 대한 설명 : 동인에 대한 탐색

고고학의 초창기에 대부분의 학자들은 도시와 국가, 기타 문명진화의 기원에 대해 어떠한 설명도 필요하지 않다고 믿었었다. 왜냐하면 이들 초창기 학자들은 문화적 발달이 대부분, 혹은 전적으로 신의 뜻에 의해 이루어진다고 가정했기 때문이다. 그러나 계몽기 이후의 학자들은 진화론적인 틀에 의해 문화적 복합성의 기원을 설명하기 시작하였다. 이들 학자들은 생물세계와 마찬가지로 인간사회의 경쟁은 필수적이며, 유럽인의 문명은 그러한 경쟁을 통한 승리의 결과라고 믿었다.

다윈에 의하면 :

최악의 기후를 지닌 몇 지역을 제외하고는 세계 도처에서 문명화된 국가들이 야만인들의 문화를 대체하고 있다. 이러한 대체는 전적으로 그렇다고 할 수는 없지만 지성의 산물인 예술의 능력 때문에 성공하고 있다. 따라서 문명사회의 건설이란 이러한 자연선택을 통해 점차적으로 완성된다고 볼 수 있다. [45]

존 로커(John Locke)는 북미의 문화를 도덕적이고 철학적인 교훈을 얻을 수 있는 예로 보고 있다 :

아메리카의 원주민문화보다 (유럽의 문화가) 훨씬 우월하다는 점은 누구도 부정할 수 없는 사실이다. 아메리카인들은 비옥한 토지를 가지고 있지만 그들의 생활수준은 실로 비참하기 짝이 없다. 다시 말해 좋은 음식과 의복, 행복의 원천이 될 수 있는 이들의 자연자원은 그 어느 나라 못지 않게 풍부하고 다양하다. 그러나 노동력의 투자를 통해 이들 자원을 이용하는 문화적 기술은 우리 (유럽)의 수준에 도달하지 못하고 있다. 풍부하고 광활한 영토를 가지고 있는 아메리카의 왕은 유럽의 일개 노동자보다 열악한 음식과 의복을 소유하는 비천한 삶을 살고 있다.[46]

심지어 20세기 초에도 많은 학자들은 세계의 문화적 진보는 서구 문화의 등장으로 가능하였다고 믿었다. 다시 말해 중국, 인도, 심지어 아메리카의 고대 도시국가들의 발전은 유럽이나 근동지방과의 접촉을 통해 자극을 받았다고 믿었다. 예를 들어 쏘어 헤이어달(Thor Heyerdahl)*의 탐험은 모든 문명이 근동이나 최소한 구대륙에 기원을 두고 있다는 생각을 더욱 공고하게 다지는 계기가 되었다.

학자에 따라서는 농경의 개시와 문화적 복합성의 등장이 일치한다는 사실이 문화적 진보의 원인에 대한 충분한 설명이 될 수 있다고 믿고 있다. 즉 농경의 시작과 함께 사람들은 정착생활을 하게 되고 충분한 여가시간을 갖게되며, 이는 곧 건축물, 예술, 문자, 도시, 기타 다른 '문명' 요소들의 등장을 촉진하는 계기가 된다고 주장한다. 그러나 이러한 설명은 고고학 자료를 몇 가지만 살펴보아도 문제점을 알 수 있다. 예를 들어 '국가' 단계의 사회로 발전하지 못한 많은 농경집단이 고고학적으로 존재하며, 고대문명중에서 최소한 한 문명(페루지역)은 농업경제를 기반으로 한 것이 아니다. 더구나 세계의 많은 수렵채집인들은 초기 농경민보다 훨씬 넉넉한 여가시간을 가졌다.

문명기원에 대한 기술생태학적 가설

초기 문명의 등장에 대한 분석은 각 문명의 상사성과 상이성에 대한 분석에서 출발해야 한다. 다시 말해 기후, 생태환경, 인구와 같은 요소에서 초기 문명은 어떠한 유사성을 가지고 있는가를 살펴보아야 한다. 이러한 분석을 통해 우리는 왜 메소포타미아, 이집트, 인더스 강, 중국, 메조아메리카, 남미의 안데스 지역에서는 문명이

---

*헤이어달 (1914-2002) : 노루웨이 태생의 유명한 고고학자이자 탐험가. 남아메리카 원주민의 기원과 이주를 밝히기 위해 태평양과 아프리카의 많은 지역을 탐험하였다.

발달하게 되고, 이에 비해 호주, 폴리네시아, 캘리포니아, 일본, 스코틀랜드와 같은 지역에서는 초기 문명이 등장하지 않았는지를 설명할 수 있을 것이다.

만약 초기 고대문명에 관한 고고학적 지식이 전혀없는 사람이 이들 고대 문명을 비교하게 되면 문명의 기원문제를 연구했던 줄리안 스튜어드나 차일드(V.G. Childe), 기타 수많은 고고학자들을 매료시켰던 한 가지의 동일한 사실에 놀라게 될 것이다.[47] 즉 대부분의 고대문명은 유사한 자연환경을 가지고 있으며 유사한 경제방식에 기초하고 있다는 점이다. 대부분의 고대국가와 제국은 건조하거나 반건조의 환경에서 등장하였다. 즉 이들 지역에서는 보리와 밀과 같은 작물이 다른 초목과의 경쟁이 없이 쉽게 재배될 수 있고, 관개수로, 계단식 농법, 늪지에서의 농경지의 축조, 기타 농경방식에 의해 농업생산의 집약화가 쉽게 이루어질 수 있는 곳이다.

문화 복합성의 첫째 요소가 일단 등장하게 되면 이러한 고대사회가 점차 복잡해지리라는 사실은 누구나 쉽게 짐작할 수 있을 것이다. 예를 들어 강력한 족장이 성공적인 정복활동을 통해 메소포타미아와 같은 기름진 광활한 영토를 정복하게 된다면 이후 그는 국가단계의 왕이 될 수 있을 것이다. 그리고 하나의 도시가 그릇과 식량의 생산 및 분배체제를 갖추게 되면 이러한 행정체계를 이용하여 어로자원, 맥주, 경작체제, 세금징수를 손쉽게 할 수 있을 것이다. 또한 부장품을 갖춘 최초의 왕실 무덤이 축조되게 되면 거대한 피라미드의 축조도 그다지 어려운 일이 되지 않는다.

그러나 자급자족과 평등이라는 강력하고도 실제적인 전통을 지녔던 초기 농업사회가 무엇 때문에 불평등이라는 되돌릴 수 없는 사회체제로 변하게 되었을까?

상술한 바와 같이 초기 농경은 거의 모든 복합사회의 발판이 되기는 하지만 그 자체만 가지고는 충분한 설명이 될 수 없다. 따라서 복합사회의 기원에 관한 대부분의 연구는 농경 패턴과 다른 요소들의 접목을 통해 이루어져야 한다. 인류학자 아텐스(J. Athens)는 농경을 인위적으로 생태계를 유지하기 위한 시도라고 보고 있다. 또한 그에 의하면 건조나 온대지대와 같은 기후에서는 농경체계를 유지하기 위해 필요한 경작행위와 관개시설, 기타 행위등에 투자해야 하는 비용이 너무 크기 때문에 "그렇게 해야할 절대적인 필요가 없다면 좀 더 집약적인 농경 생산의 형태가 발전하거나 채택될 가능성이 희박하다".[48] 아텐스는 〈이스터 보세럽〈Ester

Boserup) 이 주장했던 것처럼)[49] 농경체계를 유지하기 위한 절대적 필요는 인구와 이용 가능한 식량공급 사이의 불균형에서 찾아야 한다고 주장하고 있다.

건조지대와 온대지대의 연중 농경 생산성은 작물의 질병, 기후, 기타 다른 요소 때문에 상당히 다양하게 나타난다. 그리고 안정적이고 생산적인 농경을 하기 위해서는 잡초 제거, 농경지의 평탄화작업, 관개시설의 축조, 기타 다양한 작업에 많은 노동력을 투자해야 한다. 농경지역에서 작물의 성장기는 기후에 의해 많은 제약을 받게 되고, 따라서 "농경은……연중 노동력을 균등하게 분산하여 풍성한 수확을 얻을 수 있는 방식으로 행해질 수 없다."[50] 예를 들어 빈약한 수확을 피하기 위해서는 매년 봄에 다양한 행위가 이루어져야 한다. 아텐스에 의하면 이러한 상태에서는 일련의 복잡한 문화적 행위에 대한 선택적 압력을 받게 된다. 예를 들어 농경지의 증가를 통해서 홍수나 기타 재앙으로 인한 위기를 극복할 수 있을 것이다. 또한 개인과 마을은 생산의 효율성을 높일 수 있는 교역이나 수공업의 생산에 집중할 수도 있을 것이다. 아마도 이보다 더욱 중요한 것은 위계적 행정제도를 발전시켜 작업과 생산이 더욱 효율적으로 이루어지도록 하는 방법이다.

복합사회의 기원론에 관한 많은 이론들은 농경의 집중화와 인구 증가를 결합시키고 있다. 그렇다면 무엇이 인구의 증가를 야기하는가? 인구 증가의 직접적인 원인은 잘 알려져 있지만 더 중요한 질문은 모든 초기문명에서 보이는 인구 밀도와 전체 인구수의 점진적인 증가의 원인과 결과가 무엇인가이다. 조지 코길(George Cowgill)은 문화 진화에 대한 많은 연구들이 다음과 같은 가정에 근거하고 있다는 사실을 지적하고 있다. 즉 인간역사의 보편적이고 강력한 요소는 중요 자원이 심각한 결핍에 도달할 때까지 인구 증가가 발생하고, 그러한 결핍의 경험이나 예상은 농업생산의 집중화와 기타 기술적·사회적 혁신을 자극하는 중요한 요소가 된다는 점이다. 간단히 말해 복합사회와 문명의 전반적인 발전사는 끊임없는 인구의 증가에 의해 야기되는 각종 문제에 대처한 결과 – 발전과정에 관한 기아(飢餓)론적 견해[51] – 라고 해도 과언이 아니다.

이러한 설명은 상당히 매력적인데, 왜냐하면 역사적으로 볼 때 인구 증가와 문화적 복합성 사이에는 높은 상관관계가 있기 때문이다. 그러나 인구 성장과 문화적 복합성은 직접적인 인과관계중의 하나가 되지 않을 수도 있다. 왜냐하면 상관관계가 반드시 인과관계를 증명하는 것은 아니기 때문이다. 더구나 어떤 의미에서 서로 간에 인과관계를 보인다 하더라도 인구증가가 문화진화를 야기했다기보다는 복합 사회의 진화가 인구 밀도의 증가를 야기할 수도 있기 때문이다. 경험론적으로도 인 구 증가가 복합사회의 진화를 야기했다는 주장에는 약간의 문제가 있다. 예를 들어 모든 인류사회는 인구 증가를 통제하기 위해 이주, 낙태, 유아살해, 혼인 제도, 피 임기술과 같은 다양한 인구통제장치를 발전시켜 왔다. 따라서 고대인들은 문화적 복합성을 '발명'하기 위한 스트레스보다는 인구 조절을 요하는 과잉 인구로 인해 스트레스를 더 받았을 확률이 높다.[52]

최근의 급격한 출산율의 저하는 식량의 부족이나 피임기술의 발전 때문이 아니 라 여성 교육수준의 향상, 사회적 이동성의 향상, 도시화의 진전, 여성의 사회참여 와 같은 복합적인 요인 때문이라는 점을 주목할 필요가 있다. 즉 남편에 대한 여성 의존도의 감소와 부양해야 할 자식으로부터의 해방이 인구의 급격한 감소이유라 고 할 수 있다.

그러나 이러한 요소들이 인구 감소로 전환되는 실질적인 인과론적 메카니즘은 명확하지 않다. 어쨌든 현재까지의 추세로 볼 때 생물학적으로 가능한 비율로 인구 가 증가했다는 증거는 전혀 없다. 만약 5,570년전의 세계인구가 천명 정도이고 그 때 이후로 연 인구증가율이 천 명당 4명이라고 한다면(상당히 적절한 증가율) 오늘 날의 인구는 7조에서 8조에 이를 것이다. 분명히 과거의 인구수는 상당히 엄격한 자연적·문화적 통제하에 있었음을 알 수 있다. 인구증가를 문화적 복합성의 증가 와 연결시킬려면 이와 관련되는 또 다른 요소나 변이를 찾아야 하며, 이러한 변수 들이 서로 어떻게 연결되는가를 설명할 수 있어야 한다.

그러나 아래에서 제기되는 문화진화에 관한 모델의 대부분은 상대적으로 간단 한 예이고, 대부분의 학자들은 이러한 모델을 아직도 불완전한 가설로 간주하고 있 다는 점을 명심할 필요가 있다.

관개농경과 복합사회의 등장　아마도 고대 문명의 가장 명백한 공통분모는 대단 위의 관개 체계라고 할 수 있을 것이다. 오늘날에도 메소포타미아, 페루, 기타 다른 대부분의 초기 국가가 등장했던 지역에 대한 항공촬영을 하게 되면 이러한 고대의 광활한 관개농경의 흔적을 쉽게 발견할 수 있으며, 하와이와 북미 남서부 같은 지역의 "족장사회"에서도 유사한 관개시설이 축조되었다. 이러한 사실에 근거하여 일부 학자들은 광범위한 관개시설의 축조와 운영이야말로 복합사회 기원의 핵심이라고 주장하고 있다. 이러한 견해의 대표적인 학자는 카알 비트포겔(Karl Wittfogel)인데 그의 동양적 전제주의(Oriental Despotism)는 비교 역사와 사회학적 분석의 기념비적 개념이 되었다.[53]

비트포겔에 의하면 농경에 영향을 미치는 요소는 토양, 기후, 물의 가용성이다. 이중에서 물은 가장 쉽게 조절할 수 있는 요소이지만 물의 무게와 물리적 특성은 이러한 조절을 어렵게 한다. 농경지에 물을 끌어오기 위해서는 관개시설, 댐, 배수시설이 필요하지만 이러한 시설의 축조는 많은 노동력을 효율적으로 조직해야 가능하다. 그리고 관개시설이 일단 축조된 후에도 운영하고 유지하기 위해서는 엄청난 양의 노동력과 자원의 투자가 계속적으로 요구된다. 더구나 관개시설의 축조와 보수, 물의 배분, 농작물의 수확과 저장에는 중요한 의사결정이 이루어져야 하기 때문에 복잡한 행정조직과 의사결정체계가 필요하게 된다. 따라서 고대의 복잡한 관개시설의 축조는 집단의 협동과 중앙집권화된 의사결정 조직이 필요하게 된다.

또한 관개시설은 복합사회 발전의 또 다른 요소인 경제적 부와 신분의 차이를 야기할 수 있는 내재적인 특성을 지니고 있다. 예를 들어 주요 하천에 근접한 농경지는 배수와 관개의 이점을 가지고 있으며 더 높은 자연적 생산성을 갖추고 있다. 따라서 이러한 농경지의 소유는 즉각적인 경제적 부의 원천이 될 수 있을 것이다. 유사한 이치로 의사결정체계에 있어서 엘리트는 경제적 부와 신분을 획득할 수 있는 유리한 위치를 차지할 수 있을 것이다. 비프포겔에 의하면 관개농경사회는 이 외에도 복합사회의 발전에 지대한 영향을 미칠 수 있다. 관개농경은 문자와 달력의 발전을 야기할 수 있고, 이는 곧 연중 범람기간, 농업 생산량, 식량 비축량, 물의 배분 등을 기록할 수 있다. 또한 관개시설의 축조로 인해 도로, 궁궐, 사원의 축조도 촉진될 수 있는데, 왜냐하면 관개시설을 축조하기 위한 노동력의 동원은 이러한 건축물의 축조를 용이하게 할 수 있고, 도로는 농작물의 이동과 전체 사회의 효율적인 작동을 위해 요구되는 전달체계의 발전을 촉진시킬 수 있기 때문이다. 사원과 궁전의 축조도 위계조직을 강화하는데 도움이 된다. 관개농경의 시작은 관개시설을 관리하는 병력이나 방어시설의 등장도 야기할 수 있는데, 왜냐하면 관개시설은 매우 귀중하지만 움직일 수 없는 시설이어서 방치하거나 외부의 공격을 받게되면 쉽게 파손될 수 있기 때문이다.

비트포겔의 관개가설은 아직도 일부 학자에게 지지를 받고 있지만 문화진화에 대한 일반모델로서는 논리적이고 경험적인 문제를 내포하고 있다. 예를 들어 세계의 일부 단순사회에서는 전제적 행정체계나 복잡한 사회발전을 이루지 못한 상태에서도 광범위한 관개농경을 시행하고 있다.[54] 비트포겔 이론의 더 큰 결정적인 문제는 기념비적 건축물, 도시화, 기타 다른 문명 발달의 증거가 등장하기 전이나 비슷한 시기에 복잡한 관개 농경이 이미 실시되었음을 보여주는 고고학적 증거의 부재이다. 이러한 고고학적 증거의 부재는 남서부 아시아나 기타 복합사회가 독자적으로 일찍 등장했던 사회에서 찾을 수 있다.

그러나 관개시설에 대한 편년의 어려움, 영성한 고고학적 자료, 기타 여러 문제에도 불구하고 관개농경이 초기 복합사회의 진화에 어떠한 영향도 미치지 않았다고 단정 할 수는 없다.

전쟁, 인구증가, 환경의 포위   그리스의 철학자 헤라클리투스에 의하면 "전쟁은 삼라만상의 아버지이다." 따라서 세계 도처에서 빈발하는 전쟁에 착안하여 많은 학자들이 전쟁을 인구 증가의 자연적 부산물로써 문화진화를 촉진하는 매개로 간주하는 것은 놀라운 일이 아니다. 영화 '세 번째 인간(The Third Man)'에서는 오슨 웰리스(Orson Welles)가 전후 비엔나에서 자신의 폭리를 정당화면서 조세프 코튼(Joseph Cotton)에게 다음과 같이 말하고 있다. "보르지아(Borgias) 통치하의 30년 동안 이태리인들은 전쟁, 테러, 살인, 유혈 참사를 겪었지만 그들은 미켈란젤로, 레오나르도 다 빈치, 르네상스를 얻을 수 있었다. 이에 비해 스위스인들은 민족에 대한 사랑을 가지고 있었으며 500년에 걸친 민주주의와 평화를 누릴 수 있었다. 그러나 그들은 결국 무엇을 얻었는가? 그들이 얻은 것은 오직 뻐꾸기 시계뿐이었다."

웰리스는 인간의 경쟁이 문화 진화의 강력한 엔진이 될 수 있다는, 그리 유쾌하지는 않은 사실을 말하고 있다. 실제로 어떤 고대국가도 – 멕시코, 중국, 수메르, 페루를 포함하여 – 치열한 분쟁과 전쟁을 겪지 않고 등장한 경우는 없다.

왜 이러한 현상이 일어나는가? 도대체 왜 '자연선택'은 분쟁을 해결할 수 있는 행정기구를 소유한 문화를 선호하지 않는가? 왜 관개시설을 축조하고 대학을 설립하고 세계평화를 위해 매진하는 공동체는 경쟁의 이점을 가지지 못하는가?

데스몬드 모리스(Desmond Morris), 리차드 아드레이(Richard Ardrey) 등의 학자들에 의하면 이것은 인간의 염색체속에 깊게 내재된 경쟁이나 폭력의 속성때문이라고 한다. 그러나 대부분의 학자들은 전쟁을 유전적인 속성이라고는 믿지 않는다. 오히려 전쟁이란 환경과 문화적 상태에 의해 유발되는 일종의 문화적 행위라고 믿는다.

인류학자 로버트 카네이로(Robert Carneiro)는 세계 대부분 지역의 초기 고대 문명의 주요 등장원인을 전쟁에서 찾고 있다. 그러나 그에 의하면 :

전쟁만을 유일한 요소로 간주할 수는 없다. 국가가 등장하지 않은 많은 지역에서도 전쟁은 발생했다. 그래서 전쟁은 국가 등장의 필요조건은 될 수 있을지 몰라도 충분조건은 아니다. 이를 다른 식으로 표현하면 전쟁이 국가 형성의 메카니즘이라고 할 수 있을지라도 우리는 동시에 그러한 메카니즘이 발생하는 구체적인 상태를 분석할 필요가 있다. [55]

카네이로는 전쟁과 관련하여 복합사회 형성의 두 가지의 필수적인 조건인 인구압과 환경적 포위개념을 제시하고 있다. 그는 인간사회의 인구밀도가 수 천년에 걸쳐 세계의 많은 지역에서 증가하고 있지만 오로지 환경적으로 특수한 지역에서만 인구 성장이 전쟁과 결합되어 고도의 복잡한 고대문명을 창출하는 요인이 된다는 점을 주목하고 있다. 이러한 환경지대는 사막, 산맥, 바다와 같이 상대적으로 생산성이 낮은 지대에 '포위되어 있거나 (circumscribed)' 둘러싸여 있는 매우 비옥한 지대이다. 이러한 포위된 환경지대의 예로서 카네이로는 페루의 해안지대를 들고 있다. 페루에는 안데스 산맥에서 발원한 약 78개에 달하는 강들이 장장 80km에 이르는 세계에서 가장 건조한 사막지대를 거쳐 바다로 흘러 들어간다. 페루의 강 연안에는 비옥하고 관개가 용이한 긴 대지가 형성되어 있지만 사방에는 사막, 산, 혹은 바다로 둘러 싸여 있다. 카네이로는 이와 유사한 환경상태가 메소포타미아, 이집트, 기타 다른 고대 문명의 발상지에도 나타난다고 주장한다.

카네이로의 연구에 의하면 비옥한 강연안 지대에 최초의 농경행위가 시작되면 소규모의 자율적인 촌락공동체가 자리를 잡게 된다. 이러한 상태에서 인구는 서서히 증가하게 되고 인구의 증가와 함께 마을내의 갈등과 농경지에 대한 부족이 발생하게 된다. 급기야 마을의 일부 사람들은 인근의 새로운 지역으로 이주하여 새로운 촌락을 형성하게 된다. 이 단계에서 발생하는 이러한 이주는 별 문제없이 이루어지게 되는데, 왜냐하면 아직 인근지역에는 개척할 수 있는 농경지가 있고 계단식 경작이나 관개 농경에 대한 투자 부담이 적기 때문이다. 결과적으로 촌락의 수는 촌락의 크기보다 훨씬 빠르게 증가하게 되고, 모든 마을들은 정치조직과 사회조직에서 여전히 비슷한 수준을 유지하게 된다.

그러나 계속적인 인구 증가와 촌락의 확산 때문에 어느 시점에 이르게 되면 관개와 개척이 가능한 모든 땅들이 점유되고, 인구증가는 식량의 공급을 급속히 초과하기 시작한다. 이 단계에 이르게 되면 페루의 초기 농경민들은 바다나 사막으로 이주를 할 수 없고 산을 쉽게 개간할 수 없기 때문에 집약적인 농경을 시도한다. 이들은 계단식 농경과 관개 농경을 실시하여 인구 증가의 문제를 해결하고자 한다. 그럼에도 불구하고 어느 순간 이들은 전형적인 멜더스의 딜레마에 봉착하게 된다. 즉 식량의 공급은 늘릴 수 있지만 인구 증가만큼 빠르게 늘릴 수는 없다. 카네이로는 이 시점에 이르게 되면 사람들이 생존의 유일한 대안으로서 전쟁에 눈을 돌리게 된다고 결론을 짓는다. 가장 극심한 식량부족을 느끼는 마을은 인근의 가장 약한 마을을 공격하게 되고, 승자는 패자의 땅과 수확물을 착취하게 된다. 전쟁에서 살해되지 않은 정복민은 이제 새로이 이주할 땅이 없고, 농경생활에 이미 익숙해져 있기 때문에 고지대로 이주할 수도 없다. 그들은 승자의 마을로 강제 편입되어 노예나 장인이 되거나, 소비를 줄이고 생산을 더욱 집중화하여 많은 세금을 승자에게 납부해야 하는 농노로 전락하게 된다.

이러한 일련의 과정은 세금징수와 노예를 통제할 수 있는 제도화된 관료주의를 낳게 되고, 관료제도의 확립은 경제적 부와 신분의 차이를 확대시키게 되는데 예를 들어 가장 성공한 군대의 지휘자는 행정의 우두머리가 된다. 더구나 패배한 촌락의 사람들은 낮은 지위로 편제되고, 따라서 전쟁이 심화됨에 따라 사회의 계층화도 가속화된다. 카네이로는 강 연안의 모든 세력이 하나의 통합된 조직으로 편제될때까지, 즉 국가의 단계에 이를 때까지 전쟁이 계속된다고 주장한다. 결국 계속되는 인구 압력 때문에 모든 강 연안의 세력이 하나의 거대한 중심세력에 의해 통합될 때까지 이러한 국가들은 계속해서 서로 전쟁과 경쟁을 하게 된다.

카네이로는 이러한 발달과정을 보여주는 전형적인 예로써 고대의 페루를 제시하고 있지만 그에 의하면 이러한 발달과정을 초기 문명이 발전한 대부분의 다른 지역에도 적용될 수 있다.

카네이로의 이론은 <그림 7.4.>에 도식화되어 있는데, 그의 이론은 두 개의 '인과적(causal)' 요소에 기인하고 있다 : 1) 초기 농경사회의 끊임없는 인구 증가는 식량생산의 증가를 계속적으로 야기하게되고, 2) 전쟁은 이러한 상태에서 발생가능성이 가장 높은 해결책이다.

그러나 많은 고대사회는 인구와 자원간의 균형을 유지하기 위해 노력하기 때문에 인구 증가를 당연한 현상으로 간주할 수는 없다. 다시 말해 고대사회가 농경의 집약화나 전쟁으로 인구압력을 해소하기 전에 왜 자체의 인구증가를 조절하지 않았는가를 입증할 수 있어야 한다. 따라서 카네이로의 가설이 입증되기 위해서는 이러한 예상된 인구 증가율을 촉진했거나 허용해야만 했던 다른 사회적 요소를 설명해야 한다.

카네이로의 모델을 재평가한 데이비드 웹스터(David Webster)는 초기 국가의 등장에 있어 전쟁의 주요한 역할이란 초기 족장사회의 조직원리인 친족관계를 해체했다는 점에서 찾아야 한다고 주장하고 있다.[56) 그에 의하면 족장의 권력과 권위는 재분배경제의 수장이라는 역할과 맞물려 있고, 만약 족장이 부를 독점하고 구성원을 착취하게 되면 구성원의 지지를 잃게 되기 때문에 국가 단계의 사회로 발전하지 못하게 된다. 웹스터에 의하면 전쟁은 족장사회를 안정적인 사회정치적 상태로 유지하게 했던 수많은 내적 조건을 무력화시킴으로써 국가단계의 사회로 발전할 수 있는 유리한 환경을 조성하게 하는 요인이다. 안정적인 군사력을 가진 족장은 계속되는 전쟁에서 선택적 이점을 갖게될 것이고, 이는 곧 강자와 약자를 양산하게 된다. 또한 전쟁을 승리로 이끈 족장은 전리품의 획득을 통해 다른 사람보다 훨씬 많은 부를 축적할 수 있을 것이다.

카네이로의 모델을 고고학적으로 검증하기란 쉬운 일이 아니다. 예를 들어 인구성장, 전쟁, 그리고 문화변동사이의 내적 관련을 분석하기 위해서는 전쟁관계에 대

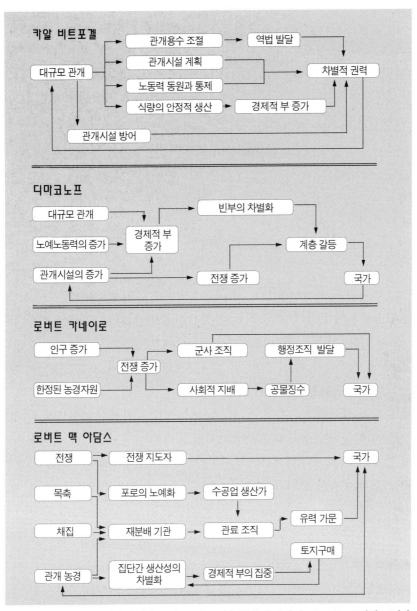

카알 비트포겔

대규모 관개 →
- 관개용수 조절 → 역법 발달 →
- 관개시설 계획 →
- 노동력 동원과 통제 →
- 식량의 안정적 생산 → 경제적 부 증가 →
- 관개시설 방어 →

차별적 권력

디마코노프

- 대규모 관개 →
- 노예노동력의 증가 →
- 관개시설의 증가 →

경제적 부 증가 → 빈부의 차별화 → 계층 갈등 → 국가

전쟁 증가 → 계층 갈등

로버트 카네이로

- 인구 증가 →
- 한정된 농경자원 →

전쟁 증가 →
- 군사 조직 → 행정조직 발달 → 국가
- 사회적 지배 → 공물징수 → 국가

로버트 맥 아담스

- 전쟁 → 전쟁 지도자 → 국가
- 목축 → 포로의 노예화 → 수공업 생산가
- 채집 → 재분배 기관 → 관료 조직 → 유력 가문
- 관개 농경 → 집단간 생산성의 차별화 → 경제적 부의 집중 → 토지구매

7.4 문화적 복합성의 진화에 관한 모델들. 이 그림을 통해 헨리 라이트(1977)는 국가와 도시화의 기원에 관한 모델 중에서 가장 중요한 가설적 인과관계를 설명하고 있다.

한 고고학적 증거를 반드시 찾아야 하며, 이것이 인구밀도의 증가와 이에 따른 자원의 압박과 관련된다는 점을 증명해야 한다. 만약 카네이로의 모델이 정확하다면 복합사회는 제한된 환경지대에서 인구증가가 지속적으로 발생한 후에 등장해야 한다. 또한 기념비적 건축물, 관개시설, 도시화, 계단식농경, 기타 많은 문명의 요소들은 인구밀도가 최정점에 도달했을 때 나타나야 하며, 이러한 요소들은 방어시설물, 대규모의 무덤군, 화재취락, 살상용 무기의 존재, 기타 많은 종류의 갈등관계를 보여주는 증거들과 시공간적으로 공반관계를 보여주어야 할 것이다.

카네이로의 모델은 수많은 고고학적 연구의 발전에 기여했으며,[57] 다양한 문화에 적용할 수 있는 것으로 생각된다.[58] 그러나 현대고고학에서는 초기국가의 기원 연구에 가장 중요한 변이를 단지 인구나 물리적 환경, 전쟁요소에서 보다는 사회정치적 요소에서 찾는 경향이 두드러지고 있다.

<u>마르크스주의와 유물론적 설명</u>   마르크스의 유물론이 발표된 이후 마르크스주의자들은 유물론이 문명의 기원에 대한 적절한 설명이 될 수 있다는 점을 강력히 주장해오고 있다. 이 점은 카알 마르크스의 무덤에서 엥겔스가 단언했던 다음과 같은 내용에 잘 반영되어 있다. "다윈이 생물세계의 진화법칙을 발견했다면 마르크스는 인간역사의 진화법칙을 발견하였다."[59]

세계 도처의 사회주의 국가의 붕괴와 마르크스의 경제적 분석이 모호한 정치논쟁과 뒤섞여 있음에도 불구하고 사회체계의 분석에 마르크스만큼 영향력을 끼친 학자도 없다. 마르크스주의의 핵심은 여전히 문화진화의 역사적 본질에 대한 가장 정확하고 혁명적인 것이기 때문에 여기서 다시 한번 정확하게 살펴 볼 필요가 있다 :

생산물의 사회적 생산에 있어서 인간은 그들의 의지와 상관없이 서로간에 필연적인 관계(즉 생산력의 발달에 있어서 필연적인 생산관계)를 맺게된다. 이러한 생산관계의 총체는 법률적 · 정치적 상부구조의 기반이 되고, 사회적 자각의 명확한 형태인 사회의 경제구조를 형성하게 된다. 물질 생산물의 생산양식은 일반적으로 사회적 · 정치적 · 정신적 생활과정을 한정시킨다. 인간의 존재를 결정하는 것은 인간의 자각이 아니라 오히려 그들의 자각을 결정하는 그들의 사회적 존재이다. 발전상의 특정 단계에서 사회의 물질적 생산력은 현존하는 생산관계, 혹은 동일한 물질에 대한 법적 표시라 할 수 있는 것(기존에 형성된 소유관계)과의 충돌을 빚게 된다. 이러한 사회적 관계는 생산력 발달의 한 형태에서 생산력 발달을 구속하는 요인으로 변하게 된다. 이러한 상태는 곧 사회적 혁명을 야기하게 된다. 경제구조의 변화와 함께 사회전체의 거대한 상부구조는 천천히 혹은 급속하게 변형된다. 이러한 변형에 대한 연구에 있어서 우리는 생산에 필수적인 경제적 조건에서의 물질적 변형(자연과학의 발전과 함께 확립될 수 있는 것)과 갈등관계를 인식하고 투쟁할 수 있는 사법적·정치적·종교적·예술적·철학적인 형태, 즉 이념적인 형태의 변형을 구별할 수 있어야 한다. 우리가 한 개인의 관점에서 그 개인의 존재가 무엇인가에 대해 집착하면 그러한 변형기를 자각할 수 없다. 오히려 인간은 물질세계의 모순, 즉 사회적 생산력과 생산관계 사이의 갈등을 통해 이러한 자각을 설명해야 한다.[60]

마르크스는 계속해서 다음과 같이 말하고 있다:

생산력의 발전이 이루어지기 전에는 어떠한 형태의 사회구조도 결코 사라지지 않는다. 그리고 그들 자신의 물질적 상태가 현 사회의 복잡한 체계에서 성숙되기 전에는 더 고차원적이고 새로운 사회관계는 결코 성립되지 않는다……거시적으로 볼 때 아시아, 고대, 봉건시대, 그리고 근대 자본주의의 생산양식은 각각의 사회적 경제형성에서 발전적인 획기로 볼 수 있다. 자본주의적 생산관계는 생산의 사회적 과정에 대한 마지막의 대립적 형태이다…… 따라서 이러한 사회적 형태는 인류 선사시대의 종말을 야기하게 된다.[61]

복합사회의 총체적 역사라는 측면에서 이러한 진술이 의미하는 바는 수많은 도서관을 채우고 있는 많은 저서에서 나타나고 있으며, 마르크스의 기본 명제는 계속적으로 재해석되고 있다. 아직도 많은 사람들은 역사의 진보에 관한 마르크스의 사상을 받아들이고 있으며, 실제로 그의 사상의 일부는 충분한 설득력을 가지고 있다.

그러나 마르크스 자신은 복합사회의 기원에 대해 구체적인 설명을 거의 제시하지 못하고 있다. 그의 주요 관심은 자본주의의 문제점과 봉건주의에서 자본주의로의 전환과정을 상세하게 제시하는 데 있었다. 이러한 문제점들은 마르크스의 추종자 엥겔스와 레닌, 최근에는 스트로브(V. V. Streuve)와 디아코노프(I. Diakonov)에 의

해 더욱 구체적으로 연구되고 있다.[62]

상기한 학자들에 의하면 농경이 발명되기 이전의 모든 사회는 계층이 없고 모든 물자는 공유되었으며, 모든 사람들은 사회적으로 평등한 관계를 가졌다고 주장한다. 그러나 점차적으로 동물의 사육과 농경생활이 시작되면서 점점 일부 사람들이 농경사회의 부의 원천이라고 할 수 있는 토지를 더 많이 통제하게 된다. 이러한 일부 특권층은 토지의 통제를 통해 다른 사람들을 노예화시켜 자신들의 농토를 개간하는데 동원하게 된다. 지배계층은 점차 그들의 경제적·정치적 기득권을 합리화시키고 영구화시키기 위해 국가와 법, 교회를 발전시킨다. 이제 국가라는 시스템은 노동자를 통제하고 억압하기 위해 엘리트들에 의해 창출된 착취 메카니즘으로 기능하게 된다. 마르크스는 "가치에 대한 노동이론(labor theory of value)"을 선포하게 되는데, 즉 자본가는 노동자가 창출한 생산물 가치의 극히 일부를 지불하고 나머지 모두를 착취한다는 것이다.

마르크스 이론에 의하면, 사회경제적 계층과 착취체계에 근거한 모든 경제 체계는 그 자체로 붕괴의 씨앗을 잉태하고 있다. 왜냐하면 일반적으로 경제적 부를 창출하는 수단은 기술적으로 계속 향상될 수밖에 없고, 특정 단계에 이르면 이러한 생산수단을 통제하는 사회체계를 앞지를 수 있기 때문이다. 따라서 노예사회는 궁극적으로 봉건사회에 밀리게 되고 마침내 공산주의 사회가 자본주의 사회를 대체하게 된다.

디아코노프는 오늘날 가장 탁월한 전형적인 마르크스주의 고고학자이다. 그는 근동지역의 국가 기원에 대한 모델(그림 7.4)을 다음과 같은 가정에 근거하고 있다. 즉 경제적 부의 차이는 필연적으로 발생하게 되고, 이러한 부의 차이가 일단 생성되면 사회경제적 계층사이의 대립이 형성되어, 결국 지배계층의 독점적 권리와 이득을 향상시키고 보호하기 위해 국가가 발생한다는 것이다.[64]

경제학자를 위시한 많은 학자들이 마르크스 사상의 다양한 문제점을 제기했지만 근동과 이집트 지역의 고대사회에서 보이는 증거는 마르크스주의에 근거한 사회복원이 일면 타당하다는 점을 보여준다. 즉 이들 지역에서 경제적 부의 차이는 일찍부터 눈에 띄게 발달하였고 마르크시즘의 근간인 노예제도, 집합적 노동력, 전쟁, 관개제도, 교역체계가 존재하였다. 그러나 이러한 사실은 마르크시즘이 정확하거나 완벽하다는 점을 의미하는 것은 아니다. 마르크시즘의 근간은 초기 기록에 기반을 두고 있고 근동 지역 고대국가의 일부 형태는 최초로 문자발명이 이루어지기 수 백년전에 이미 나타났다. 따라서 문자 기록은 단지 복합사회의 기원에 관한 단편적인 증거라고 할 수 있다. 더욱 중요한 사실은 고고학적 증거로 마르크시즘의 핵심을 증명하기가 어렵다는데 있다. 문자기록이 존재하지 않는 상태에서 우리는 계층갈등이나 노예제도를 완벽하게 설명할 수 없으며, 가치의 노동이론, 경제와 사회적 상관관계 사이의 대립관계와 같은 마르크시즘의 핵심요소는 그 자체가 고고학적 연구의 한계를 뛰어 넘는 추상적 개념이다. 그러나 자가렐(Zagarell)은 근동지방의 기록에 근거하여 최초의 본격적인 문자가 쓰여질 때쯤이면 마르크시즘의 핵심적 주장과 문자기록을 통하여 알 수 있는 재산권, 여성권리 등의 요소 사이에 일부 상관관계가 존재한다는 점을 보여주고 있다.[65]

또 다른 연구자들은 마르크스주의의 시각에서 고대 교역을 논하고 있다. 예를 들어 키프와 쇼츠만(Kipp and Schortman)은 일부 초기국가 형성의 중요한 요소가 초기 족장사회에서 위신재가 가졌던 영향을 붕괴시킨다고 주장하고 있다. 족장사회에서 엘리트와 일반인들과의 개인적 관계는 매우 중요한 요소이지만, 시장경제가 발전함에 따라 족장을 위시한 엘리트들은 이러한 시장을 통제하기가 점점 어렵게 된다. 다시 말해 "이윤추구가 최대의 목적인 시장에 의해 통치기반이 흔들릴 때 체제전환에 대한 정치적 필요성은 군사력 증강못지 않게 통치자에게 필수적인 현안으로 다가온다. 경제적 착취는 전제정치와 결합하게 되고 이에 따라 국가가 탄생하게 된다."[66]

마빈 해리스(Marvin Herris)의 모델은 많은 학자들에 의해 비판받고 있지만 해리스는 고고학적으로 검증이 가능한 모델을 만들기 위해 마르크스의 이론과 비트포켈, 카네이로와 같은 학자의 이론을 결합하고 있다.[67]

해리스는 신세계의 농업혁명이 늦은 이유를 대형 사육동물의 부족에서 찾고 있다. 따라서 신세계와 구세계의 사회는 복합사회로 전환하는 기본적 토대가 서로 다르다고 할 수 있다. 그러나 해리스는 두 대륙에서 낮은 인구밀도를 유지할 수 있는 보편적인 방법은 전쟁이라고 주장한다. 그에 의하면 전쟁은 여러 가지 측면에서 초기 농경민의 인구조절에 영향을 미친다. 남성 중시사회에서 전쟁은 여아 살해와 어린 소녀들의 영양 결핍을 야기하게 되고, 결국 인구 증가율을 억제하는 기능을 한다. 또한 마을내 구성원 사이와 마을간의 갈등은 일부 구성원의 장거리 이주를 야기함으로써 마을의 분산을 촉진하게 된다.

해리스의 주장에서 가장 중요한 전환점은 족장의 출현인데, 족장은 대인(big man)'으로서 공동체내에서 지식과 경험이 가장 풍부하고 영향력이 있는 연장자라고 할 수 있다. 대인은 세 가지 측면에서 복잡한 행정의 대표로써 역할을 수행한다. 즉 대인은 생산을 집중화하고 수확물과 교역물의 분배를 담당하며 전쟁이나 교역에서 중심적 역할을 수행한다.

해리스에 의하면 단순

족장은 최초의 증강자 – 재분배자 – 전사로서의 복잡한 기능을 수행한다. 생산이 집중화될수록 재분배와 교역물이 많아지고 인구가 증가하며 전쟁이 빈번해지며 족장의 가계가 더욱 복잡하고 강력해진다. 모든 조건이 동일하다면 모든 그러한 사회는 대칭적 재분배 형태(생산자가 자신이 생산하는 모든 물자를 소유하는 형태)에서 비대칭적 형태(재분배자가 더 많은 것을 갖는 형태)로 바뀌게 된다. 결국 계속적으로 축적된 잉여생산물은 족장으로 하여금 그의 추종자들을 더 집약적인 생산을 하도록 강제하는 물질적 수단이 된다.[68]

만약 이러한 족장사회의 발달과정이 정확하다면 왜 에스키모 사회에서는 족장이 출현하지 않았을까? 또 왜 멜라네시아에서는 족장이 출현했지만 족장단계의 사회에서 더 이상 발전하지 못했고, 근동과 다른 많은 지역에서는 족장사회가 그렇게 빨리 연맹체적 국가로 발전하게 되었을까?

해리스는 이러한 문제를 해결하기 위해 인구, 경제, 환경, 기술이라는 기본적 요소에 눈을 돌리게 된다. 그에 의하면 족장이 등장하고 빠른 시일내에 국가와 제국으로 발전하기 위해서는 에너지의 적절한 이용이 동반되어야 한다. 즉 얌과 감자류는 보관하기가 어렵고 수확기간이 다양하기 때문에 빈약한 에너지 수단이라고 할 수 있다. 따라서 대인이나 족장은 농민들에 의해 생산된 단백질과 칼로리의 이동을 차단하기가 어렵게 된다. 이에 비해 곡물은 보관하기가 용이하고 수확기가 정해져 있기 때문에 마을내 식량의 통제권을 지닌 족장은 일반인의 생계를 쉽게 통제할 수 있다.

해리스는 "생산의 집중화, 재분배, 관리기능의 확장이 용이한 고대의 기술적 하부구조는 근동, 남부 유럽, 중국, 북인도에서 보이는 것처럼 곡물과 반추동물(예를 들어 소)이 결합된 경제체계에서 찾을 수 있다"라고 주장하고 있다.[69]

해리스에 의하면 고도로 발달된 족장사회가 곧 바로 국가로 진화하는 것은 아니다. 왜냐하면 족장사회는 기본적으로 착취적인 족장의 세력권에서 벗어나기 위한 구성원간의 파벌적 경쟁, 반란, 이주가 빈번하게 발생하는 상대적으로 불안정한 계층구조이기 때문이다. 따라서 해리스는 최초의 '일차(pristine)' 국가가 농경의 집중화가 가능하지만 이 지역을 떠나서는 생계의 위협을 받을 수 있는 명확한 이행지대(ecotones)에서 등장할 것이라고 예견하고 있다.[70]

해리스는 로버트 카네이로의 모델에 주목하여 일차 국가가 발생할 수 있는 지역으로 이집트, 근동, 북인도, 중국의 황하유역, 맥시코의 중앙고지대, 페루 해안, 안데스 고지대와 같은 환경적으로 포위된 농경지대를 들고 있다.[71] 그리고 일단 일차 국가가 등장하게 되면 전체 지역이 농경의 집중화, 인구증가, 전쟁과 같은 메카니즘의 영향권안에 들기 때문에 국가의 확장과 경제적 영향은 '하나의 거대한 증폭기(single gigantic amplifier)'가 된다 해도 과언이 아니다.

해리스는 초기 고대국가의 차이를 주로 환경의 관점에서 설명하고 있다. 그는 중부 아메리카 저지대에 위치한 마야 문명이 상대적으로 열악한 토양과 장기간의 가뭄으로 인해 농경의 집중화가 어려운 환경지대에 위치하고 있었기 때문에 멸망하였다고 본다. 또한 그는 이집트, 페루, 맥시코, 기타 다른 지역의 고대 문명을 카알비트포겔의 '동양적 전제주의' 관점에서 설명한다. 하나의 주요한 강이 농경 생산의 주요 원천이 되는 지역에서 관개시설의 통제·행정·보수에 대한 필요성, 그리고 그러한 시스템을 통제할 수 있는 전제군주의 필요성 때문에 고도로 발달된 중앙집권적 전제주의 국가가 등장하게 된다. 그러나 강우 "농경에 의존하게 되면 다양한 생산의 중심지가 광범위한 지역에서 동시다발적으로 나타나게 된다. 따라서 강우량에 전적으로 의존하는 농업지대에서 일차 국가가 등장한 예가 있는지 의심스럽다. 대부분의 강우의존성 국가는 아마도 관개농경 제국의 확장으로 인한 교역과 약탈의 기회를 이용하기 위해 생성된 이차 국가라고 할 수 있다."[72] 해리스는 서구의 봉건주의와 자본주의의 등장을 이집트처럼 강우농경이 거대한 강의 생산물을 통제하지 못한다는 사실과 연결시키고 있다.

해리스의 마르크스주의적 분석은 주로 인구와 생태적 변이에 치중하여 초기 국가사이의 상사성과 상이성을 설명하기 때문에 많은 학자들에 의해 너무 통속적이고 기계적이라는 비판을 받고 있다.

문명의 진화에 대한 최근의 접근들

해답을 아는 것보다는 무엇이 문제인가를 아는 것이 더욱 중요하다.
제임스 써버 James Thurber (1894—1961)

차일드, 비트포겔, 해리스[73], 기타 많은 학자들은 환경적 변이와 인구, 사회정치적 패턴과 과정사이의 상관관계에 기초하여 문화 진화에 관한 일반적 모델을 제시하여 왔다. 이들의 모델은 많은 생산적인 연구의 기초가 되었고, 아직도 유용한 고고학적 모델의 기초가 되는 것도 있다(특히 필자가 생각하기에는 카네이로의 모델[74]이 그렇다). 그러나 최근 많은 학자들은[75] 이러한 변수와 패턴, 과정 사이의 상관관계를 확인하는 작업이 고대 문명의 중요한 측면을 '설명'하지도 못했고 설명할 수도 없다고 주장한다. 전통적인 기술생태학적 분석과 마르크스주의적 접근의 한계를 인식한 현대의 고고학자들은 문명의 기원을 설명하기 위해 좀 더 상이한 접근방식을 취하고 있다.

최근의 마르크스주의 접근   최근의 많은 고고학자들은 아직도 마르크스와 그의 계승자들로부터 학문적 자극을 받고 있다. 예를 들어 프리드만과 로우렌쯔 (Freidman and Rowlands)는[76] 기술, 환경, 농경이라는 변이 자체보다 생산의 사회적 관계에 분석의 초점을 둠으로써 마르크시즘을 정교화시키고 있다. 이들의 연구는 기존의 연구를 정교화하거나 요약한 것이 아니며 최소한 다음과 같은 요소를 포함하고 있다. 즉 우리는 "구체적인 사회적 형태의 재생산 구조를 복원해야 하며" 여기서의 "사회적 구조란 생산과 유통과정을 지배하고 따라서 경제적 실체로서 재생산하는, 사회적으로 결정된 형태로 구성된다."[77]

프리드만과 로우렌쯔의 모델은 상당한 설득력을 가지고 있으나 동시에 문제점을 가지고 있다. 가장 중요한 문제점은 이들 모델의 대부분이 고고학적으로 증명하기가 어렵다는 점이다. 물론 고고학 자료의 검증여부가 이론의 성공여부로 볼 수는 없다. 그러나 고고학자는 자신이 제시한 이론과 발굴되는 뼈와 석기간의 적합성을 항상 고려해야 한다. 다른 마르크스주의자나 구조주의자와 마찬가지로 프리드만과 로우렌쯔의 접근에서도 인과관계는 지배와 제약이라는 관점에서 서술되고 있다. 즉 이들은 물리적 환경, 기술, 일반적인 경제적 동력이 특정 요소의 발전을 저해하는 제한적 체계로 작동한다고 기술하고 있다. 그러나 이와는 전혀 반대로 생산관계는 시스템의 특징과 발달 패턴을 결정함으로써 시스템의 전체 기능을 지배한다. 그러나 고고학적으로 '생산관계'를 발견하고 생산관계가 어떻게 다른 문화현상의 원인이 되는가를 증명하는 작업은 상당히 어렵다. 프리드만과 로우렌쯔의 모델에서 조상 숭배의 조직 체계와 같은 것은 복잡한 경제요소의 결과일 수도 있고, 또 다른 사회에서는 경제행위의 원인이 될 수도 있다.

일반적으로 현대의 마르크스주의 고고학은 몇 가지의 기본적 개념으로 결합되어 있다. 이러한 개념중의 하나는 '기능주의자들'의 적응적 견해를 거부하는 것이다. 예를 들어 우리는 모든 고대 문명이 사회 경제적 계급으로 엄격하게 계층화되었다고 결론지을 수 있다. 왜냐하면 현대사회와 같은 정보전달기술, 산업적 기반, 경제적 생산 및 사회적 통합이 존재하지 않는 상태의 고대 문명에서는 사회구성원이 어떤 직업을 가질 것인가와 어느 정도의 부, 권력, 명예를 가질 수 있는가가 자동적으로 결정되는 계층으로 태어나야만 효율적으로 기능할 수 있기 때문이다. 마르크스주의 고고학자들은 다양한 이유로 이러한 기능론적 관점과 적응론적 모델을 거부한다. 특히 기능론적 모델은 설명적이라기 보다는 기술적이고 적응의 안정성을 강조하는 경향이 있기 때문에 비판을 받는다. 대부분의 마르크시즘은 사회적 갈등과 불평등에서 기인하는 급격한 사회변동의 필요성과 요구에 관한 것이다. 따라서 사회 계급, 법률제도, 행정관료제도와 같은 사회현상의 등장을 사회가 직면한 문제에 대한 적응적 해결로 간주하는 모델을 마르크스주의들은 사회변동의 원동력인 갈등과 모순관계를 오히려 모호하게 하는 해석으로 간주한다. 그러나 전통 고고학에 대한 현대 마르크스주의자들의 비판은 이보다 훨씬 강도가 높다. 마르크스주의자들은 고대 사회구성원의 행위와 이념이 전적으로 외적 환경에 의해서 수동적으로 결정된다는 견해를 반박한다. 오히려 마르크스주의자들은 개인과 집단의 상호작용과 관계를 강조한다.

마르크스 자신은 자신의 이론이 고고학적 자료에 애용되리라 예측하지 못하였겠지만 마르크시즘은 오늘날에도 현대 고고학에 막대한 영향을 미치고 있다. 마르크스주의 고고학에 대한 지속적인 문제는 고고학적 물질잔존물로부터 그들의 이론적 틀을 어떻게 검증하는가이다. 예를 들어 문자기록이 존재하지 않는 상태의 북부 안데스나 기타 다른 지역에서 제도화된 계층갈등이나 여자의 복종, 혹은 다른 사회적 행위와 개념이 최초의 국가가 등장하게 한 동인이라는 점을 어떻게 증명할 수 있을 것인가? 그러나 일부 고고학자들처럼 고고학적 자료가 역사적 이론의 적합성을 검증하는 과학적이고 경험적인 것이 아니라고 본다면 고고학 자료로 마르크스주의 견해를 검증하는 어려움은 사라지게 된다.

이 책에서 현대의 마르크스주의적 접근을 상세하게 논할 수는 없다. 그러나 이 문제에 관심있는 독자들은 이 책에 수록된 참고문헌을 참조하기 바란다.

문화 진화론　'문화진화' 라는 용어는 많은 학자들에 의해 잘못 사용되고 적용되어 왔다. 많은 학자들은 문화진화의 분석이 생물학과의 잘못된 유추에 근거하고 있으며, 소모적인 사회형식론을 유발하고, 모든 인간 사회의 역사를 서구 사회를 정점으로 배열하고, 자본주의와 식민지주의적 오판을 역사분석에 적용하는 전형적인 예라고 주장한다.

굴드(S. Gould)는 문화 진화론에 대한 이러한 비판을 다음과 같이 요약하고 있다. "문화 진화론은 심지어 생물학적 진화에 대해서도 적절한 유추가 될 수 없다. 왜냐하면 문화진화는 너무 급속히 일어나고, 특히 친족을 넘어서는 사회적 연합과 제휴-즉 계속적으로 분기되는 다윈의 계통도에서 제외된 형식분류-에 의해 작동되기 때문이다."[78]

그러나 오늘날 고고학자들이 문화분석에 적용하는 진화이론은 상기한 비판의 근거가 되는 전통적인 신진화론과는 상당한 차이가 있다. 오늘날의 진화이론은 근본적으로 시간에 따른 문화적 특질의 전달에 관한 것이고 생물학과 필연적인 관계

도 없다. 로버트 던넬(Robert Dunnel)이 관찰한 바와 같이 진화이론의 중요한 핵심
은 유전자이든 문화적 특질이든 이것들이 어떻게 전달되는가가 아니고, 그러한 특
질이 개인에게 영구화되는 메카니즘이라고 할 수 있다.[79] 따라서 한 개인이 유전
을 통해 특정한 눈의 색깔을 얻었던지 아니면 부모의 영향을 받아 특정 종교를 신
봉하게 되었는지는 그러한 특질들이 이미 전수되었기 때문에 중요하지 않다. 그럼
에도 불구하고 고고자료를 구성하는 물질은 인간과 똑같은 방식으로 재생산되지
않기 때문에 유전의 법칙을 적용할 수가 없다. 또한 생물학적 세계의 변화는 돌연
변이, 유전자 유실, 선택 등과 상대적으로 느린 과정을 통해 발생하는 반면 문화진
화는 (농경전파의 예와 같이) 빠르면서도 지속적으로 발생한다. 6장에서 논의한 바
와 같이 엠머만과 까발리 - 스포르사(Ammerman and Cavalli-Sforza)는 유럽지역의
농경전파에 관한 진화론적 모델로서 생물학적 진화와 문화진화사이의 차이를 잘
설명하고 있다.[80]

　문화적 복합성에 관한 진화론적 모델의 논쟁사항중의 하나는 선택의 규모(scale
of selection)이다. 생물학적 세계에서 유전자의 전달은 개인의 차원에서 발생한다.
다시 말해 생물학 세계에서는 전체 종의 차원에서가 아니라 동물이나 식물의 개개
유전자가 전달되거나 전달되지 않는다. 따라서 특정한 진화적 문제를 분석하는데
있어 가장 중요한 핵심은 개인에서 개인으로 전달되는 특질이다. 그러나 문화적 상
황에서 많은 개인적 특질, 특히 행위적인 특질은 부모, 선생, 친구 등 총체적 공동체
에 의한 교육의 결과이다. 그리고 인간은 이러한 특질을 사회의 기능적 단위로 만
드는 방식에 있어 협동적 집단으로 기능한다. 예를 들어 다음 장에서 우리는 종교
가 모든 고대 문명에서 초기에 등장하고 전쟁, 관개시설의 축조, 피라미드의 축조와
같이 공공의 목적에 사람들을 동원할 수 있도록 효율적인 방식으로 종교가 형성된
다는 사실을 보게 될 것이다. 결론적으로 문화특질의 생산과 전달에 있어 문화 선
택은 개인적 차원뿐만이 아니라 집단적 차원에서 발생한다고 정리할 수 있다.

　따라서 진화이론을 고고학적 자료에 적용하기 위해서는 특질 전이에 관한 다양
한 개념을 분석해야 한다. <그림 7.2>는 이러한 문제를 설명하기 위한 시도로써 고
대 이집트 국가 형성기 동안 일부 변이에서 보이는 변화에 대한 개념적 복원이다.
이 그림은 자료만 충분하다면 다양한 고대사회에서 급속한 변화가 발생하는 공통

적인 전환점을 발견할 수 있고, 이러한 전환기에 연구의 초점을 맞춤으로서 문화사 변천의 패턴을 설명할 수 있다는 점을 보여준다. 또한 그림은 일단 인구 증가에 적응하면 모든 변이가 문화적 진화에 동일하게 중요한 역할을 하지 않는다는 사실을 보여준다.

물론 진화의 개념을 문화현상에 적용하게 되면 복잡하고 불분명한 많은 문제가 나타나게 된다. 간단한 예로 우리는 인간의 생리적 특질의 대부분이 장기간에 걸친 유전적 선택의 결과라고 가정한다. 예를 들어 인간의 노화는 진화론적 맥락으로 이해할 수 있다. 왜냐하면 인간의 수명은 효율적인 부모역활, 즉 충분히 자식을 재생산할 수 있는 나이까지 살수 있게한 유기체의 복잡한 선택의 결과이기 때문이다. 다시 말해 그들은 자식을 부양하고 보호하는 법을 안다. 평균수명의 급속한 연장이 추상적인 의미에서 인간에게 도움이 되는 현상인지는 불분명하다. 변화는 연속적인 진화과정에서 필수적인 과정이다. 즉 각각의 새로운 세대는 새로운 진화의 기회를 갖게 된다. 사회적 진화와 세대의 수명은 왜 떡갈나무는 재배되지 않는 반면 다년생 곡물은 급속하게 재배되는가를 설명해주는 것처럼 진화과정의 많은 측면을 설명해주게 된다. 사회적 형태에서의 변화 또한 진화과정을 분석할 수 있는 자료이다.

그러나 우리가 <그림 7.2>에서 보는 바와 같이 문화의 변천에 내재된 다양한 변이를 식별할 수 있는 자료를 가지고 있을지라도 이것이 고대 이집트의 진화론적 역사를 설명했다고 주장할 수 없다. 이러한 그림은 단지 우리가 이해하고자 하는 발달 패턴에서 가장 중요한 시간과 장소, 변이를 이해하는데 도움을 줄 수 있을 뿐이다.

기원전 3200년경의 나일강 계곡과 삼각주문화의 '통일'은 고대 사회의 문화적 진화를 이해할 수 있는 좋은 예이다. 이집트 역사상 획기적인 이 사건은 유물 양식이나 정치적 이데올로기의 관점에서 볼 때 나일강 계곡의 문화적 레퍼토리가 삼각주에 강제로 적용되었거나, 혹은 후자에 통합되는 하나의 과정이라고 볼 수 있다. 이것도 아니면 전자가 후자를 대체하는 과정이라고 볼 수도 있다.

우리는 이러한 문화적 특질 전수의 과정을 어떻게 이해할 것인가? 그리고 이보다 높은 차원의 다른 초기 문명에서 보이는 유사한 과정을 어떻게 이해할 것인가? 고대 초기문명에서 매우 한정된 수의 변이성을 지적하였던 트리거의 결론을 상기해 보자. 그는 이러한 변이성의 부족을 기본적으로 각각의 사회정치적 형태가 지녔던 명백한 '효율성'에서 찾고 있다. 우리가 이러한 트리거의 전제를 받아들인다면 각각의 사회적 형태와 현상에 내재된 다양한 메카니즘의 상대적 효율성을 이해하고 측정하는데 연구의 초점을 둘 수 있다. 그리고 변이성을 작동하게 하는 선택의 종류와 그러한 변이성이 최초에 어떻게 생성되는가를 규명해야 한다. 만약 진화이론이 고대와 근대문화의 분석에 적용할 수 있는 점이 있다면 그것은 문화 변화에 관한 이러한 의문과 관련이 있다고 할 수 있다.

  이집트의 고고학자료에서 보이는 진화론적 변화의 또 다른 예는 노동력의 '낭비 (waste)'이다. 이집트, 근동, 멕시코, 유럽 등 고대 문명에서 공통적으로 보이는 특징중의 하나는 피라미드, 고분, 기타 기념비적 건축물의 축조에 엄청난 양의 자원을 투자한다는 점일 것이다. 왜 이렇게 정교한, 어떤 면에서 낭비적인 행위가 초기 국가의 경제구조에 나타나게 되는가? 그리고 왜 하필 이러한 구조가 초기 국가의 발달과정에서 동일한 시점에 나타나게 되는가?

  예를 들어 화이트, 던넬, 기타 다양한 학자들[81]은 기능적 효율성의 관점에서 기념비적 건축물의 축조비율과 지리학적 분포의 변이를 설명해 오고 있다. 고대 문명에서 나타나는 피라미드나 기타 기념비적 건축물의 축조는 종교와 정치의 위계관계를 합법화시킬 수 있는 중요한 도구이다. 또한 이러한 '낭비'를 통해 국가조직을 공고히 하고 인구성장과 경제확장의 불안정한 비율을 조절하고 지역과 해외의 중요한 교역망을 유지하는 효과를 거두게 된다. 던넬[82]은 낭비에 대한 상대적 투자라는 측면으로 볼 때 이집트의 피라미드 축조와 다른 많은 문화적 변화 사이에는 서로 유사성이 보인다고 주장하고 있다. 예를 들어 후기구석기시대에서 중석기시대로의 전환기동안에 매우 정교한 석촉과 동굴 예술행위 등이 사라지고 '단조롭지만' 기능적으로 더욱 복잡한 기술이 등장한다. 던넬에 의하면 이러한 변환과 피라미드 축조의 쇠퇴는 환경의 부양능력(carrying capacity)으로 설명될 수 있다. 다시 말해서 금제 그릇, 피라미드, 심지어 창촉과 같은 사치품의 남발은 문화 적응의 형성기에 급증하는 경향이 있다. 왜냐하면 이러한 사치품의 생산은 불안정한 성장률을 억제하기 때문이다. 그러나 향상된 농경기술과 수공업 생산, 좀 더 효율적인 국가적 행정체제, 혹은 기타 다른 요소의 향상을 통해 이러한 적응이 새로운 수준의 안정을 갖게 되면 사치품의 중요성은 감소하기 시작한다.

예를 들어 대부분의 초기 고대 문명에서는 노동력의 투자가 높고 장식적인 토기가 이전보다 훨씬 덜 아름답지만 대량생산이 가능한 토기로 대체된다. 많은 학자들은 이러한 변화를 문화의 붕괴로 간주하는 경향이 있다. 그러나 트리거가 주장하는 바와 같이 "이러한 대체는 결코 문화적 혹은 심미적 기준의 쇠퇴를 가리키는 것이 아니라 오히려 토기가 당시의 사회에서 더 이상 미적 표현의 대상물이 되지 않는다는 점을 강력히 시사한다."[83] 실제로 이러한 토기들의 대량생산은 수공업 생산을 관리하고 통제하는 행정체제가 복잡해졌음을 가리키는 주요 지표라고 할 수 있다. 존슨(G.Johnson)과 아담스(R.MaC.Adams)[84]를 위시한 학자들은 서남 아시아 고대 국가의 급속한 발전이 기원전 4000년기 초반의 아름다운 채도가 매우 단조로우면서 대량생산되는 그릇으로 대체되는 시기에 등장하였다고 결론짓고 있다. 이집트의 토기도 초기 왕국과 구왕국시기에 유사한 변환을 경험하게 되는데, 이 시기의 대표적인 그릇은 거푸집을 사용하여 대량생산된 다양한 저온 소성의 그릇들이다.

토기 제작의 급격한 변화는 여러 가지 측면에서 그 원인을 생각해 볼 수 있다. 예를 들어 지역적 토기양식에서 보이는 개인과 협동집단의 존재는 어떤 의미에서 국가의 강력한 통일을 저해할 수 있는 개인주의와 지역주의의 원인이 될 수 있다. 따라서 통치자는 이러한 개인이나 집단의 정체성을 억제할 필요가 있을 것이다. 물론 값싸고 거의 동일한 토기를 대량생산함으로써 얻을 수 있는 효율적인 측면도 국가 단계의 사회에서 무시할 수 없는 매력적인 요인이 될 수 있다.

이외에도 토기 장식의 변화에 대해 또 다른 설명이 제시될 수도 있을 것이다. 그러나 중요한 점은 진화이론이 토기장식의 변화에 대해 타당한 설명적 틀이 되려면 합리적인 분석단위를 설정하고 기념비적 건축물에 대한 투자나 기타 이집트 고고학자료의 많은 다른 변화에 대한 변이성을 정확하게 분석할 수 있어야 한다.

더구나 진화이론이 강력한 설명적 틀로 자리잡기 위해서는 초기의 문화진화론에서 보이는 단순한 기능주의적 관점에서 벗어나야 한다. 다시 말해 오늘날의 진화이론은 특정한 문화적 특질이 문화적응의 효율성을 향상시킬 수 있다는 점 이상으로 문화변동에 대한 설명을 제시할 수 있어야 한다.

많은 학자들이 이러한 진화론의 문제를 연구해 오고 있다.[85] 그러나 고고학 자료에 대입된 진화이론은 상대적으로 초기수준에 머물러 있는 실정이다. 가장 중요한 문제중의 하나는 문화분석에서 '선택의 규모' 와 같은 개념을 어떻게 사용할 수 있는가에 있다. 이러한 형태의 진화연구중에서 홍미로운 최근의 연구 경향중의 하나는 비직선적 체계분석과 복합체계의 초기 특징에 관한 분석을 들 수 있다. 최근에 발간된 책자인 '복합성(complexity)' [86]은 라마르크(Lamarck)방식 - 선택된 변이들이 일정한 방향으로 계속적으로 진화하는 - 으로 단순 체계가 복잡 체계로 성장하는 과정에 대해 물리학자, 생물학자, 인류학자 등이 공동으로 이룩한 연구결과이다. 랜싱과 크레머(Lansing and Kremer)[87]는 이러한 개념을 처음으로 적용하여 발리의 경제체계의 진화에 대한 연구를 하였다.

문명의 기원에 대한 탈과정주의적 접근

앞에서 언급한 바와 같이 샌스와 틸리는 '범문화적 일반화' 가 역사상의 구체적인 의미와 중요성을 무시하였다고 주장하고 있다. 이들에 의하면 이러한 분석은 논리적 모순과 문제점으로 가득 찼으며 서구의 제국주의를 합리화하기 위한 의도적이거나 비의도적인 시도에서 기인한다. 물질결정론적인 모델과는 대조적으로 기든즈(Giddens)[90]와 같은 학자들은 선산업 사회 계층사회의 특징과 역사를 결정짓는 요인으로 경제적 요소보다는 사회정치적 요소의 중요성을 강조하고 있다. 일반적으로 '탈(脫)과정주의자(Post-Processualists)' 와 '탈모더니스트들(Post-Modernists)' 은 과학지상주의적 접근이 기본적으로 과거를 이해하기에 부적절하다고 주장하고 있다.[91]

비교론적 연구방법론에 대한 비판은 다양한 학자들에 의해 제기되어 오고 있다. 예를 들어 그 자신이 진화론의 옹호자라고 할 수 있는 필립 콜(Philip Kohl)은 "계층과 국가형성에 대한 직선적 모델이 사회적·역사적 과정을 간과함으로써 의미있는 비교연구를 불가능하게 한다."[92]라고 서술하고 있다. 심지어 일부 전통적인 마르크스주의자들[93]도 오늘날에는 상이한 문화가 어떻게 독특하고 (일부 측면에서는) 도저히 상호비교할 수 없는 사회형태와 역사를 형성하게 되는가를 강조하고 있다.

탈과정주의자와 탈모더니스트들 외에도 많은 학자들이 전통적인 비교연구의 적절성에 대해 문제를 제기하고 있다. 예를 들어 문화와 생태체계에 적용되는 진화이론은 최근 진화궤도의 독특성과 비예측성을 강조하는 경향으로 바꾸어지고 있다.[94] 심지어 진화론자까지도 문화의 진화방향이 예측불가능하며 독특하다고 주장한다면 비교론적 분석들, 예를 들어 이집트 구왕국과 잉카 제국을 비교하는 작업은 문화진화의 분석에서 도대체 어떤 의미를 지닐 수 있단 말인가?

총체적 접근　브루스 트리거의 용어를 빌리자면 '총체적(holistic)' 접근은 과거에 대한 우리의 지식을 늘릴 수 있도록 모든 형태의 조사를 다각적인 각도로 접근하는 시각을 지칭한다. 예를 들어 트리거는 초기 요루바(Yoruba)국가뿐만이 아니라 이집트, 중국, 중남미, 남미 고대문명에 대한 비교론적인 분석을 해 오고 있다. 이러한 고대 국가들이 모두 분석되는 이유는 이들 국가 모두가 농업생산의 통제를 통해 권력이 창출되는 계층사회이고, 상대적으로 양호한 고고학·민족지·문헌자료가 남아 있기 때문이다.

상술한 바와 같이 트리거는 다양한 종류의 경제행위가 초기 문명에 나타나지만 모든 문명은 공통적으로 상위계층이 공납관계를 통해 잉여생산물을 착취한다는 사실을 발견하였다. 또한 그는 하나의 사회적 위계화의 형태, 두 가지의 정치조직 형태, 하나의 기본적 종교형태가 모든 문명에 공통적으로 존재한다는 사실을 밝혀냈다. 그러나 그에 의하면 예술양식과 문화적 가치는 문명에 따라 상당한 차이가 존재한다.[95]

트리거[96]에 의하면 문명의 기원에 대한 향후 연구는 과거와 현재의 인간행위를 '한정'하는 모든 요소를 조사하는 방법처럼 우리의 모든 개념과 관점, 방법을 조합할 필요가 있다. 그는 이러한 한정요소가 농경의 양상과 취락패턴의 형성에 중요한 영향을 미치는 대운하와 같이 생태적 요소일수도 있다고 주장한다. 그러나 동시에 그는 이러한 한정요소가 이념적이고 문화적 전통이 될 수도 있음을 지적하고 있다.

트리거는 비트포겔[97]의 이론과 같은 단순한 물질결정론을 거부하고 초기 국가의 독특한 측면에 대한 연구의 중요성을 강조하고 있다. 그러나 그는 자신의 연구결론에서 다음과 같이 말하고 있다 :

(나의) 연구결과는 수많은 탈과정주의자와 탈모더니스트들이 생각하는 것보다 실천적 이성이

문화변동의 형성에 훨씬 중요한 역할을 한다는 점을 보여주고 있다. 이러한 사실은 연구를 시작할 때 생각했던 것보다 진화론적 관점이 문화의 특수론적 관점보다 훨씬 더 중요하다는 점을 깨닫게 해주는 계기가 되었다. 물론 특수론적 접근은 고대 문명의 많은 측면을 이해하는데 필수적이다. 그러나 문화적 이성주의자들이 주장하는 바와 같이 진화론의 중요성을 무시하거나 평가절하하는 행위는 분명히 잘못된 현상이다.[98]

트리거는 '실천적 이성(practical reason)'과 '문화적 이성(cultural reason)'의 개념을 서로 대조적으로 사용하고 있는데, 이 개념들은 샬린스로부터 기원한다. 샬린스는 "물질적 이성은 자연적 사실로서가 아니라 문화의 틀로써 인간에게 존재한다……생존능력(선택적 동력)에 대한 자연 상태는 기능적 가능성의 한계, 즉 구체적인 문화형태의 창조에 대해서는 불확실한 부정적 제한요소로 작용한다."[100] 더구나 샬린스는 인과관계와 같이 문화적 질서에 미친 물질적 현상을 직접적으로 해석하기란 불가능하다고 말하고 있다. "이러한 기술환경적 변이가 어떠한 영향도 미치지 않는다는 의미는 아니다. 다만 모든 것은 문화조직의 양식이 갖는 조직의 의미 때문에 이러한 특질들이 문화적으로 중재되는 방식에 달려있다고 할 수 있다."[101]

위에서 논의된 것처럼 초기 문명에 대한 트리거의 비교론적 분석은 샬린스와는 사뭇 다른 결론에 도출하고 있다. 트리거는 각 문화의 실체를 형성하는 문화의 동력과 주요 요소를 인식하고 있지만 동시에 초기 문명의 핵심적 구조와 과정에서 보이는 극소수의 한정된 변이를 주목하고 있다.[102]

트리거는 일부 요소에서 보이는 변이성의 부족을 이들 요소의 상대적인 "효율성"에서 찾고 있다.[103] 한편 그는 이와 대조적으로 다른 요소에서 보이는 높은 변이성은 이러한 요소가 사회 유기체의 적응과 경쟁능력에 거의 영향을 미치지 않기 때문으로 본다. 따라서 우리는 어떠한 요소가 초기 문명의 상대적인 효율성에 기여하는가, 즉 트리거가 시사하는 '진화론적' 관점에서 이러한 요소를 설명할 필요가 있다. 그러나 '예술양식과 문화적 가치'와 같은 변이성은 범문화적 비교론적 관점에서보다는 특수론적 관점에서 연구되어야 한다.

따라서 트리거는 고고학에서 다양한 이론적 접근을 취해야 하는 합리적 이유와 그 근거를 제시했다고 할 수 있다. 다시 말해 그는 초기 문명의 일부 요소의 변이성을 크게 제한시켰던 선택적 동력을 이해하기 위해 특수론적 연구와 범문화적 비교 연구를 결합해야 한다고 주장한다.

더구나 초기 문명에서 상대적으로 거의 차이가 없는 그러한 요소에서조차 구체적인 양상에서는 상당히 흥미로운 차이가 있다. 트리거에 의하면 많은 고고학자들은 "환경적·기술적 요소에 의해 직접적인 제한을 받는 초기 문명의 요소가 가장 높은 범문화적 통일성을 보여 줄 것이라고 가정하고 있다."[104] 그러나 트리거는 이러한 가정이 사실이 아니라고 반박하고 있다. 예를 들어 야금술은 근동에서 장식품과 도구를 제작하는 핵심적 산업이다. 반면 이집트에서 야금술은 무기를 제조하는 데 사용되었지만, 농경구의 제작에는 사용되지 않았고 신세계에서는 전적으로 장식품을 만드는데 사용되었다. 또한 야금술은 이러한 고대문명의 발전과정상에서 상대적으로 늦게 등장하였지만 야루바의 경우에는 훨씬 이전에 등장하였던 것으로 판단된다.

이러한 문화적 현상에 대해 유용한 기능적 해석(예를 들어 근동지방의 호미처럼 도구제작용 석재의 부족)을 내릴 수 있지만 한 사회의 문화적 틀은 야금술과 같은 기본적 기술의 형성과 사용에 중요한 영향을 미친다.

이와 유사하게 트리거[105]는 친족 체계 및 가족조직에서 보이는 문명간의 변이와 환경이나 정치조직사이에 어떠한 상관관계도 찾지 못하고 있다. 초기 국가의 경제적 기반을 설명하기 위해 그는 농경, 토지소유권, 세금, 권력, 군대, 기타 다른 요소에 근거하여 여러 정치체를 비교하였다. 비교결과 그는 정치체 사이에 높은 변이성을 발견하였지만 이러한 변이성은 단지 전반적인 유사성속에서의 미세한 차이라는 사실을 발견하였다.

트리거는 원래 정신세계의 다양성 때문에 경제행위보다 종교적 행위가 문명간에 훨씬 다양하리라고 예상했었다. 그러나 그는 이러한 예상이 문제가 있다는 점을 발견하였다. 즉 그는 많은 종교체계에서 반복적으로 발생하는 하나의 정형성을 발견하였다. 예를 들어 고대 국가의 왕들은 아마도 자신이 다스리는 구성원에 대한 친족적 의무를 최소화하기 위해 조상의 기원을 이방인들로부터 찾는 경향이 있다. 그에 의하면 모든 초기 문명은 보이지 않는 초자연적 세계와 사회적 관계를 형성함으로서 체제유지를 하기 위한 종교체계를 가지고 있다.[106) 또한 모든 초기 문명은 사회, 자연, 초자연사이의 구분이 명확한 '초월적 종교(transcendent religions)'가 등장하기 이전에 나름대로의 종교체계를 확립하는 공통점을 보여준다.

트리거가 초기 문명사회에서 발견한 이데올로기의 일부 공통점은 기능적인 면에서 충분히 이해될 수 있다. 대부분의 문명은 자신들의 문명이 동서남북 방위로 구성된 세계의 중심에 위치한다고 믿는다. 정치적 경쟁은 종교적 투쟁에 의해 가열된다. 또한 세계의 종말은 언젠가 한번은 – 혹은 정규적으로 – 발생하게 되고, 인간은 신의 중재에 의해서만 구원될 수 있으며 이러한 신은 인간의 행위와 속세의 재물에 의해 위로와 존경을 받아야 한다.

트리거는 마지막 결론부분에서 자신의 관점에서 비교론적 연구에 대한 발전과정을 검토하고 있다. 그는 비교연구를 촉진시킨 두 개의 모델을 제시하고 있는데, 하나는 카알 비트포겔의 '동양적 전제주의'이고, 다른 하나는 카알 폴리아니(Karl Polyani)[107)의 모델인데 이것은 고대 문명의 교역이 이윤추구를 위해 발생하였다는 주장을 반박하는 모델이다. 이어서 그는 물질론적 연구가 앞으로도 고고학 연구에서 계속 채용되어야 한다는 점을 지적하고 있다. 그러나 동시에 물질론적 연구는 사회문화적 실체를 파악할 수 있는 특수주의적 연구와 이데올로기의 연구와 결합되어야 한다. 예를 들어 그는 이에 대해 다음과 같이 말하고 있다:

> 상이한 경제와 사회정치적 체계를 가진 고대 문명들이 서로 유사한 종교체계를 발전시켜 왔다는 사실은 인간행위에 대한 물질론적 분석에 대한 나의 신념을 훼손하기는커녕 오히려 확신시켜 주는 계기가 되었다. 일반론적 의미에서나 특수한 의미에서 종교적 믿음은 초기 문명의 핵심적 경제제도, 즉 공납관계와 불가분의 관계를 맺고 있다.[108)

이상을 요약하면 트리거의 기본적인 연구 목적과 전략은 초기 문명의 분석을 위해 다양한 개념과 기술을 총체적으로 이용하는 것이다. 이러한 그의 인식은 단순한 실증론적 입장도 아니지만 동시에 과거의 자료를 '읽는다는 것(reading)'이 실증론적 입장과 동등하게 유효하거나 '사실'이라는 가능성을 인정하는 것도 아니다. 그에게 문화적 상이성은 문화적 상사성만큼 중요하고, 따라서 그는 과거에 대한 통합적 연구에서 특수주의적 접근의 유용성을 인정한다. 그러나 트리거의 기본적 연구목적은 왜 이러한 문화적 상사성과 상이성이 나타나게 되는지를 이해하는 것이며, 이점에 관해서는 물질론적 진화론에 의존하고 있다.

문화적 복합성에 관한 모든 설명은 문화진화의 다양한 형태들이 보여주는 상사성과 상이성에 초점을 두고 있다. 그러나 과거의 연구에서 이러한 문화적 상사성과 상이성이 중요한 이유는 무엇인가?

굴드(Stephen Jay Gould)는 '생명의 경이(Wonderful Life)'[109]에서 모든 진화과정이 어떻게 서로 독특한가를 강조하고 있다. 그리고 임신과 같은 독특한 현상은 계량화나 정도로써 표현할 수 없다고 주장하고 있다. 그러나 모든 진화과정이 이처럼 서로 독특하다면 유전적으로나 역사적으로 서로 관련이 없는 다양한 문화체계들 사이에서 보이는 유사성은 도대체 어떻게 설명할 수 있을 것인가? 서로간에 문화적 접촉이 없는 상태에서 수 천년의 문화를 건설한 이집트와 아즈텍 문명은 피라미드의 축조에서부터 국가적 종교의 확립에 이르기까지 서로 매우 유사한 행위와 제도를 보여준다. 그러나 이러한 유사성의 의미는 무엇인가? 물론 이점에 대해서도 학자들간의 의견은 다양하다.

브럼펠과 어얼은 초기 문명에서 보이는 변이성을 세 가지의 모델로 범주화하였다. 첫째는 증가하는 직업의 전문화와 교역을 경제성장의 "자연적" 결과로 보는 산업성장모델(commercial development models)이다. 두 번째는 정치 엘리트가 경제에 직접적으로 관여하는, 예를 들어 물자를 재분배하거나 관개시설을 운영하는 적응론적 모델(adaptationist models)이다. 마지막으로 지역지배자가 경제에 관여하지만 적응론적 모델과 달리 엘리트 자신이 그들의 노력에 대한 직접적인 수혜자가 되는 정치적 모델(political models)이다. 브럼펠과 어얼에 의하면 "정치적 엘리트들은 구성원의 거친 저항에도 불구하고 의도적으로 사회적 불평등을 창조하고 유지하기 위해 수공업의 전문화와 교역을 실시하며 정치적 연대를 강화하고 새로운 통제기구를 설립한다."[111]

문화의 복합성에 대한 대부분의 이러한 설명들을 기능적 관점에서 이루어진 것이라는 점을 주시할 필요가 있다. 기능적 설명의 기본 개념은 현대의 마르크스주의 접근에서 이미 소개를 하였다. 기능적 접근이란 작동하고 있는 기능(예를 들어 피의 순환)에 의해 기능적 기관(예를 들어 심장)의 기원을 설명하는 방법이다. 예를 들어 "왜 사람들은 심장을 가지고 있는가"라는 질문에 대해 "피를 순환시키기 위해서이다"라는 답은 일종의 기능적 설명이다. 그러나 이러한 질문과 응답이 왜 다른 종류의 생명유지기관이 진화하지 않았는가를 설명하거나, 심장의 발달사나 이러한 발달사를 이끈 선택적 압력에 대해 설명하는 것은 아니다.

이와 유사하게 관개농경을 조정하고 농경생산물을 재분배하기 위한 엘리트가 필요하기 때문에 복합사회가 발전하게 되었다는 주장도 기능적 설명이다. 그러나 이것도 왜 일부 사회는 아직도 평등사회를 유지하거나 자본주의적 경제체제를 발전시키거나 혹은 다른 방향으로 발전하였는가를 설명하는 것은 아니다.

그럼에도 불구하고 기능적 설명은 일부 현상에 대해서 매우 합리적인 이론적 시각이 될 수 있다. 예를 들어 모든 초기 국가가 발전시켰던 국가적 차원의 종교는 사회통제를 할 수 있는 매우 효율적인 장치이다. 몽테뉴(Montaigne)는 "인간은 확실히 미쳤다. 인간은 한 마리의 벌레도 만들 수 없다. 그럼에도 불구하고 인간은 수십개의 신을 창조할 것이다"라고 말하고 있다. 그러나 초기 국가사회에서는 모든 사람들이 신봉하는 신만큼 유용한 것도 없었다. 그러나 인간은 어느 순간에 아무런 양심의 가책도 없이 국내외의 비신봉자를 경멸하고 살해한다(그리고 재산을 약탈한다). 인간은 단순히 신의 명령에 따라 전쟁에서 희생을 감내하고 피라미드 축조에 참여하거나 사회적 위계관계를 순순히 받아들인다. 그리고 가장 유익한 점은 국가에 어떠한 손해나 비용도 끼치지 않고 인간은 모든 이러한 행위를 한다는 것이다. 인간은 사후 세계에서 축복을 받거나 삶의 조건이 향상될 것이라는 무조건적인 믿음속에서 전쟁에 참여하고 공공사업에 참여하며 비참한 노예로써의 삶을 받아들인다.

따라서 기능적 설명은 인간 역사의 구체적인 발달에 관한 가정을 제시하고, 중요 변이들간의 관계를 설정하는데 강력한 이점을 가지고 있다. 그러나 마르크스주의자를 위시한 학자들은 이러한 기능적 해석을 적절한 '기술(descriptions)'로 보지만, 사회변동이 발생하는 사회적 관계를 '설명(explanations)'하는 것은 아니라고 반박한다.

▨ 요약과 결론

이 책에서 우리는 문명의 진화에 대한 많은 사례들을 살펴 볼 것이지만 문화와 사회의 복합성에 대한 이러한 분석에서 고고학자는 기본적인 문제에 직면하게 될 것이다. 즉 대부분의 고대사회의 기원과 발전은 기후, 기술, 경제, 인구와 같은 고고학적 증거에만 의존해서는 충분히 설명될 수가 없다. 대신에 문화진화는 이러한 기본적 조건보다 더 높은 수준, 즉 인간과 사회적 실체에 대한 사회적 · 경제적 · 정치적 맥락에서 분석되어져야 한다. 그러나 우리는 고고학적 자료와 방법을 통해 어떻게 이러한 복잡한 상호작용을 이해할 수 있을 것인가? 일부 고고학자는 과학적인 방법으로는 그러한 분석을 할 수 없고, 따라서 고고학은 과학이 될 수 없다는 결론을 내린다. 이에 비해 일각에서는 진화이론만이 고대의 문화변동을 설명해 줄 수 있고 사회변동의 특수한 변화양상은 영원히 규명되지 못할 것이라고 주장한다. 또 다른 한편에서는 총체적인 접근 방식으로 이러한 구체적인 종류의 사회변동에 대한 추론을 할 수 있다고 주장한다.

따라서 이 책에서 다루어지는 내용은 진화과정에 대한 설명이라기보다는 문명의 진화과정에 대한 기술이라고 할 수 있다. 왜냐하면 아직도 우리는 문화진화과정에 대한 강력한 이론적 틀을 발전시키지 못하고 있으며 진화과정을 설명하는 방법이나 심지어 분석을 시도해야 하는 타당성에 대해서도 일치된 견해가 없기 때문이다. 만약 이러한 결론이 다소 허무하게 들린다면 이집트의 피라미드, 근동지역에서 보이는 최초의 문자기록, 그리스와 로마문명의 영광 등을 상기해보라! 우리가 설사 이들 문명의 기원을 논리적으로 명쾌하게 설명할 수 없다고 하더라도 이 얼마나 흥미롭고 신비한 고대 문명의 잔존물인가!

저 자 주

1) 이 주제에 대해서는 Price and Feinman이 편집한 *Foundations of Social Inequality*에 수록된 다양한 논문을 참조할 것.

2) Trigger, *Early Civilizations : Ancient Egypt in Context*, p. 110.

3) Ibid., p. 110.

4) 예를 들어 다음의 글 참조. Shanks and Tilley, *Re - Constructing Archaeology*.

5) Shanks and Tilley, *Re - Constructing Archaeology*, p. 95.

6) 예를 들어 다음의 글 참조. Graver, *A Scientific Model of Social and Cultural Evolution* ; Neiman, "Stylistic Variation in Evolutionary Perspective : Inferences from Decorative Diversity and Interassemblage Distance un Illinois Woodland Ceramic Assemblages" ; Dunnell, "Science, Social Science, and Common Sense: The Agonizing Dilemma of Modern Archaeology."

7) 예를 들어 다음의 글 참조. Demarest and Conrad, eds., *Ideology and Pre - columbian Civilizations*.

8) Crumley, "A Dialectical Critique of Hierarchy."

9) Bronson, "South - east Asia: Civilizations of the Tropical Forest," p. 262.

10) Roux, *Ancient Iraq*, p. 161.

11) Sahlins, "Notes on the Original Affluent Society."

12) Lee, "!Kung Bushmen Subsistence."

13) Peterson, "Demand Sharing: Reciprocity and the Pressure for Generosity Among Foragers."

14) LeCarré, *Tinker, Tailor, Soldier, Spy*.

15) 이와 관련된 인류학에 관심있는 독자는 다음의 글들을 참조할 것. Chagnon, *Yanomamö The Fierce People*; Hill and Hurtado, *Aché Life History : The Ecology and Demography of a Foraging People*.

16) Chagnon, *Yanomamö : The Fierce People*, p.8

17) Ibid.

18) Ibid., p. 75.

19) 다음의 글도 참조. Hill and Hurtado, *Aché Life History: The Ecology and Demography of a Foraging People*.

20) Trigger, "Archaeology at the Crossroads: What's New?" p.287.

21) Wenke, "Explaining the Evolution of Cultural Complexity: A Review."

22) 식량 저장과 기타 다른 특징에 근거한 형식분류학이 최근 활발하게 개발되고 있다.

23) Steward, "The Economic and Social Basis of Primitive Bands."

24) Barnard, "Contemporary Hunter - Gatherers: Current Theoretical Issues in Ecology and Social Organization," pp. 195 – 7 ; Ember, "Residential Variation among Hunter-Gatherers."

25) Flannery, "The Cultural Evolution of Civilizations."

26) Service, *Origins of the State and Civilization.*

27) Earle, "Chiefdoms in Archaeological and Ethnohistorical Perspective." p. 288.

28) Ibid.

29) 예를 들어 다음의 글 참조. Earle, ed., *Chiefdoms: Power, Economy, Ideology.*

30) Drennan, "Chiefdoms in Northen South America." also see Drennan and Uribe, *Chiefdoms in the Americas.*

31) Wright and Johnson, "Population, Exchange, and Early State Formation in South-western Iran."

32) McGuire, *A Marxist Archeology* (이와 더불어 다음의 글도 참조. Rindos, *The Origins of Agriculture* ; Yoffee, "The Decline and Rise of Mesopotamian Civilization: An Ethnoarchaeological Perspective on the Evolution of Social Complexity" ; Wenke, "Explaining the Evolution of Cultural Complexity: A Review" ; Wright, "Recent Research on the Origin of the State").

33) Costin, "Craft Specialization: Issues in Defining, Documenting, and Explaining the Organization of Production."

34) Brumfiel and Earle," Specialization, Exchange, and Complex Societies: An Introduction." p. 5.

35) Kenoyer, "The Indus Valley Tradition of Pakistan and Western India."

36) White, *The Science of Culture.*

37) Binford," Mortuary Practices: Their Study and Their Potential" ; Rothschild, "Mortuary Behavior and Social Organization at Indian Knoll and Dickson Mounds" ; also see Beck, ed., *Regional Approaches to Mortuary Analysis.*

38) 다음의 글 참조. O' Shea, *Mortuary Variability - An Archaeological Investigation ;* Peebles, "Moundville and Surrounding Sites" ; Bartel, "A Historical Review of Ethnological and Archaeological Analyses of Mortuary Practice."

39) O' Shea, *Mortuary Variability- An Archaeological Investigation.*

40) Berry, *Geography of Market Centers and Retail Distribution.*

41) Johnson, "Aspects of Regional Analysis in Archaeology" ; Johnson, "Monitoring Complex System Integration and Boundary Phenomena with Settlement Size Data" ; Evans, "Settlement Models in Archaeology" ; Crumley and Marquardt, *Regional Dynamics;* Madsen, "Settlement Systems of Early Agricultural Societies in East Jutland, Denmark."

42) Trigger, "The Evolution of Pre-industrial Cities: A Multilinear Perspective." p.343.

43) Trigger, "The Evolution of Pre-industrial Cities: A Multilinear Perspective." pp.344—45.

44) 예를 들어 다음의 글 참조. Schwartz and Falconer, eds., *Archaeological Views from the Countryside: Village Communities in Early Complex Societies.*

45) Darwin, *The Descent of Man and Selection in Relation to Sex,* p.154.

46) John Locke, *Second Treatise on Government*, section 41.

47) 예를 들어 다음의 글 참조. Steward, "Cultural Causality and Law: A trial Formulation of the Development of Early Civilizations.

48) Athens, "Theory Building and the Study of Evolutionary Process in Complex Societies." p. 375.

49) Boserup, *The Conditions of Agricultural Growth*.

50) Athens, "Theory Building and the Study of Evolutionary Process in Complex Societies." p. 366.

51) Cowgill, "On the Causes and Consequences of Ancient and Modern Population Changes," P. 505.

52) Harris and Ross, *Death, Sex and Fertility: Population Regulation in Preindustrial and Developing Societies*.

53) Wittfogel, *Oriental Despotism*.

54) Woodbury, "A Reappraisal of Hohokam Irrigation."

55) Carniero, "A Theory of the Origin of the State." p. 734.

56) Webster, "Warfare and the Evolution of the State; A Reconsideration."

57) Schacht, "Circumscription Theory."

58) Kirch, "Circumscription Theory and Sociopolitical Evolution in Polynesia."

59) Quoted in Harris, *The Rise of Anthropological Theory*, p. 217.

60) Marx, *Capital and Other Writings*, pp. 10 – 11.

61) Cohen, *Karl Marx's Theory of History: A Defense*, pp. viii – ix에서 재인용

62) 예를 들어 G.A. Cohen의 *Karl Marx's Theory of History :A Defense*. 참조

63) 예를 들어 다음의 글 참조. Streuve, "The Problem of the Genesis, Development and Disintegration of the Slave Societies in the Ancient Orient"; 혹은 Diakonov, *Early Antiquity*.

64) Diakanov, *Ancient Mesopotamia*.

65) Zagarell, "Trade, Women, Class, and Society in Ancient Western Asia."

66) 예를 들어 다음의 글 참조. Kipp and Schortman, "The Political Impact of Trade in Chiefdoms."

67) Harris, *Cannibals and Kings*와 *Cultural Materialism*.

68) Harris, *Cultural Materialism*, p. 92.

69) Ibid., p. 94.

70) Webster, "Warfare and the Evolution of the State: A Reconsideration"; Webb. "The Flag Follows Trade."

71) 다음의 글 참조. Carneiro, "A Theory of the Origin of the State."

72) Harris, *Cultural Materialism*, p. 105.

73) Childe, *New Light on the Most Ancient East*; Wittfogel, *Oriental Despotism: A Comparative Study of Total Power*; Harris, *Cultural Materialism*.

74) 다음의 글 참조. Carneiro, "A Theory of the Origin of the State."

75) 다음의 글 참조. Hassan," The Predynastic of Egypt," p.166;Trigger, "The Rise of Egyptian Civilization"; Bard,

From Farmers to Pharaohs; Kohl, "The Use and Abuse of World System Theory."

76) Friedman and Rowlands, *The Evolution of Social Systems*; Patterson and Gailey, *Power Relations and State Formation*.

77) Friedman and Rowlands, *The Evolution of Social System*.

78) *An Urchin in the Storm*, pp. 33 – 34.

79) Dunnell, "Evolutionary Theory and Archaeology."

80) Ammerman and Cavalli-Sforza, "A Population Model for the Diffusion of Early Farming in Europe."

81) White, *The Science of Culture*; Dunnell, *Systematics in Prehistory*.

82) Dunnell과의 개인적 의견교환.

83) Trigger, "The Rise of Egyptian Civilization," p. 64

84) Johnson, "The changing organization in Uruk administration on the Susiana Plain"; R. McC. Adams, *Heartland of Cities*.

85) 예를 들어 다음의 글 참조. Dunnell, "Science, Social Science, and Common Sense; The Agonizing Dilemma of Modern Archaeology"; Rindos, *The Origins of Agriculture*; Lumsden and Wilson, *Genes, Mind and Culture*; Boyd and Richerson, *Culture and the Evolutionary Process*; Wenke, "Explaining the Evolution of Cultural Complexity: A Review"; Ammerman and Cavalli - Sforza, "A Population Model for the Diffusion of Early Farming in Europe"; Kirch, "The Evolution of Sociopolitical Complexity in Prehistoric Hawaii: An Assessment of the Archaeological Evidence"; R. N. Adams,"Natural Selection, Energetics, and Cultural Materialism"; Cavalli - Sforza and Feldman, *Cultural Transmission and Evolution: A Quantitative Approach*; Neiman, "Stylistic Variation in Evolutionary Perspective: Inferences from Decorative Diversity and Interassemblage Distance in Illinois Woodland Ceramic Assemblages"; Teltser, *Evolutionary Archaeology*.

86) Waldrop, *Complexity*.

87) Lansing and Kremer, "Emergent Properties of Balinese Water Temple Networks."

88) Shanks and Tilley, *Re-Constructing Archaeology*, p. 95a.

89) 예를 들어 다음의 글 참조. Shanks and Tilly, "Archaeology into the 1990s."

90) Giddens, *A Contemporary Critique of Historical Materialism. Vol 1. Power, Property and the State*.

91) 예를 들어 다음의 글 참조. Shanks and Tilley, *Re-constructing Archaeology, Social Theory and Archaeology*, "Archeology into the 1990s"; Hodder, Reading the Past.

92) Kohl, "The Use and Abuse of World Systems Theory," pp. 10—11.

93) 예를 들어 다음의 글 참조. Diakonov, ed., *Early Antiquity*.

94) 예를 들어 다음의 글 참조. Gould, *Wonderful Life*.

95) Trigger, *Early Civilizations: Ancient Egypt in Context*, p. 110.

96) Ibid., p. 563.

97) Wittfogel, *Oriental Despotism*.

98) Trigger, *Early Civilizations: Ancient Egypt in Context*, p.112.

99) Sahlins, *Culture and Practical Reason*.

100) Sahlins, "Comment on A. H. Berger's 'Structural and Eclectic Revisions of Marxist Strategy. A Cultural Materialist Critique,'" pp. 298—299.

101) Ibid., p. 299.

102) Trigger, *Early Civilizations : Ancient Egypt in Context*, p. 100.

103) Ibid., p. 110.

104) Ibid., p. 8.

105) Ibid., p. 37

106) Ibid.

107) Polyani, et al., *Trade and Market in the Early Empires*.

108) Trigger, *Early Civilizations: Ancient Egypt in Context*, p. 110

109) Gould, *Wonderful Life*.

110) Brumfiel and Earle, "Specialization, Exchange, and Complex Societies: An Introduction."

111) Ibid., p. 3.

8장
서남 아시아 복합사회의 기원

그리고 열국의 영광이요
갈대아 사람의 자랑하는 노리개가 된 바벨론이
하나님께 멸망당한 소돔과 고모라 같이 되리니
그곳에 처할 자가 없겠고 거할 사람이 대대에 없을 것이며
아라비아 사람도 거기 장막을 치지 아니하며
목자들도 그곳에 그 양떼를 쉬게 하지 아니할 것이요
오직 들짐승들이 거기 엎드리고
부르짖는 짐승이 그 가옥에 충만하며
타조가 거기 깃들이며, 들양이 거기서 뛸 것이요
그 궁성에는 사랑이 부르짖을 것이요
화려한 전에는 들개가 울 것이라
그의 때가 가까우며 그의 날이 오래지 아니하리라

이사야 (예언서 13장: 19-22)

이사야(lsaiah)는 1990년 걸프전 당시 미군의 바빌론 폭격을 예상하지는 못했지만 바빌론의 비참한 미래에 대한 예언은 상당히 정확하였다. 수 천년 동안 거대한 고대 도시의 찬란한 영화를 누렸던 바빌론은 이제 거대한 흙더미로 변해버렸다. 그나마 바빌론시의 일부를 복원하려는 최근의 노력 덕분에 관광객이 이 지역을 방문하기 시작하고 고립된 폐허로써의 이미지를 벗어나고 있어 다행이다.

지금으로부터 5천년전에 세계 대부분의 선사인들은 가난한 문맹의 농민이나 사냥꾼, 채집인이었으며 신세계의 사람들이 정착생활을 시작하기까지는 아직도 수

세기를 남겨놓고 있었다. 그러나 5천년전의 바빌론과 그 주변지역은 이미 도서관, 학교, 국제 교역, 도로, 세금, 사원, 기타 우리가 문명의 요소로 간주하는 모든 것들이 구비된 세계적인 규모의 도시를 이루고 있었다. 실제로 오늘날 세계 대부분의 사람들은 아직도 이러한 고대 서남 아시아의 도시에서 최초로 등장했던 도시생활을 영위하고 있다.

서남 아시아의 문화사는 매우 풍부하고 고전적이어서 이 지역에 대한 짧은 여행만으로도 수많은 역사의 자취를 만날 수 있다(그림 8.1). 최근 이 지역에서 전쟁이 발발하기 전에는 세계에서 가장 오래된 도시인 동쪽 변방의 바빌론(이라크 바그다드 근처)에서 북쪽으로 자동차 여행을 할 수 있었다. 또한 성경의 다니엘과 에스더가 살았고 세계 최초의 진정한 대도시라고 할 수 있는 동쪽의 수사(Susa)로의 여행이 가능했으며, 이란과 시리아의 자그로스 산맥 및 터키의 타우르스 산맥의 말단부를 따라 세계 최초의 농경지들이 자리하고 있었던 곳들을 여행할 수 있었다. 시리아로부터 터키를 통해 북쪽으로 가게 되면 그리스의 장군 크세노폰과 향수에 젖은 그의 병사들이 흑해로 진군하였던 바로 그 지역을 지나게 된다.[1] 또한 터키에서 시리아를 거쳐 지중해 지역의 남쪽으로 가게 되면 천년 후 기독교와 이슬람 세계의 운명적 충돌을 야기했던 유럽 십자군이 지났던 길을 만나게 된다.

수 천년 문명의 잔해속에서 고고학자들은 인간 역사의 자취를 추적하기 위해 고군분투하고 있다. 그 결과 서남 아시아 지역은 위대한 종교의 발상지이고 문자, 도시, 야금술 기타 많은 문명의 특질들이 세계 최초로 등장했던 지역임이 밝혀졌다. 따라서 이 지역에서 흥망성쇠를 거듭했던 문명의 기원과 성장에 대해 수많은 궁금증이 생길 수밖에 없다. 왜 하필 이 지역에서 세계 최초의 문명이 등장하게 되었을까? 이 지역의 문명이 중국, 이집트, 중남미 문명 등 후대에 등장한 문명과 도대체 왜 그렇게 유사한 형태를 보여주는 것인가?

환경적 배경

서남 아시아 문명의 문화사를 분석하기 위해서는 두 가지의 생태적 요소를 특히

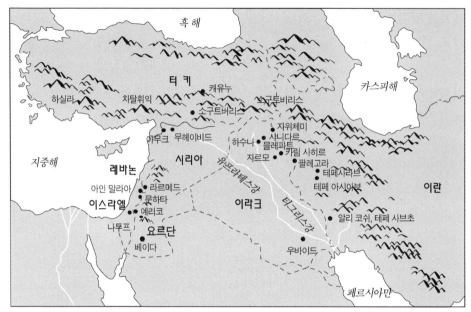

8.1 서남 아시아. 세계 최초의 복합사회는 티그리스와 유프라테스 강, 그리고 인근 지류의 평야
    지대에서 발전하였다. 그러나 이러한 복합사회는 그림에 표시된 다양한 초기 농경사회에서
    기원하였다.

유념해야 한다. 첫째는 농경형태의 다양성과 의존성이고, 둘째는 문화의 다양성과
국내외 문화에 대한 개방성이다. 니콜라스 포스트게이트(Nicholas Postgate)가 관
찰한 바와 같이 :

　　서부 아시아와 격리되어 나일강 줄기를 따라 형성된 이집트문명은 외부문명의 영향을 거의 볼
　　수 없는 독특성을 보여 주며, 상류의 누비아를 제외하고는 다른 지역으로 언어와 문자, 기타 예술
　　행위에 있어서 어떠한 영향도 주지 않았다. 이에 비해 메소포타미아 지역은 사막에서 산맥까지 특
　　별한 장애물이 없이 펼쳐진 광활한 개활지대이며, 이 지역의 설형문자는 수 천마일 너머까지 알려
　　지게 된다.[2]

　　메소포타미아에서 최초의 국가와 도시가 등장한 지역은 이란과 이라크의 상대
적으로 협소한 남부지역이지만, 이 지역은 잘 알려진 바와 같이 비옥한 반월형지대
(Fertile Crescent)와 그 주변의 저지대를 포함하고 있다(그림 8.1).

산맥으로 둘러 싸여 반월형의 모습을 띠는 저지대는 야생 밀, 보리, 양, 염소의 자연 서식지이다. 이 지역은 선사시대부터 초목과 떡갈나무, 피스타치오 등의 산림으로 덮여 있었으며, 19세기까지만 해도 초록색 고지대의 양과 양모가 저지대의 시장으로 유입되기도 하였다. 그러나 오늘날 이러한 산림지대는 거의 대부분 자취를 감추고 전 지역이 심하게 훼손되어 있다.

인간의 거주가 시작된 이래 충적 저지대의 사람들은 산의 고지대에서 생산되는 금, 은, 동, 밀, 양, 염소를 획득하기 위해 치열한 경쟁과 교역을 하였다. 오늘날에도 고지대와 저지대를 경제적으로 통합하는 당시의 경제유형보다 더 좋은 생계방법은 없다. 당시의 유목민은 여름철에 양과 염소를 고지대로 몰고 가서 방목을 함으로써 우유와 고기, 가죽을 얻게 되고 이것들은 다시 저지대 생산물과 교환되었다.

역사상 세계 최초의 농경마을은 자그로스와 타우르스 산맥 아래의 충적대지와 산록경사면에서 등장하였다. 서남아시아 신석기 시대의 마을은 보리와 밀의 경작에 충분한 비가 내리는 충적대지와 산록경사면의 거의 모든 지점에서 발견되고 있다.

고원지대에서 내려오게 되면 바그다드의 북부와 북서부의 건조하고 굴곡이 심한 북부 메소포타미아 평야를 만나게 된다. 티그리스와 유프라테스 강은 지표면을 깊이 가로질러 흐르고 있어 강 유역에서 관개농경을 하기 위해서는 정교한 댐시설과 관개시설이 필수적으로 요구된다. 그러나 일단 관개시설을 갖추게 되면 생산성이 높은 농경지대가 되는데, 이러한 환경적 요건은 이 지역에서 세계의 대제국이 등장할 수 있는 발판이 된다.

그러나 세계 최초의 도시가 등장하는 핵심지대는 메소포타미아 하류의 충적평야이다. 역사학자 아놀드 토인비에 따르면 고대문명은 기후 및 자원과 같은 심각한 환경문제에 직면했던 지역에서 처음으로 등장하게 되고, 그러한 지역의 예로 남부 메소포타미아를 들고 있다. 이 지역은 인간 역사상 찬란한 고대문명이 들어서기에는 어떤 면에서 불리한 환경적 여건을 갖추고 있다. 황폐하고 무더운 평야지대에는 유용한 석재와 금속이 전무하고 나무가 거의 자라지 않으며 극도의 고온다습한 기후를 보인다. 그러나 역설적으로 이러한 고온 다습한 기후는 고고학적 유적과 유물을 보존할 수 있는 매우 양호한 여건이 된다.

그러나 대부분의 초기 문명은 거대한 하천의 '축복'을 통해 등장한다고 할 수 있으며, 메소포타미아 문명은 특히 그러하다(실제로 '메소포타미아'란 용어는 그리스어로 '두 강 사이'라는 의미이다). 연중 반복되는 홍수로 인해 티그리스와 유프라테스 강의 연안에는 실트와 진흙이 풍부하게 퇴적된 충적평야가 형성되고 농경에 필요한 풍부한 관개용수가 제공된다. 강에 의해 형성되는 저습지와 늪지에는 직물제작용 아마와 바구니 제작에 필요한 등심초와 같은 다양한 야생 식물이 서식한다. 이러한 작물과 관개용수 외에 강에서 얻을 수 있는 귀중한 자원은 어로자원이다. 강 연안의 관목지대에서는 야생동물이 서식하기 힘들기 때문에 충적 평야의 생존에 필수적인 단백질은 주로 어로 자원(나중에는 가축)을 통해 획득할 수밖에 없다. 다시 말해 강 연안의 농경민들은 동물성 단백질을 대체할 수 있는 식물성 단백질의 공급이 부족하기 때문에 채식만으로는 생존할 수 없다. 그러나 강 연안의 어패류는 이러한 동물성 단백질의 부족을 극복할 수 있는 중요자원이고, 이러한 사실은 초기 정주민들이 남긴 고고학적 증거에서 확인된다. 예를 들어 기원전 5000년기의 건물의 제단들은 겹겹이 쌓인 패각층의 하부에서 발견되고 있다. 또한 메소포타미아의 강들은 중요한 교통수단으로의 기능을 한다. 물론 메소포타미아의 어떤 강도 나일강과 같은 중요한 운송수단이 되지는 못하지만 선박을 적절히 이용하면 터키와 시리아의 산록완사면에서 강을 따라 남쪽으로 물자와 군대를 이동시킬 수 있다.

메소포타미아 지역은 5월부터 10월까지 평균 최고 기온이 섭씨 40℃를 넘고, 뜨거운 사막의 바람이 지하 1m 깊이까지의 토양을 건조화시키며 시꺼먼 먼지가 하늘을 뒤덮게 된다. 메소포타미아에서 여름을 지내 본 사람이라면 누구나 왜 이 지역의 종교가 정다운 벗들과 시원한 냇가의 야자나무 아래에서 과일을 먹고 앉아있는 모습을 천국의 휴식으로 생각하는지 쉽게 이해할 수 있을 것이다. 그러나 이러한 혹독한 여름철에 비해 메소포타미아의 나머지 계절은 따뜻하고 온화하다. 메소포타미아의 충적 평야는 적절한 관개시설을 갖추게 되면 매우 풍성한 농경수확물을 가져다 준다. 역사적으로 이 지역에서는 메론, 오렌지, 석류, 대추야자, 보리, 밀, 올리브, 렌즈콩, 양파, 기타 다른 작물이 재배되고 있다.

메소포타미아의 비옥한 농경지대의 일부는 시리아에서 아라비아 반도까지의 거대한 사막에 둘러싸여 있다. 이러한 사막의 일부 지역은 훗날 유목민에 의해 점유되고 교통로로 이용되지만 오늘날에도 이들 사막지대의 인구밀도는 매우 낮은 편이다.

4장에서 살펴본 바와 같이 서남 아시아의 구석기 시대는 기후, 식물상과 동물상으로 볼 때 아프리카 대륙의 연장으로 볼 수 있다. 심지어 수 천년전 까지만 하더라도 광활한 서남 아시아 지역에서는 타조, 치타, 사자, 영양과 같은 아프리카 동물이 서식하고 있었다.

서남 아시아의 기후와 지세는 일부 미세한 변화를 제외하고는 과거 9천년동안 거의 동일하다고 할 수 있다. 메소포타미아의 지형은 간헐적으로 발생하는 지각변동으로 인해 지각의 융기와 침식이 반복되기도 한다. 이러한 지각변동과 페르시아만의 해안선의 변동, 그리고 일부 지역에서 보이는 실트와 진흙의 거대한 퇴적은 과거 만년동안의 해안선의 변화양상에 대한 추적을 어렵게 하고 있다. 예를 들어 불과 천년전에 농경지였던 곳이 지금은 물에 잠겨있기도 하고, 따라서 고대사회의 수많은 중요 유적들이 지금은 해안선 밑에 위치하고 있을 확률이 높다. 인간의 다양한 행위에 의한 유로 변경, 산림 개간, 기후 변동이 이 지역의 환경을 급격하게 변화시켰기 때문에(심지어 미세한 기후변화까지도), 최초의 문명이 전개될 당시의 서남 아시아의 자연환경이 어떠했는가를 정확히 기술한다는 것은 영원히 불가능할지도 모른다.[3]

서남 아시아 문명의 기원과 전개과정

서남 아시아인들은 과거 9천년동안 밀집된 취락생활을 하였기 때문에 토기 조각이나 석기, 뼈, 관개수로와 같은 유물이나 유구가 발견되지 않는 지역이 거의 없다. 그럼에도 불구하고 서남 아시아 고고학에서 가장 보편적인 분석단위는 아직도 '유적(site)' 이고, 이러한 유적은 대부분 텔(tell, 아랍어) 혹은 테페(teppeh, 페르시아어)라 불리우는 낮은 구릉의 형태를 보이는 것들이다. 이러한 텔은 동일 장소에 마을이나 도시들이 계속하여 점유한 결과 형성된 것들이다(그림 8.2). 수 천년 동안 이 지역의 사람들은 기본적 건축자재로써 진흙벽돌을 사용해 왔고, 취락은 소형의 방형 건물이 빽빽하게 들어선 형태를 보여준다. 이러한 건물은 이 지역의 기후와 자원을 최대한 활용한 이상적인 형태이지만 50년 혹은 100년 정도 지나게 되면 쉽게 허물어지기 때문에 보수보다는 다시 축조하는 것이 경제적으로 훨씬 유리하다. 건물을 동일 장소에 계속 축조함으로서 얻는 다양한 이점 때문에 (농경지의 손실을 줄일 수 있고 고지대의 취락은 홍수와 적의 침입을 저지할 수 있다) 기존의 건물위에 건축물을 계속 축조하게 되고 결과적으로 취락은 낮은 구릉상의 형태를 보이게 된다.

서남 아시아의 텔 유적은 수 만개 이상이 분포하고 있다. 이들 중 일부는 평지에서 50m 이상의 높이까지 형성된 것들도 있고, 수 십년 정도만 점유된 유적은 인근 평지보다 약간 높은 모습을 보인다. 이들 유적에는 석기, 뼈, 깨어진 토기와 진흙벽돌, 무너진 벽체, 허물어진 화덕시설과 토기 요지, 녹슨 철 조각 등이 여기저기 널려 있다. 땅을 헤집는 동물의 행위, 우물과 테라스의 축조, 자연적 침식작용 등으로 인해 텔 유적의 고고학적 층위는 역전되거나 훼손되는 경우가 흔하기 때문에 점유시기가 다른

8.2 수 백년에 걸친 인간의 점유결과 돌벽이 층층이 쌓인 예리코유적의 모습.

다양한 유물이 지표면에 노출된다. 따라서 고고학자는 지표면의 유물만 보더라도 유적의 점유시기를 판단할 수 있게 된다. 뼈와 동물유체는 양호한 보존상태를 보이는 경우도 있지만 염도가 높은 지하수에 노출될 경우 토기조차도 잘 보존되지 않는다.

텔유적 외에 서남 아시아에서 가장 보편적인 유구는 관개 수로이다. 이 지역에서 7천년 동안에 걸쳐 실시된 관개농경은 결과적으로 종횡으로 복잡하게 얽힌 수많은 관개수로를 축조하는 요인이 되었고, 따라서 아직도 2~3m 높이의 제방을 가진 수천년전에 폐기된 관개수로를 발견하기란 그리 어렵지 않다. 항공사진은 이러한 고대 관개농경의 분포를 확인하는데 유용한 기술이다.

고고학적 발굴에 소요되는 비용과 시간문제, 유적의 파괴 때문에 이 지역의 고고학 유적의 조사는 극히 일부분에 그칠 수밖에 없다. 예를 들어 기원전 8000년~2350년기에 속하는 수많은 유적중에서 현재까지 5% 이하만이 조사되었으며, 앞으로 새로운 조사가 이루어지더라도 5%이상을 상회하기는 어려울 것이다. 따라서 메소포타미아 지역 고대문화의 기원과 발전과정에 대한 우리의 연구는 일정한 한계를 지닐 수밖에 없다. 이러한 한계에도 불구하고 이 지역의 고고학적 자료는 워낙 풍부하기 때문에 표본조사를 통해 이론적 가설을 검증할 수 있다. 항공사진, 지표조사, 지역적 분석을 통해 고고학자는 발굴을 하지 않더라도 특정 유적이 언제, 얼마나 오랫동안 점유되었는가를 판단할 수 있다. 로버트 맥 아담스의 선구적인 조사 이후 이 지역의 수많은 고고학자들은 이러한 지역단위의 지표조사를 실시해 오고 있다.[4] 즉 고고학자들은 항공사진과 지도를 통해 고대 유적의 분포를 확인하여 분포도를 작성하고 개별 유적의 역사를 추적하기 위해 토기를 채집한다. 그러나 서남 아시아의 고고학적 자료는 워낙 방대하여 수 천개 이상의 고대 마을과 도시 유적은 영원히 발굴되지 못할 것이다. 또한 이미 수많은 유적이 농경행위와 산업화로 파괴되어 그 흔적도 존재하지 않고 있는 실정이다.

서남 아시아 신석기 문화의 기원 (기원전 7000년~기원전 6000년)

6장에서 살펴 본 바와 같이 메소포타미아 최초의 농경민은 아프카니스탄에서 서부 터키에 이르기까지 광범위한 지역에 걸쳐 수많은 소규모의 촌락을 형성하였다.

이들 촌락은 아직 대규모의 관개농경을 실시하지는 않았지만 보리와 밀을 재배하기에 충분한 강우량을 갖추고 있었다. 이러한 소규모의 촌락농경생활은 메소포타미아 대부분의 지역에서 오랫동안 지속되지만 기원전 7000년경에 이르면 일부 지역에서 그 변화가 발생하기 시작한다.

6장에서 우리는 기원전 7000년경에 요르단 예리코의 고대인들이 석조건물의 축조를 시작한다는 사실을 살펴보았는데, 이는 예리코인들이 당시의 대부분의 수렵채집인과는 다른 생활방식으로 전환했음을 보여주는 증거이다. 또한 진흙으로 빚어진 두상에 패각을 사용하여 눈을 표현한 예리코의 숭배상과 요르단의 아인 가잘('Ain Ghazal)과 같은 유적에서 발견되는 각종 인물과 동물의 토우는 당시 촌락사회의 사회이념적 체계가 변하고 있음을 보여주는 증거이다.

이러한 사회변동을 가장 확실하게 보여주는 증거는 터키의 차탈 휘익(Çatal Hüyük)유적에서 보이고 있다. 이 유적의 대부분을 발굴한 제임스 멜라르트(James Mellaart)는 다음과 같이 말하고 있다:

> 오랫동안 비옥한 반월형지대의 변방에 위치하였던 아나톨리아가 이제는 근동 지역 신석기문화 중에서 가장 발전된 지역으로 부상한다. 차탈 휘익에서 밝혀진 신석기문화는 은하계의 초신성(超新星)처럼 당시의 촌락세계에서 단연 돋보이는 존재가 된다.[5]

차탈 휘익은 발굴자들이 단언하는 것처럼 당시의 촌락사회에서 최상위의 촌락이 아니었을 가능성은 있지만, 서남 아시아에서 가장 흥미로운 유적중의 하나임에는 틀림이 없다. 중남부 아타톨리아(터키)에 위치한 차탈 휘익은 기원전 6250년경에 처음 점유되어 기원전 5400년경에 폐기되기까지 계속적으로 인간에 의해 점유된 유적이다. 이러한 장기간에 걸친 점유기간중에서 최전성기의 차탈 휘익은 13핵타르 이상의 범위에 4000~6000명의 인구를 가진, 당시 사회의 어느 유적보다도 몇 배 이상의 규모를 가진 대규모 취락이었다.

차탈 휘익은 전체 점유기간의 중간 중간에 대규모의 화재를 당하게 되는데, 이러한 화재는 결과적으로 그 이전에 점유된 층을 양호하게 보존하는 요인이 된다. 그러나 안타깝게도 유적의 1핵타르 미만이 발굴되었을 때 당시의 정치적 분쟁과 기

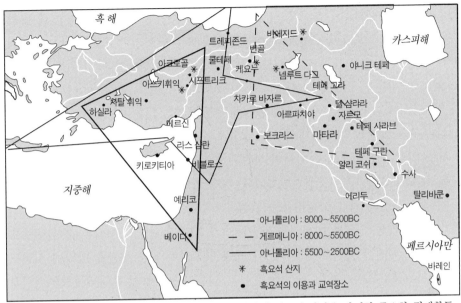

8.3 서남 아시아 지역의 흑요석 교환은 정치적·경제적 제도의 발달을 야기한 중요한 경제활동
    이다.

타 여러 가지 사유로 인해 조사가 중단될 수밖에 없었다.

　타우루스 산맥의 첫 번째 줄기에 자리잡은 차탈 휘익은 당시 사회에서 가장 중요
한 자원인 하산 다그(Hasan Dag)화산의 흑요석을 통제할 수 있었다. 흑요석의 원산
지는 화학적으로 구별이 가능하기 때문에 우리는 차탈 휘익의 흑요석이 기원전
7000년 이후 아나톨리아, 레반트, 키프러스까지 교류되었음을 알 수 있다(그림 8.3).
물론 차탈 휘익 내에서도 아름다운 흑요석제 도구가 다량 발견되지만 발굴이 이루
어진 지역내에서는 아직까지 흑요석 저장시설이나 공방은 발견되지 않았다.

　차탈 휘익에서 발견된 총 158기의 건물지는 서남 아시아의 다른 지역에서 발견
된 동시대의 그것들과 별로 차이가 나지 않는다. 즉 각 건물은 진흙벽돌로 만들어
졌고 회반죽된 벽과 바닥을 가진 방형의 방들로 구성된다. 대부분의 집들은 25m²
의 단층으로써 광장에 의해 서로 분리된 경우를 제외하고는 대부분 서로 연접되어
있다. 집 내부에는 침대로 추정되는 이단의 단이 설치되어 있고, 의자가 구비되어
있는 집도 간혹 있다. 비슷한 시기의 다른 지역의 양상과는 달리 차탈 휘익의 건물

은 사다리를 이용하여 지붕으로 출입할 수밖에 없으며(출입을 할 수 있는 문이 없다), 각 건물이 서로 연접되어 있기 때문에 옆집과의 왕래는 지붕을 통해 이루어질 수밖에 없다. 지붕을 통한 이러한 출입은 적으로부터의 방어를 하기 위한 것일 수도 있다. 왜냐하면 건물 벽의 사다리를 없애면 집 안으로의 공격이 어렵기 때문이다. 이 당시에 다른 서남 아시아의 유적에서 발견되는 건물들은 벽을 가지고 있지만 대부분의 취락은 방어 성벽이 없는 소규모의 마을들이다.

차탈 휘익에서 발견된 40여 채의 신전은 기본적으로 다른 건물과 동일한 평면형태를 가지고 있다. 그러나 신전의 벽에는 많은 자연현상, 특히 고대 예술의 공통적인 주제인 다산과 죽음을 상징하는 그림과 부조, 조각들이 풍부하게 표현되어 있다. 이러한 것들 중에는 대머리수리가 머리가 제거된 인간의 시체를 쪼아먹는 모습도 있고, 여인이 황소를 출산하거나 표범위에 앉아 있는 모습을 나타낸 것들도 있다. 이외에도 유방, 황소, 숫양과 같은 자연물이 풍부하게 표현되어 있다. 일부 방에는 소의 두개골과 뿔이 정연하게 배치되어 있다(그림 8.4). 건물의 벽은 먼저 회반죽을 바르고 그림을 그리는데 때때로 회반죽을 다시 바르고 회반죽 위에 새로운 문양을 그리거나 조각하기도 한다. 이중 한 벽에는 40회에 걸쳐 회반죽을 바르고 칠을 한 흔적이 발견되었다. 이러한 신전의 축조에는 후대의 대규모 기념물과는 달리 엄청난 양의 노동력과 자원을 필요로 했던 것 같지는 않다. 또한 경제적 부의 불평등을 가리키는 값비싼 물품도 신전에서 거의 발견되지 않는다. 이러한 사실은 이들 신전이 단순 족장사회로 구성된 친족기반사회의 의례중심지였다는 점을 뒷받침한다.

차탈 휘익의 사회가 단순족장사회였으리라는 점은 무덤자료의 분석에서도 확인된다. 차탈 휘익에서는 사람이 죽으면 시체를 집 바깥으로 던져 대머리수리가 살을 쪼아먹게 만든다. 대머리수리에 의해 살이 완전이 제거된 후에 뼈는 다시 집 안으로 옮겨진다. 남성과 여성, 유아들 모두 이러한 방식으로 집 안의 바구니나 구덩이에 매장한다. 대부분의 무덤에는 부장품이 안치되지 않지만 일부 여성묘와 유아묘에는 패각과 돌로 만든 목걸이, 팔찌와 발목장식이 부장되기도 하고, 간헐적으로 흑요석제 거울과 뼈로 된 화장도구가 부장된다. 남성묘 일부에서는 곤봉, 석검, 흑요석제 화살촉, 토제 인장 등이 발견되기도 한다.

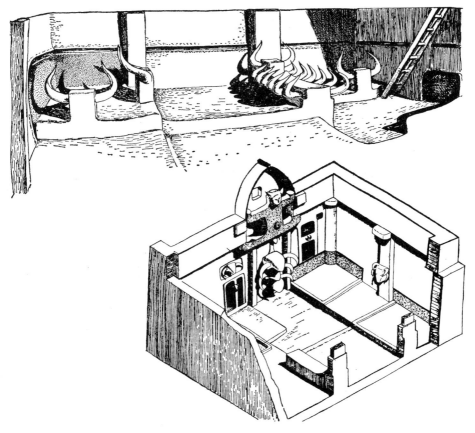

8.4 차탈 휘익의 신전에 대한 이러한 복원도는 당시 사회에서 소가 갖는 중요성을 보여주고 있다. 모든 초기 복합사회는 이와 같이 사회조직을 통제할 수 있는 의례행위와 종교를 발전시켰다.

대머리수리 신전이라고 불리는 신전의 바닥에서는 6명의 피장자가 일반 가옥에서 발견되는 피장자에 비해 훨씬 풍부한 부장유물과 함께 발견되었다.[6] 그러나 차탈 휘익에서는 양적 질적으로 훨씬 풍부한 유물이 부장된 유아묘를 발견할 수가 없고, 무덤의 축조에 소요되는 노동력의 양에 있어서 무덤간에 큰 차이를 발견할 수가 없다.

차탈 휘익사회는 농경, 수렵, 채집경제가 혼합된 전형적인 후기 신석기 시대의 생계경제형태를 보여준다. '외알밀(einkorn)'로 알려진 밀의 또 다른 형태인 에머밀(emmer), 보리, 완두콩, 기타 다양한 작물이 재배되었지만 상대적으로 단순한 농경법이 사용되었다. 또한 차탈 휘익인들은 소의 사육을 통해 고기, 가죽, 우유를 얻을 수 있었고, 쟁기를 끄는 견인수단으로 소가 이용되었을 가능성이 높다. 소의 쟁기를 사용하여 땅을 갈게되면 잡초를 제거하고 토양의 투수성(透水性)을 증가시키는 효과가 있기 때문에 결과적으로 농업 생산성을 크게 향상시킬 수 있었을 것이다. 우리는 최초의 쟁기가 근동지역에서 정확히 언제부터 사용되었는지 알 수가 없다. 그러나 소가 사육되기 시작한 이후 쟁기가 등장하기까지는 그리 오랜 시간, 예를 들어 천년이나 이천년 이상의 시간이 필요하지는 않았을 것이다.

차탈 휘익사회의 교역은 상당히 활발했던 것으로 보이지만 소량의 외래물자만이 주로 거래되었던 것으로 판단된다. 160km 떨어져 있는 지중해의 패각과 시리아의 석기가 이 지역에서 발견되는데, 이러한 외래 물품은 아마도 이 지역의 흑요석제 도구와 교환되었던 것으로 보인다(그림 8.3). 그러나 농작물이 대량으로 거래되었거나 심지어 흑요석이 대량으로 교환되었다는 증거는 보이지 않는다. 또한 차탈 휘익에서는 공방이나 흑요석 판매 상점, 고도로 발달된 제작기술 등이 거의 보이지 않는다.

기원전 7500년부터 기원전 6000년 사이에 해당하는 취락이 아나톨리아 고원의 다른 지역에서도 발견되었다. 그러나 이러한 취락은 거의 대부분 사회적 위계화가 거의 발달하지 않은 초기 농경사회이다. 예를 들어 이들 사회에서는 공공건물이나 복잡한 직업의 전문화, 혹은 정교한 무덤 축조행위가 거의 나타나지 않고 있다.

멜라르트는 이라크 쿠르디스탄의 자르모(Jarmo)유적을 차탈 휘익유적에 버금가는 유적이라고 주장하고 있지만 전자는 상대적으로 더 단순한 촌락농경사회의 모습을 보여준다. 자르모유적의 최초 형성시기는 기원전 6750년 이전이고 기원전 5000년기까지 간헐적으로 점유된 유적이다. 따라서 자르모 유적의 점유시기는 차탈 휘익과 거의 1000년 정도 중복되고 있다. 그러나 차탈 휘익사회와 달리 자르모사회의 인구수는 아무리 높게 잡아도 200명을 상회하지는 않았던 것으로 보이고, 어느 한 시점의 가옥 수도 20여 채에 불과했던 것으로 추정된다. 자르모의 무덤들 간에는 현저한 차이가 보이지 않으며 개별 가옥간에도 주목할 만한 차이가 보이지 않는다. 또한 차탈 휘익에서 발견된 벽화와 정교한 흑요석제 도구에서 보이는 다양한 미적 상징물이 자르모에서는 발견되지 않고 있다. 예를 들어 자르모에서는 임신한 여자와 동물의 토우가 극소수 발견되고 있을 뿐이다. 또한 자르모에서는 요새화된 성벽이나 거대한 비주거용 건축물이 발견되지 않고 있으며, 대부분의 기술도 음식물의 수확 및 가공과 관련된 것들이다. 아마도 두 유적간에 보이는 가장 큰 차이는 차탈 휘익사회가 지역적 주요 자원(흑요석)을 통제했던 반면 자르모 사회는 그러한 역할을 하지 못한 점에서 찾을 수 있다.

자그로스 산맥, 북부 메소포타미아, 그리고 이란 고원의 다른 지역에서 발견되는 기원전 8000년과 6000년 사이의 유적은 자르모와 마찬가지로 대규모의 공공건물이나 정교한 무덤 축조행위, 또는 직업의 전문화가 거의 존재하지 않은 농경취락의 모습을 보여주고 있다.

차알스 레드만(Charles Redman)은 차탈 휘익사회를 다음과 같이 기술하고 있다:

차탈 휘익은 문명단계의 사회로 나아가기 직전의 사회구조와 조직을 보여주는 대표적 유적이다. 그러나 어떤 이유에서인지 차탈 휘익사회는 도시사회로 더 이상 발전하지 못하고 있다. 차탈 휘익 사회는 문화적 우수성과 복합성에서 당시의 어떤 사회보다도 뛰어나다고 할 수 있지만 문화적 최전성기에는 도달하지 못한 단계로 생각해야 한다. [7]

예리코, 차탈 휘익, 자르모 기타 인근지역에 대한 다양한 발굴을 통해 우리는 서남 아시아에서 문명 이전 단계의 촌락사회가 어떠한 모습이었던가에 대한 단서를 얻을 수 있지만 아직도 당시 사회의 정확한 모습을 설명하기에는 역부족이다. 장기적으로 유엔의 지원을 받은 세계 여러 지역의 고고학자와 학생들로 구성된 고고학 조사팀이 서부 아나톨리아 지역에서부터 동쪽의 아프카니스탄, 남쪽의 이라크까지의 광범위한 지역을 지표조사하고 발굴해야할 것이다. 그러나 세계 최초의 문명이 발생한 이 지역에 대한 현재까지의 고고학적 자료는 100개 미만의 정밀하게 발굴된 취락과 2~3십여 개의 지역적 조사가 전부라고 할 수 있다.

최초의 복합사회 (기원전 6000년 ~ 기원전 4000년)

서남 아시아의 토기 양식의 분포는 이 지역에서 발생한 사회변동을 파악할 수 있는 최초의 증거라고 할 수 있다. 농경과 마찬가지로 토기의 발명은 서남 아시아의 많은 지역에서 독자적으로 발생한다. 이들 각각의 지역에서는 토기가 발명되기 이전에 이미 수세기 전부터 진흙을 사용하여 토우나 저장 구덩이를 제작하고 있었다. 기원전 6500년 이후 토기가 다양한 지역에서 독자적으로 발명되고, 급속하게 인근 지역으로 전파된 사실은 농업경제에서 토기의 중요성이 급속하게 부각되었다는 점을 반영한다. 당시 사회에서 토기의 기능은 아마도 물을 운반하거나 음식물을 저장하며 조리해서 먹기 위한 그릇이었을 것이다.

서남 아시아에서는 토기가 일반적으로 사용되기 시작한 직후에 최초의 정교한 토기가 등장한다. 즉 기원전 5500년경에 이르게 되면 서남 아시아에서는 두 종류의 독특한 토기 양식, 즉 사마라(Samarra)와 하라프(Haraf) 양식이 광범위한 지역에 걸쳐 분포하게 된다(그림 8.5와 8.6).[8] 사마라형 토기는 하라프형 토기에 비해 형태적으로 더 단순하고 광택이 없지만 하라프형 토기는 광택이 나는 색조를 보인다. 이 두 종류의 토기는 미적 형태 이상의 중요성을 가지게 되는데 왜냐하면 이들 토기는 서남 아시아의 매우 광범위한 지역에 걸쳐 발견되는 최초의 양식이기 때문이다. 이러한 매우 양식적인 토기들은 목제 회전판을 사용하여 제작되었다. 회전판을 사용하여 토기를 제작한다는 사실은 회전판이 없이 단순히 손으로 토기를 제작하는 이전 단계의 기술에 비하면 획기적인 변화라고 할 수 있다. 왜냐하면 이제 도공들은 회전대를 사용하여 그릇을 돌려가면서 형태를 만들어 낼 수 있고 채색을 할 수 있기 때문이다.[9] 사마라와 하라프형 토기의 문양이 매우 복잡하고 정교하기 때문에 이들 토기들이 전문제작집단에 의해 제작되었다고 가정할 수도 있다. 그러나 고고학자 프랭크 홀(Frank Hole)은 농민들의 기술을 평가절하해서는 안될 것이라고 경고하고 있다. 예를 들어 페르시아 양탄자는 고도의 기술을 요하는 복잡하고 아름다운 생산물이지만 농민들에 의해 생산되었다.[10] 또한 사마라와 하라프형 토기들이 광범위한 지역에 걸쳐 분포하지만 이들 토기들의 생산은 최상위 중심 정치체에 의해 조직되고 통제되었다는 점을 주목할 필요가 있다. 물론 어떠한 사회변화가 이들 토

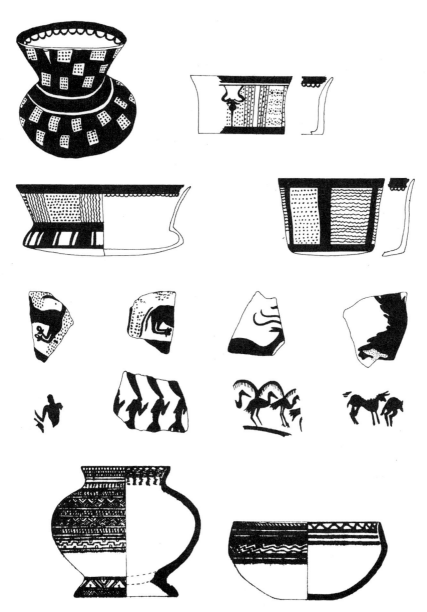

8.5 기원전 6000년경 메소포타미아의 광범위한 지역에 퍼진 사마라 양식과 하라프 양식의 토기.

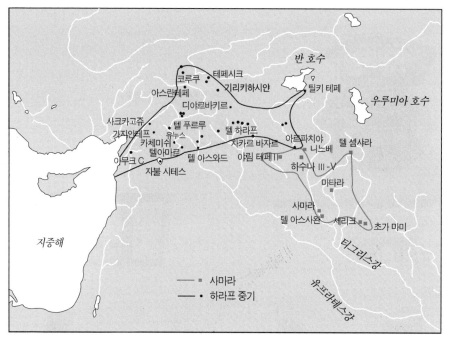

8.6 사마라 토기와 하라프 토기의 분포. 복합사회 진화의 첫 번째 단계는 광범위한 지역에 이러한 예술양식의 급속한 확산과 관련된다.

기들의 대량 전파를 가능하게 하였는지는 정확히 알 수 없다. 이러한 토기들의 분포는 상당부분 서로 중복되고, 두 토기 양식이 시기적으로 다르다거나 상이한 사회적 집단에 속한다는 적극적인 증거는 없다.[11] 그럼에도 불구하고 하라프형 토기 문화단계의 사람들은 이들 장식토기들을 거의 1000km 떨어진 지점까지 운반하였고, 따라서 이러한 토기가 농업경제에서 그릇의 수요에 대처하기 위해 제작된 단순한 용도의 실용적 그릇이라고 말할 수는 없다. 토기는 상대적으로 무겁고 쉽게 깨지며 서남 아시아의 거의 모든 지역에서 독자적으로 제작할 수 있음에도 불구하고 왜 이렇게 많은 양의 통일적 양식의 토기가 넓은 지역에 걸쳐 전파되었을까? 아마도 이에 대한 해답은 당시 사회에서 점진적으로 증가하는 사회적 지위와 정치적 필요성에서 찾을 수 있을 것이다. 고대 문명발달과정의 어느 시점에 이르게 되면 필연적으로 엘리트들은 자신들의 사회적 지위와 권력을 상징적으로 표현하기 위해 외래 기원의 정교한 위신재를 필요로 한다. 아마도 서남 아시아의 정교한 양식의 토기들은 이러한 엘리트 집단의 등장과정과 밀접한 관련이 있는 것으로 보인다.

하라프와 사마라형 토기의 분포는 농경이 메소포타미아의 건조지대까지 확산된 시점과 궤를 같이 하고, 이 때는 세계 최초로 인공적 관개농법이 개발되어 사용된 시기이다. 예를 들어 이라크 바그다드의 바로 동쪽에 위치하는 초가 마미(Chogha Mami)유적에서는 곡물과 아마(기름 제작용)를 재배하기 위한 관개수로가 발견되었다. 이 시기의 또 다른 중요 유적은 텔 아스사완(Tell as-Sawwan)인데, 이 유적은 북쪽의 건조 초목지대와 충적 평야가 만나는 지점인 이라크의 북중부 지대에 위치하고 있다.[12)

발굴된 자료에 의하면 기원전 6000~5000년 사이의 텔 아스사완은 수 백명의 인구를 보유하고 있었고, 이들 대부분은 단순 관개농법을 사용하여 보리, 밀, 아마를 재배하고 있었다. 이들은 또한 염소, 양, 소를 사육하였고, 야생 당나귀, 영양 등을 사냥하였으며 인근의 티그리스 강에서 물고기와 홍합을 채취하였다.

텔 아스사완은 여러 면에서 동시대의 다른 농경취락유적과 유사한 면을 보여준다. 예를 들어 곡물창고, 요지, 화덕, 소형의 진흙 벽돌집이 광장을 중심으로 배치되어 있으며, 역암층을 파고 만들어진 대형의 도랑(해자)이 유적주위를 둘러싸고 있다. 도랑에서 발견된 수 많은 단단한 흙구슬(투석용 미사일)은 이 유구의 용도가 예리코의 요새와 마찬가지로 방어용 건축물이었다는 점을 시사하고 있다.

텔 아스사완에서 발견되는 거주용 건축물은 동시대의 다른 유적의 그것과 약간 다른 양상을 보여준다. 즉 여기서 발견되는 가옥들은 돌을 사용하여 바닥을 만들고 집의 형태가 방형의 형태를 띠고 있다는 점이다. 그러나 개별 가옥의 크기나 가옥 축조의 비용에서 서로 간의 차이는 거의 발견할 수 없다.

텔 아스사완에서는 최소 128기 이상의 고분이 발견되었으며, 이 고분들의 연대는 대략 기원전 5500년경에 해당된다. 그런데 이러한 고분은 서남 아시아에서 동시기의 다른 어떤 고분보다 훨씬 풍부한 부장품을 가지고 있다. 분류가 가능한 무덤중에서 55기의 무덤에서는 유아의 인골이 발견되었고, 16기에서 유소년의 인골이 발견되며 13기에서 성인의 인골이 출토되었다. 무덤은 방향, 위치, 축조방식에서 서로간에 차이를 보인다. 대부분의 인골은 가옥 내부의 바닥을 타원형의 형태로 얇게 판 토광에 굴신장(屈身葬)의 형태로 매장되었다. 또한 대부분의 무덤에서는 최소 1개의 장식품(주로 설화석고(雪花石膏) 조각품), 외래 기원의 돌로 만든 구슬, 또는 토기가 발견된다. 거의 대부분의 가옥에서는 많은 수의 무덤이 발견되지만(최대 23기의 무덤이 축조된 가옥도 있다), 1개체의 성인 남성만이 부장된 가옥이 유일하게 1채 존재하고 있다. 그런데 후자의 방에서는 상대적으로 풍부한 부장품이 발견되어 신분이 우월한 자가 매장되었을 가능성이 있다. 그러나 텔 아스사완에서 발견되는 무덤의 양상으로 볼 때 당시 사회에 세습된 지위와 경제적 부가 존재했던 것 같지는 않다. 7장에서 기술한 바와 같이 고분 자료의 분석을 통해 고대 사회의 사회체계를 기술하는 작업은 상당히 어려운 작업이다. 그러나 확실한 사실은 고대의 모든 문명에서 세습된 지위가 등장하는 시점이 분명 존재한다는 것이다. 풍부한 양과 질의 부장품이 매장된 유아묘가 발견된다면 이는 피장자가 생전에 자신의 힘으로 획득할 수 없는 것이고, 따라서 이는 사회적으로 부유하고 지위가 높은 가문이 존재했다는 점을 시사한다고 볼 수 있다. 세계의 모든 문명에서 이러한 경제적 부와 사회적 지위는 궁극적으로 세습적인 측면을 띠게 된다. 텔 아스사완에서도 무덤간에 부와 지위의 차이가 어느 정도 존재한 것으로 보이지만 아직은 이러한 부와 지위의 차이가 세습을 통하여 이루어 졌음을 보여주는 증거는 없다.

텔 아스사완은 단지 동시기의 수 많은 유적중의 하나이며 하라프형, 사마라형, 기타 다른 토기의 양식이 고지대로 전파되기 시작한 직후부터 문화발달의 핵심지대는 메소포타미아의 충적평야지대로 옮겨가게 된다.

기원전 5500년 이전에 해당하는 충적평야지대의 유적은 거의 알려지지 않고 있다. 아마도 이들 대부분의 유적은 후대의 훨씬 큰 규모의 유적아래에 묻혀 있을 가능성이 높다. 이 지역에서 가장 이른 시기로 편년되는 유적은 페르시아만의 어귀에 위치하고 있다. 그런데 갱신세의 종말과 함께 페르시아만의 해안선이 최대 180km 떨어진 육지까지 상승하였다는 사실을 주목할 필요가 있다.[13] 따라서 충적평야지대에서 복합사회의 기원에 실마리를 제공할 수 있는 가장 중요한 취락들은 대부분 바다속에 잠겨 있을 가능성이 매우 높다. 기원전 5500년과 3500년 사이의 메소포타미아는 상대적으로 습윤한 기후를 보이지만 3500년 이후에는 더 서늘하고 건조한 기후로 바뀌게 된다. 농경의 성패가 주로 강우량에 의해 결정되는 건조한 메소포타미아 지역에서 이러한 미세한 기후의 변화는 농경지대를 바꿀 수 있고, 따라서 취락의 형성에 결정적인 영향을 미칠 수 있다. 또한 이 당시의 이러한 해안선의 변동은 기존에 홍수로 범람하였던 땅이 취락지로 이용되었음을 의미할 수도 있다.[14]

프랭크 홀은 도시의 기원에 대해 다음과 같이 주장하고 있다 :

> 기후변화라는 환경적 충격에 의해 야기된 경제적 필요는 기원전 6000년기 후반부터 (메소포타미아) 지역 주민들의 대대적인 분산을 야기하게 되고, 도시를 중심으로 사회가 질적으로 재편성되는 기원전 4000년기까지 계속된다. 이러한 자연현상은 삶의 터전을 빼앗아 가고 결과적으로 인구의 감소를 가져온다. 극소수의 유리한 지역을 제외하고 이러한 자연현상은 인구의 집중을 어렵게 하는 요인이 된다. 그러나 노동력을 제공할 수 있는 유동인구가 점진적으로 이동함에 따라 이전에 비해 더욱 대규모적이고 의존성을 높일 수 있는 농업체계가 형성될 수 있다. 도시와 같은 최초의 중심지는 생태적·경제적 필요를 충족시킬 수 있도록 상호간에 유기체적 의존관계를 발달시키는 이러한 유동인구의 집중화에 의해 형성된다고 할 수 있다. [15]

만약 홀의 주장이 정확하다면 도시와 문명의 기원은 생태학적 요인에서 찾아야 할 것이다. 어쨌든 이러한 발달이 계속 이어진다면 매우 복잡한 사회경제적 변화가 동반될 것이다. 충적평야지대의 생계형태는 고지대에 비해 훨씬 복잡한 측면이 있다. 왜냐하면 충적 평야지대에서는 홍수를 예측하고 통제할 수 있어야 하고 관개와 배수를 적절히 해야 하며 소의 사료와 사육법, 우유를 짜는 법 등을 알아야 하기 때문이다. 또한 어로행위는 어느 정도 어로계절을 알아야 가능하고 효율적인 협동작업을 필요로 하기 때문에 복잡한 지식과 조직을 요하게 된다. 평야지대에서는 심지어 간단한 농경도구의 원석을 획득하기 위해서도 상당한 사회조직을 요하게 되는데, 왜냐하면 원석은 멀리 떨어진 산록 고지대에서 채취되어 저지대로 이송되어야 하기 때문이다.

이란의 알리 코쉬(Ali Kosh)유적을 전형적인 예로 간주할 수 있다면, 이 당시의 사회는 충적평야로 이주하게 되면서 매우 일반화된 음식소비패턴을 보이게 된다. 즉 이전의 많은 다양한 종류의 소형의 식물자원 대신에 점차 양-염소-소의 단백질에 의존하게 되고 보리-밀-렌즈콩을 선호하게 된다.[16] 고고학적 증거에 의하면 이 시기의 음식은 물, 식물성 곡물, 고기를 하나의 돌그릇이나 토기에 넣어 섞는 방

법으로 이루어졌다. 고대 스파르타의 음식(두 가지의 코스가 알려져 있는데 첫째
는 일종의 포리지(Porridge)이고, 두 번째도 포리지와 유사한 것으로 구성된다)과
마찬가지로 메소포타미아인들의 음식도 가능한 많은 식물과 동물의 영양소를 섞
어서 만든 수프와 스튜형태였을 것으로 보인다. 아마도 이들 초기 농경민들의 아침
은 다소 간단하게 해결했겠지만, 후손들과 마찬가지로 이들의 주요 음식은 포리지,
빵, 치즈, 대추야자였을 것으로 추정된다.

우바이드기(기원전 6000년~기원전 3700년)

우주의 창조에 관한 고대 수메르의 기록에 의하면 에리두(Eridu)시는 인간이 등
장하기전에 세상을 뒤덮은 바다에서 출현하였다고 한다. 에리두는 실제로 남부 메
소포타미아 평원에서 최초로 등장한 취락중의 하나로서, 그 연대는 대략 기원전
4750년경에 해당된다. 그러나 기원전 5700년경에 이미 남부 메소포타미아 평원에
는 소규모의 농경취락사회가 형성되어 있었다. 이러한 초기의 취락농경사회는 고
고학적으로 우바이드기('Ubaid Period)라고 하는데 우바이드는 이 시기의 조그만
공동체의 이름에서 유래되었고 매우 독특한 토기 양식으로 특징지워진다. 우바이
드기의 문화는 독특한 토기 양식과 함께 이전 시기와는 다른 경제유형을 보여준다.
즉 우바이드기의 고대인들은 메소포타미아의 전통적인 농업생산 경제체제를 확립
시킨 최초의 사람들이라고 할 수 있다. 이들은 우유·소·양·염소의 고기, 곡물
(보리), 다양한 식물과 과일(특히 대추야자)을 혼합한 전형적인 생계경제를 발전시
키게 된다. 우바이드기의 촌락은 50명 미만의 인구를 가진 것도 있고 수 천명 이상
이 거주한 곳도 있다. 이러한 다양한 크기의 취락민들은 소규모의 관개농경을 실시
하고 일부 생산물을 서로 교환하였으며 복합사회를 촉진할 수 있는 기본 생산물,
즉 경제적 잉여생산물을 창출할 수 있었다. 인류학자들은 우바이드기의 이러한 잉
여생산물을 근거로 잉여라는 용어를 선화폐경제에 적용시켜야 한다고 주장해오고
있다. 그러나 잉여생산체제에서 무엇보다도 가장 중요한 사실은 일단 이러한 체제
가 확립이 되면 저지대 충적평야의 농업경제는 이제 끊임없이 증가하는 인구를 부
양할 수 있고, 피라미드 축조, 전쟁, 직업의 전문화를 촉진시키게 된다는 점이다.

　우바이드 문화의 민족적 기원에 대해서는 아직도 논쟁중이다. 우바이드 문화를 창조한 민족은 재배종의 보리와 밀, 양, 염소 등이 강 연안의 평야지대에 적응하고 원시적 농경이 가능한 기후와 환경의 변화가 발생했을 때 이 지역으로 이주해온 이란인이었을 가능성이 있다.[17]

　이러한 기본적 변화에 대한 고고학적 정보는 아직까지 충분하지 못한 실정이고 단지 일부 간접적인 증거만 존재한다. 지금까지 알려진 우바이드기의 유적중 가장 시기가 올라가는 것 중의 하나는 최소한 기원전 5300년경으로 편년되는 라르사(Larsa)의 텔 알퀘엘리(Tell al-Quelli)이다. 최근 발간된 우르크 유적의 보고서에 의하면 시기가 올라가는 우바이드기 유적들은 후대의 주요 유적의 하부에 형성되어 있음을 알 수 있다. 예를 들어 기원전 4000년 이후로 편년되는 우르크기의 대형 신전은 우바이드기의 사원이 위치하고 있는 바로 윗층에 형성되었음이 밝혀졌다.[18] 이러한 사실은 이 지역의 종교적 전통이 지속적으로 이어졌음을 가리키고 있다. 에리두에서 시기가 가장 올라가는 건축물은 사원이었을 것으로 판단된다. 고고학자들은 거대하고 높은 지상건물이 존재하면 일단 사원이라고 단정짓는 경향이 있지만, 에리두의 가장 이른 시기의 건물은 문자기록에 나오는 사원과 매우 유사하고 기타 다른 증거로 보았을 때도 사원임에 틀림없다. 사원에는 제단이 딸린 소형의 방(3.5×4.5m)이 하나 있는데, 이 방은 출구를 바라보고 있으며 대좌(臺座)가 중앙에 위치하고 있다. 이러한 건물의 배치와 구조는 후대의 사원과 거의 동일하다. 사원에서 발견된 토기는 하라프와 사마라형 토기와 유사하지만 이 외에 다른 유물은 거의 발견되지 않았다. 이러한 사원은 낮은 수준의 사회적 복합도를 반영하고 이보다 더 큰 우바이드 취락중 일부에서 상당히 인상적인 진흙벽돌 건축물이 발견되기도 하지만 대체로 우바이드기의 사람들은 소규모의 농경취락생활을 영위하였던 것으로 보인다. 다시 말해 우바이드기에서는 경제적 부와 사회적 지위, 권력에 있어서 차이가 거의 보이지 않으며, 우바이드의 경제생활도 천년 전의 최초의 서남 아시아의 농경민에 비해 약간 더 다양하고 통합적인 측면을 보일 뿐이다.

　그러나 기원전 4500년경에 이르면 복합사회를 향한 거대한 문화변동의 징후가 평야 저지대, 자그로스 산맥의 산록완사면과 계곡분지에서 나타나기 시작한다. 헨리 라이트(Henry Wright)에 의하면 이러한 지역에서는 :

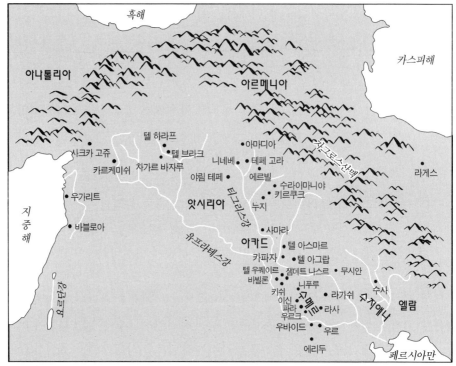

8.7 최초의 사회적으로 복잡한 사회는 높은 농업생산력이 가능한 메소포타미아 강을 따라 등장하였다.

1,000명에서 3,000명 정도의 인구를 보유하고 주위의 소규모 촌락들을 지배하는 거대 중심지들이 나타나기 시작한다. 이러한 중심지에서는 중앙제단, 의례용 건물, 대형의 저장고가 나타나고 일반 주거영역과 분리된 엘리트 거주지, 사회적으로 차별화된 무덤 등이 발견되고 있다.[19]

라이트가 지적한 바와 같이 대규모 중심지가 등장하기 이전의 문화적 단계들이 이 지역에서도 존재하지만 차탈 휘익과 마찬가지로 여기서도 사회적 복잡도가 점진적으로 일관되게 증가했음을 보여주는 증거는 없다. 실제로 고대 문명의 발달과정을 장기적 시간대로 보면 결국 복합사회로 진화한다고 할 수 있지만, 미시적 시각으로 보면 급격한 성장과 붕괴의 순환과정이라고 할 수 있다.

이라크의 중앙 메소포타미아 평야지대 외에도 서남부 이란의 수지애나 평야(그림 8.7)는 초기 복합사회가 등장한 주요 지역중의 하나이다. 수지애나 평야에서 초기 복합사회가 등장할 수 있었던 이유는 아마도 이 지역이 강우농경과 관개농경을 모두 할 수 있는 곳이고, 이 지역을 통과해야만 페르시아만과 이란 고원과의 교역이 가능하기 때문이다. 기원전 4500년경에 이르면—아마도 이보다 훨씬 이전에—소수의 대규모 중심지들이 수지애나의 주변 지역을 정치경제적으로 통제하기 시작한다. 이 시기의 사람들은 아름다운 채도를 대량으로 생산하고 표준화시키게 되는데, 이는 당시 사회에 전문적인 토기제작집단이 존재하였을 가능성을 시사하는 증거이다.[20]

그레고리 존슨은 수지애나 평야의 이러한 고고학적 현상에 대해 다음과 같은 종합적인 견해를 피력하고 있다:

(앞) 시기의 소규모 촌락과는 대조적으로 수지애나 평야의 초가 미쉬(Choga Mish)는 기원전 4300년경에 이르면 점유면적이 15헥타르에 이를 정도로 거대한 중심지가 된다. 대부분의 건물은 주거용이거나 주거생활과 관련된 토기요지들이다. 초가 미쉬에서는 최소한 1기 이상의 공공건물이 발견되고 있다. 이 건물의 규모는 10×15m이고 벽의 두께는 1~2m에 달하며 건물내부에 여러 개의 방이 있다. 이러한 내부 건물중에서 하나는 저장용 항아리로 가득 차 있고, 다른 하나는 아마도 석기를 제작하는 작업장으로 사용되었던 것으로 보인다. 또한 건물 근처에는 진흙벽돌로 된 제단이 위치하고 있다. 이 시기의 수지애나와 인근지역에서는 그릇의 저장물을 안전하게 저장하고 이동하기 위해 장식된 토제 인장을 사용하여 그릇의 입구를 밀봉하기 시작한다.[21]

존슨은 또한 광범위한 지역에 걸쳐 토기가 매우 유사하게 제작된다는 점에 착안하여 이 시기의 모든 사람이 토기를 제작했다고 볼 수 없다는 점을 지적하고 있다. 다시 말해 토기의 제작은 중앙에서 이루어져 지방으로 분배되었을 가능성이 높다는 것이다. 존슨에 의하면 모든 이러한 증거는 :

수지애나가 어느 정도 노동과 자원을 분배할 수 있는 능력을 지닌 중앙집권적 사회체계였다는 점을 보여준다. 초가 미쉬의 주요 건물이 화재에 의해 폐기되었다는 사실은……구성원에 대한 엘리트의 통제력이 엘리트들이 원했던 것보다는 약했다는 점을 시사하고 있다.[22]

수지애나 문화사에 관한 프랭크 홀의 해석은 존슨과는 다소 달라 주목된다.[23) 홀에 의하면 기원전 5000년기 말기까지도 수지애나는 소규모의 교역과 지역적인 종교행위에 의해 느슨하게 연결된 사회였다. 종교행위는 수사에서 집중적으로 발생하였는데 수사의 사제와 주민은 농경의 지속적인 성공을 위해 자발적으로 상호 협조하는 관계를 유지하고 있었다고 홀은 주장한다.[24)

수지애나 서쪽의 중앙 메소포타미아에는 우바이드 말기(기원전 4500년 이후)에 촌락이 점진적으로 증가하기 시작한다. 기원전 4350년에는 우바이드 문화가 충적평야지대의 거의 전 지역에서 동일하게 나타난다. 모든 취락은 농경이 가능한 하천변에 위치하고, 거의 대부분의 취락은 규모가 10헥타르 미만을 보인다(대부분 1~2헥타르).

우바이드 문화의 확산은 여러 가지 점에서 인상적인데, 특히 확산의 정도와 범위에서 그러하다. 우바이드 양식의 토기는 멀리 중부 터키, 서남부 아라비아 고원, 이란 고지대까지 발견되고 있다. 이러한 우바이드 토기의 분포범위는 전시기의 하라파토기와 사마라토기의 범위에 비해서도 훨씬 넓은 범위이다. 우바이드 후반대에 이르면 토기 제작용 물레가 발명되어 사용된 것으로 보인다. 이제 도공들은 이전의 목제 회전판 대신에 높은 회전력을 갖추기 위해 무게중심을 유지할 수 있는 물레축을 개발하게 된다. 이러한 기술상의 진전으로 인해 더욱 정교한 토기를 제작할 수 있게 되고, 회전하는 그릇의 표면에 붓을 대기만 하면 띠와 같은 채색장식은 쉽게 그려질 수 있다.[25)

거의 대부분의 우바이드 취락은 거대한 비주거용 건물, 즉 사원으로 추정되는 건물을 가지고 있다. 이러한 건물은 흙이나 수입된 돌로 만든 기단위에 진흙 벽돌로 축조된다. 건물은 여러 개의 방으로 구성되어 있는데, 가장 중심적인 방의 길이는 10m에 이른다. 중심방으로 출입하기 위해서는 계단을 이용해야 하고, 방의 한쪽면에는 거대한 연단이 있으며 다른 한쪽에는 탁자 혹은 제단이 설치되어 있다. 중심방의 양쪽에는 이층으로 된 조그만 방들이 위치하고 있는데 사다리를 이용하여 이층으로 올라갈 수 있다. 건물의 외관은 양각과 음각 기법으로 장식되어 있는데, 이는 빛과 그림자를 교차시켜 전체적으로 신비하고 아름다운 느낌을 주는 효과가 있다. 우바이드 이후의 다음 시기에는 건물의 외관이 채색된 원추형 토제품과 역청

(瀝青)을 사용한 모자이크 기법으로 장식된다. 에리두에서는 17기의 이러한 사원들이 중복되어 발견되는데, 결과적으로 후대의 사원들은 상당히 높은 위치에 들어서게 된다. 이러한 건물은 남부 평야지대에서 최초로 등장한 이후 메소포타미아 전 지역에 걸쳐 발견된다.

기원전 5000년 이전의 취락은 정치경제적 요인보다는 주로 풍부한 자연자원의 접근이 가능하고 농경이 가능한 곳에 위치하는 경향이 두드러졌다. 그러나 고대 인류는 이제 변화하는 정치경제적 상태를 고려하여 그들의 마을과 영역을 조직하기 시작한다. 다시 말해 와르카 지역과 수지애나 평야처럼 사람과 물자의 이동이 취락의 형성에 중요한 영향을 미치고 농경이 가능한 평탄한 지형일 경우 취락의 분포가 정형성을 보이게 된다.

기원전 4000년경에는 많은 지역에서 소규모 촌락이 급증하게 되고, 이러한 수많은 촌락의 배치와 구성이 이제 매우 다양해지게 된다.

초기국가 : 우르크기와 젬데트 나스르기(기원전 3600년~기원전 3000년)

서남 아시아의 역사상 우르크기(Uruk Period)는 최초의 국가가 등장한 시점으로 간주된다. 다시 말해 수 천년 동안 이 지역에서 이루어진 문화적 원동력과 과정은 이 시기에 이르러 고대문명의 찬란한 꽃을 피우게 된다. 즉 이 시기에 이르면 문명의 중요 요소라 할 수 있는 도시, 전쟁, 문자, 사회적 위계화, 고도로 발달된 예술행위 등이 모두 나타난다.

스티븐 팔코너(Steven Falconer)와 스테펜 새비지(Stephen Savage)[26]는 기원전 4000년~기원전 3000사이에 메소포타미아 전 지역을 휩쓴 도시화의 과정이 많은 상이한 요인으로부터 기인했고, 그러한 과정은 지역마다 상이하다고 주장한다. 이러한 도시화의 과정은 상이한 요소와 환경에 대한 다각적인 반응의 결과라고 요약할 수 있을 것이다.

중앙 메소포타미아의 충적평야와 수지애나 평야는 우르크기에 발생한 문화변동의 전형적인 예를 보여주는 지역이다. 기원전 3800년경 우르크시에는 최고 10,000명의 주민이 거주하였고 주변에는 이 보다 규모가 작은 많은 촌락과 읍이 자리잡고 있었다. 촌락과 읍의 전체적인 배치와 크기로 볼 때 이들은 아직 우르크시의 정치경제적인 체제로 완전히 편입되었다고 볼 수 없다[27](그림 8.8). 그러나 기원전 3000년경에 이르면 우르크시에는 50,000명의 인구가 방어용 성에 거주하게 된다. 또한 이 시기에는 우르크시 주변의 수 많은 소규모 촌락이 우르크시의 성장과 함께 자취를 감추게 된다. 따라서 로버트 맥 아담스가 시사한 바와 같이 우르크시의 급격한 성장은 고지대나 주변의 사람들이 시로 이주하거나 강제로 편입된 결과로 보여진다.[28]

우르크 취락을 발굴한 고고학자라면 누구나 엄청나게 많은 접시를 발견하게 되는데, 이들 접시는 인류가 만든 가장 조잡한 형태의 그릇이지만 동시에 가장 중요한 의미를 지닌 것 중의 하나이다. 그레고리 존슨은 이러한 접시 형태의 시간적 변화에 따라 우르크기를 전기, 중기, 후기로 나누고 있다.[29] 또한 한스 니센(Hans Nissen)은 이러한 접시가 아마도 노동자들에게 노동의 대가로서 식량을 지급하는 일종의 배급용 그릇이었을 가능성을 지적하고 있다.[30] 대부분의 접시는 고대 기록에 나타난 것처럼 노동자가 하루에 배급받는 식량을 담을 수 있는 용량을 가지고 있고, 이러한 그릇의 음식을 먹는 모습이 메소포타미아 문자에도 표현되어 있다. 일부 연구자들은 이 그릇의 기능을 빵을 굽기 위한 것으로 보기도 한다. 이들 접시는 거푸집을 사용하여 대량생산되었으며 중앙정부가 생산과 분배를 통제하였던 가장 이른 시기의 생산물중의 하나이다. 생산물의 대량생산과 생산 및 분배에 관한 행정적 통제는 고대 국가로 나아가는 필수적인 과정이라고 할 수 있다. 현대인에게 생산물에 대한 중앙정부의 통제와 간섭은 하나도 이상할 것이 없지만, 우리의 조상들은 수많은 세월을 중앙정부의 통제를 받지 않은 농부로서 살아왔다. 메소포타미아에서 이러한 중앙집권화의 최초의 양상은 오랜 기간에 걸쳐 서서히 진행되어 왔지만, 이후의 고대국가는 구성원의 사회정치적 생활에 정부의 간섭과 통제가 급격하게 증가하는 과정을 겪게 된다.

어떤 의미에서 메소포타미아 국가의 등장은 도시화의 성장이라고 할 수 있다. 기원전 4000년대가 끝나갈 즈음 한때 수 백명의 인구를 가졌던 여러 지역의 도시들은 이제 수 천명의 인구가 거주하는 곳으로 변하게 된다. 그러나 도시화는 단지 도시의 규모가 거대화된다는 점만을 의미하는 것이 아니다. 메소포타미아 도시화의 가

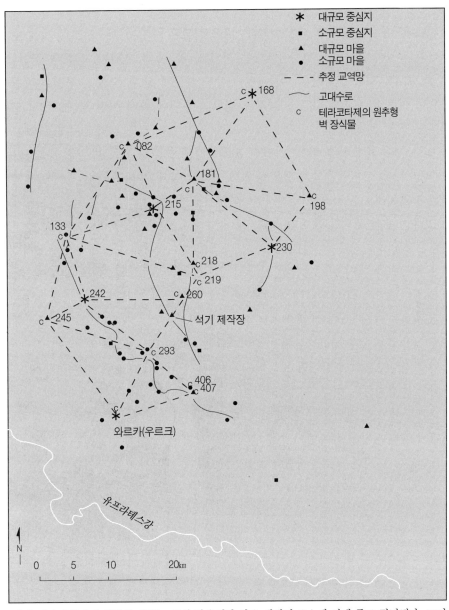

대규모 중심지 ✱
소규모 중심지 ■
대규모 마을 ▲
소규모 마을 ●
추정 교역망 ----
고대수로 ⌒
테라코타제의 원추형 c
벽 장식물

c 168

c 082

c 181

c 198

✱ 215

133 c

✱ 230

c 218

c 219

242 ✱

c 260

c 245

석기 제작장

c 293

406
c 407

와르카(우르크)

유프라테스강

N

0 5 10 20km

8.8 단순사회에서 취락의 배치는 물의 가용성과 같은 생태적 요소에 의해 주로 결정된다. 그러나 사회가 점차 복잡해짐에 따라 정치경제적 관계는 취락의 배치와 규모에 영향을 미치기 시작한다. 이 그림은 남부 이라크의 우르크 후기(기원전 3200년)에 보이는 교역망을 그레고리 존슨(1975)이 복원한 것이다. 그림에서 보는 바와 같이 이 시기의 취락의 공간적 배치는 상당히 규칙적인 모습을 보이고 있다(원추형의 유물은 당시의 사원이나 기타 공공건물의 벽을 장식하는데 사용되었고, 따라서 이것의 분포는 정치권력의 연결망을 시사한다).

장 중요한 요소는 도시의 규모에 맞는 비율로 많은 주민이 거주하고 동시에 도시 주민의 직업이 급속하게 전문화된다는 점이다. 왕, 사제, 조각기, 건축가, 군인, 노예 등 도시의 모든 구성원은 기능적인 통합을 이루게 된다. 즉 모든 구성원은 필수적으로 서로 의존하게 되고, 기능적 차별화와 통합을 통해 어떤 형태로든지 모두 혜택을 얻게 된다. 우바이드 말기에 이르게 되면 거의 모든 취락은 주민을 보호할 수 있는 성을 축조하게 되고, 기원전 2600년경에 쓰여진 기록은 우르, 우르크, 움마, 기타 다른 도시들간의 전쟁을 상세히 전하고 있다. 우리는 다음 장에서 세계의 다른 지역에서도 도시화를 촉진시킨 요인은 집단간의 뿌리깊은 갈등과 깊은 관련이 있다는 점을 살펴볼 것이다. 예를 들어 사막과 바다로 둘러싸여 외부의 호전적 세력이 침입하기 힘든 이집트에서는 상대적으로 도시사회가 늦게 발달하였다. 반면에 유목민과 여러 민족집단이 지나는 길목에 위치한 인더스 계곡에서는 도시화의 과정이 초기부터 나타나는 차이를 보인다. 아담스에 의하면 초기 메소포타미아의 도시화는 주로 소수 정치 엘리트들이 그들의 군사적·경제적 목적을 달성하기 위해 일반 주민을 통제함으로써 이루어진다고 한다.[31]

외부 적으로부터의 방어와 노동력 및 생산물의 이동에 필요한 비용 때문에 도시 주위의 농경지들은 최대한 이용되었을 것이고, 따라서 거대한 관개시설의 축조가 필요했을 것으로 판단된다. 도시화에 따른 또 다른 영향은 도시화가 기원전 6000년경에 처음 등장한 유목민의 수를 증가시켰을 것이고, 어떤 면에서는 반대로 이들 유목민들이 도시화를 촉진시켰다고 볼 수도 있다. 대부분의 유목민들은 오늘날 서부 이란의 박티아리(Bakhtiari)족과 매우 유사한 생활을 하였을 것으로 추정된다. 박티아리족은 일년중 대부분을 고지대에서 양과 염소를 방목하다가 동물의 고기와 우유, 털을 팔고 수공업제품, 식량, 기타 생산물을 사기 위해 겨울철에 저지대로 내려온다. 이러한 고지대의 유목민과 저지대의 정착취락민사이의 관계는 매우 복잡한 양상을 보인다.[32] 역사적으로 볼 때 서남 아시아에서는 정부의 통제력이 약하고 전쟁이 일어나거나 흉년이 들게되면 변방의 일부 농경민들이 유목민의 길을 선택한다. 반면 유목민들은 너무 많은 수의 양들을 잃게 되면 노동자나 농경민이 되기도 한다. 고고학적 자료에서 보이는 도시화로 인한 결과중의 하나, 즉 변방 취락의 폐기는 이들 유목민에게 새로운 서식환경을 제공하였을 것이다. 일년중 대부분을 산악지대와 고지대에서 생활하는 유목민은 이제 공백지대로 남은 변방의 저지 대로 내려와 땅을 경작하고(대부분 평화롭게 이용하였을 것이지만 때때로 갈등도 있었을 것이다) 도시의 사람들과 교역을 하였을 것이다.

수지애나 평야에서 보이는 우르크의 문화발달과정은 여러 가지 면에서 중부 평 야지대의 그것과 유사하다. 그레고리 존슨과 헨리 라이트는 행정제도의 발달에 초 점을 맞추어 수지애나의 문화발달과정을 분석하였다.[33] 이들은 주로 국가의 기원 에 관심을 두었는데 국가는 최소 3단계의 위계적 행정제도를 갖춘 사회로 정의된 다. 예를 들어 단순 농경사회에서는 어떤 작물을 재배할 것인지, 얼마나 많은 수확 물을 저장할 것인지, 누가 얼마만큼의 수확물을 차지할 것인지, 누가 누구와 결혼 할 것인지 등 모든 의사결정이 개인적 수준에서 이루어진다. 이러한 의사결정의 일 부, 특히 전체 공동체에 직접적으로 영향을 미칠 수 있는 사안은 마을의 대표자에 의해 이루어진다. 이처럼 다른 사람의 행위에 영향을 미치는 마을의 대표자를 위계 적 의사결정체계의 1단계라 할 수 있다. 이러한 마을 대표자의 행위를 조정하고 의 사결정을 조절하는 사람이 존재한다면 2단계의 위계적 행정체계가 존재한다고 할 수 있다. 중앙에서 세금을 징수하거나 각종 행정업무에 종사하는 행정관료는 3단 계 행정체계의 하부에 있는 사람들이고, 이러한 원리로 4단계 이상의 위계적 행정 체계도 존재할 수 있다.

라이트와 존슨은 고대의 메소포타미아 국가를 최소한 3단계의 위계적 행정제도 를 갖춘 사회로 정의한 후에 그러한 국가의 효율성과 주변 정치체에 대한 통제는 정보를 수집하여 처리하는 능력 및 정확한 의사결정을 내릴 수 있는 능력과 직접적 으로 관련을 맺는다고 주장하고 있다.

라이트와 존슨은 이러한 변화의 증거를 찾기 위해 메소포타미아에서 최초로 국 가가 발생한 지역을 조사하였다. 이러한 증거중의 하나는 당시 실제로 존재했던 행 정체계에 관한 기록이다. 대부분의 메소포타미아 사회에서 사람과 물자에 대한 행 정 처리와 인증은 토제 물품에 찍기 위해 제작된 석제 조각물을 통해 이루어졌다. 이러한 석제품은 오늘날의 고무도장과 같은 도장의 형태이거나 원통부분의 문양 을 돌려가며 찍는 원통형의 석인(石印)형태이다. 이러한 도장은 크기가 다양하고 새겨진 문양도 매우 복잡하다. 다행히 이러한 도장이 찍힌 토제품과 도장 자체가 고고학적 자료로 보존되어 발견되기 때문에 고대사회의 행정체계를 추론하는데 이용될 수 있다. 도장이 찍힌 점토자료를 통해 볼 때 당시의 도장은 두 종류로 나누어진다. 일상용 도장(*commodity sealings*)은 그릇, 바구니, 짐짝, 저장고와 같은 용기의 내용물을 인증하는데 사용된다. 이러한 도장은 용기 입구의 매듭부위의 점토 위에 찍혀지기 때문에 불법적인 개폐행위를 탐지할 수 있다. 따라서 폐기된 일상용 도장은 저장되거나 분배받은 물품을 뜯어서 사용했다는 점을 가리킨다. 다른 종류의 도장은 물자와 사람에 관한 사실을 전달하거나 저장하는데 사용되는 메시지 도장(*message sealings*)이다. 메시지 도장중 일부는 각각의 형태가 숫자단위를 표시하는 일종의 계산기 기능을 한다. 공문서용 인장은 소형의 편구(偏球)형을 띠고 있다. 마지막으로 숫자를 상징하는 부호가 찍힌 사각형의 편평한 판도 있다. 라이트와 존슨이 주장한 바와 같이 고대 국가가 출현하기 전까지 문자는 존재하지 않았다. 그러나 당시 사회는 이러한 도장을 이용하여 많은 정보를 상징화하고 전달할 수 있었을 것이다. 또한 많은 메소포타미아 유적에서 약 10여 가지의 기하학적 형태로 된 토제 상징물이 발견되었다. 데니스 슈만트-베사라트(Denise Schmandt-Besserat)에 의하면, 일반적으로 그릇의 입구 부분에 새겨지는 이러한 상징물은 곡물단지, 동물의 수, 땅의 면적과 같은 것을 나타내고 후에 등장하는 필기문자의 원시적 형태가 된다.[34]

라이트와 존슨은 수지애나 평야의 유적에서 발견되는 일상용과 메시지 도장을 이용하여 물자의 생산, 이동, 행정처리에 관한 다양한 측면을 분석하였다. 이들은 이러한 분석을 통해 국가의 특징인 3단계 이상의 위계 행정제도가 언제 발생하였는지를 설명하고 있다.

라이트와 존슨은 또한 서남부 이란 지역 취락의 공간적 배치를 분석하였다. 분석 결과 이 지역에서는 기원전 3600년 이후 취락이 점차 규칙적으로 분포하기 시작하고, 일정한 규모의 취락이 등장하며 위계적 통치제도가 2단계에서 3단계로 변한다는 사실을 알 수 있었다. 행정기술의 변화와 함께 발생하는 이러한 취락 분포변화의 정형성은 서남부 이란지역에만 한정된 것은 아니다.

이러한 변화는 니푸르, 니네베, 우르크와 같은 이라크의 몇몇 지역에서도 (기원전 3250~2700

년 사이에) 발생한 것으로 보인다 …… 따라서 하나의 국가가 등장했다기 보다는 정치적 네트워크속에서 일련의 국가들이 동시다발적으로 계속해서 발생하였다고 보아야 한다.[35]

존슨의 연구결과에 의하면 수지애나 지역에서 하나의 국가가 기원전 3500년경에 등장하였지만 기원전 3200년경에는

수사 …… (그리고) 초가 미쉬의 엘리트간에 충돌이 일어났다. 이러한 충돌의 원인은 서부 수지애나 엘리트와의 오랜 종속관계를 청산하려는 초가 미쉬의 엘리트들에서 찾을 수 있다. 이러한 충돌의 흔적이 원통형 도장에 나타나고, 이 시기에 수많은 촌락과 소규모 중심지들이 폐기되었다. 동쪽과 서쪽의 양 세력이 만나는 접경지역은 이제 주인없는 땅으로 전락하게 된다. 또한 급속한 인구의 감소가 발생하는데 이러한 과정은 기원전 3000년경까지 지속된다.[36]

라이트와 존슨에 의하면 가뭄, 과잉인구, 전쟁과 같은 사회적 문제중에서 어느 한 가지를 해결하기 위한 의사결정은 2단계의 위계조직, 예를 들어 족장의 명령에 의해서도 충분히 해결될 수 있다. 그러나 이러한 문제들이 중복되어 발생하는 경우에는 2단계 이상의 의사결정능력을 필요로 한다고 주장한다. 이들 학자들은 저지대 농경민과 고지대 유목민 사이의 경제적 상호접촉이 서남 아시아 고대국가 형성의 중요한 원동력중의 하나일 것이라고 추정한다. 치즈, 융단, 고기, 광물, 기타 고지대생산물은 토기, 곡물 등의 저지대의 산물과 교환이 이루어졌을 것이다. 경제모델에 의하면 상대적인 단순 경제체계에서 특정 수공업제품에 대한 필요는 전문적 작업장의 중앙화와 경제적 행정제도의 도입을 촉진하게 된다. 라이트와 존슨은 선사시대 메소포타미아에서도 저지대 경제에 대한 고지대 유목민의 경제적 요구가 상당했을 것이고, 그 결과 전문제작소와 행정체계가 등장하고 3단계의 위계적 통치제도가 등장했을 것이라고 주장한다.

존슨은 위계 이론(hierarchy theory)과 등위 분석(rank-size rule)을 적용하여 수지애나 자료를 분석하고 있다.[37] 위계 이론이란 분자구조부터 정부 형태에 이르기까지 세상에 존재하는 모든 것이 어떠한 형태의 위계적 질서를 보이는가를 설명하는 이론이다. 이 이론의 전제는 모든 이러한 형태의 위계구조에 공통적인

원칙이 존재하고, 위계구조의 기원과 변천과정을 수학적으로 분석할 수 있다는 것이다.

등위 분석은 취락구성의 상대적인 크기로 볼 때 많은 취락의 패턴이 서로 유사하다는 경험적 관찰에 근거하고 있다. 따라서 어느 한 지역이나 국가에서 모든 사람이 하나의 취락에 거주하거나 동일한 인구 규모를 가진 취락들에 동등하게 분산되어 사는 극단적인 분포까지 다양한 인구분포를 예상할 수 있다. 취락의 등급별 크기에 대한 도표는 구성 인구수에 따라 각 취락의 서열을 매김으로서 만들어질 수 있다. 예를 들어 가장 많은 인구수를 가진 취락은 1등급, 다음으로 많은 수를 가진 것은 2등급과 같은 원리로 각 취락의 서열을 정하고 대수 계산자로 각 취락의 등급과 실제 인구수를 좌표상에 표시한다. 지리학자들의 연구에 의하면 이집트와 같은 개발도상국의 등급별 그림은 오목렌즈 형태를 보이게 된다. 예를 들어 카이로는 다른 어떤 취락보다도 훨씬 크고 전체 이집트 인구의 대부분을 차지하기 때문에 이집트의 경우는 안쪽으로 급격하게 휘어지는 오목렌즈 형태를 보이게 된다. 이러한 오목렌즈 형태는 두 번째의 도시가 첫 번째의 도시보다 약간 작고 세 번째의 도시가 두 번째의 도시보다 약간 작은 식의 원리로 만들어지는 직선분포와 대조적이다. 이러한 분포에서 가장 중요한 점은 한 지역의 정치경제적 조직의 중요한 변화는 일반적으로 등위 크기의 도표에 반영된다는 점이다. 다시 말해 1400만명 이상의 대도시로 성장한 카이로의 인구는 이집트 정부의 권한 및 산업경제의 엄청난 성장과 궤를 같이한다는 점이다. 1965년 이전의 이집트에서는 오늘날보다 훨씬 많은 인구가 소도시와 마을에 분산되어 살고 있었다.

이러한 분석은 고고학적 자료에도 적용될 수 있다. 만약 우리가 유적의 점유시기와 규모를 알 수 있다면 인구수를 계산하고 도시의 서열을 부여할 수 있으며, 따라서 언제 급격한 정치경제적 변화가 발생하였는지를 파악할 수 있다. 메소포타미아 지역의 자료에 대한 등위 분석은 당시의 문화변천과정에 대한 이해를 한 단계 끌어올리는 계기가 되었지만 한편으로는 문제점도 내포하고 있다. 예를 들어 시간의 변천에 따라 등급의 패턴이 확실히 다르기 때문에 특정시점의 등급변화는 언제 국가가 출현하게 되었는가를 보여줄 수 있다.[38] 따라서 이러한 분석은 국가가 왜 출현하게 되었는가를 알려주는 것이 아니라 단지 국가가 언제 등장하였는지만을 보여준다. 또한 상이한 시간대의 각 유적의 인구를 정확히 산출한다는 것은 대단히 어려운 작업이다. 또한 등급크기의 도표에서 보이는 다양한 종류가 정확히 무엇을 의미하는지 누구도 정확히 알 수 없다. 결론적으로 등위 분석은 문화변동의 원인을 설명할 수 있는 이론이라기 보다는 자료의 현상에 대한 경험적 일반화라고 할 수 있다.

그럼에도 불구하고 고고학의 기본적인 책무는 시공간상의 유구와 유물의 분포에서 보이는 정형성을 정의하고 해석하는 것이다. 이런 의미에서 등위 분석은 최소한 고고학자에게 그러한 정형성을 보여줄 수 있다는 장점을 지니고 있다.

이 외에도 다양한 학자들이 우르크의 국가의 기원과 형성과정에 대한 모델을 제시하고 있다. 예를 들어 기에르모 알가쎄(Guillermo Algaze)[39]는 우르크 국가의 등장과정을 기본적으로 자원이 부족한 메소포타미아 저지대의 사람들이 상대적으로 자원이 풍부한 주변지역을 통합하기 위해 교역과 전쟁을 통해 영역을 확대하고 우르크의 지역을 넘어 무역로를 확보하기 위한 과정으로 본다. 이러한 주장의 근거는 우르크 양식의 건축물과 토기가 서부 이란, 북쪽의 시리아, 심지어 나일강 유역에서도 발견되는 사실에서 찾을 수 있다.

수잔 폴락(Sasan Pollock)은 우르크와 젬데트 나스르기(Jemdet Nasr Period)의 발달과정에 대한 이러한 다양한 모델을 평가하였다. 그녀에 의하면 이러한 모델들은 당시의 사람들을 국가발달과정의 수동적 요소로 파악하는 문제점을 지니고 있으며, 광범위한 시간대의 넓은 지역의 적응과정에 초점을 맞추는 문제점을 내포하고 있다. 따라서 고고학적 분석은 고대의 우르크 사람들을 문화변동과정의 좀더 능동적인 주체로 파악할 필요가 있으며 "또한 거대한 사회문화적 변동에서 보이는 갈등뿐만이 아니라 일상생활의 행위로부터 야기되는 내부갈등을 심도있게 연구할 필요가 있다."[40] 결론적으로 폴락의 견해는 오늘날의 많은 고고학자와 마찬가지로 우르크기의 사람(물론 다른 시기의 다른 고대인들도)을 생생하게 살아있는 역동적 주체로 파악해야 한다는 것이다.

와르카 : 우르크의 도시국가   남부 평야지대의 심장부에 위치한 우르크 유적은 (아라비아에서는 와르카(Warka), 성서에서는 에레크(Erech)로 알려진 유적) 세계

역사상 가장 오래된 도시중의 하나이고, 동시에 가장 시기가 올라가는 국가의 수도라 할 수 있다.

우르크의 다양한 주거 건축물은 사회적 차별화를 보여준다. 모든 건물은 진흙벽돌로 축조되었지만 일부는 상대적으로 규모도 더 크고 정교한 건축양식과 디자인을 보여준다. 대부분의 사람들은 협소한 도로 주위에 늘어선 소규모의 방형건물에 거주하는데, 도로를 따라 지상식과 지하식의 배수로가 설치되어 있다. 서민들은 단층 건물에 거주하고 부유층은 이층 건물에 살았던 것으로 보이지만 외관상으로 두 종류의 건물은 큰 차이가 없다. 진흙벽돌과 백색도료를 사용하여 축조된 가옥은 메소포타미아의 기후에 이상적으로 적응한 건축양식이다. 오늘날에도 축조되는 이러한 가옥은 편리하고 매력적인데 백색도료가 발라진 벽은 아름답게 염색된 융단이나 직물과 아름다운 조화를 이룬다.

기원전 3500년경에 이르면 우르크기에는 예술과 수공업제품을 생산하는 수많은 전문가 집단이 등장한다. 용범과 대량생산기술을 가진 토기제작자는 엄청난 양의 토기를 제작한다. 이전의 시대에서는 아름다운 채도가 대규모 취락에서 대량생산이지만 이제 토기제작은 우르크와 같은 중앙 중심지에서 제작되어 지방으로 공급된다. 이외에도 이 시대에는 석공, 금속기술자, 벽돌공, 농부, 어부, 유목민, 항해사와 같은 전문가 집단이 등장하여 활동한다. 문자는 기원전 3000년대 전반기에 이르러서야 보편적으로 사용되지만 기원전 5000년대부터 우르크와 인근 지역에서는 용기, 상품의 박스, 기록 등을 봉합하기 위해 점토위에 찍는 도장과 원통형 인장이 사용되고 있었다. 또한 배, 사육동물, 곡식, 신, 기타 수많은 모티브가 각종 물건에 묘사되었다.

기원전 4000년대 후반기에 우르크는 이미 10,000명 이상의 주민과 거대한 사원을 가진 거대도시로 성장하게 된다. 우르크의 '백색사원(White Temple)' 은 기원전 3200~3100년 사이에 지상으로부터 12m의 높이를 가진 지구라트(계단식으로 축조된 탑)위에 축조된다. 백색도료가 발라진 진흙벽돌건물의 백색사원은 정교한 벽감(壁龕), 기둥, 부벽(扶壁)을 가지고 있는데 이러한 건물은 당시 사회에서 매우 장엄하고 인상적이었을 것이다. 특히 도시에 시장이 열리는 날 주변의 촌락에서 온 촌로들에게 백색사원은 신비와 존경의 대상이었을 것이다. 사원 내부에는 탁자와 제단이 가지런히 놓여 있는데, 이러한 것들은 이 사원보다 2500년전 이전의 에리두의 종교의식에서 보이는 것들과 흡사하다.

메소포타미아의 사원건축과 지구라트의 등장은 여러 가지 면에서 시사하는 바가 크다. 고대 복합사회의 가장 보편적인 특징중의 하나는 천문학적인 에너지와 물질을 피라미드, 지구라트, 궁전 등의 거대한 기념물의 축조에 투자한다는 점이다. 관개수로나 농경, 직물제조 등 좀더 쉽고 생산적인 작업에 종사해야 하는 고대인들이 왜 이처럼 천문학적 노동력과 물질이 소요되는 거대 건축물의 축조에 그들의 에너지를 '낭비' 하는가?

이 질문에 대한 해답은 이러한 건축행위가 한정된 의미에서 '소비적' 이라는 사실에서 찾을 수 있다. 예를 들어 대규모 건축물의 축조는 식량생산에 대한 투자를 줄임으로써 높고 불안정한 인구성장을 방지할 수 있을 것이다. 레슬리 화이트가 시사한 바와 같이 "지배 계층은 과잉생산, 하부계층의 실업, 또는 과잉인구와 같은 문제에 자주 직면할 것이다. 이럴 경우 이들은 거대 기념물의 축조나 매장의례를 통한 경제적 부의 폐기와 같은 행위를 통해 이러한 문제를 일시에 해소할 수 있을 것이다."[41] 이와 유사하게 로버트 던넬[42]은 이집트의 피라미드 축조와 많은 다른 문화에서 보이는 비경제적 행위를 상호비교하였다. 예를 들어 후기구석기시대가 중석기시대로 바뀌는 기간에는 정교하게 제작된 석제 찌르개나 동굴벽화와 같은 비경제적 행위가 사라지고 대신에 '단조롭지만' 기능적으로 좀더 복잡한 기술이 등장한다. 던넬에 의하면 이러한 변화와 피라미드 축조의 쇠퇴는 환경 부양능력의 변화와 밀접한 관련이 있다. 다시 말해 금제 그릇이나 피라미드, 심지어 창촉과 같은 사치성 행위는 새로운 변화의 적응기에 최절정에 도달하는데, 왜냐하면 이러한 행위가 불안정한 성장률을 조절할 수 있기 때문이다. 그러나 향상된 농업과 수공업생산, 좀 더 효율적인 관료제도의 확립처럼 일단 새로운 변화에 대한 적응이 안정기에 접어들면 이러한 행위의 중요성이 감소하게 된다.

이와 유사하게 대부분의 초기 복합사회는 정교하게 장식된 노동집약적 토기가 미적 가치가 떨어지는 대량생산토기로 대체되는 변화를 겪게 된다. 많은 학자들이 이러한 변화의 원인을 문화적 붕괴나 해체에서 찾고 있지만 트리거가 지적한 바와 같이 이러한 변화가 문화적 혹은 미적 기준의 쇠퇴를 의미한다고 할 수 없다. 이러한 현상은 다만 토기가 더 이상 미적 표현의 매개체로 기능하지 않는다는 점을 시사한다고 볼 수 있다.[43] 사실 이러한 대량생산체제를 통해 제삭된 토기는 전문제작자 집단과 생산에 필요한 제반 행정제도의 구비 등 사회가 복잡화된다는 점을 의미한다. 존슨[44]과 아담스[45] 등 일련의 학자들은 서남 아시아에서 기원전 4000년대 초반의 아름다운 채도가 밋밋한 형태를 띠면서 대량생산되는 토기로 대체되는 시기에 초기 국가가 급속하게 발전한다고 결론짓고 있다. 이집트의 토기도 이와 유사한 변화를 보이는데 저화도 소성의 토기가 대량생산되는 초기 왕조와 구왕국 시기에 국가의 급속한 성장을 이루게 된다.

이처럼 토기의 제작양상이 급격하게 변화된 배경에는 여러 가지 이유가 있었던 것으로 추정된다. 예를 들어 토기의 제작이 지역적 규모에서 이루어지게 되면 지역적으로 유력한 개인과 집단이 등장하게 되고 이는 거대한 통일국가의 건설을 어렵게 한다. 오늘날에도 보스니아, 르완다, 이스라엘에 이르기까지 인종적 차이가 두드러진 지역에서는 국가의 분열과 분규가 끊이지 않고 있다. 대부분 국가의 지배 엘리트들은 그들의 국가를 행정적 단위로 편제하지만 국가체제로부터 이탈하려는 어떠한 종류의 지역적 움직임도 용납하지 않는 경향이 있다. 이러한 이치로 거의 동일한 형태를 띠면서 값싼 토기를 대량생산하게 되면 국가 통치의 효율성을 높일 수 있는 수단이 된다.

토기와 마찬가지로 거대 건축물의 축조도 사회정치적 위계화를 촉진시킬 수 있다. 이점에 대해 프랭크포트(Frankfort)는 다음과 같이 말하고 있다 :

구성원이 신봉하는 초자연적 파워와의 연결을 확립하기 위한 거대한 기념물은 신성불가침의 신뿐만이 아니라 그러한 효과를 창조할 수 있는 공동체의 파워를 상징한다. 거대한 사원건물은 경건한 신앙심의 표현일 뿐만 아니라 동시에 그 도시의 긍지를 상징하는 물적 매체이다. 다시 말해 사원은 신의 보호를 받기 위해 축조되지만 동시에 도시구성원의 소속감을 고취시키는 효과를 가진다. 영구불변의 위대한 도시를 상징하는 진정한 기념물이 바로 사원인 것이다.[46]

기원전 4000년기 후반 메소포타미아의 평야지대와 인근 지역은 우리가 문명이라고 부를 수 있는 정치경제적 발달의 핵심지대로 자리잡게 된다. 이제 문자가 발명되었고 거대한 사원들이 도시 심장부에 들어서고 매우 복잡하고 생산적인 경제 체계가 발달하게 된다. 동시에 우르크의 영토는 중부 평야지대를 훨씬 넘어서까지 확대된다. 시리아의 하부라 카비라 사우스(Habura Kabira South)에서 발견된 우르크 후기의 거대한 취락은 토기의 양식이나 건물양식으로 볼 때 우르크시에서 발견된 전형적인 것들과 흡사한데 이는 남쪽의 우르크 사람들이 직접 이 지역으로 이주하여 이러한 취락을 건설했던 증거로 추정된다.[47]

상술한 바와 같이 우르크 문화의 급속한 확장과 성장은 각 중심지 사이의 상업적 연결을 강화하게 되고 동시에 이 시기에 들어오면 지역간의 분쟁도 점점 활발해지기 시작한다.

초기 왕조시대 (기원전 3000년~기원전 2350년)

열 서너개의 도시를 가지고 있고 총 인구수가 100,000명 남짓이며 수천 km²의 면적을 가진 정치체를 국가로 정의한다면 현대인들에겐 다소 어색하게 들릴 수도 있을 것이다. 그러나 당시 세계에서 최고의 번영을 누렸던 국가는 기원전 5세기의 아테네, 르네상스기의 플로렌스, 엘리자베스 여왕시대의 영국과 같이 굉장히 작은 규모의 국가였다는 사실을 상기할 필요가 있다.

수메르문명　기원전 3000년부터 기원전 2350년 사이에 형성된 수메르 문명은 약 13개 정도의 도시국가로 구성되었다. 이러한 도시국가들은 대부분의 역사적 존속기간동안 정치적으로 독립을 유지하였지만 동일한 문화적 전통을 가지고 있었다. 기원전 3000년에 이르면 이들 도시국가들은 모두 지구라트, 진흙벽돌 제단, 물레, 축력, 야금술, 항해용 보트, 문자와 같은 서남아시아 문명의 핵심적 요소들을 갖추게 된다. 수메르 언어가 오늘날 이 지역 일대에서 사용되는 언어와 본질적으로 다른 기호언어라는 점에 주목하여 수메르 언어의 기원을 터키, 바레인, 심지어는 지구상에 존재하지 않는 외부에서 찾기도 한다. 물론 당시의 수메르인들은 자신들의 문화를 독특하고 우월한 것으로 간주했고, 그들의 신화에 의하면 자신들의 기원을 먼 미지의 세계에서 찾고 있다. 그러나 우리는 수메르인의 기원을 영원히 알지 못할 수도 있으

며 어떤 의미에서 이것은 중요한 문제가 아니
다. 문화적 성취는 그 문화를 구성하는 사람들
의 특질이나 정신적 능력에 의해 설명되어질 수
있는 성질의 것이 아니다. 인간은 문화진화의
방정식에서 상수이고 그들의 문화적 '성취'를
결정하는 요소는 문화의 시공간적 환경과 위치
라고 할 수 있다.

8.9 점토판의 설형문자.

● 수메르 문자 : 기원전 3000년 직후부터 수메
르에서는 문자가 사용되기 때문에 우리는 수메
르 문자를 통해 당시 도시국가의 생생한 모습
을 읽을 수 있다. 수메르 언어에 대해서 우리가
아는 대부분의 사실은 문자가 남겨진 수 천개
의 진흙 점토판을 통해 얻어진다(그림 8.9). 수메르 문자는 한쪽 끝이 뾰족한 갈대를
사용하여 마르지 않은 점토판에 묘사하고자 하는 대상이나 사물을 그려 넣었다. 수
메르 문자는 형태가 주로 쐐기형태를 보이기 때문에 설형(楔形)문자*라고 한다.
이러한 점토판을 불에 소성하면 토기와 같이 단단해지고 따라서 저습지와 같은 퇴
적층에서도 수 천년동안 썩지 않고 보존된다.
　가장 오래된 문자기록은 기원전 3400년경 우르크에서 발견된 점토판과 도장에서
발견된다. 이러한 문자는 목수, 당나귀, 배, 순동 등과 같은 수많은 물질을 기호로
상징하는 그림문자인데 이러한 원시적 그림문자는 현재까지 총 1500개 정도가 발
견되었다(그림 8.10). 어떤 기호는 물건의 매입을 의미하기도 하고 어떤 것은 지배자
의 이름인 엔(en)이나 의회를 의미하는 언켄(unken)을 가리키기도 한다**48). 우르

---

* cuneiform은 '쐐기'를 의미하는 라틴어 cuneus에서 유래
**수메르의 가장 초기 형태의 문자는 특정한 대상이나 사물을 그림으로 형상화한 것이다. 예를 들어 여성을 나타내기
　위해서는 성기를 나타내는 역삼각형을 그린 다음 그 밑에 점을 찍는다. 또한 그림문자를 여러 개 겹침으로서 표의
　문자를 만들 수도 있었다. 예를 들어 '산'을 나타내는 그림 문자 옆에 여성의 성기를 나타내는 부호를 겹쳐 놓으면
　이것은 산 너머 외부지역에서 데려온 '여자 노예'를 의미한다.

최초의 그림문자 (3000 B.C.)	그림문자의 의미	회전된 그림문자	기원전 1900년경의 설형문자	기본적 표의문자값		부가적 표의문자값		음절 (음가)
				읽기	의미	읽기	의미	
	남자의 머리와 몸			LÚ	남자			
	입이 표시된 머리			KA	입	$KIRI_3$ ZÚ GU DUG_4 INIM	코 치아 목소리 말하다 말	KA ZÚ
	음식그릇			NINDA	음식, 빵	NÍG GAR	사물 놓다	
	입 + 음식			KÚ	먹다	ŠAGAR	배고픔	
	물의 흐름			A	물	$DURU_5$	습기	A
	입 + 물			NAG	마시다	EMMEN	갈증	
	물고기			KUA	물고기			KU_6 HA
	새			MUŠEN	새			HU PAG
	당나귀의 머리			ANŠE	당나귀			
	보리이삭			ŠE	보리			ŠE

8.10 수메르 문자의 진화. 기원전 4000년기에는 기호가 점토판에 수직방향으로 새겨졌지만 300년대 초반에 이르면 가로방향으로 쓰여진다. 이후 수메르 기호는 양식화되고 음가 (音價)를 가지게 된다.

크기 말기의 사회적 위계구조는 '표준 직업 목록'으로 알려진 가장 오래된 기록중 의 하나에 생생하게 묘사되어 있다. 표준 직업 목록은 당대의 관료 이름이나 직업 의 이름을 기록하고 있는데, 이러한 것들은 모두 해당 직업이 가지는 사회적 파워나 명성의 정도에 따라 배열되어 있다.[49]

　수메르에서 문자 사용이 시작된 초기에는 추상적 개념이나 일상생활의 언어를 문자로 남기는 능력이 상당히 한정되었지만, 기원전 2900년 이후 획기적 변화가 발 생하게 된다. 구어(口語)의 단어나 음절을 기호로 표현하는 표음문자화는 수메르 언어 발달에서 가장 중요한 발명이라고 할 수 있다. 다시 말해 그림문자를 사용할 때 대상 자체를 묘사하는 것이 아니라 이름의 소리를 표현하는 것이다. 예를 들어 이제 화살을 나타내는 이전의 기호 *ti*는 화살과 목숨을 의미하게 되는데, 왜냐하면 화살과 목숨의 발음이 모두 *ti*이기 때문이다.[50] 수메르에서는 궁극적으로 대부분의 일상언어가 문자언어로 표현된다. 또한 그림문자를 양식화하고 간결화함에 따라 그림문자의 특성이 점차 사라지게 된다.[51] 수메르에서는 대부분의 모음과 음절을 상징하는 독특한 기호가 개발되었지만 모든 개별 음성을 독특한 기호로 표시할 수 있는 알파벳 체계로는 발전하지 못하였다. 결국 수메르 언어는 구체적 물건이나 말의 음절, 개념을 표시할 수 있는 일련의 기호체계로 남게 된다. 이러한 수메르 문자의 특징 때문에 수메르 문자를 읽기 위해서는 수많은 상이한 부호를 기억할 수 있어야 한다. 예를 들어 산을 나타내는 그림문자에서 유래한 하나의 기호를 이해하기 위해서는 10개의 소리값과 4개의 표의문자값을 알아야 한다.[52] 초기의 수메르인들은 단어가 속한 전체 문장의 맥락을 이해해야만 특정 기호의 정확한 의미를 추정할 수 있었다. 그러나 궁극적으로 동일기호가, 예를 들어 새나 남자 이름, 혹은 신을 나타내는지를 명확히 하기 위해 기호의 앞뒤에 또 다른 기호를 붙여 그 기호의 의미를 명확하게 해주는 한정부호(限定符號) 체계를 고안하게 된다.

수 세기에 걸쳐 수메르인들은 난해하고 복잡한 문자를 간결화하기 위해 노력했지만 기원전 1900년까지도 이들은 600에서 700개에 이르는 독특한 기호를 가지고 있었다. 이 단계에 이르면 수메르 문자는 중국어와 같은 오늘날의 일부 언어와 유사하게 된다. 중국어는 일상 언어를 문자화할 수 있고, 대부분의 목적에 적절하게 사용될 수 있지만 알파벳 글자에 비해 매우 난해하고 복잡하다. 이러한 언어를 인쇄나 컴퓨터에서 사용하기 위해서는 개별적으로 다른 수많은 기호들을 입력해야 하는 어려움이 있고, 아무리 오랫동안 학습을 하더라도 완전히 터득하기란 쉽지 않다(예를 들어 현대 중국어를 읽기 위해서는 수천 개의 개별 기호를 암기할 수 있어야 한다). 대부분의 셈어는 예나 지금이나 짧은 모음이 존재하지 않는데 문자를 읽는데 익숙한 사람에게 이것은 효과적인 의사소통에 어떠한 문제도 되지 않는다.

세계 최초의 알파벳 언어는 팔레스타인과 북부 시리아의 셈어를 사용하는 사람들에 의해 기원전 20세기 중반에 개발되었던 것으로 보인다. 기원전 10세기 혹은 9

세기에 그리스는 시리아의 이러한 초기 알파벳을 자신들의 언어로 변화시켰는데, 예를 들어 자음과 모음의 수를 25개 이하로 줄이고 이외에도 몇 가지 주요한 변화를 주었다. 그리스 알파벳은 이후 동부 유럽의 키릴(Cyrillic) 알파벳을 포함한 모든 근대 유럽 언어체계의 기본이 된다.

고대 메소포타미아 사회에서의 문자의 역할은 경제적인 요인에서 찾을 수 있을 것이다. 단순한 그림문자와 일상회화만으로는 사회의 다양한 요구들, 예를 들어 잉여생산물의 보관과 재분배, 물의 분배, 토지 소유권의 지정과 조정, 종교 의식의 기도문, 기타 고대문명에서 발견되는 다양한 행위를 효과적으로 처리할 수 없다. 세계의 고대 문명중에서 문자기록을 발전시키지 않은 상태에서도 국가와 제국을 발전시킨 유일한 문명은 페루의 잉카제국이다. 그러나 잉카제국도 문자기록을 대체할 수 있는 여러 체계를 구비했는데, 예를 들어 고도의 관료제도를 발전시켰고, 줄의 길이와 매듭의 위치를 통해 정보 전달의 기록을 돕는 결승문자(*quipu*)를 고안하여 사용하였다.

고대 메소포타미아 문자의 경제적 요소는 기수(記數)법을 통해 분명히 드러난다. 조지 이프라(Georges Ifrah)에 의하면 수메르인은 오늘날 우리가 사용하는 10진법 대신에 60진법을 사용하였다.[53] 오늘날 누구도 10진법이 비효율적이라고 말하는 사람은 거의 없을 것이다. 그럼에도 불구하고 오늘날 컴퓨터는 1이나 0을 사용하여 모든 수를 나타내는 2진법을 사용하고 있다는 사실을 주목할 필요가 있다. 오늘날 우리는 손가락이 10개로 구성되어 있기 때문에 10진법을 사용하는지도 모르겠다. 그러나 우리의 손가락과 발가락의 수는 20개이기 때문에 20진법을 사용해서 안된다는 법도 없다. 어떤 기수법이 사용되든 모든 수의 각각에는 상이한 이름이 부여된다. 따라서 2진법이 가장 간단한 형태이고, 60진법은 다소 규모가 크고 복잡한 형태이다. 수학자들은 종종 10진법을 폐기하고 대신 모든 수를 수많은 약수로 표시할 수 있는 12진법과 같은 좀 더 편리한 방법을 사용할 것을 주장하기도 한다. 또한 '0.36'은 36/100, 18/50, 9/25 등과 같이 줄여서 표현할 수 있는데, 이러한 수량 표시의 모호함을 제거하기 위해 11진법을 사용하자고 주장하는 수학자도 있다.[54] 수메르인들은 0과 60사이에 있는 모든 개별 숫자에 독특한 이름을 부여하기 때문에 모든 숫자를 암기하여 사용해야 한다. 수메르인들은 6×60이 1년의 기간에 근접하기 때문에 60진법을 고안했을 수도 있지만 이러한 기수법의 기원은 아마도 우리가 현재 가지고 있는 최초의 문자기록에서 보이는 것보다 훨씬 올라갈 것이다. 삭스(H.W.F.Saggs)가 지적한 바와 같이 고대의 수메르인들은 그들의 수학적 지식을 경제적 산출뿐만이 아니라 토지소유권의 조사, 역학, 천문학에 사용하였다.[55] 기원전 1800년경에 이르면 수메르인들은 1) 2제곱근의 값을 정확히 계산할 수 있었고, 2) 복잡한 60분수의 반수표를 만들고, 3) (피타고라스보다 1200년 전에) 직각삼각형의 양변의 길이를 통해 사변의 길이를 계산할 수 있었고, 4) 3제곱근의 값을 계산할 수 있었으며 5) 대수논리의 일부 방정식을 알고 있었다.[56]

기원전 3000년경 수메르 문자와 인근 지역의 문자에 기록된 수메르인의 생활방식은 오늘날 이 지역을 여행하는 사람들이 보는 것과 별반 다르지 않다. 양, 염소, 소의 사육이 관리되고 세금이 부과되고 교환이 이루어지고 있었다. 오늘날과 마찬가지로 어린이들은 학교에 가기 싫어해도 학교를 다녀야만 한다. 연장자들로 구성된 의회는 인근 도시와의 분쟁을 해결하기 위해 때때로 소집된다. 세계 최초로 기록된 수메르의 격언과 금언은 많은 사람에게 삶의 지혜를 제공하고 있다 :

> 사나운 황소를 피해 달아나면
> 사나운 암소와 마주치게 된다.
> 가난한 자가 죽게 되면
> 그를 다시 살리려 하지 말지어라. [57]

그러나 신화적이고 종말론적 문제에 관한 한 이난나(Inanna)여신의 부활에 관한 다음의 신화에서 보듯이 수메르인들은 이해하기 어려운 기괴한 측면을 보여준다 :

> 지하세계로 들어가라.
> 파리와 같이 재빨리 안으로 들어가라.
> 지하세계의 여왕, 에리쉬키갈(Ereshkigal)이 신음하고 있는데
> 이제 막 분만하는 여인의 울음과 같구나.
> 여인의 몸에는 아름다운 리넨이 걸쳐져 있지 않네.

그녀의 유방이 드러나 있네.

그녀의 머리는 마치 부추처럼 그녀의 머리를 휘감고 있네.

"오 오 내 몸 속이"라고 그녀가 울면

"오 오 당신 몸 속이"라고 함께 울어라.

"오 오 내 몸 밖이"라고 그녀가 울면

"오 오 당신 몸 밖이"라고 함께 울어라.

그러면 여왕은 기뻐할 것이다.

그녀는 너에게 선물을 줄 것이다.

그녀에게 벽걸이에 걸려있는 시체만을 달라고 하라.

너희중의 한사람이 송장위에 생명의 음식을 뿌릴 것이다.

다른 사람은 생명수를 뿌릴 것이다.

이난나는 탄생할 것이다. [58]

　오늘날 서구의 철학과 신학은 고대 수메르의 것과는 매우 상이한 고대 그리스로부터 지대한 영향을 받았다. 따라서 서구인들은 시작과 종말, 원인과 결과, 개인의 중요성과 '의지' 의 관점에서 세계를 인식한다. 우리는 단편적인 문자기록만이 존재하는 상태에서 수메르인의 철학을 완전히 이해할 수는 없다. 그러나 고대의 수메르인들은 오늘날 우리들보다 세상을 훨씬 안정적이고 신비롭게 바라보았던 것으로 보인다. 수메르인들의 기술수준과 복잡한 사회조직을 통해 볼 때 이들은 매우 이성적이고 합리적이었을 지라도 이들이 인간의 성취동기나 의지, 물리적 세계를 강조하거나 탐구했던 것으로 보이지는 않는다. 수메르인들은 그들의 세계가 둥근 하늘아래의 평평한 원반모양의 땅으로 이루어졌고 다양한 신들이 잘 짜여진 계획에 따라 자신들의 역사를 이끌어 주시며 세상은 별다른 변화없이 계속 이어질 것이라고 굳게 믿었다. 이들에게 각각의 신은 행성의 이동이나 관개농업, 벽돌의 생성과 같은 특수한 일들을 책임지는 영원불변의 존재이다. 인간과 마찬가지로 신들은 권력과 권위에 있어 위계적으로 차이가 있고 권력투쟁과 사악한 짓을 하기도 한다.

　다른 지역의 고대인들과 마찬가지로 수메르인들도 신들이 자신들의 삶에 많은 관심을 가지고 있다고 생각하였다. 미국의 모든 화폐 뒷면에 "신은 우리가 하는 일을 좋아하시리라"라고 새겨져 있는 것처럼 거의 모든 수메르의 공문서와 명각에는 도시의 행운과 발전을 기원하는 신의 애호가 표현되어 있다.

근대 문화에 미친 수메르의 영향은 유대교의 종교전통에서 찾을 수 있다. 예를 들어 노아의 대홍수에 관한 성서 기록은 구약성서보다 수 천년 이상 올라가는 수메르의 기록과 밀접한 관련이 있다. 피네건(Finegan)은 이러한 유사성의 몇 가지를 다음과 같이 제시하고 있다:[59]

바빌론의 설형문자	*창세기*
1. 신은 홍수를 일으키기로 결정한다.	1. 하나님은 사악한 인간을 멸망시키고자 한다.
2. 이와(Ea)신은 알트라아시스에게 배를 만들도록 한다.	2. 신은 노아(Noah)로 하여금 배를 축조하도록 경고한다.
3. 아타라시스(Artarhasis)는 그의 가족과 동물을 배에 태운다.	3. 노아는 그의 가족과 동물을 방주(方舟)에 태운다.
4. 홍수는 인류를 진흙으로 돌아가게 한다.	4. 홍수는 모든 생물체를 파괴한다.
5. 배가 니시르(Nisir)산에 좌초된다	5. 방주는 아래라트(Ararat) 산에 안착한다.
6. 아타라시스는 비둘기, 제비, 갈가마귀를 보내 언제 홍수가 빠졌는지를 알게 된다.	6. 노아는 비둘기, 제비, 갈가마귀를 보내 언제 홍수가 빠졌는지를 알게 된다.
7. 그는 신에게 제물을 바친다.	7. 그는 하나님에게 제물을 바친다.
8. 신은 향기를 느낀다.	8. 하나님은 기쁨의 향기를 느낀다.
9. 엔릴(Enlil)신은 아타라시스와 그의 부인을 축복한다.	9. 하나님은 노아와 그의 자손들을 축복한다.

1929년에 수메르 도시 키쉬(Kish)를 발굴한 랭던(S.Langdon)과 우르를 발굴한 울리경(Sir L.Wooley)은 상상하기도 힘든 고고학 자료를 발견하게 된다. 즉 성서의 대홍수를 증명하는 두꺼운 모래 퇴적층을 발견했다고 생각한 것이다. 심지어 이들 발굴단의 일부 대원들은 발굴장에서 채집한 모래를 유리병에 담아 '대홍수의 표본' 이란 이름을 붙여 팔기도 하였다.

그러나 스풀러(Spuhler)는 홍수 퇴적물이라 주장되는 많은 모래층은 바람에 의해 형성된 실제 모래언덕이고 다른 층들은 일반적인 강의 퇴적물이라고 주장하고 있다.[60] 또한 성서의 홍수층이라 추정되는 모래층의 방사성탄소연대는 기원전 4500년에서 2700년 사이로 다양하다. 더구나 인근의 다른 많은 유적에서 이러한 모래 퇴적층이 발견되지 않고 있고 오늘날에도 이 지역에서는 자주 홍수가 발생한다. 이러한 사실을 종합할 때 방주의 흔적을 찾아 아래라트 산을 뒤지고 다니는 사람을 제외하고는 성서의 홍수설이 과학적으로 입증됐다고 믿는 사람은 거의 없다. 또한 아래라트 산의 무성한 나무숲 위에서 배의 흔적을 보았다는 한 러시아 항공사의 증언은 전 세계를 한때 흥분의 도가니로 몰아 넣었지만, 현재까지 일부 목재 흔적만이 발견되었을 뿐 방주의 존재를 고고학적으로 입증하지는 못한 실정이다. 모든 목재 시료의 방사성탄소연대가 기원전 3500년에 해당한다는 점에 주목하여 홍수설이 입증되었다고 믿는 일부 고지식한 학자들도 있다. 그러나 중요한 점은 기원전 3500년전에 세계의 다른 모든 지역에서 대홍수가 발생하였다는 어떠한 증거도 없다는 사실이다.[61]

●*수메르의 사회제도와 경제* : 수메르의 일부 기록에 의하면 수메르의 도시국가들은 정치적 토론을 활발히 하였으며 만장일치나 초보적 민주주의 과정을 통해 의사결정을 내리는 의회제도를 가지고 있었다는 점을 시사한다.[62] 도시는 오늘날의 '구'와 같은 단위로 구분되었던 것으로 보이지만 정확한 도시계획과 조직은 알 수 없다. 당시의 사람들이 친족에 의해 조직되고 친족간의 유대가 수메르 역사와 문명을 지탱하는 끈이었다는 증거는 일부 존재한다.[63] 그러나 모든 국가가 행하는 전략 중의 하나는 국가적 사업이나 행사에 대중을 효율적으로 동원하기 위해 친족간의 유대와 사회경제적 계층간의 연대를 강화하는 것이다(예를 들어 미국의 시민전쟁 당시 친족과 출생지를 연결하여 군대 단위를 조직하는 것처럼). 그러나 장기적으로 볼 때 국가 조직의 단위로서 친족간의 관계는 점차 약해지고, 사회경제적 계층이나 기타 다른 종류의 사회적 단위가 국가를 지탱하는 기본 단위가 된다.

수메르의 대가족제도는 상속권이 보장되고 권리침해에 대한 배상이 법으로 보호되는 강하고 지속적인 단위이다. 니콜라스 포스트게이트가 지적한 바와 같이 여성은 법과 관습에 의해 상당히 잘 보호되었지만 수메르 사회는 이혼에 관한 법규에

서 보듯이 기본적으로 부권사회였을 것으로 판단된다 :

> 만약 부인이 남편을 거부하고 "당신은 나의 남편이 아니다" 라고 말하면 사람들은 부인을 강물에 던져 버린다. 이와 반대로 남편이 부인에게 "당신은 나의 부인이 아니다" 라고 말하면 남편은 0.5마이너*의 은을 지불하면 된다.[64]

수메르사회에서 보리, 밀, 야채, 대추야자는 주요한 작물이고 소 사육과 어업도 이에 못지 않는 중요성을 지닌다. 소는 견인수단이나 가죽, 우유, 고기를 얻기 위해 사육된다. 물고기, 양고기, 염소고기, 돼지고기도 수메르인의 기본적 식량자원이다. 돼지가 당시 수메르인들에게 지방을 제공하는 주요 동물이었음에도 불구하고 (당시 돼지는 그림이나 토기에 묘사된 경우가 있지만 예술행위의 대상으로 간주되지는 않았다.[65]) 오늘날 중동지방에서 돼지고기를 금기시 하는 행위는 매우 흥미로운 사실이다.

메소포타미아 사람들은 보리나 밀의 수확물 중에서 약 16% 정도를 동물에게 먹이고, 다음 해의 씨앗으로 약 10%를 저장하며 약 25% 정도는 보관중 잃어버리고 나머지 분량을 식량으로 사용하였던 것으로 보인다.[66] 당시에는 오늘날과 같은 이동수단이 없었다는 점과 민족지 자료를 참고할 때 수메르인들의 농경행위는 거주지로부터 4km이내였을 것으로 추정된다. 어느 특정 시점에 마을 주위에 있는 대부분의 땅은 휴경상태이거나 관개농경이 어렵고 생산성이 매우 낮았을 것이다. 아담스에 의하면 생계를 위해 수메르의 개인은 최소한 약간의 목장 및 과수원과 함께 약 1헥타르 정도의 보리와 밀의 농경지가 필요했을 것이라고 한다.[67]

수메르 문명에 나타나는 '최초'의 사건중에서 불행한 사건은 아마도 유행성 전염병일 것이다. 정착취락사회의 치명적인 문제중의 하나는 하수오염물질로 식수를 오염시키는 것이며, 도시국가단계의 사회로 접어들면 이러한 문제는 더욱 심화될 수 있다. 장티푸스, 콜레라, 기타 많은 질병들이 발생하고 살아남기 위해서는 일

---

*마이너(mina) : 무게의 단위. 1마이너는 약 1파운드에 해당된다.

정수준 이상의 인구밀도가 필요하다. 수메르는 역사상 최초로 이러한 수준의 인구
밀도에 도달한 문명이다. 사람과 동물이 밀집된 지역에서 샘과 관개시설이 건설되
면 각종 질병과 전염병이 곧 바로 발생하게 된다.

상고시대 어느 지역의 경제체제도 수메르만큼 잘 조직된 경우가 드물다. 수메르
에서는 물자의 생산, 저장, 분배에 관한 수많은 기록들이 점토판에 문자로 새겨져
있다. 또한 식량배급표, 노동자명단, 상인명단 등도 상세히 기록되어 있다. 심지어
뱀 요술을 부리는 사람까지도 따로 기록되어 있다.

메소포타미아의 전 역사를 통해 경제적 문제를 통제하는 기관은 중앙정부와 사
원이었지만 개별 상인과 자본주의의 요소도 일찍부터 등장하였던 것으로 보인다.
이러한 사실은 마르크스주의 학자들에게 중요한 의미를 지니는데, 왜냐하면 일단
개인적 부와 자본주의가 출현하면 계층간의 갈등과 기타 마르크시즘의 패러다임
이 존재하기 시작한다는 점을 의미하기 때문이다. 수메르 사회는 기본적으로 친족
체계에 의해 조직되었지만 동시에 직업과 사회적 계층의 지배를 받는 사회이다. 예
를 들어 은 제작자나 도공과 같이 상이한 상업집단의 구성원들은 전쟁이 발발하면
상업집단의 대표자의 통제하에 놓이게 된다. 복합사회의 진화에서 주요한 경향중
의 하나는 친족기반의 사회로부터 직업적, 사회적, 경제적 요소를 기반으로 하는
사회로의 변화라고 할 수 있다. 이러한 사회적 분화가 기원전 3000년경 수메르 사
회에서도 발생하였다. 그럼에도 불구하고 친족관계는 메소포타미아의 전 역사를
통해 강력한 사회적 파워를 발휘하였다고 할 수 있다. 메소포타미아 사회의 최정점
에는 신권적 왕이 존재하는데, 왕은 신과 지속적인 접촉을 갖는 신의 자손으로 인
식된다. 왕의 아래에는 귀족계층이 있고 거대하고 정교하게 지어진 집에서 사는 부
유한 경제계층이 있다. 이들의 아래에는 농부와 어부, 야금술사, 무두쟁이, 벽돌공,
직공, 도공 등의 수많은 장인들이 있다. 필경사는 사회적으로 상당히 중요한 직책
이었던 것으로 보이며, 글을 읽고 쓸 줄 아는 능력이 사회적으로 우대되었다. 사회
의 최하층을 구성하는 사람들은 노예나 전쟁포로들이다.

고대 수메르 사회에서 오늘날의 화폐와 같은 돈은 존재하지 않았다. 대신에 대부
분의 교환행위는 물물교환의 형식으로 이루어졌다. 그러나 장거리 교역은 대규모
로 이루어졌는데 패각, 홍옥수(紅玉髓), 청금석(靑金石), 은, 금, 마노(瑪瑙), 직물,

음식, 기타 생산물을 가득 실은 배들이 강줄기를 따라 항해하는 모습은 당시 사회에서 흔한 모습이었다.

수메르 사회에서 기원전 3000년 이전과 이후의 시기에서 가장 두드러진 차이는 매장풍습에서 찾을 수 있다. 기원전 3800년경의 우바이드기의 말기까지 당시 사회에서 가장 큰 중심지에서도 무덤간의 차이는 거의 찾아볼 수 없었다. 그러나 이러한 현상은 기원전 3000년 이후 급변하게 된다(그림 8.11). 1927~1928년에 발굴된 우르(Ur)왕묘의 피장자는 경제적 부와 화려함의 극치를 보여주고 있다. 이 무덤을 발굴한 울리경은 먼저 나란히 누워있는 다섯명의 인골을 발견했는데 각 인골옆에는 하나의 동검과 기타 유물들이 놓여 있었다.[68] 인골의 밑에서는 2열 종대로 나란히 배열되어 있는 10명의 여성뼈가 발견되었고, 각각의 여성은 금, 청금석, 홍옥수로 화려하게 장식되어 있었다. 이 옆으로는 황금과 보석으로 장식된 하프가 발견되었고 하프 옆에는 금관을 쓴 악사의 뼈가 발견되었다. 이들 인골들은 경사진 연도부에서 발견되었는데 아래로 내려감에 따라 화려하게 장식된 마차와 마부 및 마차를 끌던 황소의 뼈들이 널려 있었다. 이러한 유물들 아래에서는 또 다른 인간의 뼈와 엄청나게 많은 수의 무기, 금·은·석제 그릇들이 뒤엉켜 발견되었다. 근처에서는 구리로 만든 칼과 투구를 갖춘 6명의 남성 뼈, 황금으로 장식된 두 대의 육중한 4륜전차와 마부의 뼈가 발견되었다. 이외에도 발굴이 계속됨에 따라 인골, 하프, 마차, 배의 모형 등이 계속 발견되었다. 무덤의 최하부에서는 여왕의 시신이 안치된 목제 관대가 발견되었다. 여왕의 시신은 금, 은, 청금석, 홍옥수, 마노, 옥수(玉髓)제의 화려한 구슬장식으로 뒤덮여 있었고 여왕의 머리는 금, 은, 귀중한 보석을 사용하여 화려하게 장식되어 있었다. 또한 묘실 주위에는 인골, 보석, 그릇, 은제상, 은제 테이블, 화장품, 패각 장식, 기타 수많은 귀중품들이 여기 저기 널려 있었다.

이러한 왕릉급의 무덤은 우르에서 총 16기 정도가 발견되었다. 왕릉은 일반인의 묘와는 여러 가지 점에서 구별되는데 이러한 왕릉은 돌이나 돌과 진흙벽돌을 함께 사용하여 축조되고 인신 공양물이 부장된다는 차이를 보인다. 왕릉중에서는 최대 80명의 사람이 인신공양물로 희생된 무덤도 있다. 수메르에서는 최소한 3등급의 무덤이 존재한 것으로 판단되는데, 16기의 왕릉에서부터 상대적으로 덜 정교하지

8.11 우르 왕묘에 부장된 여성의 깨어진
두개골(상). 금제 장식품과 귀중한
보석이 치장되어 있다. 염소와 나무
의 모습을 형상화한 유물(하)은 목
재, 청금석, 금으로 만들어졌고 높이
가 51cm이다. 이것은 우르에서 발
견되었고 연대는 기원전 약 2600년
경에 해당한다.

8.12 기원전 2500년경 남부 메소포타미아의
가장 큰 도시중의 하나인 니푸르에 거
주하였던 노부부의 석고상.

만 상당한 양의 유물이 부장되는 일반인의 무덤까지 다양하게 존재한다.

　지금까지 살펴본 화려한 수메르 문명이 이 시기의 수 많은 도시국가중의 단지 하
나였다는 사실을 우리는 명심해야 한다(그림 8.12). 예를 들어 이란의 서남 고지대
에서는 기원전 3300년에서 2800년 사이에 위대한 선(先)엘람 국가가 등장하였다.
선엘람 국가는 메소포타미아와 이란 고원 사이의 중개 무역을 통제함으로써 국가
단계의 고대문명을 건설하게 된다.[69]

기원전 2350년 이후의 서남 아시아

　기원전 3000년 이후 수메르의 도시국가들은 전쟁의 소용돌이에 빠지게 되고 전
쟁의 승자와 패자가 수시로 바뀌게 된다. 그러나 기원전 2350년 아카드(Akkad) 왕
국의 사르곤(Sargon) 제왕의 부상과 함께 고대 서남 아시아의 정치적 상황은 거의
바뀌지 않게 된다. 사르곤 왕과 이후의 왕들은 아카드시를 군사적 전초 기지로 삼
아 주변의 도시국가들을 성공적으로 정복하기 시작한다. 아카드의 역사적 기록에

의하면 사르곤 왕은 34번에 걸쳐 남쪽의 도시국가와 전쟁을 치루었으며, 이 과정에서 많은 왕들을 체포하고 도시를 파괴하고 마침내 최남단의 바다에서 무기의 피를 닦게 된다. 사르곤 왕은 아카드인을 정복지역의 행정관료로 임명하고 시리아, 레바논, 서부 이란 등 주변의 변방지역을 계속적으로 정복한다.

아카드 왕국은 기원전 2250년 이후 내란에 휩싸이고 변방지대는 고원지대의 이민족 집단의 침입을 받게 되어 왕국이 분열되기 시작한다. 이러한 암흑기는 우르 III왕조로 알려진 남쪽의 수메르 왕이 침입자들을 축출하고 남부 평야지대의 정치적 통일을 이루는 기원전 2100년까지 지속된다. 우르시에 수도를 둔 우르 III왕조의 우르 남무(Ur-Nammu)왕은 아카드 제국이 건설했던 대부분의 땅을 정복하여 지배하게 된다. 이 시기에 이르면 멀리 아프카니스탄, 아나톨리아, 사이러스로에서 대규모의 흑요석, 청금석, 순동이 메소포타미아로 수입된다. 기원전 3000년대 후반의 법조문은 당시의 토지소유권, 관개권리, 상해배상, 간통죄에 대한 처벌 등 일상생활의 모든 문제를 상세히 기록하고 있다.

표면적인 안정에도 불구하고 우르 III왕조는 내부의 정치적 경쟁자와 변방지역의 반유목민들로부터 끊임없는 도전과 침입을 받는다. 결국 우르 III왕조는 기원전 2004년 서부 이란의 엘람족으로부터 최후의 일격을 당하게 되고, 이때 우르의 왕이 생포되어 끌려가게 된다.

기원전 2000년부터 1800년 사이 메소포타미아 지역은 이신(Isin), 라르사(Larsa), 수사, 그 밖에 많은 경쟁국가들에 의해 분열된다.[70] 궁극적으로 바빌론이 가장 강력한 정치세력이 되고, 기원전 1792년에 함무라비 왕은 남부 평야지대에 바빌론 제국을 건설하게 된다. 당시의 기록은 함무라비 왕이 정치, 경제, 군사 등 모든 측면에서 뛰어난 제왕이었다는 점을 보여주고 있다. 유명한 함무라비 법전은 오늘날의 기준에서 보면 잔혹한 측면이 많지만 효율적인 행정통치를 반영하고 있다. 함무라비 왕과 후계자들은 남쪽의 도시국가와 북쪽의 경쟁세력인 앗시리아의 양면 공격에 직면하게 된다. 역사상 항상 그랬던 것처럼 중앙정부의 힘이 약해지면 변방의 유목민과 경쟁세력들 – 이 경우 카사이트(Kassites)와 후리아(Hurrians) – 이 공격을 감행하게 되는데, 결국 이러한 변방세력이 바빌론 제국의 대부분의 영토를 점령하게 된다.

8.13 앗시리아와 페르시아(아케메니드)제국의 영역.

기원전 1600년 이후 메소포타미아 지역의 정치사는 매우 복잡한 양상을 띠게 되어 빈번한 정치적 교체가 이루어지고 이러한 과정을 통해 제국의 점진적 발달과 영토의 확장이 이루어진다(그림 8.13). 앗시리아, 엘람(Elamites), 아케메니드(Achaemenids) 등의 정치 집단이 제국을 건설하게 되고 이집트, 아나톨리아, 이란 지역의 제국들과 국제적인 충돌과 경쟁을 하게 된다(그림 8. 14).

서남 아시아 복합사회의 기원 : 요약과 결론

메소포타미아의 진흙 벽돌집을 발굴하던 한 고고학자가 어느 날 우연히 메소포타미아 국가의 기원과 형성과정의 전모를 기록한 대규모의 설형문자를 발견할 수도 있을 것이다. 설형문자에는 인구통계, 전쟁 희생자, 기후변화, 평균출생률, 2천년에 걸친 인구 변화 등 이제까지 알려지지 않은 많은 사실들이 기록되어 있을 수도 있다.

실제로 시리아에서 발견된 기원전 3000년대 후반의 기록은 지금까지 알려지지 않았던 메소포타미아 문명의 새로운 정보를 제공하였다. 그러나 장기간에 걸쳐 광범위한 지역에 형성된 서남 아시아 문명의 변화과정을 설명할 수 있는 자료는 대부분 장기간에 걸쳐 조사되어야 한다. 우리는 현재까지 이루어진 고고학적 성과를 바

8.14 기원전 500년경 아케메니드 제국의 수도인 중부 이란의 페르세폴리스(Persepolis). 이 거대한 계단을 통해 궁궐로 올라가고 계단옆에는 왕에게 충성을 맹세하는 당시 사회의 실제모습이 부조상으로 조각되어 있다. 일부 조각상은 왕에게 바치는 꽃과 선물을 들고 있다.

탕으로 제한적이나마 인구성장률, 교역망의 발전, 취락유형의 변화 등 당시 사회의 다양한 측면을 복원할 수 있었다(그림 8.15). 그러나 발굴이란 장기간에 걸친 작업이고 엄청난 예산이 요구되는 조사이다. 또한 정치적 문제로 인해 조사가 불가능한 경우도 종종 있다.

그러나 현재까지 이루어진 고고학적 정보에 의하면, 메소포타미아 지역의 복합사회의 진화는 다양한 요소의 결과로서 지역마다 상이한 양상으로 전개되었다는 사실을 알 수 있게 되었다(그림 8.16). 평야지대는 가뭄이나 홍수와 같은 자연재해가 없다면 수 백만의 인구와 동물의 부양이 가능한 엄청난 양의 식량자원을 생산할 수 있는 곳이다. 기름진 평야지대에서 획득한 잉여생산물이 반드시 사회적 부의 차이를 야기하는 것은 아니지만, 전반적으로 부유한 자와 가난한 자의 형성에 영향을 미친다고 할 수 있다. 또한 잉여생산물이 발생하는 경제체제에서 이러한 생산물을 조직하고 보관하고 분배하고 관리할 수 있는 행정관료체계의 발달이 동시에 나타

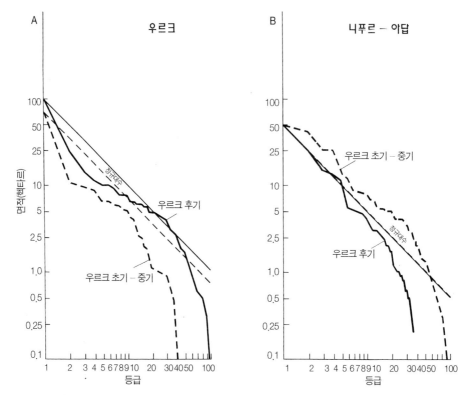

8.15 이 도표는 우르크의 중기 초반(기원전 3400년)부터 후기에 걸쳐 메소포타미아의 두 지역에서 발견되는 취락의 등위 분석에 관한 로버트 맥 아담스(1981)의 연구결과이다. 우르크의 이러한 두 시기는 각 지역에서 최초의 '국가'가 등장한 시점이다. 이와 같은 등급 크기에 관한 도표는 취락을 가장 큰 것에서부터 작은 것까지로 등급을 매기고 취락의 등급별로 취락의 규모를 대수 계산자로 도표화한 것이다. 그레고리 존슨은 이러한 도표의 상이한 형태가 정치적·경제적 상황과 밀접한 관련이 있다는 사실을 발견하였다. 니푸르-아답(Nippur Adab)지역(B)의 우르크 초기의 도표(점선으로 표시된 것)는 경제적 통합이 그리 높지 않은 사회를 가리킨 반면, 실선으로 표시된 우르크 후기의 도표는 상당한 정치경제적 통합이 이루어졌음을 보여준다. 또한 두 지역 모두에서 우르크 초기에는 취락의 조직이 상당히 다르다가 우르크 후기에 오면 거의 동일한 형태를 보인다는 사실은 우르크 후기에 이르러 두 지역간의 경제적·정치적 상호의존성이 증가하였다는 사실을 보여주고 있다.

나는 사실도 결코 우연이 아니다.

어떤 문화적 요인이 잉여생산을 촉진시키고 그 결과 사회계층과 행정적 위계조직이 등장할 수 있는 여건을 조성하는가? 서남 아시아에서는 관개농경이 이러한 문

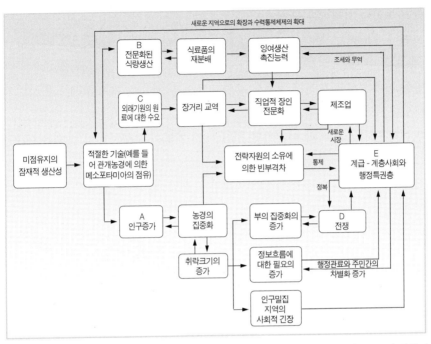

8.16 메소포타미아의 국가를 야기한 변이들간의 인과관계를 보여주는 레드만(1978)의 가설적 모델.

화적 복합성을 야기하는 주요 동인이었다고 말할 수 없다. 서남 아시아의 본격적인 관개체계는 문화적 복잡도의 지표들, 즉 직업의 전문화, 기념비적 건축물, 취락의 패턴과 규모의 변화, 건축물간의 변이성, 무덤의 위계화 등이 발달한 이후에 등장한다. 이러한 현상은 고고학적으로 가장 잘 알려진 수메르의 핵심지대와 서남부 이란의 수지애나 평야에서 입증된다. 실제로 서남 아시아의 대부분의 지역에서 관개시설에 대한 본격적인 투자는 도시화의 원인이라기보다는 결과로서 나타난다.

거대 도시가 등장하고 성장하기 위해서는 먼저 도시를 둘러싼 주변 일대가 농경 생산성이 높아야 한다. 왜냐하면 고대 도시의 거주민이 도시로부터 5km나 10km 떨어진 지점에 농사를 짓는다는 것은 사실상 어렵기 때문이다. 관개농경은 충적평야의 정착취락민에게 필연적으로 요구되었을 것이다. 그러나 관개시설의 축조와 운영이 복합사회의 등장과 발전에 필수적인 메카니즘이라면 관개시설의 규모와 문화적 복잡도 사이에는 긍정적인 상관관계가 있어야 할 것이다.

그러나 우바이드, 우르크, 초기 왕조시대의 취락민들은 상대적으로 단순하고 쉽게 축조할 수 있는 수로작업을 통해 농경을 실시하였다는 사실이 알려지고 있다. 복잡한 관개시설은 오히려 최초의 복합사회가 등장한 수 세기 후에야 건설되기 시작하였다.

일련의 학자들은 서남 아시아와 기타 다른 지역의 복합사회의 등장을 인구증가의 결과로 해석하기도 한다. 이러한 학설이 상당한 호응을 받는 주된 이유는 기원전 8000년에서 3000년 사이의 인구변화와 수공업전문화, 기념비적 건축물, 농경의 생산성과 같은 복합사회의 지표들이 서로 밀접한 상관관계를 보여주기 때문이다. 또한 전쟁이 메소포타미아 문화진화의 주요 동인이었다는 가설을 무시하기는 어렵다. 벽돌로 축조된 거대한 성이 도시와 마을을 보호하는 시기가 분명 존재하고, 전쟁이 메소포타미아 문명의 주요 모태였다는 사실을 말해주는 수많은 무기, 전차, 기록, 상징적 예술작품이 발견되고 있다. 고대 메소포타미아 지역에서 발생한 이러한 격렬한 전쟁은 오늘날에도 끊임없이 발생하고 있다. 당시의 성인이 타임머신을 타고 오늘날의 세계로 내려온다면 그가 가장 쉽게 발견하는 현상중의 하나는 이란과 이라크 사이에 발발한 1980년의 전쟁에서부터 1990년대 걸프만 전쟁과 같은 이 지역의 끊임없는 분규와 갈등일 것이다. 5000년의 역사동안 메소포타미아 지역은 끊임없는 전쟁의 소용돌이에 빠져 있다.

생물진화론의 관점에서 본다면 전쟁이란 모든 생물체의 세계에서 보편적으로 발생하는 경쟁의 또 다른 양상이라고 할 수 있다. 그러나 전쟁이 발생하였다는 사실이 전쟁의 원인을 설명하는 것은 아니며, 전쟁이 메소포타미아 문명의 기원을 설명할 수 있는 유일한 요소라는 의미도 아니다. 전쟁이 복합사회를 촉진하는 절대적인 동인이었다면 세계의 모든 초기문명에서는 오늘날 우리가 발견하는 것보다 훨씬 많은 성읍취락이 존재해야 할 것이다. 일반적으로 도시의 성읍화는 도시화가 이루어진 직후에 등장하며, 전쟁은 복합사회의 진화를 촉진한 결정적 요소였을 수도 있다. 그러나 메소포타미아 도시의 성읍화는 여러 가지 문명의 요소가 등장한 수세기 후인 기원전 2900년 이후에 본격적으로 이루어진다. 물론 역사기록을 통해 볼 때 기원전 2900년 이후 서남 아시아 전역에서 전쟁이 끊임없이 발생하였다는 사실은 의심의 여지가 없다. 그러나 인구증가와 전쟁이 메소포타미아 국가 등장의 전제조건이 될 수 있을 것인가? 라이트와 존슨은 이 점에 대해 다음과 같이 결론짓고 있다.

분석결과 국가가 형성되기 이전에 인구감소의 시기가 있었다는 점이 밝혀졌다. 국가는 이전의 인구수준을 회복하기 전의 불완전한 상태에서 등장한 것으로 보인다. 카네이로가 주장한 바와 같이 전쟁은 국가 형성에 중요한 역할을 하였을 가능성이 있다. 그러나 이 지역의 자료로 볼 때 한정된 지역의 인구증가가 그러한 전쟁의 유일한 혹은 직접적 원인이었다고 볼 수는 없다. 인구증가가 국가 형성의 주요 동인이라는 가설이 정확하다면 국가는 수지애나시기(기원전 4000년 이전)에 등장했어야만 한다. 왜냐하면 수지애나기의 인구는 초기 우르크기(기원전 3700년)의 인구만큼 많았기 때문이다.[72]

그러나 수지애나 평야는 강우농경이 가능한 지역이고 라이트와 존슨의 인구 산출방법에 의문을 제기하는 학자도 있다.[73] 이에 비해 수메르 문명의 핵심지대인 남부 메소포타미아 충적평야지대는 어떠한가? 로버트 맥 아담스는 다음과 같이 결론짓고 있다.

아마도 (도시화의) 과정이 탄력을 받기 위해서는 최소한 어느 정도의 인구는 필요했던 것으로 보인다. 그러나 일반적으로 인구증가는 도시 혁명의 과정이 발생하기 이전에 일어났다기 보다는 이후에 나타났다고 보아야 한다. 특히 효율적인 식량생산이 확립된 시기부터 도시화가 발생한 수천년 사이에 안정적인 취락정주생활이 이루어졌던 메소포타미아에서는 점진적인 인구증가가 도시혁명을 직접적으로 촉진했다고 볼 수 있는 증거가 거의 없다고 할 수 있다.[74]

아담스는 자신의 연구에서 우리가 일반적으로 부르는 복합사회보다 도시화의 현상에 특히 주목하고 있다. 그러나 그의 '도시혁명(Urban Revolution)'은 복합사회 진화의 기초로서 우리가 지금까지 살펴 본 많은 필수적 변이를 포함하고 있다. 그렇다면 복합사회의 진화에서 농경의 집중화는 어떠한 역할을 했을까? 카네이로의 모델에서 농경의 집중화는 인구압의 직접적인 결과이다. 따라서 그의 모델에 의하면 복합사회의 진화가 발생하기 전이나 동일 시점에 집중적인 관개시설의 증가나 한계지대의 땅에 대한 개간의 증거가 나타나야 한다. 그러나 관개시설과 개간에 대한 집중적인 투자는 도시화와 기타 다양한 복합사회의 증거가 발생한 이후에 본격적으로 시작된다. 더구나 아담스가 지적한 바와 같이 도시화의 시작과 함께 이전 시기에 집중적으로 사용되었던 많은 농경지가 폐기되었던 것으로 보인다. 또한 초기 국가가 발생한 어느 지역에서도 농경의 집중적 투자가 최대로 이루어졌다는 증거가 없다. 다시 말해 관개시설의 축조에 어느 정도만 투자해도 많은 수의 사람이 먹고 살 수 있는 식량을 생산할 수 있고, 따라서 급격한 인구의 증가가 이루어 질 수 있지만 실제 인구 수는 안정적인 수준을 유지하였다는 것이다. 간단히 말해 농경의 집중화도 복합사회 출현의 원인이라기보다는 결과로 보아야 한다.

그럼에도 불구하고 아담스는 서남 아시아의 환경과 농업이 이 지역 복합사회의 진화에 상당히 중요한 역할을 하였음을 지적하고 있다.

넓은 의미에서 볼때 메소포타미아 도시는 장기간에 걸쳐 간헐적이고 불확실하게 발생하는 식량의 부족을 극복하기 위해 출현하였다고 볼 수 있다. 도시는 잉여생산물의 부족을 보완할 수 있는 중심지이며, 도시의 방어를 확보하기 위해 성이 축조된다. 도시의 등장과 함께 주변에 소촌락이 집중되는 현상은 이제 농경지를 지역적으로 사용한다는 것을 의미하고, 원래 넓은 지역에 걸쳐 산발적으로 그들의 농경지를 이용하던 많은 사람들이 자발적으로 혹은 강제적으로 성읍화된 중심지에 모여 살게 된다는 점을 의미한다……이전 시기에 존재했던 것보다 훨씬 큰 크기의 대규모 취락이 군집된다는 사실은 문화적·조직적 성장의 새로운 기반이 만들어졌을 뿐만이 아니라, 원래 사회문화적으로 이질적이었던 다양한 집단을 통합하는 강력한 새로운 수단이 등장하였다는 사실을 의미한다.[75]

아담스는 "(정치경제적) 조직의 주요 기반은 신에 대한 종교적 의례행위, 궁극적으로 군사적 행위를 염두에 둔 정치적 이유, 혹은 이 두 가지 요소 모두에서 찾을 수 있다"라고 주장한다.[76] 고고학자 차알스 레드먼(Charles Redman)은 메소포타미아 문명의 등장원인에 대해 다음과 같이 결론짓고 있다.

도시국가란 거대한 민족국가로 통합된 일종의 한시적 정치단위라고 할 수 있다. 이러한 정치적 통일과 권력의 중앙집권화가 발생한 이유는 다양하지만, 그 중에서 경제적 요소가 상당히 중요한 역할을 했었던 것으로 보인다. 메소포타미아 저지대는 가장 중요한 원자재의 일부가 생산되지 않는 지역이다……이러한 원자재는 메소포타미아 도시화에 결정적 영향을 미친 것으로 판단된다……두 개의 주요한 동력, 즉 군국주의와 복잡한 행정제도의 발달이 메소포타미아의 이질적 도시들을 민족국가로 이끌게 된다. 이러한 두 요소가 비록 그 비율은 경우에 따라 다르겠지만 모든 메소포타미아의 도시를 통합하는 원동력이었을 것으로 판단된다.[77]

 따라서 다른 지역의 초기 문명과 마찬가지로 환경, 생태, 기술, 인구, 농경과 같은 요소가 서남 아시아 역사의 형성과 밀접한 상관관계가 있음을 알 수 있다. 그러나 이러한 상관관계가 서남 아시아 문화의 기원과 형성과정을 완벽하게 설명해 줄 수는 없다. 기본적으로 이러한 고대문명은 다양한 사상과 사회적 관계의 종합적 산물이라고 할 수 있다. 위계적으로 조직된 권력과 명예, 경제적 부를 합법화시킨 이데올로기와 이러한 위계조직을 구성하는 사회적 관계가 서남 아시아 문명이 왜 등장하고 어떻게 기능하였는지를 이해할 수 있는 열쇠이다. 고고학적 자료와 고대의 기록은 이러한 사회적 위계화의 형성과정과 사회적 관계를 이해하는데 도움을 줄 수 있으나 아직도 풀어야 할 숙제가 산적해 있다.

저 자 주

1) Xenephon, *Anabasis*.

2) Postgate, *Early Mesopotamia: Economy and Society at the Dawn of History*, p. xxi

3) 다음의 글에 논의되어 있음. Postgate, *Early Mesopotamia: Economy and Society at the Dawn of History*

4) 예를 들어 다음의 글 참조. Adams, *Land Behind Baghdad*; Adams and Nissen, *The Uruk Countryside*.

5) Mellaart, *Earliest Civilizations of the Near East*, p. 77.

6) Mellaart, *The Neolithic of the Near East*, pp. 101 – 5.

7) Redman, *The Rise of Civilization*, p. 187.

8) 이 시기의 유적에 관한 발굴보고서가 러시아 학자에 의해 이루어지고 있다.

9) Mellaart, *Earliest Civilizations of the Near East*, p. 77.

10) Hole, "Settlement and Society in the Village Period," p. 95, Childe, *New Light on the Most Ancient East*, p. 111에서 재인용.

11) Nissen, *The Early History of the Ancient Near East, 9000 – 2000 B.C.*, p.57.

12) Abu es-Soof, "Tell Es-Sawwan: Excavations of the Fourth Season (Spring 1967) Interim Report"; Yasin, "Excavation at Tell Es-Sawwan, 1969 (6th Season)."

13) Larsen and Evans, "The Holocene History of the Tigris - Euphrates - Karun Delta."

14) Nutzel, "The Climatic Changes of Mesopotamia and Bordering Areas."

15) Hole, "Environmental Instabilities and Urban Origins," p. 140.

16) Hole, Flannery, and Neely, *Prehistory and Human Ecology of the Deh Luran Plain*.

17) Nissen, *The Early History of the Ancient Near East, 9000 – 2000 B.C.*

18) Postgate, *Early Mesopotamia: Economy and Society at the Dawn of History*, p.24.

19) Wright, "The Evolution of Civilizations."

20) Cf. Hole, "Settlement and Society in the Village Period," p.95.

21) Johnson, "Nine Thousand Years of Social Change in Western Iran," p. 284.

22) Ibid., p.285.

23) Hole, "Settlement and Society in the Village Period."

24) Ibid., p.96.

25. Nissen, *The Early History of the Ancient Near East, 9000–2000 B.C.*, pp. 84 – 85.

26) Falconer and Savage, "Early Urbanization in Mosopotamia and the Southern Levant."

27) Adams, "Patterns of Urbanization in Early Southern Mesopotamia."

28) Ibid., p.739.

29) Johnson, *Local Exchange and Early State Development in Southwestern Iran* ; Johnson, "Organizational Structure Scalar Stress."

30) Nissen, *The Early History of the Ancient Near East, 9000 – 2000 B.C.*, pp. 84–85.

31) Adams, "Patterns of Urbanization in Early Southern Mosopotamia," p. 743.

32) Cribb, *Nomads in Archaeology.*

33) Johnson, *Local Exchange and Early State Development in Southwestern Iran*; Johnson, "The Changing Organization in Uruk Administration on the Susiana Plain"; Wright, "The Evolution of Civilizations"; Wright, "The Susiana Hinterlands During the Era of Primary State Formation"; Wright and Johnson, "Population, Exchange, and Early State Formation in Southwestern Iran."

34) Schmandt - Besserat, "Decipherment of the Earliest Tablets."

35) Wright and Johnson, "Population, Exchange, and Early State Formation in Southwestern Iran," pp. 273 – 74.

36) Johnson, "Nine Thousand Years of Social Change in Western Iran," p. 287.

37) Johnson, "Aspects of Regional Analysis in Archaeology"; Johnson, "Organizational Structure Scalar Stress." 위계이론에 대해서는 Pattee, *Hierarchy Theory : The Challenge of Complex System* 참조.

38) Crumley,"Three Locational Models: An Epistemological Assessment for Anthropology and Archaeology."

39) Algaze, "The Uruk Expansion"; Algaze, *The Uruk World System* 참조.

40) Pollock, "Bureaucrats and Managers, Peasants and Pastoralists, Imperialists and Traders: Research on the Uruk and Jemdet Nasr Periods in Mesopotamia," p.330.

41) White, *The Science of Culture*, p. 383.

42) 개인적 의견교환.

43) Trigger, "The Rise of Egyptian Civilization." p.64.

44) Johnson, "The Changing Organization in Uruk Administration on the Susiana Plain."

45) Adams, *The Evolution of Urban Society: Early Mosopotamia and Prehispanic Mexico, and Heartland of Cities.*

46) Frankfort, *The Birth of Civilization in the Near East*, pp. 56 – 58.

47) Nissen, *The Early History of the Ancient Near East, 9000 – 2000 B.C.*, pp. 120 – 21.

48) Oates, "The Emergence of Cities in the Near East."

49) Nissen, The Early History of the Ancient Near East, 9000 – 2000 B.C., pp. 81.

50) Dringer, *Writings.*

51) Nissen, *The Early History of the Ancient Near East, 9000– 2000 B.C.*, pp. 136.

52) Ibid., p. 40.

53) Ifrah, *From One to Zero.*

54) Ibid., p. 35.

55) Saggs, *Civilization Before Greece and Rome*.

56) Ibid., p. 225 — 27.

57) Hamblin et. al., *The First Cities*, pp. 103 — 4.

58) Wolkstein and Kramer, *Inanna, Queen of Heaven and Earth*.

59) Finegan, *Handbook of Biblical Chronology: Principles of Time Reckoning in the Ancient World and Problems of Chronology in the Bible*, pp. 42 —43 ; Spuhler," Anthropology, Evolution, and 'Scientific Creationism." p. 116에 인용.

60) Spuhler, "Anthropology, Evolution, and 'Scientific Creationism.' "

61) Taylor and Berger, "The Date of Noah's Ark."

62) 수메르 문명에 대한 전반적인 소개는 다음의 글을 참조. Postgate, *Early Mesopotamia: Economy and Society at the Dawn of History*.

63) Ibid., p. 82-83.

64) Ibid., p. 105.

65) Ibid., p. 166.

66) Adams, *Heartland of Cities*.

67) Ibid., p. 87.

68) Woolley, *Excavations at Ur*.

69) Alden, "Trade and Politics in Proto - Elamite Iran."

70) Schacht. "Early Historic Cultures."

71) Adams, "Patterns of Urbanization in Early Southern Mesopotamia."

72) Wright and Johnson, "Population, Exchange, and Early State Formation in Southwestern Iran." p. 276.

73) Weiss, "Periodization, Population, and Early State Formation in Khuzestan."

74) Adams. *Heartland of Cities*, p. 252—54.

75.) Ibid., p. 244.

76) Ibid., p. 78.

77) Redman, *The Rise of Civilization*, p.319.

9장
이집트 복합사회의 기원

나는 이집트의 고대문명에 대해 상세히 설명하고 싶다.
왜냐하면 이집트 만큼 신비롭고 경이로운
수 많은 고대유적을 가진 문명은 없기 때문이다

헤로도투스 (기원전 440년)

고 대 이집트 문명은 메소포타미아 문명보다 1, 2세기 정도 늦게 전성기에 도
달했고 메소포타미아 문명의 영향을 어느 정도 받았던 것으로 추정된다.
그러나 이집트 문화는 대부분 독자적으로 발전하였고, 세계 최고의 독창성과 우수
성을 보여주는 문명이라고 할 수 있다.

이집트 문명의 발달과정은 다른 문명의 발전과정과 유사하다. 예를 들어 이집트
의 농경문화도 수 백만년 동안 북동부 아프리카에서 나타났던 수렵채집문화를 계
승한 것이고, 뒤이어 등장한 농경문화는 수세기 후에 국가 단계의 사회로 발전하게
된다. 또한 다른 문명과 마찬가지로 이집트의 국가단계의 사회는 문자, 기념비적
건축물, 국내외의 빈번한 전쟁 등 문명의 주요 요소를 보여준다(그림 9.1). 이러한
문명발달의 유사성으로만 본다면 이집트도 수많은 선산업사회 국가중의 하나일
뿐이라고 할 수 있다.

그러나 문명간의 유사성이 보인다고 해서 각 문명에서 보이는 독특한 특징
을 간과해서는 결코 안된다. 세계 도처의 수많은 박물관에 흩어져 있는 유물에
서 입증되는 바와 같이 이집트는 독창적이고 우수한 예술, 문자, 과학을 발전
시켰다.

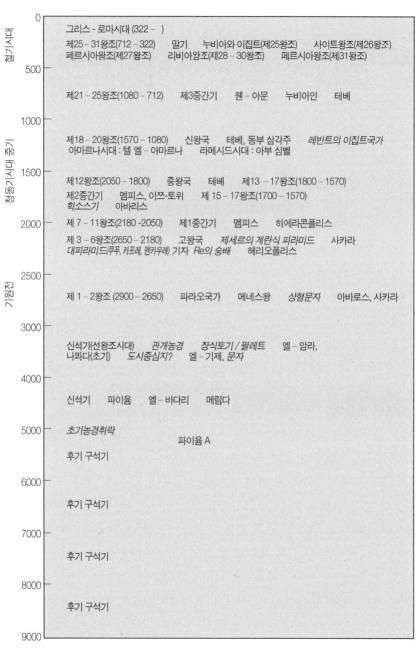

9.1 고대 이집트의 문화 연표.

　이집트 문명은 여러 가지 측면에서 고대의 다른 문명과 차이를 보인다. 예를 들어 이집트는 고대문명중에서 가장 강력한 정치적 권력의 중앙화를 이룩하지만, 동시에 도시화가 가장 미진했던 특이한 구조를 보인다. 예를 들어 중앙정부의 행정적 위계조직은 세계의 고대문명중에서 가장 복잡하고 발달된 구조를 보이고 있으나 대부분의 사람들은 자율적인 마을과 도시에 살고 있었다. 이집트 정치의 흥망성쇠는 하나의 유일한 환경적 요소(나일강의 홍수)와 밀접한 관련을 보이지만 이러한 환경적 한계내에서도 이집트의 사회정치적 진화는 다양한 이념과 사건이 어울려 복잡한 양상을 보이게 된다.

🔳 환경적 배경

> *이집트는……축복받은 땅, 즉 (나일강의) 선물이다.*
> 헤로도투스(기원전 440년)

　헤로도투스가 말한 바와 같이 이집트는 진정한 나일강의 선물이고, 반대로 나일강은 동부와 중앙 아프리카의 산맥에 내리는 집중호우의 선물이라 할 수 있다. '백나일강(White Nile)'은 중앙 아프리카의 호수지대에서 출발하여 북쪽으로 흐르다가 수단의 하르툼(Khartoum)에서 에디오피아 사바나와 고지대의 몬순성 여름강우에 의해 형성된 '청나일강(Blue Nile)'과 합류한다.[1] 나일강은 하르툼보다 조금 더 북쪽에서 또 다른 에디오피아 고지대에서 흘러오는 앗바라강(Atbara River)과 합류하게 된다.

　백나일강의 강우량은 계절이나 해에 따라 그리 유동적이지 않지만 청나일강과 앗바라강은 강 유역에서의 심한 계절성 강우로 인해 수량의 변화가 매우 유동적이다. 따라서 남부 이집트에 댐이 축조된 20세기 이전에는 동부 아프리카의 열대성 폭우로 인한 홍수가 매년 나일강을 범람시키게 되고, 결과적으로 나일강 주변에는 유기물이 풍부한 실트퇴적층이 형성된다. 강의 유역을 따라 형성된 이러한 자연 충적층은 세계에서 가장 풍부한 농경지대를 제공하게 되는데, 예를 들어 간단히 농경기술만으로도 km²당 450명을 부양할 수 있는 식량생산이 가능하다.

나일강 자체도 인간에게 풍부한 음식과 자원을 제공한다. 예를 들어 나일강의 농어는 농경사회와 파라오 시대가 열리기 전까지 고대 이집트인의 주요 식량자원이었다.[2] 이러한 물고기는 고대 나일강 유역에 풍부하게 분포하고 깊지 않은 따뜻한 물에서 쉽게 발견되기 때문에 작살로 쉽게 잡을 수 있다. 농어는 평균 79kg이 될 때까지 자라지만 최근 나세르 호수에서는 2m 이상의 길이에 175kg에 달하는 농어가 잡히기도 하였다.[3] 또한 나일강 주변에는 선사시대 사람들이 선호하였던 다양한 조류가 서식한다.

나일강 유역은 매우 생산적인 환경지대이지만 나일강을 따라 길게 늘어선 일종의 오아시스지대이기 때문에 농경이 가능한 대부분의 지역은 건조한 사막지대로 둘러싸여 있다(그림 9.2). 수단의 국경지대에서부터 카이로까지 나일강의 제방을 따라 형성된 농경지대는 대부분 폭이 불과 수 km정도 밖에 되지 않는다. 또한 사막과 농경지대와의 경계는 한쪽 발은 붉은 모래사막을 밟고 다른 한 발은 흑색의 충적토에 밟고 서 있을 정도로 극명한 대조를 이룬다. 고대 이집트인들은 작물의 재배가 가능한 이러한 검은색의 실트 퇴적층을 케메트(Kemet, 검은 땅)라 불렀다. 또한 그들은 주변의 사막을 데스브레트(Desbret, 붉은 땅)라고 불렀다. 이러한 사막과 제방에 형성된 농경지의 구별은 매우 중요한데, 왜냐하면 이집트의 자체 강우량으로서는 도저히 농사를 지을 수 없기 때문이다. 나일강은 이집트의 거의 모든 지역을 통과하는 하나의 대하천이지만 카이로 북부에서 여러 개의 강줄기로 나누어지고 결과적으로 비옥한 삼각주를 형성하게 된다. 고대 이집트 문명의 등장은 남부 이집트의 히에라콘폴리스(Hierakonpolis)에서 이루어지지만 이집트 역사의 후반부에 이르면 삼각주는 술, 밀, 과일, 정원식물, 많은 수의 소를 사육할 수 있는 농경의 핵심지대로 자리잡게 된다. 이집트의 정치적·문화적 관심이 시리아와 팔레스타인 지역으로 진출할 당시에도 삼각주 지역은 군대를 양성할 수 있는 기반이 되고, 국제적인 해상과 육상의 교통요지가 된다.

고대 이집트인들은 그들의 땅이 두 개의 상이한 지리적 단위로 구성되어 있다고 생각하였다. 즉 그들은 누비아의 경계로부터 삼각주의 경계까지를 타 쉐마(ta-shema, 갈대의 땅')라 부르고 북쪽의 삼각주 지역을 타 메부(ta-mebu, '파피루스

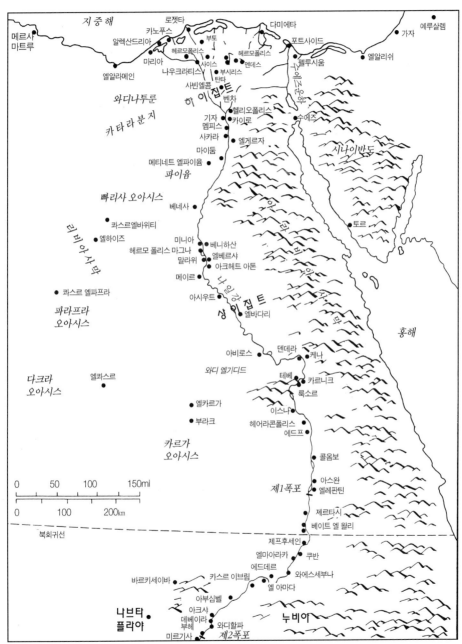

지중해

메르사
마트루

로젯타

카노푸스

다미에타

예루살렘

가자

알렉산드리아

부토

포트사이드

헤르모폴리스

헤르모폴리스

엘알리쉬

마리아

사이스

멘데스

펠루시움

엘알라메인

나우크라티스

부시리스

탄타

사빈엘콤

벤차

헬리오폴리스

수에즈

시나이반도

기자

카이로

멤피스

사카라

엘게르자

마이둠

메티네트 엘파이윰

파이윰

빠리사 오아시스

베네사

토르

콰스르엘바위티

엘하이즈

미니아

베니하산

헤르모 폴리스 마그나

엘베르샤

말라위

아크헤트 아톤

메이르

콰스르 엘파프라

아시우트

엘바다리

파라프라
오아시스

홍해

다크라
오아시스

엘콰스르

아비로스

덴데라

케나

와디 엘기디드

테베

카르니크

룩소르

엘카르가

이스나

부라크

헤어라콘폴리스

에드푸

카르가
오아시스

콜옴보

아스완

엘레판틴

0   50   100   150mi

제1폭포

0   100   200km

제르타시

베이트 엘 왈리

북회귀선

제프후세인

엘마아라카

쿠반

에드데르

와에스세부나

바르키세이바

카스르 이브림

엘 아마다

아부심벨

나브타
플라아

아크샤

데베이라

부헨

와디할파

미르기사

제2폭포

누비아

9.2 이집트 중요 유적의 분포. 이집트의 사막과 변방의 산맥은 오랫동안 외부의 영향과 침입으로부터
이집트를 보호하는 기능을 하였지만 기원전 3000년경에 이르면 이집트의 교역과 군사적 접촉은
멀리 팔레스타인, 누비아, 지중해 연안까지 미치게 된다.

의 땅')이라 불렀다. 오늘날 고고학자들은 전자의 북쪽 지역을 '상이집트(Upper Egypt)', 후자의 남쪽 지역을 '하이십트(Lower Egypt)'로 구별하여 부르고 있다. 여기서의 상과 하는 나일강의 상류와 하류를 의미한다.

이집트인들은 길게 형성된 나일강 덕분에 쾌적한 선박여행을 통해 일주일 정도면 그들의 국토를 종단할 수 있었고, 결과적으로 사람과 물자, 정보를 쉽고 안전하게 이동시킬 수 있었다. 고대 이집트인들은 아시아지역에서 축력이 핵심적 기술로 사용된 수세기 후까지도 축력―이동수단으로서나 토기제작, 혹은 기타 다른 용도에도―을 사용하지 않았다. 이러한 이유는 아마도 나일강을 통한 수로의 발달과 나일강을 따라 전체 지역간의 생태환경이 비슷하여 생산물을 이동해야 할 필요가 그리 크지 않았기 때문일 것으로 추정된다. 이집트 전체 지역의 생태학적 유사성과 운송수단으로서의 나일강의 효율성은 이집트에서 고도로 중앙화된 정치권력이 등장할 수 있었던 중요한 요인이 되었을 것이다. 따라서 다섯 개의 거대한 폭포가 발달하여 항해가 어려운 나일강의 남쪽에서 이집트 중앙정부의 힘이 종종 미치지 못한 점도 결코 우연이 아니다.

나일강의 평균 수량은 해마다 상당히 유동적이지만―예를 들어 기원전 2250년과 1950년 사이의 일부 해에는 수량이 현저하게 낮았다―기원전 3800년 이후 나일강의 충적평야는 오늘날과 거의 비슷한 상태를 유지해 오고 있다. 그러나 고대의 지중해 해안선은 오늘날보다 훨씬 내륙쪽에 있었을 것으로 판단되는데(그림 9.2), 왜냐하면 오늘날의 해안선과 삼각주는 상류로부터 계속 흘러온 실트 퇴적물이 바다쪽으로 쌓여 확대된 결과이기 때문이다. 나일강유역에서 댐과 배양수로의 건설이 중요해지게 된 것은 거의 최근의 일이다. 나일강은 대부분의 시기동안 몇 개의 마을 사람들이 모이면 성공적으로 관리할 수 있는 조그만 충적분지들을 형성해 왔다.[4] 고대인들은 이러한 충적분지에서 단지 봄철의 홍수가 빠져 풍부한 퇴적물이 쌓이기만을 기다렸을 것이다. 이러한 퇴적물위에 씨앗을 뿌리고 돼지나 양을 풀어 씨앗이 땅속에 묻히도록 하고, 필요할 경우 간단히 잡초를 뽑아주고 호미질만 해주면 풍성한 수확기가 그들을 기다렸을 것이다. 이집트인들은 수확기에 새나 쥐와 같은 동물로부터 수확물의 해를 입을 수도 있지만 이 또한 자신들이 사육하는 고양이들이 해결해준다. 결과적으로 고대 이집트인들은 별다른 노동력의 투자를 하지 않고도 작물을 풍성하게 수확할 수 있는 환경을 가지고 있었다.

홍수는 누비아 경계지대의 남부 이집트에서 5월말부터 발생하게 되는데 이러한 홍수의 영향으로 나일강의 수위는 9월 초순까지 계속 올라가다가 이후 점차 낮아져 다음해 5월경에 최저에 이른다. 이집트의 역년(曆年)은 이러한 홍수주기에 근거하여 1년을 각 4달로 구성된 3분기로 나누고 있다. 예를 들어 7월부터 10월까지의 홍수기는 홍수라는 뜻을 의미하는 악베트(*akbet*)로 불린다. 대부분의 작물은 홍수가 빠지고 농경지가 드러난다는 의미의 페레트(*peret*)라 불리는 11월부터 2월까지 재배된다. 수확기인 쉐무(*Shemu*)는 3월부터 6월까지이다.

고대의 기준으로 볼 때 이집트는 상당히 부유한 국가였다. 시나이 사막을 떠돌아 다녔던 유대인들은 이집트에서 자신들이 누렸던 풍요를 다음과 같이 기술하고 있다 :

> (그리고) 이스라엘의 어린이들이……다시 흐느끼며 말했다. 누가 우리에게 삶의 양식을 줄 건가요? 우리는 이집트에서 먹었던 물고기, 오이, 멜론, 부추, 양파, 마늘을 잊을 수가 없습니다. 5)

그러나 봄철의 홍수가 너무 자주 발생하고 심할 경우 농경지가 오랫동안 물에 잠기기 때문에 무더운 여름철이 오기전에 작물의 파종 시기를 놓칠 수가 있다. 그렇다고 홍수가 너무 적게 발생하면 작물의 수확량을 높일 수 있는 유기퇴적물과 물이 부족하게 된다. 고대 이집트인들은 강으로부터 농경지에 물을 퍼 올리기 위해 삼각기를 사용하였다. 홍수가 적게 내리는 해에는 댐에 물을 막아 나중에 이용하는 경우도 있다. 그러나 전반적으로 ─ 상당한 식량저장능력과 함께 ─ 나일 계곡은 높은 인구밀도의 사람을 부양할 수 있는 풍요의 땅이라고 할 수 있다.

🔲 이집트의 초기농경

나일 계곡과 델타 삼각주는 세계에서 가장 풍성한 농경지대중의 하나이기 때문에 농경생활방식은 이집트의 오랜 생계방식으로 자리잡게 된다. 그러나 농경이 이집트인의 생계방식으로 자리잡은 것은 상대적으로 늦다고 할 수 있다. 농경이 시작되기 전의 수 천년 동안 이집트인들은 수렵과 채집, 어로활동을 통해 이 지역의 풍성한 식량자원을 이용해 왔다. 폭이 협소하고 긴 나일강의 충적평야가 지구상에서 가장 건조한 사막중의 하나인 사하라 사막을 지나기 때문에 오늘날의 관점에서 보면 수렵과 채집생활로는 삶을 영위하기가 어렵다고 생각할 것이다. 그러나 지금으로부터 10000년 이전의 수 천년동안의 풍부한 강우량은 오늘날의 이 지역을 생계자원이 풍부한 거대한 환경지대로 만드는 역할을 하였다. 다시 말해 사막화가 이루어지기 전의 갱신세 동안에 나일강 유역은 물고기와 조류로 가득 찼으며, 나일강변의 사막지대는 당시에 야생 소, 가젤 영양 등 수 많은 대형 야생동물이 서식할 수 있는 초목지대였다. 따라서 당시의 이집트인들은 이러한 풍부한 동물을 사냥하고 식물을 채집할 수 있었을 것이다.

수 천년에 걸친 수렵채집경제는 약 10000년전 경부터 자취를 감추기 시작한다. 온대지방의 거대한 빙하가 사라지게 됨에 따라 아프리카의 강우 패턴이 급격하게 바뀌고 북부 아프리카 대부분의 초목지대가 사막화된다. 이러한 사막의 확대와 함께 이집트의 거의 모든 인간 생활은 나일강 유역과 삼각주 지역으로 집중된다. 이집트의 고대인들은 10,000년경 ─아마 이보다 일찍부터─갱신세가 끝남에 따라 식물재배와 동물의 사육을 시작했던 것으로 보인다. 그러나 기원전 7500년경에 이르러서야 이들은 완전한 형태의 정착농경생활을 하게 된다. 또한 훗날 파라오시대 이집트의 기본 경제라 할 수 있는 에머밀과 보리가 재배되고 양, 염소, 소, 돼지 등이 사육되기 시작한다.

이집트에서 수렵채집사회에서 농경사회의 전환은 어떻게 발생하였을까? 이 질문에 대한 이집트의 자료는 매우 흥미로운 사실을 제공하는데, 왜냐하면 이집트 자료는 야생종을 재배종으로 전환시키는 과정과 서남 아시아의 재배종을 채택하는 과정을 동시에 보여주기 때문이다.

기원전 8,000년경 마지막 빙하시대의 종말과 함께 나일 계곡과 인접지역은 오늘날 우리가 보는 사막형태와 기후를 띠게 된다. 기원전 8,000년전 이후의 생활방식은 현재까지 파이윰(Fayyum)과 인근 유적의 발굴자료로 볼때 사막의 경계지대에 서식하는 야생염소, 가젤 영양, 조류, 기타 다른 동물들을 계절적으로 사냥하고 나일강변의 물고기, 조류, 기타 식물을 식량으로 이용하는 형태였을 것으로 보인다.

일부 학자는 갱신세 말기의 콤 옴보(Kom Ombo)와 와디 쿠바니이야(Wadi Kubbaniyya)와 같은 동북부 아프리카의 유적에서 절구, 낫과 같은 도구가 발견되는 점에 착안하여 당시에 농경을 바탕으로 한 정착취락생활이 존재하였다고 주장하기도 한다. 그러나 당시의 생활방식은 일련의 소규모 집단이 식량을 찾아 이곳저곳을 이동하는 수렵채취경제였을 것으로 판단된다.[6] 10000년전 이후 어느 시점부터 고대이집트인들은 지역내에 서식하는 일부 식물들을 순화하기 시작한 것으로 보인다.[7] 또한 이 시기에 소를 사육하기 시작하고 이보다 약간 늦은 시기부터는 몽구스, 가젤 영양, 오릭스, 아이벡스, 하이에나와 같은 동물의 사육을 시도했던 것으로 보인다. 그러나 후자에 언급된 동물 중 어느 동물도 이집트인에 의해 완벽하게 사육되거나 음식물로서 광범위하게 이용되지는 않았다.

생계유형, 취락, 기술이라는 측면에서 갱신세 말기 동북부 아프리카의 양상과 본질적으로 다른 가장 이른 시기의 고고학적 증거는 남서 이집트의 비르 키세이바(Bir Kiseiba)와 나브타(Nabta)유적에서 나타난다(그림 9.2). 이 유적의 고고학자료에 기초하여 웬돌프, 쉴드, 크로스(Wendelf, Schild, and Close)는 "소 사육과 토기의 등장에 관한 한 이 지역은 세계 어느 지역에 비해서도 결코 뒤지지 않는다"라고 주장하고 있다[8]. 더구나 이들은 기원전 6200년부터 기원전 5900년 사이에 살았던 사람들의 생활상을 다음과 같이 기술하고 있다 :

집들과 구덩이들의 존재는 장기간의 혹은 최소한 반복되는 취락의 존재를 가리킨다. 이들 취락은 거의 1년 내내 점유되었던 것으로 보인다. 또한 나일강은 더 이상 이집트의 취락체계를 결정하는 중요 요소가 아니며, 이는 곧 상이한 생계유형이 사막지대에서 등장하였다는 점을 시사한다. 소규모의 가족단위나 작업단위로 이루어졌던 예전의 마을구성에 비해 이제 마을은 상당히 큰 규모로 조직되어 큰 마을은 최대 14 가족단위로 구성되었던 것으로 보인다……(그리고) 이러한 공동체들의 배치와 위치를 결정하는 상당한 정도의 사회적 통제가 존재하였던 것으로 판단된다.[9]

우리는 당시의 이집트인들이 정확히 어떤 음식을 먹고 살았는지 알 수 없다. 수많은 갈돌이 유적에서 발견되었지만 거의 대부분의 식물유체는 썩어서 없어지기 때문에 고고학적으로 발견되지 않는다.[10] 또한 소를 목축하는 사람들이 있었을 것이라고 추정은 되지만[11] 이를 단정할 만한 증거는 미약하다.[12]

후대의 화려한 이집트 파라오 문명에 비해 웬돌프, 쉴드, 크로스가 서술한 이러한 소촌락의 생활상은 아주 미미한 것으로 비칠지도 모르겠다. 그러나 이들 자료는 갱신세 말기 전 세계를 휩쓸었던 엄청난 변화를 다시 한번 증명하고 있다. 6장에서 살펴본 바와 같이 그 이유를 정확히 알 수는 없지만 10000년전 이후 전 세계의 고대인들은 식물, 동물과의 상호접촉을 통해 작물의 순화와 농경을 시작하게 되고, 연중 거의 대부분을 거대한 취락에서 생활하게 된다. 세계의 모든 집단들이 이러한 생활방식으로 적응을 한 것은 아니고 실제로 전통적인 수렵과 채취방식은 세계 대부분의 지역에서 아직도 유지되고 있다. 그러나 이집트뿐만이 아니라 아나톨리아 고원, 메조아메리카, 중국 등 많은 지역에서 이러한 변동이 어느 한 순간에 급격하게 발생한다.

또한 이집트의 초기 취락들은 문화진화과정의 본질을 보여준다. 즉 문화변동과 변혁이란 문화의 정체, 실패, 멸망이 불규칙하게 발생하는 과정이고 가끔씩 발생하는 미묘한 변화가 장기적인 문화변동을 야기하는 요인이 될 수 있다. 예를 들어 건조한 사막지대에 거주하던 이집트의 초기 촌락사회가 곧바로 완전한 정착농경사회로 발전한 것으로는 보이지 않는다. 펙리 하산(Fakri Hassan)과 같은 고고학자들은 인간이 점차 사막화되는 지역을 포기하고 풍요로운 나일계곡으로 이주하게 되는 궁극적인 요인은 기후변동이라고 주장한다.[13] 만약 당시에 인간을 사막으로부터 벗어나게 만든 기후변동이 없었다면 아마도 이들은 지역내에 서식하는 초목과 소, 기타 자원을 이용한 독특한 농경공동체를 형성하였을 가능성도 있다. 그러나 이것은 어디까지나 추정일 뿐이다. 문화진화의 과정은 예측이 어렵고, 우리는 단지 이미 형성된 문화진화의 정형성만을 알 수 있을 뿐이다.

기원전 6000년과 5000년 사이에 순화된 보리와 밀, 양, 염소, 소와 같은 동물이 이집트 내로 유입되었고, 이후 이러한 식물과 동물은 이집트 문명진화의 토대가 된다. 이들 순화종이 이 시기에 이르러 처음으로 이집트로 유입된 것인지, 아니면 이 시기에 이르러 최초로 경작되었는지 정확히 알 수 없다. 또한 이들 식량자원의 궁극적인 기원지도 정확히 알려지지 않고 있다. 그럼에도 불구하고 이들 순화종의 보리, 밀, 양, 염소의 원산지로써 가장 가능성이 높은 지역은 시리아와 팔레스타인, 기타 다른 서남 아시아 지역일 것으로 판단된다. 왜냐하면 서남 아시아에서는 이러한 식물과 동물이 이집트보다 2천년 가량 앞선 시기부터 이미 농경작물과 사육동물로 활발히 이용되고 있었기 때문이다.

이러한 초기 농경에 관한 가장 체계적인 자료는 파이윰 오아시스로부터 얻을 수 있다. 파이윰유적은 1930년대에 영국 고고학자 헤르뜨르레 까또-톰센(Gertrude Caton-Thomsen)에 의해 최초로 발굴되었고, 1970년대에는 프레드 웬돌프와 론울드 쉴드(Fred Wendolf and Ronmauld Schild)에 의해 조사되었으며 이후에도 많은 학자들에 의해 계속해서 조사되었다.[14]

일반적으로 농경이란 관성이 높은 행위이기 때문에 일단 거대한 갈돌, 대형 사일로(silo)*, 낫, 기타 다른 농경도구들이 제작되고 사용되면 이동생활보다는 정착생활을 선호하게 된다. 또한 수확기가 짧은 작물을 재배하거나 조류나 야생 짐승들로부터 작물의 피해가 심한 경우도 이동생활을 어렵게 하는 요인이 된다.

따라서 파이윰유적에서 영구 주거시설이나 장기적 점유흔적을 보이는 유구가 발견되지 않는 점은 이해하기 어렵다(그림 9.2). 그럼에도 불구하고 캐이튼 톰센은 기원전 5000년기로 편년되는 파이윰유적에서 보리와 밀이 가득 찬 사일로와 수확용 낫들을 발견하였다. 이러한 상황으로 볼 때 이 유적의 점유자들은 새로운 생계유형인 농경과 전통적인 수렵채취경제를 혼합한 경제생활을 했던 것으로 보인다. 이집트에서 농경의 확산이 느린 또 다른 이유로는 나일강 유역의 풍부한 자연자원을 들 수 있을 것이다. 그러나 기원전 4000년경에 이르면 농경은 이집트의 대부분 지역으로 확산되고, 갱신세 말기에 농경이 거의 보이지 않던 남부 이집트 지역도 이 시기에 이르면 농경이 본격화된다. 물론 아직도 주요 식량을 물고기와 야생식물에 의존하는 지역도 일부 존재하지만 이제 대부분의 이집트인들은 근동 지방 문화진화의 밑거름이 되는 보리와 밀, 양, 염소, 돼지, 소에 그들의 생계를 의존하게 된다.

＊사일로 : silo, 곡식과 마초 등을 저장하는 탑 모양의 건축물.

선왕조시대(기원전 4000년~기원전 3000년)

이집트 문명사에서 가장 인상적이고 경이로운 현상중의 하나는 기능적 유사성과 정치적 자율성을 유지했던 수많은 촌락이 어느 한 순간에 위계적 국가단계의 사회로 발전했다는 점일 것이다. 이러한 획기적 변동은 기원전 4000년경에 남부 이집트에서 발생하여 기원전 3000년경에 이르면 대부분의 북부 이집트로 확산된다.

기원전 3100년경의 이집트 고대국가의 등장은 다음과 같은 몇 가지 사실에 근거하여 추정해볼 수 있다. 첫째, 이 시기에 이르면 이집트 전역에 이집트 양식의 토기와 건축양식이 전파되는데 이는 이 단계에 이집트 전 지역의 사람들이 서로 밀접한 접촉을 하기 시작하였다는 점을 시사한다. 둘째, 이 시기에는 거대한 고분과 기념비적 건축물을 축조하기 위해 엄청난 양의 노동력과 자원의 투자가 이루어지는데 이는 당시 사회에 경제적 부와 권력의 차이가 급증하고 있음을 가리킨다. 셋째, 나메르 팔레트(Narmer Palette)와 같은 석판(그림 9.3)은 이 시기에 이르러 강력한 절대적 권한을 가진 전제군주가 출현했음을 보여주고 있다.

이집트 문명은 남부의 상이집트에서 출발하고 있다. 1894년에 플린더스 페트리(Sir Flinders Petrie)경은 룩서(Luxor)의 북쪽에 위치한 나콰다(Naqada)유적에서 2,000여기가 넘는 무덤을 발굴하여 선왕조시대(Predynastic Period)의 문화발달과정을 체계적으로 보여 주었다. 이들 무덤에서는 양식적으로 상이한 수많은 토기들과 함께 점판암제 팔레트, 정교하게 제작된 석기, 뼈와 기타 다양한 재료로 만들어진 다양한 보석, 수많은 구슬, 토우 등이 발견되었다. 이러한 무덤과 같은 다양한 선왕조시대의 유적은 고대 왕국으로 전환하는 모습을 잘 보여주고 있는데, 고대 왕국으로의 전환은 천년후에 작성된 문자기록을 통해서도 잘 알 수 있다.[15]

이집트 선왕조 시대의 취락중에서 가장 규모가 크고 복잡한 양상을 보여주는 유적은 히에라콘폴리스(Hierakonpolis)이다. '매의 도시'라는 의미의 히에라콘폴리스유적에서는 거의 1세기 동안 발굴이 진행되어 오고 있다(지금은 고인이 된 마이클 호프만〈Michael Hoffman〉의 책임하에 최근까지도 발굴이 이루어졌다).[16]

히에란콘폴리스의 선왕조시대 사람들은 진흙벽돌과 이엉으로 만든 반지하식의 방형가옥에 거주하였다. 또한 이들은 목재를 이용하여 축조되었다고 추정되는 신

9.3 얇은 석판에 이집트의 정치적 통일을 상징하는 모습을 표현한 나메르 팔레트. 나메르 왕은 석판의 여러 지점에서 각각 다른 왕관을 쓰고 있는데, 이것은 매의 머리를 한 호루스(Horus) 신의 가호아래 나메르 왕이 나일강 계곡과 델타 삼각주 지역을 통일하는 모습을 상징적으로 표현한 것으로 추정된다. 전투장면과 목을 자르는 모습은 군사적 정복을 통한 이집트의 통일을 시사하고 있다.

전에서 예배를 드렸고 여러 종류의 아름다운 토기를 지역적으로 생산하여 유통시켰다. 이들 고대인들은 오늘날 이집트에서 보이는 각종 동물을 사육하고 사냥하였으며, 물고기를 잡고 식물을 재배하였다. 돌과 진흙벽돌로 만든 무덤은 크기와 부장품으로 볼 때, 사회적 지위와 부에 있어서 개인적으로 차이가 있었음을 보여주고 있다. 나일 계곡과 삼각주 지역을 최초의 민족국가로 통일하였음을 상징하는 나메르 팔레트(그림 9.3)는 히에라콘폴리스에서 발견되었고, 따라서 히에라콘폴리스가 이집트 통일왕국의 초기 수도였다는 점을 알 수 있다. 그러나 나메르 팔레트가 이집트 최초의 통일국가를 상징하는 유물이라는 점에 의문을 표시하는 학자들도 상당 수 존재한다.[17]

펙키 하산이 발굴한 나콰다유적(그림 9.2)은 기원전 3500년경에 이르면 나콰다가 생계의 대부분을 농경에 의존하는 거대한 취락이었다는 사실을 보여주고 있다. 따라서 나콰다와 히에라콘폴리스는 이 시기의 남부 이집트에서 가장 큰 규모의 취락이었으며, 이들 취락 주위로 수 많은 소규모의 촌락들이 위치하고 있었다.

이집트의 북쪽에서도 기원전 3650년경에 이르면 오늘날 카이로의 남쪽 바로 밑에 위치한 마아디(Ma'adi)와 엘 오마리(El-Omari)처럼 규모가 상당히 크고, 상대적으로 부유한 공동체들이 등장하기 시작한다. 마아디에서 출토된 석기, 토기, 기타 다른 유물로 볼 때 마아디의 고대인들은 멀리 팔레스타인과 교역을 하였으며, 마아디는 레반트, 나일계곡, 심지어는 사막과 오아시스 지대를 연결하는 거대한 교역망의 하나였다는 사실을 알 수 있다. 또한 마아디유적에서 발견된 당나귀 뼈는 이 지역의 사람들이 당나귀를 이용하여 사막을 가로질러 팔레스타인과 교역을 하였다는 점과 나일강 유역에서 선박을 이용한 교역을 하였다는 점을 시사한다. 엘 오마리에서 발견된 무덤은 빈부의 격차와 정치적 권력의 차이를 보여주는데 일부 무덤은 짚으로 만든 시상대가 설치되어 있고 많은 양의 토기, 석기, 기타 유물 등이 발견되었다.

이 외에도 기원전 3000년 이전에 해당되는 선왕조시대의 무덤들이 이집트의 북부지역에서 발견되었다. 민쉐트 아부 오마르(Minshat Abu Omar)에서는 수 백기의 무덤들이 발견되었는데, 이들 무덤에서는 독특한 양식의 토기, 설화석고(雪花石膏) 항아리, 점판암제 석판과 같은 다양한 유물이 발견되었다. 또한 최근에 발굴된 북서부 삼각주의 부토(Buto)유적에서는 기원전 3200년경 우르크 국가의 사원을 장식하는데 주로 사용되었던 것과 흡사한 토제 쐐기들이 발견되었다. 부토는 막대한 양의 목재, 기름, 술, 광물, 토기와 같은 상품들이 거래되는 가장 중요한 교역항구 중의 하나였을 가능성이 높아 보인다.[18]

📖 고기, 고왕국, 제1중간기(기원전 3000년~기원전 2040년)

선왕조시대의 활발한 상업적 교류에도 불구하고 북부와 남부 이집트의 토기는 기원전 3100년까지도 상당한 양식상의 차이를 지니고 있었다. 앞 장에서 기술한 서남 아시아 문명이나 이후에 논의될 다른 문명에서와 마찬가지로 사회가 문명단계로 진화함에 따라 나타나는 공통적인 현상은 토기의 양식적 통일이 전 지역으로 확대된다는 점이다. 실제로 세계 대부분의 문명에서 이러한 통일된 토기양식의 전 국적 확산은 취락유형의 위계화, 기념비적 건축물의 등장, 농경의 집중화, 매장의 례의 확산 등 문명을 구성하는 주요 요소의 등장과 정확하게 일치한다. 따라서 우 리는 이러한 문명 발달과정의 특징을 이집트에서 예상할 수 있고 실제로 그러한 패 턴이 이집트에서도 보여진다. 예를 들어 이 시기에 이르면 마아디, 부토와 같은 북 부 삼각주의 유적에서 발견되었던 독특한 토기 양식[19]은 남부 이집트의 토기양식 에 의해 급격하게 대체된다.

만약 이러한 변화가 이집트의 통일을 반영하는 것이라면 과연 그러한 통일은 어 떠한 과정을 통해 이루어졌을까? 그 동안의 연구성과에 의하면 상이집트의 하위 관리였던 메네스(Menes, 혹은 나메르)가 강력한 권력을 쟁취하여 기원전 3100년경 하이집트를 정복한 것으로 보인다. 궁극적으로 메네스와 그의 후계자들은 나일강 의 전 지역에 대한 신권 정치체제를 확립하게 된다. 기록에 의하면 메네스는 상하 이집트를 전략적으로 통합하기 위해 상하 이집트의 경계지대인 멤피스(Memphis, 오늘날의 카이로 근처에 위치)에 수도를 건설하였다고 한다. 메네스 이후의 왕들 도 강력한 군주였지만 기원전 2900년경에는 왕권을 둘러싼 내부의 권력투쟁이 있 었다는 증거가 존재한다. 그러나 이후에는 왕권의 안정이 이루어졌고 대형의 건축 물이 지속적으로 축조된다. 무덤과 기타 고고학적 증거로 볼 때 초기 고왕국(Old Kingdom, 기원전 2700년)의 이집트는 기념비적 건축물, 다원적 경제체제, 중앙집 권적 관료체제를 지닌 매우 발달된 민족국가였다는 점을 알 수 있다.

펙키 하산은 선왕조시대 복합사회의 진화가 기후변동, 전쟁, 효율적 농경의 증 가, 정치경제적 기구의 다양한 요소가 장기간에 걸쳐 복합적으로 작용한 결과라는 점을 주장하고 있다. 그는 이집트 복합사회의 진화를 단일 생태학적 모델로는 설명 할 수 없고, 또한 이집트가 단 한번의 전쟁이나 한 사람의 통치자에 의해 통일되지 않았다는 점을 강조하고 있다.[20]

선왕조시대는 무역의 패턴, 직업의 전문화, 취락 패턴 등 모든 측면에서 이집트 최초의 복합사회라고 할 수 있다. 그러나 상하 이집트가 정치적으로 통일되고 이집 트만의 독특한 문자, 건축, 행정, 이념 등이 등장하는 이집트 최대의 문명이 형성된 진정한 시기는 고기(Archaic Period))와 고왕국시기라고 할 수 있다.

  기원전 2700년경에 이르면 광범위한 수준의 경제적 교역이 이루어지는데, 멀리 시리아까지 수공업제품과 식량 등이 교역되고, 이집드 국내에서도 교역이 활성화된다. 그러나 고왕국기의 대부분의 사람들은 아직도 자급자족적인 촌락에 거주한다. 고왕국기 당시 대규모의 도시는 멤피스를 제외하고는 거의 존재하지 않았던 것으로 판단된다.[21] 중부 나일계곡의 대부분 지역에는 소규모의 촌락이 산발적으로 분포하고 있었고, 인구성장은 상당히 느렸으며 농경지나 관개시설을 둘러싼 경쟁이 거의 없었다(이와 반대로 이 시기에 삼각주 지역에서는 수많은 새로운 촌락이 등장하였다). 고왕국기의 인구성장은 상당히 느린 것으로 판단되지만(부쩌(Butzer)의 계산에 의하면 연간 1000명당 0.8%의 증가율을 보여준다), 고왕국의 말기에 이르면 이집트인들은 가용자원에 대해 상당한 압력을 느낀 것으로 판단된다. 왜냐하면 고왕국말기에 이르게 되면 충적평야지대의 대형 사냥감이 거의 완전히 자취를 감추고 유목생활이 사라지며 농경에 대한 의존도가 급증하기 때문이다.[22]

  기원전 2500년기는 이집트 문명사상 일대 전환기이다. 이 시기에 이르러 수많은 피라미드와 궁궐이 축조되고 중앙집권적 관료제도가 완성되고 수공업과 예술행위의 전성기를 맞게 된다(그림 9.4, 9.5). 이 시기의 문자기록은 당시의 정치와 사회조직을 상세하게 기록하고 있으며,[23] 경제적 교역은 전적으로 왕의 통제하에 이루어지게 된다. 이집트에서는 고왕국이 끝난 수세기까지도 – 자본주의적 의미에서의 – '상인'은 존재하지 않았다. 전문장인, 필경사, 농부 등 모든 사회구성원은 직업의 차이를 불문하고 왕을 위해 봉사할 의무를 지니며 군사적 복무를 해야한다. 이러한 이집트의 경제조직은 준자본주의적이고 고도의 직업적 전문화를 발달시킨 훗날의 메소포타미아 경제체제와 분명한 대조를 보인다.

  고왕국기의 수도를 제외한 주변의 촌락

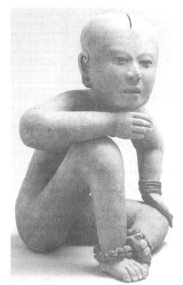

9.4 미적 표현의 절정을 보여주는 고대 이집트의 예술.

9.5 파이윰의 무덤에서 발견된 이와 같은 생생한 모습의 초상마스크는 최절정기의 예술행위를 반영하고 있다.

생활이 어떠했는가는 상대적으로 잘 알려져 있지 않다. 최근의 발굴과 지표조사의 결과는 고왕국기 삼각주지역의 점유밀도가 상당히 높았다는 사실을 보여주고 있다.[24] 삼각주 지역의 취락 구성원은 중앙정부에 세금을 납부하고 이러한 세금이 기자와 다른 지역의 피라미드 축조에 사용되었을 것으로 보인다. 파라오 와카레키티 III세(Wahkare' Khety, 기원전 2070년~기원전 2040년)는 그의 아들 메리카레(Merykare)에게 정치적 분열과 비효율적 조직의 문제점을 극복하기 위한 방안으로 대규모 취락의 건설을 지시하게 된다. 특히 정치적 분규로 인해 몇 개의 소규모 공동체와 도시로 분열되었던 동부 삼각주 지역에 도시의 건설을 촉구한다.[25] 고왕국기의 이집트는 서남 아시아 문화와 복잡한 경제적·정치적 관계를 가졌고, 대부분의 해로와 육로는 삼각주를 통과하기 때문에 삼각주의 중요성은 계속 커지게 된다. 실제로 기원전 2400년경 대부분의 이집트 인구는 사카라(Saqqara) 북쪽에 집중되어 있었고, 중앙정부는 멤피스에 위치하고 있었던 것으로 보인다. 그러나 히에라콘폴리스와 기타 남부 지역의 도시도 고왕국기에 매우 중요한 역할을 하게 된다. 또한 아스완 근처의 엘레판타인(Elephantine) 요새는 남쪽의 적을 방어할 수 있는 전진기지로 기능하였다.

고왕국 이집트는 메소포타미아나 다른 초기 문명들과 여러 가지 점에서 차이를 보여준다. 예를 들어 이집트의 고왕국은 대부분의 시기동안 상비군이 존재하지 않았고 경제적으로 중요한 노예도 존재하지 않았다. 메소포타미아와는 대조적으로 이집트의 경제체제는 – 행정적으로는 잘 통제되었지만 – 단순한 재분배경제로서 족장단계의 경제체제와 유사한 측면을 보여준다.

피라미드

기원전 2630년부터 기원전 2611년까지 이집트를 통치하였던 제세르(Djoser)는 제3왕조의 2대 파라오였다. 제세르는 위대한 건축가 임호테프(Imhotep)의 도움을 받아 사카라에 거대한 계단식 피라미드를 축조하여 자신의 무덤을 만들 정도로 뛰어난 통치력과 경제력을 구비하였다. 무덤의 묘실은 피라미드 내부에 축조되었고 6개의 계단이 설치된 피라미드의 높이는 60m에 달한다. 또한 피라미드는 거대한 건물들과 폭 9m, 전체길이 1.6km 이상의 석벽으로 둘러싸여 있다. 사카라의 피라미드는 심한 도굴과 훼손으로 인해 원래의 아름다운 모습을 많이 잃어 버린 상태이지만 세계 최초의 초대형 석회암 기념물이라는 점에서 역사상 중요한 의미를 가진다. 4500년 전에 축조된 이러한 백색의 석회암제 피라미드는 암청색의 하늘, 초록색의 야자나무, 끝없이 펼쳐진 사막과 어울려 장관을 이루었을 것이다.

파라오 제세르의 뒤를 이어 제 4왕조(기원전 2575년~기원전 2465년)의 파라오들은 - 고왕국의 시작 - 계속하여 다양한 피라미드를 건설하였다. 가장 '완벽한' 피라미드 걸작품은 쿠푸(Khufu)왕에 의해 기자(Giza)에 건설된다(그림 9.6). 제 4왕조의 피라미드가 가장 유명한 이유는 단지 규모의 광대함뿐만이 아니라 과학적인 설계와 공정, 그리고 뛰어난 조각기술 때문이다.

그런데 피라미드는 왜, 어떻게 축조되었을까? 그 동안 수많은 학자에 의해 연구되고 소설가에 의해 기술되었지만 실제로 우리가 피라미드에 대해 아는 것은 극히 일부에 지나지 않는다. 피라미드의 축조와 관련된 당시인의 사상체계와 이념, 동기는 수많은 세월의 과거 속에 묻혀 있고, 피라미드가 건설될 당시의 그 어떤 문자기록도 피라미드가 어떻게, 왜 건설되었는지를 설명하고 있지 않다.

오늘날의 카이로 근처에는 웅장한 피라미드가 도처에 깔려 있어 카이로 도시 자체가 초라해 보일 정도다. 피라미드는 모두 나일강의 서쪽 제방에 위치하고 있는데 이러한 배치는 당시의 사후세계와 해가 지는 방향을 고려한 것이다. 모든 피라미드는 엄청난 양의 석회암과 설화석고를 운반하기 편리하도록 강 근처의 석회암지대에 위치하고 있다. 물론 이들 석재의 일부는 강의 상류에서 채석하여 배로 운반되었을 것이다.

9.6 기자의 피라미드는 거대한 무덤과 신전이 어우러진 대규모 복합단지에서도 단연 돋보이는
    유구이다. 그러나 이러한 고분의 중심지를 벗어나면 대부분의 이집트는 소규모의 농경촌
    락사회의 모습을 보여준다.

　　석회암의 정확한 채석방법과 운송방법은 알 수 없지만 일부 단서를 통해 추정할
수 있다. 채석은 아마도 거대한 돌로 암석을 쳐서 구리 정으로 쪼개고 불로 암석을
가열한 후 그 위에 찬물을 끼얹어 암석을 잘라내는 방법 등이 혼용되었던 것으로
보인다. 마크 레너(Mark Lehner)는 램프, 굴림대 등 피라미드 축조와 관련된 다양
한 방법을 연구하였다.[26] 세계 건축사상 가장 경이로운 걸작중의 하나인 기자의 대
피라미드를 축조하기 위해서는 평균 2.5톤에 달하는 석재 230만개를 채석하고 이

동하여 배치해야 한다. 또한 이 피라미드를 축조하기 위해서는 무려 약 8,400명의 사람들이 20년 동안 연 80일의 노동을 해야 한다. 우리는 노동자들이 어떻게 차출되었고 관리되었는지 정확히 알지 못한다. 그러나 농경행위가 거의 필요하지 않은 홍수기에 대규모의 농민이 동원되었을 것으로 추정된다. 이처럼 엄청난 규모의 노동자와 장인집단을 통제하고 채석에서부터 식량 및 식수를 공급하는 전 과정을 조직하고 감독하기 위해서는 고도로 발달된 행정조직과 중앙집권적 권력이 요구되었을 것이다. 파라오는 국가의 모든 자원과 노동력에 대한 초자연적 권리를 가졌던 것으로 보이고, 매년 특정계절에는 나라의 모든 경제가 피라미드 축조라는 대역사에 집중되었을 것이다. 파라오의 절대권력은 문자기록과 복잡한 관료조직에 직접적으로 반영되어 있다. 예를 들어 파라오를 모셨던 고위관료들의 무덤은 파라오 무덤의 주위에 위치하고 있는데, 이는 파라오가 현실세계뿐만이 아니라 사후까지도 관료에 대한 지배를 행사하였음을 보여주는 증거이다.

고왕국 시대의 건축기술로 볼 때 피라미드의 축조에 사용된 엄청난 무게의 돌들을 지탱할 수 있는 유일한 건축형태는 피라미드 형태이다. 이집트의 건축가들은 피라미드가 계단식으로 올라가면서도 전체 무게를 지탱할 수 있도록 정교한 디자인과 경사각(약 52°)을 사용하였다. 그러나 에드워즈(I.E.S.Edwards)에 의하면 이러한 피라미드의 경사각은 이집트의 겨울 오후의 태양 빛의 경사각과 일치하고[27], 문헌기록도 파라오는 태양 빛을 따라 하늘로 승천한다고 기술하고 있다.[28] 따라서 이러한 점에서 본다면 피라미드는 태양신과 불멸의 영혼을 위해 나아가는 파라오의 첫 번째 계단이라고 할 수 있다.

이집트의 피라미드는 세계 건축사상 가장 정교한 건축기술중의 하나라고 할 수 있다. 그러나 각종 전기 기계와 공학도구가 없었던 이집트의 건축기술자들이 오늘날에 버금가는 건축기술을 발휘할 수 있을 것이라 기대하는 것은 무리이다. 예를 들어 기자의 대피라미드의 북단부의 높이는 남단부보다 1인치가 더 높다.

피라미드와 관련하여 가장 인상적인 유물중의 하나는 '태양의 배' 인데, 이것은 파라오가 영원불멸 세계로 항해하는데 사용하기 위한 것이다. 태양의 배는 해체되어 피라미드 근처의 석관에 부장되었다. 1960년대와 70년대에 이러한 배중의 하나가 발굴되었는데, 건조한 기후덕택에 다양한 목재와 밧줄 등 배를 완벽하게 복원할 수 있는 모든 부품이 발견되었다. 1987년 과학자들은 매장당시의 무덤의 대기상태가 전혀 변하지 않았을지도 모른다는 희망때문에 무인카메라를 이용하여 배가 묻혀 있는 다른 구덩이를 살펴보았지만 그들이 발견한 것은 쇠똥구리가 배의 부식된 부위를 돌아다니는 모습이었다.

마크 레너는 기자 지역의 지질적 구성과 기념비적 건축물의 배치 사이의 관계를 연구하였다. 연구결과 그는 스핑크스, 3기의 주요 피라미드, 기타 사원들이 전체적으로 통일된 디자인의 결과라는 사실을 발견하였다. 즉 당시의 이집트인들은 웅장한 의례중심지를 건설하기 위해 기자 고원의 다양한 석회암들을 계획적으로 이용하였다.[29]

피라미드가 영원의 세계를 지향했듯이 우리 인간의 호기심과 감탄을 영원히 자아낼 것이다. 또한 고대 이집트인에게 피라미드가 무엇을 의미했는지, 어떻게 축조되었는지에 대해 왕성한 논의와 상상이 이어졌고 앞으로도 그럴 것이다. 관광객들은 앞으로도 무더운 여름 밤에 여전히 피라미드가 인간의 노화를 더디게 하는지, 성적 능력을 고조시키는지, 질병을 치료할 수 있는지, 아니면 그 어떤 알 수 없는 초자연적 힘을 발산하는지에 대해서 끊임없는 실험과 상상을 할 것이다.

이집트의 사원

이집트인들은 수많은 사원을 축조하였는데 데이어 엘바하리(Deir el-Bahari)의 하쳅스트(Hatshepsut) 여왕의 사원은 기념비적 건축물의 전형적 예라고 할 수 있다.

오늘날의 건축물은 다소 무질서한 예술형태와 원칙을 보여주지만 전통적인 틀에서 벗어나 미적으로 아름답고 동시에 기능적으로 우수한 건축물을 최고의 작품으로 인정하는 경향이 있다. "기능은 형태를 결정한다"와 "넘치는 것보다 부족한 것이 바람직하다"가 오늘날의 위대한 건축작품을 탄생하게 하는 대원칙이라고 할 수 있다. 그러나 고대세계에서 전혀 알려지지 않은 실험적 건축을 촉진하는 중요 요인은 새로운 건축물질과 방법이었다.

이집트의 건축가들도 오늘날과 마찬가지로 새로운 건축미와 형태를 발전시켜왔다. 그럼에도 불구하고 이집트에서는 건축에 관한 그들만의 철학과 원칙이 존재하였다. 다시 말해 고대 이집트에서는 '예술을 위한 예술' 식으로 자유자재로 건축 행위를 하지는 않았다. 예를 들어 개인적으로 선호한다고 해서 파피루스 나무의 형태를 띤 석재를 사원의 기둥으로 사용할 수는 없었다. 모든 행위에는 목적이 있듯이 이집트의 건축물은 그들만의 심오한 세계를 표현하고 있다고 할 수 있다.

오늘날의 교회는 신에게 기도를 올리는 장소라는 의미가 강하지만 고대 이집트인들에게 사원은 곧 신이 거주하는 곳이다. 이집트 사원은 우주의 창조를 사실적으로 표현하고 있다. 따라서 사원은 매일 아침 태양신인 라(Ra)의 햇빛이 두 개의 산을 상징하는 두 개의 탑문(塔門)을 비추고 사원의 가장 서쪽 방까지 통과할 수 있도록 동서방향으로 배열되어 있다. 사원 자체는 몇 개의 상이한 방으로 구성되어 있어 기도를 올리고자 하는 사람은 신을 향해 서서히 '단계적'으로 다가갈 수 있도록 하고 있다. 이러한 방의 배치는 인간의 몸과 마음을 단계적으로 정화해야만 신에게 다가갈 수 있다는 사실을 의미한다. 니콜라스 그리말(Nicholas Grimal)이 설명하는 바와 같이 :

신에 대한 접근은 신이 거주하는 완전한 암흑세계의 접근, 즉 밝은 곳에서 어두운 곳으로의 점진적인 이동이라고 할 수 있다. 동시에 신에게 접근함에 따라 지면은 점차 높아져서 나오스(naos, 조각된 돌방) 아래에서 가장 높아지는데 나오스는 무질서의 호수인 넌(Nun)에서부터 시작된 태고의 언덕에 위치하고 있다. 이러한 물의 환경에서 파피루스 기둥이 세워지고 기둥의 끝부분은 하늘로 상징되는 사원의 천장을 받치고 있다. 이러한 효과를 얻기 위해 사원은 최소한 광장, 열주(列柱), 탑문의 세 요소를 갖추고 있어야 한다. [30]

고대 이집트인들은 밝은 곳에서 어두운 곳으로, 낮은 곳에서 높은 곳으로, 속세에서 신성한 곳으로의 이동을 통해 그들의 세계관과 삶의 의미를 신에게 의존하였을 것이다.

고대 이집트 국가의 지적 기반

윌슨(Wilson)은 고왕국시대의 문자기록에 파라오와 구별되는 일반적인 용어로

서 '정부'나 '국가'에 해당하는 단어가 없다는 특이한 점을 발견하였다. 이집트인
들에게 "왕은 모든 일을 해결해주는 전지전능한 존재이다……일반적으로 왕이 국
민에게 의무를 직접 부여하고 보고를 받는 체계는 실제적으로는 불가능한 소설같
은 이야기이다. 그러나 이집트인들에게 이것은 소설이 아니라 기능적으로 작동하
는 실제이다."[31]

따라서 이집트인들에게 국가와 문화는 하나의 살아있는 유기적 조직체로서 파
라오로부터 최하층의 노예까지 모두 이러한 유기체의 구성원이라고 할 수 있다.

정부의 기능이란 측면에서 생각할 때 이집트인들에게 가장 중요한 것은 "신성불
가침의 왕권"이라고 할 수 있다. 고대 이집트인들은 그들의 국가를 인간과 신성불
가침의 요소가 복잡하게 결부된 것으로 간주하였다.[32] 신성불가침의 요소는 인간
과 신과의 상호작용, 특히 파라오의 중재를 통해 창조되고 유지된다. 그러나 파라
오의 신적권위는 복잡한 양상을 띤다. 여러 학자들의 연구에 의하면 파라오라는 직
위 자체는 신성한 것으로 간주되지만 파라오라는 인간 자체는 신성한 존재로 간주
되지 않는다.[33] 예를 들어 기자 지역 두 번째 피라미드의 주인공인 파라오 케프렌
의 조각상은 호루스(Horus)신이 날개로 케프렌을 보호하는 모습을 보여준다. 또한
일반적으로 파라오는 신중의 하나가 아니라 신에 대항하는 모습으로 묘사된다. 파
라오의 책무는 국가의 평화와 번영을 확보하는 것이다. 이를 위해 파라오는 수 많
은 종교적 의례행위에 참가한다.

기원전 2495년 직후부터 고왕국의 종교와 정치적 환경뿐만이 아니라 왕조사에
도 중대한 변화가 발생한다. 이제 태양신 라에 대한 숭배가 가장 중요한 종교적 행
위로 부상하고 지방세력과 귀족이 왕의 권위를 위협하기 시작한다.

제1중간기(기원전 2134년~기원전 2030년) : 붕괴인가 변혁인가?

지속적 발전을 이루었던 이집트 왕조사가 종말을 고하게 된 시기는 고왕국의 붕
괴와 변화가 발생하였던 기원전 2134년에서 기원전 2040년 사이라고 할 수 있다.
켐프(Kemp)에 의하면 고왕국말기에 이르면 파라오는 상이집트의 지방관리에 대
한 정치적 통제력을 잃게 되고, 결과적으로 노마크(nomarch)라고 불리는 지역 통

치자가 부상하게 된다.[34] 제 4왕조와 5왕조 사이의 이집트 왕권이 얼마나 불안정하였는가에 대해서는 학자마다 견해가 약간씩 다르다. 트리거는 서서히 계속적으로 발생한 고왕국기의 경제적 확장과 사회적 복잡화는 궁극적으로 지역 행정체제를 복잡하게 만들고 지역 관리자의 권력을 향상시켰을 가능성을 시사하고 있다.[35] 제 6왕조기에 등장한 노마크는 파라오의 권위를 잠식하는 존재였을 것으로 판단되지만 이 시기의 파라오는 아직도 누비아와 팔레스타인에 사절단을 파견할 수 있을 정도로 상당한 정치적 권력을 가지고 있었다.[36]

고왕국 말기의 정치적 붕괴는 이 시기 동안의 급격한 기후변동과도 일부 관련이 있을 수 있다. 기원전 2900년 이후 이집트 전역에서는 강우량이 급격하게 감소하였는데, 부쩌(Butzer)에 의하면 이러한 강우량의 급감은 목축민의 이동을 어렵게 하고 각종 식량자원의 감소를 초래하였을 것이다.[37]

이집트, 메소포타미아, 중국, 기타 초기 고대국가의 분석에서 자주 등장하는 사회적 '붕괴'라는 개념은 이집트의 경우에도 적용할 수 있을 것이다.[38] 그러나 고대 이집트 정치체의 붕괴는 간헐적이고 부분적으로 발생한다는 점에서 상이한 측면이 있다. 이집트의 경우 중앙정부의 힘이 약화되면 지방세력이 갑자기 부상한다. 심지어 이집트 문화사에 있어서 중요한 분열기로 간주되는 3번에 걸친 중간기 동안에도 붕괴의 정도는 상대적으로 미비하였던 것으로 판단된다.[39] 이집트 정치체의 팽창과 붕괴의 순환과정은 이집트의 불안정한 홍수와 관련이 깊은 것으로 보인다. 왜냐하면 이집트의 문자기록도 당시의 불안정한 홍수를 기술하고 있기 때문이다. 그러나 이집트 국가는 궁극적으로 이러한 환경문제에 대처할 수 있는 효율적인 메카니즘을 발전시키게 된다.

따라서 이집트의 '중간기'는 문명의 붕괴라기보다는 문명이 재조직되는 시기라고 할 수도 있다. 예를 들어 고왕국시대의 종말과 제 1중간기 동안에 피라미드 축조가 현격하게 감소하였다는 사실을 반드시 문명의 대재앙이라고 해석할 필요는 없다. 실제로 이 시기동안의 경제적 침체는 단기간에 걸쳐 발생하였고 상대적으로 미비하였다는 증거가 존재하고 있다.[40]

🔲 중왕국과 제2중간기(기원전 2040년~기원전 1550년)

이집트의 고전기라 할 수 있는 중왕국(Middle Kingdom ; 기원전 2080년~기원전 1640년)의 사회정치적 변화를 복원하는 작업은 상당히 복잡한 문제이다. 일반적으로 중왕국의 역사는 다른 위대한 고대문명과 마찬가지로 제국의 확장과 붕괴의 순환과정을 보인다. 정교한 무역과 문화의 번창, 우수한 예술, 건축, 문학이 꽃을 피웠던 시기는 반란, 기아, 정치적 분열기에 의해 일시적으로 중단되기도 한다. 중왕국은 아래의 기록에서 보이는 바와 같이 사회정치적으로 불안정한 시기에 등장하고 있다:

전국에서 (식량의) 부족현상이 발생하고 있다. …… 의복, 향수, 기름을 구할 수가 없다……" 모든 것이 부족하다"라고 모든 사람이 탄식하고 있다 …… 이방인들이 이집트 도처로 들어오고 있다 …… 이제 비블로(Byblos)로 항해하는 사람은 없다 …… 질이 좋은 목재를 얻기 위해 우리는 이제 무엇을 할 것인가? 모든 지역의 왕자와 귀족, 심지어 크레타와 같이 멀리 떨어진 지역의 사람들도 레바논의 송진을 사용하여 시체를 방부처리하고 있지만 오늘날 우리는 그러한 재료를 구할 수가 없다 …… 시체는 강물에 버려진다 …… 거리에서 밝은 얼굴의 사람을 더 이상 만날 수가 없다. 슬픔과 고통이 온 나라를 뒤덮고 있다.[41]

이러한 혼란기에 직면한 이집트의 통치자들은 변방지역에 대한 방어를 강화하고 교역을 실시하는 한편 내부적으로 국가의 통합을 시도한다.[42] 11왕조의 파라오인 멘투호테프(Mentuhotpe, 기원전 2061~기원전 2010)와 그의 후계자들은 다시 한번 이집트를 통일하게 된다. 이들 파라오들은 누비아, 리비아, 시리아 지역에 원정대를 파견하고 홍해 지역과의 무역을 재개하고 기념비적 건축물의 축조를 다시 시작함으로서 국가의 재건을 이룩해낸다. 이제 상이집트와 하이집트를 효율적으로 통치할 수 있도록 멤피스 근처에 수도가 재건되고, 무역로가 확대되며 변방을 따라 성이 축조된다. 또한 아들이 아버지의 통치기간 말기에 공동의 통치자가 되는 일종의 섭정 정치 제도를 발전시켜 왕위계승을 둘러싼 분쟁의 소지를 제거하게 된다.

또한 중왕국기에는 예술과 건축이 발달하게 되고 많은 우수한 문학작품이 등장한다. 냉혹하고 엄격했던 라 신에 대한 숭배대신에 오시리스 신을 숭배함으로써 귀족계층에만 한정되었던 사후세계에 대한 희망을 이제 일반국민들도 가질 수 있도록 하였다.

기원전 1786년부터 1720년 사이에는 다양한 파라오들이 대부분의 이집트를 계속하여 통치하였으나 시리아와 팔레스타인 지역의 사람들(이들을 통칭하여 힉소스(Hyksos)라 부른다)이 점차 삼각주 지역으로 유입되기 시작하고 궁극적으로 이집트의 하층민으로 자리잡게 된다. 그러나 이들 유이민은 점차 자신들의 세력을 키워가기 시작한다. 기원전 1640년경에 이르면 이들은 멤피스를 정복하고 힉소스 왕조를 건설한다. 힉소스 양식의 유물이 나일강의 전역에서 발견되고, 심지어 멀리 까르낙에서도 발견되지만 이들의 통치방식에 대해서는 명확하게 알려지지 않고 있다. 남부 이집트의 통치자였던 세퀘넨레타오 II세(Seqenenre' Ta' o II)의 두개골에서는 힉소스 양식의 도끼 자국이 남겨져 있고,[43] 이 외에도 동부 삼각주의 경계지대에는 이집트와 힉소스 사이의 전쟁에 관한 많은 고고학적 증거들이 발견되고 있다.

🖼 신왕국과 제3중간기(기원전 1550년~기원전 712년)

아시아계인 힉소스인들은 이집트 왕조사에서 정치적 통일의 새 장을 연 파라오 아모시스 I세(Ahmose I ; 기원전 1550년~기원전 1525년)에 의해 이집트에서 축출당하게 된다. 신왕국의 주요 도시는 오늘날 카이로 인근의 멤피스와 룩소르의 테베이다. 테베 태생의 아모시스 왕은 몇 번의 전쟁을 통해 삼각주지역의 힉소스인들을 동부 변방지대 밖으로 완전히 몰아내고 팔레스타인의 부유한 도시 샤루엔(Sharuhen)까지 정복한다. 신왕국의 새로운 왕과 그의 후계자들은 중왕국시대를 모델로 삼아 관료제도의 혁신을 단행하게 된다. 또한 이들 왕들은 아비도스, 데이어 엘바하리와 기타 남부 지역의 몇 몇 도시에 종교적 의례행위를 재건하기 위해 대형의 기념비적 건축물들을 축조한다.

기원전 15세기 중반에 이르러 이집트의 인구는 수 백만명에 달한 것으로 추정되

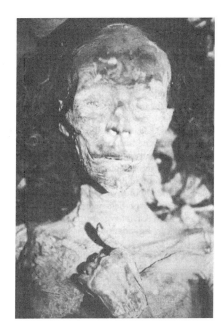

9.7 기원전 1350년에 사망한 티에(Tiye)여왕의
미이라. 여왕의 머리카락은 완벽한 상태로
남아있다. 왼손의 모습은 전형적인 이집트
왕실 귀족이 취하는 자세이다.

고, 당시의 정부조직, 종교, 언어, 경제, 기타 일상생활의 모든 측면은 이전 시기와
별 차이가 없었던 것으로 보인다.[44] 우리는 이집트 역사를 분석할 때 이처럼 유구
한 역사성과 전통성을 반드시 고려해야 한다. 간헐적인 이방인의 반란과 침입으로
이집트는 분열되기도 하였지만 이집트 고유의 질서와 전통은 계속 유지되고 재생
산되었다고 볼 수 있다.

월버(Wilbour) 파피루스와 같은 신왕국기의 기록은 고도로 발달된 이집트 사회
의 계층제도를 기술하고 있는데 왕과 귀족계층은 일반 국민들로부터 물자와 노동
력을 자유자재로 징수할 수 있었다(그림 9.7). 왕과 귀족계층의 아래로는 지위와 부
가 세습되는 지방의 귀족이 있고 관료, 사제, 군인, 부유한 농경민, 장인이 있으며,
마지막으로 전체를 부양하는 일반 농민이 존재한다(그림 9.8).[45]

신왕국의 가장 위대한 파라오중의 한 명인 투트모시스 III세(Thutmosis III)는 54
년간 이집트를 통치하였는데 그의 미이라는 나이에 비해 상당히 젊은 모습을 보여
주고 있다.[46] 투트모시스 III세는 메소포타미아 동부 해안의 대부분 지역을 정복함
으로서 대제국을 건설하게 된다. 심지어 당시의 강력한 앗시리아도 이집트 제국에

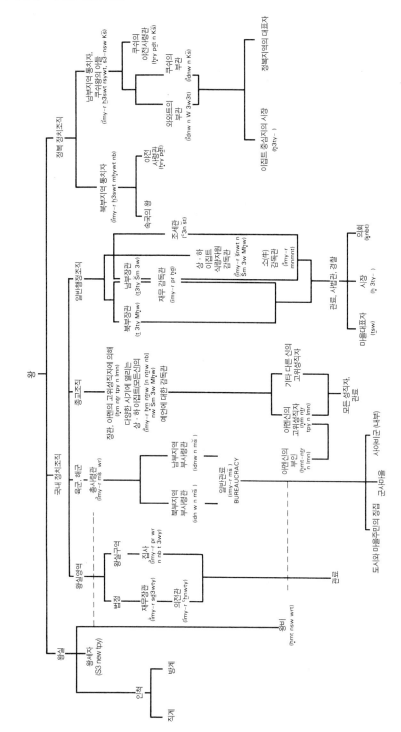

9.8 신왕국기 이집트의 관료조직. 데이비드 오코너(David O'Connor 1983)에 의해 작성된 이 도표은 이집트 사회를 관리하던 수 많은 관료를 보여주고 있다.

공물을 바쳤으며 바빌로니아와 히타이트 제국도 공물을 헌납해야 했다. 또한 팔레스타인의 메기도(Megiddo)에 대한 기습공격과 북부 메소포타미아의 강력한 제국인 미타니에 대한 공격은 이집트를 당시 세계의 절대강자로 부상하게 만든다. 기원전 1450년경에 이르면 이집트는 페니키아, 크레타, 에게 해의 정치체들과 교역을 확대하고 전통적인 교역 상대국인 아프리카의 정치체와도 교역을 계속한다. 군사적 강화조약은 멀리 누비아까지 확대되었고 많은 양의 누비아 금과 건축용 석재가 나일강 유역으로 수입되었다.

　신왕국시대의 가장 유명한 또 한 명의 파라오는 아키나텐(Akhenaten ; 기원전 1353년~기원전 1335년 통치)이다. 아키나텐은 이전시기의 다신교의 의례행위를 근절하고 일신교에 가까운 종교체제를 도입한다. 그는 새로운 신으로 부상한 아텐(Aten)을 숭배할 수 있는 위대한 신전을 건설하고, 중부 이집트의 텔 엘아마르나(Tell el-Amarna)에 새 수도를 건설하여 수많은 장엄한 신전과 행정건물을 축조한다.

　아키나텐은 신체적 특징으로 보아 자웅동체였을 가능성이 있으며, 따라서 그가 정신적 능력에 있어서 문제가 있었을 것이라고 추정하는 사람들도 있다. 그러나 아키나텐은 통치능력이나 군사적인 면에서 뛰어난 능력을 소유한 지도자였다.

　　아키나텐은 신체적 약점을 지닌 지도자였다. 아키나텐의 조각상과 초상화에 근거하여 의학역사가들은 그가 폐결핵, 뇌하수체염, 선단비대증을 가졌다고 진단하고 있다.……그의 정신적 생활도 결코 건강하지는 않았다. 그의 첫째 부인은 그의 어머니인 티이(Tiy)였고 그들 사이에는 딸 하나가 있었다. 이후 그는 사촌인 네프레티티(Nefretiti)와 결혼하여 딸 셋을 더 낳았다. 그의 세번째와 네번째 결혼상대는 친족이 아니었고 각각의 부인으로부터 한 명씩의 아들을 얻었다. 이중에서 네번째 부인과의 사이에서 출생한 아들이 훗날 파라오 투탄카멘이 된다. 아키나텐의 다섯번째이자 마지막 결혼은 네프레티티와 자신이 낳은 세번째 딸과 이루어진다.……47)

　아키나텐이 사망한 직후 스멘카레(Smenkhare)와 유명한 투탄카멘에 의해 이전시기의 종교가 다시 부활하게 된다. 아키나텐의 미이라는 아마도 그가 이집트의 구종교를 제거했던 점에 대해 앙심을 품었던 사람들에 의해 의도적으로 파괴된 것으로 보인다.[48] 소년왕 투탄카멘은 기원전 1333년부터 1323년까지의 10대 시절에 이집트를 통치하였고, 강력한 궁중관료들은 아문(Amun) 숭배의 전통적인 종교를 부활함으로써 중앙정부의 힘을 강화시키고자 하였다.

하워드 카터(Haward Carter)는 1922년 불란서 귀족 카나본(Carnarvon)경의 재정적 지원을 통해 도굴되지 않고 완벽하게 보존된 투탄카멘의 왕묘를 발굴하게 된다. 투탄카멘 무덤의 발견은 당시 그 어떤 고고학적 발견도 비교될 수 없을 정도로 전 세계적인 주목을 받았다. 1923년의 전염된 모기에 물려 카나본 경이 죽게 되고 기타 이상한 사건(예를 들어 하워드 카터의 당나귀가 코브라에 물려 세시간만에 죽은 사건[49])이 계속 발생하자 '파라오의 저주'가 발생했다는 소문이 돌게 된다. 이러한 소문의 환상에 사로잡힌 카나본 경의 아들은 투탄카멘 왕묘에서 발견된 유물들을 성채의 은밀한 장소에 숨기게 된다. 1988년 75살의 집사에 의해 숨겨진 유물들이 다시 발견되고 이후 유물들은 다양한 박물관, 특히 카이로의 이집트 박물관에 보내져 전시되고 있다.

기원전 1327년부터 람세스 II세(통치기간 기원전 1290년~기원전 1224년)가 즉위할 때까지 이집트는 외부의 침입과 내부의 분규로 인해 혼란기를 겪게 된다. 람세스 II세부터 "대외 정책은 확장보다는 축소지향적이 되고 정부의 붕괴가 일어나기 시작한다."[50] 람세스 II세에 관한 기록은 상당히 과장된 측면이 있다. 팔레스타인에 대한 원정당시 람세스 II세의 군대는 매복하고 있던 히타이트인들에 의해 심각한 타격을 당하게 된다. 람세스 II세는 퇴로를 찾아 가까스로 목숨을 건지게 되지만 모든 석판에 (그리고 파피루스에) 자신의 승리에 대한 영웅적 기록을 남기도록 지시한다. 또한 람세스 II세와 그의 후계자들은 다양한 왕실의 음모, 암살시도, 변방의 침략 등으로 고통을 당했던 것으로 보인다. 성서에 기록된 바와 같이 이스라엘 사람들의 탈출을 저지(the Exodus)한 왕이 람세스 II세나 그의 후계자인 메르-네-프타(Mer-ne-Ptah)라고 생각하는 일부 학자들이 있지만, 이 기록이 어떤 역사적 신빙성을 가지고 있다고 보기는 어렵다.[51] 이집트로부터의 출국이 실제로 일어났다면 이 시기에 팔레스타인의 고고학적 자료에 중대한 변화가 보여야 하지만 그러한 고고학적 증거가 현재까지 거의 발견되지 않고 있다. 또한 백만 이상의 이스라엘인이 방황하였다고 추정되는 시나이 지역에서도 특별한 고고학적 증거를 찾을 수 없다. 이집트 탈출이 일어났다고 추정되는 시기에 삼각주의 동부지대는 요새화된 군사기지였고, 성서에 이집트의 공격을 받았다고 기록된 팔레스타인 지역은 이미 이집트의 지배를 받고 있었다. 따라서 성서에 기록된 이집트 탈출이 어떠한 과정을 통해 발생하였는지 현재로선 정확히 알 수 없다. 더구나 이스라엘인이 이집트에 도착하기 수 천년 전에 이미 이집트에서는 피라미드가 축조되었고, 따라서 성서에 기록된 이집트인의 대공사는 동부 삼각주에 축조된 소규모의 진흙벽돌 건물이었을 가능성이 높다. 어떻든 성서의 이집트 탈출기는 신화와 역사적 고증이 서로 맞지 않는 전형적인 사례중의 하나이다. 1장에서 기술된 바와 같이 모든 역사는 해석의 문제이고 "실제로 발생하였다"라는 기록은 때때로 무의미한 것일 수도 있다.

기원전 1000년경에 이르면 이집트는 누비아에 대한 지배를 상실하게 되고, 계속되는 제국의 약화는 이스라엘의 데이비드와 솔로몬의 도전을 초래하게 된다. 이집트는 이스라엘 경계지대의 도시를 점령하게 되고 파라오의 딸과 솔로몬이 결혼을 함으로써 평화조약을 체결하게 된다. 그러나 솔로몬의 사후 5년 뒤에 세숑크 I세 (Seshonk I)는 이스라엘을 침공하고 예루살렘을 약탈함으로써 이스라엘에 대한 이집트의 지배를 다시 확립하게 된다.

기원전의 천년기 동안에 이집트는 팔레스타인과 아프리카 지역에 제국의 영향력을 재확립하는 등 여러 번에 걸쳐 정치적 부활을 이루게 된다. 기원전 715년 샤코(Shako)는 삼각주 지역을 정복하고 다시 한번 통일제국을 건설하게 된다. 그러나 쿠쉬(Kush)로부터의 끊임없는 군사적 압력, 그리고 전국적 규모의 정치조직과 경제체계의 해체는 결국 국가의 구조와 안정을 위협하는 요인이 된다. 결과적으로 기원전 525년 이집트는 페르시아 왕 캄비세스(Cambyses)의 침략을 받아 속국으로 전락하게 된다. 캄비세스왕은 자신을 파라오라 칭하고 이집트를 통치하게 된다. 기원전 332년 알렉산더 대왕은 이집트 원정을 하여 페르시아인을 추방하고 알렉산드리아를 건설한다. 이후에도 이집트는 로마, 아랍, 영국에 의해 계속 점령당하게 되고 결과적으로 수 천년 동안 고대 문명의 꽃이었던 이집트 문명이 종말을 고하게 된다(그림 9.9). 1952년 이집트는 외세의 침략에서 벗어나 오늘날의 이집트 국가로 성장하게 된다.

9.9 1920년대 시카
고 컵스 야구팀
이 위대한 이집
트의 유적 앞에
서 포즈를 취하
고 있다.

고대 이집트의 예술과 사상

1장에서 서술한 바와 같이 오늘날 일부 고고학자들은 고대 사회의 기술, 환경, 경제라는 단순 요소에서 벗어나 당시의 사상, 이념, 세계관에 눈을 돌릴 때만이 고고학적 자료의 해석이 가능하다고 주장한다. 많은 다른 지역과 달리 이집트는 풍부한 초기 기록 덕분에 이러한 작업이 가능하다. 고대 이집트인들은 그들의 사회와 일상생활이 전반적으로 신에 의해 결정된다고 믿었고, 사회적·정치적·경제적 관계는 신에 의해 조직된 영원한 우주 질서의 일부라는 사실을 굳게 믿었다. 이러한 방식으로 접근할 때 우리는 이집트의 과거를 어느 정도 이해할 수 있을 것이다.

고대 이집트 문화에 깊숙이 베어있는 특징은 몇 가지로 요약될 수 있다. 그 중의 하나는 이집트인들이 신에 열광하는 사람들이고 영원불멸의 세계를 갈구하였던 사람들이라는 점이다. 역사가 헤로도투스는 그가 만난 사람들 중에서 이집트인들이 가장 종교적인 사람들이라고 기술하고 있다. 사후세계에 대한 이집트인의 에너지와 정열은 우리의 상상을 초월하고 역사상 이들만큼 이승과 저승에서의 불멸의 삶을 갈망하는 문화를 가진 민족도 없었다.

잘 알려진 바와 같이 미이라는 사후세계의 부활에 대비하여 시신을 영구히 보존하기 위한 시도이다. 건조사막지대에 축조된 무덤은 자연적으로 만들어지는 미이라의 최초의 형태였을 것이지만* 미이라를 만들 수 있는 화학적 방법은 고왕국기에 등장하고 있다. 미이라를 제작하는 방법은 먼저 사람이 죽은 후 시체를 판자위에 올리고 세척을 한다. 이후 방부처리사는 콧구멍에 갈고리를 넣어 뇌수를 꺼내고 옆구리의 구멍을 통해 신장과 심장을 제외한 모든 내장을 제거한다. 기원후 3세기경의 그리스 기록에 의하면 위는 별도의 용기에 담겨지고 다음과 같은 주문과 함께 태양신에게 바쳐진다고 기록하고 있다. "만약 제가 허가되지 않은 것을 먹었거나 마셨다면 그 죄는 저 때문이 아니고 바로 이것 때문입니다.(위를 담은 용기를 가리키면서)"

심장은 마지막 날까지 남겨지는데 왜냐하면 마지막 날 사자의 죄를 심판하기 위해 심장의 무게를 측정해야 하기 때문이다.** 내장을 완전히 제거한 다음 옆구리의 구멍을 종려나무 술로 깨끗이 씻어내고 내장은 40일 동안 천연탄산 소다석속에

---

*선왕조시대에는 시체를 사막의 구덩이에 매장하였다. 사막의 모래는 자연적으로 시체의 수분을 흡수하기 때문에 시체는 자연상태의 미이라가 된다. 모래속에서 이러한 자연상태의 미이라를 발견한 이집트인들은 영원한 사후세계를 꿈꾸고 인공의 미이라를 발명하게 되었을 것이다.

**저울의 한쪽에 올려놓은 심장은 깃털(진리와 정의의 신 마아트)처럼 가벼워야 한다. 만약 심장이 너무 무거우면 이는 사자가 생전에 죄를 많이 저질렀다는 사실을 의미한다. 악행을 많이 저지른 자는 여신 아미트에 의해 씹어 먹혀 두 번째의 죽임을 당한다.

보관된다. 간, 폐, 위, 창자는 상이한 4종류의 신으로부터 보호하기 위해 4개의 '카노픽(Canopic)' 항아리에 별도로 보관된다. 다음으로 시체의 내부는 모래, 톱밥, 아마포, 혹은 짚으로 채워지고 몸의 수분을 제거하기 위해 40일 동안 건조한 천연 탄산 소다석으로 감싸진다. 이러한 과정을 거친 후에 시체를 다시 한번 깨끗이 씻어내고 술, 향료, 기름을 문질러서 몸에 바른다. 또한 생전의 모습을 유지하기 위해 얼굴의 볼에 아마포 뭉치를 넣기도 하고 배의 구멍을 꿰메기도 한다. 마지막으로 넓적하게 자른 아마포(최고 324m²의 아마포가 사용된다)로 시체를 감싼 후에 시체는 관속에 넣어져 피라미드에 안치된다. 장송의례를 끝내면서 신관은 다음과 같은 주문을 외운다. "너는 다시 살아날 것이다. 영원히 살아갈 것이다. 너는 다시 젊어졌고 영원히 젊음을 유지할 것이다……." 이러한 미이라의 제작과정과 신관의 주문을 듣는 이집트인들은 말로 형언할 수 없는 정신적 기쁨과 위안을 얻었을 것이다.

이집트인들은 신들의 행위도 인간과 유사할 것이라고 생각하였다. 심지어 이집트인들은 신을 협박할 수도 있다고 생각하였다. 이집트인들은 신에게 기도를 드리고 신은 자신들의 기도를 들어줄 것이라고 믿는다.

오늘날의 서구인들은 자연세계를 중립적 존재로 인식한다. 예를 들어 어느 한 인간이 벼락을 맞을 수 있지만 이것은 신의 저주나 악의 때문이 아니라 우연히 발생한 자연현상이다. 암석은 암석일 뿐이고 죽음은 인간이 피할 수 없는 마지막 과정이다. 그러나 고대 이집트인들에게 세계는 눈에 보이지 않지만 역동적이고 의식적인 실체로 가득 차 있다. 세계에는 선한 존재도 있지만 동시에 사악한 기운도 존재한다. 죽음은 인간이 노력만 하면 삶의 끝이 아니라 불멸의 세계로 나아가기 위한 하나의 과정일 뿐이다.

고대 이집트인들은 우주의 삼라만상을 하나의 물질에서 기원하여 그 물질이 다시 표현된 것으로 본다는 점에서 일원론적 우주관의 소유자라고 할 수 있다. 예를 들어 태양신 아문은 석상으로 표현되어 있지만 동시에 정교한 숫양이나 오리로 표현될 수 있고 아니면 3가지 모두의 모습으로 표현될 수 있다. 이러한 것들은 단순히 신을 달리 표현한 것이 아니라 "실제적 기능의 신을 상징적으로 표현한 이미지이다".[52] 상징적이고 신화적인 요소는 의학과 같은 실용적인 분야에서도 깊이 베어 있다. 예를 들어 고대 이집트인들은 케이크 반죽을 음경모양으로 만들어 고기로 감싼 다음 주문을 외우고 마지막으로 이것을 고양이에게 먹이면 주혈흡충병(피소변에 의한 질병)을 치료할 수 있다고 믿었다.[53]

이집트 문화의 이러한 초자연적이고 상징적인 측면에도 불구하고 우리는 이집트 문화의 실용적이고 지혜로운 측면을 간과해서는 안된다. 다시 말해 이집트인들은 영원의 세계에 미친 병자들이 아니었다. 이들은 현실세계의 수많은 집, 선박, 아름다운 건물들을 축조하였다. 또한 4000년 전에 그려진 무덤벽화는 이들이 매우 매력적이고 색조의 아름다움을 추구하고 다양한 놀이를 통해 육체적 쾌락을 향유했음을 보여준다. 이집트를 여행해 본 사람이라면 무덤 벽화에 나타난 색조의 아름다움과 다채로움을 알 수 있을 것이다. 심지어 카르낙(Karnak) 대신전의 기둥도 아름답게 채색이 되어 있다. 이집트의 석제 부조와 건물에서 보이는 단색의 간결미를 감안하면 이와 같은 화려한 채색기법은 일면 이상하게 보일 수도 있다. 그러나 이집트의 아름다운 자연 광선과 지평선 너머에서 붉게 타오르는 태양이 푸른 물결의 강과 푸르른 하늘, 건조한 사하라 사막의 파릇파릇한 식물을 비출 때의 그 절묘한 아름다움을 경험한 사람이라면 충분히 이해가 될 것이다. 또한 피라미드와 사원의 석회암이 태양광선을 반사하여 만들어내는 색조, 깊이, 차원에 대한 경험도 이집트의 예술세계를 이해하는데 도움이 될 수 있을 것이다.

오늘날 우리의 관점, 특히 그리스인의 관점에서 볼 때 이집트인들은 물질자체와 상징적 물질을 동일시하였던 것으로 보인다. 윌슨(J. Wilson)에 의하면 이집트인들은 사망한 왕에게 실제 빵을 헌납하기도 하고, 빵 모양의 목제 유물, 혹은 벽화에 빵을 그려 헌납하기도 하는데, 이러한 실제 빵과 상징적 빵은 모두 동일한 의미를 갖는다.[54] 다시 말해 이집트인들에게 중요한 것은 물질이 아니라 정신이다. 사람이 살기 위해서는 실제 빵이 필요하지만 이념세계에서는 "정신적" 빵이 필요한 것이다.[55]

또한 이집트인의 미적 개념과 가치는 서구인의 그것과 현저한 차이를 보인다. 이집트인들에게 예술은 뚜렷한 기능적인 목적을 가지고 있다. 즉 이집트인들의 예술행위는 인간과 물질의 영원불멸화에 목적을 두고 있다. 프레스코 벽화, 조각상, 회화작품은 단순히 대상물의 이미지를 기록하기 위해서라기 보다는 "즐거운 삶이……어려움 없이 영원히 지속될 수 있는 완벽한 세계를 창조하고 유지하기 위해" 행해진다.[56]

따라서 이집트 예술에서 미완성과 미숙이란 있을 수 없다. 인간과 물질은 이상적인 사후세계의 일부를 의미하기 때문에 이상적인 상태로 표현된다. 이러한 목적 때문에 빵, 거위, 정원, 상자 등 인간과 인간세계의 물질은 가장 쉽게 인식할 수 있는 형태와 구조로 묘사되지만, 단지 하나의 관점이나 시각으로 묘사될 필요는 없다.

이집트 사회의 윤리적 기반은 질서, 공정, 정의의 혼합이라고 할 수 있다. 이러한 윤리적 기반은 이집트어 마아트(*maat*)로 대변되는데, 마아트는 정의, 진실, 혹은 올바른 일을 의미한다. 마아트에 해당되는 의미를 지닌 단어가 영어에서는 존재하지 않는 사실이 상당히 흥미롭다. 이집트인들에게 마아트란 단어는 세계와 우주의 질서를 인식하고 올바른 일을 해야할 필요성, 즉 종교와 법, 관습을 따라야 한다는 점을 가리킨다. 정의란 의미에는 자비도 포함되는데, 예를 들어 미망인과 고아에게 자비를 베풀지만 동시에 자립과 미래에 대한 계획을 세우도록 한다. 모든 이러한 인간의 행위는 마아트와 관련된다. 모든 인간은 마아트에 근거하여 사회적 정의와 존경을 요구할 수 있는 권리를 가진다.

📖 이집트의 문자와 문학

이집트문화의 수수께끼중의 하나는 그들의 문자체계인 상형문자(hieroglypy)*의 기원이다(그림 9.10). 상형문자는 기원전 3100년 직후에 최초로 사용되기 시작하여 기원후 1100년까지 계속 사용되었다. 고대 이집트 구어의 일부는 아직도 곱트 교회의 예배에서 사용되고 있다. 이집트의 문자는 파피루스에 처음 표현된 그림문자와 이후의 것들이 거의 차이가 없을 정도로 처음부터 매우 발전된 형태로 등장하였다. 일부 학자들은 이집트보다 수세기 전에 문자가 사용되었던 메소포타미아로부터 이집트 문자의 기원을 찾고 있지만 두 문자 사이에는 기호와 문자가 새겨진 재료에서 커다란 차이를 보이고 있다.

고대 이집트어는 기호와 상징의 혼합이라고 할 수 있다. 상형문자의 일부는 구어

---

*hieroglypy는 그리스어 hieros와 gluphien에서 유래하였는데 전자는 '신성', 후자는 '새기다' 라는 의미로서 '신들의 글자' 를 의미한다.

이집트문자(자모)

상형문자	의미	필사	음가	신왕국승용문사	민용문자	곱트어
	대머리수리	3	glottal stop			생략 또는 EI
	활짝 핀 갈대	i	I			EI or E
	팔뚝과 손	ꜥ	ayin			생략
	메추라기 새끼	w	W			O오
	발	b	B			Π or B
	걸상	p	P			Π or B
	뿔이 있는 독사(?)	f	F			Ч
	올빼미	m	M			M
	물	n	N			N
	잎	r	R			p or λ [E]
	갈대오두막	h	H			8
	꼬인 아마	ḥ	slightly guttural			8 또는 생략
	태반(?)	ḫ	H as in "loch"			8 or ϥ
	동물의 배	ẖ	slightly softer than h			8
	문빗장	s, z	S			C
	접혀진 천	s, ś	S			C
	연못	š	SH			ш
	구름	ḳ	Q			K, ϭ
	손잡이 달린 바구니	k	K			K, ϭ
	항아리 받침대	g	G			T, Θ
	한 덩어리의 빵	t	T			T, Θ
	매어진 줄	ṯ	TJ			ϫ, T
	손	d	D			T
	뱀	ḏ	DJ			ϫ

이집트 왕실의 칭호

호루스 (srḫ)	네브티 (nbty)	황금 호루스 (Ḥr nbw)	프리노우멘 (ny-sw bit)	노우멘 (s3 Rꜥ)

9.10 초기 이집트의 상형문자는 물건의 모습을 형상화한 것이지만 궁극적으로 일상생활의 모든 언어를 문자로 표현할 수 있는 음가를 발전시키게 된다. 훗날 이집트의 상형문자는 쓰기 편하도록 양식화되고 간결화된다. 왕의 이름은 타원형의 형태(cartouches)로 표현되는데, 각각의 왕들은 몇 개의 상이한 이름을 사용하였다.

의 발음을 나타내고, 일부는 몇 개의 상이한 의미를 지닌 하나의 글자가 특수한 문맥에서 어떻게 읽어져야 하는지를 나타낸다(그림 9.11). 이집트어는 진정한 알파벳 체계로 사용되지는 않았지만 일상생활의 모든 언어를 문어로 거의 완벽하게 표현

9.11 이집트의 상형문자를 읽기 위해서는 음가를 표시하는 기호, 애매한 문장에서 의미를 명확하게 해주는 한정사 기호, 문법을 나타내는 기호를 알아야 한다. 이 글자는 아멘호텝 II세(기원전 1412년 사망)의 석관에 나타난 것인데 "그의 얼굴에 빛을 비추고 그의 눈을 뜨게 하라"는 의미이다.

할 수 있다.

상형문자는 오늘날의 영어보다 훨씬 더 쉽게 당대의 미적 양식과 물질을 표현할 수 있는 방식으로 쓰여졌다. 그래서 우리는 초기의 종교용 문자에서 매우 간결한 기호를 볼 수 있고, 후대의 군사용 기록에서는 좀 더 과장되고 수식적인 기호를 볼 수 있다. 매우 아름답고 간결한 초기 상형문자는 승용문자(僧用文字)로 보완되는데 승용문자는 훨씬 더 추상적인 개념을 표시할 수 있고 필기체이기 때문에 파피루스 위에 갈대와 잉크로 글자를 쉽게 쓸 수 있게 된다.

18세기의 다양한 학자들이 고대 이집트 언어를 해독하기 위해 노력하였고, 실제로 일부 글자의 발음과 의미를 정확히 파악할 수 있었지만 대부분의 글자에 대해서는 해독을 하지 못하고 있었다. 이집트어 해독의 결정적인 계기는 1799년 나폴레옹의 군대에 의해 북부 삼각주지대에서 발견된 로제타스톤을 들 수 있다. 로제타스톤은 기원전 196년에 파라오 프톨레미 V세에게 바치기 위해 쓰여진 일개 비문에 불과할지도 모른다. 그러나 이것은 동일한 내용이 서로 다른 3개의 문자로 쓰여졌다는 점에서 굉장히 중요한 역사적 의미를 지닌다. 즉 로제타스톤은 동일한 내용을 고대 그리스어, 상형문자, 필기체의 민용문자로 기록하고 있어 고대 이집트어를 해독하는데 결정적인 역할을 하게 된다. 예를 들어 영국학자 토마스 영(Thomas Young)은 로제타스톤의 비문에서 프톨레미, 클레오파트라, 베레니스(Berenice)라는 이름을 식별할 수 있었다.

그러나 고대 이집트어 해독에 결정적 기여를 한 학자는 쟝 프랑소와 샹뽈리옹(Jean-François Champollian)이다. 1799년 파리에서 태어난 샹뽈리옹은 언어에 천부적인 재질을 가지고 있었는데 16세에 이미 라틴어, 그리스어, 곱트어를 자유자재로 구사할 수 있었고 이외에도 최소한 다섯 개의 다른 언어에도 능통하였다. 또한 소년시절부터 그는 이집트인이라는 애칭이 주어질 정도로 이집트인과 유사한 외모를 가지고 있었다. 파리에서 치른 입학시험을 위해 샹뽈리옹은 자신이 원하는 주제로 논문을 쓰게 된다. 샹뽈리옹은 '파라오 지배하의 이집트' 란 주제로 논문을 발표하게 되는데, 그의 명석함과 논리성에 매료된 교수들은 그 자리에서 샹뽈리옹을 교수로 채용하게 된다.

샹뽈리옹이 고대 이집트어를 해독할 수 있었던 성공의 열쇠는 수많은 이집트 문자에 대해 광범위한 지식을 가지고 있었고, 해독의 결정적 계기는 그가:

이집트 문자에 이중적 원리가 있다는 사실을 14세기만에 인식한 최초의 학자가 되었을 때이다……람세스(Ramses)라는 이름은 분명한 이중적 원리를 보여준다. *Ra*는 곱트어로 '태양'을 의미하고 타원형의 윤곽(타원형 안에 왕의 이름이 기록된다)의 첫 번째의 원반모양의 기호가 확실하게 태양을 나타내기 때문에 이 기호는 *Ra*라는 음가를 지닌다. 타원형 윤곽안의 마지막 부호는 로제타스톤의 프톨레미(프톨레미는 그리어로 Ptolemaios이다) 왕 이름에서 s를 나타내고 따라서 샹뽈리옹은 *ra* - *?* - *s* - *s*까지 해독할 수 있었다. 다음으로 그는 중간의 부호를 m으로 읽어야 한다는 점을 추정할 수 있었고, 따라서 전체 부호가 람세스를 의미한다는 사실을 알 수 있었다. 샹뽈리옹은 곱트어의 지식을 활용하여 'Ra-mise' 로서 람세스라는 이름을 설명할 수 있었다.[57]

이러한 원리를 다른 이름과 비문에 적용하고 이전 학자들의 업적을 연구한 샹뽈리옹은 수세기만에 이집트 문자를 해독한 최초의 학자가 되었다. 샹뽈리옹도 일부 문자의 해독에 실수를 하기도 하였고, 이러한 문자는 후대의 학자들에 의해 교정되기도 하였지만(이 작업은 오늘날에도 계속되고 있다) 대부분의 이집트 문자를 해독할 수 있는 결정적 계기는 샹뽈리옹에 의해 이루어졌다고 해도 과언이 아니다.

고대 이집트 문자는 메소포타미아 문자와는 구조적인 측면에서 상당히 다르다. 수메르어의 명사와 동사는 문자의 형태에서 문법적 상황에 따라 변하지 않는다. 따라서 입을 나타내는 단어(ka)는 주어로 쓰이든, 직접 목적어로 쓰이든, 혹은 다른 문법요소로 쓰이든간에 언제나 동일한 형태로 쓰여진다. 그러나 이집트 문자에서는 입을 나타내는 단어의 첫 번째 글자인 r은 단어의 문법적 위치에 따라 상이한 모음이 붙여진다.[58] 삭스(H.W.F.Saggs)가 지적한 바와 같이 이집트 문자의 이러한 특징은 "이집트인들이 이미 알파벳 체계를 인지하고 있었다"는 점을 보여준다. 고대 이집트인들은 24개의 기호만을 가지고서도 거의 대부분의 일상언어를 문자로 표현할 수 있었다. 그러나 이집트인들은 그들의 문자를 완전한 알파벳 형태로 단순화시키지는 않았다. 이러한 이유로는 아마도 문자의 단순화가 어렵기도 하지만 문자의 단순화는 복잡한 음절형태를 터득한 필경사들의 기득권과 상충되기 때문이었을 것이다.[59]

상형문자는 자음에 관한 음가만을 표시하고 모음에 대해서는 표시하지 않기 때문에 고대 이집트인들의 발음체계를 정확히 알기란 거의 불가능하다. 그러나 수많은 시, 노래, 재정기록, 편지, 의학기록, 천문기록 등이 전해져 내려오고 있다. 이러한 기록들은 파라오의 문화뿐만이 아니라 일반인의 일상생활과 사고를 생생하게 묘사하고 있다.

예를 들어 신왕국기에 지어진 다음의 연가는 모든 문화에서 보이는 바와 같이 주체할 수 없는 정열을 가진 젊은 남자의 애절한 사랑을 노래하고 있다. 이 시는 사랑하는 여자를 볼 수 없다는 사실(여자가 어디로 갔는지 우리는 알 수 없다.)이 너무 고통스러워 의사와 신관도 사랑의 아픔을 치유할 수 없다라고 표현하고 있다. 그러나 그의 여자 친구가 방문할 수 있다면:

어떤 처방보다도, 어떤 약보다도,

내 자신의 은밀한 하토르여신의 치료보다도,

왜 그녀가 더 중요하냐고요?

그녀가 내 방으로 살짝 들어왔다고 합시다!

(그녀로 하여금 나를 살피고, 그런 다음 내 정열을 보게 하소서)

그리고 그녀로 하여금 내 눈을 똑바로 보게만 해주소서.

내 온 몸은 완전히 정상을 되찾을 것입니다.

그녀의 목소리에 따라 나의 가슴은 요동을 칠 것이오.

그녀에게 입을 맞추고 그녀의 가슴부터 허벅지까지 애무를 하게 되면

사랑의 사악한 기운은 내 온몸에서 깨끗이 사라질 것이오.

오 신이시여, 이 얼마나 아름다운 소녀요 여인입니까?

그런데 이 여인이 사라진지 일주일이 지나갔습니다.[60]

고대 이집트인은 누구인가?

전쟁에서의 승리는 수 천명의 아버지를 만들어 주지만 패배는 고아를 양산한다.

(중국격언)

　이 장에서 우리는 주로 고대 이집트 문화사를 살펴보고 있지만 고대 이집트의 자료는 문화적 '성취', '인종', 그리고 역사적 해석의 본질과 같은 좀 더 복잡하고 난해한 문제들을 생각해 볼 수 있는 기회를 제공한다. 역사는 승자에게 우호적일 뿐만이 아니라 대부분의 역사는 승자에 의해 쓰여진다. 또한 대부분의 인간은 고대의 문화적 성취를 자신들과 연결시키고자 한다. 따라서 수메르인과 마찬가지로(8장) 오늘날의 이집트 사람들이 고대 이집트인을 자신들의 인종적 혹은 정신적 조상으로 주장하는 점은 전혀 놀라운 일이 아니다.

　예를 들어 위대한 이집트학자인 플린더스 페트리경(Sir Flinders Petrie)은 고대 이집트의 영광이 시리아와 팔레스타인 지역에서 침입한 왕족에 의해 이루어졌다

고 결론짓고 있다. 이와 대조적으로 일부 학자, 주로 아프리카계의 학자들은 "고대 이집트가 흑인문화에 뿌리를 두고 있다"고 주장한다.[61]

고대 이집트인의 인종적 정체성에 관한 논쟁 외에도 서구 문명의 형성에 이집트가 어떤 역할을 했는가도 논쟁거리이다. 가장 고전적인 견해에 따르면 서구 문명의 기원은 주로 고전시대의 그리스에서 찾을 수 있다. 또한 서구 문명은 서남아시아로부터도 일부 영향을 받았지만 이집트로부터는 거의 영향을 받지 않았다고 주장하고 있다.[62] 그러나 역사가 버넬(M.Bernal)은 서구 학자들이 기본적으로 반유대, 반아랍, 반흑인적인 선입견을 가지고 있어 이집트와 아프리카 문화가 그리스와 서구 문명에 끼친 영향을 의도적으로 배제하고 있다고 주장하고 있다. 대부분의 학자는 버넬의 견해에 동조하지 않았지만 버넬의 주장은 정치적으로 민감한 주제를 논쟁의 수면 위로 끌어올리는 계기가 되었다.

오늘날 대부분의 사회과학자들은 애매하게 정의될 수밖에 없는 문화적 '성취'가 이보다 훨씬 더 모호한 '인종'과 어떤 인과관계도 없다고 가정한다. 4장에서 논의한 바와 같이 생물학자들은 '인종'이라는 용어를 부정확하고 모호한 것으로서 거부하는 경향을 보인다. 다시 말해 인간진화에 관한 변이 패턴은 구분이나 획기를 설정하기 어려운 시공간상의 연속적 변이(clines)나 변화로 이해해야 한다. 예를 들어 스웨덴에서부터 남아프리카 공화국까지의 피부색을 살펴보면 굉장히 다양한 색깔의 피부색을 발견하게 되지만 우리는 편의상 흑인과 백인으로 나눈다. 또한 피부색, 눈꺼풀 형태, 코와 입술의 형태 등 인종을 식별하기 위해 사용되는 특질들은 시공간상으로 엄청난 차이를 보이고 일치하지 않는 경우가 많다. 다시 말해 인디언, 서부 아프리카인, 일부 태평양원주민 등은 상대적으로 검은 피부색을 보여주지만 코와 입의 형태, 머리카락 등의 형태에서 서로간에 상당한 차이를 보여준다.

학자들은 파라오시대의 고대 이집트인들은 독특한 특징을 지닌 인종이었지만 오늘날의 이집트인들과 많은 형질적 특징을 공유하고 있다고 주장하고 있다. 고대 이집트의 형질인류학에 관한 가장 최근의 종합적인 연구는 브레이스(Brace)와 그의 동료들에 의해 이루어진 것을 들 수 있다.[63] 이들은 수많은 고대 이집트인들의 형질적 특징을 측정하고 고대 이집트인과 다른 인종간의 유전적 친연성을 분석하였다. 분석결과 고대 이집트인들의 형질적 특징은 갱신세 이후 거의 동일하고 유전적인 측면에서 환지중해연안 및 유럽인들과 매우 가깝지만 사하라사막의 아프리카인들과는 상대적으로 덜 닮았다는 점을 보여주었다. 이러한 이집트인들의 유전적 가계도는 전혀 놀랄만한 사실이 아니다. 나일강을 제외하고는 광활한 사하라 사막이 중앙 아프리카로부터의 유전자 흐름을 가로막는 역할을 하였고, 반면에 북부 나일강은 선사시대부터 지중해 연안의 사람들이 언제든지 접근할 수 있는 지역이었다. 오늘날의 이집트와 마찬가지로 고대의 이집트인들은 이러한 인종간의 혼합을 통해 형성되었으리라 판단된다.

상술한 바와 같이 플린더스 페트리경은 시리아와 팔레스타인 지역의 왕족이 이집트를 침입하여 이집트 문화를 건설하게 되었다고 주장하였으나 현재까지의 조사결과나 자료로 보는한[64] 이러한 주장을 뒷받침하기는 어렵다.

고대 이집트인의 인골에서 충분한 DNA가 추출될 수 있다면 이집트인의 인종적 기원이 더 확실히 규명될 수 있을 것이다. 이 분야의 연구는 아직 초보적 수준이지만 방법론적인 혁신이 일어난다면 우리는 궁극적으로 이집트인의 기원에 관한 문제를 해결할 수 있을 것이다.

물론 고대 이집트인들은 자신들을 세계의 다른 민족과는 다른 우월적 존재로 인식하였다. 예를 들어 이집트인들은 모든 다른 인종을 경멸하였는데 특히 시리아와 팔레스타인지역의 아시아인이나 남쪽의 누비아인처럼 자신들과 접촉이 가장 많았던 사람들을 경멸하고 무시하였다.

이웃하는 민족에 대한 이집트인의 경멸은 그들의 예술세계에서도 잘 드러난다. 예술작품에 반영된 이집트인들은 얼굴의 특징이나 피부색에서 누비아나 사하라 지역, 그리고 시리아와 팔레스타인 지역의 민족과 다르다. 이집트 남자의 피부색은 남녀의 차이를 강조하기 위해 여자보다 더 검게 표현된다. 그런데 이 점에 근거하여 일부 학자는 고대의 이집트인의 피부색이 매우 검었으리라는 오판을 하고 있다. 그러나 고대 이집트인들이 현대의 이집트인들과 굉장히 다르다는 어떠한 증거도 없으며, 현대 이집트인과 마찬가지로 고대 이집트인의 피부색도 지중해지역의 매우 밝은 색조부터 사하라 지역의 검은 피부까지 매우 다양하였으리라 판단된다.

이집트 복합사회의 기원 : 결론

복합사회의 기원에 관한 이론중에서 초기에 등장한 상대적으로 간결한 이론들은 이집트의 자료에 근거하고 있다. 예를 들어 인구성장은 풍부한 농경지대로 상대적으로 많은 사람들을 집중시키는 역할을 하였을 것이지만 인구성장이란 아마도 장기간에 걸쳐 서서히 증가하는 현상이라고 할 수 있다. 칼 비트포겔이 복합사회의 강력한 원동력으로서 제시한 관개이론은 이집트의 경우 일부 적용가능한 측면이 있다. 왜냐하면 관개농경이 초기 농경사회에 중요한 역할을 하였음은 의심의 여지가 없으며 이른 시기의 이집트 석제조각품 중에는 관개시설을 건설하는 모습을 보여주는 것이 존재하기 때문이다.[65] 그러나 고대 이집트의 관개는 주로 나일강의 홍수라는 자연의 축복을 통해 이루어졌고, 관개시설의 축조도 상대적으로 소규모로 이루어졌으며 관개시설을 운용하기 위한 노동력이나 행정절차도 대규모는 아니었던 것으로 판단된다.

이집트의 벽화중에는 수많은 이민족을 정복하는 모습을 보여주는 예가 다수 존재하고 실제로 이집트 국가가 등장하기 이전에 수 많은 경쟁 세력들이 유혈전쟁에 가담했던 것으로 보인다. 그러나 취락의 위치, 성읍도시와 요새의 부족, 예술 및 문헌기록과 같은 증거에 의하면 메네스나 기타 다른 초기의 군주들이 한 손에 칼을 들고 군대를 진두지휘하여 지중해 연안으로 진출하여 무력으로 통일국가를 건설하였다는 적극적인 증거는 없다. 다시 말해 전쟁은 이집트 국가 형성과정의 일부 요소라고 할 수는 있지만 주요 원동력이라고 보기는 어렵다.

또한 계급간의 갈등과 투쟁이 국가의 탄생을 초래한다는 전통적인 마르크스주의 이론을 지지할 만한 적극적인 증거도 발견되지 않는다. 많은 학자들이 이집트의 자료를 마르크스 이론의 타당성을 지지하는 예로 보고 있고 실제로 그러한 가능성을 전면 부정할 수는 없다. 그러나 이집트의 문헌기록과 도상학적 증거는 이집트의 국가출현이 단순한 계급간 투쟁보다는 친족집단과 종교가 상호결합적으로 작용하여 이루어진 결과라는 점을 보여주고 있다.

또한 변방 유목민의 잦은 침략과 압력은 이집트 국가 등장에 어느 정도의 역할을 하였던 것으로 보인다. 그러나 문제는 유목민과 농경민과의 관계가 제국 성장의 중요 역할을 하였던 메소포타미아나 중국, 이집트가 문명의 발전에 있어 서로 유사한 점이 그리 많지 않다는 점을 주목할 필요가 있다.

메소포타미아와 이집트의 취락유형을 비교해 보면 도시화는 복합사회로 나아가기 위한 필수적 조건이라기 보다는 단지 하나의 전략이라는 점을 분명히 알 수 있다. 메소포타미아인들은 상대적으로 이른 시기부터 그리고 어느 한 순간에 요새화된 도시에 살게 되고 이러한 요새화된 도시에서 농업, 산업, 종교, 그리고 행정 등 모든 일이 이루어진다. 반면에 이집트는 기원전 2000년기 후반 테베가 수도로 부상하기 전까지도 영구적 수도를 갖지 않았다. 물론 최근 조사를 통해 기존에 생각했던 것보다는 이집트에서도 도시화가 어느정도 이루어졌다는 점을 알 수 있지만 메소포타미아의 도시화와는 비교할 수 없을 정도로 미약하다. 이집트에서 도시화가 상대적으로 느렸던 이유는 다음과 같은 몇 가지 점을 생각해 볼 수 있다. 첫째, 이집트의 국경지대에 강력한 경쟁세력이 존재하지 않았고 따라서 성벽을 갖춘 거대한 도시가 필요하지 않았을 것이다. 둘째, 나일강을 따라 전 국토의 환경이 거의 균일하고 따라서 음식물이나 수공업 제품에 대한 대규모의 지역간 교역을 통해 얻을 수 있는 이점이 거의 없다는 점일 것이다. 셋째, 정치적 중앙화가 장기간에 걸쳐 이루어졌고, 따라서 이러한 정치적 중앙화는 경제적 차별화의 발전을 일정부분 저해하였을 것이다.

규모가 가장 큰 피라미드와 건축물이 축조되었던 당시의 이집트에서는 인구 성장이 느렸고 자원에 대한 압박도 거의 없었으며 생산성이 높은 수많은 지역이 아직도 점유되지 않고 있었다. 만약 피라미드를 거대한 노동력을 통제하고 훈련시키기 위한 하나의 메카니즘으로 이해한다면 우리는 왜 그러한 노동력이 경쟁의 이점이 될 수 있는가에 대해 생각해 보아야 한다. 왜냐하면 최초의 피라미드가 축조될 당시 거대한 관개시설의 축조도 거의 없었고 상비군에 대한 필요도 거의 없었기 때문이다. 이집트의 무덤에서 보이는 과도한 부장품의 양과 질은 사회의 과도한 금, 은, 기타 공예품을 무덤에 부장함으로써 경제적 균형을 달성하기 위한 수단이었을까? 그렇다면 파라오에 의해 경제 활동과 장거리 교역이 철저하게 통제되고 시장과 자본주의가 존재하지 않는 고대사회에서 왜 이러한 경제적 균형이 필요하였을까?

결론적으로 이집트 문화사의 원인과 결과를 정확하게 설명하기란 상당히 어려

9.12 이 그림은 기원전 2000년대 후반기의 귀족 여
인의 조각상으로서 이집트 문명의 후반부에 보
이는 생생하고 육감적인 미를 잘 표현하고 있
다. 이러한 조각상은 고기의 예술 형태와는 분
명한 대조를 보여주고 있다.

운 작업이지만 우리는 최소한 이러한 문화사의 일부 측면을 이해하기 시작하고 있
다. 또한 많은 다른 고대 문명과 마찬가지로 이집트는 신비와 경이의 세계로 가득
찬 고대문명의 발상지라고 할 수 있다(그림 9.12).

저자주

1) 영화 '달의 산맥(*Mountains of the Moon*)'은 나일강의 기원에 관한 흥미진진한 영화이다.

2) *Lates niloticus*.

3) Brewer and Friedman, *Fish and Fishing in Ancient Egypt*, p. 74.

4) Butzer, "Long-term Nile Flood Variation."

5) 성경, Numbers 11:4 – 6.

6) Wendorf and Schild, *Cattle-Keepers of the Eastern Sahara. The Neolithic of Bir Kiseiba* ; Wendorf and Schild, *Loaves and Fishes : The Prehistory of Wadi Kubbaniya*, Vols. 2 and 3; Close, *Prehistory of Arid North Africa: Essays in Honor of Fred Wendorf* ; Lubell, Sheppard, and Jacks, "Continuity in the Epipaleolithic of Northern Africa with Emphasis on the Maghreb."

7) *Aristida, Eragrostis, Panicum, and Echinocloa*.

8) Wendorf and Schild, *Cattle-Keepers of the Eastern Sahara: The Neolithic of Bir Kiseiba*, p. 428.

9) Ibid., p. 425.

10) Hadidi, "Vegetation of the Nubian Desert (Nabta Region)," p. 347.

11) Gautier, "Archaeozoology of the Bir Kiseiba Region, Eastern Sagara." p. 70.

12) Gautier, "Prehistoric Men and Cattle in North Africa."

13) Hassan, "Desert Environment and Origins of Agriculture in Egypt" ; Hassan, "The Predynastic of Egypt."

14) 다음의 글에 논의되어 있음. Wenke, Long, and Buck, "Epipaleolithic and Neolithic Settlement in the Fayyum Oasis of Egypt."

15) Hassan, "The Predynastic of Egypt." Bard, *From Farmers to Pharaohs*도 참조.

16) Hoffman, *Egypt before the Pharaohs; Hoffman, The Predynastic of Hierakonpolos — An Interim Report* ; Hoffman et al., "A Model of Urban Development for the Hierakonpolis Region from Predynastic Through Old Kingdom Times."

17) 다음의 글에 논의되어 있음. Wenke, "The Evolution of Early Egyptian Civilization: Issues and Evidence."

18) von der Way, "Investigations Concerning the Early Periods in the Northern Delta of Egypt" ; van den Brink, ed. *The Archaeology of the Nile Delta: Problems and Priorities.*

19) 다음의 글 참조. van den Brink, ed., *The Archaeology of the Nile Delta: Problems and Priorities.* ; Wenke, "The Evolution of Early Egyptain Civilizations: Issues and Evidence."

20) Hassan, "The Predynastic of Egypt."

21) Service, *Origins of the State and Civilization*, p. 228.

22. Butzer, *Early Hydraulic Civilization in Egypt.*

23. Trigger, "The Rise of Civilization in Egypt."

24) Wenke et al., "Kom el-Hisn: Excavations of an Old Kingdom West Delta Community."

25) Badawy, "The Civic Sense of The Pharaoh and Urban Development in Ancient Egypt." p.105

26) Lehner, "Some Observations on the Layout of the Khufu and Khafre Pyramids."

27) 이러한 빛의 각도와 죽음에 관해서는 다음의 글 참조. Emily Dickinson's "There's a certain slant of light…"

28) Edwards, *The Pyramids of Egypt.*

29) Lehner, "Some Observarions on the Layout of the Khufu and Khafre Pyramids."

30) Grimal, *A History of Ancient Egypt*, pp. 264-65.

31) Wilson, *The Culture of Ancient Egypt*, p. 79. 다음의 글들도 참조 Kemp, "Old Kingdim, Middle Kingdom and Second Intermediate Period c. 2686-1552 B.C."; Trigger, "Egyptology and Anthropology." pp. 32-50.

32) 다음의 글 참조. O'Connor and Silverman, eds., *Ancient Egyptian Kingship.*

33) Ibid,; R. Leprohon과 개인적 의견교환.

34) Kemp, "Old Kingdom, Moddle Kingdom and Second Intermediate Period c. 2686-1552 B.C.," p.113.

35) Trigger, "The Mainlines of Sicioeconomic Development in Dynastic Egypt to the End of the Old Kingdom." p. 107. 다음의 글들도 참조 Kanawati, *The Egyptian Administration in the Old Kingdom. Evidence on its Economic Decline*, pp. 69 – 77; Goedicke, *Kongigliche Dokumente aus dem Alten Reich.*

36) Butzer, "Pleistocene History of the Nile Vally in Egypt and Lower Nubia." p. 278; Kemp, "Old Kingdom, Middle Kingdom and Second Intermediate Period c. 2686 – 1552 B.C.," p. 113.

37) Butzer, *Early Hydraulic Civilization in Egypt*, pp. 26 – 27.

38) Yoffee, "THe Decline and Rise of Mesopotamian Civilization: An Ethnoarchaeological Perspective on the Evolution of Social Complexity"; Yoffee and Cowgill, *The Collapse of Ancient States and Empires.*

39) Strudwick, *The Administration of Egypt in the Old Kingdom: The Highest Titles and Their Holders.*

40) Ibid.

41) Aldred, *The Egyptians*, p.102.

42) Kemp, "Old Kingdom, Middle Kingdom and Second Intermediate Period c. 2686−1552 B.C.,"

43) Quirke and Spencer, *The British Museum Book of Ancient Egypt*, p. 40.

44) O' Connor, "New Kingdom and Third Intermediate Period, 1552-664 B.C.," p. 190.

45) Ibid., pp. 194 − 195.

46) Ibid., p. 219.

47) Tannahill, *Sex in History*, pp. 77 − 78.

48) O' Connor, "New Kingdom and Third Intermediate Period, 1552 − 664 B.C.," p. 222.

49) Carter' s donkey was named San Toy, and reportedly wander Through the excavation camp until she found Carter and then "bray with delight." Reeves and Taylor, *Howard Carter before Tutankhamun*, p. 60.

50) O' Connor, "New Kingdom and Third Intermediate Period, 1552-664 B.C.," p. 222.

51) 이 문제는 아직도 논쟁중이다. 다음의 글 참조. Hess, *Amarna Personal Names* ; Younger, *Ancient Conquest Accounts : A Study in Ancient Near Eastern and Biblical History Writing* ; Kitchen, "The Rise and Fall of Covenant, Law, and Treaty" ; Kithen, "The Patriarchal Age-Myth or History?" ; Hoffmeier, "The Structure of Joshua 1 − 11 and the Annals of Thutmoses III.

52) Wilson, "Egypt: The Nature of the Universe." p. 73.

53) Farooq, "Historical Development." p. 2.

54) Wilson, "Egypt: The Nature of the Universe," p. 72.

55) Ibid.

56) Quirke and Spencer, *The British Museum Book of Ancient Egypt*, p. 150.

57) Quirke and Spencer, *The British Museum Book of Ancient Egypt*, p. 129.

58) Saggs, *Civilization before Greece and Rome*, pp. 73 − 74.

59) Ibid.

60) John Foster 역, *Love Songs of the New Kingdom*, pp. 58, 61.

61) Diop, *The African Origin of Civilization : Myth or Reality*; also see Asante, *Kemet, Afrocentricity, and Knowledge.*

62) 다음의 글 참조. Frankfort, *The Birth of Civilization in the Near East* ; Hamilton, *The Greek Way*; Kitto, *The Greeks.*

63) Brace et al., "Clines and Clusters Versus 'Race' : A Test in Ancient Egypt and the Case of a Death on the Nile."

64) 예를 들어 다음의 글 참조. Johnson and Lovell, "Biological Differentiation at Predynastic Naqada, Egypt : An Analysis of Dental Morphological Traits."

65) Wittfogel, *Oriental Despotism : A Comparative Study of Total Power,* Hoffman, *Egypt before the Pharaohs : The Prehistoric Foundations of Egyptian Civilization,* p. 315.

10장
인더스 계곡 복합사회의 진화

(기원전) 3000년경 인도는 이집트, 바빌론과 대치하고 있었으며,
후자에 못지 않은 높은 수준의 독립적 문명을 건설하였다.
그리고 인더스 문명은 인더스 계곡의 토양에 깊이 뿌리를 내리고 있다.

고든 차일드 [1]

주지하다시피 고대의 문자기록은 벽돌이나 뼈, 토기파편보다 과거의 모습을 훨씬 더 생생하게 우리에게 전달할 수 있다. 이런 점에서 남부 아시아 최초의 위대한 문명인 하라파 국가(기원전 2600년~기원전 2000년) (그림 10.1)의 문자기록이 아직도 해독되지 못하고 있다는 사실은 매우 안타까운 일이다.

12세기 초에 발견된 하라파 문명은 오늘날의 파키스탄과 인도 사이의 인더스 계곡에서 기원전 3000년기에 최고의 번영을 누렸던 문명이다. 그러나 하라파 문명은 메소포타미아 충적평야와 나일강 계곡에서 등장했던 위대한 제국의 아류 정도로 평가받고 있는 실정이다. 인더스 계곡의 문화는 이집트와 서남 아시아의 문명보다 수백년 후에 전성기를 맞았을 뿐만 아니라 피라미드, 고분, 궁궐과 같은 장엄한 건축물을 남기지도 않았다. 또한 하라파 문명의 존속기간은 겨우 5백년에 불과하다(그림 10.2). 많은 학자들이 하라파 문명을 주목하지 못했던 가장 중요한 요인은 12세기 초 하라파의 도시가 최초로 발견(주로 존 마샬경〈Sir John Marshal〉에 의해)되기 이전에 그 어느 누구도 하라파 문명이 존재했으리라고 상상하지 못했다는 점이다. 학자들은 알렉산더 대왕이 기원전 326년 인더스 계곡의 북서부 지역을 공략했다는 사실은 알

았지만 이보다 2000년 이전에 이 지역에서 위대한 문명이 등장하고 사라졌다는 점은 알지 못했다. 그레고리 포셀(Gregory Possehl)[2]이 지적한 바와 같이 우리는 "하라파 문명의 사람들이 자신들과 자신들의 도시를 어떻게 불렀는지 알 수가 없다……우리는 왕의 연표나 자세한 연대……상업과 생산에 대한 역사적 기록……내부 사회 조직에 관한 역사적 기록 등에 대해 전혀 알지 못하고 있는 실정이다."

그러나 고고학적 기록을 통해 우리는 하라파 문화가 선산업사회 '국가'의 또 하나의 전형적인 예라는 점을 알 수 있다. 또한 하라파 문명은 일부 외부문화의 영향을 받기도 하지만 대부분 독자적인 발전의 길을 걸어 왔다고 할 수 있다. 사실 인더스 계곡의 문화는 다음과 같은 몇 가지 점에서 복합사회의 기원 연구에 매우 흥미로운 사실을 제공하고 있다. 첫째, 하라파 문명은 순식간에 등장하는 특징을 보이

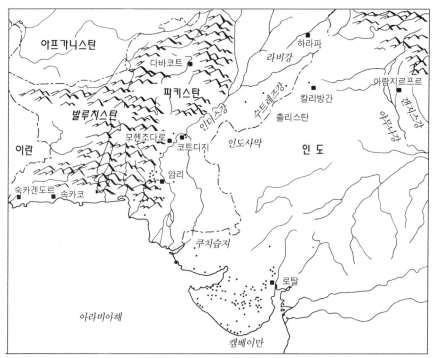

10.1 하라파 문명의 핵심지대는 인더스강 유역이다. 이 지도에서 대도시는 사각형으로 표시되어 있고 이 보다 작은 공동체들은 점으로 표시되어 있다. 이 외에도 수 많은 공동체들이 오늘날의 충적평야 밑에 묻혀있을 것이다.

는데, 예를 들어 상당히 단순한 형태의 초기 사회가 불과 100~150년 만에 고도로 발달된 도시사회로 급격하게 변화한다.[3] 물론 이 주장에 대해 부정적인 견해를 가진 학자들도 있다.[4] 둘째, 하라파 문명은 로마시대 이전의 세계에서 가장 발전된 형태의 도시 계획과 시설물(예를 들어 도시 전체의 급수시설과 하수체계)을 갖춘

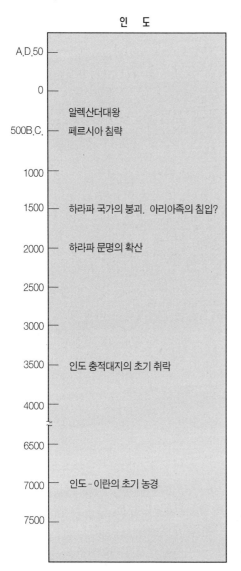

인 도

A.D.50	
0	
500B.C.	알렉산더대왕 페르시아 침략
1000	
1500	하라파 국가의 붕괴. 아리아족의 침입?
2000	하라파 문명의 확산
2500	
3000	
3500	인도 충적대지의 초기 취락
4000	
6500	
7000	인도-이란의 초기 농경
7500	

10.2 남부 아시아 선사시대의 약식 연표.

거대한 도시를 건설한다. 셋째, 하라파 문명의 정치적 영향력은 무려 130만 km²에 미치게 되는데, 이러한 영역은 당대 구대륙의 어느 문명보다도 넓은 면적이다. 넷째, 이처럼 광활한 지역에 걸친 하라파 문화는 메소포타미아 문명과는 대조적으로 거의 전 지역에서 균일하게 나타난다. 다섯째, 당시의 다른 지역 문명에서는 수 천명의 농경민이 극소수의 부유하고 강력한 귀족과 사제를 부양하는 고도의 계층구조를 보이는 데 비해, 인더스의 도시에서는 부의 분배가 상당히 균등하게 – 원시적 사회주의라 부를 수 있을 정도로 – 이루어졌던 것으로 보인다.

이처럼 흥미롭고 찬란한 문화를 건설했던 인더스 문명이 고고학적으로 가장 접근하기 힘든 문명중의 하나라는 사실은 고고학적 역설이라 하지 않을 수 없다. 예를 들어 인더스 문명사에서 시기적으로 중요한 몇 단계는 아직도 깊은 진흙 퇴적층과 해수면 아래에 묻혀 있다. 인더스 계곡에서 발굴을 하는 고고학자는 두터운 진흙 퇴적층 속에서 펌프로 물을 퍼 내가며 작업을 해야 하고 퇴적층 아래로 파 내려감에 따라 구덩이 벽면의 붕괴에 대비해야 한다. 이러한 이유와 기타 다른 여러 가지 제약으로 인해 이집트나 메소포타미아에 비해 하라파 문명은 우리에게 훨씬 덜 알려져 있다. 또한 이러한 이유로 인해 하라파 문명에 대한 해석은 오랫동안 '표준적 지식' 이라는 부작용을 낳게 되었다. 즉 자료가 절대적으로 부족했던 1950년대와 그 이전에 이루어진 하라파 문명에 대한 부적절한 이해와 지식이 계속 반복되고 사용되어 오고 있는 실정이다. 짐 샤퍼(Jim Shaffer)가 지적한 바와 같이 하라파 문명을 중앙집권적 계층국가로 규정한 스튜어트 피곳(Stuart Piggot)의 주장이 오류라는 증거가 계속 발견됨에도 불구하고,[5] 피곳의 주장은 오늘날까지도 하라파 문명에 대한 종합적 설명으로 계속 선호되고 있는 실정이다.[6]

환경적 배경

(파키스탄과 인도의) 선교사였던 아리스토불러스(Aristobulus)는 (거대한 강의) 유로가 변경되고 이로 인해 폐허로 변한 지역에서 수 천개 이상의 도시와 마을로 구성된 나라를 보았다고 한다.

스트라보 Strabo (기원전 63~기원후 24년)[7]

수 백만년 전의 지각이동으로 인해 인도대륙과 유럽대륙 사이의 지괴는 거대한 융기를 이루게 되는데 이것이 바로 히말라야 산맥이다. 매년 봄 히말라야 산맥에서 녹아 내리는 눈은 강을 따라 바다로 유입된다. 이러한 강 중에서 인더스 강과 강 연안의 충적평야는 오늘날의 파키스탄과 인도의 국경지대를 따라 넓게 형성되어 있다.

인더스강 연안의 충적평야는 연중 비가 거의 내리지 않기 때문에 강의 물을 이용한 관개에 의해서만 농경이 가능하다. 따라서 이 지역에 형성된 최초의 도시국가인 인더스 문명은 멕시코를 제외한 다른 모든 문명과 마찬가지로 거대한 강의 선물이라고 할 수 있다. 실제로 인더스 계곡의 문화는 두 개의 대하천인 인더스와 지금은 사라진 가가르 – 하크라(Ghaggar-Hakra) 강의 축복이라고 할 수 있다. 이 두 강은 하라파 문명 당시 거의 평행하게 흘러서 농경과 목축이 가능한 거대한 충적평야를 형성하였다. 가가르-하크라 강은 후대의 산스크리트 문헌에 기록된 전설적인 사라스와티(Saraswati) 강이다. 또한 이 강은 위에서 인용된 바와 같이 아리스토불러스가 보았던 취락민들에게 삶의 풍부한 원천을 제공했던 강이다. 고고학자 무갈(M. Mughal)[8])에 의하면 가가르 – 하크라 강은 인더스 계곡에서 가장 큰 도시였던 모헨조다로와 하라파를 포함한 많은 취락과 도시의 생명줄이었다.

나일강과 비교할 때 인더스 강과 가가르 – 하크라 강은 연중 강의 수량과 유로가 상대적으로 불규칙하고 변이가 심한 특성을 가지고 있다. 예를 들어 이들 강에서는 빈번한 강의 홍수로 인해 범람이 자주 발생한다. 수 백년에 걸친 이러한 잦은 홍수로 인해 인더스 강의 유역에는 많은 수의 지류가 복잡한 미로를 형성하고, 다양한 풍화작용과 침식작용에 의해 두껍고 비옥한 실트 퇴적층이 형성된다. 이러한 비옥한 토양과 함께 고온건조의 기후는 이집트와 메소포타미아처럼 다모작의 작물을 재배할 수 있고 다양한 식물이 자랄 수 있는 환경적 여건을 제공한다. 그러나 이집트와 달리 기원전 2400년 이후(하라파 문명의 존속기간이 포함되는)의 인더스 계곡에서는 건조농경이 가능하고 동물의 사육이 가능할 정도로 충분한 비가 내렸기 때문에, 이 지역의 사람들은 이집트와 달리 인더스 강 유역에만 전적으로 그들의 삶을 의존할 필요가 없었다.

인더스 강의 대부분은 선박 항해가 가능하기 때문에 하라파 도시들간에는 선박을 이용한 물자의 이동이 가능했을 것이고, 중앙 정부의 관리들은 인더스 강을 이용하여 세금을 징수하고 지방을 통치하였을 것으로 판단된다.

고대의 메소포타미아인들과 마찬가지로 인더스 계곡의 고대 문화와 정치는 강 연안을 벗어나 원거리 정치체와의 장기간에 걸친 문화적 상호작용의 산물로 이해할 수 있다. 무더운 인더스 평야의 서쪽에 위치한 파키스탄과 아프카니스탄, 이란의 건조한 산맥과 산록완사면은 농업의 한계지대이다. 그러나 이들 지역은 중요한 광물과 금속의 원산지이고 동물과 기타 생산물이 풍부한 목축지대이기 때문에 저지대 문명의 성장에 중요한 영향력을 미치게 된다. 북쪽의 히말라야 산맥은 왕래가 거의 불가능하기 때문에 인더스 계곡안이나 밖으로의 새로운 사고방식, 물건, 사람의 이동은 주로 이러한 서쪽 경계지대를 통해서 이루어졌거나 아라비아 해의 좁은 해안선을 따라 이루어졌을 것이다. 인더스 계곡 동쪽의 거대한 인도 사막도 사람과 물자의 이동을 어렵게 하는 지형적 장애로 작용한다. 결과적으로 이집트 및 페루와 마찬가지로 인더스 계곡은 고지대와 사막, 바다로 둘러싸인 생산성이 높은 농경지대라고 할 수 있다.

남부 아시아의 신석기 문화

최근 몇 년간에 걸쳐 남부 아시아에서 발견된 중요한 고고학적 기록중의 하나는 한때 그 역사가 짧을 것이라고 생각했던 취락 농경생활이 실제로는 상당히 오래 전부터 광범위하게 이루어졌다는 점이다.[9] 인더스 문명의 선조들은 인더스 강 위의 고지대에서 수 천년 동안 소규모의 농경과 목축에 종사하였던 것으로 판단된다. 이러한 시기동안 대부분의 저지대 평야는 많은 사람이 살지는 않았던 것으로 보인다. 현재까지의 조사결과 기원전 7000년기에 해당하는 아프카니스탄과 발루치스탄(Baluchistan)의 문화층에서는 재배종의 밀과 사육종의 양과 염소의 유체가 발견되고 있다. 또한 기원전 7000년 이후 이러한 농경과 목축의 생활방식은 충분한 강우량과 지류가 존재하는 고지대를 따라 서쪽에서 동쪽으로 점진적으로 전파되기 시작한다.

하라파 문명의 전조가 되는 신석기 시대의 유적은 최근 여러 지역의 조사를 통해 알려지고 있다. 예를 들어 발루치스탄 쿼타 계곡의 킬리 굴 모하메드(Kili Ghul Mohammad), 아프카니스탄의 가르 이 마르(Ghar-i-Mar)와 아크 쿠프르크 II층 (Aq Kupruk II)에서 신석기시대 유적이 발견되고 있는데, 특히 파키스탄 카치 평야의 메가르(Mehrgarh) 유적은 가장 대표적인 신석기시대 유적이라고 할 수 있다.

메가르 유적은 기원전 7000년 직후에 처음으로 점유되기 시작하였는데, 이 유적의 고대인들은 여러 개의 방으로 구성된 단순한 건물에 거주하였고 작물농경과 사냥을 통해 생계를 유지하였던 것으로 보인다. 이 유적은 생계의 기본유형이라 할 수 있는 작물재배와 동물사육, 농경 기술, 그리고 농경민 사회의 구조를 보여주는 전형적인 취락으로서 인더스 계곡에서 발견된 것 중에서 연대가 가장 올라가는 유적이다. 메가르 유적의 이러한 제반 특징은 하나의 기능적 실체로서 향후 이 지역에서 등장하는 모든 문명의 기본적 틀이 된다. 세계의 거의 모든 지역에서 토기는 작물재배가 시작되는 경제체제에서 일반적으로 발견된다. 왜냐하면 토기는 국, 스튜요리, 포리지, 맥주 등 모든 음식물을 조리하는데 필수적인 용기이기 때문이다. 그러나 서남 아시아의 가장 이른 시기의 신석기시대인들과 마찬가지로 메가르에 살았던 초기의 고대인들도 처음에는 재배된 보리와 밀을 저장하는데 토기를 사용하지 않았다. 메가르 유적의 건물내부에서 노지가 발견되는 것으로 보아 메가르인들은 주로 빵을 굽기 위해 보리와 밀을 사용했던 것으로 보인다. 또한 메가르인들은 대규모의 사냥행위를 하였던 것으로 보인다. 예를 들어 가장 이른 시기의 메가르 취락에서는 가젤 영양, 사슴, 영양, 야생 물소, 야생의 양과 염소, 야생 소, 야생 돼지의 뼈가 다수 발견되었고 심지어 코끼리의 뼈도 수습되었다.

그러나 기원전 5500년 이후 메가르 유적에서는 주로 양과 염소, 소만이 전문적으로 발견되는데 동물학자 리차드 미도우(Richard Meadow)에 의하면, 이러한 동물들은 축사에 가두어져 본격적으로 사육되기 시작한다. 미도우의 분석에 의하면 메가르에서 발견된 소들은 등에 큰 혹이 있는 소('Zebu')이다. 이러한 혹이 있는 소 (*Bos indicus*)는 혹이 없는 소(*Box taurus*)가 중동의 서부 지역에서 사육되기 시작한 이른 시기부터 중동의 동쪽 변방에서 사육되기 시작한 것으로 추정된다.[10] 더구나 기원전 5500년부터 메가르의 신석기인들은 조잡하지만 기능적인 토기를 사용하기 시작한다. 이들은 또한 순동의 도구를 사용하였고 이란과 아프카니스탄 지역으로부터 옥과 청금석을 수입하고 아라비아 해로부터 패각을 수입하였다. 메가르인들은 이러한 외부 교역품을 옥의 형태로 제작하여 무덤 피장자의 장식품으로 사용하기 시작한다.

남부 아시아 전역으로 농경의 생활방식이 전파됨에 따라 사람들은 돼지, 물소, 등에 혹이 있는 소와 같은 동물들을 사육하기 시작한다. 서남 아시아의 신석기인들과 마찬가지로 남부 아시아의 신석기인들도 주식량원인 보리와 밀 외에 완두콩, 렌즈콩, 기타 다양한 콩과 식물들을 재배한다. 후자의 콩과 식물들은 농작물의 수확이 불확실한 원시 농경사회에서 부족하기 쉬운 식물성 단백질을 인간에게 공급하는 기능을 한다.

세계 도처의 초기 농경민처럼 남부 아시아의 초기 신석기인들도 섬유, 특히 솜을 추출할 수 있는 식물을 재배함으로써 의복문제를 해결하였다. 아마포와 양모가 각각 이집트와 메소포타미아의 기본적 직물원료가 되었듯이 솜은 페루와 남부 아시아에서 의복을 만드는 기본재료가 된다. 그러나 직물을 농경민들만의 발명이라고 할수는 없다. 예를 들어 세계의 다양한 수렵채취민들도 다양한 자연 섬유를 사용하여 그들의 의복을 제조하였기 때문이다. 그러나 증가하는 농경인구와 계절적으로 적절하고 값이 저렴한 옷을 만들기 위해서는 궁극적으로 집약재배가 가능하고 쉽게 직물로 전환할 수 있는 작물의 재배가 요구된다. 남부 아시아의 섬유작물은 아마도 기원전 7000년과 5000년 사이에 여러 지역에서 재배가 되었던 것으로 보이지만 정확하게 언제 어디서 이러한 재배가 발생하였는지 현재로선 정확히 알 수 없다.

남부 아시아 문명의 서막이 일면 초라해 보일 수도 있지만 분명히 이집트나 메소포타미아와 동일한 문화요소를 포함하고 있다. 기원전 7000년경에 이르면 이 지역의 사람들은 다양한 경제 전략을 구사하였다. 얼마 지나지 않아 이들은 자신들의 환경조건에 적합한 생산적이고 효율적인 경제행위를 터득하였다. 남부 아시아의 선사인들도 그들의 생계와 관련된 제반 문제를 해결하였다. 이들은 또한 소, 돼지, 양, 염소 등이 매우 생산적인 동물이라는 점을 발견하게 되고, 보리와 밀이 그들의 주요 식량원이 될 수 있다는 점을 발견하였다. 또한 남부 아시아 선사인들은 토기가 이상적인 음식가공과 저장을 할 수 있는 용기라는 점, 다양한 식물과 동물로부터 직물을 얻을 수 있다는 점, 진흙벽돌 건물과 영구 취락이 효율적인 주거라는 사실을 발견하였다.

모든 이러한 발달은 자연적이고 거의 피할 수 없는 발전과정으로 보일 수도 있지만 사실은 그렇지 않다. 우리는 북부 아프리카에서 인도까지의 모든 선사인들이 생계문제를 해결하기 위해 동일한 해결책에 도달할 때까지 그들의 경제를 계속적으로 발달시켜 왔다고 추정해서는 안된다. 고대인들은 개인적 필요를 해결하기 위해 경제의 다양한 측면을 실험하였을 것이고, 일부 해결책은 이전의 것보다 나을 수 있다. 예를 들어 견고한 토기를 제작하는 과정은 남부 아시아, 서아시아, 북부 아프리카 등 각각의 지역에서 독자적으로 수십, 수백번의 시행착오를 걸쳐 정착하게 된다. 또한 직물제조도 수십번의 독자적인 실험을 거쳐 개발되었을 것이다.

이러한 고대 문명의 발달과정을 살펴보면 "필요는 발명의 어머니다"라는 말이 사실이라는 점을 알 수 있다. 토기의 사용은 아마도 가장 분명한 예일 것이다. 일반적으로 선사시대의 농경민들은 작물을 효율적으로 세척하고 저장하고 끓여서 먹을 수 있는 방법을 찾아야만 했을 것이다. 동물의 가죽, 목재 용기, 혹은 기타 다른 저장용기를 통해 이러한 목적의 일부는 달성할 수 있을 것이다. 그러나 이러한 모든 목적을 달성하는데는 토기만큼 제작비용이 저렴하고 항구성이 있으며 어디서든 사용할 수 있는 것은 없다. 의복과 저장용기, 줄, 그물을 제작하는데 사용되는 직물 또한 동물 가죽이나 기타 다른 재료에 비해 훨씬 많은 선택적 이점을 가지고 있다. 거의 모든 수렵채집사회는 의복을 만드는 주요 재료로서 동물가죽을 사용하였다. 그러나 동물가죽의 의복을 만들기 위해서는 "한 사람의 옷을 만들기 위해 자신의 코트까지도 잘라내야 한다."는 오래된 격언처럼 많은 양의 가죽이 필요하다. 그러나 영양이나 호랑이의 사냥을 통해서 얻는 가죽에 비해 솜이나 섬유, 양모로 된 직물은 다양한 크기와 형태, 패션, 그리고 값싼 비용으로 옷을 대량생산할 수 있다. 나일강, 인더스강, 티그리스, 유프라테스 강의 뜨거운 태양 아래에서 고대인들은 가죽옷이나 기타 다른 형태의 동물 가죽으로 만든 옷을 착용했을 수도 있다. 그러나 아마포, 섬유, 가벼운 양모로 만든 옷은 가죽옷에 비해 훨씬 큰 안락함과 쾌적함을 주었을 것이다.

신석기 문화에서 도시로의 전환

나일 계곡 및 메소포타미아 문명과 마찬가지로 하라파 문명은 특수한 환경의 산물이라고 볼 수 있다. 즉 하라파 문명은 기원전 5000년 이후 이란의 고지대, 아프카니스탄, 파키스탄의 전역에 퍼진 농경 취락 전통의 직접적인 산물이라고 할 수 있다.[11]

신석기시대 인더스 강의 서부 고지대의 취락사회는 아마도 간단한 밀농사와 양과 염소의 사육, 그리고 일부 수렵과 채집에 의해 보완되는 혼합적 생계형태를 가지고 있었던 것으로 보인다. 이들 농경민들은 토기를 제작하고 소수의 순동 도구를 사용했지만 일부 취락 유적에서는 계절적 점유의 증거도 보이는 것으로 보아 이동 생활도 하였던 것으로 보인다.[12] 그러나 이러한 취락은 점차 규모가 커지기 시작하고 이제 농경은 훨씬 넓은 지역의 생활방식으로 자리를 잡게 된다. 또한 인더스 강의 남쪽과 동쪽으로도 신석기시대의 문화가 자리를 잡게 된다. 기원전 4500년경에 이르면 갠지스 평야에서는 쌀 농사가 이루어졌던 것으로 판단된다. 실제로 남부 아시아의 전역에서는 이 시기에 많은 종류의 작물을 집중재배하였다. 그러나 작물의 대부분은 밀이나 쌀과 같은 기간작물이 되지는 못하였을 것이다.[13] 인더스 충적평야의 이러한 모든 농경의 전통은 궁극적으로 지역적인 통합을 이루게 된다. 다시 말해 인더스 강 유역의 높은 농업 생산성과 용이한 운송수단을 갖춘 취락 농경사회는 점차 도시사회로 성장하게 된다.

하라파 문명의 형성기

농업 자체의 기원과 마찬가지로 단순 농경사회에서 국가로의 문화적 변형은 농업경제와 농업에 적합한 생산적 조건이 긍정적으로 결합되어 나타나는 필연적 과정이라고 생각할 수도 있다. 그러나 이것은 사실과 거리가 먼 추측에 지나지 않는다. 인더스 계곡의 문명은 문화 진화의 단절적 특징을 보여주는 또 다른 전형적인 예이다. 즉 신석기 시대의 취락이 문명의 요소를 차곡차곡 쌓아가는 점진적인 발전과정이라기 보다는 메소포타미아에서 보였던 것과 유사한 문화진화의 전통을 보여준다. 다시 말해 사회 복합성에 관한 최초의 전환이 발생하였던 지역의 문화는 어느 순간 사라지게 되고, 오히려 이전 시기에 문화적 변방지대였던 지역이 문화의 핵심적 발달지역으로 등장하게 된다.

케노여(Kenoyer)가 지적한 바와 같이[14] 전통적으로 인더스 문명은 고유한 언어를 사용하는 하나의 민족적 집단에 의해 이루어졌다고 추정하는 경향이 있었다. 그러나 메소포타미아와 마찬가지로 인더스 문명은 수많은 민족적 집단과 언어, 적응과정이 복잡하게 얽혀서 형성되었다는 증거들이 속속 등장하고 있다.

중앙과 지방과의 관계라는 측면에서 볼 때 하라파 문명은 메소포타미아 문명과는 매우 유사하고 이집트와는 상이한 모습을 보인다. 이집트는 북쪽으로 빈약한 항구, 남쪽으로 험한 급류, 동쪽과 서쪽으로 사람이 살지 않는 사막으로 둘러 싸여 있다. 따라서 중앙정부와 지역 정치체의 차이라는 점을 제외하고 이집트의 경우 중앙과 지방이라는 개념을 실제로 적용하기가 어렵다. 이와 대조적으로 메소포타미아에서는 아나톨리아에서부터 이란의 고지대와 페르시아만까지 수많은 독자적인 문화가 경제적 번영을 누리게 되지만 메소포타미아에 중심을 둔 국가들이 이러한 상이한 지역의 문화들을 계속적으로 지배하게 된다.[15]

다니엘 밀러(Daniel Miller)는 인더스 평야와 연접한 고지대의 경계지대와 인더스 평야 자체 사이에 메소포타미아와 유사한 중앙과 지방의 관계가 형성되어 있음을 발견하였다. 밀러에 의하면 기원전 4000년경 오늘날의 파키스탄에 위치하고 있었던 취락들은 패각, 청금석, 기타 물자들을 교역하였고, 건축공간의 정형성을 보여주며 지역적으로 다양한 양식의 토기를 생산하였는데, 이는 당시의 취락들이 상호 경쟁적인 정치체였다는 사실을 시사하고 있다.[16]

사회 복합성의 등장은 취락간의 크기와 사회경제적·정치적 파워의 상대적 차이의 심화로 측정할 수 있다. 그러나 불행하게도 인더스 문명에서는 취락의 패턴[17]과 기타 자료[18]에 근거하여 이러한 사회 복합성에 대한 최초의 결정적 단계를 파악하기가 어려운 실정이다(그림 10.3).

밀러에 의하면 이 시기의 인더스 평야와 동부 이란의 몇몇 지역은 "상당한 정도의 복합성과 도시화를 갖춘 사회로 변화하기 시작한다".[19] 하라파 전성기의 상당

10.3 이 그림은 모헨조다로 성의 일부 모습을 보여주고 있다(뒷편의 거대한 원형의 불교사원은 모헨조다로가 폐기된 수 세기 후에 축조되었다).

히 많은 문화적 요소의 기원은 기원전 5000년대와 4000년대의 이러한 발전양상에서 찾을 수 있지만, 기원전 2600년 이후의 하라파 문명의 문화적 변동은 자생적 성격이 강하고 어떤 의미에서는 혁신적인 성격을 띤다.[20] 포셀(Possehl)이 지적한 바와 같이[21] 하라파 문명은 기본적 생계유형, 지역적 교환, 개인 장식품(규암제 칼, 토제 여인상, 순동제 반지 등)의 생산과 사용에 있어서 수 천년에 걸쳐 연속적인 성격을 띠는 것도 있다. 그러나 동시에 상당히 비연속적인 속성을 보이는 것들도 있는데 예를 들어 도시화, 사회적 계층화, 직업의 전문화 등을 들 수 있다.

　기원전 3200년부터 기원전 2600년 사이에 급격하게 나타나는 이러한 문명의 비연속적 특징은 극히 일부의 유적(예를 들어 암리〈Amri〉, 나우샤로〈Nausharo〉, 하파라)에서 발견되고 있다. 그러나 이 시기에는 이 외에도 많은 다른 유적이 존재하고 있었다. 포셀[22]에 의하면 이 시기에 속하는 유적은 463개 정도이며, 이들 유적들의 크기는 대동소이하다(따라서 인구도 크게 차이가 나지 않았을 것이다). 이들 유적 중에는 크기가 22에서 30헥타르에 이르는 것도 일부 있지만 거의 대부분의 유적은 점유면적이 약 5헥타르 정도의 대동소이한 면적을 보이고 있다. 8장에서 살펴본 바와 같이 사회정치적 변화를 유추하기 위한 고고학적 분석중의 하나는 한 사회내의 각 유적에서 보이는 인구 규모의 다양성이다. 주지하다시피 국가는 거대한 도시에서 부터 작은 촌락까지 굉장히 다양한 크기의 촌락과 도시로 구성된다. 그러나 정치 경제적으로 통합되거나 통치되지 않는 사회는 거의 동일한 크기의 단위집단으로 구성된다. 인더스 지역에서 문명의 전성기에 해당하는 시기(기원전 2600년 이후)의 유적은 상대적으로 거대한 3개의 공동체(80~85 헥타르)를 포함하고 있다. 이러한 거대한 도시는 모헨조다로, 하라파, 간와리왈라(Ganwariwala)이다. 국가 단계의 취락 유형에 관한 중심지 이론(7장 참조)이 시사하는 바와 같이 이 세 지역의 거대도시는 서로 일정한 거리를 두고 균일하게 분포되어 있고, 이들 도시 주위로는 크고 작은 많은 공동체가 위치하고 있다. 이러한 공동체의 분포가 전통적으로 우리가 불러왔던 용어, 예를 들어 '수도', '지역 중심지', '소지역 중심지', '읍', '대촌', '소촌'에 해당되는지의 여부는 분명하게 말할 수 없다. 인더스 사회에서는 두 종류의 일반적 차이, 예를 들어 거대 도시와 소규모의 읍과 취락의 차이만이 존재했을 수도 있다.[23] 그러나 기원전 3200년과 기원전 2600년 사이 인구가 무려 3배 이상 증가했다는 사실을 주목할 필요가 있다. 더구나 발루치스탄의 쿨리와 같이 굉장히 멀리 떨어진 지역의 집단도 이 시기에 들어오면 하라파 문명권에 편입되었다는 사실을 주목해야 한다. 기원전 3000년~2400년 사이에 코트 디지(Kot Diji), 하라파, 칼리반간(Kalibangan)과 기타 지역에서 취락들이 나타나는데, 아마도 이러한 취락은 서부 고지대에서 유입된 사람들에 의해 건설된 것으로 보인다. 이 시기의 취락에 대한 발굴조사 결과 당시의 사람들은 간단하게 축조된 진흙벽돌집으로 구성된 마을에 살고 있었고, 집약적 관개시설이 필요없었던 것으로 보인다. 또한 농경지의 부족이나 기타 자원에 대한 압력이 없었음에도 불구하고 일부 취락은 성을 가지고 있었다. 기원전 2600년 이전의 이러한 다양한 저지대의 취락은 양식적 통일성을 보이고 상당한 정도의 경제적·건축적 유사성을 보여주고 있다. 그러나 대부분의 취락들은 정치적 독립과 자급자족의 경제를 유지하고 있었던 것으로 보인다. 또한 기원전 2600년 이후 이 지점에 등장하는 도시들이 엄격한 도시설계나 공간구성을 보여주는데 비해 이 시기의 취락에서는 그러한 모습을 볼 수 없다.

취락의 패턴이 변화하는 시기(기원전 3200년~기원전 2600년)에 각 취락의 구성도 변하게 되는데 그 변화의 양상이 상당히 흥미롭다. 7장에서 논의한 바와 같이 세계의 모든 문명은 예외없이 피라미드, 성, 광장, 저장소, 하수시설 등과 같이 기념비적 '공공(public)' 건축물의 등장과 궤를 같이 한다는 특징을 가지고 있다. 따라서 기원전 2600년전 이전의 하라파 지역의 취락들이 공공기념물을 축조하지 않았다는 점은 전혀 이상할 것이 없다. 코트 디지와 기타 극소수의 유적에서 방어용 성으로 보이는 건축물이 발견되었지만 포셀이 주장한 것처럼 하라파 문명 형성기에 해당하는 총 463개의 유적 중에서 오로지 3개의 유적에서만 그러한 성이 축조되었다. 또한 사회적 계층화의 증거, 예를 들어 정교한 무덤이나 가옥의 축조 흔적도 발견할 수 없다. 그러나 기원전 2600년 이후 하라파 주요 도시들에서는 성채나 거대한 공공 저장소와 같은 거대 건축물이 나타나고 경제적 부와 정치적 지위를 시사하는 거대한 주거용 건축물이 등장한다.

하라파 문명의 요소들을 살펴보면 우리는 초기 문명의 공통적인 특징을 발견하게 된다. 즉 인더스 문명에서도 간단한 농경기술만으로도 상대적으로 풍부한 생산물을 획득할 수 있는 환경을 가지고 있고, 사람과 물자의 이송을 원활하게 하고 행정처리와 통제를 용이하게 해주는 하천 체계의 발달이 나타난다. 또한 상대적으로 좁은 지역에서 다양한 문화와 자연자원이 혼합되어 나타나는 것도 인더스 문명에서 보인다. 그러나 하라파 문명은 외국과의 장거리 교역이 문명과 문화 발달의 강력한 촉진제가 되는 몇 안되는 사례중의 하나이다. 하파라의 공동체들은 주변의 산록지대와 산에서 광물, 금속, 동물 등과 같은 많은 자원을 채취하여 지역내뿐만이 아니라 페르시아만의 해로를 통해 메소포타미아 국가와도 교역을 하였다. 예를 들어 하라파, 모헨조다로, 로탈(Lothal)과 같은 도시들은 서로 일정거리를 두고 균일하게 분포하고 있는데, 이러한 지정학적 위치는 각각의 도시 주위에서 발견되는 다양한 자원을 획득하는데도 유리한 여건을 제공한다. 각각의 도시는 촌락과 읍, 도시, 그리고 외국과의 복잡한 상업망 속에서 중심적 위치(7장 참조)를 차지하고 있었을 것이다.[24] 메소포타미아의 문자기록은 메소포타미아 국가들이 인더스 계곡의 마간(Magan)과 메루하(Meluhha)항구뿐만이 아니라 멀리 동쪽지역까지 교역을 하였다는 사실을 보여주고 있다. 금, 은, 동, 홍옥수, 청금석, 상아, 기름 등 메소포타미아 지역에서 구하기 어려운 많은 물자들이 인더스 계곡에서 메소포타미아 도시들로 유입되었던 것으로 추정된다. 반대로 인더스 지역의 도시들은 곡물, 가죽, 양모 등을 메소포타미아로부터 획득할 수 있었다. 그러나 이러한 교역망의 상세한 사항은 고고학적으로 보존되는 경우가 굉장히 드물다. 왜냐하면 음식물은 기본적으로 소비가 되기 때문에 흔적을 남기지 않고(심지어 화분까지도) 금이나 귀중한 보석과 같은 외래 산물은 이동성이 강하기 때문이다. 다시 말해 귀금속은 수 백번에 걸쳐 소유자가 바뀔 수 있고 많은 다른 종류의 물자와 교환되기 때문에 결과적으로 최초 교환체계에서의 원산지와 유입경로를 파악하기가 어렵게 된다.

오늘날의 세계에서는 다양한 규모와 종류의 교역이 존재하고 국제 교역은 경제적 이득을 극대화할 수 있다는 이점이 있다. 고전적 경제이론에 의하면 만약 개개의 국가가 통합된 교역체계내에서 경제적 이윤의 창출을 극대화할 수 있는 물자들을 교역한다면 모든 국가에게 혜택이 돌아간다. 오늘날의 일본과 싱가포르는 자원이 거의 없는 국가이지만 기술집약적 공산품의 수출에 주력하여 경제적 부를 창출하고 있다. 결과적으로 노동력의 착취와 환경의 파괴라는 문제를 야기하기는 하지만 오늘날의 국제무역은 모든 사람에게 최소한의 혜택을 주는 상호의존적 경제형태라고 할 수 있다. 예를 들어 오늘날 페르시아만의 기름, 중앙 아메리카의 과일, 아프리카의 금속, 영국의 금융산업, 그리고 수많은 다른 물자와 서비스 등의 교역이 국제적으로 이루어진다.

그러나 고대 사회의 교역은 오늘날과 동일하지는 않았을 것이다. 만약 유일한 운송수단이 동물과 원시적 수준의 선박이라면 인더스 계곡에서 티크리스와 유프라테스 계곡으로 대추야자를 운송하기에는 비용이 너무 많이 들고 따라서 효율적인 경제행위라 할 수 없다. 또한 이집트의 토기를 모헨조다로로 수출한다는 것도 경제원칙에 어긋나는 행위라고 볼 수 있다. 하라파와 메소포타미아간의 교역품중에는 일부 기능적 실용품도 포함되지만 대부분은 금이나 은과 같은 외래산의 위신재이다. 이러한 위신재는 엘리트와 일반인들과의 사회적 차별화를 강화하고 정교화하는 기능을 할 수 있다. 따라서 이러한 위신재는 일면 기능적이라고 할 수 있는데, 왜냐하면 사회 계층화는 강력한 국가 체제를 구축하는데 필수적인 기능적 요소이기 때문이다.

교역은 하라파 문명의 형성을 초래한 강력한 촉진제였던 것으로 보인다. 그러나 하라파 문명은 지역간의 전쟁(화재로 폐기된 건물로 추정)이 활발했던 시기에 번창하기 시작하였던 것으로 보인다.[25]

하라파 문명

기원전 2600년 이후의 도시의 등장과 인더스 전역에 걸쳐 나타나는 독특한 유물과 건축양식은 하라파 문명의 등장을 보여주는 고고학적 증거들이다. 하라파의 정치 체계는 약 5백년이라는 상대적으로 짧은 기간밖에 존속하지 않았지만 이 기간 동안에 인더스 평야의 대부분 지역을 정치적 · 문화적 단위로 통합할 수 있었다.

전성기의 하라파 유적은 현재까지 8백개 이상이 알려져 있고 이러한 유적들은 125만 km²의 범위에 걸쳐 있다. 이러한 하라파 문명의 영역은 최초 단계의 이집트 국가보다 더 큰 면적이고 수메르, 악카드, 앗시리아 제국의 모든 면적을 합친 것보다 넓은 면적이다.[26]

밀러는 하라파 문명을 진정한 대하천의 산물이라고 볼 수 없다고 말하고 있다. 왜냐하면 하라파 문명은 강 연안 외에도 다양한 생태지역에서 발견되고 하라파 문명의 주요한 발전이 이룩된 이후에야 인더스 강 유역에 취락의 집중이 이루어지기 때문이다. 인더스 유역의 유적에 대한 최근의 발굴은 최대 규모의 유적들, 특히 모헨조다로, 하라파, 찬후-다로(Chanhu-daro), 파티아니 코트(Pathiani Kot), 주데이르조-다로(Judeirjo-daro), 칼리반간, 로탈과 같은 유적에 집중되고 있다. 물론 이보다 작은 수많은 하라파 취락들이 실트 퇴적층밑에 묻혀 있거나 홍수에 의해 쓸려내려갔을 것이다.

규모가 가장 큰 도시인 모헨조다로(그림 10.3)의 면적은 2.5km²에 달하고 인구는 약 40,000명 정도였던 것으로 보인다. 잔센(M. Jansen)은 한때 고고학자들이 주장했던 것처럼 모헨조다로 전체가 계획적으로 축조된 것은 아니고, 도시의 중앙에 위치한 "방대형 마운드" 영역(약 100헥타르)만이 계획적으로 축조된 것이라고 주장하고 있다.[27] 또한 도시 주변에 위치한 많은 거주 영역도 계획적으로 축조된 것이 아니라고 한다. 그러나 메조아메리카 대부분의 도시에서 보이는 비계획적이고 복잡한 모습에 비해 모헨조다로는 상당히 체계적이고 질서가 있다.[28] 펜트레스(M.A.Fentress)는 모헨조다로와 하라파의 전반적인 유사성에 대해 의문을 제기하였지만 메소포타미아의 기준으로 볼 때 두 도시는 상당히 유사하다고 할 수 있다.[29] 심지어 하라파의 소규모 촌락들도 대도시에서 보이는 격자식 도시배치를 모방한 흔적이 보인다고 밀러는 지적하고 있다.[30]

모헨조다로는 남북 방향의 긴 도로에 의해 도시가 양분되는데 도로의 폭은 약 9m이고 양측에는 배수로가 설치되어 있다. 대중 목욕탕과 개별 가옥의 하수구와 화장실은 도시를 가로지르는 거대한 하수시설과 연결되어 있다. 대부분의 건물은 구운 벽돌로 축조되고 몇 개의 방이 중앙의 광장을 바라보는 구조로 배치된다. 또한 이러한 건물은 도시의 하수시설에 의해 처리되는 욕실과 화장실을 구비하고 있다. 가옥중의 일부는 이층으로 축조되었고, 이층 가옥은 다른 집보다 규모도 크고 정교하게 축조되지만 전반적으로 대부분의 집들은 거의 비슷한 모습을 하고 있다. 사르시나(A. Sarcina)는 대부분의 가옥을 두 가지의 기본적 종류로 나누고 있다.[31] 하나는 두 측면에 방들이 배열되고 광장이 한쪽 끝에 위치하는 형태이고, 또 다른 하나는 중앙에 광장을 가지고 세 면에 방들이 배열되어 있는 형태이다. 또한 대부분의 가옥들은 거의 동일한 크기와 축조방법을 보여주고 있다. 77%의 건물은 일반 가옥이고 나머지가 이들 집 주위에 들어 서 있는 조그만 상가들이다.[32] 주민들간에 경제적 부의 차이가 있었을 가능성을 배제할 수는 없지만 주거용 건축물에는 어떠한 부의 차이도 나타나지 않고 있다. 이에 비해 메소포타미아의 주거용 건축물에는 경제적 부의 차이가 어느 정도 반영되어 있다.

모헨조다로와 하라파와 같은 다른 거대 도시에서는 정교하게 배치된 주거 영역의 서쪽으로 주위에 벽을 가진 거대하게 융기된 마운드가 위치하고 있다. 이 마운드(때때로 '성채'나 '거대한 목욕탕의 마운드'라 불린다)는 '아랫마을'이라고 불리우는 주거 영역의 북쪽으로 150m 거리에 있다. 이들 주거 영역들은 다양한 강의 지류로 인해 정규적 범람이 발생하고 사람이 거주하지 않는 지역에 근접하여 위치하고 있다. 고고학자들은 당시의 사람들이 강에서 범람하는 물을 이용하여 목욕, 어로행위, 혹은 기타 다양한 행위들을 하였을 것이라고 추정하고 있다.

높이 솟은 마운드 위에 설치된 가장 흥미로운 건축물중의 하나는 '거대한 목욕탕(Great Bath)'이다. 수영장을 연상케 하는 이 건물의 크기는 12×7m이고 깊이는 2.5m이다. 또한 구운 벽돌로 축조된 이 건물은 중앙부가 움푹 들어가 있고 바닥에는 역청(瀝靑)이 깔려 있다. 건물의 측면에는 탈의실로 추정되는 방들이 있는데 이 방들은 최대한 서로 보이지 않도록 엇갈리게 축조되어 있다.[33] 거대한 마운드 위에 축조된 이 건물은 종교적 행위를 위해 축조되었을 수도 있지만 종교적 행위를 뒷받침할 수 있는 어떠한 증거도 발견되지 않았다. 따라서 이 건물은 대중목욕탕으로 기능했을 가능성이 높아 보인다.

목욕탕의 옆으로는 진흙벽돌로 된 다양한 방대형 건물과 방들이 있는데 이것들은 곡물창고, 의회건물, 요새 등으로 사용되었을 것으로 추정되지만 각각의 기능을 입증할 만한 증거가 미약한 실정이다. 거대 목욕탕의 마운드는 길이 450m, 폭 90m로서 엄청난 양의 노동력과 물자의 투자를 반영하고 있다. 모헨조다로나 기타 다른 인더스 도시에서는 이집트의 피라미드나 우르크의 백색사원과 견줄 수 있는 대형의 기념물을 발견할 수 없지만 인더스 사람들은 이 마운드를 축조하기 위해 상당한 양의 에너지와 물자를 투자했다고 볼 수 있다. 다시 말해 인더스 문명에 비해 메소포타미아와 이집트 문명은 그들의 물자와 에너지를 거대한 의례용 건축물의 축조에 투자했다고 할 수 있다. 이에 반해 인더스인들은 노동력과 물자를 주로 행정건물, 방어용 성, 저장시설의 축조에 사용했다고 할 수 있다.

하라파 문명은 외부의 침입, 홍수, 교역로의 차단, 혹은 기타 다른 요인으로 인해 문명이 한창 발전해 가는 과정중에 멸망했을 가능성이 있다. 또한 인더스 문명이 더 오랫동안 존속했다면 다른 문명에서 보이는 것처럼 '낭비적인' 거대기념물의 축조가 이 지역에서도 나타났을 가능성을 배제할 수 없다. 건축용 석재를 쉽게 구할 수 없는 점도 하라파의 기념물이 상대적으로 실용적이고 단조로운 점과 관련이 있을 것이다.

모헨조다로에 거주했던 수 천명의 사람들 중에는 대장장이, 도공, 직공, 벽돌공,

건축가와 같은 전문적인 장인집단이 존재하고 있었고, 거리에는 수많은 상가가 늘어서 있었다. 보리와 밀이 기본작물이었지만 대추야자, 메론, 참깨, 완두콩, 겨자, 기타 다른 작물 등도 재배되었다. 소, 양, 염소, 돼지, 닭은 중요한 사육동물이었고 이 외에도 낙타, 당나귀, 개, 고양이 등이 사육되었다. 하라파 유적에서는 심지어 소수의 코끼리 뼈도 발견되었다. 그러나 하라파 시대의 말기 이전의 시기까지 말은 거의 이용되지 않았던 것으로 보인다.

하라파의 대규모 취락의 대부분은 건축과 경제의 측면에서 모헨조다로와 거의 흡사하다. 그러나 로탈 유적은 크기가 250×300m 정도밖에 되지 않지만 크기에 비해 매우 인상적인 사회 복합성을 보여준다.34) 발굴자인 라오(S.R.Rao)가 부두로 해석하였던 거대한 연못 유적35)은 그 기능이 불분명하다.36) 이 유적에서는 이외에도 홍옥수, 수정, 벽옥, 기타 다른 광석을 사용하여 옥을 제작하던 작업장이 발견되었고, 청동, 코끼리 어금니와 같은 재료를 사용하여 장식품을 만드는 작업장도 발견되었다. 포셀은 로탈 유적에서 보이는 이러한 외래 물자의 배치와 집중현상에 기초하여 라오 유적을 변방에 위치한 일종의 중개 무역도시로 설명하고 있다. 즉 라오의 고대인들은 고지대로부터 원료를 수입하여 제품을 만들고 이러한 제품을 하라파의 도시로 수출하는 중개무역의 역할을 담당하였다. 또한 포셀에 의하면 하라파의 도시 사람들과 주변의 수렵채집인들은 계속적으로 다양한 종류의 물자를 교역하였다. 예를 들어 하라파의 도시들은 순동제 칼, 그릇, 동석제 구슬 등과 같은 생산물을 원석, 동물, 밀랍, 목재, 목탄, 실, 줄, 갈대 등과 같은 수렵채집인들의 물자와 서로 교역하였다.37)

하라파의 도시생활에 비해 소규모의 촌락에 대해서는 거의 알려진 것이 없다. 조사된 촌락중에는 주위에 벽돌로 담을 두른 촌락이 있는데 이것은 아마도 대도시의 성을 모방한 것으로 보인다. 또한 소규모 촌락에서 보이는 기본적인 예술과 수공업, 생계유형은 대도시의 것들과 많은 차이를 보이지 않는다.

하라파에서는 상대적으로 소수의 무덤 유적이 조사되었다. 이들 소수의 무덤에 대한 조사결과는 메소포타미아나 이집트의 무덤에서 보이는 사회적 차별화가 하라파에서는 존재하지 않았다는 사실을 보여준다.38)

정교한 행정체계를 보이는 하라파의 취락은 취락의 정형성에 관한 체계적 분석에 더 없이 좋은 자료가 될 수 있을 것으로 보인다. 이러한 분석은 고고학자로 하여금 특정 지역에 취락이 들어서는 경제적·정치적 동인과 요인을 식별하는데 도움을 줄 수 있을 것이다. 그러나 고고학자들은 굉장히 무덥고 거주 밀도가 높은 인더스 평야지대에 대한 체계적인 취락분석을 거의 하지 못하고 있는 실정이다.

하라파 문명이 사회발전단계상 '족장', '국가', '제국' 중에서 과연 어느 단계에 속하는가에 대해서 학자들은 논쟁중이다. 7장에서 자세히 논한 바와 같이 이러한 논쟁은 쉽게 풀릴 수 있는 성질의 것이 아니다. 왜냐하면 학자들은 이러한 정치적인 형식들이 과연 무엇인가라는 원론적인 문제에서부터 어떤 종류의 고고학적 증거가 각각의 그러한 형식을 대표하는가에 대해서도 의견의 일치를 보지 못하기 때문이다. 심지어 이러한 사회정치적 형식분류의 개념을 포기하고 고고학적으로 우리가 측정할 수 있는 것, 예를 들어 유사한 유물양식의 분포를 통한 유적의 크기, 동시대에 존재했던 유적간의 규모 차이, 문자의 존재, 도량형 체계의 연구에 집중한다 하더라도 하라파에는 아직도 명확하지 않은 점이 많다. 인더스 취락의 정형성에 대해 우리가 실제로 알고 있는 것은 기원전 3000년경 메소포타미아와 비슷하게 인더스에도 최소한 4단계의 취락위계구조(7장 참조)가 존재하였다는 사실이다. 만약 3단계 이상의 행정체계를 지닌 사회를 국가 단계의 정치조직으로 인정한다면 분명히 인더스 문명도 국가단계에 속한다고 할 수 있다. 실제로 기원전 2000년대 초반 하라파의 인구는 최소한 200,000만명을 상회하였고 이들의 복잡한 생활방식과 문화는 제국단계의 정치조직을 시사하고 있다.

인더스 문자와 도량형의 통일

하라파의 도시, 읍, 촌락들이 서로 유사하다는 사실은 하라파의 다양한 집단들이 규칙적이고 다양하게 접촉하였다는 사실을 보여준다. 하라파의 유적에서는 바퀴가 달린 운송수단과 배의 모습을 형상화한 토제품과 금속제품이 발견된다. 이들 토제품과 금속제품이 당시 일부 유적에서 대량생산된 많은 양의 석기, 토기, 기타 물자 등이 어떻게 운반되었는가를 보여주는 유일한 유물이다. 이러한 유물에 반영된 상당한 정도의 직업적 전문화는 지역내에서 물자의 교역이 활발했음을 보

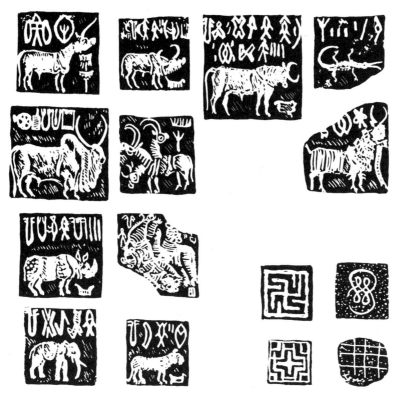

10.4 하라파 도장에는 다양하게 배치된 많은 상이한 부호들이 새겨져 있다. 따라서 이것들은 분명히 당시 사회에 문자가 존재했음을 보여주는 증거이지만 아직도 해독이 되지 못하고 있다.

여준다. 그러나 이러한 교역은 오늘날의 자유기업적 체계라기보다는 행정적으로 통제되는 일종의 비자본주의적 재분배였을 가능성이 매우 높다. 하라파 경제체계를 이해할 수 있는 중요한 자료는 유적에서 발견된 수많은 도장과 인장이다(그림 10.4). 이러한 도장과 인장은 물자의 소유권을 표시하거나 거래의 기록을 표시한 것일 수도 있다. 도장과 인장에 새겨진 부호가 의례와 관련될 가능성이 있기 때문에 이러한 해석은 문제의 소지가 있지만 하라파의 문자가 해독되지 않는 한 이 문제는 영원한 숙제로 남을 수밖에 없다.

하라파 문자의 대부분은 이러한 도장에 새겨져 있다. 그러나 이 외에도 많은 다른 기록들이 야자수의 잎이나 기타 썩기 쉬운 물질에 남겨졌을 것이다. 인더스 문자에서 보이는 독특한 기호의 숫자가 350에서 425개에 이르는 것으로 보아 인더스 문자는 알파벳 체계가 아니었음을 알 수 있다. 왜냐하면 알파벳 언어의 구어는 하나의 독특한 소리에 하나의 기호를 가지고 있고, 50개 이상의 알파벳 기호를 가진 알파벳 문자는 존재하지 않기 때문이다. 인더스 문자는 400개 전후의 독특한 기호를 가지고 있기 때문에 아마도 인더스의 구어는 음절을 가리키는 기호로 구성되고 해석을 돕기 위한 한정사와 부호를 가지고 있었을 것으로 판단된다.

파폴라(Parpola)[39]는 인더스 문자의 외관상의 구조와 부합되는 언어를 발견하기 위해 컴퓨터 분석을 시도하였으나 분석결과 현재 알려진 어떤 언어도 인더스 문자와 관련이 없다는 사실을 발견하였다. 인더스 언어중의 하나는 남부 인도의 드라비다(Dravida)어와 관련될 가능성이 있으나 두 언어를 연결시킬 수 있는 결정적인 증거는 없다. 다양한 학자들에 의하면 고대 인더스 언어는 엘람어를 구사하는 이란인들이 북부 인도로 건너온 사실과 관련시킬 수 있고, 따라서 고대 인더스어는 드라비다어보다는 엘람어와 관련될 가능성이 있다고 한다.

다른 지역의 고대 문자에 나타난 기록을 참조하면 인더스 문자의 기록들도 A라는 농부가 B라는 농부에게 18마리의 소를 팔아 세금을 납부하는 것과 같은 일상생활을 표현했을 수도 있다. 또한 기도를 하거나 통치자를 축복하거나 일상생활의 사건이나 거래에 관한 기록일 수도 있다. 오늘날은 컴퓨터의 시대이고 수많은 학자들이 컴퓨터를 이용하여 4백여 개의 인더스 기호에서 보이는 문자의 패턴을 연구하고 있기 때문에 언젠가 이들 부호의 정확한 의미와 기능을 알 수 있을지도 모른다. 그러나 인더스 언어의 증거는 상당히 빈약하고 각각의 부호는 너무나 양식적이어서 이들을 해독하기란 결코 쉬운 일이 아니다.

인더스 문자의 가장 보편적인 형태[40]는 음각의 날인이다(예를 들어 돌이나 다른 딱딱한 물체위에 특정 문양을 조각한다. 이것을 점토나 부드러운 물질에 찍으면 조각된 부분이 음각으로 나타난다). 인장은 토기나 점토 덩어리, 기타 다른 물질 위에 찍혀진다. 또한 문자는 건물의 기둥이나 벽에 새겨지기도 하고 점토 표면에 간단하게 긁거나 그려지기도 한다. 이러한 인더스 문자를 조사해보면 글은 오른쪽에서 왼쪽으로, 위에서 아래로 쓰여지고 긴 글의 경우 줄은 좌우 교대 서법(예를 들어 첫줄은 오른쪽에서 왼쪽으로, 다음 줄은 왼쪽에서 오른쪽으로 쓰여지는 원리)으로 쓰여진다는 사실이 밝혀졌다. 대부분의 인더스 글은 단지 5~6개의 기호로 구성될 정도로 매우 짧은데 이러한 글들은 대부분의 이집트나 메소포타미아 기록에 비해서 현저하게 짧은 것이다.

고고학자들은 이러한 도장들이 발견된 장소에 근거하여 도장이 특수한 용도로 사용되었을 것이라고 추정하기도 하지만 현재까지의 조사결과 도장은 광범위한 지역에서 발견되고 있다. 조지 데일즈(George Dales)와 마크 케노여[41]는 도장의 공간적 분포를 연구한 결과 주요 도로나 출입로와 같은 특정 지점에 도장이 한정적으로 사용되는 경향이 있다는 점을 발견하였다.

메소포타미아의 언어와 달리 하라파 문자는 단순한 형태에서 발전된 형태로 변화하였다는 증거가 없다. 하라파 문자는 고대 이집트 문자와 유사하게 어느 순간에 완벽한 형태로 등장하였던 것으로 보인다. 이러한 사실은 인더스 문자가 서아시아로부터 유입되어 지역적 양식으로 변화하였을 것이라는 점을 시사하지만 인더스 문자와 서아시아 문자사이에는 확실한 유사성이 보이지 않고 있다. 또한 고대 이집트 문자와 마찬가지로 인더스 문자의 급격한 출현은 단순히 고고학적 자료의 한계에서 비롯되었을 가능성도 배제할 수 없다. 예를 들어 이러한 언어의 초기 형태가 고고학적으로 보존되지 않은 물질에 쓰여졌을 수도 있고, 아직도 발견되지 않은 다른 물질에 남겨졌을 수도 있기 때문이다.

인더스 고대사회의 문자체계는 도량형의 통일에 의해 보완되고 있다. 이진법과 십진법의 원리로 정확하게 잘라진 조그만 규암편들이 저울의 무게를 재는 추로 사용되었고, 33.5cm 단위로 표시된 몇 개의 자가 발견되었다. 아마도 33.5cm의 단위는 서양의 '피트'와 마찬가지로 고대사회에서 길이를 측정하는 보편적 단위였던 것으로 보인다. 왜냐하면 많은 건물들이 이러한 단위를 사용하여 정확하게 축조되고 있기 때문이다.[42]

문자, 도장, 그리고 저울은 지역간이나 국가간의 교역을 시사하는데 실제로 멀리 아프카니스탄과 오만에도 하라파의 식민지가 있었다는 주장도 있다.[43] 그러나 밀러는 "현재까지의 연구결과 하라파가 국제적인 교역을 하였다는 적극적인 증거가 부족한 실정이다"[44]라고 반박하고 있다. 하라파인들은 교역의 양상을 쉽게 인지할 수 있는 완성된 제품의 교역보다는 주로 원자재의 교역을 했을 가능성이 높다. 어

10.5 하라파의 이 유물
　　은 역사상 가장 오
　　래된 우차(牛車)
　　중의 하나이다.

10.6 모헨조다로에서 발견된 아름다운 이 청동상은
　　하라파 예술세계를 보여주는 몇 안되는 예중의
　　하나이다.

쨌든 국제적 교역에 관한 전반적인 증거로 볼 때 동시기의 메소포타미아에 비해 인더스의 국제교역은 상당히 미약했던 것으로 판단된다.

　현재까지 발견된 하라파의 예술과 종교적 건축물은 동시대의 메소포타미아의 것보다 덜 다양하고 단순하지만 나름대로의 미를 보여주고 있다(그림 10.5). 가장 유명한 미술품은 테라코타 토우의 형태로 제작된 것들인데 대다수는 보석으로 화

려하게 치장한 여인의 입상들이다. 정확한 이유는 알 수 없지만 하라파의 고대인들
은 조각, 토우, 그림과 같은 예술작품들을 대량으로 제작하지는 않았던 것으로 보
인다. 대량으로 생산되었다 하더라도 최소한 오늘날 우리 세대까지 보존된 것들(그
림 10.6)은 극히 소수에 불과하다.

하라파 문명의 쇠퇴

　주지하다시피 대부분의 문명은 생물학적 조직체가 사망하는 것처럼 어느 한 순
간에 완벽하게 사라지는 것은 아니다. 즉 문명이란 시간과 상황의 변화에 따라 변
형이 이루어지지만 문명을 구성하는 다양한 요소는 언어, 예술, 기타 다른 형태로
사라지지 않고 영원히 남게 된다.

　하라파 문명은 오늘날의 인더스의 주민과 문화를 먼 옛날 선사시대까지 연결할
수 있는 커다란 문화적 줄기의 일부이다. 그러나 고고학자들은 인더스 문명이 단순
히 변형되었다기 보다는 홍수, 가뭄, 외부의 침입, 혹은 다른 재앙에 의해 완전히
멸망한 희귀한 문명인지에 대해 오랫동안 논쟁을 거듭해 오고 있다. 하라파 문명의
소멸과 관련되는 주요 고고학적 증거는 다음과 같다. 첫째, 앞선 시기에서는 토기
와 유물 양식이 통일성을 보여 주었지만 이제 동일 지역내에서도 이질성이 증가하
게 된다. 둘째, 하라파의 말기에 이르면 예술과 건축의 퇴조현상이 뚜렷하게 나타
난다. 이러한 퇴조현상에 착안하여 상상력이 풍부한 학자들은 이제 하라파인들이
중앙지향적 결합의식이나 목적을 상실하였다고 주장하기도 한다. 셋째, 모헨조다
로의 도로와 건물에서는 수 십기의 인골이 뒤섞여 무질서한 형태로 발견되었는데
(그림 10.7) 일부 학자는 이것을 외부인의 침입에 의한 결과로 해석하기도 한다.

　로버트 레이키스(Robert Raikes)는 인더스 강 입구의 엄청난 지각이동과 이로 인
한 홍수 때문에 인더스의 농경지와 취락이 파괴되고, 결과적으로 인더스 문명이 종
말을 고하게 되었다고 주장하고 있다.[45] 레이키스는 인더스강 최상류에 취락이 거
의 없다는 사실에 주목하여 당시의 해안은 오늘날의 해안보다 육지쪽으로 몇 마일
안쪽에 있었을 것이라고 주장하였다. 이것은 바다로 통하는 강줄기가 강 입구 근처

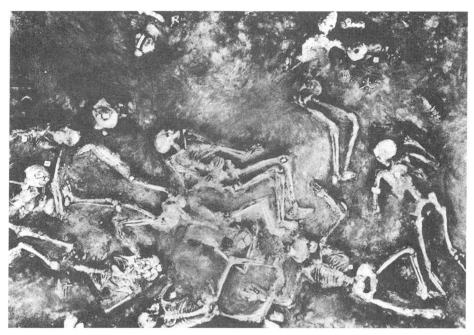

10.7 모헨조다로의 공공장소에서 발견된 이 인골들은 하라파가 외부로부터의 침략을 받았다는 증거로 해석되기도 하지만 이것을 증명할만한 적극적인 증거는 없다.

의 땅의 융기에 의해 폐쇄됐을 때 일어날 수 있는 현상이다. 결과적으로 여름철 집중호우를 만나게 되면 강은 일시에 범람하게 되고 하라파의 고대인들은 홍수를 피할 수 없었을 것이다.

이러한 견해와 달리 포셀은 하라파 문명의 쇠퇴기에 재배종의 수수가 남부 아시아로 유입되었다는 점에 주목하고 있다. 그에 의하면 이러한 재배종은 하라파지역의 남쪽지역의 땅에서 훨씬 잘 자라고 따라서 사람들은 그러한 지역으로 이동하였을 것이라고 추정한다.[46]

타파르(B.K.Thapar)[47]는 하라파 문명의 붕괴를 다음과 같은 몇 가지 요소의 파괴적 결합으로 간주한다. 첫째, 인더스와 인근 강의 유로를 바꾸고 재앙적 범람을 유발하는 지질구조상의 이동을 들 수 있다. 둘째는 히말라야 산록완사면의 산림의 파괴와 과도한 방목을 들 수 있는데, 이는 곧 활발한 침식작용을 야기하고 연이어 강 연안에 실트 퇴적층이 형성됨에 따라 계속적으로 지류의 변동을 야기하게 된다.

셋째는 지질구조상의 이동과 바다의 퇴각을 들 수 있는데 이러한 작용은 육지 안쪽으로 항구를 이동하게 하고 여러 지역에서 해안선의 하강을 초래한다.

인더스 문명의 몰락에 대한 좀 더 낭만적인 견해는 인더스 문명이 중앙 아시아와 이란의 준유목민들로부터 끊임없는 침입을 받아 멸망하게 되었다는 것이다. 현존하는 가장 오래된 베다 샨스크리트 기록인 리그 베다(Rig Veda)는 인더스 평야의 검은색 피부를 지닌 원주민이 더 밝은 피부를 지닌 아리아 족의 침략을 받았다고 기록하고 있다. 샨스크리트 문학은 16세기에 처음으로 해독되었는데 그 결과 샨스크리트어는 그리스어, 유럽어, 중앙 아시아 언어와 매우 유사하다는 사실이 밝혀졌다. 이러한 유사성의 궁극적인 기원지는 남부 러시아의 코카서스 산맥과 인근 지역으로 밝혀졌다. 이들 지역의 사람들은 키가 크고 머리가 길며 상당히 호전적인 민족으로서 아리아족 혹은 인도유럽어족으로 총칭되고 있다. 기원전 1900년 이후 아리아족은 인도, 중앙 아시아, 서부 아시아, 유럽 등의 지역을 침입하였고 이들 지역의 문화 형성에 영향을 미친 것으로 보인다. 그러나 이들이 이러한 정복활동을 어떻게 하였는지에 대해서는 아직도 자세히 알려지지 않고 있다.

인도 유럽어족과 연관시킬 수 있는 청동무기와 유물이 하라파 시기의 일부 유적의 상층에서 확인이 되고 있고, 일부 학자는 이것이야말로 리그 베다에 언급된 침략에 관한 증거라고 주장하고 있다. 그러나 아리아족의 침략을 직접적으로 입증할 수 있는 증거가 미약하고, 따라서 대부분의 학자는 그러한 침략이 하라파 문명의 붕괴에 미친 영향도 상대적으로 미약하였을 것이라고 믿고 있다. 또한 케네디(Kennedy)는 모티머 휠러경(Sir Mortimer Wheeler)이 발견한 모헨조다로의 시체들이 대량 학살의 증거라는 주장에 대해 반론을 펴고 있다.[48]

하라파나 다른 고대 문명에서 "유목민이 농경지대로 침입하였다"라고 할 때의 침입이란 영화의 율 브리너가 하는 것처럼 치명적인 급습의 형태는 아니었을 것이다. 오히려 유목민의 침입은 계속적으로 발생하는 일종의 분규라고 보아야 할 것이다. 전반적으로 볼 때 문명과 권력의 중심은 고지대의 하라파에서 쌀이나 기장의 사육으로 잠재적 발전의 가능성이 훨씬 높은 남부와 동부지대로 이동되었던 것으로 보인다. 다시 말해 주로 밀 중심의 농경을 행했던 전형적인 하라파의 고지대로부터 남부와 동부의 변방지대로 정치적·문화적 영향력이 이동하였던 것으로 보인다.[49] 콜린 렌프류는 인도 유럽어족이 인더스 평야를 습격하였다는 전통적인 견해에 의문을 제기하면서 인더스 평야의 사람들은 이미 인도유럽어를 구사하고 있었다는 조심스런 견해를 제시하고 있다.[50] 다시 말해 인도유럽어족이 일시에 물밀듯이 침입하여 인더스의 문화를 일시에 정복하였다기보다는 곡물과 농경의 요소와 함께 인도유럽어의 전파가 점진적으로 이루어졌을 가능성이 높다.

결국 하라파 문명의 종말은 여러 가지 요소가 복합적으로 작용한 결과로 보아야 할 것으로 판단된다. 변방세력의 계속적인 압력, 인더스 강의 유로의 변경 및 이로 인한 인근 강의 갈수현상과 폐기, 가뭄, 홍수, 지진 등 여러 요소들이 하라파 문명의 점진적인 몰락을 야기하였던 것으로 보인다.

하라파 문명이 멸망한 이후 인도와 파키스탄 지역에는 수렵채집문화에서부터 매우 발전된 형태의 도시문명까지 다양한 문화가 등장하여 흥망성쇠를 거듭한다. 이제 권력과 문화의 중심지는 인더스 계곡에서 갠지스강 유역으로 점차 이동하는데 갠지스강 유역에서는 기원전 1100년 이후 거대한 도시들이 형성되고 국가 단계의 정치체계가 발전한다. 하라파 문명의 많은 요소들, 예를 들어 야금술, 건축방식, 토기양식, 농경 등은 이러한 후대의 사회에서도 계속하여 나타난다.

📷 인더스 계곡의 문명 : 결론

학자들은 인더스 계곡의 문화사의 기원과 발전과정에 대해 끊임없는 논쟁을 계속하고 있다. 인더스 평야의 생태학적, 인구학적, 기술적 요인을 강조하는 학자가 있는 반면[51] 어떤 학자들은 사회정치적 요인을 강조하기도 한다.[52]

인더스 계곡의 환경적 특징에 근거하여 하라파와 메소포타미아 혹은 이집트의 취락과 도시에서 보이는 차이를 설명하기란 상당히 어려운 작업이다. 하라파 취락과 도시의 배치 및 기능은 그 자체가 고대 이집트에 버금가는 중앙집권적인 강력한 정치체의 존재를 말해준다. 그러나 이집트와 같은 신권주의적 국가에서 보였던 거대한 고분과 궁궐, 피라미드와 같은 고고학적 증거가 하라파에서는 발견되지 않고 있다.[53]

하라파 문명의 짧은 존속기간, 초대형 기념물의 부족, 부의 차이와 군국주의의 부재에 주목하여 일부 학자는 하라파 문명이 국가단계의 사회라기보다는 족장단계의 사회라고 주장하고 있다.[54] 그러나 자콥슨(Jacobson)이 지적한 바와 같이 이러한 해석은 최근의 연구결과에 의해 도전을 받고 있다.[55] 즉 인더스 지역의 취락 패턴 연구에 의하면 인더스 사회는 취락 크기와 인구성장률에 있어서 국가 단계에 부합하는 상당한 변이를 보여주고 있다.[56] 또한 하라파 문명은 비록 발전된 형태로 변화하지는 못했을지라도 많은 양의 행정적·경제적 정보를 전달할 수 있는 문자 체계를 가지고 있었다. 마지막으로 최근의 발굴조사는 하라파 문명이 상당한 정도의 군사적 요새화와 경제적 계층화를 이룩하였다는 사실을 보여준다.

셰이퍼(Shaffer)는 메소포타미아와 같은 고대 국가에 적용할 수 있는 분석적 모델을 하라파 문화에 적용할 수 없다고 결론짓고 있다.[57] 예를 들어 하라파의 고대 국가는 메소포타미아와 같은 문명의 흥망성쇠를 보여주지 않는다. 더구나 인더스 계곡에서는 위계적 엘리트, 중앙화된 정부(국가, 제국), 전쟁 등 국가단계에서 일반적으로 보이는 특징이 존재하지 않는 상태에서도 기술적으로 발달된 도시 문화가 형성되고 있었다.[58]

케노여에 의하면 :

> 인더스 국가는 인더스와 가가르-하크라 계곡의 광활한 지역에 대해 상이한 수준의 정치적 통제를 하는 다양한 경쟁적 엘리트 계층으로 구성되어 있다. 절대적 권력을 지닌 하나의 사회적 집단 대신에 다양한 도시를 지배하는 집단은 상인, 종교적 사제, 자원을 통제하는 개인들이다……이러한 다양한 지배집단은 상이한 통제수단을 가지고 있었지만 공통의 이데올로기와 경제체계를 가지고 있었다……이러한 이데올로기는 느슨하게 조직된 직업적 전문가와 전체로서의 공동체에 의해 공유되었던 것으로 보인다.[59]

장거리 교역, 특히 인더스 계곡으로부터 메소포타미아로의 물자의 이동은 하라파 문명의 성장과 (붕괴에) 결정적인 요소로 자주 인용되고 있다. 하라파의 도장과 도장이 새겨진 유물이 메소포타미아와 페르시아만에서도 일부 발견되고 있다. 전자와 후자의 지역간에는 분명히 어느 정도의 상업적 거래가 있었던 것으로 보이고,

이러한 상업적 거래는 해안을 따라 항해하는 배와 이란 고원을 횡단하는 대상(隊商)을 통해 이루어졌던 것으로 보인다. 아마도 동석, 일부 보석류, 기타 광물류가 교역되었을 것으로 추정되지만 정확히 어떤 물품이 인더스 계곡에서 근동지방으로 유입되었는가는 알 수 없다. 그러나 두 지역간의 교역은 일방적이었는데, 예를 들어 서남 아시아에서 인더스 지역으로의 물자이동은 거의 없었던 것으로 보인다. 이러한 사실에 근거하여 하라파 문명이 메소포타미아나 이란의 고대국가에 의해 형성되고 유지되었다고 주장하는 학자도 있다. 실제로 메소포타미아의 문명요소, 예를 들어 조각된 돌상자, 주사위, 파양스 도자기, 축력(軸力), 자루에 구멍이 있는 도끼, 종교적 예술의 모티프, 숫양 양식의 조각 모티프 등이 인더스 문화에 스며들어 있다. 그러나 전반적으로 볼 때 장거리 교역은 인더스 계곡의 문화적 복합성의 진화에 그다지 중요한 역할을 했던 것 같지는 않다. 두 문화간의 교역량도 그다지 많지 않았고, 교역품도 주로 사치품에 한정되었다. 또한 교역도 하라파와 메소포타미아간의 정교하게 조직된 직접 거래를 통해서라기 보다는 이란 고원의 중개거래를 통해 이루어졌던 것으로 판단된다.

다니엘 밀러는 다음과 같이 하라파 문명의 성격을 종합하고 있다. 먼저 하라파 도시의 설계와 건축물들은 "자연환경과 인간에 대항하는" 구도로 고안되었다고 할 수 있다. 또한 종교적 행위, 무덤, 기타 다른 유물로 볼 때 하라파 문화는 현세와 현세 주위의 "표준화를 반영하고 있다." 밀러는 하라파 문명의 설명을 후대의 역사에 보이는 하라파 고유의 이데올로기와 개개인의 차이가 억압되는 사실에서 찾고 있다. 밀러는 또한 하라파 문명의 종말을 "변화에 대한 거부와 국가가 일순간에 멸망해야만 알 수 있는 실제적 역사사이의 모순으로 설명하고 있다." [60]

인더스 문명을 통해 우리는 다시 한번 현대 고고학의 해석적 다양성을 볼 수 있다. 예를 들어 일부 학자는 인더스 문명의 기원에 대한 설명을 주로 생태적, 기술적, 인구학적 요소에서 찾고 있고 행정체계, 계층의 차이, 교역, 기타 사회적 측면에 대한 설명은 상당히 제한적으로 이루어지고 있다. 그러나 밀러와 같은 학자는 이러한 분석의 한계를 지적하면서 하나의 사회를 결정짓는 이데올로기적 요소를 강조하고 있다. 이에 대해 일부 학자는 밀러의 이데올로기적 해석이 지극히 추상적이고 사색적이기 때문에 검증이 불가능한 주장이라고 반박하고 있다.

저자주

1) Child, *New Light on the Most Ancient East*, p. 183; Possehl의 다음 글에서 인용되었음, "Revolution in the Urban Revolution: The Emergence of Indus Urbanism." p. 267.

2) Posshl, "Revolution in the Urban Revolution: The Emergence of Indus Urbanism." p. 262.

3) Ibid, p. 261.

4) Kenoyer, "The Indus Valley Tradition of Pakistan and Western India."

5) Shaffer, "Harappan Culture: A Reconsideration."

6.) 다음의 글도 참조. Possehl, "Revolution in the Urban Revolution : The Emergence of Indus Urbanism."

7) Strabo와 기타 많은 그리스 역사학자들이 알렉산더 대왕이 정복하였던 동방지역에 대하여 기술하고 있다. 그러나 이들 대부분은 이러한 사건을 실견한 적이 없기 때문에 이들의 기록은 여행자의 기록과 간접지식에 근거하고 있다.

8) Mughal, "Further Evidence of the Early Harappan Culture in the Greater Indus Valley: 1971–90."

9) Possehl, "Revolution in the Urban Revolution: The Emergence of Indus Urbanism." p. 261.

10) Meadow, *Harappan Civilization: A Recent Perspective*, p. 311.

11) Fairservis, "The Origin, Character and Decline of an Early Civilization."

12) Allchin, "India from the Late Stone Age to the Decline of Indus Civilization." p.337.

13) Vishnu-Mittre, "Discussion on Local and Introduced Crops."

14) Kenoyer, "The Indus Valley Tradition of Pakistan and Western India." p.332.

15) Miller, "Ideology and the Indus Civilization." p.38.

16) Ibid., p. 39; Jarrige and Lechevaleier, "Excavations at Mehrgarh, Baluchustan: Their Significance in the Prehistorical Context of the Indo-Pakistan Borderlands."; Gupta, *Archaeology of Soviet Central Asia and the Indian Borderlands ;* Durante, "Marine Shells from Balakot, Shahr-i Sokhta and Tepe Yahya"; Fairservis, *The Roots of Ancient India.*

17) Wright, "The Evolution of Civilization."

18) Ibid., p. 337. Wright는 인더스 계곡과 메소포타미아를 비교하면서 인더스 평야의 일부 지역이 기원전 5세기 말에서 4세기 초에 이르면 우리가 보통 위계사회라고 부르는 정도의 상이한 크기의 취락이 등장하고 있다고 결론짓고 있다.

19) Miller, "Ideology and the Indus Civilization." p.40.

20) Mughal, "The Early Harappan Period in the Greater Indus Valley and Northern Baluchistan."

21) Possehl, "Revolution in the Urban Revolution : The Emergence of Indus Urbanism." p. 270.

22) Ibid, p. 270.

23) Ibid, p. 271.

24) Possehl, ed., *Harappan Civilization: A Recent Perspective.*

25) Wright, "The Evolution of Civilization." p. 340.

26) Jansen, "Settlement Patterns in the Harappa Culture." p. 252; Agrawal, *The Archaeology of India*, p. 135; Miller, "Ideology and the Harappan Civilization." p. 40.

27) Jansen, "Settlement Patterns in the Harappa Culture."

28) Shaffer, "Harappan Culture: A Reconsideration."

29) Fentress, *Resource Access, Exchange Systems and Regional Interaction in the Indus Valley*, pp. 16-37.

30) Miller, "Ideology and the Harappan Civilization."

31) Sarcina, "The Private House at Mohenjodaro"; Sarcina, "A Statistical Assessment of House Patterns at Mohenjodaro."

32) Miller, "Ideology and the Harappan Civilization." p. 48; Sarchina, "The Private House at Mohenjodaro"; Sarcina, "A Statistical Assessment of House Patterns at Mohenjodaro."

33) Fairservis, *The Roots of Ancient India*, pp. 246-47.

34) Possehl, "The End of a State and the Continuity of a Tradition in Proto-Historic India."

35) Rao, *Lothal and the Indus Civilization.*

36) Possehl, "The End of a State and the Continuity of a Tradition in Proto-Historic India."

37) Ibid. 하라파와 수렵채취인 사이의 상호작용에 관한 Possehl 의 분석에 대해서는 다음의 글 참조. Possehl, "The Harappan Civilizations in Gujarar: The Sorath and Sindhi Harappans." 특히 pp. 125-126.

38) Miller, "Ideology and the Harappan Civilization." pp. 56-57; 그러나 다음의 글도 참조. Fentress, "Indus Charms and Urns, a Look at the Religious Diversity at Harappan and Mohenjodaro."

39) Parpola, "The Indus Script: A Challenging Puzzle." 인더스 문자에 관한 이 문단에서 인용된 글과 해석에 대해서는 Gregory Possehl과의 담론에 근거한 것이다. 이 지면을 빌어 Gregory Possehl에게 깊이 감사드린다.

40) 인더스 문자에 관한 다음의 기술은 주로 Kenoyer, "The Indus Valley Tradition of Pakistan and Western India." 에 근거하였다. 동시에 다음의 글 참조. Kelly and Wells, "Recent Progress in Understanding the Indus Script."

41) Dales and Kenoyer, "Excavation at Harappan—1988."; Kenoyer, "The Indus Valley Tradition of Pakistan and Western India."

42) Allchin, "India from the Late Stone Age to the Decline of Indus Civilization."

43) Frnkfort and Porrier, "Sondage Preliminaire sur ĺ Establissement Protohistorique Harapeen et Post-Harapeen de Shortugai"; Miller, "Ideology and the Harappan Civilization." p. 54.

44) Miller, "Ideology and the Harappan Civilization." p. 55.

45) Raikes, "The Mohenjo-Daro Floods."

46) Possehl, "African Millets in South Asian Prehistory."

47) Thapar, "Kalibangan: A Harappan Metropolis Beyond the Indus Valley."

48) Kennedy, "Skulls, Aryans and Flowing Drains: The Interface of Archaeology and Skeletal Biology in the Study of the Harappan Civilization"

49) Fairservis, *The Roots of Ancient India*, p. 311.

50) Renfrew, "Archaeology and Language"

51) Shaffer, *Prehistoric Baluchistan*; Possehl, "African Millets in South Asian Prehistory."

52) Miller, "Ideology and the Indus Civilization"

53) Service. *Origins of the State and Civilization*, p. 246.

54) Ibid.

55) Jacobson, "Recent Developments in South Asian Prehistory and Protohistory."

56) Johnson, *Local Exchange and Early State Development in Southwestern Iran*.

57) Shaffer, "Recent Developments in South Asian Prehistory and Protohistory."

58) Ibid., p. 49; Miller, "Ideology and the Indus Civilization."

59) Kenoyer, "The Indus Valley Tradition of Pakistan and Western India," p. 369

60) Miller, "Ideology and the Indus Civilization," p. 64.

11장

중국 복합사회의 진화

과거는 현재를 비춰주는 거울이다.

마오쩌둥(毛澤東)

함무라비대왕이 서남 아시아에서 대제국을 건설한 약 백년후인 기원전 1800
년경에 중국의 고대인들은 단순 농경사회에서 벗어나 세계 역사상 가장
위대하고 복잡한 문명중의 하나를 건설하게 된다(그림 11.1). 그러나 중국 고고학
계에 과학적인 방법이 도입된 시기는 거의 최근이며 그동안에 발생한 수많은 전
쟁과 혁명으로 인해 고고학적 조사가 제대로 이루어지지 못하고 있다. 따라서 현
재까지 우리가 알고 있는 중국 고대 문명은 극히 일부분의 불완전한 모습에 불과
하다.

고대 이집트와 마찬가지로 중국도 자민족중심주의를 추구하였다. 실제로 중국
인은 스스로를 세계의 중심으로 간주하고 자신들의 주변에는 수많은 사악한 야
만인으로 둘러싸여 있다고 생각한다. 그러나 중국은 이집트나 메소포타미아보다
훨씬 넓고 다양한 자연경관을 가지고 있으며, 이러한 사실과 기타 다른 요인으로
인해 중국의 고대 문명은 수 많은 민족과 다양한 문화가 풍성하게 혼합되어 나타
나게 된다.

메소포타미아, 이집트, 유럽 지역에서도 수많은 위대한 기술적 발명이 이루어졌
다. 그러나 자기 콤파스, 화약, 인쇄술, 종이, 외륜 추진력과 같은 수많은 위대한 발
명이 이루어진 곳은 중국과 동아시아이다.[1] 그러나 '기술'은 발명 이상의 의미를
지닌 것으로서 사회와 문화의 발전에 적용시킬 수 있는 것이다. 예를 들어 중국인

중 국

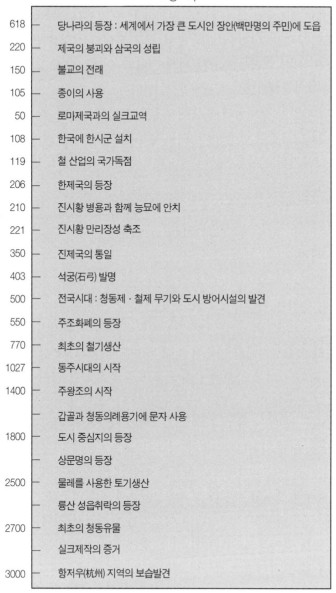

618	당나라의 등장 : 세계에서 가장 큰 도시인 장안(백만명의 주민)에 도읍
220	제국의 붕괴와 삼국의 성립
150	불교의 전래
105	종이의 사용
50	로마제국과의 실크교역
108	한국에 한시군 설치
119	철 산업의 국가독점
206	한제국의 등장
210	진시황 병용과 함께 능묘에 안치
221	진시황 만리장성 축조
350	진제국의 통일
403	석궁(石弓) 발명
500	전국시대 : 청동제 · 철제 무기와 도시 방어시설의 발견
550	주조화폐의 등장
770	최초의 철기생산
1027	동주시대의 시작
1400	주왕조의 시작
	갑골과 청동의례용기에 문자 사용
1800	도시 중심지의 등장
	상문명의 등장
2500	물레를 사용한 토기생산
	룽산 성읍취락의 등장
2700	최초의 청동유물
	실크제작의 증거
3000	항저우(杭州) 지역의 보습발견

11.1 고대 중국의 문화 연표.

들은 화약을 주로 불꽃놀이에 사용하였으나 유럽인들은 화약을 다른 목적으로 재
빠르게 변용하여 사용하였다. 다른 고대 문명과 마찬가지로 중국의 고대문명도 냉

엄한 역사적 전개과정에서의 객관적 교훈을 가르쳐 주고 있다. 중국은 한때 세계에서 가장 거대하고 강력한 문명이었으나 훗날 서구 문명의 침입을 받아 수 세기 동안 약탈을 당하게 된다. 그러나 오늘날 세계 문명의 중심은 다시 중국으로 이동하고 있다. 세계는 정치경제적으로 복잡하게 서로 얽혀있기 때문에 19세기와 20세기 초에 발생하였던 다양한 강대국의 부상과 이동은 상당부분 고정될 것으로 생각했을 것이다. 그러나 천문학적 인구, 강력한 민족적 정체성과 문화적 연대의식, 풍부한 자연자원은 21세기의 중국을 다시 한번 세계 경제와 정치의 중심으로 설 수 있는 기반이 되고 있다.

환경적 배경

오늘날 중국의 면적은 미국의 면적보다 약간 크다. 이러한 거대한 영토를 지닌 중국은 히말라야 산맥에서부터 태평양 연안까지의 다양한 환경지대로 구성되어 있고, 이러한 다양한 환경지대의 민족이 고대 문명을 형성하는데 일정한 역할을 한다. 장광쯔(張光直)는 - 서구 사회에 알려진 고대 중국에 관한 거의 대부분의 고고학적 기록은 그의 조사와 연구로부터 기인한 것이다 - 고대 중국문명의 진화를 이해하는데 핵심적인 지역으로서 다음과 같은 3개의 생태학적 지대를 제시하고 있다. 즉 그는 중국을 크게 황허(黃河)유역, 남부의 낙엽수 지대, 북부의 건조 삼림과 스텝지대로 대별하고 있다.[2] 장광쯔에 의하면 기원전 12000년경 갱신세 말기 이후의 수천년동안 중국은 오늘날보다 더 고온다습한 기후였다고 한다. 또한 북부의 온대 산림지대에서부터 남부의 정글지대에 이르기까지 대부분 지역은 울창한 삼림으로 뒤덮여 있었을 것이라고 추정하고 있다. 장광쯔에 의하면 고대 중국은 산이 많고 갱신세 이후 많은 지역에서 초목이 성장하고 있었기 때문에 고대인들은 강의 연안에 주로 살았을 것이라고 한다. 왜냐하면 강의 연안은 가장 풍부한 식량원이 될 수 있고, 농경에 적합한 농지를 제공할 수 있기 때문이다. 생태적으로 상이한 지역의 다양한 문화적 발달은 궁극적으로 서로 겹치게 되고, 후대에 이르면 중국의 북쪽과 서쪽의 변방지대에 위치한 유목민의 문화가 중국 고대 문명의 형성에 지대한 영향을 미치게 된다.

메소포타미아와 이집트에서는 보리와 밀이 중요한 삶의 에너지원이 되었지만, 중국에서는 쌀과 기장이 보리와 밀 못지 않게 중요한 식량자원이었다. 중국의 고대 문화의 발전은 농경의 잠재력과 밀접한 관련을 가지고 있다. 고비 사막으로부터 불어오는 바람으로 인해 중국의 많은 지역은 수 백m에 달하는 두터운 '뢰스' 층(정교한 알갱이의 황토퇴적층)이 형성된다. 황허(뢰스의 황색에 근거하여 黃河라 불린다)강은 이러한 뢰스 평야를 가로지르고 자주 유로를 바꾸게 된다. 황허는 범람과 배수를 통해 호수, 배후습지, 충적평야와 같은 풍부한 농경지대를 제공한다. 뢰스는 그 자체로 농경에 적합한 토양이다. 다시 말해 뢰스는 유기물질을 풍부하게 함유하고 있고, 이러한 땅에서는 농경을 위해 땅을 갈 필요가 없으며 간헐적으로 내리는 비를 지표면이 흡수하기 때문에 농경에 매우 적합한 토양이 될 수 있다. 더구나 집약적 경작상태에서 거름을 거의 주지 않더라도 뢰스토양은 풍부한 생산물을 자라게 할 수 있다. 남부 평야지대의 고온다습한 기후는 이 지역을 궁극적으로 광활한 쌀 농사의 핵심지대로 만든다.

고대 사회의 초기 농경민들은 식물의 순화와 농경을 통해 취락농경의 생활방식에 필수적인 4가지의 요소를 충족시켜야 한다. 즉 농경민들은 1) 직물의 원료, 2) 생산성이 높고 탄수화물이 풍부한 주요 작물, 3) 요리용 식용기름, 4) 동물성 단백질을 얻을 수 있는 방법을 찾아야 한다. 고대 중국의 북부인들은 직물의 원료로서 삼, 주요 작물로서 기장, 식용 기름으로서 평지씨와 콩을 재배하였고 동물성 단백질을 얻기 위해 돼지를 사육하였다. 일본, 동남아시아, 한국, 기타 중국 본토와 인접해 있는 모든 지역을 포함한 동아시아는 세계의 어떤 지역보다도 다양한 종류의 작물을 재배하였다. 보리와 밀 등은 서아시아로부터 유입되었던 것으로 추정되지만, 이 외에도 동아시아에서 재배된 초기 경작물은 살구, 복숭아, 배, 감, 자두, 콩, 개량콩, 완두콩, 기타 콩류, 메밀, 다양한 유의 기장, 쌀 등이 있다. 또한 홍화, 평지, 기타 식용 기름을 추출할 수 있는 식물이 재배되었고, 중국 배추, 무 등의 채소가 경작되었다. 동아시아에서는 옻(칠기 제작용), 홉(향 제작용), 대마(직물과 약 제작용), 호리병박(용기 제작용)과 같은 특수작물도 재배되었다.

🪨 초기 농경문화(기원전 7000년~기원전 5000년)

장광쯔[3]에 의하면 최근 중국의 선사고고학에서 가장 중요한 발견중의 하나는 샨시성(山西省)과 기타 지역의 세석기유적을 들 수 있는데 이들 유적의 연대는 13000년전경으로 추정된다(정확한 연대는 불확실하다). 이러한 세석기 유물은 갱신세 말기 전후의 고대 중국인에 대해서 거의 알려진 것이 없기 때문에 매우 중요한 의미를 지닌다. 중국 고고학사에서 10000년전 전후는 이전의 수렵채취문화에서 초기 농경문화로 변화하는 전환기이다. 이러한 세석기유물과 기타 공반 유물에서 보이는 독특한 유물 양식으로 볼 때, 선농경시대의 수많은 사람들이 기원전 10000년경에 이르면 대부분의 중국 지역에 분포하고 있었다는 사실을 알 수 있다. 이 시기 대부분의 선사인들은 수렵채집생활을 영위하고 있었고, 일부 식량은 해안이나 호수 근처의 어로행위에도 의존하였다.

세석기 문화전통과 초기 농경문화 사이에는 상당한 시간적 공백상태가 있지만 최근에는 가장 이른 시기의 농경사회의 면모를 보여주는 수 많은 유적이 발견되고 있다. 이러한 초기 농경취락은 기원전 6500년에서 기원전 5000년으로 편년되고 지역에 따라 뚜렷한 차이를 보인다(그림 11.2). 쯔샨(磁山), 빼이리깡(裵李崗) 등의 문화[4]로 알려진 이 시기의 취락들은 서부 고지대, 웨이수이(渭水) 강과 황허 강, 그리고 기타 크고 작은 강 연안의 충적대지를 따라서 발견되고 있다. 기후가 온난하고 적절한 강수량이 내리는 이들 지역은 농경의 잠재력이 매우 높은 곳인데 특히 충적대지, 뢰스 고원, 산둥(山東)반도의 구릉지대들이 옥토를 이루고 있다. 이들 지역의 초기 농경민들은 매우 생산적이고 안정적인 몇 종류의 식량자원에 자신들의 생계를 의존하였다. 이들 지역에서 가장 중요한 식량원은 기장(조〈Setaria italica〉와 수수〈panicum miliaceun〉포함)이라고 할 수 있다. 밀 못지 않게 영양가가 높은 기장은 성숙기도 빠르고 가뭄에 매우 강한 특징을 보이는데, 이는 기장이 북중국의 기후조건에 가장 적합한 작물이라는 점을 보여준다. 또한 기장의 줄기는 음식, 연료, 가축의 사료 등 다양한 목적으로 이용될 수 있다. 석제 낫과 갈판, 기타 석기는 당시의 농경이 대부분 기장을 중심으로 이루어졌다는 점을 가리키고 있다. 중국의 신석기인들은 기장 외에도 각종 채소와 평지씨의 재배를 통해 식물성 기름을 얻고 돼

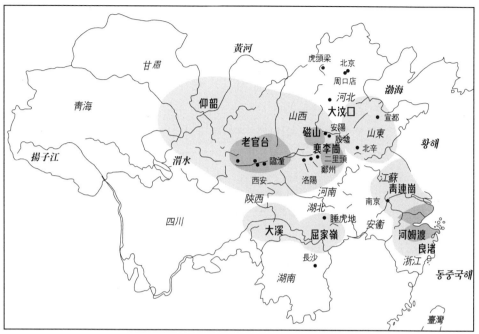

11.2 그림에서 보는 바와 같이 가장 이른 시기의 중국 신석기시대 문화는 여러 지역에서 발생하였다. 짙게 표시한 부분이 각 문화의 핵심지대이고 이보다 옅게 칠한 부분은 각 문화의 분포범위를 가리킨다.

지와 닭을 사육하여 동물성 단백질을 공급받았다. 세계의 다른 지역과 마찬가지로 중국에서도 최초의 사육동물은 아마도 개였던 것으로 보이는데 개의 뼈들은 다양한 유적에서 발견되고 있다. 초기 농경민들은 주로 소규모(직경 2~3m)의 수혈 움집에서 거주하였다. 또한 이들 농경민들은 이미 토기를 제작하여 사용하였고 굉장히 다양한 종류의 석제 갈판, 골제 바늘을 사용하였으며 이외에도 돌과 뼈, 나무로 다양한 종류의 도구를 제작하여 사용하였다.

중국 남부의 초기 농경 유적은 중국 북부에 비해 약간 늦게 등장하였고 북부에 비해 알려진 것이 그리 많지 않다. 단지 중국과 대만의 일부 동굴유적에서 이 시기의 고고학적 자료가 발견되었고, 이른 시기의 층에서는 승문토기와 재배 식물의 잔존물로 추정되는 식물유체가 검출되었다.

▨ 중국 신석기 문화의 지역적 양상 (기원전 5000년~기원전 3000년)

중국 초기 농경문화중에서 가장 규모가 크고 잘 알려진 문화는 양사오(仰韶) 문화이다(그림 11.2). 양사오 문화는 직전 시기의 뻬이리강 문화와 비슷한 범위의 지역에서 발견되고 있고, 두 문화에서 보이는 유구와 유물의 유사성은 문화적 연속성을 가리킨다. 대부분의 양사오 취락은 중부 중국의 황허와 인근의 크고 작은 강의 제방을 따라 분포하고 있다. 토끼에서부터 코뿔소까지 중부 중국에 자생하는 크고 작은 동물의 뼈가 양사오 유적에서 발견되지만 아마도 인간이 섭취한 대부분의 영양분은 기장을 통해 획득되었던 것으로 판단된다. 기장 외에도 사탕수수와 기타 다른 종류의 작물도 경작되었다. 온대 유럽의 삼림지대에 살았던 초기 농경민과 마찬가지로 중국의 초기 농경민들은 돌도끼로 초목을 베고 건조기에 불을 질러 농경지를 개간하였던 것으로 보인다.[5]

또한 다른 초기 농경민과 마찬가지로 중국의 농경민들도 야생동물과 식물을 이용하였고 수많은 낚시바늘과 어망추의 발견에서 보듯이 어로자원을 적극적으로 이용하였다. 중국의 초기 농경민들은 처음에는 돼지와 닭을 통해 동물성 단백질을 얻었고 나중에는 소, 양, 염소의 사육을 통해 동물성 단백질을 획득하였다.

중국 문명의 최초의 조상은 아마도 반포(半坡)와 같은 취락에서 살았던 양사오 문화(방사성탄소연대로 기원전 5100년~기원전 3900년에 해당[6])의 건강한 농부들이었을 것이다. 반포의 주민들은 초기 농경사회의 전형적인 모습을 보여준다. 이들 농경민들은 대마를 이용하여 의복을 만들고 겨울의 눈과 여름의 더위를 피하기 위해 수 피트 깊이의 수혈 움집(그림 11.3)에 기거하였다. 기장은 반포사회의 기간 작물이었고 돼지와 오리는 오늘날과 마찬가지로 당시 세계에서도 최상급에 해당하는 요리의 주요 원료로 사용되었을 것이다. 또한 소와 양, 염소는 고기, 우유, 견인수단, 가죽, 양모 등 일상생활의 다양한 요구를 충족해주는 동물이었을 것이다. 대부분의 인근 촌락과 마찬가지로 반포에 살았던 수백명의 농경민들은 결혼 배우자를 제외하고는 모든 것을 자급자족하는 사회였을 것이다.

대규모의 발굴이 이루어진 또 다른 양사오 취락은 샨시성의 지앙짜이(姜寨) 유적이다[7]. 약 50,000m² 면적의 지앙짜이 유적은 정교하게 조직된 취락의 모습을 보여주

11.3 반포에서 발견된 수혈움집에 대한 이 복원도는 이 시기의 농경민들이 어떻게 중국의 혹독한 추위를 극복하였는가를 보여주고 있다.

고 있다. 유적은 5개의 주거군으로 나누어져 있는데 각 주거군은 한 기의 대형 집자리를 중심으로 10~12기의 소형 집자리가 둘러싸고 있는 모습으로 구성되어 있다. 또한 전체 취락은 대규모의 방어용 해자로 둘러싸여 있다. 대부분의 집의 상부구조는 목재를 이용하였으며 반수혈움집의 형상을 하고 있다. 다른 초기의 농경민처럼 지앙짜이의 주민들은 일상생활의 용기를 무덤에 부장하는데 이는 오늘날과 마찬가지로 사후세계의 생에 대한 그들의 믿음을 반영하는 증거이다. 어린이들은 소형 옹관에 매장되는데, 이러한 장례 풍속은 아직도 아시아의 일부 지역에서 행해지고 있다.

양사오 주민들은 화전농경을 실시하였을 것으로 추정되고, 따라서 집자리는 주기적으로 폐기되고 다시 점유되는 과정을 반복하게 된다. 즉 당시의 농경민들은 일정기간 농경지를 사용하다가 생산성이 떨어지면 농경지를 방치하고 인근 지역으로 옮겨 살았을 것이다. 그러나 초목이 다시 성장하여 땅의 비옥도가 회복되면 다시 폐기된 지역으로 이동하여 생계활동을 영위하게 된다.

반포문화의 고대인들은 이미 토기의 장식과 색조, 옥, 기타 다양한 유물에서 보듯이 상당한 정도의 미적감각을 소유하고 있었다. 예를 들어 표면에 광택을 낸 토기에는 다양한 양식의 물고기와 동물이 형상화되어 있고, 일부 토기에는 중국 고대 문자의 초기형태일 가능성이 있는 부호들이 그려져 있다. 집 주위에는 수많은 구덩이가 발견되는데 이것들은 아마 기장이나 다른 곡물들을 저장하는 기능을 하였을 것이다. 대부분의 마을주민들은 전업적 농경민이라고 할 수 있지만 일부 사람들은 누에 재배, 토기 제작, 옥 가공, 가죽과 직물 생산에 종사하였던 것으로 보인다.

반포 유적에서 발견된 집자리는 복원되어 야외박물관에 전시되어 있고 집의 바닥과 구덩이에서 발견된 수 많은 인골들이 전시되어 있다. 대부분의 유구는 박물관의 내부에 위치하고 있는데 일부 가장 중요한 집자리와 유물은 원형그대로 보존되어 있다. 양사오 문화에서 일부 인골은 군집을 이루어 발견되고 있다. 장광쯔에 의하면 위엔준미아오(元君廟) 유적에서는 총 57기의 무덤이 "남북방향을 따라서 6개의 열로 배치되어 있고, 이중에서 첫 번째와 네 번째 줄의 무덤은 이른 시기의 것이고, 세 번째와 여섯 번째의 줄의 무덤이 시기가 가장 떨어진다……이러한 무덤의 배치와 편년은 무덤의 구성원이 전체적으로 두 개의 친족으로 구성되었다는 점을 시사한다."8)

반포 유적의 중앙에는 다른 건물에 비해 월등하게 크고 건축방법이 상이한 인상적인 건물이 위치하고 있다. 중국 고고학자들은 이 건물을 집회용 공공건물로 해석하고 있다. 그러나 양사오 사회에 어느 정도의 정치경제적 차이가 존재하였다면 이 건물은 '대인(big man)'이나 '족장(chief)'의 주거였을 가능성9)도 배제할 수 없다. 그러나 유적에서 발견된 유물에서는 신분의 차이를 보여주는 분명한 증거가 없다.

난징(南京)의 동남부에 위치한 타이후(太湖) 호수 지역에서는 1백개 이상의 신석기시대 유적이 발견되었다. 이 지역에서는 쌀 농사가 주요 식량원이었지만 사냥된 동물의 종류를 보면 매우 인상적인데, 예를 들어 멧돼지, 코끼리, 악어, 사슴, 그리고 이외에도 많은 종류의 동물이 사냥되었다. 남부지역 신석기 문화의 초기 양상을 잘 보여주는 유적은 쩌지앙성(浙江省) 성 북부의 허무두(河姆渡) 유적이다. 1973년부터 1978년까지 발굴된 허무두 유적은 조그만 호수가에 형성된 대규모의 취락유적으로서 지금으로부터 7000년 전에 형성되었다. 이 유적에서는 많은 양의 유물이 양호한 상태로 발굴되었다. 골제 괭이, 직물 제작용 베틀의 목재 북, 상아조각이 발견되었고, 쌀, 호리병박, 마름, 사육된 물소, 돼지, 개, 호랑이와 코끼리, 코뿔소와 같은 야생동물을 포함한 수많은 식물과 동물의 잔존물이 발굴되었다.

기원전 5000년부터 기원전 3000년까지 고대중국에서 발견된 토기는 상당한 양식적 유사성을 보여주고 있다. 이러한 양식적 유사성은 이 시기에 이르러 중국 고대국가의 등장기반인 경제적·정치적 통합이 이루어지기 시작했다는 사실을 보여주는 증거이다.

중국의 초기 복합사회(기원전 3000년~기원전 2000년)

기원전 3000년대 전반만 하더라도 중국의 북부와 중부의 고대인들은 평등생활을 하고, 평화로운 생활을 누렸던 취락민이었던 것으로 보인다. 그러나 기원전 2000년대 전반에 이르게 되면 사회적 계층과 갈등의 양상이 중국 도처에서 나타나기 시작한다.

중국 전설에 의하면 중국 최초의 제왕은 황띠(黃帝)로서 기원전 2698년에 제국을 건설하였다고 한다. 이러한 전설의 신빙성 여부를 고고학적으로 증명할 수는 없다. 그러나 고고학적으로 분명한 점은 기원전 2400년 이후 룡산(龍山)문화와 기타 동시대의 문화의 등장(그림 11.4)에서 보듯이 사회적 복합성이 급증하고 있다는 사실이다. 양사오와 마찬가지로 룡산문화는 독특한 유물양식을 통해 정의될 수 있다. 즉 룡산문화는 물레를 사용하고 표면이 정면된 얇은 기벽의 흑도(黑陶)가 특징적인데, 이러한 흑도는 다양한 형태로 만들어진다. 통일된 양식의 이러한 흑도는 중국의 동

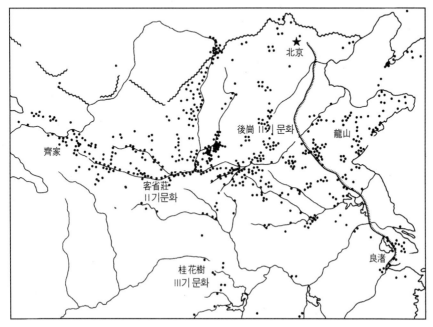

11.4 룡산문화와 관련 문화의 분포.

남부 해안에서부터 북중국에 걸쳐서 발견된다. 초기의 룽샨 토기와 기타 룽산기의 독특한 유물들은 이전 시기의 양샤오 문화의 핵심지대에서도 발견되고 있다. 일부 지역에서는 양사오 문화가 직접적으로 룽산 문화로 계승발전한 것으로 보이지만 아직도 두 문화간의 연결을 직접적으로 증명할만한 증거는 부족한 실정이다.[10]

양사오와 마찬가지로 룽샨기의 고대인들도 중앙에 세장방형 움집이 배치되고 그 주변으로 수혈움집이 배치되는 마을에 거주하고 있었다. 또한 거의 모든 룽샨 문화기의 성인 남성들은 아직도 기장 농사를 주로 하면서 때때로 사냥과 채집, 토기 및 옥과 같은 공산물을 제작하는 농경민이라고 할 수 있다. 그러나 전반적으로 룽샨기의 취락은 양사오기의 것보다 규모가 훨씬 크고 존속기간도 길다.

세계의 다른 고대 문명의 양상과 마찬가지로 고대의 중국 농경민들도 농경형태에서 획기적 전환을 이루게 된다. 즉 양샤오문화의 농경민은 매년 경작지를 이전하는 화전농경을 행하였지만, 룽샨기의 농경민들은 이제 매년 동일한 농경지에서 농사를 짓게 된다. 그러나 룽샨기의 이러한 농경방식은 그 위험성과 비용이 상당히 높다고 할 수 있다. 이제 농경민들은 동물의 배설물과 각종 퇴비를 사용하여 토양의 비옥도를 회복하거나 관개수로를 축조하여 물을 끌어와 토양의 비옥도를 높여야 한다. 물론 이집트와 마찬가지로 중국에서도 일부 지역에서는 연중 내리는 홍수가 토양의 비옥도를 회복시켜 준다. 그러나 모든 문명에서는 어느 시점에 이르게 되면 급증하는 인구를 부양하기 위해 집약적 농경을 실시해야 한다. 룽샨기의 농경은 아직도 기장과 기타 다른 소수의 작물에 의존하지만 이전 시기에 비해 농경의 집중화가 이루어진 것으로 보인다. 가금류, 양, 소 등의 사육이 이전 시기에 비해 더욱 중요해지고, 남부 지방에서는 쌀 농사가 더욱 중요한 역할을 하게 된다.

또한 룽산기에 이르면 사회조직의 중대한 변화가 발생하기 시작한다. 즉 룽산기의 무덤은 토기, 금속제품, 기타 다른 부장품으로 볼 때 양샤오의 무덤에 비해 가진 자와 가지지 못한 자의 차이가 두드러진다. 또한 룽샨기의 토기와 옥 제품은 기술적으로 너무나 정교하고 아름답기 때문에 최소한 반전업적인 장인이 존재했음을 알 수 있다.

중국 고대의 신석기시대 유적에서 출토된 돼지뼈의 분석에 근거하여 김승옥[11]은 돼지가 당시 사회에서 사회적 신분과 경제적 부의 지표로 활용되었다고 주장하고 있다. 돼지는 중국 신석기시대의 농경에 필수적인 존재이다. 돼지는 심지어 집의 화장실에서도 사육이 되고 인간이 먹다 남긴 음식물을 먹고 산다. 돼지와 인간은 상호의존적인데 왜냐하면 돼지는 인간이 먹다 남은 음식을 활용하는데 적절한 동물이기 때문이다. 김승옥은 상아, 옥 장식품, 토기, 기타 부장품이 가장 많이 매납된 무덤이 가장 많은 수의 돼지 두개골과 어금니를 소유하고 있다는 사실을 발견하였다. 이러한 점에 근거하여 그는 가장 중요한 사육동물(동물성 단백질을 제공한다는 점에서)로서의 돼지의 경제적 가치는 의례행위, 경제적 부, 사회적 지위와 직접적으로 연결된다는 점을 시사하고 있다. 김승옥에 의하면 돼지는 경제적 부와 사회적 지위를 교환할 수 있는 매개물이다. 예를 들어 돼지는 장거리 교역을 통해 옥과 별갑(鼈甲)과 같은 외래 기원의 사회적 위신재를 획득함으로써 사회적 지위와 정치적 파워를 획득할 수 있는 경제적 기반이 된다. 김승옥이 지적한 바와 같이 멜라네시아와 기타 많은 사회에서 돼지는 경제적 부의 매개물로서 사용되고, 돼지의 도살과 돼지고기의 분배는 대인 혹은 부족사회에서 권력, 부, 명성을 획득할 수 있는 중요한 자원이다. 김승옥에 의하면 기원전 4000년에서 기원전 2000년 사이 수많은 중국의 신석기 시대 엘리트들은 "정치적 권위를 확립하기 위해 집중적이고 생산적인 부의 수단으로써 전략적으로 돼지를 이용하였다"고 한다.[12]

룽산기의 고대사회에서는 동물 뼈에 기호를 표시한 후 뼈를 가열하여 갈라지는 양상을 통해 미래를 예측하는 복점(卜 占)풍습(scapulimancy)이 유행하였다. 고고학자 장광쯔에 의하면 룽산기의 복점풍습의 등장은 이 시기에 이르러 최소한 반전업적인 샤만 계층이 존재했음을 시사한다. 이러한 주장의 신빙성은 '책'을 의미하는 기호가 뼈에 이미 나타나고, 이는 전업적 필경사의 존재를 시사한다는 점에 의해서도 뒷받침된다.

장광쯔는 또한 후대에 등장하는 모든 성(城)의 표준이 되는 유적이 중국 고고학사상 최초로 룽산기의 청쯔아이(城子崖)에서 발견되고 있다는 사실을 주목한다. 청쯔아이 성벽은 고운 뢰스 실트와 점토를 사용하여 한 층씩 다져 쌓아 올리는 '판축(stamped-earth)' 기법에 의해 축조되었다. 오늘날 이 성의 대부분은 유실되고 훼손되었지만 발굴자들은 성의 규모가 높이 6m, 폭 9m에 달한다고 보고하고 있다.

룽산과 룽산기의 대부분의 사회는 아직도 대부분 자급자족적 생활을 하고 정치적 독립을 유지했던 것으로 보인다. 이 시기의 정확한 취락유형은 알려진 것이 거의 없는 실정이지만 인구의 집중현상이나 경제적 · 행정적 조직에 따라 취락이 정형적으로 분포한다는 증거가 거의 발견되지 않고 있다. 그럼에도 불구하고 룡산기에 이르면 영구취락생활과 농경지의 확립과 같은 사회적 변화가 서부 고지대에서 북부 만주의 고지대, 남중국까지 중국의 전역에서 확인되고 있다.

장광쯔는 기원전 2000년대 중국의 전반적인 발전을 여덟 개의 특징으로 설명하고 있는데 이러한 특징은 이 시기에 이르러 중국 고대사회의 문화적 상호의존도와 복합성이 급진전하고 있다는 점을 보여준다 : 1) 야금술의 시작, 2) 정교한 물레의 광범위한 사용과 (아마도) 전문 도공의 등장, 3) 일부 유적에서 발견된 방어용 판축토성, 4) 우물에 매장된 시체, 대규모의 무덤, 기타 전쟁을 시사하는 양상, 5) 동물 등의 소재를 이용하여 신분의 차이를 상징하는 예술행위, 6) 광범위한 지역에 걸쳐 의례행위의 등장을 시사하는 장식된 옥 마스크와 기타 유물, 7) 광범위한 지역에 걸쳐 의례의 상호작용을 시사하는 복점행위의 유행, 8) 사회적 지위와 부의 차별화를 보여주는 무덤의 등장.[13]

우리는 여기서 중국 문명과 이집트, 메소포타미아, 인더스 문명이 유사한 발전과정을 걸어왔다는 사실을 알 수 있다. 즉 중국문명에서 보이는 옥의 사용, 복골 등은 중국 문명의 독특성을 반영하지만 중국에서도 계층의 차별화, 기능적 전문화, 행정의 복잡화라는 문명 진화의 일반적 과정을 보여준다.[14]

▨ 전기 상 문명(기원전 1800년~기원전 1650년)

기원전 2000년 이후 고대 중국에서는 대규모의 취락과 도시들이 이전 시기의 상대적으로 단순했던 수많은 촌락을 대체하거나 계승하여 발전하기 시작한다. 이 시대에 이르러 중국역사상 최초로 고유의 문자, 건축, 예술, 이데올로기가 중국 전역에 확립된다는 의미에서 진정한 의미의 '중국'이 된다. 또한 이 시기 동안에 기념비적 건축물, 문자기록, 거대한 인구의 집중화, 직업적 전문화, 경제적 부와 사회적 신분 차이의 심화, 거대한 공공기념물의 축조와 같은 복합사회의 모든 특징이 나타난다.

전설과 문자기록에 의하면 최초의 상왕은 황허의 중류에 7개 이상의 수도를 건설했다고 한다. 이러한 복합사회로의 전환기 유적 중에서 가장 이른 시기의 유적중의 하나는 얼리토우(二里頭)이다(그림 11.5). 얼리토우유적에서는 많은 유구와 유물이 발견되었는데, 유적은 1.5×2.5km의 범위에 걸쳐 있으며 일부 지점에서는 퇴적층의 깊이가 3m에 이른다.

얼리토우에서 발견된 유구중에서 가장 인상적인 유구는 일부 학자들이 '궁전'으로 해석하는 두 기의 건물지이다. 하나는 규모가 108×100m이고 대규모의 토단 위에 형성되어 있다. 또한 이 건물의 한쪽지역에서는 많은 수의 무덤이 발견되었는데, 이중 하나의 인골은 두 손이 결박된 상태로 발견되었다. 다른 하나의 궁전은 상대적으로 소규모인데 배수용 토관이 시설되어 있고 궁전의 북쪽에서는 대형의 수혈 토광묘가 발견되었다. 이들 수혈토광묘는 대부분 도굴되었다. 얼리토우에서는 풍부한 양의 옥, 청동기, 토기 등의 유물과 순장의 증거, 그리고 대규모의 건물들이 발견되는데 이러한 자료는 이 시기에 이전 시기보다 훨씬 복잡한 사회가 등장했음을 시사하는 증거들이다. 얼리토우 외에도 이시기에 속하는 유적들이 다수 발견되었고, 이러한 모든 증거를 종합해 볼 때 이 시기는 후기 신석기시대에서 고도의 복합사회인 상 왕조로 나아가는 일대 전환기라고 할 수 있다.

중기 상 문명 (기원전 1650년~기원전 1400년)

상 왕조의 중기(혹은 얼리캉기)는 고고학적으로 오늘날의 정쪼우(鄭州)시의 지하에 묻힌 대규모의 취락에서 가장 잘 나타난다. 얼리캉(二里崗)기의 정쪼우 유적은 남북장축의 장방형 성벽으로 둘러싸여 있는데 그 면적은 약 3.4km²이다. 또한 판축기법으로 축조된 성벽은 남아 있는 부분을 고려할 때 기저부의 너비가 약 36m에 달하고 높이가 9.1m에 달한다.[15] 유적의 중심부에는 최고위 엘리트들의 거주지와 의례용 건물이 위치하고 있고, 주위에는 소형 수혈움집, 동물 우리, 가게, 저장수혈 등이 위치하고 있는데 이러한 건물의 배치와 종류는 상 시대의 사람들이 이전 시기의 사람들과는 현저하게 상이한 삶을 영위하였다는 점을 보여준다. 아마도 많은 수의 숙

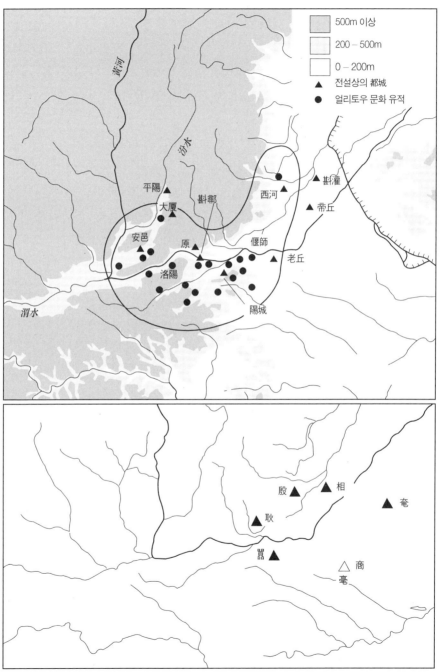

11.5 장광쯔(1986)가 복원한 얼리토우 문화의 주요유적 및 전통적인 夏王朝의 수도(A), 전통
적인 상왕조의 수도(B).

련된 전업적 장인들이 정쪼우에 살았을 것으로 판단된다. 정쪼우 유적에서는 수많은 동물과 인간의 뼈들이 발견되었는데, 주위에서는 낚싯바늘, 송곳, 도끼, 머리핀과 같은 유물이 발견되었다. 성의 서쪽 바깥에서는 10기 이상의 토기 요지도 발견되었는데, 각각의 요지에서는 많은 양의 완성된 토기와 폐기품들이 발견되었다.

그러나 정쪼우의 장인중에서 가장 정교한 기술을 지녔던 사람들은 청동기를 제작하였던 사람들이다. 청동기 제작장에서는 청동으로 제작한 낚싯바늘, 도끼, 화살촉, 장식품, 수많은 종류의 그릇들이 제작되었다. 이러한 청동기들은 용범을 사용하여 대량생산되었다. 예를 들어 화살촉이 대량생산되는 방법을 알아보자. 먼저 점토판에 여섯 개의 화살촉의 모양을 눌러 새기고 각 화살촉의 끝은 작은 홈을 통해 중앙의 홈으로 연결된다. 두 번째의 점토판이 첫 번째와 유사한 방법으로 만들어지고 두 개는 합쳐진다. 이후 녹인 청동을 홈을 통해 부어 넣고 청동이 식으면 각각의 화살촉은 중앙의 홈으로부터 갈라지게 되고 결국 6개의 화살촉이 완성된다.

서구사회에서는 문화적 변동이 주로 기술적 변화에 의해 촉진된다고 생각하는 경향이 있다. 예를 들어 기관차의 발명은 19세기의 서구사회를 완전히 바꾸어 놓았다. 고대 중국의 경우에는 청동기와 철기의 제작기술이 급격한 문화변동을 야기했다고 생각할 수도 있다. 청동기 제작기술은 중국의 독자적인 발명으로 생각되는데 아마도 이러한 청동기의 독자적 발명은 토기를 굽기 위해 고온의 토기 요지를 사용했기 때문에 가능했던 것으로 보인다. 청동의 제작에 필요한 동과 주석은 상 문명의 중심권에서 수 백km 떨어진 지점에서 쉽게 구할 수 있고 토제 용범을 사용하는 청동기 제작방법과 밀랍법이 개발되었다. 국민적 정체성과 정치·경제적 연대의식의 강화를 의미하는 상 문화의 전파는 청동기의 확산과 밀접한 관련이 있을 것으로 판단된다.

그러나 청동기의 사용은 위대한 기술적 진보라기보다는 하나의 양식적 현상이라고 보아야 한다. 비록 청동기가 아름답다고 할 수는 있지만 청동기가 토기에 비해 음식을 조리하는데 특별한 이점을 가지고 있지도 않고, 청동으로 만든 무기가 상 시대의 전쟁을 가속화하였다는 어떠한 증거도 없다. 그리고 상문명의 확장에 중요한 역할을 하였던 삼림의 개간을 위해서도 돌도끼와 괭이는 사치성의 청동도구 못지 않은 기능을 할 수 있다.

청동기의 제작은 상이한 사람들에 의해 상이한 시기에 여러 번에 걸쳐 개발되었던 것으로 보인다. 기원전 4500년경의 대만의 반 치앙유적과 같이 동남아시아의 선사인들은 이미 청동제의 화살촉과 장식품을 사용하고 있었다.[16] 우리는 이러한 동남아시아의 청동기 문화에 대해 상대적으로 거의 알지 못하지만, 이들에 의한 청동기의 제작은 아마도 동과 주석의 원산지가 근거리에 있었기 때문에 가능했을 것으로 판단된다. 이들의 문화적 진화는 거의 모든 측면에서 중국과 거의 동일한 길을 걷게 되지만 중국보다 훨씬 늦게 고대 문명의 길에 들어서게 된다.

고고학적 자료와 상 문명 이후에 기술된 고대 기록은 상 사회가 위계적으로 조직된 관료와 왕에 의해 통치되었다는 사실을 보여주고 있다. 일반 평민들은 공공의 작업과 징집의 의무를 다해야 했다. 또한 정교하게 조직된 군대에 의해 끊임없는 전쟁과 갈등이 계속되었고, 도시와 취락은 정교하게 조직된 상업망에 의해 연결되었던 것으로 판단된다.[17] 상 시대에 대규모의 관개시설이 존재했는지의 여부는 불분명하지만 정쪼우 유적에서는 취락으로 물을 끌어오거나 취락의 배수를 위해 사용되었을 것으로 보이는 시설이 발견되었다.[18]

그러나 상 시대의 대부분 사람들은 이전 시기의 사람들과 유사한 생활을 하였을 것으로 보인다. 즉 이 시기의 사람들도 강 연안을 따라 형성된 취락의 수혈움집에 거주하고, 수 천년동안 유지되어왔던 동일한 종류의 작물과 농경기술에 의존하여 살았을 것으로 판단된다.

▨ 후기 상 문명(기원전 1400년~기원전 1110년)

가장 늦은 시기에 등장하는 상 문명의 최절정기는 상의 판껑왕(盤庚王)이 허난성(河南省)의 안양(安陽)시로 수도를 옮겼다고 전해지는 기원전 1384년에 시작된다.

안양과 인근의 동시대의 유적들이 1920년대 이후 계속 발굴되고 있지만 발굴보고서의 발간이 완전히 이루어지지 못하고 있다. 약 24km²의 면적을 지닌 안양유적은 단지 몇 지점만이 조사되었는데 조사결과 안양은 대규모의 의례용 중심지와 행정 중심지를 중심으로 주위에 크고 작은 취락과 수공업 작업장이 둘러싸고 있다는 점이 밝혀졌다.[19] 대부분의 서민들은 2000년 이전의 서민들과 크게 다르지 않은 수혈움집에 아직도 기거하고 있었고, 취락의 주위로는 곡물창고, 토기 요지, 저장 수혈, 골기와 청동기 제작장, 동물 우리, 해자 등 고대 중국인의 삶에서 흔히 보이는 유구들이 분포하고 있다.

안양에서는 어떠한 형태의 성벽도 발견되지 않았지만 거대한 기념비적 건물이 발견되었다. 기념비적 건축물중 가장 큰 것은 장축이 60m에 달하는 장방형의 건물로서 대형의 돌과 청동의 기둥받침을 가지고 있으며 단단하게 축조된 거대한 토대 위에 형성되어 있다. 이러한 건물들은 3개의 군집을 이루어 분포하고 있는데 하나의 군집에서 최소한 53채의 건물들이 발견되었다. 이들 건물은 건축기법상 화려하지는 않지만 수많은 동물과 인간을 순장한 무덤으로 둘러 싸여 있고 주위의 많은 토광에서는 왕조사를 기록한 갑골이 발견되었으며 관료들의 거주지로 생각되는 수많은 소규모의 건물들도 발견되었다.[20] 또한 주위로는 값비싼 부장품과 수많은 순장이 이루어진 11기의 왕릉이 위치하고 왕릉의 주위에는 1200여개의 더 작은 무덤들이 둘러싸고 있다.

안양 시아오툰(小屯)촌의 거대한 의례용 무덤에서는 852명의 인골, 15마리의 말, 10마리의 황소, 18마리의 양, 35마리의 개, 완벽하게 구비된 5구의 마차와 마부 등의 제물이 발견되었다.[21] "내가 가져 갈 수 없다면 나는 소유하지 않을 것이다"라는 자동차 범퍼 스티커의 구절은 상 왕조의 지배자에게 딱 들어맞는 말이다. 상 왕조의 무덤에는 마차에서부터 쌀까지 모든 일상생활의 용품이 부장된다. 메소포타미아의 고대인들과 마찬가지로 중국 고대인들도 지배자의 부인들, 호위병, 기타 일상생활의 모든 것을 지배자의 무덤에 함께 묻어야만 지배자가 사후세계에서도 안락하게 살 수 있다고 믿었던 것으로 보인다. 상 시대에는 왕의 사망시 순장을 당하는 사람들에게는 최대의 정신적·물질적 혜택을 주었을 가능성이 있다. 유럽 봉건주의 시대의 귀족과 달리 중국의 귀족들은 자신들의 가족구성원에 의해 살해당하는 것을 두려워하지 않았던 것으로 추정된다. 일부 상시대의 무덤에서는 목이 베어지거나 팔다리가 절단된 채로 발견되는 시체도 있고, 이들 중의 일부는 살해되기 전에 결박당한 흔적도 있다. 만약 이들이 살해되었다면 매장되기 전에 어떻게 살해되었는지 현재로선 불분명하다. 어쨌든 이들 무덤에서 발견되는 인골들의 정연한 배치로 보아 순장된 대부분의 사람들이 별 저항없이 순장되어 계획적으로 배치되었을 것으로 추정된다.

상의 의례용 건물과 행정 건물은 크기나 축조비용에 있어서 메소포타미아의 지구라트나 사원처럼 인상적이지는 않다. 그러나 수공업 전문화의 수준, 무덤 부장품의 양과 질, 농업과 경제체제의 조직은 기원전 4000년대 후반 메소포타미아의 도시국가와 흡사한 모습을 보여준다.

상 왕조가 번창하고 있을 무렵 인근 지역에서는 상과는 인종적·문화적으로 상이한 문화들이 성장하고 있었다. 이들 지역에서는 도시화가 거의 보이지 않고 청동기 제작도 극히 일부가 보이며 상 문화의 기타 특징들이 나타나지 않고 있다. 상 문화와 다른 이러한 집단의 문화는 아직도 신석기시대 후기 단계의 문화수준에 머물러 있었던 것으로 보인다.

상 시대의 후기에 이르면(기원전 1200년경) 상형문자는 상 시대의 자세한 모습을 기술할 수 있을 정도로 발전하게 (아마도 상당히 급격하게) 된다. 3000개 이상의 표음적·표의적이며 상형적인 기호가 발견되었는데, 이중에서 2100개 정도가 해독되었다. 또한 중국에서는 160,000개 이상의 갑골문과 (이중 극히 일부만이 해독되었다) 청동기와 돌에 새긴 수많은 문자가 발굴되었다.[22]

문자기록에 의하면 상 왕조 후기의 통치자는 태평양 연안에서 서쪽의 샨시성까지, 남으로는 양쯔강부터 북쪽의 허뻬이성(河北省) 남부까지의 광활한 영토를 통치하였다고 한다. 상 사회의 정점에는 국가의 중대사를 직접적으로 결정하는 왕이 있고, 왕은 각각의 영토에서 상당한 정도의 자치권을 행사하는 지방귀족들에 의해 보좌된다. 지방의 귀족들은 자신들의 영역에 대한 방어를 책임지고 군대와 공공사업에 인력을 제공하며 세금을 거두고 분배하는 책임을 진다. 상 시대의 말기에 이르면 지방의 귀족들은 거의 봉건 영주의 신분에 오르게 되고 거의 모든 측면에서 독립적인 권한을 갖게 된다. 그러나 왕은 아직도 초자연적 권력을 가진 자로 숭배되고 모든 의례 행위의 주재자로 인식된다. 상 왕국은 중국의 전형적인 사고로 볼 때 세계의 중심이지만 주변의 "야만인"들에 의해 둘러싸여 있었다. 상의 왕은 무력과 협상을 통해 이들 야만인들을 통제하였다.[23]

최고 30,000명에 이르는 중앙의 왕실 군대가 귀족들의 지휘하에 주변의 야만인들을 정복하기 위해 동원되기도 한다. 군대 조직은 전차와 보병으로 이루어지는데,

보병은 강력한 기능을 갖는 목제, 골제의 가늘고 긴 활과 끝이 청동으로 된 화살촉으로 무장한다. 또한 보병은 작은 칼이나 미늘창(6피트 길이의 긴 나무의 끝에 거대한 칼이나 도끼를 장착한 무기) 중의 하나로 무장하거나 두 가지 모두를 가지고 전투를 한다. 왕실기록은 군사적 정복이 수많은 사상자를 초래하였다는 사실을 보여주고 있다. 비록 그 어떤 역사기록도 전투양상을 정확하게 기록할 수는 없지만 격렬한 전쟁으로 인해 수많은 인명 희생자가 발생하였음은 의심의 여지가 없다. 이러한 전쟁에서는 반드시 엄청난 약탈행위가 뒤따를 수밖에 없고, 포로로 잡힌 수많은 사람들은 살해되거나 노예로 전락되었을 것이다.[24]

상 왕조의 농업체계는 기본적으로 이전 시기와 별로 다르지 않았던 것으로 보인다. 기장, 밀, 쌀, 채소 등이 기본 작물이고 소, 양, 돼지, 가금류 등은 기본 사육동물이다. 그러나 상 시대에 들어와 물소가 새로이 사육되기 시작한다. 이러한 작물과 동물의 상대적 비중은 약간 변한 것으로 보이는데, 예를 들어 기장에 비해 이제 밀과 쌀이 상대적으로 비중이 높아진다. 그러나 현재로선 이 주장에 대한 증거가 빈약한 실정이다. 상 왕조 영역의 어느 곳에서도 관개농경이 집중적으로 이루어졌다는 증거가 없으며 수렵과 채집은 아직도 생계의 상당 부분을 차지하고 있었던 것으로 추정된다. 안양에서는 멧돼지, 사슴, 곰 등의 다양한 포유류동물뼈가 발견되었고 코끼리, 악어, 표범, 심지어 고래의 뼈도 일부 발견되었다.[25] 상 시대의 주민들은 서로간에 음식물의 교환을 상당히 활발히 했던 것으로 보인다.

상 시대에는 지역적 직업의 전문화도 상당히 이루어졌던 것으로 보인다. 많은 취락에서는 한 종류 이상의 중요한 수공업 제품이 발견되지 않는데, 이는 취락간에 수공업 제품이 교환되었음을 시사하는 증거이다.[26] 또한 천문학적 수의 농경 도구의 발견(예를 들어 한 유적에서는 하나의 구덩이에서 무려 3,500개의 돌낫이 발견되는데 사용이 된 것도 있고 사용되지 않은 것도 있다)은 농업과 수공업 생산에 대해 중앙정부의 통제가 상당히 이루어졌음을 보여주는 증거이다.[27] 상 문명에서는 심지어 패각을 엮어서 만든 일련의 돈도 발견되었다.

상 시대의 말기에 이르면 북부와 중부 중국에서는 수많은 성읍취락들이 발견되는데, 이전 시기와 비교할 때 훨씬 많은 인구가 이러한 소규모의 도시에 거주하였던 것으로 판단된다. 그러나 상 시대의 취락크기의 분포를 비슷한 발달단계의 메소포타미아나 메조아메리카와 비교해보면 상 왕조의 도시화가 훨씬 미약했음을 알 수 있다. 즉 상 시대에는 우르나 떼오티와깐에 버금가는 규모의 도시를 발견할 수가 없다.

상대에 살았던 사람들의 정신세계를 복원하기란 상당히 어렵지만 그들이 남긴 유물을 통해 일부 추정할 수 있다. 다른 모든 고대인과 마찬가지로 상 시대의 중국인들도 모든 현상에서 대칭과 균형을 추구했던 것으로 보인다. 모든 사원과 무덤은 직사각형이나 사각형의 형태를 띠고 동서남북의 기본방위에 따라 축조되었다. 청동기의 형태는 언제나 대칭적이고 점을 치기위해 갑골에 새긴 메시지조차도 오른쪽과 왼쪽으로 반복되어 나타낸다. 또한 세계는 사각형으로 구성되었으며 바람은 4방향에서 불어오고 중국의 주위로는 4종류의 이민족이 둘러싸고 있다고 생각하였다. 따라서 상시대의 예술과 건축, 문학의 기본 요소는 2×2, 4×4의 식으로 대칭과 균형을 추구했던 것으로 보인다.

문자기록과 조각을 통해 볼 때 상의 귀족들은 그들의 조상과 끊임없는 대화를 시도하고 갑골을 이용하여 세상만사에 대한 해답을 얻고자 하였던 것으로 보인다.

초기 제국시대 (기원전 1100년~기원전 220년)

중국 문명사의 초기 단계는 보통 '삼대의 제국'으로 불리는데 첫 번째가 얼리토우기/하(夏)나라이고 두 번째가 상(商)왕조이며 마지막 세 번째가 주(周)왕조다. 그러나 이러한 삼대의 중국 문명은 시기적으로 약간 중복되는데 장광쯔가 지적한 바와 같이 "초기 상은 얼리토우와 상호접촉하고 초기의 주 나라는 상과 일정부분 공존한다."[28]

장광쯔는 주 제국이 신의 의지에 의해 건국되었다는 사실을 보여주는 주 나라의 시를 인용하고 있다:

8월의 저 높은 곳에 상제(上帝)가 계시니;

천하를 내려보는 그의 위대함을 보라;

천하 사방 두루두루 살펴보시고,

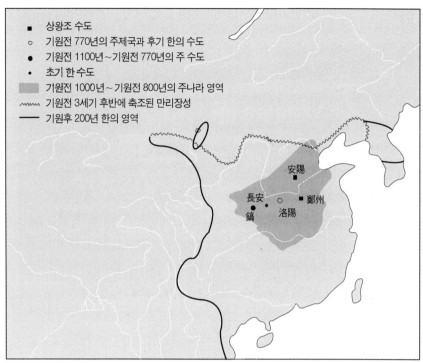

■ 상왕조 수도
○ 기원전 770년의 주제국과 후기 한의 수도
● 기원전 1100년~기원전 770년의 주 수도
● 초기 한 수도
▨ 기원전 1000년~기원전 800년의 주나라 영역
〰〰 기원전 3세기 후반에 축조된 만리장성
── 기원후 200년 한의 영역

安陽
長安
鎬   洛陽   鄭州

11.6 이 그림은 상 시대의 영토가 주와 한 제국에 이르러 얼마나 확장되었는가를 잘 보여
주고 있다.

백성에게 평화와 안정을 줄 곳을 찾으시네

하와 상 두 나라에 맡기셨더니,

제각기 정사를 어지럽히네.

상제께서 천하사방을 두루 살피시고 조사하여,

보금자리를 주시려 하네 ;

상제께서 사치와 방종에 노하셔서

돌아보시니 서쪽 기주(岐周) 땅,

여기에 태왕(太王)을 살게 하시네.[29]

위의 서정시에서 신에 의해 선택된 '서쪽땅'은 주 제국을 가리킨다. 주 제국과
이후의 중국 문명은 모든 고대 문명중에서 가장 복잡하고 화려한 문명이었을 것으

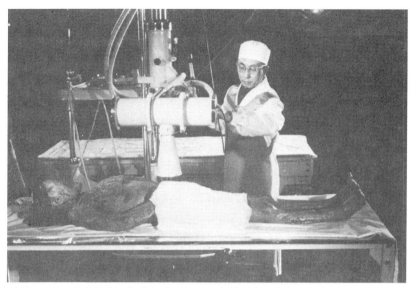

11.7 중국 무덤에서 출토된 일부 인골은 보존이 매우 양호하여 사망원인까지도 알 수 있
다. 이 그림은 기원전 141년 심장병으로 사망한 한(漢) 제국의 귀족여성의 엑스레이
를 찍고 있는 방사선과 의사의 모습을 보여주고 있다.

로 추정된다. 기원전 1100년 이후 주 제국(그림 11.6)과 이어지는 고대 문명은 중국
대부분의 지역을 봉건제도로 정비하고 결과적으로 도시의 성장, 전쟁과 평화의 끊
임없는 교차, 위계적 행정제도를 발전시키게 된다. 귀족과 평민들이 끊임없는 권력
의 쟁취와 영역 확장을 위해 전쟁을 일으켜 제국의 확장을 이루기도 하고 경쟁세력
에 의해 멸망하기도 한다.[30] 이러한 흥망성쇠의 연속과정 속에서 수많은 값비싼 청
동기, 도자기, 토기, 보석이 부유한 자를 위해 만들어지며, 역사상 이름을 알 수 없
는 수많은 백성들이 그들의 지배자를 위한 무덤의 공양물로 희생되었다. 또한 수백
만의 이름없는 일반 농경민들은 광활한 중국 대륙의 농경사회속에서 그들의 일상
적인 삶을 유지하고 죽음을 맞았을 것이다(그림 11.7).

기원전 500년경에 이르면 철기제작기술이 광범위하게 전파되고 철제 농경도구
가 일반적으로 사용되게 된다. 철제 무기와 대형의 무덤, 전쟁 기록 등은 탱크, 미
사일, 자동소총과 같은 오늘날의 비인간적 전쟁의 양상과는 전혀 다른 원시적 형태
의 전쟁을 보여주고 있다. 일반 보병들은 전차와 기병, 활이 난무하는 전쟁터에서

창과 칼을 사용하여 육박전을 벌였을 것이다.

철기가 도입되는 비슷한 시점에 중국에서는 공자(기원전 551~기원전 479년)가 등장하여 유교를 널리 보급시키게 되는데, 유교는 기원전 3세기 불교의 전파와 함께 서구사회와는 완전히 다른 중국인의 문화와 정치, 정신세계의 구심점으로 자리 잡게 된다.

예술과 수공업의 발전, 그리고 종교의 변화를 통해 중국의 전통적인 농경법도 점차 변화하기 시작한다. 기원전 500년 이후 거대한 관개시설이 축조되고 이러한 시설은 이제 쌀을 위시한 수많은 작물을 집약적으로 재배할 수 있는 기반이 된다. 이러한 농경의 집약화는 결과적으로 대규모의 인구를 부양할 수 있는 기반이 된다. 또한 우경의 도입과 다모작의 발달도 이 시기에 이루어지는데, 이러한 농경기술의 발전은 진(秦, 기원전 221년~기원전 207년)과 한(漢, 기원전 202년~기원전 120년)제국이 문화적으로 성장할 수 있는 경제적 기반이 된다.

진 제국의 문화가 얼마나 화려하고 국력이 강대하였는가는 산시성의 진시황릉 박물관에 가보면 바로 알 수 있다. 진시황은 이집트의 파라오에 못지않는 절대권력을 누렸던 제왕이었다. 진시황은 생전에 자신의 능원과 궁전을 축조하기 위해 무려 700,000여명의 노동자를 동원하였다. 또한 이러한 건축물을 완공하는데 무려 39년의 세월이 걸렸고 완공 당시 지구상의 어떤 건물보다도 아름답고 웅장하여 우주를 그대로 옮겨 놓은 듯했다. 당시의 기록에 의하면 지하궁전은 거대한 도롱뇽의 기름을 이용해 밝혀놓았다고 한다. 기원전 206년 진시황의 능원은 폭동으로 화재를 입게 된다. 진시황의 능묘를 발굴한 고고학자들은 56.25km²에 달하는 건물들과 천문학적 규모의 유물들을 발견하게 된다. 예를 들어 "희생된 노예들의 무덤, 사각형의 담장, 석기 제작장, 죄수들의 무덤, 노역자들을 살해한 무덤, 실제 크기의 테라코제의 병사와 말을 묻은 갱도, 청동제 마차와 말들이 부장된 무덤 등이 능묘에서 발견되었다."[31] 현재까지 이루어진 발굴결과 테라코타로 제작된 수 천명의 병사들과 말들이 실제 크기로 발견되었는데, 이들 도용들은 당시 병사들의 웅장함과 직위등급을 알아 볼 수 있을 만큼 매우 사실적으로 제작되었다.

세계 최초의 인구조사가 기원전 1년과 2년 사이에 중국에서 실시되었는데 당시의 총 인구는 57,700,000만명이라고 기록되고 있다. 이 중에서 최소한 10% 정도는 도시내의 방형 건물에 거주하였는데 가장 큰 도시에는 약 250,000명 정도가 거주하였던 것으로 추정된다. 이 시기에는 동전이 유통되었고 학교 교육이 이루어졌으며 수많은 문학작품이 창작되었다.

중국의 서쪽과 북쪽의 변방에 위치한 유목민의 기마문화는 중국의 변방을 끊임없이 침범하고 약탈을 감행하였다. 기원전 100년경에 축조된 만리장성은 변방의 이들 유목민을 축출하고 농경민을 보호하기 위해 축조되었지만 아마도 그리 성공적이었던 것 같지는 않다. 이와 같이 중국의 전 역사를 통해 정착생활을 하는 중국문화와 주변의 유목민간에는 끊임없는 전쟁과 갈등이 지속되었다.

서구인들은 중국문명을 도식적이고 정적인 문명으로 생각하는 경향이 있다. 그러나 장기적인 역사의 발전과정으로 볼 때 중국문명은 말로 표현할 수 없을 정도의 다양하고 역동적인 문화였다고 평가해야 한다.

▨ 중국 복합사회의 진화 : 요약과 결론

7장에서 논의했던 고대 문명의 표준적 지표는 중국 고대 문명에서도 모두 나타난다는 점을 알 수 있다: 1) 신석기 시대 초기의 정형적인 양식의 토기와 유물이 광범위한 지역에 전파되는데, 이는 신석기 시대 농경민사이의 문화적 상호작용의 집중화와 영역의 증가를 반영한다. 2) 다음으로 세습된 부와 권력, 권위를 보여주는 무덤이 등장한다(그림 11.8). 3) 행정관료와 수공업생산 시설이 집중되는 읍과 도시의 점진적인 발달이 이루어지는데, 이들은 보통 방어용 성곽을 가지고 있다. 4) 지역적 규모와 국가적 규모의 전쟁이 점점 증가한다. 5) 기념비적 건축물, 문자, 기타 예술과 수공업의 점진적 발달과 국가적 종교와 이데올로기의 발달이 이루어진다. 6) 이러한 모든 변화와 함께 인구 밀도, 기술적 생산, 경쟁적 지역국가의 크기가 전반적으로 증가한다.

중국 문명은 이러한 문명의 유사성과 함께 다른 고대 문명과의 차이점도 동시에 보여준다. 예를 들어 메소포타미아의 수메르에 비해 초기의 중국 사회는 도시화의 발달정도가 훨씬 미비하다. 물론 중국의 경우에도 후대의 문명에서는 도시의 발달

11.8 이집트나 메소포타미아와 마찬가지로 고대 중국의 복합사회는 그들의 장례의식에 엄청난 양의 부를 투자하였다. 이 그림은 한나라의 귀족 유승(劉勝)의 옥의(玉衣)를 보여주고 있는데, 이 옥의는 2,498개의 옥편과 1,100g의 금사를 사용하여 제작되었다.

이 급격하게 빠른 속도로 이루어진다. 고고학에서는 고대인들이 왜 상이한 조건에서 상이한 크기의 취락에 집중적으로 모여 살게 되었는가를 설명하려고 한다. 그러나 안타깝게도 중국의 고고학자료는 이러한 의문점을 설명하기에 충분하지가 않다. 일부 학자는 전쟁이 고대 중국의 취락 크기와 분포를 결정했던 중요한 요소라고 주장하고 있고, 실제로 전쟁은 중국 고대 문명의 발달에 중요한 역할을 하였던 것으로 보인다. 그러나 전쟁이란 사회의 복합성과 차별화가 증가함에 따라 사회내에서 필연적으로 발생되는 기본적인 변화중의 하나라고 (그리고 다소 변화무쌍한) 할 수 있다.

중국 고대 문화의 발달에 지속적으로 중요한 역할을 하였던 하나의 요소는 중국의 서쪽과 북쪽의 변방에서 유목이나 반유목의 생활을 하던 사람들이었다. 예를 들어 고대 기록에 의하면 주의 왕은 주변 유목민의 압력에 밀려 샤안시성(陝西省)의 중부로 이동하게 되고 여기서 주 제국을 건설하였다고 한다.[32] 또한 중국 중원지방의 농경민과 북방 유목민과의 관계를 총체적으로 서술한 오웬 라티모어(Owen Lattimore)의 저술은 이러한 농경민과 유목민의 상호접촉이 중국의 고대문명의 형성에 얼마나 중요한 역할을 하였는가를 잘 보여주고 있다.[33]

중국 문명에서는 다른 어떤 고대 문명보다도 여성의 정치적 권한이 상당히 막강

했다는 점이 특징이다. 모든 고대 문명에서 엘리트와 왕실의 여성들은 특별한 지위와 권한을 가지고 있었다. 그러나 고대 중국사회의 여성은 중요한 관료였으며 왕실 칙사로서의 임무도 하였고 군대를 지휘하였다는 증거도 최소한 한 예가 전해지고 있다.[34]

장광쯔는 중국의 문명이 샤마니즘과 밀접한 관련이 있음을 시사하고 있다. 중국의 샤만은 신과 초자연적 파워의 세상인 저승과 현세를 연결하는 종교적 매개자이다. 장광쯔는 또한 중국 문명의 진화에 대해 다음과 같은 가설을 제시한다. 즉 "문명의 창조를 가져왔던 경제적 부는 그 자체가 중앙화된 정치권력의 산물이고 정치권력의 획득은 부의 축적을 통해 이루어진다."[35] 장광쯔에 의하면 중국 문명의 주춧돌은 심오한 종교적 기반에서 찾을 수 있는데 왕, 귀족, 평민 등이 위계적으로 배열된 우주에 살고 있고 이들 위에는 신이 존재하고 물리적 세계와 정신적 세계의 소통은 샤만에 의해 주재된다. 여기서 왕은 신의 계시를 전달할 수 있는 신적 계시를 부여받는다. 그리고 장광쯔가 지적한 바와 같이 종교적이고 추상적 우주관을 가진 중국 고대 사회에서 기술은 문명의 발전에 그렇게 중요한 요소가 될 수 없다. 이러한 고대 중국인의 세계는 오늘날의 동양과 서양을 구분하는 중요한 차이일 수도 있다.

중국은 궁극적으로 다른 문명과 마찬가지로 문명의 발전과 붕괴라는 순환과정을 거치게 된다. 실제로 중국 역사의 이러한 순환성은 막스에서부터 마빈 헤리스[36]까지 다양한 학자들에 의해 제시된 문화적 복합성에 관한 일반적 모델의 근거가 되어 오고 있다. 이러한 고대 제국사회에서는 최소한 일련의 새로운 진화적 조건이 나타날 때까지 일정 수준을 넘어서지 못하도록 성장을 억제하는 내부적 제한요소가 존재하였던 것으로 보인다. 초기 제국사회에서는 주로 기술수준이 그러한 제한요소였을 가능성이 있다. 오늘날과 같은 정보의 수집, 저장, 수정, 전달능력이 없었던 고대의 정치체계는 날로 증가하는 사람과 물자, 각종 지역의 공공사업을 수행하는 데 일정한 기술적 한계를 지닐 수밖에 없었을 것이다.

저자주

1) De, "Classical Chiness Contributions to Shipbuilding."

2) Chang, *The Archaeology of Ancient China*, pp. 95 – 99.

3) Chang, "In Search of China's Beginnings."

4) An, "China during the Neolithic."

5) Triestman, *The Prehistory of China*.

6) An, "China during the Neolithic." p. 484.

7) Ibid.

8) Chang, "In Search of China's Beginnings: New Light on an Old Civilizations" pp. 152 – 53.

9) Watson, *Ancient China*.

10) 중국의 초기 복합사회에 관한 다음의 기술은 주로 다음의 글에서 참조한 것이다. Chang, *The Archaeology of Ancient China*.

11) Kim Seung-Og, "Burials, Pigs, and Political Prestige in Neolithic China."

12) bid., p. 120.

13) 다음의 글 참조. Chang, *The Archaeology of Ancient China*, see also Triestman, The Prehistory of China.

14) Chang, *The Archaeology of Ancient China* 외에도 다음의 글 참조. Triestman, *The Prehistory of China*

15) Chang, *The Archaeology of Ancient China*, pp. 286 – 94.

16) Bayard, "The Chronology of Preistoric Metallurgy in North-East Thailand: Silabhumi or Samrddhabhumil."

17) Chang, *Early Chinese Civilization: Anthropological Perspectives*.

18) Wheatley, *The P vot of the Four Quarters*.

19) Ibid.

20) Chang, *Early Chinese Civilization: Anthropological Perspectives*, p.10.

21) Wheatly, *The P vot of the Four Quarters*, p. 93.

22) Chang, *Early Chinese Civilization: Anthropological Perspectives*, p. 48.

23) Wheatley, *The P vot of the Four Quarters*.

24) Ibid., p. 63.

25) Ibid.

26) Chang, *The Archaeology of Ancient China*, pp. 138 – 39.

27) Wheatley, *The P vot of the Four Quarters*, p. 76.

28) Chang, "In Search of China's Beginnings: Ne wlight on an Old Civilization." p. 156.

29) Ibid.

30) Wn Zilm, "The museum of Qin Shi Huang," p. 141.

31) Chang, "In Search of China's Beginnings: Ne wlight on an Old Civilization."

32) Lattimore, *Inner Asian Frontiers of China.*

33) Ibid.

34) Trigger, *Early Civilizations: Ancient Egypt in Context*, p. 37.

35) Chang, *The Archaeology of Ancient China*, p. 414.

36) 다음의 글 참조. Harris, *Cannibals and Kings.*

12장
구대륙 후기국가와 제국

먼 훗날 지구상에 오직 한 사람만이 살아남는 시대가 올 수도 있다.
그러한 날이 오면 살아남은 생존자는 먼 옛날 우리 인간이 플로렌스의 울창한 투스칸
올리브 숲 위에 위대한 거석들을 세웠던 것처럼 인간이 얼마나 뛰어난 존재였던가를 상상도
할 수 없을 것이다. 또한 그 날이 오면 라파엘(Raphael)에 대한 한을 가슴에 간직한 미켈란젤로가
지나다니던 장엄한 궁전도 사라질 것이다. 그 날이 오면 르누아르와 세잔느가 나란히 앉아서
예술을 논하고 반 고흐와 고갱이 함께 앉았던 파리의 조그마한 카페들도 모두 사라질 것이다.
인간이 혼자 산다는 것과 이로 인한 고독은 처참한 전쟁 못지 않게 인간의 꿈과 희망을 말살하게 된다.
그리고 인간은 태어나서 언젠가는 죽는다는 사실을 깨달은 이후부터
이러한 삶의 원리를 터득하게 된다.

앙드레 말로(Andre Malraux)

고학자들은 메소포타미아와 멕시코의 고대국가를 고대세계의 모든 문화에 선행하는 '일차(Primary)' 국가로 명명하고, 그리스, 가나, 독일, 태국 또는 다른 지역들의 고대 문명을 '후기(Later)' 국가나 '이차' 국가로 부른다. 그러나 이러한 용어는 독특한 특징을 지닌 고대 문명을 산술적으로 서열화한다는 문제점을 내포하고 있다. 왜냐하면 '후기' 국가나 제국의 발전도 자생적인 요소가 상당히 강하기 때문이다. 후기 국가들이 일차 문명으로부터 영향을 받은 사실을 부정할 수는 없다. 그러나 후기 문명도 각각의 문명이 처한 토착적 환경, 토착민, 그리고 독특한 역사를 바탕으로 형성되었다고 보아야 한다. 더구나 과거 2000년 동안의 역사만 보더라도 정치적 권력과 경제적 부는 시공간적으로 계속하여 변화하고, 다양한 문화간의 상호접촉이 점진적으로 증가하고 있다는 사실을 주목할

필요가 있다.

그러나 온대 유럽, 아프리카의 사하라 이남지역, 동남아시아 그리고 그 밖의 많은 지역의 후기 문명이 초기 고대문명의 영향을 통해 형성되었음은 틀림없는 사실이고, 따라서 후대 문명은 초기 문명의 파생물이라고 볼 수도 있다. 예를 들어 유럽 문명은 훗날 이집트, 중국, 메소포타미아 문명을 정복하게 되지만, 사실 전자의 문명은 이보다 이른 후자의 문명에서 발생한 농경이나 기술의 영향을 받아 형성되었다고 할 수 있다.

이 책에서는 후기 국가나 제국에 대해 상세하게 논하지는 않을 것이다.[1] 여기서는 기원전 3000년 이후 후기 국가와 제국의 문화적 다양성과 복잡한 상호교류─어느 국가도 독립적으로 발전하지는 않았다─를 통해 형성된 문화발전의 양상을 기술할 것이다. 이 시기 구대륙의 역사는 마치 복잡하게 짜여진 직물처럼 복잡한 양상을 보이기 때문에 문명의 개별적인 요소를 분리하여 설명하기가 거의 불가능하다. 또한 독자들은 구대륙의 이른바 주변부 정치조직이 훗날 제국의 수준으로 성장하는 역사적 전개과정을 통해 '최후의 승자가 진정한 승리자가 될 것이다'라는 성경의 구절을 실감할 수 있을 것이다.

기원전 4000년 이후의 구대륙의 역사는 다양한 국가들이 등장하여 패권을 다투게 되고 결국에는 극소수의 거대제국만이 살아남는 과정이라고도 할 수 있다. 또한 유럽과 아시아, 아프리카의 국가 사이에는 경제적 상호교환체제가 점진적으로 성립하게 된다.

기원전 2700년경 이집트의 수도인 멤피스의 시민과 프랑스 북부 해안의 수렵채취인은 서로의 생활과 문화에 어떠한 영향도 미치지 않았으며, 심지어 위신재를 교환하는 교역망도 존재하지 않았다. 그러나 기원후 200년경에 이르면 프랑스의 북부 해안과 이집트는 로마제국의 식민지가 된다. 이 시대에 이르면 로마 군대에 소속된 프랑스 출신의 재향군인에게는 가끔 이집트의 농토가 연금으로 지급되기도 한다. 이러한 문화간의 상호의존성은 유럽과 아시아, 그리고 아프리카 전역에서 시간이 흐름에 따라 점차 강화된 형태로 나타나게 된다. 그러나 경제적 상호의존성은 각 지역의 환경이나 교통조건, 그리고 독특한 역사적인 사실에 따라 변형된 형태로 나타나게 된다. 당시의 수많은 아시아인과 유럽, 아프리카인들은 선박을 이용하여

지중해를 왕래하였다. 그러나 북부와 남부 아프리카에서는 아직도 사하라 사막이
아프리카의 인적, 물적 교류를 상당히 제한하고 있었다. 또한 중부 및 서부 유럽의
험준한 산맥들과 동부의 사막이나 툰드라지대 등도 문화와 사람의 상호접촉을 어
렵게 하는 지형적 장애로 기능하였다.

그러나 오늘날은 이와는 완전히 다른 모습을 보여준다. 이제 거의 모든 세계는
서로 긴밀하게 연결되고, 문화적 동질성은 지구촌 거의 모든 곳에서 발견되고 있
다. 오늘날의 에스키모들은 설상차를 타고 다니고, 중국인들은 미국의 청량음료
를 마시며 싱가포르의 금융시장은 전 세계 금융시장에 막대한 영향을 미친다.[2] 전
화와 인터넷의 급격한 전파는 지역과 문화의 차이를 순식간에 극복할 수 있는 수
단이 되었고, 따라서 과거와는 본질적으로 상이한 새로운 문화적 '유기체'가 형
성될 수 있는 발판이 되었다. 그러나 여기서 유념해야 될 사실은 비록 오늘날의
세계가 5000년 전의 세계와 여러 가지 면에서 현저한 차이를 보인다 하더라도 기
본적으로 오늘날의 문화도 당시에 시작된 문화변천 과정의 한 순간에 불과하다는
점이다.

🖼 에게해와 서부 아나톨리아

챠탈 휘익(8장)과 같은 아나톨리아 유적은 서남아시아에서 최초로 문화적 복합
성이 출현한 곳이다. 그러나 문화발달의 핵심지역이 티그리스-유프라테스의 비옥
한 충적지대로 옮겨감에 따라 이 지역은 문명의 주변지대로 전락하게 된다. 8장에
서 언급했듯이 메소포타미아와 이집트문명은 문명의 형성기부터 에게해의 경제적
부를 착취하게 된다. 그러나 기원전 3000경에 이르면 에게해의 토착문화는 이제
스스로의 힘으로 강력한 복합사회로 발전하기 시작한다.

호머가 노래한 '포도주처럼 짙은 바다'는 렘노스(Lemnos), 레스보스(Lesbos),
그리고 수백개의 여러 섬이 어우러진 그리스와 아나톨리아 사이의 아름다운 에게
해를 묘사한 것이다. 이 섬들과 에게해와 지중해에 인접한 아시아와 유럽의 대부분
지역은 상대적으로 건조한 기후를 가지고 있다. 그러나 이들 대부분의 지역은 훗날

기름진 농토로 바꾸어지고, 철광석과 목재 기타 다양한 자원이 풍부하게 생산되는 곳이다.

밀, 보리, 양, 염소, 포도, 올리브와 같은 작물과 동물은 기원전 5000년경에 이르면 지중해 전역에서 재배되고 사육된다. 또한 기원전 3000년경에는 동부 지중해 연안에서 수많은 물자가 활발히 교류되었다. 기원전 2700년에는 트로이, 레스보스섬의 폴리오츠니(Poliochni)와 같은 거대 공동체들이 도시국가의 면모를 갖추게 된다. 이들 도시는 장엄한 석조건물과 효율적인 도로를 건설하고 금, 주석, 기타 철광으로 만든 화려하고 전문화된 제품을 생산하는 다변적 경제체제를 갖추게 된다.

어떤 의미에서 이러한 금속류는 당시의 에게해 경제체계에 필수적인 요소로 기능하였다고 볼 수는 없다. 물론 일부 청동제 도구와 무기는 실생활에 매우 유용하게 사용되었지만, 금속제 교역품은 대부분 실생활경제와는 상당히 무관한, 예를 들면 금동 입상(立像)과 같은 위신재였다. 이 시기의 교역에서 가장 높은 비중을 차지하는 물자는 기본식량이나 생필품이었다. 이러한 생필품은 성격상 당시 사회에서 대부분 바로 소비되는 것들이기 때문에 고고학적으로 확인하기가 불가능하다. 예를 들어 수백만 갤런의 와인이 지중해 전역에서 선박을 통해 교역되었겠지만 와인은 금속류처럼 보존이 쉽지 않고 당시 사회에서 바로 소비되는 속성을 지니기 때문에 고고학적으로 보존되지 않는다. 한편 당시 세계에서 금동입상이 경제적인 가치가 전혀 없다고 단언할 수도 없다. 다시 말해 금동입상과 같은 위신재를 획득한 개인은 사회적 지위를 제고하고 강화할 수 있으며, 이는 결국 경제적 생산을 높일 수 있는 요인이 되었을 것이다.

기원전 2500년경 크레타 섬을 포함한 에게해의 섬들과 아나톨리아, 그리스에는 수많은 도시와 촌락들이 건설된다. 그리고 금은 이러한 공동체의 가장 중요한 교역품으로 자리잡게 된다. 이 외에도 채색 토기, 흑요석 그릇, 대리석상이나 입상, 염색섬유, 기타 수백 가지의 상품들이 당시 사회에서 교역되었고, 이러한 물품은 고분의 중요 부장품으로 사용된다. 이러한 사실은 당시의 사회에서 권력을 가진 자와 가지지 못한 자의 형성, 즉 위계화된 사회적 계층이 존재하고 있었다는 사실을 가리킨다. 고전 세계의 '트로이' 도시가 위치하고 있었던 히사를리크(Hissarlik) 도시에 대한 조사결과는 기원전 2300년경 이 도시에 견고한 성벽과 많은 수의 대형 석조건물이 축조되었다는 사실을 보여주는데, 이는 당시 사회에 이미 상당히 규모가 크고 정치적으로 강력한 공동체가 존재하였다는 점을 시사하는 증거이다.

이 세상의 어느 지역도 세계문명의 발전, 특히 과학, 예술, 문자의 발달이라는 측면에서 지중해 지역처럼 발전한 곳이 없다. 그러나 동시에 역사상 그 어느 지역도 지중해 지역처럼 무려 5000년간에 걸친 수많은 참혹한 전쟁과 정치적 혼란을 겪은 지역도 없을 것이다. 기원전 3000년대 후반에 이르면 주변의 크고 작은 공동체를 통치하는 재분배 중심지가 등장하기도 하지만 대부분의 시기동안 지중해 지역은 수많은 촌락과 도시들이 끊임없이 경쟁하는 문화발전과정을 보여준다.

기원전 2200년경 그리스의 본토와 도서지방의 많은 공동체들은 거의 비슷한 시점에 대규모 화재를 당한 것으로 보인다. 이 시기 이후의 건축물과 토기는 앞 시기와는 상당히 다른 양식을 보여준다. 이러한 문화적 격변의 원인을 기후의 변화나 외부침략 같은 단일 요소로 설명하는 사람도 있지만 대부분의 학자는 이러한 해석에 의문을 제기하고 있다. 오히려 지중해 역사의 판도를 뿌리째 뒤흔든 이러한 문화변동은 인도−유럽어족인의 침략 때문에 야기된 것으로 판단된다. 이러한 인도−유럽어족은 오늘날 그리스어의 원형이 되는 언어를 사용하게 되고, 아마도 이들 민족의 후손들에 의해 지중해 연안 대부분의 문명이 건설된 것으로 보인다.

크레타 문명은 그리스의 본토에서 발생한 이러한 대격변에 별다른 영향을 받지 않게 되고, 궁극적으로 에게해의 거의 전 지역을 지배하게 된다. 크레타의 문명권에서 농경문화가 처음 도입된 시점은 최소한 기원전 6000년경으로 보인다. 이후 1000년 동안에 걸쳐 크레타인들은 생산적인 농업경제를 건설하고 활발한 해상무역에 종사하게 된다. 기원전 1900년경부터 크레타 섬의 작은 도시와 촌락은 정치, 경제, 종교적으로 이제 국가수준의 체제를 갖추게 된다. 다른 지역의 문화변천 양상처럼 이 시기의 크레타 문명에서는 기념비적 건축물의 축조, 상호의존적 경제체계의 발달, 인구밀도의 증가와 계급의 발생, 재산과 권력에 대한 상징체계의 발달이 이루어진다. 크노소스(Knossos)에서는 대형 왕궁터가 발견되었는데, 이곳은 토기, 금공예, 사문석과 기타 단단한 돌로 만든 아름다운 그릇이 만들어지는 생산중심지이기도 하였다. 또한 이러한 복잡한 경제를 운영하기 위한 수단으로 선(線)형

A문자*라고 알려진 문자체계가 개발되어 사용한다.

기원전 2000년대 크레타의 문화는 일반적으로 미노아 문화(Minoan culture)로 알려져 있는데, 이 시기 동안에 크레타의 경제적 부와 권력은 점점 증가하게 된다. 미노아의 물자는 에게해와 그리스, 그리고 아나톨리아 전역에서 발견되고, 멀리 레반트와 이집트에서도 발견되었다. 크노소스의 인구는 상당히 많았던 것으로 판단되는데 도시의 핵심지역만 하더라도 10,000명 정도의 인구가 거주하였던 것으로 추정된다. 크노소스의 거대한 궁전과 부유한 무덤은 당시 사회의 번영을 단적으로 보여주는데, 이러한 문명의 번창은 발달된 경제에서 그 원인을 찾을 수 있다. 예를 들어 크노소스의 창고에서는 수만 갤런의 와인과 올리브유를 저장할 수 있을 정도의 대형의 저장용 토기가 발견되었다.[3]

기원전 1700년경에 발생한 지진으로 인해 크노소스의 궁전을 위시한 많은 건물들이 파괴되지만 이 전보다 훨씬 더 번창하고 강력한 국가가 다시 등장하게 된다. 그러나 기원전 1500년경 크레타에서 약 70마일 떨어진 티라(Thera) 섬에서 다시 한 번 화산이 폭발하게 되고, 이 화산 폭발은 크레타 취락의 상당수를 파괴하였던 것으로 보인다.

기원전 1000년대 후반기에 접어들면, 미노아 문명과 권력은 에게해 전역에서 사라지게 되고, 미케네라는 새로운 고대문명이 등장하게 된다. 미케네 문명의 기원지는 그리스 본토의 아르고스(Argos) 평원이다. 미케네에서 발견된 석조 요새는 미케네가 방대한 상업거래에 기반을 둔 군사왕국의 중심지임을 보여주는 증거이다(그림 12.1). 또한 미케네의 고분에서는 방대하고 풍부한 부장물이 발견되었는데, 이것은 미케네가 그리스 본토 뿐 아니라 에게 해의 섬들과 서부 아나톨리아의 방대한 지역을 정치경제적으로 지배한 강력한 무력사회였다는 점을 보여주는 증거이다.

우리는 호모의 일리아드와 오디세이(Iliad and Odyssey)가 얼마나 당시의 역사적 사실을 기록하고 있는지 영원히 알 수 없을 것이다. 그럼에도 불구하고 분명한 점은 이 위대한 그리스의 서사시가 미케네 문명 후기의 생활과 문화를 상당히 생생

---

* **선(線)형 A문자** : 점토판에 새겨진 선문자로서 기원전 18세기부터 크레타 섬에서 주로 사용된 것이다. 선형문자 A는 기원전 15세기부터 그리스 본토의 크노소스, 미케네, 필로스 궁전과 같은 유적에서 발견된 선형문자 B와 구별하기 위해 사용된 개념이다.

12.1 1876년 하인리히 슐리만과 그의 부인 소피아가 미케네의 전설적인 사자의 문 (Lion Gate) 오른쪽에 앉아 있다.

히 기록하고 있다는 것이다.

미케네 문명이 에게해에서 번창하고 있을 무렵, 중부와 동부의 아나톨리아 지방에서는 인도–유럽인인 힛타이트(Hittites)족이 강력한 국가를 건설하고 있었다. 힛타이트족은 훗날 이집트와 앗시리아 사이에 발생한 복잡한 정치경제적 경쟁에서 중요한 변수로 기능하게 된다.

기원전 1000년 이후 동부 지중해 세계는 복잡한 정치경제적 상호작용 양상을 띠게 된다. 그리스의 도시국가들은 1000년간에 걸친 기나긴 골육상쟁을 계속하게 되고, 레반트의 페니키아인들은 멀리 스페인지역까지 광활한 상업적 제국을 건설하게 된다. 한편 이탈리아의 에트루리아인들은 이 시기부터 훗날의 위대한 로마제국의 정치적·경제적 기반을 건설하게 된다.

온대 유럽

'야만단계의 유럽인'은 기원전 6000년대까지 에게해 이북의 영국, 스칸디나비아 반도, 러시아의 울창한 삼림과 초원지대, 산악지대에서 수렵채취생활을 영위하고 있었다. 유럽인들은 이후 복잡한 형태의 식량생산체계를 발전시키고, 상당히 발전된 기술과 사회체계로 구성된 풍부한 문화적 레퍼토리를 갖추게 된다. 그러나 선사시대를 거쳐 기원후 수세기까지도 유럽 문명은 이집트와 메소포타미아, 중국, 그리고 기타 세계의 다른 문명과는 문화의 발달정도에서 비교가 안 될 정도의 문화발전단계를 유지하고 있었다.

비교론적 역사의 견지에서 볼 때 가장 중요한 의문중의 하나는 왜 수천년동안 문명의 중심이 메소포타미아, 중국, 인도, 지중해 지방에 머물다가 기원후 1000년대 중엽에 이르러 갑자기 서부 유럽으로 옮겨가게 되었는가이다. 유럽인들은 외래의 다양한 문화요소를 받아들여 다른 지역과는 상당히 다른 환경적 상황에서 자신들만의 독특한 문명을 발전시키게 된다. 칼 마르크스와 여러 학자들의 공통된 주장에 의하면, 서부 유럽이 궁극적으로 세계 문명의 핵심이 될 수 있었던 가장 중요한 이유는 강우량에 의존하는 농업경제를 발달시켰기 때문이다. 다시 말해 초기문명지역인 이집트나 메소포타미아, 중국이 농경을 주로 대하천의 용수에 의존했던 반면 유럽은 강우에 의존한 농업체계를 발전시키게 된다. 만일 국가통제의 운하체계에 농경이 의존할 수밖에 없다면 중앙정부는 모든 국민의 일거수 일투족을 통제할 수 있게 된다. 그러나 서부 유럽에서는 중앙 정치체인 국가가 소규모 정치체들을 통제할 수는 있지만 온대 유럽의 농업에 필수적 요소인 강우량을 통제할 수는 없다. 마르크스는 이러한 환경적 요인으로 인해 유럽에서 봉건주의와 자본주의가 발달하게 되고, 이러한 변화는 곧 유럽이 세계 문명의 중심으로 자리잡을 수 있는 계기가 되었다고 설명하고 있다.

그러나 구대륙 세계의 정치경제적 역사는 이처럼 쉽고 간결하게 설명될 수 있는 성질의 것이 아니다. 스티븐 쉐넌(Steven Shennan)은 많은 역대의 학자들, 특히 고든 차일드와 마르크스주의자들이 인간역사의 발전을 마치 "올림픽 성화의 이동처럼 동방에서 서구로 이동된"[4]것으로 보았다고 비판하고 있다. 그러나 이와는 반대로 최근의 연구는 수많은 발명들이 유럽에서 독자적으로 이루어졌다는 사실을 보여주고 있다. 또한 유럽의 선사시대를 이해하려면 지중해 문명을 먼저 알아야 한다는 종전의 주장도 재고되어야 한다.[5]

온대유럽 : 초기 농경

6장에서 논의한 바와 같이, 농경민과 수렵채취인과의 모호한 구별은 가뜩이나 추상적인 두 사회경제적 형식체계를 더욱 애매모호하게 만들고 있다. 그럼에도 불구하고 유럽의 농업에 대한 기원은 항상 이러한 용어로 논의되고 있는 실정이다. 온대 유럽에서는 기원전 6000년부터 기원전 2000년 사이에 수렵채취의 경제활동이 작물농경으로 대체되기 시작하였다. 이러한 작물은 근동에서 먼저 재배되기 시작하였고, 아마도 이후에 유럽으로 전파된 것으로 보인다. 이러한 곡물로는 외알밀, 보리, 그리고 호밀 등이 있다. 또한 양과 소의 목축기술도 근동에서 유럽으로 전파되었던 것으로 판단된다. 로빈 던넬(Robin Dennell)이 지적한 바와 같이 유럽에서 처음으로 재배되었던 곡물은 아마도 선사시대의 후반까지 경제적인 중요성이 별로 없었던 귀리였던 것으로 판단된다.[6]

문화의 변화란 장기간에 걸쳐 광범위한 지역에서 발생하는 급격한 과정이기 때문에 고고학자들은 이러한 문화변화의 '메커니즘'에 분석의 초점을 맞추는 경향이 있다. 이러한 전통적인 모델중의 하나는 남부유럽과 근동지역 고대인들이 온대성 기후의 서유럽지역으로 이주하여 수천년간 농업생계방식을 유지하게 되었고, 결국에는 수렵채취문화를 대체하였다는 것이다. 그러나 마렉 즈벨레빌(Marek Zvelebil)과 폴 돌루크나노프(Paul Dolukhnanov)[7]는 이러한 모델이 식민지화의 상황과 과정에 대해서만 초점을 맞추고 있고, 단순히 대체되었다고 가정되는 수렵채취인과의 관계를 심각하게 고려하지 않았다고 비판하고 있다. 농경의 기원에 대한 최근의 모델은 이러한 토착적 수렵채취인의 역할과 반응을 고려하는 쪽으로 이동하고 있다. 로빈 던넬[8]은 빙하기이후에 발생한 유럽의 기후변동이 외알밀과 보리와 같은 작물이 양호하게 성장할 수 있는 요인이 되었다는 점을 시사하고 있다. 또한 그는 유럽인들이 외알밀과 보리의 계속적인 이용을 통해 재배종을 발견하였을 것이라고 주장하고 있다. 따라서 유럽 농업의 발전은 대부분 독자적으로 이루어졌다고 볼 수 있다. 다시 말해 유럽인들은 서남 아시아로부터 일부 식물과 동물을 받아들였다고 볼 수 있지만 그렇다고 해서 아시아의 농경시스템을 그대로 받아들인 것이라고 볼 수는 없다. 그러나 에머밀, 빵밀, 양, 기타 다른 농작물과 동물들은 서남 아시아에서 먼저 재배되고 사육되다가 유럽으로 전해진 것으로 판단된다.

그러나 이러한 상반된 이론, 특히 후빙기의 유럽 중석기문화의 수렵채취인에 대한 제 가설을 평가할 수 있는 고고학적 증거는 최근에서야 발견되기 시작하고 있다.[9] 유럽의 중석기시대는 석기형식의 변혁기로 알려져 있다. 특히 대형 슴베찌르개에서 소형 슴베찌르개로의 변화가 유럽 중석기시대에 나타난다. 이러한 도구의 변화는 아마도 효율적인 활과 화살의 도입과 관련이 있어 보인다.[10] 더글라스 프라이스(Douglas Price)가 지적한 바와 같이 이러한 변화는 심오한 사회적, 문화적인 변화라기보다는 빙하기가 후퇴하면서 이전과는 다른 새로운 가용자원이 등장하고 이에 따라 석기제작기술이 발전한 결과로 보인다.[11] 그는 또한 북유럽의 해수면이 기원전 6000년 전에는 현재의 위치만큼 높지 않았기 때문에 그 이전의 중석기시대의 많은 유적이 바다 속에 잠겨 있다는 점을 지적하고 있다.

서부 유럽에서 가장 일찍 곡물이 재배되었던 유적중의 하나는 최소한 기원전 6000년경 이전에 등장한 것으로 판단되는 그리스의 아르기사-마굴라(Argissa-Maghula)유적이다. 이 유적의 고대인들은 에머밀과 보리, 소와 양 그리고 돼지를 재배하고 사육하였다.

유럽의 농업 공동체와 인접하고 있는 지중해유역의 농업 공동체는 양과 염소를 사육하고 안정성과 생산성이 뛰어난 곡물이나, 올리브, 포도 등을 재배하였다. 근동과 메소포타미아로부터 북부 유럽의 온대삼림지대로 순화종과 농경이 전파되는 과정은 현대 고고학에서 가장 흥미롭고 심도 있게 다루어지는 연구이다. 보구치(Bogucki)가 분석한 북부 유럽 평원지대의 농업기원, 특히 폴란드의 경우를 보면 중석기 시대의 수렵채취인과 원시 농경민들은 수백년간 서로 공존하였음을 보여주고 있다. 더구나 이 지역에서 최초의 농경인들이었던 비커 문화인* 들은 "자신

---

* Funnel Beaker People : 비커라는 용어는 손잡이가 부착되지 않는 컵 형태의 그릇에서 유래한 것이다. 비커 문화는 기원전 4000년부터 2000년 사이 북유럽과 서유럽에서 유행했다. 비커의 구체적인 형태에 따라 깔때기 모양의 비커문화(Funnel-beaker), 하단부가 부풀은 비커문화(protruding-foot beaker), 종 모양의 비커문화(bell-beaker)로 나누어진다.

들의 전통적인 중석기시대 생활방식과 재배식물 및 사육동물을 선택적으로 혼합하여 이용하였음을 보여준다."[12] 또한 보구치에 의하면 영역 표시의 기능을 하였던 거대한 석조 기념비나 무덤이 궁극적으로 유럽 전체에 걸쳐 나타나는데, 이는 농업이 확산되면서 농경지의 소유가 더욱 중요해 졌다는 점을 가리키는 증거이다.

반건조한 지중해 지방과, 더 습하고 추운 영국·저위도 지방·북부 독일·남부 스칸디나비아반도 사이에는 상당한 환경적 차이가 존재한다. 이러한 환경적 차이는 상이한 농경도구의 발전을 초래하였는데, 예를 들어 남부 이탈리아 지방의 선사시대 농경민은 성공적인 농경을 위해 소수의 손 도구만이 필요했을 뿐이다. 그러나 북부 독일의 농민들은 말이 끄는 쟁기와 같이 자본 집약적 도구가 필요했을 것이다. 그래미 바커(Graeme Barker)는 이에 대해 아래와 같이 말하고 있다 ;

> 지중해에서 땅을 가는 목적은 언제나 땅의 수분을 보존하는데 있다. 그러나 북부 유럽의 경우는 지하 깊은 곳의 자양분을 얻기 위해 상당히 무거운 도구를 사용하여 땅을 깊게 갈아야 한다……두 지역에서 보이는 구체적인 초기 농업의 역사와 일반적인 생산경제의 분석은 지중해지방이 사업의 위험을 감수하는 기업가적 속성이 강하다면 북부지방은 정직하지만 아둔한 속성이 강한 것처럼 상당히 대조적인 측면을 보여준다. 이것은 마치 오늘날의 남부와 북부 유럽의 축구팀이 현저한 차이를 보이는 양상과 유사하다.[13]

유럽지역에 농업이 전파되는 속도와 양상은 상당히 흥미로운 양상을 보여준다. 이러한 농업전파의 속도는 주변환경과 기술, 인구에 의해서 상당히 영향을 받는 것으로 보인다. 작물의 유전적인 구성은 작물이 환경에 적응하는 속도를 결정하는 요소이고, 인공 비료가 존재하지 않는 상태에서 곡물의 수확량을 – 따라서 인구 밀도를 – 한정하는 요소가 된다. 그러나 유럽인들이 짧은 기간동안 성취한 복잡한 사회를 생각한다면, 우리는 고대사회의 4대요소인 기후환경, 농경기술, 인구변동과 사회, 정치제도들이 얼마나 복잡하게 상호 연관되었는지를 알 수 있다.[14] 기원전 6000년경에는 지중해의 작물과, 소와 양, 그리고 이들을 경영할 수 있는 기술이 중앙 유럽인 다뉴브지역으로 전파된다. 다뉴브 지역의 고대인들은 오두막집으로 구성된 작은 촌락에 모여 살았으며, 동물을 사육하고 강가나 시내 주변의 작은 땅에 농사를 지으며 살았다. 이러한 유럽의 농경취락양상은 기원전 5300년 이후 다양한 선이 새겨진 토기, 즉 중앙유럽식 즐문토기(Bandkeramik style)가 등장하면서 더욱 두드러진다. 즐문토기인과 이들의 농업생활방식은 중앙유럽의 다뉴브지방에서 최초로 등장하고, 기원전 5000년 직후에는 이보다 북부지방에 위치한 남부 네덜란드지역까지 확산된다. 이들 지역의 농민들은 초가집에 거주하면서 보리, 외알밀, 밀, 소, 양, 염소, 기타 여러 종류의 곡물과 동물에 생계를 의지하였다. 그러나 근동이나 지중해 해안의 반건조 평야지대와 달리 유럽의 농경은 먼저 무성한 숲과 초원을 개간하고 그 다음에 땅을 가는 방식으로 이루어진다.

아라스데어 휘틀(Alasdair Whittle)은 신석기 유럽인들의 주거 특성과 구성의 다양성을 연구하였는데, 그 결과 유럽에서는 황토 및 충적토의 분포와 교역 능력, 사회적 계층화의 정도가 취락의 밀도 및 크기에 지대한 영향을 미친다는 점을 보여주었다.[15] 마렉 즈벨레빌과 피터 로레이 - 콘웨이(Peter Rowley - Conway)[16]는 유럽 대부분의 지역에서 발생한 농업으로의 전환이 사회경제적 변화의 연속성과 관련이 있음을 보여주고 있다. 즉 수렵채취인과 농경민이 최초로 접촉했을 때만 하더라도 이들은 서로 독립적인 생활을 유지하면서 소수의 물자만을 거래하게 된다. 그러나 점차 농경민은 수렵채취민의 영역으로 이주하고 결국 이들은 직접적으로 경쟁하기 시작했을 것이다. 비록 농업에 실패하거나 다른 천재지변으로 인해 농경민들도 수렵이나 채취생활을 영위하기도 했겠지만 궁극적으로는 경제적으로 우수한 자원을 보유한 농경민 집단이 수렵채취인들을 대체하게 되었을 것이다.

기원전 5000년 이후 농경민들이 다양한 유럽의 환경에 작물을 적응시키고 기술을 발전시킴에 따라 공동체의 규모와 인구가 더욱 증가하게 되고, 이들 중 일부 집단은 토성을 쌓고 목책을 세워 자신의 영토와 주민을 보호하게 된다. 또한 이제 사회의 일부 계층은 봉토분이나 거석무덤으로 구성된 대규모의 공동묘지에 매장된다.

기원전 3000년경에 이르면 농경촌락은 영국에서부터 극동 러시아까지의 광범위한 지역으로 퍼지게 된다. 대부분의 취락민은 지역적으로 다양한 자원을 전문적으로 이용하기도 하지만 주로 농경과 목축에 생계를 의존하게 된다. 또한 구리로 만든 도끼나 장신구들이 광범위한 지역에서 발견되는데, 특히 중부 유럽이나 발칸지방에서 많이 발견된다.

켈트족의 전파
기원전 400년 이전
기원전 400년 - 기원전 200년
페르시아 제국의 서부경계
교역로
그리스
페니키아
에트루리아

12.2 기원전 10세기 말경 켈트족의 전파와 온대 유럽 및 지중해 문명과의 교역로.

콜린 랜프류는 최근의 연구를 통해 기원전 6000년에서 3000년 사이에 농업이 유럽전체에 퍼지면서 인도-유럽어가 지역의 토착언어를 대체하게 되었다는 점을 지적하고 있다(그림 12.2).[17] 중부 유럽의 인구는 넓은 충적대지의 강 연안에서 가장 높은 밀도를 보이지만, 기원전 3000년 이후에는 더욱 효율적인 목축과 농경이 가능해짐에 따라 크고 작은 촌락이 거의 전 유럽에서 발견된다. 이러한 농업과 인구의 확산은 동물을 이용한 쟁기(아마도 근동에서 도입되었을 것이다)의 도입과 밀접한 관계를 보인다. 건조하지 않은 기후와 충적대지가 존재하지 않는 환경에서는 야생 식물을 제거하고 토양의 비옥도를 갱신시키기가 매우 어려웠을 것이다. 그러나 유럽의 농민들은 이제 쟁기를 사용함으로써 작물의 씨앗을 뿌릴 수 있게 되고, 작물을 심기 전에 쟁기질을 함으로서 잡초를 제거하고 땅의 비옥도를 높일 수 있게 된다(그러나 오늘날과 같은 심경법(深耕法)은 훨씬 나중에 발명된다). 수잔 그렉(Susan Gregg)은 컴퓨터 시뮬레이션을 통해 수렵채취인과 신석기시대 농민들과의 상호접촉을 연구하였다. 그녀의 연구에 의하면, 유럽의 수렵채취인과 농경민은 상당히 오랜 기간동안 안정적 경제관계를 발전시키다가 이후 어느 시점에 농경민들이 온대유럽을 점령하게 된다.[18]

모든 유럽인이 농경사회의 구성원이 되면 이 지역에서도 이제 복합사회의 발달이 이루어진다. 이러한 복합사회로의 전환은 자생적으로 발전하기도 하고 외부 문화의 영향을 받아 형성되기도 한다.

남부 유럽의 지중해 연안은 온대유럽에서 복합사회로의 전환이 가장 먼저 이루어진 지역이다. 예를 들어 기원전 4000년경으로 편년되는 불가리아 흑해 해안 근처의 바르나(Varna) 고분군에서는 금과 구리로 만든 도구가 다량 발견되었다. 이러한 유물의 발견은 바르나 사회의 위계적 계층화를 보여 줄 뿐만이 아니라 당시 사회의 발달된 야금술 기술을 보여준다.[19] 이처럼 바르나 사회가 상대적으로 이른 시기에 문화적 복합성을 이룰 수 있었던 원인은 흑해연안의 활발한 교역때문이었을 것으로 판단된다.

금속과 토기는 흔하게 발견되고 고고학적으로 보존이 잘 되기 때문에 로마시대 이전의 유럽문화의 성격을 대변해 줄 수 있는 대표적 유물이다. 기원전 3500년에서 기원전 2300년 사이의 서부유럽의 고대인들을 전부(戰斧)민족이라 부르기도 한다.고분 속에서 주로 발견되는 이들의 구리도끼와 돌도끼는 이들만의 독특한 승문(繩文)토기와 함께 온대 유럽의 전역에서 발견된다. 중부 유럽이나 동부유럽에서 이주한 것으로 추정되는 전부문화인은 이미 기원전 3000년경에 말을 사육하고 바퀴달린 수레(이륜손수레)를 사용하기 시작하였다. 그러나 동부 유럽인들이 직접 서부로 대거 이동하여 이러한 문화를 발전시켰는지 아니면 사람이 이주하기 전에 이들의 예술형식과 경제적인 영향력이 먼저 전파되었는지 현재의 자료로는 자세히 알 수 없다. 만일 인도-유럽어가 코카서스 산맥에서 기원한 것이 사실이라면 전부민족은 동부에서 서부 유럽으로 급속히 이주한 집단의 한 부류일 것이고, 이들은 토착민의 정복이나 혼인관계를 통해 서부 유럽을 장악하였을 것이다.

　또 다른 문화의 확산으로는 비커 문화를 들 수 있다. 이 문화의 어원은 비커라는 독특한 토기에서 유래한 것이다. 비커 문화는 기원전 3000년 이후에 서부나 중부 유럽의 광범위한 지역에 나타나는데, 궁극적으로 비커문화와 전부문화는 서로 통합되어 발전하게 된다.

　이러한 문화를 논의하는데 있어 우리는 이 시기의 대부분의 사람들이 소수의 가족들로 구성된 크고 작은 공동체에 거주했다는 점을 명심해야 한다. 또한 이들이 거주했던 가옥은 통나무와 진흙, 짚으로 만든 단순한 구조를 보인다.

　농경의 전파와 함께 발생한 또 하나의 사회적인 변화는 거석(巨石)문화의 등장이다. 유럽의 거석문화는 이집트인들이 피라미드를 축조한 시점보다 1500년 정도 빠른 기원전 4500년경부터 등장하기 시작한다. 즉 기원전 4500년경 스페인의 농경민은 무게가 수 톤이나 되는 거석을 사용하여 무덤을 축조하기 시작하였다. 그리고 이후 수천년간에 걸쳐서 서부 유럽 전역에서 거대한 돌로 무덤을 축조하게 된다. 이러한 무덤에는 대형 석재를 사용하여 여러 개의 무덤 방이 축조되고, 입구는 대형의 석재로 봉인된다. 이러한 고분은 일반적으로 여러명이 한 무덤에 매장되는 다장묘의 형태를 보이고 있다. 또한 시신은 처음 일정기간 자연에 그대로 노출시켜 썩게 만들고 나중에 뼈만을 추려서 무덤에 매장했던 것으로 보인다. 고분의 상부는 흙으로 덮어 일종의 둔덕을 형성하기 때문에 이러한 형태의 고분을 긴 둔덕 형태의 고분(long barrow mound)이라 부르기도 한다.

　유럽에서는 거석을 이용하여 고분뿐만이 아니라 기타 다양한 구조물을 축조하였다. 예를 들어 프랑스지역에서는 거대한 돌들을 복합적으로 배열하여 다양한 거석기념물을 축조하고 있다. 또한 영국의 스톤헨지(그림 12.3)는 유럽 거석문화의 가장 유명한 예라고 볼 수 있는데, 거대한 돌들이 원형 형태로 배치되어 있다.

　이집트의 피라미드처럼 유럽의 거석문화도 당시의 사회조직과 이념을 반영하고 있을 것이다. 그러나 그 어느 누구도 이러한 기념비를 축조한 사람들의 구체적인 동기에 대해서는 정확히 알 수 없을 것이다. 이러한 기념물의 공간배치는 일련의 경계를 시사하기도 한다. 스톤헨지와 같은 기념물의 공간적 배치는 이 기념물이 종교적 의식의 중심지였거나 천체의 관측이나 계산을 위해 축조되었을 가능성을 시

12.3 스톤헨지는 의례용 목적으로 기원전 2700년부터 축조되기 시작하여 기원전 2000년과 기원전
     1000년 사이에 더욱 정교화되었다. 거석의 배치는 천문학적 의미를 상징적으로 표시한 것으
     로 보인다. 스톤헨지는 이 시기 서유럽에서 축조된 수 많은 기념물의 하나에 불과하다.

사하고 있다. 거석묘를 덮고 있는 긴 둔덕 형태의 고분은 고분을 축조한 농경민이
거주했던 긴 형태의 가옥모양을 모방한 것으로 보인다.[20] 이러한 주거지와 고분형
태의 유사성은 산 자와 죽은 자를 연결하여 공동체와 친족의 결속을 다지기 위한
것으로 추정된다. 이집트의 거석기념물과 마찬가지로 이러한 기념비는 권력과 이
념의 사회적 규범을 강화하고 과거와 현재 그리고 미래 세대의 결속을 유지하기 위
한 행위라고 볼 수 있다.[21]

   그러나 궁극적으로 우리는 거석기념물을 축조한 당시 사회의 동기와 이데올로
기를 복원해야 할 것이다. 이러한 질문 외에 우리는 왜 이러한 구조가 나타났으며,
누가 그리고 어디서 이런 구조를 축조하게 되었는가를 설명해야 한다. 9장에서 논
의한 바와 같이 이집트의 피라미드와 같은 거대한 석조 기념비는 전 세계에서(이와
비슷한 형태는 멕시코, 페루, 북미지역에서도 나타난다) 공통적으로 당시 사회가
특수한 스트레스를 겪게 되거나 급격한 변환기에 축조되는 경향을 보여준다. 로버
트 던넬[22]에 의하면 유럽의 거석문화와 비슷한 거대한 공동묘지가 북미의 오하이
오와 미시시피 강 언덕에 나타나게 되는데, 이 시기는 이 지역에서 옥수수, 콩, 호
박류의 농업이 확립되는 시점이고 이러한 거석 기념물은 농업에 효율적으로 적응
한 사회의 경계지대에 축조된다.[23] 거석문화를 축조하기 위해 요구되는 에너지와

자원의 '소비'는 인구증가율을 둔화시키고 과도한 경제적 팽창의 저하를 통해 사회를 안정시키는 기능을 한다. 고대 유럽인의 거석문화도 이러한 사회적 안정과 깊은 관련이 있을 것이다. 그러나 이보다 더욱 중요한 사실은 거석기념물의 축조가 궁극적으로 당시 사회에 어떠한 사회경제적인 영향을 미쳤는가이다. 미시시피 강의 선사인과 영국의 선사인은 각각의 기념비를 상당히 다른 의도로 축조했을 수도 있다. 그러나 두 집단 모두 장기간에 걸친 문화발전의 동일한 시점에서 거석 기념물을 축조했다는 공통점을 보여준다.

스톤헨지와 같은 기념비를 효율적으로 축조하기 위해서는 필연적으로 사회적 계층화와 직업의 전문화가 요구되었을 것이다. 그리고 수 천년간 유럽과 지중해, 에게해 지역에서 이루어진 광범위한 교역도 이러한 문화적 변화를 촉진시키는 기폭제 역할을 하였을 것이다.

루스웨이트(Lewthwaite)는 소위 '마피아 모델(Mafia Model)'로 유럽 복합사회의 등장을 설명하고 있다. 그에 의하면 "사회변화의 원동력은 한 개인이 다른 사람들을 지배하고 통제하고자 하는 야망에서 비롯된다. 이러한 욕망은 특정한 환경적······상황에서 구체화될 수 있다."[24]

무덤의 인골과 값비싼 금속이나 부장유물을 통해 볼 때 유럽의 전사들은 기원전 1000년경의 후반부에 유럽 전역에서 치열한 경쟁을 벌였던 것으로 보인다. 이러한 경쟁에서의 승리는 지중해와 에게해 지역과의 교역권의 확보와 어느 정도 관련이 있었을 것이다. 발트해의 호박(Amber), 소금, 철기, 기타 수많은 물자들이 당시 사회의 무역로를 따라 유럽으로 교역되었다.

기원전 약 1000년경까지만 해도 아나톨리아의 힛타이트제국만이 철제품을 생산할 수 있었다. 그러나 이후 야금술은 북부와 서부 유럽으로 급속히 전파된다. 철은 구리나 금보다 훨씬 실용적인 금속이기 때문에 쟁기, 괭이, 송곳, 칼, 검, 화살촉, 기타 수많은 실생활 제품을 생산하는데 사용될 수 있는 이점을 가지고 있다.

유럽 최초의 야금술을 보유한 할스타트*문화는 기원전 700년 이후부터 저위도 지방의 문화와 비교되는 독특한 문화적 전통을 보여준다. 이 시기의 할슈타트와

---

*할스타트 : Hallstatt, 오스트리아 서부의 유적에서 유래한 철기시대문화로써 존속연대는 기원전 700년부터 기원전 450년까지이다.

라 테느* 문화에서는 인구가 급격히 증가하고, 다양한 외부인의 이주가 발생하게 된다. 또한 이들 문화는 과거 지중해문화가 지배했던 교역로를 쟁탈하게 되고, 기타 다양한 사회적 변화를 이룩하게 된다.

강력한 로마 제국이 기원전 약 200년부터 기원후 1000년 전까지 유럽 전역으로 확장되면서 유럽 문명은 계속적인 변화를 거듭하게 된다. 이제 유럽의 문화는 순수 단일문화의 틀 속에서 벗어나서, 그리스문화와 근동문화 그리고 토착문화가 서로 융합되어 발전하는 복잡한 양상을 보이게 된다.

아프리카

아프리카는 금, 은, 철, 보석, 상아, 야자유 등 다양한 자연자원의 보고이다. 이러한 자연자원과 더불어 삼백만년 전의 인류 문화의 발상지였다는 사실 때문에 아프리카 지역을 세계 복합문화가 일찍 등장한 지역으로 오인할 수도 있다. 그러나 아프리카는 사냥과 채집을 하기에는 이상적일지 몰라도 농경을 하기에는 부적절한 지역이다.[25] 거대한 사하라 사막은 갱신세와 후기 갱신세동안의 기후변화로 확장과 수축을 반복하면서, 아프리카의 대부분 지역을 지리적으로 인류 문명의 응집지역인 근동이나 지중해지역으로부터 격리시키고 있다. 또한 사하라이남의 습윤지대는 울창한 삼림지대이기 때문에 전반적으로 농경이 어렵고, 토양이 척박하고 변덕스러운 강우량을 보이기 때문에 선사시대의 단순한 농경법으로는 대규모의 집약농경이 어려운 지역이다. 예를 들면 나이저(Niger)강과 같은 대하천은 수량의 변동이 심하고 충적대지를 형성하지 못하기 때문에 농경이 발달하기 힘든 지역이다. 설상가상으로 아프리카는 수많은 치명적 질병이 난무하는 지역이다. 예를 들어 체체(Tsetse)파리는 소의 질병을 유발하기 때문에 목축이 거의 불가능하고, 말라리아로 인해 매년 수많은 사람들이 고통을 받는다.

이러한 문제와 기타 수많은 생태학적 환경속에서 아프리카 지역에서는 많은 초

---

* **라 테느** : La Tene, 스위스의 뉴차텔(Neych tel)호수에 위치한 유적의 이름에서 유래한 문화이다. 이 문화는 할스타트와의 문화적 연속성을 보여주며 기원전 500년경 할스타트 문화의 뒤를 이어 등장하여 로마시대 이전까지 존속한다.

기 사회의 문화가 등장하게 된다. 따라서 아프리카의 초기 사회는 극한 환경상태에서 인간의 발명과 적응 능력이 얼마나 중요한 역할을 하는지를 보여주는 전형적인 예라고 할 수 있다.

고고학자들은 갱신세 동안의 아프리카의 사하라이남 지역을 문화적 정체지역—실존하는 문화박물관(Cultural Museum)—으로 간주하는 경향이 있다. 그러나 최근 연구는 이 지역에서도 발전된 석기와 토기제작기술과 활발한 동물의 사육을 통해 독특하고 심오한 다양한 문화가 독립적으로 등장하였음을 보여주고 있다.[26)]

예를 들어 안 스탈(Ann Stahl)의 연구에 의하면, 아프리카의 가나 지역은 '점진적 진화모델(Progressive Evolutionary Model)'로 설명하기 힘든 장기간의 문화적 역사를 보여준다.[27)] 가나의 영토 크기는 영국과 비슷하지만 식생환경은 매우 복잡한 양상을 보여준다. 다시 말해 가나의 환경은 적도 아프리카에서 많은 사람이 거주하는 열대우림 정글과 건조한 고지대와 사바나, 삼림지대, 그리고 다양한 호수를 포함하고 있다.

아프리카의 사하라이남 지역은 아마도 기원전 수천년동안 사냥과 채취, 어로, 농업을 혼용하여 풍부한 생산물을 획득할 수 있었던 지역이며, 금과 소금 그리고 기타 생활물품이 거래되는 방대한 교역망이 형성되었던 지역이다. 우리는 이 지역의 초기역사에 대해서 상대적으로 거의 알지 못하고 있다. 왜냐하면 아프리카는 기후조건상 유적과 유물의 보존이 상대적으로 어려운 지역이며, 비록 연구가 꾸준히 증가하고 있기는 하지만 아직까지는 전반적으로 고고학적 연구가 미진하기 때문이다.[28)] 그러나 현재까지의 연구결과로 볼 때 체계적인 조사가 이루어진 모든 지역에서 아프리카 문명의 발전을 보여주는 유적이 계속 발견되고 있다. 예를 들어 1980년대 중반 적도지방의 기니와 가봉 지역에 대한 조사를 통해 고고학자들은 기원전 1000년대 중반부터 야금술을 소유한 신석기시대의 반투(Bantu)취락을 발견할 수 있었다.

반투 문화와 같은 이 시기의 문화는 기원전 500년경 야금술의 도입과 함께 급격한 문화적 변화를 보여준다. 맥킨토쉬와 맥킨토쉬(McIntosh and McIntosh)는 서부 아프리카의 야금술의 기원을 심층적으로 연구하였는데, 이들에 의하면 이 지역의 야금술은 독자적으로 개발되었다기 보다는 외부로부터 유입된 것으로 보인다.[30] 이러한 철제 도구는 기원전후에 이르면 아프리카 전 지역에서 전면적으로 사용된다.

야금술의 도입과 함께 서부 아프리카에서는 다양한 복합사회의 발전이 이루어 진다. 예를 들어 기원전 1000년대에 속하는 나이지리아와 세네갈의 무덤유적에서 는 현저한 빈부의 차이를 보여주는 증거들이 발견되었다. 나이지리아의 이그보-우쿠(Igbo-Ukwu)지방에서 발견된 무덤 내부에서는 거푸집을 이용해 제작된 청동제 품과 수천개의 유리와 홍옥수(Cornelian) 구슬들이 발견되었다.[31] 기원후 8세기부 터 11세기 까지의 아프리카 사회에 대한 아랍인의 기술을 보면 이 시기의 사회는 군대와 왕이 존재하고 수공업이 매우 발달한 제국 단계의 사회였다고 한다.[32] 많은 학자들이 서부 아프리카의 문화적 복합성에 지대한 영향을 미쳤던 요소는 아랍의 상업이라고 주장하고 있다. 그러나, 맥킨토쉬와 맥킨토쉬는 아프리카에서 보이는 아랍의 물자와 문화적 요소는 "아랍인들이 사하라와 사하라이남 지방에 이미 존재 하고 있던 교역망을 이용한 결과이다"라고 반박하고 있다. 이러한 설명은 이그보-우쿠의 문화발전이 토착민에 의한 교역망의 확충과 사회적 계층화에 의해 이루어 졌다는 점을 시사하고 있다.[33]

기원전후부터 기원후 5백년 동안 아프리카의 대부분의 농경민들은 철제도구와 무기를 사용하였으며, 지역에 따라 토산물인 수수와 호박을 생산하고 소와 기타 다 양한 동물들을 사육하였다(그림 12.4). 그러나 농경이 어려운 일부 건조지대의 고대 인들은 수백만년동안 이 지역에서 실시해온 수렵채취생활을 유지하게 된다. 전통 적으로 사하라이남 지역의 문화적 변혁을 야기한 문화는 반투문화였을 것이라는 주장이 대세를 이루었다. 그러나 홀(Hall)은 반투의 농경문화가 남쪽으로 확산되었 다는 이러한 주장을 상당히 설득력있게 반박하고 있다.[34]

아프리카 초기 국가의 등장에 관한 초창기 이론은 아프리카 국가가 이미 국가단 계의 발전을 이룬 북부 아프리카나 이집트국가와 접촉하여 이들의 정치경제적인 영향을 받아 성립되었다는, 이른바 접촉국가(Contact-State)설이 대세를 이루었다. 그러나 오늘날은 사하라이남 지방의 토착세력이 자신들의 문화를 모태로 하여 독 자적인 국가를 탄생시켰다는 이론이 더 지지를 받고 있다. 아프리카에서 국가가 등 장한 요인은 여러 가지로 생각해 볼 수 있다. 즉 농경의 도입에 따른 인구의 급격한

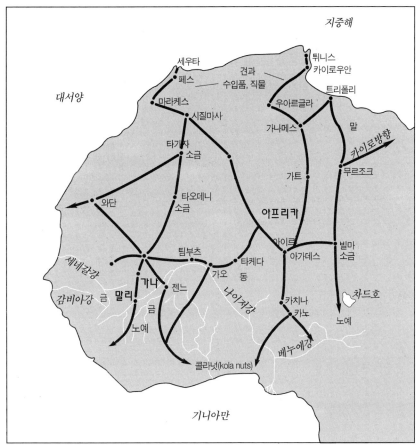

지중해

대서양

세우타
페스
마라케스
시질마사
타기자
소금
와단
타오데니
소금

세네갈강
팀부츠
가나
가오
젠느
말리

감비아강 금
노예
금

튀니스
카이로우안
건과
수입품, 직물
우아르글라
가나메스
트리폴리
말
카이로방향
가트
무르조크
아프리카
아이르
빌마
소금
아가데스
타케다
동
나이저강
차드호
카치나
카노
노예
베누에강

콜라넛(kola nuts)

기니아만

12.4 기원후 첫 천년동안 다양한 상품의 교역로가 아프리카 서부의 왕국들을 서로 연결시켜 주었고 근동과 유럽, 지중해 연안과도 교역이 이루어졌다

증가, 금·구리·소금·노예 등의 교역, 멀리 지중해와 아시아 제국들과의 간헐적인 접촉이 이 지역 국가의 발전에 영향을 미쳤던 것으로 판단된다. 여기서 상세하게 논할 수는 없지만 이제 고고학자들은 아프리카 복합사회의 역사를 구체적으로 밝혀가고 있다. 아프리카의 고대 국가는 많은 공공건물을 축조하였고, 왕과 상류층이 존재하며 농부, 유목민, 광부, 대장장이, 상인 그리고 종교지도자들로 구성된 복잡한 사회경제구조를 체계화하고, 이들에 대한 세금징수체제도 발전시키게 된다. 무덤 또한 이러한 사회조직을 반영하고 있는데, 예를 들어 경제적 부와 사회적인

지위에 따라 무덤의 구조와 부장물이 매우 다양하게 나타난다.

16세기에 이르면 서부 아프리카의 많은 지역은 다양한 국가로 나누어진다. 이러한 모든 국가는 지중해 지역과 아시아의 제국에 수 많은 생산물을 제공하는 복잡한 교역망의 일부로서 기능하게 된다.

16세기 이후부터 아프리카는 점점 외부 세력의 지배를 받게 되고 대부분의 아프리카 국가가 다시 독립을 쟁취한 시기는 불과 최근의 50년 전부터이다. 아프리카는 상대적으로 열악한 경제환경으로 인해 오랫동안 외세의 지배를 받게 되었다. 또한 유럽에서 전해진 질병으로 아프리카 원주민은 엄청난 고통을 받았고 노예로 팔려 나가는 시련의 세월을 보내게 된다. 우리는 아프리카인이 16세기 이후부터 아메리카의 노예로 팔려나간 것으로 생각하지만 아프리카의 노예매매 조직은 16세기 이전에 이미 아프리카인에 의해서 형성되었다. 훗날 아프리카의 노예들이 신대륙으로 팔려간 만큼의 많은 아프리카 노예가 아프리카 이북의 근동이나 지중해로 매매되었던 것으로 추정된다.

▨ 유럽 주변지대

이동성의 유목문화는 흑해의 동부 해안에서 시작하여 고비사막까지 널리 퍼졌으며 유럽과 아시아 문명 발달의 주요한 동력으로 자리 잡게 된다. 이들 대부분의 지역에서 말과 낙타는 기원전 1500년경 무렵부터 사육되기 시작한다. 이 당시의 유라시아 유목민들은 이미 이륜수레를 사용하였으며, 육류보다는 우유 중심의 생계를 발전시켰다. 또한 족장사회에 버금가는 매우 호전적인 사회체계를 발달시켜 무력으로 유럽과 중국을 공격하고 약탈하였다.

오랜 역사기간동안 다른 지역과 문화적으로 격리되었던 일본은 역사발전의 단계에서 보이는 일종의 모의실험장과 같은 느낌을 준다. 일본의 역사는 여러 시기에 걸쳐 중국대륙으로부터 영향을 받기도 되지만 고대 일본만의 독자적인 문화와 역사를 건설하게 된다. 그러나 일본에서도 다른 지역과 유사한 고대 문화의 발달과정을 보여준다. 예를 들어 일본에서도 토기문화가 발달한 이후 기념비적인 건물이 축조되고 막대한 빈부의 차가 나타나며, 이후 세계 고대사회중에서 가장 엄격하고 복잡한 위계사회를 건설하게 된다.

고대 일본문화에서 가장 특징적인 현상중의 하나는 상당히 이른 시기부터 수렵채취인들이 영구정착생활을 하게 된다는 점이다. 맬빈 아이켄(Melvin Aiken)과 타케루 아카자와에 의하면 기원전 11000년 조몬(繩文)기의 고대 일본인은 토기를 제작하고 – 세계에서 가장 이른 시기에 등장한 토기중의 하나 – 일년 내내 혹은 한해의 대부분을 수혈 주거지에 살면서 풍부하고 다양한 음식물을 섭취하였다. 조몬인들은 사슴, 곰, 고래, 연어 등의 생선과, 바닷새, 패류를 채취하였으며, 많은 종류의 과실류와 콩류 기타 여러 식물을 섭취하였다.[35] 오늘날의 일본인은 쌀이나 해산물, 생선회를 주로 먹는 소식인으로 알려져 있지만, 선사시대의 일본인은 상당히 많은 다양한 종류의 식생활 패턴을 보여준다. 다른 지역과 마찬가지로 갱신세말기 무렵부터 일본의 수렵채취인들은 식물의 유전적 변화가 발생할 수 있을 정도로 일부 선택된 식물만을 집약적으로 채취하기 시작한다. 기원전 5000년에 이르면 일본의 일부 지역에서는 쌀, 보리, 메밀, 그리고 기장을 집중적으로 이용하였다는 증거가 발견되고 있다. 그러나 일본의 쌀농사는 기원전 1000년 이후부터 본격적으로 시작되고, 이러한 농업경제는 이전의 수렵채취경제를 대체하게 된다. 고대 일본의 쌀농사는 지역적 환경의 차이에 따라 상이한 방법과 비율로 전파된다. 일본의 쌀농사는 주로 야생 가용자원이 빈약한 지역으로 가장 빨리 전파되는 걸로 보인다. 이것은 고대 문화의 진화에서 비용 대 편익비(cost-benefit)의 경제원리가 작용한다는 사실을 보여주는 또 다른 예이다.

고대 일본인의 유골을 분석한 결과를 보면 고대 일본인은 형질적으로 중국인이나 한국인과의 지속적인 접촉을 통해 형성되었다는 사실을 보여주기도 한다. 그러나 고대 일본인은 기원전 수천년 동안의 독자적인 문화의 발전을 통해 자신들만의 독특한 문화를 건설하게 된다.

동남아시아의 덥고 습한 열대성 기후는 고고학적 유적의 보존을 어렵게 하는 요소로 작용한다. 이러한 환경과 기타 다양한 이유로 인해 동남아시아 문화사의 구체적인 변동과정은 자세하게 알려지지 않고 있다. 동남아시아 고대문화의 주요한 특징중의 하나는 이 지역의 고대 문화가 고고학적으로 예상할 수 있는 발전과정과는 판이하게 다른, 상당히 이질적인 문화발전 과정을 보여준다는 점이다. 다시 말해 브론슨(Bronson)이 지적한 바와 같이 동남아시아의 문화사는 상당히 모순된 구조를 보여준다. 예를 들어 이곳의 집단은 식인풍습과 채집생활을 영위하지만 동시에 자신들만의 독특한 문자를 개발하여 사용한다(예를 들어 인도네시아 수마트라의 바탁(Batak)문자와 필리핀 팔라완의 타그반와(Tagbanwa) 문자). 또 일부 수렵채취민 집단은 동시에 우수한 철기문화를 보유하고 있고(예를 들어 말레이 반도 남동쪽 보르네오의 푸난(Punan)족), 일부 사회는 도시가 존재하지 않는 상태에서도 수많은 사람들로 구성된 복합사회를 건설한다(예를 들어 19세기 베트남 북부).[36] 동남아시아에서 보편적인 문화적 발전양상을 보이는 유일한 예는 기원전 100년 전까지의 북부 베트남 문화를 꼽을 수 있다. 이러한 문화를 제외한 동남아시아 대부분의 문화의 발달은 외부문화와의 직접적인 접촉을 통해 이루어진다. 태국과 캄보디아, 베트남의 거대한 기념비들은 기원후 1000년 전후에 축조되었고, 이러한 문화에는 중국과 인도의 영향이 반영되어 있다. 그러나 차알스 하이검(Charles Higham)은 인도가 동남아시아 복합사회의 발전에 어느 정도 기여를 하였지만 대부분의 중요한 문화발전은 지역 내에서 독자적으로 이루어졌다는 점을 설득력있게 보여주고 있다.[37]

태국의 고대 국가와 도시의 등장에 관한 가장 흥미로운 현상중의 하나는 외부와의 왕성한 교역을 들 수 있다. 기원전 1000년경 태국 동북부의 논 차이(Non Chai) 지방의 사람들은 수전 농경을 실시하고 야금술을 보유하고 있었다. 족장사회 또는 소국 단계의 사회를 영위하였던 이 지역 사람들은 수많은 양의 청동 장신구, 소금, 소금에 절이거나 발효시킨 생선, 바다패류, 기타 많은 종류의 물자를 메콩(Mekong)강 저지대 세력들과 거래하였다.[38]

서태평양 군도의 점유

고고학은 학문의 성격상 실험과학이 결코 될 수 없다. 그러나 남태평양의 군도에 펼쳐진 수많은 사회의 분포를 연구하게 되면 이 지역이 일종의 고고학적 실험실과 같다는 인상을 지울 수 없다(그림 12.5). 고대 인류는 수많은 섬들로 이루어진 태평양 군도의 대부분 지역을 점유하였고, 이 지역의 다양한 기후와 상이한 점유시기는

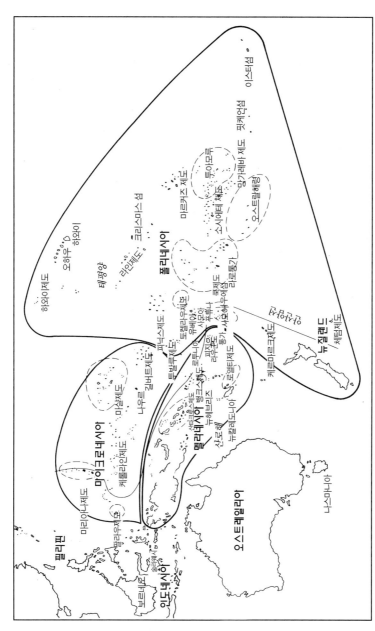

12.5 마이크로네시아, 멜라네시아, 폴리네시아의 문화 영역.

다양한 문화적 경관, 즉 거대한 문화적 실험실을 생산하는 요소로 작용한다.[39]

태평양 군도는 과거 인류사회의 진화를 체계적으로 연구할 수 있는 매우 중요한 지역이다. 예를 들어 고대인들은 지난 3000년의 시기 동안에 폴리네시아 대부분의 섬들을 점유하게 되는데, 이들 지역의 언어 발달, 환경의 적응, 형질적 특성의 진화 등은 기본적이고 일반적인 진화의 과정을 보여주고 있다.[40] 패트릭 커취(Patrick Kirch)는 하와이, 통가, 그리고 기타 다양한 폴리네시아의 지역에서 보이는 복합사회로의 진화를 로버트 카네이로(Robert Carneiro)의 '포위가설'로 설명할 수 있다고 주장하고 있다(7장 참조).

학자들은 고대인들이 동에서 서로 흐르는 강한 바람과 해류를 무릅쓰고 어떻게 열대 태평양의 서쪽에서 동쪽으로 항해할 수 있었는지를 오랫동안 연구해 오고 있다. 이를 설명하기 위해 다양한 시뮬레이션 모델이 제시되었으며[41] 이주의 속도와 과정이 다양하게 나타나고 있다. 피니(Finney)는 1986년부터 1988년 사이에 하와이 항해사 나이노아 톰슨(Nainoa Thompson)의 도움을 받아 카누항해를 시도하였다.[42] 그는 고대인들이 이용했을 것으로 추정되는 항로를 따라 미국령의 사모아 동부에서부터 타히티까지 거센 풍랑을 헤쳐가며 항해를 하였다.

고대인들은 남아시아에서 이스터 섬까지의 엄청난 거리를 어떠한 과정을 통해, 그리고 왜 이주하게 되었을까? 물론 이점에 대해 우리는 영원히 알 수 없을지도 모른다. 일부 고대인들은 험한 폭풍우 때문에 예정된 항로에서 벗어나 오랜 사투 끝에 예정에 없던 섬에 간신히 도달했을 수도 있을 것이다. 또는 전쟁에서 패하였거나 소속집단에서 쫓겨나 자신의 고향을 떠날 수밖에 없던 사람들도 있었을 것이고, 용감한 탐험정신을 발휘하여 자발적으로 항해를 하였던 사람들도 있었을 것이다.

인간의 이주 역사를 살펴 볼 때 인간이 새로운 지역에 성공적으로 정착하기 위해서는 반드시 충분한 식량을 획득할 수 있는 높은 수준의 기술과 문화적 적응력을 가지고 있어야 한다. 예를 들어 갱신세의 서부 유럽에서는 알프스산맥 이북의 매서운 혹한속에서 수렵과 채취를 통해 충분한 식량을 확보할 수 있는 기술을 발전시킨 이후부터 인간의 이주가 시작되었다. 태평양 군도의 자연자원은 서부유럽과는 상당히 다른 양상을 보여준다. 태평양 군도는 상당히 풍부한 동식물을 보유하고 있지만 섬의 특성상 그 절대량은 한계가 있기 때문에 단순한 수렵채취만으로는 많은 인구를 부양할 수 없다. 이러한 섬에서 장기적으로 생존하기 위해서는 이용가능한 동물의 사육과 식물의 재배를 통해 안정된 식량생산을 이룩할 수 있어야 한다. 태평양 군도의 주민들은 돼지나 닭을 사육하고 때때로 낚시나 사냥을 통해 어류와 조류를 채취하기도 하지만, 이들의 생계에서 가장 중요한 식량자원은 역시 재배종의 감자류이다. 감자류의 재배작물중에서 가장 중요한 것은 크기가 크고 녹말성분이 풍부하며 연중재배가 가능한 타로토란(Taro)이다. 저지대에 위치한 타로토란의 뿌리는 먼저 삶아서 쓴 맛을 제거한 다음 갈아서 발효시키고 반죽을 한다. 이러한 과정을 거쳐 포이(Poi)라는 일종의 페이스트 요리가 만들어진다(여행객들에게 이러한 음식은 특별한 기호식품이 될 수 있다). 일본과 중국, 서인도 그리고 기타 내륙 지역의 사람들이 섭취하는 구경(球莖 ; corm)도 타로토란과 유사한 뿌리식물이라고 할 수 있다.

또 다른 태평양 군도의 주식은 동그란 형태의 브레드푸르트(breadfruit)인데 이 나무는 크기가 18m(60피트)이상으로 자란다. 녹황색의 브레드푸르트 나무는 지름이 최고 30cm(12인치)까지 자라고, 나무에서 열리는 녹말성분의 열매는 다양한 방법으로 조리되어 풍부한 탄수화물을 제공하게 된다.

태평양에서 빼놓을 수 없는 또 다른 중요한 식량자원은 덩이뿌리를 가진 얌(Yam)이라고 할 수 있다. 얌은 감자와 같은 방법으로 재배되고 섭취되는데, 그 성분 또한 비슷하여 풍부한 비타민과 탄수화물을 포함하고 있다. 얌의 형태는 고구마와 비슷하지만 이 두 작물은 같은 종이 아니다. 오늘날 얌은 북미대륙의 식품가게에서 어렵지 않게 볼 수 있는데, 이는 태평양에서 볼 수 있는 수많은 얌 종류의 일부에 지나지 않는다. 태평양 군도의 일부 얌은 무게가 자그마치 45킬로(100파운드)나 나가는 것도 있다. 얌의 색깔은 흑갈색, 흰색, 보라색, 혹은 붉은색을 띤다. 감자와 마찬가지로 얌도 큰 덩이뿌리의 머리부분을 잘라서 심거나 자그마한 덩이뿌리일 경우는 전체를 땅에 심어 재배한다. 많은 양의 얌을 수확하기 위해서는 얌의 넝쿨이 잘 올라갈 수 있도록 막대기나 격자 울타리를 설치해야 한다.[43]

현재까지의 고고학적 자료에 의하면 동남아시아 내륙의 고대인들이 호주와 뉴기니로 이주한 최초의 시기는 약 38000년 전으로 추산된다. 또한 동남아시아에서

12.6 라피타 토기(패트릭 커취 제공).

이주한 이들 수렵채취민은 시간이 지남에 따라 형질적으로 상당히 다른 모습으로 진화하게 된다.[44]

기원전 3000년 이후 아열대지역의 동남아시아인들이 계속하여 다양한 태평양 군도지역으로 이주한다.[45] 이러한 이주는 동남아시아의 계속적인 인구성장과 농경지의 부족, 그리고 발달된 항해기술(예를 들어 카누의 발전)로 인해 발생한 것으로 판단된다. 이주는 기원후의 1000년 동안 폴리네시아에서 계속되고 기원후 1000년경에 이르면 그 한계를 맞게 된다.[46]

태평양 군도의 이주역사에서 가장 흥미로운 현상중의 하나는 라피타 복합 문화(Lapita Cultural Complex)의 확산이다. 정교하고 독특한 토기문화 전통을 지닌 라피타문화는 기원전 1500년경에 비스마르크 군도에서 최초로 등장하여(그림 12.6), 파푸아 뉴기니, 뉴브리튼, 뉴아일랜드, 애드미럴티 제도와 호주 동부의 다양한 섬 등 남서태평양 군도의 광활한 지역으로 확산된다. 고온다습의 날씨를 보이는 이러한 다양한 군도가 모여 '멜라네시아'(그리스어로 '검은 제도'란 의미)의 핵심을 이루게 된다. 멜라네시아는 매우 다양한 사람들과 언어, 문화가 혼합된 지역이다. 대부분의 멜라네시아인들은 흑인과 오스트랄로이드의 후손들로 생각되는데, 일부 집단은 폴리네시아와 마이크로네시아와의 문화적 관련성을 보여주기도 한다.

라피타 토기는 무려 5000마일(8100킬로미터)에 걸친 수백개의 섬에서 발견되는데, 이러한 독특한 토기 양식의 전파과정과 원인은 여러 가지로 생각해 볼 수 있다.

예를 들어 라피타 토기문화의 확산은 토기와 기타 다양한 문화요소를 가진 사람들이 이주하여 형성한 결과인가? 아니면 각 섬의 토착민들이 흑요석이나 기타 물자의 교역과 함께 라피타 형식의 토기를 도입한 결과인가? 앞 장에서 우리는 문화의 "진보"라는 것이 항상 인간의 생활수준을 증진하는 방향으로 전개되지는 않는다는 점을 살펴보았다. 라피타 문화에서도 토기의 확산이 반드시 인간의 삶의 질을 향상시켰다고 볼 수 있는 증거는 없다. 그러나 상이한 자연환경을 가진 섬들이 상품의 교역을 통해 경제적 확장을 기할 가능성은 충분히 있다. 만일 물자의 생산·이동·교환의 비용이 상품의 실제적인 가치보다 덜 요구된다면 소비자와 생산자 모두 자원의 교환을 통해 더욱 풍요로운 삶을 살 수 있을 것이다. 이러한 경제의 교환원칙은 식량이나 일상용품 뿐만 아니라 위신재나 의례용 목적의 물자에도 적용된다. 태평양 군도에서는 패각이나 진주, 기타 다양한 물자들이 정교한 교역망을 통해 교환되었으며, 이러한 교역체계는 궁극적으로 사회조직과 사회적 위계화를 형성하고 강화하며 유지하는 기능을 하였던 것으로 판단된다.

뉴질랜드는 기원후 1000년에서 1200년 사이에 폴리네시아의 이주민에 의해 최초로 점유된다.[47] 뉴질랜드를 구성하는 거대한 두 섬은 온대성 기후를 보이고, 코코넛과 같은 북쪽 지방의 기간 작물은 뉴질랜드에서는 자라지 않는다. 그러나 얌, 타로토란, 고구마와 같은 폴리네시아의 작물은 따뜻한 뉴질랜드에서도 잘 자랄 수 있다. 또한 뉴질랜드는 생선과 모아새(Moa Bird)와 같은 다양한 식량자원을 이용할 수 있는 지역이다. 모아새는 날개가 없어 날 수 없는 조류인데, 크기는 약 1-3m 정도이고, 무게가 최대 250kg에 이르는 것도 있다. 아마 뉴질랜드 고대의 사냥꾼에게 이보다 더 좋은 사냥감은 없었을 것이다. 뉴질랜드에 이주한 마오리(Maori)족은 모아새를 집중적으로 사냥하였고, 그 결과(물론 다른 요소도 있었겠지만) 모아새는 18세기 무렵(아마도 이 보다 조금 더 늦은 시점에) 완전히 멸종하게 된다. 5장에서 우리는 북아메리카의 대형동물들이 멸종한 정확한 이유를 알 수 없었지만 모아새는 분명히 마오리족의 과도한 사냥으로 인해 멸종하였다고 말할 수 있다.

마오리문화는 신대륙의 아스떽이나 마야와 마찬가지로 계속되는 전쟁과 분열의 과정을 겪게 된다. 또한 신대륙의 원주민과 마찬가지로 마오리족들도 유럽인이 옮겨온 질병으로 인해 급격한 인구의 감소를 겪게 된다.

고대 문명중 사회정치적 복합사회의 진화의 예중에서 가장 흥미로운 것중의 하나는 하와이 문화이다. 하와이는 마르키즈제도와 동부 폴리네시아에서 온 이주민들에 의해 기원전 1000년대의 후반부에 점유된 것으로 추정된다. 18세기와 19세기의 민족지 기록에 의하면 하와이의 고대사회는 정치적 권력과 지위, 경제적 부가 세습되는 고도의 계층화된 사회였으며, 다양한 경제와 복잡한 교역관계, 기념비적 건축물을 축조한 전형적인 복합사회를 이루고 있었다. 고대 하와이인들이 어떠한 과정을 통해 이처럼 복잡한 사회를 건설하게 되었는지를 설명하는 수많은 이론들이 제시되었는데, 이러한 이론을 보면 현대 고고학의 이론적 추이를 살필 수 있다.[48] 일부 학자들은 하와이 문화 진화의 주요 원동력으로써 인구의 증가와 다양한 문화 생태학적인 요소를 들고 있다. 반면 일각에서는 사회정치적인 시각에서 하와이 복합사회의 진화를 설명하고 있다. 어쨌든 하와이는 섬이라는 지리적 특성과 풍부한 민족지적 기록을 가지고 있다. 따라서 하와이의 고대 사회는 부족과 족장단계의 문화적 복합성을 분석하고 실험할 수 있는 매우 귀중한 고고학적 자료라고 할 수 있다.

▨ 결론

북부 스칸디나비아에서 하와이까지의 구대륙 주변부의 문화를 살펴보면 고대 문화의 발전은 부분적으로 기술의 발전이나 농업의 생산성과 깊은 관계가 있다는 점을 다시 한번 보여주고 있다. 라플란드*에서 순록을 기르는 목동이나 오세아니아에서 얌을 재배하고 돼지를 기르는 농경민 모두 시간이 지남에 따라 점진적인 문화의 발달을 성취하게 된다. 그러나 구대륙 주변부의 어느 지역에서도 대규모의 촌락이나, 도서관, 기타 국가나 제국단계의 사회에서 나타나는 복잡한 상호의존적 경제와 위계화된 정치조직의 발전은 나타나지 않고 있다.

---

* **라플란드** : Lapland, 노르웨이 · 스웨덴 · 핀란드의 북부와 러시아의 북서부 끝에 위치한 북극권의 북유럽 지역.

저자주

1) 이러한 후대 국가와 제국에 대한 상세한 내용은 다음의 글 참조. Fagan, *People of the Earth*.

2) 예를 들어 1995년 일본 금융시장과 거래하던 싱가포르의 증권회사는 영국 은행의 도산을 야기하였고 이는 다시 네덜란드 금융가의 위기를 초래하였다.

3) Pfeiffer, *The Emergence of Society*, p. 282.

4) Shennan, "Trends in the Study of Later European prehistory"; see also Childe, *The Prehistory of European Society*.

5) 예를 들어 다음의 글 참조. Harding, *The Mycenaeans and Europe*.

6) Dennell, "The Origins of Crop Agriculture in Europe," p. 91.

7) Zvelebil and Dolukhanov, "Transition to Farming in Eastern and Northern Europe."

8) Dennell, *European Economic Prehistory : A New* approach.

9) 예를 들어 다음의 글 참조. Rowley-Conwy et al., Mesolithic Northwest Europe: Recent Trends; Price, "The Mesolithic of Western Europe."; Nygaard, "The Stone Age of Northern Scandinavia: A Review."

10) Fischer, Hanson, and Rasmussen, "Macro and Micro Wear Traces on Lithic Projectile Points."

11) Price, "The Earlier Stone Age of Northern Europe," p.3.

12) Bogucki, "The Establishment of Agrarian Communities on the North European Plain." p. 11.

13) Barker and Gamble, *Beyond Domestication in Prehistoric Europe*, p. 9.

14) Grigg, *The Dynamics of Agricultural Change*; Barker and Gamble, *Beyond Domestication in Prehistoric Europe*, p. 22.

15) Whittle, "Neolithic Settlement Patterns in Temperate Europe."

16) Zvelebil and Rowley-Conwy, "Transition to Farming in Northern Europe: A Hunter-Gatherer Perspective"; 다음의 글도 참조. Zvelebil, *Hunters in Transition*.

17) Renfrew, "Archaeology and Language."

18) Gregg, *Foragers and Farmers*.

19) Renfrew, "Archaeology and Language."

20) Hodder, *The Domestication of Europe*.

21) Renfrew, *Before Civilization*.

22) 개인적 의견교환.

23) 다음의 글도 참조. Kinnes, "Les Fouaillages and Megalithic Origins."

24) Lewthwaite, "Comment on A. Gilman, 'The Development of Social Stratification in Bronze Age Europe.'"

25) Harlan et al., *Origins of African Plant Domestication.*

26) 이 점에 대해서는 McIntosh and McIntosh, "Current Directions in West African Prehistory."를 참조.

27) Stahl, "Innovation, Diffusion, and Culture Contact: The Holocene Archaeology of Ghana." p.51.

28) Stahl, "Innovation, Diffusion, and Culture Contact: The Holocene Archaeology of Ghana."

29) Clist, "Early Bantu Settlement in West Central Africa: A Review of Recent Research."

30) McIntosh and McIntosh, "From Stone to Metal: New Perspectives on the Later Prehistory of West Africa." p.106.

31) Ibid., p. 100.

32) Ibid.

33) Ibid., p. 120.

34) Hall, *The Changing Past: Farmers, Kings, and Traders in Southern Africa, 200 –1860.*

35) Akazawa and Aikens, Prehistoric Hunter-Gatherers in Japan; Aitkens, Ames, and Sanger, "Affluent Collectors at the Edges of Eurasia and North America"; Nishida, "The Emergence of Food Production in Neolithic Japan."

36) Bronson, "South-east Asia: Civilizations of the Tropical Forest," p. 262.

37) Highham, T*he Archaeology of Mainland Southeast Asia.*

38) Charoenwongsa and Bayard, "Non Chai: New Dates on Metalworking and Trade from Northeastern Thailand."

39) 다음의 글 참조. Pawley, *Man and a Half.*

40) Kirch and Green, "History, Phylogency, and Evolution in Polynesia."; Kirch and Hunt, *Archaeology of the Lapita Cultural Complex: A Critical Review.*

41) 다음의 글에 논의되어 있음. Terrell, Prehistory in the Pacific Islands.

42) Finney, "Voyaging Against the Direction of the Trades: A Report of an Experimental Canoe Voyage from Samoa to Tahiti."

43) 태평양의 섬들과 식량자원에 관한 이 기술은 Grolier Electronic Publishing에 기재된 내용에 근거한 것이다.

44) Bellwood, "The Prehistory of Island Southeast Asia: A Multidisciplinary Review of Recent Research."

45) Ibid.

46) Ibid., p. 191.

47) Anderson, 1992.

48) 다음의 글에 논의되어 있음. Kirch, "The Evolution of Sociopolitical Complexity in Prehistoric Hawaii: An Assessment of the Archaeological Evidence."

13장

메조아메리카 복합사회의 진화

이른 아침 우리는 거대한 둑길에 도착하였고 이스타빨라빠(Iztapalapa)를 향하여
계속 행진하였다. 늪지위에 건설된 수많은 도시와 마을, 건조지역에 건설된
또 다른 도시들, 그리고 멕시코를 향하고 있는 평평한 직선의 둑길을 발견했을 때 우리는
경이와 흥분의 세계에 빠질 수밖에 없었다. 대리석제의 거대한 사원……
그리고 수면 위로 떠오른 건물의 장엄함과 신비는 흡사 아마디스(Amadis)의 전설에 나오는
마법의 세계를 보는 것 같았다. 그리고 우리 군사들 중 일부는
우리가 보는 것이 실제인지 환상인지 의아해하였다.

베르날 디아스 델 까스띠요(Bernal Diaz del Castillo)[1]

스페인의 정복자 헤르난 코르테쯔는 1519년의 이스터(Easter) 주간에 멕시코 베라크루스에 상륙하여 아스떽 문명에 대한 군사정복을 시작하였다. 코르테쯔가 도착하기전 수 천년동안 구대륙과 신대륙의 주민들은 서로 접촉이 거의 없었기 때문에 양 지역에 얼굴과 언어가 다른 이질적인 사람이 살고 있으리란 생각을 할 수 없었고, 심지어 상대 지역에 인간이 존재하고 있으리란 상상도 할 수 없었다. 그러나 그 누구도 상상하지 못했던 미지의 세계가 코르테쯔와 그의 군사들 앞에 전개되고 있었다. 코르테쯔는 베라크루스부터 멕시코 시 근처의 아스떽 수도로 진군하면서 수많은 도시, 읍, 마을, 상가, 관개 농경지를 지나치게 된다. 또한 그는 노예제도, 가난, 유력자, 농부, 군인, 사원, 거대한 피라미드, 길, 배, 토기, 금은보석, 직물 등을 보게 된다. 다시 말해 코르테쯔는 16세기 스페인의 도시에서 그가 경험하고 보았던 도시의 모든 요소를 여기서 다시 발견하게 되는 것이다.

물론 당시의 아스떽과 스페인의 문화간에는 많은 차이가 존재하고 있었다. 예를 들어 당시의 아스떽인들은 바다를 항해할 수 있는 거대한 선박이나 발전된 야금술을 보유하고 있지 않았다. 아스떽과 스페인 사람들은 정신세계와 사고방식에 있어서 엄청난 차이를 가지고 있었다. 자신들이 저지른 제국주의적 정책과 전쟁을 통한 학살에도 불구하고 스페인의 정복자들은 아스떽인들의 사후세계에 대한 맹신과 인간 희생의식을 혐오스럽고 야만적인 행위로 간주하였다. 반대로 아스떽인들은 로마의 카톨릭을 사악하고 도무지 이해할 수 없는 종교행위로 인식하였다.

그러나 스페인과 아스떽은 도덕과 이념의 심각한 차이에도 불구하고 문화적인 측면에서는 유사성을 보이고 있었다. 예를 들어 두 문화 모두 국가적 차원의 종교가 생활의 모든 측면을 지배하며 위계적으로 조직되고 계층의 차별화가 존재하는 제국단계의 사회였다는 점이다. 또한 집약적 농경과 고도로 전문화되고 통합된 수공업 생산이 문명의 경제적 기반이라는 점도 두 문화간에 보이는 유사성이다.

스페인 군대의 우월성과 그들이 가져온 질병은 매우 '효율적'으로 메조아메리카 토착문명의 종말을 야기하게 된다. 그러나 유럽인들이 스페인보다 수 세기 후, 즉 스페인에 버금가는 제국이 아메리카 전역을 통치하고 있을 때 아메리카를 발견하게 되었다면 어떻게 되었을까? 아니면 훗날, 예를 들어 기원후 1850년 영국(아니면 프랑스, 혹은 스페인) 해안가의 주민들이 아스떽의 전함을 발견하였다면 어떤 일이 벌어졌을까? 물론 후자는 실제로 발생하기 어려운 가상적 시나리오이다. 왜냐하면 신세계의 사람들은 구대륙이 강력한 제국을 건설하는데 사용했던 두 종류의 필수적인 기술, 즉 철제 도구 및 무기를 제작하지 않았고 농경과 물자의 운송을 효율적으로 할 수 있는 거대한 동물을 사육하지 않았기 때문이다(그러나 신세계의 사람들도 철로 무기와 도구를 제작하지 않았지만 장식품은 제작하였고, 남아메리카에서는 부분적으로나마 운송을 할 수 있는 동물, 특히 라마를 사육하였다).

어쨌든 신대륙의 농업과 복합사회의 등장은 학자들에게 상대적 용어인 '제 2의 땅(Second Earth)'을 제공하게 되었고, 상이한 시공간상에 형성된 이들 문명에 대한 분석을 통해 인류 문화의 등장과 전개과정을 좀 더 분명히 알 수 있는 계기가 되었다. 이들 문명에 대한 연구와 평가는 아직도 계속되고 있고 앞으로도 계속될 것이다.[2] 그러나 메조아메리카의 초기국가, 안데스의 잉카 제국, 메소포타미아의 수메르 왕국, 구왕국의 이집트, 기타 고대 문명들이 모두 상이한 시기에 다른 지역에서 등장했음에도 불구하고 상당한 유사성을 보이고 있다는 점은 확실하다. 초기 문명의 이러한 기본적 유사성과 달리 각 문명이 보여주는 독특한 예술과 이념의 세계는 향후 구체적으로 연구해야 할 주제들이다. 이러한 측면으로 볼 때 메조아메리카의 초기 국가(그림 13.1)는 가장 흥미로운 연구대상중의 하나라고 할 수 있다.

앞 장에서(예를 들어 7장) 우리는 윤리, 도덕적 상대주의, 역사의 문제를 살펴보았다. 이러한 논의에서 중요한 점은 상이한 문화와 이들의 역사에 대해 설명할 때 야기되는 정치적 파장이다. 예를 들어 신대륙의 유럽 정복자들은 신세계의 사람들이 서구 '문명'의 문화적 혜택을 받아야 하는 야만인이라는 증거로 신세계의 끊임없는 전쟁, 인간 희생의식, 종교적 살해 등을 꼽는다. 이 장과 14장 및 15장에서 우리는 이러한 신세계의 '야만적' 행위를 살펴 볼 것이며, 일부 사람들에게는 신세계인들의 야만성을 확인하는 계기가 될 수도 있을 것이다. 그러나 중요한 점은 전쟁, 인간 희생, 종교적 살해, 기타 다른 모든 측면의 인간의 살해와 약탈은 중국에서부터 영국에 이르기까지 동서고금을 막론하고 모든 문화에서 보편적으로 보이는 요소라는 것이다. 여기서 이 점을 언급하는 이유는 단지 독자들의 흥미를 자아내기 위해서라기 보다는 각 문화에서 보이는 이데올로기의 기원과 변화과정을 분석하는 것이 우리에게 매우 중요한 문제이기 때문이다. 또한 오늘날 우리의 눈에는 야만적으로 보일지라도 그러한 행위가 당시 사회의 정치조직의 유지와 발전에 어떠한 영향을 미치는 가를 분석하는 것이 이 책의 목적이다.

▨ 환경적 배경

다른 고대문명의 발상지와 마찬가지로 메조아메리카 최초의 복합사회의 발전과정도 멕시코의 한 지역에서 등장한 문명이 다른 지역을 점진적으로 정복하는 과정으로 이해해서는 안된다. 오히려 메조아메리카의 복합사회는 남부의 걸프만, 멕시코 계곡, 오아하까 계곡, 마야 저지대와 고지대 등 몇 개의 지역에서 동시다발적으

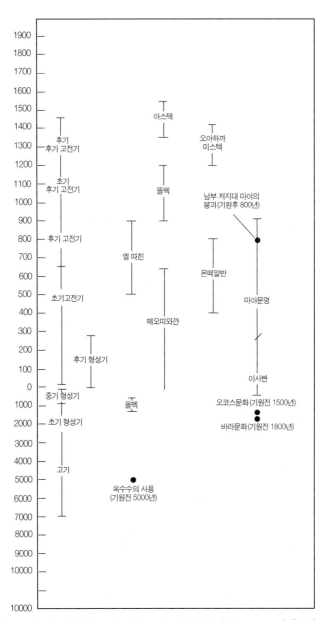

13.1 메조아메리카의 문화 연표. 메조아메리카에서는 10000년전부터
    인간이 거주했던 것으로 보이지만 그 증거는 불확실하다.

로 등장한다(그림 13.2). 궁극적으로 이들 중 일부는 훗날 훨씬 거대한 정치체로 통합되기는 하지만 이러한 통합은 수 세기 동안의 갈등과 협력, 확장과 붕괴의 과정을 거쳐 이루어진다.

메조아메리카의 다양한 복합사회에서 보이는 문화적 진화는 다음과 같은 3가지의 일반적 생태적 조건에 의해 많은 영향을 받게 된다 : 1) 수 백만년에 걸친 화산활동은 산맥의 융기와 협소한 계곡을 끊임없이 생성한다. 또한 화산활동은 동물상과 식생, 기후가 다른 많은 지역을 서로 근접하게 만드는 요인이 되고, 결과적으로 인간의 이동과 정보전달이 어려운 환경에서도 지역간 교류를 원활하게 하는 요인이 된다. 2) 메조아메리카에서는 우유를 제공하고 운송수단으로 이용할 수 있는 사육동물이 존재하지 않는다. 3) 온대지방에서는 광활한 충적평야를 제공할 수 있는 거대한 하천이 상대적으로 부족하다. 예를 들어 이집트, 메소포타미아, 인더스 계곡, 중국, 남아메리카의 안데스 지역과 달리 메조아메리카에는 농업의 생산성을 높일

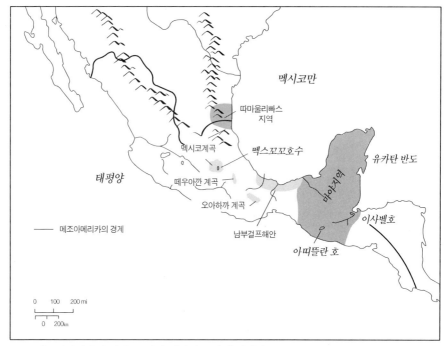

13.2 메조아메리카의 지형도. 가장 진하게 표시된 지역이 초기 문명이 발달한 중심지대이다.

수 있고 선박의 운항이 가능한 강이 존재하지 않는다.

모든 문명은 열역학적 측면에서 보면 어느 정도 이해할 수 있다. 즉 우리의 몸에 적절한 신진대사를 가능케 하는 음식부터 운송이 가능한 견인 동물, 자동차의 엔진, 그리고 원자로에 이르기까지 에너지와 문화는 불가분의 인과관계를 맺고 있다. 모든 다른 고대 문명과 마찬가지로 고대 메조아메리카에서도 소수의 식물과 동물이 문화 진화의 실제적 엔진이 된다. 다시 말해 지구상에 존재하는 모든 종류의 순화된 식물이나 동물이 그러한 역할을 할 수 있는 것은 아니다. 즉 문화가 생존하기 위해서는 의존성이 높고 탄수화물이 풍부하고 영양이 뛰어난 식물과 동물을 획득할 수 있어야 한다. 메조아메리카에서는 주로 옥수수, 콩, 호박이 그러한 기능을 하는데, 동물성 단백질은 토끼, 사슴, 개와 일부 지역의 경우 물고기와 패류를 통해 획득된다.[3] 이러한 작물과 동물 외에도 메조아메리카에서는 카카오(초콜릿의 원료), 매운 고추, 많은 종류의 허브와 양념, 자연 환각제 등이 재배된다. 그리고 모든 고대 농경민과 마찬가지로 메조아메리카의 농경민들도 당분이 높은 다양한 식물과 신비의 발효제를 이용하여 다양한 기호식품을 만드는데, 예를 들어 선인장은 술을 생산할 수 있는 주요 식물로 이용된다.

▨ 초기 복합사회의 고고학적 기록(기원전 1600년~기원후 1524년)

6장에서 살펴 본 바와 같이 9000년 전부터 4000년 전 사이에 멕시코의 대부분은 소규모의 무리를 이루어 사는 수렵채취인에 의해 점유되었다. 이들은 계절에 따라 이동을 하면서 선인장 열매, 사슴, 견과류, 기타 다양한 식물과 동물에 생계를 의존하였다. 이러한 무리사회는 집단의 규모가 작고 식물과 동물상에 장기적 영향을 미칠 정도로 한 곳에 오랫동안 머물지 않기 때문에 이들에 의한 환경의 변화는 극히 미비하다고 할 수 있다. 멕시코 계곡의 호수가나 해안가의 일부 집단은 정주취락생활을 하였을 가능성이 있다. 그러나 식물과 동물의 순화, 이에 따른 농업기술의 전파에 있어서 이들이 어떤 역할을 하였는가는 불분명하다.[4] 커크비(Kirkby)는 약 4000년 전의 광활한 고지대의 사람들이 생계를 주로 옥수수에 의존할 수 있을 정도로 옥수수 속의 크기가 컸다고 주장하고 있다.[5] 옥수수를 갈아 토르티야*를 만드는 기술은 이전의 수렵채취인과는 전적으로 차이가 나는 획기적인 진보라고 할 수 없을지도 모른다. 그러나 콩, 호박, 기타 다른 작물과 함께 옥수수는 인간이 한 곳에 충분히 정주할 수 있을 정도의 안정성과 생산성을 갖춘 작물이라고 할 수 있다.

최근의 연구에 의하면 메조아메리카에서 연대가 가장 올라가는 순화종의 옥수수는 기원전 3500년까지 올라간다. 게일 프리쯔(Gayle Fritz)가 지적한 바와 같이[6] 이러한 사실은 한 지점이나 가까운 지점에서 연중 모두나 거의 대부분을 거주하는 일련의 집약적 채취집단사회에서 농업이 시작되었을 가능성을 시사하고 있다. 심지어 이들 집약적 채취인 집단에서는 채취의 집약도를 높일 수 있는 사회적 차별화가 진행되었을 가능성도 있다. 그러나 옥수수가 경작되고 정착 농경생활을 완전히 영위할 수 있을 정도의 충분한 생산성을 가진 시기는 약 기원전 2000년 이후로 판단되며, 이 시기에 이르러 농경취락이 다양한 지역에서 등장하기 시작한다.

고온다습한 과테말라 저지대로부터 건조한 떼후아칸 계곡까지 초기의 취락들은 규모와 내용에 있어서 거의 비슷한 모습을 보인다.[7] 거의 모든 가옥들은(그림 13.3) 초벽집이다. 초벽집은 먼저 작은 나무와 나뭇가지, 줄기 등을 사용하여 벽의 내부와 외부를 엮고, 다음에 진흙 반죽을 발라 햇볕에 건조시키는 과정을 통해 축조된다. 평면의 크기가 4×6m를 넘지 않은 이러한 가옥들은 갈대 지붕을 가지고 있고, 고운 모래를 뿌려 점토 바닥을 다져서 사용된다.

대부분의 초기 취락들은 50~60명이 기거할 수 있도록 10~12채로 구성된 소규모이지만 일부 취락은 이보다 큰 규모로 건설된다. 발굴된 대부분의 집들은 거의 동일한 유물상을 보여주고 있다. 즉 이들 집에서는 대부분 갈돌, 저장구덩이, 거대한 저장용 옹의 파편, 솜꼬리토끼의 뼈, 탄화된 옥수수, 토제 화로의 파편 등이 발견된다.[8] 또한 화덕, 패총, 무덤 등도 일반적으로 발견되는 것들이다. 식물과 동물성 음식의 비율은 다소 다르지만 모든 취락은 아마도 옥수수, 콩, 호박, 고추, 기타

---

*토르티야 : 멕시코 지방의 둥글넓적한 옥수수 빵

13.3 이 그림은 오늘날 멕시코 모렐로스(Morelos)에 위치한 마을의 초벽집을 보여주고 있다.
멕시코 최초의 농경민들은 이와 유사한 초벽집에 거주하였을 것이다. 이 곳의 사람들은
고대 아스떽에서 기원한 나우아뜰(nahuatl)어를 사용하고 있다.

다른 종류의 작물을 재배하고 사슴과 토끼를 사냥했었던 것으로 보인다. 각각의 마을은 석기 제작, 가죽 작업 등의 수공업 전문가를 가지고 있었던 것으로 판단된다. 또한 일부 마을에서는 소금 생산, 직물 제조, 패각 제작, 갈돌의 생산과 같은 전문적 작업이 집중적으로 이루어졌던 것으로 보인다.

메소포타미아, 중국, 기타 다른 지역의 문명과 마찬가지로 메조아메리카의 최초의 복합사회는 많은 식량을 생산할 수 있었던 상대적으로 단순한 농경취락에서 기원한 것으로 판단된다. 메조아메리카의 많은 지역에서 초기 국가가 등장하지만 이 중에서 남부 걸프만, 멕시코 계곡, 오아하까 계곡, 마야 저지대는 초기 국가가 등장했던 중요한 지역들이다.

남부 걸프만의 초기 복합사회(기원전 1500년~기원전 400년)

메조아메리카에서 발생한 단순 취락농경사회에서 복합사회로의 급격한 변화는

먼저 남부 걸프만의 열대 저지대에서 확인된다. 이 지역의 고대인들은 기원전 1000년경부터 거대한 점토피라미드와 제단을 축조하기 시작한다. 또한 이들은 수백 혹은 수 천명이 거주할 수 있는 취락을 건설하고 세계에서 가장 귀중한 석제 조각상중의 하나를 제작하게 된다.

이러한 문화의 주인공은 올멕인(Olmec)으로 알려져 있는데 올멕은 고무(rubber)라는 고대 아메리카의 말에서 유래한 것이다. 고무는 물론 이 지역에서 자생하는 고무나무를 가리키는 용어지만 올멕인들 자체는 이 단어를 사용하지는 않았을 것이다.

일부 학자들은 올멕 문화가 이후에 등장하는 모든 메조아메리카 문화의 모문화(母文化 ; *cultura madre*)이고, 군사적 · 정치적 · 종교적 · 경제적 방법을 동원하여 이웃하는 모든 문화를 복합사회로 이끈 문명이라고 주장하기도 한다. 그러나 일각에서는 이보다 더 설득력있는 주장을 제기하는데, 즉 올멕 문화는 메조아메리카에서 동시에 등장한 몇 개의 독립적인 문화중의 하나일 뿐이라는 것이다. 다른 문명에서 살펴 본 바와 같이 일반적으로 특정 집단의 행위나 소수의 유력한 개인의 행위에 의해서 문명이 진화하는 것은 아니다. 오히려 세계의 모든 문명은 상이한 시공간상에서 상이하게 나타나는 범지역적이고 장기적인 역사과정의 산물이라고 할 수 있다.

올멕 문화의 중심지대는 길이가 거의 350km에 달하고, 내륙쪽으로는 100km지점까지 연결되는 좁고 긴 해안가에 위치한다. 올멕문화는 바다에서 육지로 달리는 몇몇 강의 충적대지 위에 형성되어 있다. 일부 특수한 지역을 제외하고 올멕문화의 대부분 지역은 울창한 삼림으로 뒤덮여 있다. 이러한 지역에서는 여름에 열대성 호우가 내리지만 겨울에는 건조하기 때문에 화전농경이 가능하다. 화전농경은 특정 지역의 초목을 모두 베어내고 건조기에 불을 질러 태우는 과정을 통해 이루어진다. 초목이 타게 되면 지력이 회복되는데 이러한 과정은 거름이나 인조 비료의 사용이 거의 불가능한 메조아메리카에서는 특히 중요한 기능을 한다(메소포타미아와 달리 올멕에서는 풀을 뜯어먹고 거름을 생산함으로써 농경지의 지력을 다시 회복시킬 수 있는 소가 없었다). 초목을 태운 후 지력이 회복되면 농경지에 씨를 뿌리게 되면 싹이 트고 우기에 작물이 성숙한다. 그러나 1년이나 2년 정도를 경작하게 되면 농경지는 비옥도를 잃기 때문에 휴경상태로 방치해야 하는데 때때로 20년 이상의 시간이 필요하기도 한다. 최근까지도 올멕 저지대에서 70~90%의 땅은 어느 한 시점에 휴경기를 반드시 가져야만 다시 이용될 수 있다.[9]

옥수수, 콩, 호박은 메조아메리카 초기 형성기의 주요 농경작물이다. 이러한 농경은 종종 동물사냥과 어로행위, 야생식물의 채집을 통해 보완된다. 해안가에서는 홍합이나 기타 다른 풍부한 연안 자원이 생계수단으로 활용된다. 올멕 농경의 대부분은 화전농경을 통해 이루어지지만 상당히 생산적인 농경이 강의 제방에서 이루어질 수 있었다. 해안가 강의 제방에는 화전농경을 사용하여 연중 이모작이 가능할 정도의 풍부한 실트퇴적층이 매년 형성된다. 올멕이 메조아메리카에서 가장 이른 시기에 복합사회로 발전할 수 있었던 기반은 바로 이러한 강 연안의 높은 농경잠재력과 풍부한 동식물의 이용이 가능했기 때문이었을 것이다. 올멕 문화의 경제적 기반은 아직도 자세히 알려지지 않고 있다. 남부 걸프만 지역은 식물유체의 보존이 어려워 자세히 알 수는 없지만 대부분의 농경민들이 옥수수를 재배하였을 가능성은 의심의 여지가 없다. 이들은 또한 페커리*와 사슴고기도 먹었지만 물고기와 사육종의 개를 통해 대부분의 단백질을 획득하였다. 한편 산 로렌소(San Lorenzo) 유적에서는 불에 태워진후 살해당한 인간의 뼈가 발견되는데, 이는 의례행위나 혹은 좀더 세속적인 동기로 행해진 동족살해를 시사하는 증거이다. 산 로렌소에서는 환각작용을 일으킬 수 있는 해양 두꺼비의 일종도 발견되었지만, 고고학자들은 후대의 주민이 유적의 쓰레기더미에 이것을 버린 결과라고 믿고 있다. 또한 이 유적에서는 멕시코의 고지대에서 유입된 흑요석이 발견되었는데, 흑요석은 화살촉, 칼, 기타 많은 도구를 제작하는데 사용되었다.

수 년간에 걸친 연구를 통해 우리는 남부 걸프만의 초기 형성기의 문화에 관한 많은 귀중한 자료를 얻을 수 있었다. 물론 이 시기에 살았던 수많은 소규모 촌락의 대부분은 아직도 무성한 삼림에 뒤덮여 있고, 따라서 지표조사를 통해 발견하기가 어렵기 때문에 올멕의 정확한 인구 밀도를 파악한다는 것은 영원히 불가능할지도 모른다.[10]

---

* 페커리 : peccary, 멧돼지의 일종

　결과적으로 우리는 거대한 의례용 건물을 통해 올멕 문화의 일면을 추정할 수밖에 없는데, 이러한 한정된 자료로만 보더라도 올멕은 매우 인상적인 문화였다는 사실을 알 수 있다. 예를 들어 남부 베라크루스의 산 로렌소 고원지대에 거주했던 사람들은 기원전 1500년 이후 농경지를 개간하고 자연 샘을 개발하면서 그들의 삶을 영위하였다. 이후 기원전 1250년부터 이 지역의 사람들은 600×100m 크기의 고원지대 땅을 평탄하게 만들기 위해 수 천톤의 흙과 점토를 바구니로 옮기기 시작한다. 아마도 이들이 이러한 대공사를 시작한 최초의 목적은 거주면의 높이를 높여서 연중 발생하는 홍수의 범람을 피하기 위한 것으로 보인다. 그러나 백여 년이 지난 어느 시점부터 이들은 고원의 평탄 대지위에 기념비적 석제 조각상과 다양한 자재로 장식한 거대한 피라미드와 의례용 제단을 축조하기 시작한다.[11]

　산 로렌소는 약 5km 지역에 걸쳐 분포하고 있는 일련의 유적군인데 기원전 1150년부터 기원전 900년 사이에 최전성기를 맞게 된다. 최전성기의 산 로렌소에는 아마도 수 천명의 사람이 살았던 것으로 보인다. 그러나 기원전 900년 이후 산 로렌소에서는 건축물의 축조가 더 이상 이루어지지 않고 인구밀도도 급격히 감소하기 시작한다.

　산 로렌소 문화의 뒤를 이어 또 다른 올멕 유적인 라 벤따(La Venta)가 등장하여 번창하기 시작한다. 라 벤따는 토달(Todal) 강의 강안 저습지의 조그만 섬에 위치하고 있다. 이 유적에서는 일련의 마운드, 제단, 공터, 피라미드 등이 발견되었는데 전체면적은 5㎢ 이상이다. 유적은 도굴과 유전 개발로 인해 대부분 훼손되었으나 발굴을 통해 많은 유구의 평면이 발견되었다. 유적에서 가장 인상적인 유구는 점토로 축조되고 저부의 규모가 128×73m, 높이 33.5m인 피라미드이다. 이 피라미드의 북쪽으로는 두 기의 길고 낮은 마운드가 펼쳐져 있으며, 이들 사이에는 원형의 마운드가 위치하고 있다. 모든 마운드는 일렬로 배치되어 있는데, 이들 유구는 진북(眞北)에서 서쪽으로 정확히 8도 기울어진 방향을 보이고 있다.

　산 로렌소와 라 벤따유적에서 가장 인상적인 유물은 거대한 석두상과 기타 석제 조각상들이다. 라 벤따에서는 4기의 '올멕 두상'이 발견되었는데, 이중에서 일부는 높이가 8피트 이상에 달하는 것도 있다. 이들 두상은 근엄한 얼굴 표정을 하고 있고, 일반적으로 헬멧을 쓰고 있는 모습이다. 학자에 따라서는 이들 조각상을 올멕 유력자의 두상으로 추정하기도 하지만 정확히는 알 수 없다. 올멕문화에서는 철제 도구가 없었기 때문에 석제 정과 연마용 석기를 사용하여 조각상을 제작하였을 것이고 전문 장인만이 이러한 작업을 할 수 있었을 것이다. 이외에도 올멕 유적에서는 무릎을 꿇은 자세의 정교한 현무암제 남성상이나 각종 석비(石碑), 제단과 같은 수많은 기념비적 건축물이 발견되었다. 또한 올멕문화에서는 뱀, 재규어와 인간의 모습이 혼합된 경이롭고 신비한 창조물의 조각상도 제작된다. 이러한 조각품의 재료인 현무암은 8km 이상 떨어진 지점에서 채석되어 이동되는데 아마도 강의 뗏목을 이용하여 운반되었던 것으로 보인다. 석두상 중 일부는 20톤 이상의 무게를 지닌 것도 있다. 따라서 두상을 제작하기 위한 원석의 채취, 이동, 조각, 고정된 위치에 건립하는 작업을 하기 위해서는 엄청난 양의 노동력이 필요했을 것이다.

올멕인들은 또한 라 벤따의 도로와 같이 외래기원의 다양한 물자를 수입하여 정교한 의례용 복합단지를 장식하였다. 모자이크 형태의 이러한 포장도로를 건설하기 위해서는 조그만 건축용 벽돌 크기의 수많은 사문석(蛇紋石, 단단한 녹색돌)을 전통적인 올멕 디자인-재규어 얼굴상-으로 배치한 다음 조심스럽게 덮어야 한다.

습도가 높은 산성 토양 때문에 올멕유적의 뼈들은 보존되는 경우가 극히 드물고 전반적으로 무덤에 대해서 극히 일부만이 알려져 있다. 라 벤따에서는 피라미드 근처의 거대한 마운드에서 하나의 무덤이 발견되었는데, 이 무덤은 현무암제 돌로 정교하게 축조되어 있다. 석회암제 무덤의 바닥에서는 2기의 어린 청소년의 인골이 짙은 붉은색의 피류위에서 발견되었다. 이들 인골과 함께 옥제 인물상, 구슬, 패각 장식품, 가오리 등뼈, 기타 유물 등이 발견되었는데, 이러한 부장양상은 세습된 부와 지위를 반영하는 것일 수도 있다. 라 벤따에서는 사회복합성을 측정할 수 있는 주거 건축물과 취락 유형이 발견되지 않고 있다. 토기와 일부 토우를 제외하고는 라 벤따의 주거 흔적이 거의 남아 있지 않은 실정이지만 라 벤따에 살았던 사람들은 정착 취락생활을 하였을 것으로 학자들은 믿고 있다.[12]

이러한 올멕 유적 외에도 라구나 데 로스 세로스(Laguna de los Cerros)와 기타 지역에서 올멕의 의례용 복합단지들이 발견되고 있다(그림 13.4, 13.5, 13.6). 현재까지의 조사결과로 볼 때 올멕 문화의 최전성기는 기원전 900년에서 기원전 400년 사

13.4 기원전 1000년기 메조아메리카 복합사회의 분포.

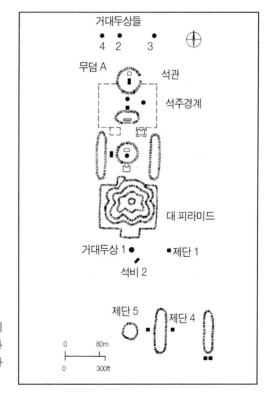

13.5 라벤타의 올멕 양식의 복합단지
에서는 30m 높이의 피라미드와
이 보다 낮은 높이의 마운드가
수 기 발견되었다.

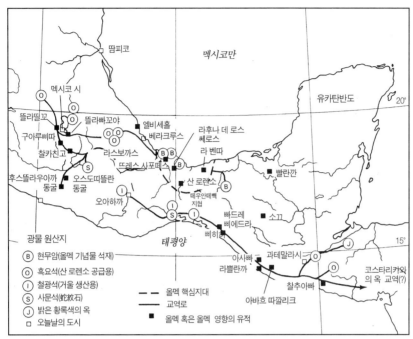

13.6 올멕기의 주요 유적과 광물의 분포.

이였던 것으로 판단된다. 단순한 형태의 경제 체계하에서도 거대한 건물을 축조하고 어느 정도의 복합사회를 건설하는 것이 가능하다. 그러나 기원전 900년에서 기원전 400년 사이의 올멕은 집약적이고 생산적인 농경체제를 구비하게 된다. 더구나 이 시기에 이들은 멕시코 고지대 및 멀리 남쪽의 과테말라 지역과 옥, 철광석, 흑요석, 역청, 자철광 거울, 상어 치아, 가오리 등뼈, 카카오, 토기 등을 활발히 교환하게 된다.

 다른 고대 문명에서 살펴본 바와 같이 문명 발달의 가장 중요한 요소는 넓은 지역의 사람들을 복합적인 상호관계로 연결하는 일련의 종교적 혹은 철학적 이데올로기이다. 그러나 올멕의 핵심적 이데올로기를 정확히 파악하기란 어려운 작업이다. 올멕의 예술 양식으로 볼 때 올멕인들은 먼 옛날 과거에 한 여성이 재규어와 성관계를 맺어 반인반수의 괴물, 즉 '재규어 인간(were-jaguar)'을 탄생시켰다고 믿었던 것으로 보인다. 이러한 이데올로기는 매우 독특한 양식으로 토기, 돌, 기타 매개체를 통해 나타나며, 일반적으로는 성을 식별할 수 없는 통통한 유아(그림 13.7)로 묘사된다. 이들 조각상에서 보이는 포효하는 입, 치아가 없는 잇몸, 갈라진 두개골의 모습은 보는 이로 하여금 전율을 자아내게 한다. 일부 학자들은 이러한 모습이 인간이 태어날 때의 신경관의 부작용을 나타내는 것이거나 인간과 재규어간의 교미로 인해 발생한 기형으로 설명한다.[13)]

올멕 양식의 토기와 조각상은 남부 걸프만의 영역을 넘어서까지 발견되고 있다. 예를 들어 엘살바도르 고지대의 라스 빅토리아스(Las Victorias)에서 발견된 얇게 돋아서 새긴 암각화는 라 벤따의 양식과 거의 흡사하다. 또한 이와 같은 조각은

13.7 이러한 올멕 양식의 토제 유아상은 중부 메조아메리카 전역에서 발견된다.

서부 멕시코의 게레로(Guerrero)와 모렐로스(Morelos)의 고지대에서도 발견되고 있다. 모렐로스의 찰케트진고(Chalcatzingo)의 절벽에 새겨진 조각상은 표준적인 올멕 양식의 인간(아마도 남성)을 묘사하고 있는데, 이 인물은 동굴의 입구나 혹은 포효하는 괴물의 입안에 앉아있는 형상을 하고 있다(그림 13.8). 또한 올멕 양식의 토기, 조각상, 기타 유물들은 오아하까 계곡, 멕시코 시 근처의 뜰라띨꼬(Tlatilco)와 뜰라빠꼬야(Tlapacoya), 과테말라 등의 다양한 지역에서도 발견되고 있다.

올멕의 말기 문화와 이어지는 문화가 마야 문명의 기본적 이데올로기를 형성하였다는 주장도 있지만(아래 참조) 이에 대한 증거는 불충분하다. 1902년 산 안드레스 뚝스뜰라(San Andres Tuxtla)에서는 오리의 부리로 추정되는 유물과 함께 소형의 경옥제 인물상이 발견되었다. 인물상에는 날짜를 표시한 것으로 보이는 도상이 조각되었지만 현재의 역력으로는 해석이 어려운 실정이다. 또한 일부 도상은 후대 마야의 문자와 유사한 것도 있지만 유사하지 않은 것도 있다. 학자들은 수 년간에

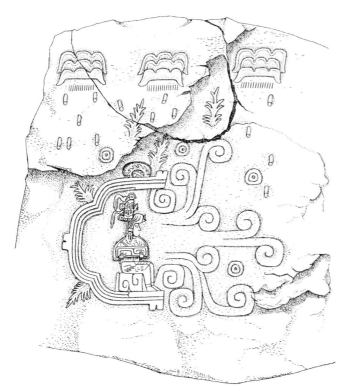

13.8 모렐로스 찰케트진고의 부조 1. 올멕양식의 이 부조상에 대해서는 다양한 의견이 제시되고 있
      는데 그 중의 하나는 밖에 비가 내리는 가운데 동굴의 입구 혹은 포효하는 괴물의 입안에 좌정
      한 지배자의 모습을 표현하고 있다는 것이다.

걸쳐 조각상의 의미와 해석에 대해 논쟁을 벌이고 있다. 그러나 1986년에 발견된
또 하나의 조각상은 이러한 문제를 해결할 수 있는 실마리를 제공하게 된다. 이 조
각상은 남부 베라크루스의 라 모하라(La Mojarra) 1호 석비인데, 석비에는 턱스트
라에서 발견된 것과 유사한 문자가 발견되었다. 존 저스티슨(John Justeson)과 테
렌스 카우프만(Terrence Kaufman)[14]은 이러한 비문에 새겨진 언어는 쪼케아 언어
(Zoquean)로서 후대의 마야 문자와는 연관성을 찾기가 힘들다고 주장하고 있다.
각각의 도상은 11개의 자음과 6개의 모음을 결합한(따라서 총 66개의 자모음) 쪼케
아 어를 표현하고 있다. 그러나 여기서 특히 중요한 사실은 이러한 올멕의 문자들
이 마야 기호들과 동일한 의미의 표어기호를 가지고 있고,[15] 올멕의 달력체계가 마

야와 기본적으로 동일하다는 점이다. 이러한 올멕의 석비는 다양한 지배자의 계승 관계, 전쟁, 기타 왕조와 역력의 문제 등을 묘사하고 있다.

올멕 문화가 마야 이데올로기의 기원이 될 수 있는지는 현재로선 불확실하지만 이전 시기의 수렵채취인과는 질적으로 다르다는 점을 보여준다. 올멕의 기념비적 건축물, 풍부한 부장품을 가진 유소년의 무덤, 수공업생산과 교역, 문자 등으로 볼 때 올멕은 확실히 복합사회에 속한다고 말할 수 있다. 그러나 올멕의 상대적으로 낮은 인구밀도와 중심지의 인구가 많지 않은 이유는 올멕 사회의 농경법과 관련이 있는 것으로 판단된다. 물론 이러한 추정은 올멕의 농경법이 오늘날 우리가 추정하는 것보다 훨씬 집약적으로 이루어졌을 가능성이 있기 때문에 오판일 수도 있다.

라 벤따는 기원전 400년 직후 인위적으로 파괴된 것으로 판단되는데, 왜냐하면 라 벤따의 거대한 석조 기념물중 일부가 의도적으로 파괴되고 있기 때문이다. 마야 와 마찬가지로 올멕 문명도 산 로렌소와 라 벤따와 같은 몇 개의 중심지가 번갈아 가며 번영을 누렸던 것으로 보인다. 그리고 이러한 중심지의 사람들은 언어에서부 터 종교에 이르기까지 핵심적인 문화요소를 공유했지만, 이들이 전체 올멕 지역을 정치적으로 통합했는지의 여부는 분명하게 말하기 어려운 실정이다.

멕시코 계곡의 초기 복합사회(기원전 1100년~기원전 600년)

멕시코 계곡은 삼면이 험준한 산맥으로 둘러싸여 있고 극히 일부 지역만이 외부 로의 출입이 가능한 거대한 분지를 이루고 있다. 또한 높은 산맥이 형성되어 있지 않는 계곡의 북쪽으로도 낮은 구릉이 계곡을 둘러싸고 있다. 계곡은 이처럼 험준 한 산맥으로 둘러싸인 고립지대로 보이지만 최근의 고고학 연구는 이 지역의 사 람들이 계곡 너머 멀리 떨어진 지역과도 활발한 대외 교류를 하였음을 보여주고 있다.[16]

대부분의 멕시코 계곡은 옥수수 농경이 가능한 온대지방의 북쪽에 해당되지만 최근 400년전까지만 해도 계곡중앙의 낮은 부분이 호수였기 때문에 물고기, 가금 류, 거북이, 조류, 갈대와 같은 풍부한 자연자원을 제공할 수 있었다.

오늘날 멕시코 계곡에는 배가 항해할 수 있는 소하천이나 강이 전혀 존재하지 않

으며 농경은 대부분 자연 강우나 조그만 지류의 물에 의존하고 있다.[17] 이 지역의
강우량은 계절에 따라 매우 상이하고 북쪽과 남쪽지방이 상당히 다르다. 과거와 마
찬가지로 오늘날에도 멕시코 계곡의 상류지대는 많은 양의 목재를 생산할 수 있는
울창한 삼림지대로서 선사시대와 초기 역사시대의 중요한 식량자원인 많은 수의
사슴이 서식하고 있다.

최근에 이루어진 멕시코 시의 도시화는 계곡의 수많은 선사시대의 마을과 도시
를 파괴한 것으로 판단된다. 현재까지의 조사결과로 볼 때 기원전 1000년경에 이
르면 계곡의 여기저기에 많은 수의 크고 작은 촌락이 형성되어 있었던 것으로 보인
다. 뜰라띨꼬(Tlatilco)와 꿰뀔꼬(Cuicuilco)[18]유적은 이 시기의 소규모 촌락보다 상
대적으로 규모가 큰 대표적 유적이다. 후대의 화산활동으로 대부분의 유구가 용암
에 뒤덮여 버렸기 때문에 꿰뀔꼬 유적에 대해서는 많은 부분이 알려지지 않고 있
다. 최근의 방사성탄소연대측정에 의하면 꿰뀔꼬 유적은 기원후 150년경에 이르면
쇠퇴하기 시작하여 화산이 발생하기 훨씬 이전에 폐기되었다. 꿰뀔꼬 사회가 붕괴
한 이유는 아마도 이 시기에 이 지역의 인구가 떼오띠와깐으로 이동하였기 때문으
로 추정된다(아래 참조).[19] 그러나 꿰뀔꼬 유적의 대부분이 오늘날 용암에 덮여 있
어 발굴조사가 어렵기 때문에 자세한 이동의 양상은 알 수 없다.

트라띨코 유적도 도굴과 최근에 이루어진 벽돌공장의 축조로 인해 대부분 훼손
되었다. 이 유적의 존속기간은 기원전 1100년부터 기원전 800년까지로 판단되는
데, 유적의 심한 훼손때문에 이 기간 동안에 얼마나 많은 사람이 거주하였는지를
판단하기는 어려운 실정이다.

이 시기의 멕시코 계곡은 두 단계의 취락조직을 보여주는데, 하나는 트라띨코와
꿰뀔꼬처럼 상대적으로 규모가 큰 소수의 취락이고, 다른 하나는 이들보다 규모는
작지만 많은 수로 구성된 취락을 들 수 있다. 이러한 취락의 조직으로 보아 당시의
사회는 아마도 단순한 부족단계의 사회조직을 영위하였을 것으로 추정되고, 취락
의 공간적 분포도 어떠한 종류의 정치적 혹은 사회적 의미를 보여주지 않고 있다.
일부 소형 취락들은 토양이 비옥하고 풍부한 고지대에도 분포하지만 대부분의 취
락은 주로 호수가를 따라 발견되고 있다. 이 시기의 취락 크기가 상대적으로 다양
한 이유는 각 취락이 위치한 주변 지역의 농경생산성이 다르기 때문이었을 것이다.

또한 이 시기의 취락에서는 복잡하고 인상적인 건축물의 축조가 이루어지지 않고 있다. 기원전 800년 이전으로 편년되는 마운드와 제단이 일부 존재하지만 후대의 남부 걸프만이나 마야지역에서 발견된 피라미드나 제단에 버금가는 규모의 것은 발견되지 않고 있다. 더구나 이 시기에는 정교한 주거건물이나 기념비적 조각품도 발견되지 않고 있다.

트라틸코에서 발견된 무덤은 이 시기에 사회적 복합성이 존재하였다는 증거를 보여주지 않는다. 발견된 유물들은 토기, 패각 장식품, 흑요석제 도구, 토우, 골기, 옥과 사금석제 유물 등이다. 여성의 묘는 다른 무덤에 비해 사치스런 유물이 다수 부장되어 있고, 심지어는 희생된 남성과 어린이의 뼈가 함께 발견되기도 한다. 그러나 이러한 일부 특이한 점을 제외하고는 트라틸코에서 복잡한 매장의례가 존재하였다는 점을 입증할만한 증거는 발견되지 않고 있다.

기원전 800년부터 기원전 500년 사이 멕시코 계곡의 인구 밀도는 상당히 증가하기 시작한다. 이 시기에 이르면 최소한 10개의 유적이 50헥타르 이상의 면적을 차지하게 되고, 각각의 취락에서는 약 1,000명 내외의 사람들이 거주했던 것으로 보인다. 가장 규모가 큰 꿰뀔꼬 유적에서는 약 2,500명 정도의 사람이 살았던 것으로 판단된다. 이 시기의 유적중에서 상대적으로 규모가 큰 유적들은 호수가에 위치하고 소규모의 촌락들은 고지대에서도 간헐적으로 발견된다. 호수가의 대규모 유적들은 8km에서 10km의 거리를 두고 분포하고 있고, 서로 유사한 양식의 토기를 사용하였는데 이러한 점으로 미루어 당시 사회는 어느 정도의 사회적·정치적 통합을 유지하였다고 생각되지만 그 강도는 상대적으로 낮았을 것으로 판단된다.

멕시코 계곡의 초기 국가(기원전 600년~기원후 900년)

7장에서 논의한 바와 같이 '국가'와 같은 정적인 개념을 복잡하고 다차원적인 문화변동에 적용하여 사용한다는 것은 상당히 어려운 작업이다. 그러나 기술적 용어로서의 국가는 사회경제적 계층화, 중앙화되고 위계적으로 조직된 관료제도, 넓은 지역에 걸친 수많은 취락을 경제적·기능적으로 통합한 사회로 정의할 수 있다. 아래에서 기술하는 바와 같이 꿰뀔꼬 사회는 거대한 석제 기념물과 집약화된 농경체제, 기타 많은 사회적 발달을 이룩하였다는 점에서 메조아메리카 최초의 국가라고 할 수 있을 것이다. 그러나 메조아메리카의 많은 다른 지역, 특히 오아하까 계곡에서도 거의 동시기에 국가단계의 사회가 등장하게 된다.

윌리암 샌더스(William Sanders), 제프리 파슨스(Jeffery Parsons), 조지 코길(George Cowgill), 르네 미용(Rene Million)과 같은 많은 학자들의 왕성한 연구덕택에 우리는 멕시코 계곡에서 4,000년 동안에 발생한 취락의 변천사와 기타 국가의 형성과 관련된 많은 고고학적 증거를 복원할 수 있게 되었다.[20] 예를 들어 엘리자베스 브럼펠(Elizabeth Brumfel)은 떼오띠와깐이 등장하기 이전인 기원전 500년부터 기원후 1년까지 멕시코 계곡에서 발생한 문화 진화가 '인구압'에 의해 촉진되었는가를 분석하였다.[21] 그녀는 이 시기의 각 취락이 지닌 농경의 생산성과 집약화의 가능성을 측정함으로써 인구압 가설의 검증을 시도하였다. 그녀의 주장은 상당히 복잡하고 수학적이지만 그녀가 내린 결론중의 하나는 매우 간단명료하다. 즉 이 지역에서 소규모의 읍과 취락의 성장을 촉진했던 중요한 요소는 최상위 중심지의 엘리트에 의한 공물의 부과에서 찾을 수 있다는 것이다. 물론 모든 고고학자료의 분석과 마찬가지로 그녀의 이러한 결론이 완벽하게 입증되었다고 할 수는 없지만[22] 그녀의 연구에 의하면 멕시코 계곡에서 발생한 국가는 인구압력에 의해서 비롯되었다고 할 수는 없다.

이외에도 멕시코 계곡의 취락유형에 관해 수학적이고 지리적인 다양한 연구가 시도되었고[23], 그러한 연구결과는 멕시코의 문화사와 분석기술의 타당성 여부에 대해 수많은 논쟁을 유발하고 있다. 이러한 취락유형에 관한 연구의 기초자료는 보통 지표조사를 통해 획득된다. 지표조사는 지표상에 존재하는 각 유적의 토기표본을 채집하는 과정이고, 이러한 자료에 근거하여 고고학자는 유적의 크기, 점유기간, 특징적인 건축물을 평가하고 최종적으로 취락유형에 관한 분석을 한다. 지표조사를 통한 이러한 연구의 한계는 톨스토이(Tolstoy)와 기타 많은 학자들에 의해 지적되었지만, 현재까지는 이러한 연구가 메조아메리카에서 행해진 가장 유용하고 체계적인 고고학적 연구라고 할 수 있다.[24] 이러한 자료를 이용하여 고고학자는 다양한 계량적 분석을 시도한다.

기원전 500년부터 200년 사이 멕시코 계곡에서는 다양한 복합사회가 등장하고 이러한 문화적 변동을 보여주는 증거들이 다수 발견되고 있다. 대부분의 다른 메조아메리카 지역과 마찬가지로[25] 멕시코 계곡에서는 이 시기에 들어와 인구가 급증하게 되고 이제 사람들은 훨씬 큰 크기의 취락에 거주한다. 예를 들어 꿔낄꼬 유적에서는 이제 약 7,500명 정도의 인구가 거주하게 되는데 이러한 인구규모는 상당한 수준의 사회조직과 정치적 통제가 없이는 유지하기가 불가능한 규모이다. 또한 점유면적이 80에서 100헥타르에 이르는 많은 취락들이 등장하고 중형과 소형의 취락도 그 수가 증가한다. 한편 이 시기에 이르면 관개농경이 이루어지기 시작한다. 높이가 3~4m에 달하는 돌과 점토로 만든 소형의 사원이 등장하고 꿔낄꼬 유적에서는 거대한 석조 건축물이 축조되기 시작한다. 또한 꿔낄꼬에서는 중앙 멕시코의 초기 역사에서 가장 큰 규모의 피라미드가 축조된다.

메소포타미아(8장)와 이집트(9장)문명에서 살펴 본 바와 같이 중앙화된 정치권력과 계층화된 사회조직, 기타 복합사회의 여러 요소를 발전시키는 정치체는 보통 문화진화의 초기에 거대한 석조 기념물을 축조하는 경향이 있다. 세계의 많은 문명이 피라미드 형태의 기념물을 축조하는 것은 본질적으로 고대인들이 피라미드의 형태를 미적으로 선호하거나 피라미드가 신비한 힘을 부여하기 때문이 아니다. 원시적인 도구와 기술을 사용하여 거대한 기념물을 축조하기 위해서는 무게를 지탱할 수 있는 건축물의 형태가 가장 중요하다. 이러한 형태중에서 피라미드의 계단식 형태는 건축물의 거대한 규모를 유지하면서 높은 정상까지 석재를 올릴 수 있는 가장 손쉽고 과학적인 방법이다. 앞장에서 기술한 바와 같이 기념비적 건축물들은 언뜻 보기에 자원과 노동력을 소비하는 단순행위로 보일수 있지만 사실 그러한 건축물들은 고대 복합사회에서 기능적으로 매우 중요한 의미를 지닌다. 왜냐하면 이러한 거대 기념물은 당시 사회에서 종교적·사회적 위계화를 합법화하고 강화할 수 있으며 또한 인구와 경제의 불안정한 성장비율을 효과적으로 조절할 수 있기 때문이다.

멕시코 계곡의 떼오띠와깐은 기원전 200년 이전까지는 문화적으로 중요한 지역이 아니었지만 이 지역에는 관개 농경에 적합한 토지와 관개시설에 사용할 수 있는 거대한 샘이 위치하고 있다. 또한 이 지역은 풍부한 흑요석의 원산지이고 많은 수의 용설란 선인장과 식용의 노팔선인장이 자생하는 곳이다. 용설란 선인장은 섬유와 뿔께*를 생산할 수 있는 원료이고, 노팔선인장은 붉은색 염료를 추출할 수 있는 곤충이 서식하는 식물이다. 노팔선인장의 이러한 곤충을 사용하여 스페인 이전 시기의 멕시코인들은 당시 사회에서 값이 비싸고 귀중한 염료를 생산할 수 있었다. 더구나 떼오띠와깐은 동부 메조아메리카로 진출할 수 있는 중요한 교통요지인데 이 일대의 지형이 험준한 산악지대임을 감안할 때 이것은 사회발전의 중요한 지형적 이점이라고 할 수 있다.

기원전 500년부터 기원전 150년 사이의 떼오띠와깐에는 소수의 소형 취락만이 분포하고 있었는데, 이들 취락의 총 인구는 아무리 높게 잡아도 3,000명을 상회하지는 않았던 것으로 보인다. 그러나 기원전 150년부터 기원전 1년 사이 떼오띠와깐의 인구는 그 어떤 시기보다도 급속한 인구성장율을 보이고 점유면적은 6~8㎢에 도달하게 되는데, 이러한 규모는 훗날 최전성기때의 1/3 정도에 해당하는 크기이다.[26] 기원후 1년부터 150년 사이의 인구성장률은 여전히 상당히 높지만 이전 시기에 비해서는 느리게 진행된다. 이 시기 떼오띠와깐 시의 인구는 60,000명에서 80,000명 정도였던 것으로 추산되고,[27] 기원후 500년 최전성기의 인구는 100,000명에서 200,000명까지 도달하게 된다.

이 시기 동안에 떼오띠와깐에서는 거대한 태양의 피라미드(Pyramids of Sun)와 달의 피라미드(Pyramids of Moon)의 축조가 완성되고(그림 13.9) 최소한 20개 이상의 중요한 사원 복합단지가 축조된다. 태양의 피라미드는 기저부의 각 변이 198m이고(이집트 쿠푸의 피라미드와 유사한 크기) 높이가 64m에 달한다(쿠푸 피라미드 높이의 반). 이 피라미드는 태양에 말린 벽돌로 축조된 이전 시기의 소형 건축물 위에 축조되었는데, 내부는 백만㎥에 달하는 흙, 석재, 잡석들이 채워져 있다. 내부에 채워진 이러한 자재들은 다지지 않은 상태의 양으로 환산하면 2백만㎥에 달하는데, 이것은 깊이 1m, 면적 1.4 ㎢에 달하는 양의 흙을 채토·운송·축조해야 하는 천문학적 규모의 노동력이 동원되어야 함을 의미한다. 달의 피라미드는 태양의 피라미드에 비해 약간 작지만(저부 150m, 높이 45m) 훨씬 정교하게 축조되었는데, 예를 들어 일련의 사각형 기단이 피라미드에 부착되어 있다. 피라미드의 내부에서

---

* 뿔께 : pulque, 용설란의 수액으로 만든 술, 일종의 맥주

13.9 태양의 피라미드(상좌)와 달의 피라미드(사진을 찍은 지점)는 떼오띠와깐의 의례중심지이다. 한때 이 도시의 인구는 100,000명을 상회하였던 것으로 보이고 도시에는 수많은 작업장과 가옥들이 들어서 있다.

는 이전 시기에 해당하는 토기들이 발견되는데, 이는 당시인들이 이전 시기의 잔존물을 사용하여 피라미드를 축조하였다는 사실을 가리킨다. 후대의 아스떽인들은 피라미드가 거인에 의해 축조되었고 일부 신들이 피라미드 밑에 매장되었다고 믿었는데, 피라미드의 엄청난 규모로 볼 때 충분히 이해되는 대목이다.

기원후 100년경에 이르면 떼오띠와깐에는 수많은 수공업 작업장들이 들어서는데 아마도 전체 인구의 25% 정도가 전문장인이었던 것으로 보인다. 이들 전문장인들은 흑요석, 점토, 귀금속, 점판암, 현무암. 패각, 가죽, 깃털, 대나무 등과 같은 재료를 이용하여 다양한 종류의 물품을 제작하였다. 또한 이 시기에는 거대한 공공기념물이 축조되고 무덤단지와 주거 건축물이 다양하게 만들어지며 도시 주변의 취락 유형은 도시에 의해 지대한 영향을 받게 된다.

떼오띠와깐의 전체 도시는 복합적이고 정교한 배치를 보여준다. 도시 전체는 남북으로 달리는 '사자로(Street of the Dead)'에 의해 정확히 4개의 구역으로 구분된다. 4개의 구역중에서 일부는 다른 구역보다 인구 밀도가 훨씬 높고 구역마다 건축양식과 출토유물이 상당히 다르게 발견된다. 남북방향의 대로를 따라 크고 작은 사원단지가 들어서 있으며 엘리트의 거주용 건물로 추정되는 정교한 건축물들이 축조되어 있다. 이러한 건물보다 훨씬 장엄하고 인상적인 많은 건물들이 토루 위에 축조되어 있는데, 이들 건물은 안뜰이나 광장을 향하고 있다. 대부분의 건물은 1층 건물이다. 또한 몇몇 사원건물의 벽에는 종교, 전쟁, 상상의 동물, 일상 생활의 모습을 소재로 한 아름다운 벽화들이 그려져 있다.

떼오띠와깐의 기본적인 주거 단위는 규모가 상당히 크고 담이 설치되어 있으며 건물에 창문이 없는 복합건물이다. 이들 주거단지는 어도비 벽돌과 화산암 석재로 축조된다. 또한 대부분의 주거단지는 한 변의 길이가 50m 이상이고, 건물의 내부는 많은 방과 주랑(柱廊), 안뜰, 길로 나누어진다. 일부 주거단지의 안뜰은 태양과 공기를 받아들일 수 있도록 트여 있으며 주거단지의 배수는 지하에 매장된 석관을 통해 이루어진다. 프레스코 기법으로 장식된 재규어, 늑대, 나무, 신, 인간의 모습이 이러한 주거단지의 벽에 나타난다.

떼오띠와깐의 일부 주거단지는 외국산의 유물이 집중적으로 발견되기도 한다. 예를 들어 떼오띠와깐 문화와 분명히 구별되고 남쪽으로 400km 이상 떨어진 오아하까 계곡 문화계통의 토기, 옹관 등이 일부 주거단지에서 집중적으로 발견된다. 이러한 외국산의 물품이 집중된 주거단지는 최소한 수 세기 동안에 걸쳐 점유된 것으로 보이고, 당시 사회에서 국제 교역을 하는 장소이거나 외국인 거주구역이었을 가능성이 높지만 정확히는 알 수 없다.

떼오띠와깐 시의 거주민들은 노팔 선인장과 기타 다른 종류의 선인장, 옥수수, 콩, 호박, 기타 다양한 종류의 재배종과 야생종의 식물, 동물들을 생계자원으로 활용하였던 것으로 보인다. 데보라 니콜스(Deborah Nichols)는 떼오띠와깐의 수십만의 거주민들이 거대한 관개농경을 통해 생계를 유지하였음을 보여주고 있다.[29] 그러나 도시인들은 관개농경외에도 활발한 사냥행위를 통해 동물성 단백질을 획득했던 것으로 보인다. 이러한 사실은 도시에서 발견된 동물뼈중 약 80%가 사냥을 통해 획득한 사슴뼈였다는 사실에서 알 수 있다.

레베카 스토레이(Rebecca Storey)는 떼오띠와깐의 서민용 주거단지의 무덤에서 발견된 67구의 인골을 분석하였다. 분석결과 로마와 기타 지역의 초기 도시에서 살았던 사람들과 마찬가지로 떼오띠와깐 주민의 수명은 그리 길지 않았다는 사실이 발견되었다. 즉 발견된 인골중 반은 15세 이전에 사망을 하였고, 매우 소수의 사람만이 30세 이상까지 생존하였다.[30]

떼오띠와깐이 최전성기에 도달하게 되면 멕시코 계곡의 주변 지역은 인간이 거의 거주하지 않는 지역으로 전락한다. 기원후 500년경에는 떼오띠와깐의 주변에 오직 하나의 소규모 취락만이 존재하고 있었다. 다시 말해 떼오띠와깐의 급속한 성장과 주변 촌락의 몰락은 거의 동시기에 발생하게 되는데, 이는 떼오띠와깐 주변지역의 사람들이 자발적으로 도시로 이주하였거나 강제로 이주되어 도시의 인구가 증가하였음을 시사하는 증거이다. 다시 말해 이 시기(기원후 100년~기원후 600년)의 멕시코 계곡의 인구 성장률은 아마 상당히 낮았던 것으로 보이고 대부분의 인구는 떼오띠와깐 시에 의해 흡수되었던 것으로 판단된다.[31] 한편 기원후 500년경에는 떼오띠와깐 양식의 토기가 멀리 남부 걸프만과 오아하까 계곡, 기타 멀리 떨어진 지역에서 유력자 무덤의 부장물로 발견되는데, 이러한 점은 당시 떼오띠와깐 시의 국제적 영향력과 대외관계를 보여주고 있다.

또한 떼오띠와깐은 규모나 발전정도에서 너무나 인상적이기 때문에 학자에 따라서는 떼오띠와깐의 영향력이 멕시코 계곡을 넘어서 멀리 떨어진 지역까지도 미쳤을 것이라고 주장하기도 한다. 그러나 수 천명의 군사가 계곡을 넘어 수 백만명의 사람들이 사는 메조아메리카의 나머지 지역을 군사적으로 정복하기는 어려웠을 것으로 보인다. 왜냐하면 험준한 계곡을 넘어 원거리의 지역을 군사적으로 정복한다는 것은 자살행위나 다름없기 때문이다. 오히려 떼오띠와깐은 이러한 지역의 문화들과 교역관계를 형성했을 것으로 판단된다. 예를 들어 떼오띠와깐 시에서는 방어요새의 흔적이 발견되지 않지만 거대한 시장이 발견되고 있다. 또한 메조아메리카의 지역적 생태환경의 다양성으로 볼 때 기본 농산물과 기술용품을 교역하는 행위는 문화적 진화의 중요한 이점이 될 수 있을 것이다. 이처럼 지역적으로 한정된 물자의 교역을 통해 당시의 사람들은 생활수준을 향상시킬 수 있었고 식량의 부족을 극복할 수 있었을 것이다.

기원후 600년 경부터 떼오띠와깐은 점차 쇠퇴의 길을 걷기 시작한다. 떼오띠와깐의 인구가 감소하기 시작하고 새로운 형태의 중심지와 취락이 멕시코 계곡에 형성되기 시작하는데 특히 떼오띠와깐의 주변에 새로운 취락들이 들어선다. 또한 기원후 600년 후부터 떼오띠와깐 양식의 토기, 건축물, 기타 유물들이 메조아메리카의 나머지 지역에서 사라지기 시작한다는 점에 주목할 필요가 있다. 이러한 현상은 마치 거대한 교역망이 갑자기 붕괴하고 각 지역에 새로운 문화가 등장하는 현상과 흡사하다고 할 수 있다.

고고학자 조오지 코길(George Cowgill)은 떼오띠와깐의 멸망을 농경 생산성의 한계에서 찾고 있다. 떼오띠와깐에는 관개 농경에 적합한 땅이 수천 헥타르밖에 되지 않는데 인구가 100,000명을 넘어서기 시작하자 도시의 주민들은 실패할 확률이 높고 생산성이 낮은 새로운 땅을 개척할 수밖에 없었을 것이다. 또한 다양한 야생동물과 식물을 사냥하고 채집했을 것이다. 그러나 이러한 생계수단의 보완도 어느 시점에 이르면 더 이상 증가하는 인구를 부양하지 못하게 되고, 결국 문명은 쇠퇴의 길로 들어설 수밖에 없게 된다.[32]

이 외에도 다양한 요소들이 떼오띠와깐의 인구 감소와 영향력의 감소를 초래하였을 가능성이 있다.[33] 예를 들어 떼오띠와깐은 풍부한 농경자원과 자연자원을 지닌 정치체에 의해 심각한 타격을 받았을 가능성이 있다. 실제로 떼오띠와깐의 영향력하에 있던 일부 지역이 마야 지역의 국가에 의해 침략당하였다는 증거가 존재하고 있다. 심지어는 이보다 훨씬 가까운 멕시코 계곡의 뚤라, 소칠깔꼬(Xochicalco)와 같은 정치체들은 이제 생필품과 식량자원에 대한 떼오띠와깐의 접근을 통제하고 차단하기 시작한다.

고고학적 증거에 의하면 기원전 650년경 떼오띠와깐은 의도적 행위에 의해 발생한 것으로 추정되는 대화재를 겪게 되고, 결과적으로 거주민들은 주변 지역으로 이주할 수밖에 없게 된다. 떼오띠와깐은 전쟁, 화재, 가뭄, 혹은 기타 다양한 요소에 의해 멸망하게 되었지만 여기서 더 중요한 사실은 떼오띠와깐이 신대륙 최초의 거대한 국가중의 하나였다는 점이다.

오아하까 계곡의 초기 복합사회(기원전 1500년~기원전 500년)[34]

올멕 지역에서 문화적 진화가 발생할 수 있었던 생태적 이유는 해안가와 강 연안 충적대지의 풍부한 생산력을 들 수 있지만 멕시코 계곡의 문화진화는 호수가와 늪지주변에 서식하는 작물의 높은 생산성 때문에 가능했다고 할 수 있다. 그러나 오아하까 계곡에서 문명이 성장할 수 있었던 기반은 이 지역의 생태적 다양성과 일부 소하천에서 찾을 수 있다. 또한 오아하까 계곡의 평야지대는 비옥하고 평탄한 넓은 충적대지이며 관개농경을 할 수 있는 충분한 강우량을 가지고 있다. 산록완사면은 충적대지에 비해 상대적으로 덜 비옥하지만 계곡의 물을 이용하면 생산성이 높은 농업을 할 수 있다. 이에 비해 산악지대는 다른 지역에 비해 더 춥고 습하지만 이 지역에는 아직도 소나무와 오크 나무로 덮여 있어 다양한 자연자원을 획득할 수 있다. 마지막으로 이 지역의 서리는 생산성에 중요한 결정요소가 될 수 있지만 멕시코 계곡에서처럼 농업에 치명적인 영향을 미치지는 않는다. 결론적으로 오아하까 계곡의 주민은 형성기 이후 수로와 샘을 이용하여 관개농경을 실시하고, 이러한 농경행위를 통해 풍부한 식량자원을 획득할 수 있게 된다.

오아하까에서 가장 중요한 자연자원중의 하나는 자철광이나 적철광과 같은 철광석이다. 철광석을 이용하여 거울과 장식품이 만들어지고, 이러한 물품은 메조아메리카 전역으로 교역되어 엘리트 지위의 상징물로서 사용되었다.

기원전 1400년 직후 오아하까 계곡의 산록완사면과 충적대지중 가장 생산적인 지역에는 소규모의 마을들이 들어서기 시작하고, 이들 마을에는 50여명 내외의 주민이 초벽집에 거주하였던 것으로 보인다. 그러나 기원전 1350년에서 기원전 1150년 사이에 이르면 이러한 소규모의 평등사회에서 획기적 변화가 발생한다. 즉 이 시기에 이르면 최소한 하나의 유적(산 호세 모고떼, San José Mogote)에서 점토와 어도비로 만든 여러 기의 '공공 건물'이 축조된다.[35] 이러한 건물들의 규모는 5.4×4.4m 정도의 소형이다. 그러나 건물의 여러 가지 특징, 예를 들어 바닥을 인상적인 백색 석회반죽으로 정교하게 바르고 건물의 내부가 다른 건물에 비해 매우 깨끗한 상태로 발견된 점으로 보아 이 건물의 용도는 공공건물이었음을 알 수 있다. 이 시기 일반 가옥들의 바닥은 단순히 점토와 모래로 다져지고 바닥에서는 수많은 토기편들이 산재되어 발견된다.

산 호세 모고떼의 이러한 건물들이 특별한 기능을 지녔다는 또 다른 증거가 존재한다. 예를 들어 이들 건물들은 확실한 일반 주거용 건물보다 보수를 더 자주 하였을 뿐만이 아니라 장기간의 점유흔적을 보여준다. 또한 이들 건물 중 최소한 한 기에는 한쪽 벽면에 '제단' 혹은 계단으로 볼 수 있는 시설이 붙어 있다. 마지막으로 이들 건물은 올멕 문화의 라 벤따 유적의 기념비적 건축물과 마찬가지로 진북에서 서쪽으로 8도 기울어진 방향으로 축조되어 있다. 이러한 사실로 보아 이미 이 당시의 메조아메리카에서는 건축물의 방향과 배치를 통제하는 일정한 전통이 성립되었던 것으로 보인다.

오아하까의 대부분의 형성기 유적에서는 산 호세 모고떼의 것과 유사한 공공건물이 발견되지 않는다. 그러나 또말떼팩(Tomaltepec)유적에서는 진흙벽돌로 축조된 거대한 방형 제단이 발견되었다.[36] 이 구조물의 바닥에서는 어떤 다른 구조물보다 규모가 큰 대형 저장 구덩이가 한 기 발견되었는데, 내부에서는 상대적으로 많은 양의 흑요석, 장식 패각품, 사슴과 토끼의 뼈가 발견되었다.[37] 또말떼팩의 복합단지는 기원전 1400년에서 기원전 1000년 사이에 축조되었는데 거의 비슷한 시기에 거대한 무덤군도 축조되었다. 무덤유적에서는 총 100여기의 인골이 부장된 80기의 무덤이 발견되었다. 이들 무덤에서는 토기와 기타 소형의 유물이 출토되는데 모든 무덤은 거의 동일한 부장품을 가지고 있다. 4기의 무덤에서는 소량의 흑요석, 자철광, 옥도 출토되었지만, 부장품의 이러한 차이는 그다지 커다란 의미는 없는 것으로 판단된다. 더구나 유소아의 인골은 전혀 발견되지 않았고 발견된 인골은 모두 성인의 것이다. 따라서 이 점도 또말떼팩의 사회적 위계화가 그다지 발전하지 못했음을 보여주는 증거이다.

또말떼팩 사회의 위계화가 그리 발달하지 못했다는 점은 당시의 교역행위와 물자에서도 알 수 있다. 즉 이 시기의 사회에서는 흑요석과 같은 일부 품목이 교역되었지만 극히 소규모로 이루어졌고 교역의 단위는 아마도 개별 가옥이었던 것으로 판단된다.[38]

그러나 기원전 1400년부터 기원전 1000년 사이에 이르게 되면 오아하까 계곡의 산 호세 모고떼에서는 획기적인 사회적 변화가 진행되었다는 고고학적 증거가 있다. 예를 들어 이 유적에서는 다른 어떤 유적보다 수공업 생산이 활발하였던 것으로 판단된다. 즉 이 유적에서는 흑요석, 옥, 자철광, 패각, 기타 다른 물질로 제작된 다양한 물건이 집중적으로 발견되고 있다. 또한 외래 기원의 교역품도 다수 발견되는데 아마도 이는 산 호세 모고떼의 사회적 계층화가 심화되고 있다는 사실을 보여주는 증거이다. 다시 말해 이러한 물품들은 당시 사회에서 사회적 지위를 상징하는 장식품을 제작하는데 사용되었던 것이다.

메조아메리카에서 유행한 종교적 행위중의 하나는 일련의 자해의례라고 할 수 있는데, 보통 흑요석제 칼이나 가오리 등뼈로 혀를 찌르거나 음경을 찔러 피를 뽑아내는 것이다. 이러한 행위는 신을 형상화하여 신의 전지전능한 힘을 빌리는 수단이다. 오아하까 계곡에서도 다수의 흑요석제 칼이나 가오리 등뼈들이 발견되고 있다. 메조아메리카 전역에 퍼진 이러한 공통된 이데올로기의 파급은 다른 자료에서도 확인된다. 예를 들어 올멕의 조상들과 토기들이 오아하까 계곡에서 발견된다. 또한 기원전 1100년부터 850년 사이에는 상당한 양의 자철광과 흑요석이 오아하까와 남부 걸프만사이에 교환된다.

켄트 플레너리와 조이스 마쿠스는 초기의 오아하까 토기에서 보이는 '올멕 양식'에 근거하여 남부 걸프만의 문화가 오아하까지역의 문화적 진화를 촉진하였다는 기존의 견해를 반박하고 있다.[39] 이들에 의하면 오아하까의 문화는 남부 걸프만보다 오히려 멕시코 계곡의 영향을 더 많이 받았고, 오아하까는 메조아메리카에서 가장 이른 시기에 공공건물을 축조하고 복합사회로의 발전을 이룬 사회였다고 한다.

기원전 850년 이후 오아하까 계곡에서는 취락간의 차이가 급증하기 시작한다. 예를 들어 기원전 550년경의 산 호세 모고떼 유적은 동시대의 두 번째로 큰 취락의 크기보다 무려 15배 이상의 면적을 자랑한다. 이 시기의 많은 취락들은 보통 공공건물을 소유하고 사회적·정치적 요인에 따라 취락이 분포하는 경향을 보이기 시작한다.

오아하까나 멕시코 계곡의 문화진화가 올멕의 군사적 지배나 경제적 착취, 혹은 맹목적인 모방을 통해 이루어졌다고 볼 수는 없다.[40] 오히려 오아하까와 기타 지역에 나타나는 올멕 양식의 토기, 조상, 그리고 이들 지역의 건물들이 유사한 천문학

적 방향을 보이고 있는 점은 범지역적 교역망과 전문장인의 교환을 통해 나타난 문
화적 현상으로 판단된다. 다시 말해 이러한 세 지역이 서로간에 군사적으로 통제되
고 정치적으로 통합되었음을 보여주는 고고학적 증거는 그 어디에서도 찾을 수 없
다.[41]

오아하까 계곡의 초기국가(기원전 500년~기원전 200년)

오아하까 초기 국가의 등장은 멕시코 계곡과 여러 가지 면에서 유사성을 보여준
다. 예를 들어 수년간에 걸친 오아하까 지표조사를 통해 우리는 취락패턴이 처음에
는 대부분 소규모의 마을이었다가 점차 취락의 수가 증가하고 동시에 취락의 규모
도 더욱 대형화된다는 점을 발견하였다.[42]

리차드 블랜톤(Richard Blanton)은 기원전 500년 직후 오아하까 계곡은 최소한
다음과 같은 중요한 문화적 변화를 겪는다고 지적하고 있다: 1) 인구 밀도는 이전
의 어떤 시기보다도 급격하게 증가한다. 2) 관개수로를 통한 농경의 집중화가 중요
해진다. 3) 토기 제작이 전문화되며 오아하까 최초의 시장 체계가 형성된다. 4) 계
곡 중앙부의 높은 고원지대에 위치한 몬떼 알반(Monte Albán)이 주요한 지역적 중
심지가 된다.[43] 블랜톤에 의하면 몬떼 알반은 다양한 중심 취락들 사이의 중간에
위치하면서 기존에 사람이 거주하지 않았던 지점에 등장하는데, 이는 기존에 상당
히 낮은 수준의 사회적 · 경제적 연대를 가졌던 정치체들이 이제 새로운 정치적 연
맹을 맺었다는 점을 시사하는 증거이다.[44]

블랜톤과 그의 동료들은 몬떼 알반이 기존에 점유되지 않고 물이 존재하지 않은
산의 정상에 위치하지만 200년이 채 걸리지 않은 시간에 5000명 이상의 주민이 거
주하는 정치 종교적 복합도시로 성장하였다고 주장하고 있다.[45] 이들에 의하면 이
러한 성장률을 달성하기 위해서는 저지대 계곡의 사람들이 몬떼 알반으로 이주해
야 하며, 몬테 알반의 인구를 충분히 부양할 수 있도록 계곡과 산록완사면의 농경
이 집약화되어야 한다.

기원전 200년경에 이르면 몬떼 알반의 인구는 당시 사회의 기준으로 볼 때 거대
도시인 17,000명 정도에 도달하게 된다. 이제 농경은 몬떼 알반의 주위에서도 집약

화되며 주변 마을의 인구밀도도 급속히 높아지게 된다. 또한 토기와 기타 물자의 전문적 생산도 증가한다. 블랭톤은 몬떼 알반이 경제적 기능을 거의 갖지 않는 의례용 중심지라고 주장하고 있지만 토기 요지의 위치와 생산물의 존재는 이 시기에 어느 정도의 지역적 행정통제가 이루어지고 있었다는 사실을 가리킨다.[46]

몬떼 알반의 중심 광장에 축조된 건물중의 하나에는 군사적 정복을 기념한 일련의 석조 부조상이 조각되어 있다. 이 부조상의 인물들은 입을 벌리고 눈을 감고 있으며 피를 흘리는 모습을 보이고 있다.[47] 이러한 부조상의 주제는 이집트의 '나메르 팔레트'(9장)와 같이 고대 세계의 예술에서 자주 등장하는 것이다.

이후 오아하까 계곡에서는 인구 밀도와 취락의 유형이 상당히 다양해진다. 그러나 이 시기에도 전 시기에서 보이는 기념비적 건축물의 축조, 물자와 서비스의 분포에서 본 취락의 위계적 배치, 기타 복합사회의 지표들이 계승되고 동시에 더욱 정교화된다. 따라서 기원전 200년경에 이르면 오아하까 계곡에서는 어떤 기준에서 보더라도 국가체계가 작동하고 있었다고 말할 수 있다.

메조아메리카의 고대 사회가 기원전 200년경 선사시대에서 진정한 역사시대로 전환하였다고 한다면 다소 과장된 주장일 수도 있다. 그러나 이 시기의 멕시코 고대 사회는 오아하까와 멕시코의 다양한 지역에서 보이는 조각상의 기호와 상징으로 볼 때 진정한 문자체계를 발전시키는 과정에 있었다고 말할 수 있다.

현재까지의 조사와 연구를 통해 오아하까 계곡의 문화사에 대한 대체적인 윤곽은 확립되었다고 할 수 있다. 그러나 학자들은 아직도 이러한 문화사의 발전을 야기했던 요인이 무엇인가에 대해 논쟁중이다. 예를 들어 샌더스와 니콜스는 오아하까 계곡 문화진화의 동인으로서 관개 농경과 인구 성장의 중요성을 강조하고 있다.[48] 이에 비해 코왈리우스키와 페인스타인(Kowalewski and Feinstein)은 오아하까 계곡의 경제발달에 관한 상세한 논의를 통해 이러한 '경제적 변이'의 대부분이 족장 혹은 국가적 권력의 기능변화와 발전정도에 의해 결정된다고 결론을 내리고 있다.[49] 이들은 엘리트의 정치적 파워와 성향이 변화하는 방식과 중심정치체가 주변의 취락과 사람들에게 어떠한 영향을 미치는가를 복원하고 있다.[50]

마야

멕시코에서는 신이 세상을 지배하고 신관이 해석과 중재를 하며 사람들은 복종을 한다.
스페인에서는 사제가 세상을 지배하고 왕이 해석과 중재를 하며 신은 복종을 한다.
이러한 이데올로기의 미묘한 차이는 인간의 생활에 엄청난 차이를 야기한다.

리차드 콘돈(Richard Condon)

멕시코 계곡에서 떼오띠와깐 문명이 발전하고 있을 무렵 남부 멕시코, 과테말라, 벨리즈, 혼두라스 지역에서는 마야 문명이 등장하고 있었다.

초기의 마야 문명은 떼오띠와깐의 영향을 극히 일부 받게 되지만 전반적으로 볼 때 자체적으로 등장한 독립 문명이라고 할 수 있다. 마야는 복잡한 문자체계를 발전시켰고 화려하고 아름다운 기념비적 사원과 궁전을 축조하였으며, 일련의 독립적인 국가들을 탄생시킨 위대한 문명이다. 마야는 전통적으로 도시가 존재하지 않았던 문명으로 알려져 있다. 그러나 떼오띠와깐의 인구나 규모만큼 발전하지 못하였고 떼오띠와깐이나 오아하까에 비해 주거용 건축물이 단조롭고 직업적 전문화도 덜 발달하였지만 띠깔(Tikal)과 찌빌짤뚠(Dzibilchaltun)과 같은 마야의 도시에서는 수 천에서, 수 만명에 이르는 사람들이 영구적 건물에서 거주하였다.[51]

고고학자들이 소규모 촌락이 위치한 정글지대를 샅샅이 뒤지지 않고 주로 장엄한 마야의 의례용 중심지만을 집중적으로 조사했다고 해서 그들을 비난하기는 어렵다. 그러나 어쨌든 이러한 한계로 인해 우리는 다른 문명에 비해 아직도 마야의 경제와 인구규모에 대해서 거의 알지 못하고 있는 형편이다. 그럼에도 불구하고 최근 마야에 대한 상당히 중요한 조사가 이루어지고 있으며[52] 이전에 비해 마야의 구체적인 면모가 드러나고 있다.[53]

마야 문명의 대부분의 핵심지역은 무덥고 습한 열대성 기후지대이다. 그러나 상당히 넓은 지역이 고원지대로 구성되어 있는데, 이들 고원지대는 남동부 치아파스 고원에서 중앙 아메리카의 저지대로 뻗어 나가는 만년설의 화산활동의 결과이다. 크고 작은 협곡과 봉우리, 계곡이 복잡하게 얽힌 고원지대는 화산재와 수 천년에 걸친 바람과 물의 침식작용 덕분에 비옥하고 두꺼운 퇴적층이 형성되어 있다. 더구나 이 지역의 심한 계절성 강우도 이 지역을 생산적인 농경지대로 이용할 수 있는 요인이 된다.

마야의 열대성 저지대에 위치한 페텐과 유카탄 반도는 수백만년에 걸친 지각 변동으로 인해 바다에서 융기된 일종의 거대한 석회암붕이다. 페텐의 남쪽으로는 지형이 다소 험하지만 대부분의 반도 지역은 평탄한 지형이다. 이러한 반도지역에는 삼투성(滲透性)의 석회암지대가 지표의 물을 곧바로 흡수하기 때문에 강이나 호수가 거의 형성되어 있지 않다.

저지대의 기후는 연중 대부분이 무덥고 습하지만 계절성 강우와 국지성 호우로 인해 심각한 가뭄을 겪을 수도 있다. 이른 봄에는 가뭄이 이어지고 농경 행위도 감소한다. 이 시기에 경작지를 확보하기 위해 개간지에 불을 질러 수목을 태우고 이후 건조한 날씨가 계속된다. 5월과 6월에 접어들면 비가 내리기 시작하고 지력이 회복된 저지대에는 식물과 동물이 번창하기 시작한다.

최근의 연구에 의하면 마야의 일부 지역에서도 대규모의 관개농경이 이루어졌었고, 최소한 얼마 동안은 연중 작물을 수확하는 상경(常耕)농업이 이루어졌음을 알 수 있는데, 이러한 상경농업은 저지대의 생계에 경제적으로 매우 중요한 역할을 하였을 것이다. 대부분의 마야 지역에서 옥수수, 콩, 호박, 토마토, 고추 재배를 하기 위해서는 3년의 경작기간 후에 4~8년 간의 휴경기를 가져야 한다. 그러나 이러한 농경의 한계에도 불구하고 마야의 핵심지대는 농경의 생산성이 충분한 곳이라고 할 수 있다. 전통적인 화전경작법을 통한 마야 농경지의 부양력을 계산한 결과 km당 최고 60~80명의 사람이 먹고 살수 있는 식량이 생산된다는 점이 밝혀졌다.[54]

마쎄니와 거르(Matheny and Gurr)는 오늘날의 마야 농업을 종합적으로 연구하였다. 이들에 의하면 수로와 농경지, 식물유존체 자료, 기타 다른 종류의 모든 증거를 종합할때 마야 문명의 경제적 기반은 화전농경이 아닌 영구적 집약농경이다.[55] 대부분의 농민들은 야생과 사육종의 동물을 이용하여 초목과 관목으로 우거진 삼림을 농업이 가능한 땅으로 전환시키는데, 유카탄 반도의 작은 사슴과 사육 돼지, 토기, 가금류 등이 이러한 역할을 담당한다. 마야인들은 작물의 대체가 가능하고, 생산적이며 안정적인 식량을 확보할 수 있도록 다양한 열대우림지대의 농경법을 적용한 현명한 농경민들이었다.[56] 데니스 펄리스톤(Dennis Puleston)은 이러한 열

대우림지대의 농경에서 레몬열매가 매우 중요한 식량자원이었다는 점을 시사하고
있다.[57] 그러나 이러한 열매가 기근 작물로서의 기능을 제외하곤 당시 사회에서
중요한 식량원이었다는 점을 뒷받침할 수 있는 고고학적 증거는 미약한 실정이다.
마야인은 그들의 열대 환경에서 수많은 식물과 동물자원을 효율적이고 생산적으
로 이용하였기 때문에 마야문명의 붕괴를 과도한 환경자원의 이용에서 찾는 가설
은 다시 생각해 볼 필요가 있다.

마야의 이데올로기 칼 마르크스의 변증법적 견해에 의하면 국가의 종교는 경제
체계의 단순한 부산물이다. 그는 종교를 국가 형성의 진정한 동인, 즉 기술경제적
기초가 사회경제적 계층과 정부구조를 생산한 이후에 국가의 권위를 합법화하고
대중을 통제하는 수단으로서 등장하는 일종의 이데올로기로 파악하였다.

그러나 마야 문명은 이데올로기가 국가 형성의 일차적 동인이라는 점을 보여주
는 역사상의 많은 사례중의 하나이다. 물론 마야의 거대한 농업 생산성은 마야 문
명의 기초로서 문명성장의 에너지를 제공하였을 뿐만 아니라 문화를 형성하는데
지대한 영향을 미쳤다고 할 수 있다. 그러나 왕의 절대권력과 우주의 질서에 대한
마야의 이데올로기를 이해하지 않고서는 마야 문명을 설명할 수가 없다.

오스트레일리아 원주민의 정신세계나 근대 중국의 마르크시즘과 유교의 정신,
혹은 고대 마야의 정신세계 등 어떤 문명이 됐던 간에 우리와 다른 문화의 이데올
로기를 완벽하게 이해할 수 없다는 점은 불변의 진리이다. 다시 말해 우리는 이해
하고자 하는 문화의 직접적 구성원이 되지 않고서는 그 문화를 완벽하게 이해할 수
없다. 기본적으로 우리와 여러 가지 면에서 상이한 세계관으로 축조한 장엄한 건축
물과 복잡한 문자체계를 지닌 마야의 경우는 더욱 그러하다. 따라서 우리는 우리와
상이한 시공간상의 세계에 살았던 사람들의 이데올로기를 단지 오늘날 우리의 시
각을 통해 이해하고자 할 뿐이다.

린다 쉘과 데이비드 프리델(Linda Schele and Divid Friedel)이 지적한 바와 같이
마야인들은 고대의 어떤 사람들보다도 "우주와 조상을 이해하고자 하였으며 그러
한 초자연적 존재를 종교적으로 입증하기 위한"[58] 역사적 책무를 지고 있었던 것으
로 판단된다.

마야인에게 세계는 복잡하게 서로 얽혀있는 두 개의 차원으로 인식된다. 하나는 그들이 살고 있는 현세이고, 다른 하나는 신과 조상, 다른 초자연적 실체가 존재하는 또 다른 세상(Otherword)이다.[59] 마야인은 그들의 세계가 3개의 층으로 구성되었다고 생각한다. "첫째는 별이 빛나는 아치형의 하늘이고, 둘째는 왕의 피에 의해 꽃이 피고 열매가 열리는 중간세계의 땅이며, 셋째는 검은 물이 흐르는 지하세계이다."[60] 마야인은 이러한 세 종류의 세계가 서로 불가분의 관련이 있다고 믿었는데, 예를 들어 신관은 무아지경의 환각상태를 통해 지하세계로 들어갈 수 있다고 믿었다. 무엇보다도 그들은 "왕의 희생을 통해 피를 바치게 되면 비를 내려주는" 무시무시한 악어괴물이 하늘에 살고 있다고 믿었다.[61] 또한 현세를 태초의 바다 위에 둥둥 떠 있는 것으로 인식하며 때때로 카이만*이나 거북이의 등으로 표현하기도 한다. 이처럼 복잡하고 다양한 관계를 지닌 세계와 이들을 구성하는 존재는 신성한 신에 의해 활력을 얻게 되는데 신의 신성함은 동굴이나 산과 같은 특정 지점에 집중되어 있다고 생각한다. 쉘과 프리델이 지적한 바와 같이:

초자연적 파워의 주요 패턴은 우주가 창조될 당시 신에 의해 확립되었다. 이러한 신성한 세계에서 인간은 신이 만든 패턴을 혼합할 수 있는 공동체를 축조하였고, 인간 스스로가 파워의 두번째 지점을 창조하였다. 이러한 두 체계는 고립적이라기보다는 상호보완적이다……인간세계는 인간존재의 중심을 관통하는 **외깝 찬**(*wacab chan*, "여섯의 하늘" 혹은 "하늘위로 올라가는" 나무 모양의 축으로서 뿌리는 지하수가 흐르는 지하세계를 의미하고 최상부는 다른 세계의 가장 높은 하늘을 의미)을 따라 다른 세계와 연결된다. 이러한 파워의 진원지는 인간 세상의 어느 한 곳에 있는 것이 아니고 자연환경과 인간이 만든 어느 지점에서도 의례를 통해 구체화될 수 있다. 여기서 가장 중요한 점은 초자연적 파워가 피라미드 위에서 무아지경의 황홀상태로 의례 행위를 주재하는 왕에 의해 구체화된다는 것이다.[62]

마야인들은 의례장소나 주체, 혹은 의례물질에 상관없이 적절한 의례행위를 통해서 현세의 파워를 한 지점에 집약시켜 무한한 에너지를 얻을 수 있다고 믿었다.

---

* **카이만** : caiman, 중남미산 악어의 일종.

예를 들어 마야의 왕들은 사원을 동일 지점에 계속 축조함으로써 신성한 파워를 계속 집약시켜 삶의 에너지를 얻을 수 있다고 믿었다.

'방혈(放血 ; blood-letting)'[63]의례는 "마야 의례의 핵심"이라고 할 수 있다. 마야인은 방혈의례를 통해 다른 세계의 존재를 구체화시킬 수 있다고 믿었다. 조각상에 반영된 방혈의례를 보면 남자는 흑요석제 칼이나 기타 도구를 사용하여 혀나 음경을 찔러 피를 흘리고 여자들은 혀를 찔러 피를 흘린다. 방혈의례를 통해 마야인들은 어떤 면에서 신이나 조상을 '탄생'시킨다고 할 수 있는데, 왜냐하면 그러한 행위를 통해 현존하는 세계에서 신이나 조상을 물리적 형태로 형상화시키기 때문이다. 이러한 방혈의례는 엘리트와 신관뿐만이 아니라 시골에 사는 촌부들에 의해서도 행해진다.

대부분의 고대 문명과 마찬가지로 마야인들은 경제적 부와 파워, 권위의 차이를 종교적으로 합법화하고 정당화하였다. 왕은 모든 구성원을 통치하고 왕을 통해서만이 신성한 세계인 다른 세계와 접할 수 있기 때문에 왕과 왕족들은 그들의 부와 권력을 누릴 권리가 주어진다. 다시 말해 최하위 계층에서부터 최상위 계층까지 모든 마야인은 왕의 중재를 통해 신성한 세계를 접할 수 있고, 왕의 성공적인 의례행위를 통해 생산된 물질적인 부를 공유한다.[64]

대부분의 초기 문명처럼 마야 사회는 부계사회였던 것으로 보이는데 이러한 사실은 왕실 조각상의 성별분석에서 알 수 있다. 그러나 마야사회에서는 여성도 왕실 귀족이 될 수 있었다. 조이스 마쿠스[65]는 석비조각의 분석을 통해 깔락물(Calakmul) 태생의 왕실 여성이 자신보다 사회적으로 신분이 더 낮은 엘 페루 지역 통치자와 결혼함으로써 엘 페루 가계의 위상을 향상시켰다는 점을 지적하고 있다.

현대인의 관점에서 보면 마야인의 세계와 생활방식은 잔혹하게 보일 수도 있고, 그들이 자신의 세계와 우주가 어떻게 작동하는가를 전혀 알지 못했다고 생각할 수도 있다. 그러나 마야인들은 독특한 자신들만의 이데올로기를 통해서 하나의 위대한 문명을 탄생시켰다. 기술적인 측면에서 보면 마야인들은 신석기 시대 농경문화의 기술수준에서 크게 진보했다고 할 수 없다. 그러나 쉘과 프리델이 지적한 바와 같이 "마야인은 사회적 에너지를 동력화할 수 있는 이데올로기를 개발하였다……그들은 확대가족, 취락, 샤만, 부계가족제도와 같은 오래된 제도를 문명화된 생활제도로 전환하여 발전시킬 수 있는 정치적 상징체계를 발명하였다."[66]

따라서 마야 문명은 소도시나 마을, 농장과 기념물과 같은 물질적 표현 못지 않게 이데올로기를 중시한 문명이라고 할 수 있다. 마야 이데올로기와 이의 물질적 표현은 마야 이전시기의 먼 과거까지 거슬러 올라갈 수 있다.[67]

고기(古期)에 속하는 벨리즈의 꼬아(Coha) 유적은 마야문명 이전의 주민(혹은 마야인의 유전적 조상)에 대한 생활상을 보여준다. 기원전 1000년 이전에 이 지역에 살았던 수렵채취인들은 아메리카의 다른 지역의 고기의 사람들과 매우 유사한 생활을 하였다. 그러나 기원전 1000년 이후 이제 이들은 소규모의 마을을 이루고 화전농경을 통해 생계를 의존하기 시작한다. 또 다른 마야 지역의 초기 농경취락은 벨리즈의 꾸에요(Cuello)유적이다.[68] 이 유적의 주민들은 기원전 1200년과 기원전 900년 사이 소규모의 마을에서 옥수수를 재배하고 토기를 사용하였다. 다시 말해 이들은 후대의 모든 마야 취락에서 보이는 기본적 사회경제적 단위인 일종의 촌락 공동체를 형성하였다. 데이비드 펜더가스트(David Pendergast)가 관찰한 바와 같이 마야 문화의 흔적이 존재하지 않거나 매우 미비한 이러한 고기의 유적과 후대의 꾸에요와 같은 전성기의 마야 문화 사이에는 토기 양식과 가옥 등에서 본질적인 차이점이 존재한다. 다시 말해 이러한 사실은 "초기 유적과 최초로 알려진 마야 유적 사이에는 시간과 문화진화라는 양 측면에서 엄청난 격차가 있다."라는 점을 보여준다.[69]

기원전 800년경에 이르면 농경 취락이 마야 저지대와 고원지대의 일부 지역에 나타난다. 만약 이러한 취락들이 오늘날의 마야 취락과 비슷하였다면 당시 사람들은 소규모집단을 이루며 평등생활을 하고 있었을 것으로 추정된다. 또한 외부 마을이나 세계와 접촉하는 유일한 계기는 기본 식량이나 도구의 교환, 혹은 결혼 배우자의 선택이었을 것으로 판단된다. 또한 이들은 벼룩으로 인해 고통을 받고[70] 계절적 가뭄으로 자주 기아상태를 겪기도 하였을 것이다. 그러나 이러한 소규모 마을의 확대가족은 수 천년동안 마야 지역의 주요한 사회적 구성단위로 기능하게 된다.

다른 문명과 마찬가지로 마야의 경우에도 우리는 다시 한번 기본적이고 어려운 질문에 봉착하게 된다. 즉 왕, 신관, 문자, 피라미드 축조, 기타 고대 문명의 다양한 요소들이 단순한 농경사회에서 왜, 그리고 어떻게 발전하게 되었을까? 대부분의 서구인들은 이러한 경우 '문명'은 농경 생활의 '자연적' 결과이고, 명확하게 알 수는 없지만 복합사회는 사회적 경쟁, 개인적 노력, 기술적 발전이 축적되는 일련의 과정을 통해 발전한 것이다(물론 극지방과 같이 많은 인구를 부양할 수 있는 충분한 식량과 부를 개척하기가 어려운 경우를 제외하고는)라고 가정할 것이다. 그러나 고고학은 우리에게 '문명' 사회로 자동적으로 발전하지 못한 수많은 단순사회를 보여주고 있다. 심지어는 기술수준으로 볼 때 충분히 문명단계로 진화할 수 있지만 문명단계로 발전하지 않은 경우도 존재한다(예를 들어 호주의 원주민).

마야의 초기 농업경제는 마야가 문명으로 성장할 수 있는 중요한 경제적 기반이 된다. 즉 마야 지역은 집약농법과 적절한 관리를 통해 수많은 인구를 부양할 수 있는 충분한 양과 종류의 농작물을 생산할 수 있는 지역이라고 할 수 있다.

<u>선고전기 마야 (기원전 1000년 ~ 기원후 300년)</u>   마야 문명의 발전을 야기한 직접적인 요인중의 하나는 기원전 1000년과 기원후 600년 사이 마야의 주변인구가 핵심지역인 저지대와 고원지대로 유입되었다는 사실을 들 수 있다. 고고학적 편년은 일반적으로 큰 틀에서 이루어지기 때문에 이주를 통한 급격한 인구 성장이 정확히 어느 시점에 이루어졌는지 판단하기가 어렵다. 그러나 메소포타미아의 경우처럼 마야의 핵심지역도 인구를 집중시키는 일련의 매력적 요소가 있었던 것으로 보인다.

윌리암 라쩨(William Rathje)는 마야의 성장을 가져온 주요 동인을 흑요석, 석재, 소금의 교역에서 찾고 있다.[71] 이와 달리 대부분의 마야 지역에서는 이러한 물자를 교역할 필요가 없었을 것이라고 주장하는 학자도 있다.[72]

한편 마야인이 수로, 댐, 해자시설을 이용하여 집약적 상경(常耕)농업을 하였다는 발견에 근거하여 마야 발달의 강력한 촉진제는 관개 농경이었다고 결론짓는 학자도 있다.[73] 마야의 일부 수로는 길이가 무려 1.6km에 달하고 폭 30m, 깊이 3m에 달하는 것도 있다. 그러나 우리는 이러한 관개시설이 열대 우림의 마야지역에서 얼마나 더 존재하는가를 알 수가 없다. 따라서 관개시설이 마야 복합사회의 발전에 얼마나 중요한 역할을 하였는지를 현재로선 단정할 수 없고, 심지어 수로에 의해 운반된 물이 어떤 용도로 사용되었는지도 정확히 알 수 없다. 마세니((Matheny)는 수로에 의해 운반된 물은 식수로 사용되기도 하고 조그만 정원의 정원수로 사용하기도 하며 토양의 비옥도를 높이기 위해 진흙을 축적하는 수단이 되기도 한다고 주장하고 있다. 한편 마빈 해리스에 의하면 수로를 건설한 목적중의 하나는 이모작을 하기 위한 것이다.[74]

　마야 문명 발전의 또 다른 핵심적 동인은 이데올로기의 발전에서 찾을 수 있을 것이다. 물론 우리는 이러한 이데올로기가 언제 어디서 정확히 등장했는지 영원히 알 수 없을지도 모른다. 어쨌든 마야 이데올로기 요소중의 하나는 사망한 조상이 다른 세계로 통하는 파워의 연결축이고, 그들과의 관계는 가까운 가족의 범위를 넘어 먼 조상까지 이루어진다는 마야인의 믿음에서 엿볼 수 있다. 모든 초기 국가의 사람들은 자신의 뿌리가 직계가족의 범위를 넘어 먼 조상까지 올라간다고 생각한다. 이러한 변화가 진행되었음을 보여주는 첫 번째 증거는 무덤의 축조이다. 고대 중국, 메소포타미아, 많은 다른 문명과 마찬가지로 마야의 초기 농경민들도 가까운 친족의 시체를 집의 바닥에 매장한다. 이러한 매장습속은 가족간의 연대의식을 영구히 보존하고 조상의 땅에 대한 권리를 영원히 주장하기 위해서이다. 그러나 기원전 600년경 카숍(K'axob)[75]과 같은 마야 유적에서는 돌과 흙으로 축조한 거대한 기단의 핵심부분에 시신을 매장하기 시작하는데, 이는 마야인의 매장풍습이 급변하고 있다는 사실을 보여주는 증거이다.

　피라미드나 토루와 같은 마야 최초의 거대 기념물은 기원전 800년 직후에 나타나기 시작한다(예를 들어 꼼첸(Komchen)유적). 다른 고대 문명과 마찬가지로 마야에서도 거대한 기념비적 건축물의 축조가 문명 전환의 첫 징조로서 나타난다. 나끄베(Nakbe)[76]와 기타 마야 유적에서는 기원전 600년과 400년 사이에 거대한 토루 위에 아름다운 석제 기념물들을 축조하고 건물의 정면, 조각품, 마스크 등에 신과 조상들의 모습을 묘사한다. 이 당시의 사람들이 후대 마야와 동일한 이데올로기를 가지고 있었다면 그들은 아마도 이러한 장엄한 복합건물들을 축조하고 재축조하는 반복적인 과정을 통해 우주의 파워를 경험하고 신의 신성함을 증가시킬 수 있었을 것이다.

　선고전기의 마야 유적중에서 규모가 가장 큰 것은 과테말라의 정글에 위치한 엘미라도르(El Mirador)이다. 엘 미라도르 유적은 험준한 오지에 분포하고 있었기 때문에 1930년대에 비행기에서 유적을 확인할 수 있었지만 1970년대 이전까지도 조사가 이루어지지 못했다. 이 유적에서는 피라미드, 치장 벽토로 표현한 마야의 신, 마야의 문자 등 고전기 마야의 핵심적인 요소가 발견되었다. 유적에서 발견된 가장 이른 형태의 마야 문자는 토기와 조각상에 새겨져 있었다.

리차드 한센과 도날드 포시쓰(Richard Hansen and Donald Forsyth)는 현재까지 발견된 것 중에서 가장 오래된 마야의 의례용 복합단지를 엘 미라도르에서 발견하였다.[77] 여기서 발견된 복합단지는 18m에서 28m의 높이에 달하는 거대한 피라미드 마운드를 포함하고 있는데 이 유구는 기원전 600년에서 기원전 300년 사이에 축조된 것으로 보인다. 기원전 150년부터 기원후 50년 사이에 엘 미라도르의 사람들은 피라미드, 광장, 인도 등을 포함하여 수 백기에 이르는 다양한 석조건물들을 축조하였다. 예를 들어 '띠그레(Tigre)' 단지에서는 정글의 지상에서 50m 이상 솟아오른 거대한 피라미드가 다양한 사원과 건물의 중앙에 위용을 드러내고 있다.

대부분의 이러한 건축물에는 백색 회를 입힌 다음 그 위에 진홍색의 칠을 한다.[78] 오늘날의 미적 감각으로 볼 때 마야, 그리스, 이집트, 기타 다른 문명의 석조건축물들은 우아하고 석재 자체의 자연색에서 우러나는 간결한 아름다움을 보여준다. 그러나 고대인들은 오늘날의 우리와 다른 미적 선호도를 가지고 있었을 것이고, 건물벽에 색을 칠하는 이유는 아마도 미적 아름다움보다는 종교적 필요에서 찾을 수 있을 것이다.

•*쎄로스* : 쎄로스(Cerros)유적은 유까딴 반도의 동부를 거쳐 체뚜말로 흘러가는 뉴우 강(New River)변에 위치하고 있다. 기원전 50년 직후 마야인은 쎄로스에 이 시기 뻬텐반도의 다른 유적과 흡사한 소규모의 촌락을 건설한다. 그러나 불과 두 세대, 아마 40년이나 50년이 채 되기도 전에 쎄로스의 사람들은 "왕의 등장"이라는 일대 문화적 혁명을 경험하게 된다. 쉘과 프리델이 지적한 바와 같이 소규모의 촌락에 살던 쎄로스인들이 일순간에 거대한 의례도시의 시민이 되었다고 할 정도로 이러한 문화적 전환은 너무나 획기적이고 순식간에 발생하게 된다. 이제 쎄로스의 시민들은 거대한 신전과 광장, 기타 건축물들이 어우러진 대도시에 살게 되고 마야의 이데올로기와 생활방식에 완전히 빠지게 된다.[79] 우리는 쎄로스의 이러한 일대

혁신이 어떻게 발생했는지 아마도 영원히 알 수 없겠지만 고고학적 증거는 기존의 도시를 의도적으로 파괴하고 신도시를 건설하였음을 시사해 주고 있다. 즉 당시의 사람들은 토기, 옥 장식품과 같은 물건을 깨서 집 주위에 뿌리고 꽃과 신비의 물건들을 깨서 뿌린 다음 이러한 폐기된 마을 위에 새로운 거대 도시를 건설하게 된다. 그들은 물이 위치한 경계지대(마야인에게 자연세계의 경계는 파워를 얻을 수 있는 장소이다[80])에 신전을 건설한 이후 광장, 피라미드, 계단, 인도, 기타 다양한 건축물들이 혼합된 거대한 복합단지를 설립한다. 이러한 모든 건물들은 현세와 다른 세계를 연결하는 축의 모습으로 배치되고(앞부분 참조) 건물 벽에는 치장벽토로 신의 모습을 장식한다. 장인들은 먼저 벽에 젖은 회반죽을 바른 다음 신이나 기타 원하는 디자인을 다듬고 덧붙여 벽의 장식을 완성한다. 이러한 디자인의 거의 대부분은 현실세계를 표현한 것이 아니다. 오히려 디자인은 마야의 복잡한 이데올로기를 표현한 것이고 이들의 의미는 어느 정도 해석될 수 있다. 예를 들어 한 사원의 남쪽벽에는 재규어 태양신을 장식하고 있는데 이는 동쪽에서 태양이 떠올라 서쪽으로 지는 모습을 표현한 것이다. 우리는 후대의 유적에 나타난 기록을 통해 이러한 상징적 조각상이 무엇을 의미하는지 어느 정도 알 수 있었지만 마야 이데올로기의 심오한 깊이를 완벽하게 이해하기란 불가능한 일이다.

쎄로스 문명의 미적 아름다움과 신비에도 불구하고 쎄로스는 쇠퇴의 길을 걷다가 결국 멸망하게 된다. 쎄로스 문명의 최전성기는 겨우 몇 세대 정도 밖에 되지 않는데 이것은 마야 정치사의 기본 패턴중의 하나이다. 다시 말해 여러 지역에서 소규모의 마을이 번창하다가 갑자기 수 천명의 사람들이 거주하는 거대한 의례 도시로 변화하고 상대적으로 짧은 기간내에 멸망의 길로 들어선다. 이집트의 멤피스와 메소포타미아의 와르카와 같이 구대륙의 대부분 문명은 수 천년 동안 영화와 번영을 누리지만 메조아메리카의 대부분의 도시들은 아무리 길게 잡아도 400년에서 600년 정도밖에 존속하지 않는다.

고전기 마야(기원후 300년~기원후 900년)

인더스 계곡의 하라파(Harappa) 토기와 메소포타미아의 하라프(Halaf) 토기와 같이 독특하고 통일된 양식의 토기가 광범위한 지역에 전파되는 현상은 보통 급속하고 본질적인 문화변동이 일어나기 직전에 발생한다. 마야에서도 250,000㎢에 달하는 저지대의 전역에서 기원후 1년경에 이르면 독특한 양식의 토기가 전파되고 피라미드, 제단, 기타 거대 건축물의 축조가 야순(Yaxun), 뜨지빌짤뚠(Dzibilchaltun), 와샥뚠(Uaxactún) 등지에서 이루어진다. 마야는 기원후 300년부터 900년사이에 문명의 최절정기를 맞게 되는데, 이 시기에 수많은 아름다운 피라미드와 사원 등의 축조가 완료되고 회화와 조각예술이 최전성기를 맞게 된다.

마야 문명의 최전성기의 전반부는 떼오띠와깐의 전성기와 시기적으로 겹치는데 일부 학자는 떼오띠와깐의 자극을 통해 마야문명이 번창하게 되었다고 주장하기도 한다.[81] 물론 마야와 떼오띠와깐은 상당한 정도의 교역을 하였겠지만 대부분의 마야 문명은 독립적이고 고유한 특징을 보인다고 할 수 있다. 기원후 600년경 떼오띠와깐의 영향력이 감소하고 인구가 줄어들지만 마야는 이후에도 300년간의 문화적 전성기를 누리게 된다. 이 시기의 마야 지역에는 수많은 사원 복합단지가 축조되고 연대가 기록된 수많은 석조 조각예술이 성행한다.

그러나 이처럼 역사상 유례가 드문 아름답고 찬란한 문명을 건설했음에도 불구하고 마야인의 생활방식은 전 시기와 거의 유사하였던 것으로 보인다. 도시에는 아직도 많은 사람이 거주하지 않고 있었다. 비록 수 천명의 사람들이 도시를 건설하기 위해 동원되었겠지만 대부분의 사람들은 도시 주변의 소규모의 마을에 살고 있었다. 스테펜 휴스턴(Stephen Houston)은 고고학적 증거와 마야 문자의 해석을 통해 대부분의 마야 정치체들이 70km 이내의 영역을 가지고 있었으며, 중심지로부터 하루 정도 걸으면 도달할 수 있는 거리에 대부분의 소규모 마을이 위치하고 있음을 밝혀내었다.[82] 이러한 농경 마을들은 소규모의 사원 피라미드와 기타 소수의 석조 조각상들이 건설된 소규모의 의례 중심지 주위에 산재하고 있었다. 소규모의 의례 중심지들은 다시 띠깔(Tikal), 와샥뚠, 빨렝께(Palenque), 욱스말(Uxmal)과 같은 대규모 의례중심지의 주변에 분포한다. 이 시기 대부분의 남부 메조아메리카는 정교하게 조각된 조각상, 벽에 벽화가 그려진 아름답고 뛰어난 백색 석회암제의 피라미드와 사원이 절정을 이루게 된다.

또한 대부분의 마야중심지들은 구기장을 가지고 있었다.[83] 우리는 당시의 마야 경기가 어떻게 진행되었는지 정확히 알 수 없다. 그러나 현존하는 증거에 의존해서 경기의 구성과 방식을 유추하면 다음과 같다. 마야의 경기는 아마도 두 팀으로 구성되고 각 팀은 고무공을 상대방의 골대안으로 집어넣는 방식이었던 것으로 보인다. 또한 공을 치거나 던지는 방식이 아니라 무릎이나 팔꿈치, 몸통을 사용하여야 하며 손으로 공을 잡는 것도 금지된다. 이러한 경기는 오늘날의 스포츠라고는 할 수 없다. 오히려 공은 태양을 상징하고 구기장과 경기는 의례적이고 이념적인 측면이 강한 것으로 보인다. 예를 들어 패한 팀의 선수는 처형되었던 것으로 판단된다. 멕시코 베라크루스의 엘 타힌(El Tajín)에서 발견된 구기장의 부조상은 패한 팀의 주장이 제단위에 반드시 누워있고 승리자가 칼로 그의 배를 찌르는 모습을 보여주고 있다.[84] 조각에 나타난 공의 크기는 농구공보다 커 보이지만 마야인은 태양으로서의 중요성을 강조하기 위해 실제보다는 더 크게 공을 표현했을 가능성이 있다.

존 팍스(John Fox)는 이러한 구기장이 위대하고 복잡한 이념적 · 사회적 중요성을 내포하고 있으며, "파워 관계를 중재할 수 있는 전략적 경기장"으로서 축제, 경쟁, 의례를 하기 위한 핵심무대라고 말하고 있다. 또한 팍스에 의하면 "이러한 의례행위는 음식과 부, 농경 비옥도의 상징적 회복에 초점을 맞춘다." 그는 이러한 구기장이 "초자연적 상관관계의 장소로서 정치적 갈등을 재현하고 상징적으로 해결하는 의례의 (장)이다"라는 결론을 내리고 있다.[85]

꼬빤(Copán) 왕국[86]은 기원후 600년에서 800년 사이에 번영을 누렸던 수많은 마야 중심지중의 하나이다. 꼬빤은 다른 마야 문명과는 상당히 떨어진 거리인(약 70km) 마야 남동부의 고지에 위치하고 있는데, 이 고지의 해발고도는 약 600m이다. 따라서 꼬빤문명은 마야문명중에서 가장 높은 곳에 위치한 고원문명이라고 할 수 있으며, 여러 가지 측면에서 그 자체가 하나의 또 다른 세계를 이루었다고 할 수 있다. 이 지역에는 기원전 1100년 이후 소규모의 농경민이 등장하기 시작하고 이후 인구가 급격히 증가하고 무덤과 집에 사회적 계층화가 반영되기 시작한다. 그러나 기원전 300년과 기원후 150년 사이에 어떤 이유에선지 인구가 급격히 감소한다. 그러나 기원후 200년에 이르면 인구는 다시 증가하기 시작하고, 한변의 크기가 160m에 달하는 거대한 '아크로폴리스'를 포함한 도시에 수많은 거대 기념물들이 축조되기 시작한다. 이 지역에서 왜 이러한 문명의 성장이 다시 급물살을 타게 되었는지 현재로선 정확히 알 수 없다. 꼬빤 왕국의 세명의 후대 왕들은 기원후 159년 12월 18일을 그들 역사에서 매우 중요한 날이라고 기록하고 있지만 우리는 이날 어떤 일이 발생하였는지 알 수가 없다. 기원후 600년에서 800년 동안 꼬반의 고대인들은(아마도 최전성기의 인구는 25,000~30,000명 정도였을 것으로 추산된다) 오아시스와 같이 비옥한 강을 따라 길게 형성된 대지위에 살고 있었는데 강은 험준한 산에 의해 둘러싸여 있다. 이러한 취락지대에서 가장 핵심적인 지역은 광장, 사원, 궁전, 기타 다양한 종류의 건물이 들어선 왕실구역이다.

꼬빤을 대외개방적인 문명이라고 할 수는 없지만 꼬빤은 외부 세계와의 다양한 접촉을 가지게 된다. 한 조각상의 내용에 의하면 도시 지배자중의 한 사람이었던 야스 빡(Yax Pac)의 어머니는 북서쪽으로 약 400km 떨어진 빨렝께의 왕실출신이었다. 그러나 외부 세계와의 대부분의 접촉은 주로 정복전쟁을 통해서 이루어지게 된다. 628년에서 695년까지의 꼬빤의 지배자는 스모크-이믹스-가드-K(연기-해룡-신-K, Smoke-Imix-God-K)로서 꼬빤 역사상 최대의 번영을 이루었던 왕이다. 그는 신성한 도시 꼬빤의 영역을 표시하기 위해 5개의 석비를 세웠고 꼬빤에서 가장 가까운 문명인 뀌리과(Quiriguá)를 지배하였다. 그의 후계자인 18-래비트(18-토끼, 18-Rabbit)는 오늘날의 중부 혼드라스에 위치하고 있던 비마야계 사람들을 이주시켜 거대한 도시를 건설하였고 수많은 아름다운 조각상과 건축물을 축조하였다.

프랑스의 루이 14세왕은 "하나의 자리에 누군가를 임명할 때마다 한 사람의 배반자와 불만에 가득찬 백명의 백성을 만들게 된다."라고 말한 적이 있다. 불운의 18-래비트도 루이 14세의 이러한 한탄에 충분히 동감하였을 것이다. 꼬빤이 최고의 전성기를 누리고 정치적 파워를 확장하고 있던 때에 18-래비트는 전쟁에서 생포되어 738년 5월 3일 뀌리과에서 콰악-스카이(하늘의 폭풍, Cauac-Sky)에 의해 희생된다. 역설적이게도 콰악-스카이는 18-래비트 자신이 뀌리과의 통치자로 임명했던 인물이었다.[87]

꼬빤 문명의 쇠퇴는 수많은 고대 문명에서 보이는 일반적인 패턴의 또 다른 예를 보여준다. 즉 꼬반 문명의 붕괴는 기본적으로 경제적 문제로 야기되지만 더욱 중요한 이유는 전쟁과 갈등, 그리고 신과 왕에 대한 신성함의 상실이었던 것으로 판단된다. 꼬빤의 거대 기념물의 계속적인 확장은 생산성이 가장 좋은 농경지를 잠식하게 되고, 따라서 농경민들은 기존에 경작하지 않던 구릉이나 산록경사면을 개간하려고 할 것이다. 그러나 이러한 지역에서의 농경의 생산성은 떨어질 수밖에 없고 실패하는 경우가 속출할 것이다. 결과적으로 꼬빤의 마지막 왕에게 헌납하기 위한 제단의 조각과 비문의 완공작업은 이루어지지 못하게 된다. 쉘과 프리델이 지적한 바와 같이 :

> 일순간 모든 사람이 사라져 버렸다고 말하는 것이 정확한 표현일 것이다. 꼬빤의 마지막 왕이 사망한지 채 2세기도 되기 전에 전체 인구의 90%가 사라져 버렸다. 사람들이 떠날 당시의 땅이 얼마나 황폐했던가는 20세기에 들어서서야 (820년 5월 6일에 사망한) 야스-팍왕 당시의 인구를 회복할 수 있었다는 사실에서 알 수 있다.[88]

● *띠깔과 와삭뚠*[89] : 위대한 고전기 문명인 띠깔과 와삭뚠은 문명의 형성과 발전에 있어 서로 불가분의 관계를 맺으며 발전해 왔다. 이들 두 문명은 마야 문명의 핵심적 요소를 보여줄 뿐만 아니라 동시에 세계 다른 지역의 초기 국가의 정치사에 관한 객관적 교훈을 시사해주고 있다.

띠깔과 와삭뚠은 페멘의 무더운 정글 저지대의 엘 미라도르에서 남쪽으로 약 40마일 떨어진 곳에 위치하고 있는데, 서로 20마일 정도의 거리를 두고 있다. 고대 사회의 사회적 관계는 도보로 하루 정도 걸리는 거리에 의해 많은 영향을 받는다. 다시 말해 이 정도의 거리는 서로 다른 문명이 충돌과 협력을 할 수 있는 가까운 거리이다. 띠깔과 와삭뚠도 상인들과 군인들이 걸어서 하루가 채 걸리지 않는 지점에 위치하고 있다. 따라서 군사적 충돌이 이들 두 문명의 역사적 운명과 행보에 직접적 영향을 미쳤다는 점은 놀라운 일이 아니다.

띠깔은 기원전 600년 경에 늪지 중앙의 작은 구릉위에 소규모 마을을 건설하였다. 이 시기의 사람들은 단순 농경사회의 일개 농민들이었을 가능성이 높지만 이 시기에 속하는 무덤중의 하나에서는 절단된 두개골이 남성의 시체옆에 위치하고 있었다. 이러한 증거는 후대의 마야 의례에서 나타나는 절두(截頭)의례의 선구적 형태였을 가능성이 있다. 이후 띠깔의 고대인들은 신세계의 문명중에서 가장 위대한 의례용 중심지중의 하나를 건설하게 된다. 기원후 700년경에 축조된 띠깔의 사원 I은 마야 건축물중에서 가장 뛰어난 걸작품중의 하나이다. 띠깔인들은 마야 문명의 표준적 요소라고 할 수 있는 사원, 광장, 인도로 구성된 대단위 복합단지를 건설하였다. 보존상태가 양호한 띠깔의 무덤에서는 왕과 엘리트의 인골과 토기, 음식, 가오리 등뼈, 기타 다양한 종류의 물건들이 발견되었다. 가장 풍부한 무덤중의 하나인 85호분은 패각과 방혈의례의 도구인 가오리 등뼈, 그리고 목이 잘리고 넓적뼈가 없는 인골이 발견되었다. 쉘과 프리델의 연구는 마야인들이 사망한 왕의 뼈 중 일부를 유품과 부적으로 보관하였을 가능성을 시사하고 있다. 또한 이들의 연구는 왕과 엘리트의 인골이 일반인의 것보다 크고 강인하다는 점을 보여주고 있다.[90]

컴퓨터 시뮬레이션(simulation)은 띠깔의 전성기 인구가 거의 77,000명에 도달하였고[91], 띠깔이 지배하였던 총 965평방 마일 내의 총 인구는 300,000명 정도였다는 점을 보여주었다.

와삭뚠은 전반적으로 띠깔의 전성기와 비슷한 시기에 전성기를 맞는다. 기원후 320년경에 이르면 띠깔과 와삭뚠은 모두 강력한 왕국을 건설하게 된다. 이후 그레잇 - 재규어 - 포(위대한 재규어 발, Great-Jaguar-Paw)라는 위대한 띠깔의 군주가 등극하는데, 그는 378년 1월 16일에 와삭뚠을 정복하고 스모킹 - 프로그(담배 피우는 개구리, Smoking-Frog)라는 전사를 지배자로 임명한다. 이러한 군주들의 이름이 약간 우스꽝스럽게 들릴지 모르지만 당시의 사람들에게는 신성하고 고귀한 이름이었다. 쉘과 프리델이 지적한 바와 같이 그레잇 - 재규어 - 포가 등극하기 이전의 전쟁은 개인적이고 형식적인 측면이 강하였다. 다시 말해 이들이 전쟁을 벌이는 이유는 상대방을 죽이는 것이 아니라 육박전을 통해 상대방을 생포하는데 목적이 있다. 생포된 군주와 귀족들은 승자의 도시로 끌려와 고문을 당하고 공공 의례에서 희생당한다. 그러나 그레잇 - 재규어 - 포 왕은 와삭뚠의 군주와 귀족을 생포하여 의례 희생물로 삼기 위해 전쟁을 한 것이 아니라 정복을 목적으로 전쟁을 하였다는 점에서 차이를 보인다 :

이 전쟁은 이전 시기와는 완전히 다른 목적과 양상으로 전개되었다. 살해와 정복을 목적으로 한 새로운 전쟁을 통해 승자는 패자의 왕국을 차지할 수 있었다.[92]

그레잇 – 재규어 – 포와 그의 전사들은 와삭뚠의 엘리트들을 처참하게 살해하였을 뿐만 아니라 그들의 조상과 신이 내리는 은총과 보호를 차단함으로써 와삭뚠을 정신적으로 몰살하게 된다.

띠깔과 와삭뚠은 고전기 마야의 가장 뛰어난 문명이었지만 이 외에도 흥미로운 사실들이 더 있다. 현재까지 알려진 마야의 프레스코 벽화중에서 가장 뛰어난 것 중의 하나는 보남팍(Bonampak)에 있는 8세기 후반의 벽화를 들 수 있다. 여기서 발견된 벽화는 전쟁, 전쟁 포로의 고문, 승리를 기념하기 위한 축제의 모습을 묘사하고 있다. 몸이 절단된 시체, 행군하는 악대, 화려한 옷을 입은 인물상, 무기를 가진 남성의 모습 등을 표현한 이들 정교한 벽화는 마야의 군국주의와 왕실주의, 그리고 종교적 행위를 생생하게 전달하고 있다. 메리 엘렌 밀러(Mary Ellen Miller)는 이러한 벽화의 모습이 포로를 잡기 위한 기습공격의 모습을 표현하고 있다고 주장한다. 그러나 불행하게도 석회암의 삼투현상으로 인해 이들 벽화의 자세한 양상을 보기가 힘들기 때문에 물이나 등유를 뿌려야만 선명한 모습을 볼 수 있다.[93]

전쟁의 승리, 포로의 고문, 엘리트의 권력과 같은 주제들이 고전기 마야의 얕은 부조상(bas-relief)에 일반적으로 조각되는데, 오아하까와 마야의 주변지역에서도 이러한 주제가 흔히 표현된다. 신분이 높은 자는 신분이 낮은 자와 조각상에 나란히 배치되지만 의복, 장신구, 위치 등에서 분명한 대조를 이룬다. 어떤 경우에는 포로의 모습을 계단위에 표현하여 귀족들이 밟고 지나갈 수 있도록 하고 있는데, 이는 승자와 패자의 차이를 분명히 하기 위한 것이다.[94]

● *마야의 정치조직* : 마야의 정치 조직에 대해서는 학자에 따라 다양한 의견이 개진되고 있다. 예를 들어 조이스 마쿠스는 다양한 마야의 중심지들이 정치적 위계조직에 따라 형성되었다고 주장하고 있다.[95] 즉 특정한 지역의 왕실 귀족들은 다른 지역의 정치체보다 더 높은 정치적 권력과 명성을 누리고 이들 최상위 중심지와 하위 중심지들은 결혼이나 기타 정치적 연대를 통해 복잡하게 연결되어 있다는 것이다. 그러나 스테펜 휴스턴은 이 견해에 반론을 제시하고 있다. 즉 그에 의하면 "마야 저지대는 사방 30km 범위의 정치적 통제력을 지닌 중앙화된 정치체로 구성되었을 뿐만 아니라 기본적으로 소규모 정치체들이 정치적 독립을 유지하면서 때에

따라 연맹관계를 바꾸는 일종의 '완충지대' 로 구성되어 있다……그러나 다른 지역
들은 정치적으로 '중립적인' 중심지로 오랫동안 남게 된다."[96]

에드워드 쇼츠만과 빠뜨리시아 우르반(Edward Schortman and Patricia Urban)[97]
은 후기 고전기 마야의 '중심과 주변(core-periphery)' 정치체의 관계는 전통적으
로 생각해 왔던 것보다 훨씬 복잡하였을 것이라고 주장한다. 이들은 중앙 마야 저
지대의 주변부에 위치한 공동체와 꼬빤과 뀌리꽈와 같은 중심지와의 관계를 분석
하였는데, 분석 결과 이들과의 관계는 정치, 경제, 이데올로기의 어느 측면을 고려
하느냐에 따라서 다양하게 나타난다고 결론을 내리고 있다. 이들 연구자들은 마야
지역의 중심에 위치한 가장 강력한 정치체가 주변부의 정치체에 비해 군사적 우위
를 보이기는 하지만 어떤 정치체도 정복을 통해 이들 지역을 정치경제적으로 완전
히 지배하였다는 증거가 없다고 말하고 있다.

마야의 정치조직에 대한 이상의 견해와 기타 주장들은 인간 사회의 특질에 관한
기본적인 질문을 자아내게 한다. 오늘날의 관점에서 과거와 현재를 살펴보면 우리
는 세계의 모든 문화가 갈수록 더욱 상호의존적인 관계로 변한다는 사실을 알 수
있다. 오늘날 유엔과 유럽공동시장, 기타 정치적·상업적 조직은 물자와 이념을 지
구의 가장 변방지역에까지도 전파시키는 역할을 한다. 그러나 이러한 장기간에 걸
친 진화 패턴은 시공간적으로 역전과 변이가 반복되는 매우 가변적인 속성을 지닌
다. 그리고 이러한 다양한 조직형태의 증가하는 복합성이 인류사회에 필요하거나
심지어 유익한 것인지에 대해서 재고할 필요가 있다. 예를 들어 고대 그리스 도시
국가들이 주변 국가를 정복한 이유는 전통적으로 이들이 상업적, 군사적, 정치적
연맹을 안정적으로 유지할 수 없고 침략에 대해 공동으로 대항할 수 없었기 때문이
라고 생각해왔다. 그러나 이러한 통일국가의 부재가 이들의 문화 발전을 저해했다
고 할 수는 없다. 오히려 그리스 도시국가들의 문화적 공헌을 고려해 보면 이와는
반대의 결론이 도출된다.

물론 각 문명이 처한 기본환경은 확실히 고대 문명의 정치조직상의 차이를 부분
적으로 설명할 수 있을 것이다. 예를 들어 그리스와 마찬가지로 마야에서는 고대
이집트의 나일강과 같이 물자와 정보의 유통을 원활하게 할 수 있는 거대 하천이
발달되어 있지 않다. 또한 마야는 고대 근동 지방의 사람들에게 물자, 사람, 정보의

흐름을 용이하게 해 주었던 말이나 당나귀를 사육하지 않았다. 7장에서 논의한 바와 같이 고대 문명은 기본적으로 '이데올로기' 와 필연적 관계를 보여준다. 마야 이데올로기도 문명을 구성한 모든 구성원들을 연결하는 매개체였다고 할 수 있다. 그러나 이러한 이데올로기적 통일이 특정 지역을 넘어 넓은 지역에까지 정치적·경제적 통합을 촉진하는 수단이었다는 증거는 존재하지 않고 있다.

●*마야 문자* : 마야 문자는 여러 면에서 피라미드나 사원에 비해 훨씬 인상적인 문화적 성취라고 할 수 있다. 오늘날 수많은 마야의 언어가 건물과 석비, 토기, 1000년 후에 등장하는 '책'의 형태로 남아 있는 것은 행운이라 아니할 수 없다. 이러한 책은 회반죽을 입히고 말아서 접을 수 있도록 얇고 긴 나무 껍질로 만들어졌다. 이러한 책은 극히 일부만이 남아 있지만 드레스덴(Dresden), 마드리드, 파리 사본(寫本)에는 장문의 유익한 정보가 담겨 있다.

16세기의 스페인 성직자 비숍 랜다(Bishop Landa)는 마야 문자(그림 13.10)가 완전한 알파벳 시스템으로 구성되었다고 생각하였다. 그러나 학자들은 얼마 지나지 않아 마야 문자는 왼쪽에서 오른쪽으로 위에서 아래로 두 줄씩 읽어야 한다는 점을 발견하였다. 이후 학자들은 마야 문자중에서 0에서 20까지의 숫자, 기본방위, 기본색, 금성, 달 이름들을 표시한 부호를 해독할 수 있었으며, 태초이래 얼마나 많은 세월이 흘렀는지를 계산하는 마야인의 '장주기(長周期, Long Count)' 역법을 해석

13.10 유리 크노로소프가 제시한 일부 마야 어의 기호와 음가. 최근 수 십 년간의 연구를 통해 고대 마야 문자는 아마도 당시의 사람들이 사용했던 모든 일상언어를 문자로 기록할 수 있는 매우 정교하고 아름다운 문자였다는 사실이 입증되었다.

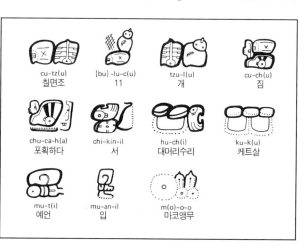

cu-tz(u)
칠면조

[bu]-lu-c(u)
11

tzu-l(u)
개

cu-ch(u)
짐

chu-ca-h(a)
포획하다

chi-kin-il
서

hu-ch(i)
대머리수리

ku-k(u)
케트살

mu-t(i)
예언

mu-an-il
입

m(o)-o-o
마코앵무

할 수 있게 되었다.

이집트의 상형문자와 메소포타미아의 설형문자와 달리 마야 문자는 '병행언어 (parallel script)'의 도움없이 해독되어야만 한다. 병행언어란 두 개의 상이한 언어로 동일한 내용을 표시하고 이중 하나의 언어가 이미 알려진 것을 말한다.[98] 8장에서 기술한 바와 같이 '음성화(phoneticization)'는 모든 문자의 진화에서 가장 중요한 단계이다. 왜냐하면 일단 구어의 기본 음성을 추상적 부호로 표시할 수 있다면 모든 언어가 문자로 쓰여질 수 있기 때문이다. 러시아 언어학자 유리 크노로소프 (Yuri Knorosov)는 마야 문자가 실제로 음성체계로 이루어졌다는 사실을 처음으로 입증한 학자이다.[99] 유리 크노로소프의 선구적 업적이래 많은 명각(銘刻)의 기호가 거의 완벽하게 해독되었다. 타티아나 프로스코우리아코프(Tatiana Proskouriakoff), 핸리 베를린(Henrich Berlin), 유리 크노로소프, 그리고 수많은 후속 세대들이 마야 문자를 해독하는데 공헌하였다. 데이비드 스튜아트(David Stuart), 피터 매튜스(Peter Mathews), 스티브 휴스턴(Steve Housten), 카알 토베 (Karl Taube), 제임스 팍스(James Fox), 존 저티슨(John Jeteson), 마이클 코 (Michael Coe)는 최근 수 십년간 마야 문자의 연구에 전념한 학자들이다. 이들의 왕성한 연구를 통해 고대 마야 문자는 당시의 모든 일상언어를 문자로 기록할 수 있는 매우 정교하고 아름다운 문자였다는 사실이 입증되었다.[100]

마야 문자는 여러 가지의 기호의 결합으로 이루어진다는 점에서 이집트의 상형문자와 일면 유사하다고 할 수 있다. 예를 들어 일부 기호는 완전한 단어나 개념을 표시하고, 어떤 것들은 음절, 음가, 의미를 명확히 해 주는 한정사를 표시한다.

근동지방 최초의 문자기록은 대부분 경제에 관한 것이었지만 메조아메리카의 문자기록은 대부분 역법과 역사에 관한 것들이다. 예를 들어 메조아메리카의 문자기록은 주로 사원이 언제 축조되었는지, 언제 왕이 전쟁에서 승리하였는지, 국가의 영토에 어느 지역이 포함되는지를 기록하고 있다. 마야인들은 옥수수와 같은 생필품이나 일반적인 인간생활의 기록에 대해서는 별로 관심이 없었던 것으로 보인다.[101] 그러나 최근 수많은 토기에 쓰인 명문들이 해석되었는데 이들 명문들은 귀중한 경제적 정보를 남기고 있다. 마이클 코, 스티브 휴스턴 등의 학자들에 의하면[102] 이러한 토기의 명문은 그릇의 등급, 장식방법, 내용물(예를 들어 초콜릿 혹은 옥수수 죽[103]), 때때로 그릇의 제작자나 사용자의 이름과 같은 정보를 제공하고 있다. 또한 휴스턴이 지적한 바와 같이 엘리트의 출생일, 즉위일, 사망일, 기타 주요 사건에 대한 정확한 기록은 당시 인간의 수명에 관한 기본적인 인류학적 지식을 얻을 수 있는 기초자료가 된다. 수많은 무덤의 기념물과 비석에 대한 명각작업은 고통과 인내를 요하는 작업이었을 것이다. 사무엘 존슨(Samuel Johnson)은 "이러한 작업을 하는 장인들이 명각을 충실히 하겠다고 서약하지는 않았을 것이다"라고 말하고 있다. 따라서 마야 엘리트의 생과 사에 관한 기록에는 허구적 요소가 가미되어 있을 수도 있다. 그럼에도 불구하고 명각에 나타난 기록은 마야인들이 55 ~65세 이상의 수명을 누리지 않았을 것이라는 인류학적 자료와 어느 정도 부합하고 있다.[104]

마야인들은 뛰어난 수학자들이었다. 이들은 20진법을 사용하였는데 예를 들어 20다음의 19번째 숫자는 39를 의미하고 3개의 20은 60을 의미한다.[105] 또한 이들은 1억 이상의 숫자까지도 표현할 수 있었다. 이들은 수학적 부호로 분수를 표시하지는 못했지만 태양력의 1년을 365.242500일로 정확하게 계산할 수 있었다. 오늘날 우리가 사용하는 그레고리오 력(Gregorian calendar)의 1년은 365.242500일이고 실제로 정확한 1년은 365.242198일 임을 감안할 때 마야인의 이러한 계산은 매우 정확하였음을 알 수 있다. 마야인은 두 종류의 기본 역법을 사용하였다. 하나는 우리에게 익숙한 365일 체계이다. 그러나 오늘날 우리가 사용하는 체계는 실제의 365.25일을 보충하기 위해 4년마다 한번씩 2월에 윤일(2월 29일)을 더하지만 마야의 1년은 365일로 구성되고 나머지 0.25일은 무시되었다. 그리고 28일부터 31일까지로 구성된 오늘날의 12달 체계대신에 마야에서는 각 20일씩의 18개월이 모여 360일이 되고, 나머지 5일은 매우 불길한 날들로서 마지막의 짧은 윤달(閏月)이 된다.

두 번째의 역법은(마야 이전의 사람들에 의해 이미 만들어졌을 가능성도 있다) 1년이 260일로 구성되는데 20개의 날의 이름을 1에서 13까지의 번호로 계산한다(그림 13.11). 이러한 마야의 두 역법체계는 서로 병행하여 사용된다. 따라서 260일 역법의 모든 날은 동시에 365일로 구성된 태양력에서도 이름을 갖게 된다. 두 역법의 길이가 다르기 때문에 18,980일 혹은 52년 동안 어떤 날도 날의 이름이 중복되

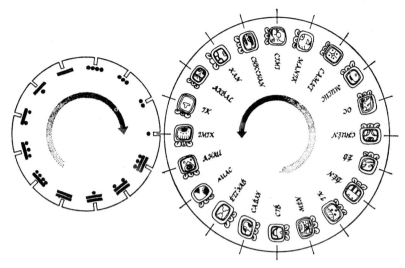

13.11 두 개의 맞물린 주기를 나타내고 있는 마야의 달력. 왼쪽은 1부터 13개의 숫자로 표시한 주기이고 오른쪽은 20일로 표시한 주기이다.

어 나타나지 않는다.* 마야 역법의 모든 날은 천문학적 의미를 가지고 있으며 모든 일상생활은 이러한 천문학적 중요성에 따라 추진된다.

마야 문명 후기에 마야인들은 출생일에 따라 이름을 지었고 숫자가 같은 사람들은 결혼할 수 없다고 믿었다(예를 들어 '8 deer'라는 이름은 가진 남성은 '8 flower'라는 이름을 가진 여성과 결혼할 수 없다).[106] 마야인들은 이러한 역법의 주기를 철저히 따랐으며 일상생활과 의례를 역법에 따라 실시하였다. 마야인이 계산하였던 '0일(zero day)'(아마도 마야일은 이 날을 세계가 창조되었던 날이라고 믿었던 것으로 보인다)은 기원전 3114년 8월 13일이다. 일부 학자들의 추정에도 불구하고 마야인은 아마도 세계가 기원후 2011년 12월 24일에 종말을 고하리라고 생각하지는 않았던 것으로 보인다. 그러나 이 날짜는 장주기가 다시 원점으로 돌아오는 중요한 날임에는 틀림이 없다.** 빠렝께의 빠깔(Pakal)왕은 자신의 명각

─────────────

*52년×365일 = 73주기×260일 = 18,980일에 해당된다. 두 역법의 모든 날이 각각 다른 이름을 가지고 있기 때문에 18,980일이 지나야 동일한 날이 동일 이름을 갖게 된다.

**마야인의 장주기는 13박툰, 즉 1,872,000일 동안 계속될 것이기 때문에 2011년 12월 24일에 현재의 장주기가 끝이 난다.

중의 하나에서 자신이 등극한지 80번째 주기가 되는 기원후 4772년 10월 15일에 자신의 등극이 기념될 것이라고 예언했으니 이 얼마나 장기적 안목을 지녔던 왕인 가![107]

후기고전기 마야(기원후 900년~기원후1517년)   수 십년 동안 학자들은 마야 문명의 '붕괴'에 대한 끊임없는 논쟁을 벌이고 있다. 고대 문명의 기원과 붕괴의 기간을 분석하고 그 원인을 추적하는 작업은 부분적으로 서구인의 세계관이라고 할 수 있다. 그러나 고대사회건 현대사회건 국가의 붕괴를 설명하는 작업은 결코 쉬운 일이 아니며 마야의 경우에는 특히 그러하다.

마야 문명의 붕괴는 여러 가지 의미가 있을 수 있는데, 왜냐하면 마야어를 구사하고 고전기 마야의 직접적인 유전적 후손이라고 할 수 있는 사람들이 16세기 최초의 유럽인들이 마야땅에 도착했을 때도 존속하고 있었기 때문이다. 어떤 면에서 보면 앤드류(Andrews)와 기타 연구자들이 지적했던 바와 같이 마야의 붕괴는 역사적 사실이라기 보다는 하나의 개연성이라고 보아야 할 것이다. 주지하는 바와 같이 한 문명에서 보이는 사원 건축과 사치품 생산의 감소가 반드시 그 사회의 붕괴를 의미하는 것은 아니다. 이집트와 기타 지역의 문명에서 논의한 바와 같이 사치품의 감소는 문명의 파괴라기보다는 경제기반과 행정구조의 변화를 의미할 수도 있다. 만약 16세기에 스페인 군대가 마야 지역에 도달하지 않았다면 마야인들은 다시 한번 거대하고 강력한 통일 국가를 건설했을지도 모른다.

그러나 고전기 마야의 문명이 상당한 변화를 겪었다는 사실은 틀림이 없다. 후기 고전기의 마야는 문명의 가장 중요한 요소들을 상실하였고 이전 시기의 많은 공동체들이 폐기되었다. 마야 마지막 왕중의 하나인 이차(Itzá)의 칸-엑(Can-Ek)은 기원후 1525년 꼬르떼즈와 그의 군사들을 뻬뗀에서 만나게 된다. 그러나 마야 문명은 이보다 훨씬 이전부터 이미 쇠락의 길을 걷기 시작하였다고 할 수 있다. 엔소니 엔드류가 지적한 바와 같이 :

8~9세기의 마야 지역은 크고 작은 도시국가들이 최대의 문화적 번영기를 누리고 수많은 인구가 거주하던 곳이었다. 그러나 이들 정치체들은 이제 인구와 생태학적 한계를 넘어서고 있었다.

이러한 문제와 함께 행정통치의 와해, 전쟁, 정치구조의 붕괴 등이 극적인 사회붕괴의 과정을 초래하게 된다. 남부 저지대의 도시들은 상당히 빠르게 폐기된다.······여기 저기에 소수의 사람들만이 생존한다······그러나 이들 생존자들은 대부분 고전기 마야 문명과는 단절된 새로운 삶을 영위하게 된다.[108]

기원후 910년 이전에 축조된 마야의 새로운 건축물들은 일반적으로 연대가 기록된 석비를 가지고 있기 때문에 건축물들의 정확한 축조연대를 알 수 있다. 기원후 8세기와 9세기에는 수많은 건축물들이 축조되지만 기원후 889년에 이르면 세 유적만이 축조되고 있었고, 기원후 900년경에 이르면 건축물이 더 이상 축조되지 않는다. 토기와 기타 증거에 의하면 이 시기에 이르러 마야의 중심지와 주변의 인구가 급격히 감소하였음을 알 수 있다.

우리는 빨렝께, 도스 삘라스(Dos Pilas) 등지에서 발견된 명각을 통해 9세기는 치열한 전쟁과 정복의 시대였음을 알 수 있다. 그러나 이 시기에도 다른 고대문명과 마찬가지로 여러 지역의 공동체에 대한 지배를 재확립하려는 시도가 간간히 있었다. 예를 들어 909년 1월 20일 마야의 마지막 왕은 52년 주기의 종말을 기념하기 위해 전통적인 왕실의 '석주(石柱)를 건립하였다. 그러나 이후 마야의 저지대에서 마야의 전통은 축소되기 시작하고 다음 세기에는 완전히 사라지게 된다.

그러나 북부 저지대의 9세기와 10세기는 거대한 팽창의 시기였다. 치첸 이차(Chichén Itzá)와 같은 도시는 영역과 권력에 있어서 고전기 마야 도시 못지 않은 영화를 누렸다. 그러나 일부 지역의 이러한 지역적 번창에도 불구하고 마야 문자는 더 이상 사용되지 않고 마야인의 세계관을 형성하고 이들의 연대의식을 강화시키며 거대한 건축물을 축조케한 마야의 핵심적 이데올로기도 자취를 감추게 된다.

기원후 900년 직후 멕시코 계곡의 뚤라 계곡에 위치한 똘뗵이 마야 저지대의 일부 지역에 대해 봉건적 통제를 하였던 것으로 보이는데, 이것은 수 십년에 걸친 내부 분쟁과 혁명의 원인이 된다. 이 시기 동안에 마야에서는 다양한 중심지가 건설되고 인구의 집중이 일부 발생하지만 전반적인 인구 밀도, 대규모 건축물의 축조, 예술 양식, 명문, 취락 패턴, 무덤의 변이로 볼 때 마야의 권력과 영화는 쇠퇴하기 시작한다.

마야 문명의 붕괴와 발전에 대한 원인으로 여러 가지 요소들이 제시되어 왔고 새로운 해석들이 꾸준히 제기되고 있다. 마야의 흥망성쇠에 관한 설명으로는 마야의 자연환경을 들 수 있는데, 이것은 가장 고전적이고 자주 이용되는 설명방식이다.

어떤 사건이나 문화의 발전을 설명하기 위한 전통적인 고고학적 접근은 먼저 그것의 발전을 초래하게 한 일련의 문제들을 살펴보는 것이다. 마야의 환경조건하에서 도대체 어떤 요인이 마야사회를 강력한 정치적·사회적 실체로 성장하게 하였는가? 아마도 이 물음에 대한 답은 가뭄, 질병, 혹은 폭동과 같은 위험요소를 극복하기 위해 형성된 지역간의 교역망에서 찾을 수 있을 것이다. 마야 지역의 심한 지역적 강우량과 기타 환경요건은 이 지역 공동체의 농경체계와 생산성에 부정적 영향을 미쳤을 것이다. 모든 공동체는 작물의 종류와 경작기술이 서로 유사하기 때문에 이 지역에서 8년에서 10년마다 한번씩 발생하는 극심한 가뭄은 수많은 사람을 기아상태에 빠뜨릴 수도 있다. 그러나 이러한 위험은 많은 마을간의 교역망을 통해 어느 정도 극복할 수 있을 것이다. 지진, 가뭄, 질병, 홍수, 전쟁과 같은 재앙은 농경체계의 일부를 훼손시킬 수 있지만, 특정 마을이 수많은 마을로 구성된 연결망에 속한다면 상황에 따라 경제적 도움을 줄 수도 있고 받을 수도 있을 것이다. 물론 도시는 한정된 구역에 획기적 농경방법을 통해 수많은 도시내의 인구를 부양할 수 없기 때문에 이러한 재앙을 만나게 되면 더 큰 위험에 직면하게 된다.

마야의 문화적 발달의 원인 못지 않게 마야 문명의 붕괴도 중요한 연구주제이다. 마야 문명의 말기에 이르면 도시간의 전쟁은 점차 격화되었던 것으로 보인다. 여기서 우리는 왜 이 시기에 전쟁이 더욱 자주 발생하고, 이전 시기에도 그러한 전쟁에 효율적으로 대처했는데 왜 유독 이 시기에만 전쟁의 후유증을 효과적으로 극복하지 못했는가에 의문을 가질 수 있다. 이 시기에 농경지가 절대적으로 부족하거나 인구가 과도하게 많았던 것 같지는 않다. 또한 타민족의 군사적 압력이 이전 시기에 비해 훨씬 심하였다는 증거도 찾아볼 수 없다.

앞에서 우리는 마야 사회의 진화를 이끈 요인이 중앙화된 정치체의 조직과 관련이 있을 수 있다는 점을 살펴 보았다. 즉 마야는 중앙화된 정치체를 중심으로 수많은 공동체를 통합하여 삶의 위험성을 줄임으로써 문화의 발달을 도모했을 것이다. 그러나 동일한 이치로 그러한 통합된 체계는 역으로 도저히 극복할 수 없을 정도의

대재앙과 심각한 내부 문제에 직면할 수 있다. "머피의 법칙(Murphy's Law)"은 잘
못될 가능성이 있는 일은 반드시 잘못될 것이다라고 규정하고 있다. 이 법칙은 수
천년동안 지속된 문화체계에 정확히 들어맞는 법칙이다. 하나의 문화체계가 상당
히 오랫동안 지속되면 언젠가는 지진, 질병, 전쟁, 가뭄, 작물의 질병(이러한 것들
은 모두 일정한 주기를 갖고 발생한다)이나 이들이 결합된 대재앙이 필연적으로 발
생할 수밖에 없다.

　마야 문명은 도시내의 처참한 전쟁과 갈등으로 인해 멸망했을 가능성도 있다. 로
이(Lowe)가 지적한 바와 같이 중앙 아메리카에서는 쿠데타가 적지 않게 발생했으
며 마야의 세력이 축소되는 비율과 방향을 수학적으로 분석함으로써 프롤레타리
아 혁명이 발생하였을 가능성을 시사하는 흥미로운 연구도 있다.[109]

　그러나 현재까지 조사된 마야의 고고학적 자료는 상당히 빈약한 편이며, 따라서
다양한 이론과 가설이 제시될 수 있을 것이다. 향후 왕성한 연구조사, 특히 오늘날
사람이 살지 않은 저지대 정글의 고고학적 조사를 통해서 우리는 마야의 문화사를
좀더 객관적이고 체계적으로 이해할 수 있을 것이다.[110]

후기고전기 메조아메리카 (기원후 900년~기원후 1524년)

　메조아메리카 저지대에서 마야의 정치적 권력이 점차 쇠퇴하고 있을 무렵 퓨에
불라(Puebla), 멕시코, 이달고(Hidalgo)의 고원지대에는 몇 개의 강력한 문명이 들
어서기 시작한다. 이러한 고원지대의 문명 중의 하나인 똘떽(Toltec)은 기원후 900
년부터 멕시코 계곡을 지배하기 시작한다. 아스떽(Aztec) 전설에 의하면(아스떽인
들은 자신들을 똘떽인의 후예라고 주장한다) 똘떽인은 북서부 멕시코에서 중부 멕
시코로 이주하였다고 한다. 북서부 멕시코의 사막 고원은 수 천년동안 유목의 수렵
채집민 집단인 '치치멕(Chichimec)족'의 고향이었다. 이러한 치치멕족의 일부가
실제로 남쪽으로 이주해와 토착의 문화와 융합하여(혹은 대체하여) 똘떽문화가 형
성되었을 가능성이 높다. 똘떽 문명의 주요 중심지중의 하나는 멕시코 계곡의 바로
북쪽에 위치한 뚤라이다. 기원후 900년 직후에 똘떽은 뚤라에 두 기의 석재 피라미
드와 하나의 구기장을 축조하게 된다. 피라미드중의 하나의 정상에는 뱀의 신 껫살

꼬아뜰(Quezalcóatl)을 위한 신전이 축조되었다. 또한 피라미드(지상에서 10m 이상의 높이)의 정상에는 약 4.6m 높이의 거대한 전사상을 건립하였는데 이들 전사상은 주변을 압도하는 위용을 갖추고 있다. 피라미드의 저부에는 어슬렁거리는 모습의 재규어, 늑대, 심장을 먹고 있는 독수리의 모습이 부조로 장식되어 있다.111)

똘떽은 멕시코의 북부와 서부의 많은 지역에 무역과 군사기지를 건설하였고 멀리 북쪽의 애리조나와 뉴멕시코까지 철, 보석의 원석, 기타 물자들을 수출하였다. 똘떽은 또한 대부분의 남부 저지대의 마야 문명이 멸망한 이후에도 마야의 북부 저지대에서 번성을 누리고 있었던 치첸 이차에 영향을 미쳤다. 그러나 똘떽과 치첸 이차와의 정확한 관계는 알 수 없다. 똘떽이 치첸 이차를 지배하였거나 아니면 두 문화의 융합이 있었을 것으로 추정된다.

치첸 이차는 마야의 문화적 전통에서 중요한 전환점이 된다. 엔소니 엔드류가 지적한 바와 같이 치첸 이차는 "가정경제부터 사회적, 경제적, 정치적 구조까지 마야의 거의 모든 측면에서" 중대한 변화를 보여준다.112) 똘떽이 치첸 이차의 이러한 변화에 중대한 영향을 미쳤을 수도 있다. 다시 말해 치첸 이차는 똘떽의 효율적인 정치구조를 수용하여 선스페인기 메조아메리카의 가장 위대한 도시중의 하나로 발전하게 되고, 훗날 북부 마야 저지대와 기타 메조아메리카의 대부분의 지역에 막강한 영향력을 행사하게 된다.113)

궁극적으로 똘떽의 정치세력은 약화되기 시작한다. 똘떽은 북쪽의 치치멕족의 공습을 받아 수많은 경쟁적 집단으로 분열한다. 뚤라 자체는 기원후 1156년 침략자들에 의해 완전히 파괴된다. 이후 중부 멕시코 지역은 따라스칸(Talascan)114)국가와 같이 문화적 전통이 다른 다양한 국가들이 등장하여 흥망성쇠를 거듭한다. 치첸 이차도 이시기에 붕괴되고 이제 "마야빤 연맹(League of Mayapan)"과 꼬수멜(Cozumel)로 불리우는 느슨한 지역 연맹체가 등장하게 된다. 유카탄의 동부 해안에 위치한 꼬수멜 섬은 1250년부터 1519년 스페인 군대가 도착할 때까지 중요 교역항구로서의 기능을 하게 된다.115) 그러나 스페인 군대가 도착할 당시 마야빤 도시는 이미 대부분 멸망하였고, 마야 지역은 수많은 소규모 집단이 서로 할거하는 정치적 혼란기였다.116)

북쪽과 서쪽에서 중앙 멕시코를 침입한 마지막 부족은 아스떽이다. 아스떽 역사와 전설에 관한 스페인의 기록을 보면 처음 멕시코 계곡에 도착할 당시의 아스떽인들은 수렵채취와 원시적 농경을 행하던 사람들이었다. 도착 당시 계곡의 선주민들로부터 환영을 받지 못한 아스떽인들은 호수가의 늪지에서 파리, 뱀, 벌레 등을 먹고 살 수밖에 없었다. 전설에 의하면 멕시코 계곡의 선주민은 아스떽인들의 인간 희생의식과 야만성 때문에 이들을 군사적 원정에는 참여시켰지만 기타 다른 접촉은 피하였다고 한다. 훗날 아스떽은 호수의 섬위에 그들 최초의 도시 떼노치띠뜰란을 건설하게 된다(그림 13.12). 떼노치띠뜰란은 점차 피라미드, 구기장, 기타 다양한 건물들이 들어선 거대한 복합도시로 성장하게 된다(대부분의 유적은 오늘날의 멕시코 시가지에 묻혀 있다).

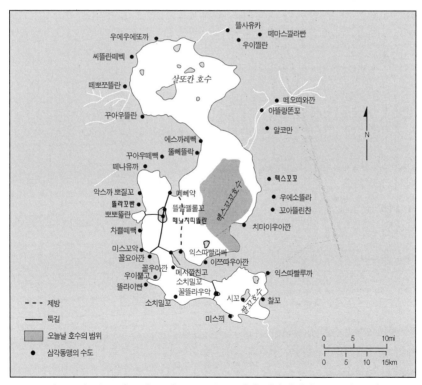

13.12 대부분의 주요 아스떽 도시들은 호수 주위에 건설되었다. 호수가 주변으로는 집약농경이 실시되었고 이들 도시사이의 엄청난 양의 식량과 수공업 제품의 운송은 배를 통해 이루어졌다.

아스까포짤코(Atzcapotzalco)의 떼빠넥(Tepanec) 왕국과 연맹을 맺은 아스텍은 주위의 많은 도시를 정복하게 되고 기원후 1427년에는 동맹국이었던 떼빠넥 왕국을 공격한다. 이후에도 아스텍은 야만적인 정복활동을 통해 중부 멕시코의 대부분의 세력을 그들의 지배하에 놓게 된다. 아스텍은 계속되는 군사정복을 통해 과테말라 경계지대까지 지배하게 되고, 결국에는 태평양 연안에서부터 멕시코만까지 그들의 군사기지를 건설한다.

아스텍은 정복국가로 가장 유명한 문명이다. 그러나 이들은 또한 정교한 행정제도와 경제제도를 발전시켰다. 기원후 1300년부터 1520년 사이에 아스텍은 멕시코 계곡의 대부분 지역에 배수공사를 하여 생산성이 높은 농경지를 건설하였다. 또한 마이클 스미스(Michael Smith)는 아스텍의 멕시코 계곡이 물자와 서비스에 대한 지역적 전문화가 매우 발달한 위계적 시장체계를 이루고 있었다고 주장하고 있다.[117] 수많은 공동체들은 서로간에 소금, 갈대, 물고기, 원석, 직물, 다양한 작물, 토기, 금, 목재 등을 교환하였다(그림 13.13). 실제로 도시가 발달하기에는 지형학적으로 불가능해 보이는 떼노치띠뜰란의 위치는(호수 중앙의 섬에 위치) 이러한 재분배 경제망에서 중심적 역할을 하였기 때문에 가능하였으리라 판단된다.[118] 1519년의 떼노치띠뜰란의 인구는 200,000명에서 300,000명에 달한 것으로 추정되는데, 이는 당시 런던 인구의 5배에 해당하는 인구이고 이 외에도 많은 도시가 아스텍의 영역 내에서 발달하고 있었다.[119] 이들 도시에는 거대한 도로망과 인도, 신전, 피라미드, 기타 건축물들이 축조되었고, 이러한 건물들 사이에는 정원, 뜰, 거대한 시장들이 복잡하게 들어 서게 된다.

아스텍 시대 후기에 이르면 멕시코 계곡에서는 1백만에서 2백만 정도의 사람들이 살았던 것으로 추산되고 있다.[120] 멕시코 계곡의 호수에는 영양가가 높고 안정성이 높은 물고기, 가금류, 도롱뇽이 서식하였다. 계곡의 남부 호수지대에서는 옥수수, 콩, 호박, 토마토와 같은 작물들이 치남빠(Chimampas)에서 재배되었다. 치남빠는 물가의 잡초, 진흙, 인간의 배설물, 쓰레기, 기타 물질을 호수층에 쌓아 세장방형의 경작층을 늪지위에 인공적으로 축조하는 경작체계이다. 고대 기록에 의하면 아스텍인은 처음에는 갈대와 풀을 엮어서 물위에 뜰 수 있는 두꺼운 매트로 치남빠를 만들었다고 한다. 따라서 치남빠는 전체 농경지의 여기 저기로 떠다닐 수

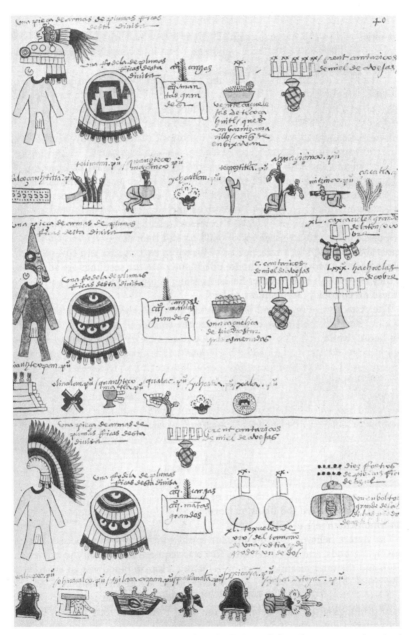

13.13 궤레로 지역의 도시들이 중앙정부에 바치는 멕시코의 공물목록(멘도사 사본〈Codex Mendoza〉). 이들 공물중에는 군복, 방패, 옥, 호리병박, 샐비어 (sage), 아마란스 등이 포함되어 있다.

있게 만들어졌는데, 이것은 고대사회에서는 전무후무한 유일한 농경방법이라고
할 수 있다.[121] 아스떽과 이후의 농경민들은 버드나무와 같은 나무들을 늪지에 재
배하는데 이것들은 결국 대부분의 농경지를 고정시키는 역할을 하게 된다. 오늘날
에도 멕시코의 일부지역에서는 치남빠방식으로 농경을 한다. 오늘날의 치남파농
법은 농경지에 작물을 심을 수 있을 정도의 물을 댄 다음에 갈퀴를 사용하여 한 변
이 약 1인치 정도되는 사각형 구획을 한다. 각각의 사각형에 씨앗이 뿌려지고 온실
효과를 얻기 위해 경작지를 유기물질로 덮는다. 모종이 적당한 크기로 성장하면 이
들 모종은 다른 경작지로 옮겨 재배된다. 치남빠는 매우 비옥한 농경지대이기 때문
에 일년에 4번까지 작물을 수확할 수 있다.

아스떽은 신성한 왕에 의해 통치되는 매우 위계화된 계층구조를 가지고 있었다.
왕의 아래에는 피리띤(pillitin)이라고 불리우는 귀족층이 자리하는데 이들은 모두
왕족출신들이다. 대부분의 주민들은 깔뿌이(calpulli, 거대한 집이라는 의미)라고 불
리우는 친족조직으로 구성된다. 깔뿌이는 아스떽 사회의 기본 단위이다. 각 깔뿌이
는 몇 개의 친족으로 구성되는데 보통 수 백명의 사람들이 하나의 깔뿌이의 성원이
되며 깔뿌레(calpule)라고 불리우는 대표를 갖는다. 깔뿌이의 구성원들은 동일한
마을이나 단지에 살게 되고 전쟁에서는 하나의 단위로 싸우며 공동으로 땅을 경작
한다. 또한 깔뿌이는 세금을 납부하는 단위이며 각각의 신전에서 신에 대한 예배를
올린다. 깔뿌이의 대표인 깔뿌레는 소속구성원과 중앙정부를 직접적으로 연결하는
사람이다. 또한 아스떽에는 뽀츠떼까(Pochteca)라고 불리우는 전문 상인계층이 있
었다.

깔뿌이는 사회적 지위에 있어서 약간씩 차이를 가지고 있었고, 각 개인은 전쟁,
교역, 혹은 종교행위 등에 있어서 국가에 헌신적인 공로를 세우면 지위가 상승될
수 있었다. 사회내의 최하층민은 농경지를 가지지 못한 농민이나 노예들이다. 이
들은 농사일에 종사하고 기타 천한 일들을 하며 다양한 신에 대한 제물로서 희생
된다.

아스떽인들에게 현세는 신에 의해 계속적으로 창조되는 세계중의 하나일 뿐이
며, 태양과 인간세계의 종말을 방지하기 위해 계속적인 인간의 노력과 희생이 이루
어져야 한다. 인간의 피는 현세의 종말을 연기하기 위한 의례의 핵심적인 행위이

13.14 (쁠로렌티노 사본〈Codex Florentino〉의) 이러한 초기 그림들은 인신희생에 관한 의례를 보여주고 있다. A) 신관은 희생될 사람에게서 벗긴 살갗을 입는다. B) 방패, 거울, 기타 의례 용기가 또 한 사람에게 제공되고 이 사람은 떼스카트리뽀까(Tezcatlipoca) 신의 역할을 한다. 이후 희생자가 희생되고(C) 사람들이 희생자의 시체를 먹고 있다(D).

고, 태양의 재탄생을 성취하기 위해서는 희생자의 심장이 제거되어야 한다(그림 13.14).[122] 이러한 의례행위를 위해 수많은 희생자들이 피라미드 아래에서 줄을 지어 기다리고, 피라미드의 정상에서는 신관들이 희생자의 심장을 제거하기 위한 의례를 행하기 위해 수 시간씩을 소비한다. 희생자의 심장과 피를 신에게 바친 후 시체는 피라미드 계단 아래로 보내지는데 아마도 사람들이 희생자의 살을 벗겨 먹었던 것으로 추정된다. 다른 희생자들은 검투시합을 통해 희생되거나 목이 잘리거나 익사당하거나 불에 태워지기도 한다. 스페인 정복자들이 아스떽의 의례에 희생된 사람들의 수를 과장하였을 가능성이 있지만 그럼에도 불구하고 아스떽인들은 최소한 매년 수 천명 혹은 아마도 수 만명에 이르는 사람들을 희생시킨 것으로 판단된다. 이러한 의례적 살인은 아스떽의 일반인에게는 자연스러운 현상으로 받아들여졌던 것으로 추정된다. 실제로 이러한 인간의 희생은 일반인의 지지를 받았던 것으로 생각된다. 모든 전쟁의 포로들은 그들의 운명을 알고 있었으며 의례 행위의 제물로 된다는 것을 명예로운 죽음으로 인식하였다. 더구나 매년 선발된 젊은 남자들은 아름다운 여자들에 둘러싸여 최고의 음식을 즐기며 지내는데, 이들 모두는 연말에 모두 희생될 것이라는 사실을 알고 있다. 또한 아스떽의 부모들은 그들의 어린 자식들을 의례 행위의 제물로 정부에 바쳐야 했다.

　다음의 기록은 16세기에 여신 위스또씨우아뜰(Uixtociuatl)의 역할을 한 여성의 의례적 희생을 관찰한 것인데, 이것은 당시의 의례가 어떠했는가를 보여주는 좋은 예이다.

　그리고 그들이 포로를 살해해야만 위스또씨우아뜰(을 대리하는 여자)이 도착한다. 그녀는 가장 마지막에 도착하는 것이다. 그들은 이제 의례의 마지막을 그녀와 함께 장식하게 된다.

　그리고 이것이 이루어지면 그들은 그녀를 제단위에 내려놓는다. 그들은 그녀를 제단위에 반듯이 눕힌다……그들은 그녀의 사지를 쭉 펴고 유방을 최대한 (위로) 올리고 머리를 아래쪽으로 내려뜨린다. 그리고 그들은 날카로운 가시가 달린 물고기 뼈로 만든 칼로 그녀의 목을 찌른다.

　그리고 도살자는 똑바로 서서 그녀의 가슴을 찔러 노출시킨다.

　그리고 그가 그녀의 가슴을 노출시킴에 따라 그녀의 피는 하늘로 높이 솟구친다.

　그리고 그는 (신을 위한) 제물로서 그녀의 심장을 도려내어 초록색 돌 옹기에 넣어 둔다.

　그리고 이러한 행위가 끝나면 우렁찬 나팔소리가 울린다. 그리고 마지막으로 그들은 제단의 시체를 끌어내리고 위스또씨우아뜰의(을 대리하는 사람의) 심장을 귀중한 망토로 덮어놓는다.[123]

아스떽인들은 전쟁터에서 사망한 군인, 번개를 맞아 죽은 사람, 아이를 분만하다가 죽은 여자와 마찬가지로 수많은 의례의 희생자들이 극락에서 영원한 삶을 누리고 이승과 저승의 온갖 영화를 누리게 된다고 믿는다.

스페인 기독교인들은 죽음, 피, 우주의 대격변을 중시하는 아스떽인들을 야만적 이단으로 간주할 수밖에 없었을 것이다(그림 13.15). 문화적 상대주의를 중시하는 인류학자들조차도 아스떽 종교의 폭력성에 놀라움을 금할 수밖에 없다. 그러나 인간의 희생은 복합사회의 진화에서 빼놓을 수 없는 일반적 현상이라고 할 수 있다. 메소포타미아, 중국, 북아메리카 등 거의 모든 고대문명에서

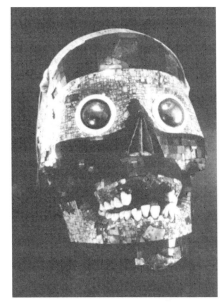

13.15 이 그림은 아스떽의 위대한 신 떼스카트리포까의 두개골을 옥과 수정으로 형상화한 것이다.

그 빈도에 있어서 아스떽 정도는 아니었다 할 지라도 아스떽과 유사한 형태의 전쟁과 도살행위는 나타난다. 또한 이 장의 서두에서 말한 바와 같이 유럽인들은 메조아메리카인들의 폭력성을 과장하였을 수도 있다. 왜냐하면 유럽인들은 메조아메리카의 원주민들을 야만인으로 기술해야만 자신들의 침략과 정복을 합리화할 수 있었기 때문이다.

그러나 인간의 희생과 피의 제전은 메조아메리카 문화의 중요한 요소였으며 오늘날의 우리에게 혐오스러운 이러한 행위가 왜 고대의 메조아메리카, 중국, 메소포타미아 등의 고대사회에서 중요하였는지를 설명하는 것은 고고학자의 중요한 임무이다. 비록 입증의 문제가 따르기는 하지만 이러한 행위의 원인으로서 '기능적'인 측면을 생각해 볼 수 있다. 예를 들어 마이클 하너(Michael Harner)는 아스떽 인간희생의 가장 중요한 기능을 대체 식량자원에서 찾고 있다.[124] 그에 의하면 메조아메리카에서는 다른 식량자원과 효율적으로 결합하여 사용할 수 있는 거대한 사

육동물이 부족하고, 이러한 동물성 단백질과 지방의 결핍은 아스떽인들의 식인풍습에 의해 보충되었을 수도 있다. 그러나 메조아메리카의 고대인들은 영양학적으로 풍부한 옥수수, 콩, 호박, 물고기, 개구리, 새, 사슴, 개, 기타 다른 동물자원을 식량자원으로 이용할 수 있었다. 이러한 식량자원은 아마도 장기간의 인구성장과 오늘날 멕시코시에 살았던 수많은 사람들을 충분히 부양할 수 있었을 것이다. 유럽인들이 기술했던 바와 같이 메조아메리카에 식인풍습이 존재하였다는 사실은 틀림없지만 식인풍습을 통해 영양을 보충하였다는 하너의 주장을 과학적으로 증명하기는 어려운 실정이다.

앞장에서 우리는 피라미드의 축조나 인간희생의식과 같은 '소모'적 행위가 급속한 확장과 불안정한 정치체계를 지닌 고대 문명의 발전에 중요한 역할을 하였다는 점을 살펴보았다. 예를 들어 7장에서 지적한 바와 같이 로버트 던넬은 이러한 형태의 소모적 행위가 인구 성장을 조절하고 경제적 확장의 불안정성을 극복하는데 도움을 준다고 주장한다. 또한 이러한 행위는 일단 농업의 발전과 중앙정부에 의한 행정제도의 발달을 통해 환경부양력의 증가가 이루어지면 한동안 사라지는 경향을 보여준다.

그러나 이러한 설명은 문화와 이데올로기를 단순히 경제적 요소의 반영으로서가 아니라 문화의 결정요소로 간주한다는 문제점을 가지고 있다. 여기서 분명한 점은 아스떽의 인간 희생의례란 엘리트가 자신들의 정치적 권력을 독점화하고 합리화하기 위한 수단이라는 점이다.

일면 잔혹해 보이는 이러한 의례행위에도 불구하고 일상생활의 아스떽인들은 화려하고 매력적인 사람들이었다. 스페인의 기록에 의하면 아스떽인들은 꽃과 자연을 사랑하고 아스떽시는 자연 세계의 즐거움을 노래하고 있다. 스페인 사람들은 아스떽인들이 거의 날마다 그들의 몸을 깨끗하게 닦는다는 사실에 놀라움을 금할 수 없었다. 심지어 이들은 아스떽인들이 너무 몸을 깨끗이 닦아 잔혹하고 건강하지 못한 행위라고까지 생각하였다.

아스떽의 남성과 여성들은 보통 허리에 의복을 두르고 망토를 걸치며 화려한 면직물로 장식을 한다. 시골의 여자들은 보통 허리까지 나체인 상태로 생활하지만 중상류의 여성들은 장식된 블라우스를 입었다.[125]

부유한 계층의 사람들은 다양한 과일과 견과류, 고기, 기타 외래기원의 음식을 먹을 수 있었지만 보통 사람들은 대부분 옥수수, 콩, 호박, 토마토에 의존하는 생활을 하였다. 이러한 일상적인 음식물 외에 이들은 선인장으로 만든 환각제, 담배, 피로를 푸는데 강력한 힘을 가진 뿔께를 즐기며 살았다.

스페인 정복

알론소 로페스 데 아빌라(Alonso Lopez de Avila)장군은……아름답고 우아한 기풍의 인디언 여자를……전쟁중에 생포하였다. 그녀는 전쟁중에 스페인 사람들이 남편을 살해할까 걱정하였다. 따라서 그녀는 남편을 제외한 어떤 남자와도 관계를 갖지 않겠다고 남편과 약속을 하였다. 장군은 그녀를 설득할 수 없었고 그녀는 다른 남자에게 정조를 빼앗기지 않기 위해서 자신의 목숨을 버릴 수밖에 없었다. 스페인 사람들은 그녀의 시체를 개에게 던져 버렸다.[126]

16세기 초 메조아메리카의 정복에 관한 암울한 역사는 스페인 사람들에 의해 상세하게 기록되었다. 이러한 기록들은 두 문화의 충돌에 관한 환상적인 이야기들을 들려주고 있다.[127]

1519년 꼬르떼스는 고성능의 무기와 말로 무장한 상당수의 군사를 배에 싣고 쿠바를 출발하여 베라크루스의 해안에 도착하였다. 말, 배, 전쟁용 개, 애국심에 불타는 군대 등 뛰어난 전투력과 군대를 앞세운 꼬르떼스는 별다른 어려움없이 아스떽의 수도인 떼노치띠뜰란으로 진군할 수 있었다. 도착 당시 스페인 군대는 아스떽의 왕 목떼수마(Moctezuma)의 환영을 받게 되는데, 목떼수마는 이들 군대가 자신들을 구제하러 나타난 전설상의 신으로 착각하였다. 그러나 그의 이러한 착각은 결과적으로 돌이킬 수 없는 재앙을 야기하게 된다. 얼마 지나지 않아 스페인 사람들은 그를 납치하여 감옥에 가두고 아스떽의 멸망을 학수고대하고 있던 비아스떽 세력과 동맹관계를 형성하였다. 목떼수마와 그의 부하들은 결국 떼노치띠뜰란에서의 치열한 전투에서 사망하게 되고, 이후 아스떽인들의 저항이 거세지게 된다. 그러나 스페인은 대부분의 아스떽 영역을 불과 몇 년만에 완전히 점령하게 된다. 1524년 스페인은 아스떽의 마지막 왕을 교수형에 처하고 이후 스페인의 지배는 확고하게 자리를 잡게 된다. 스페인 군대가 처음 도착했을 당시 아스떽의 인구는 1백만명이 넘었던 것으로 판단된다. 그러나 150년 후 아스떽의 인구는 전쟁과 질병의 생존자, 노예, 기타 두 문화의 충돌로 인해 살아남은 사람 모두를 합쳐도 70,000명 정도 밖에 되지 않았다.

▨ 요약과 결론

우리가 지금까지 살펴 본 다른 문명과 마찬가지로 신세계의 문명을 단순히 경제, 생태, 인구의 요소만 설명할 수는 없다. 올멕, 떼오띠우와깐, 오아하까, 마야, 아스떽, 기타 다른 메조아메리카 도시들은 남부 걸프해안, 오아하까 계곡 등지에서 단순한 농경기술만으로도 옥수수 – 콩 – 호박을 풍부하게 생산할 수 있었다. 다시 말해 이들 문명은 기존의 단순 농경민들이 이루어놓은 환경적 토대 위에서 등장하게 된다고 말할 수 있다. 우리는 또한 관개 농경, 환경적 포위, 지역간의 교역 등이 메조아메리카 문명의 발전을 촉진했을 가능성을 살펴보았다.

그러나 이러한 단순한 생태학적 수준의 분석을 넘어서게 되면 우리는 사회정치적 형태, 경제적 역사, 취락 유형, 기타 다른 복합사회의 수많은 변이성에 부딪치게 된다. 충분한 문자기록이 존재하지 않는 상황에서 메조아메리카에 마르크시즘이나 기타 다른 사회정치적 모델을 적용하기는 힘들 것으로 판단된다. 결국 우리는 메조아메리카 문명도 메소포타미아 문명과 흡사한 길을 걸어 왔다고 말할 수밖에 없으며, 따라서 두 문명의 기원에 대한 설명도 한계에 부딪치게 된다. 결국 다양한 복합사회의 기원과 발전과정에서 보이는 미묘한 차이의 원인을 구명하는 작업은 고고학의 중요한 숙제로 남을 수밖에 없다.

비과학적인 견지에서 볼 때 초기 메조아메리카 고대사회에서 가장 흥미로운 현상중의 하나는 그들과 우리 현대인은 심리적, 정신적인 면에서 너무 다르다는 점이다. 예를 들어 기원전 500년경의 올멕도시는 우리와 별 차이가 없는 다양한 인간으로 구성되고 농업을 행하고 있었음은 주지의 사실이다. 그러나 그들의 우주관, 세계관, 이데올로기는 그들과 처음 접촉을 하였던 스페인과는 천양지차를 보이고 있다. 다시 말해 그들의 정신세계는 당시의 서구 고대사회뿐만이 아니라 오늘날 우리의 정신세계와도 현저한 차이를 보이고 있다.

저자주

1) Bernal Diaz del Castillo, *The Discovery and Conquest of Mexico*, pp. 190－191.

2) 다음의 글에 논의되어 있음. Trigger, *Early Civilizations: Ancient Egypt in Context*.

3) Harner, "The Ecological Basis for Aztec Sacrifice."

4) Niederberger, "Early Sedentary Economy in the Basin of Mexico."

5) Kirkby, *The Use of Land and Water Resources in the Past and Present Valley of Oaxaca, Mexico*.

6) Fritz, "Are the First American Farmers Getting Younger?"

7) Flannery, "The Early Mesoamerican House." p. 13－15.

8. Flannery and Winter, "Analyzing Household Activities." p.36.

9) Pelzer, *Pioneer Settlement in the Asiatic Tropics*.

10) Sisson, "Settlement Patterns and Land Use in the Northwestern Chontalpa, Tabasco, Mexico: A Progress Report."

11) Coe and Diehl, *The Land of the Olmec : The People of the River*.

12) Rust and Sharer, "New Settlement Data from La Venta."

13) Murdy, "Congenital Deformities and the Olmec Were-Jaguar Motif."

14) Justeson and Kaufman, "A Decipherment of Epi-Olmec Hieroglyphic Writing."

15) Kelley, "The Decipherment of Epi-Olmec Script as Zoquean by Justeson and Kaufman." p. 31.

16) Sanders, Parsons, and Santley, *The Basin of Mexico: Ecological Processes in the Evolution of a Civilization*.

17) Nichols, "A Middle Formative Irrigation System Near Santa Clara Coatitlan in the Basin of Mexico."

18) Parsons, "The Development of a Prehistoric Complex Society: A Regional Perspective from the Valley of Mexico," p. 91.

19) Cordova et al., "Palaeolandforms and Volcanic Impact on the Environment of Prehistoric Cuicuilco, Southern Mexico City," p. 593.

20) 예를 들어 다음의 글 참조. William Sanders (Sanders, Parsons, and Santley, *The Basin of Mexico: Ecological Processes in the Evolution of a Civilization*), Jeffrey Parsons (Parsons, *Prehistoric Settlement Patterns in the Texcoco Region, Mexico*; idem., "The Development of a Prehistoric Complex Society: A Regional Perspective from the Valley of Mexico"), and Richard Blanton (Blanton, "Prehistoric Adaptation in the Ixtapalapa Region, Mexico"); O'Brien et al., "On Interpretive Competition in the Absence of Appropriate Data."

21) Brumfiel, "Regional Growth in the Eastern Valley of Mexico: A Test of the 'Population Pressures' Hypothesis,"

22) Ibid. 다음의 글 참조. Tolstoy, "Advances in the Basin of Mexico, pt. 1."

23) Alden, "A Reconstruction of the Toltec Period Political Units in the Valley of Mexico."

24) Tolstoy, "Advances in the Basin of Mexico, pt. 1."

25) Grove, " Ideology and Evolution at the Pre-State Level."

26) Cowgill, "Quantitative Studies of Urbanization at Teotihuac n."

27) Ibid.

28) Millon, "The Study of Urbanism at Teotihuac n, Mexico," p. 42.

29) Nichols, "Infrared Aerial Photography and Prehispanic Irrigation at Teotihuac n."

30) Storey, "An Estimate of Mortality in a Pre-Columbian Urban Population."

31) Parsons, "The Development of a Prehistoric Complex Society: A Regional Perspective from the Valley of Mexico."

32) Cowgill, "Quantitative Studies of Urbanization at Teotihuac n."

33) Kurtz, "The Economics of Urbanization and State Formation at Teotihuac n"; Blanton, "Advances in the Study of Cultural Evolution in Prehispanic Highland Mesoamerica."

34) 이 부분은 대부분 다음의 글에 의존한 것이다. Kowalewski, "The Evolution of Complexity in the Valley of Oaxaca."

35) Flannery, "Contextual Analysis of Ritual Paraphernalia from Formative Oaxaca," p. 335; Flannery and Marcus, "Evolution of Public Building in Formative Oaxaca," In *Cultural Change and Continuity*.

36) Whalen, "Zoning Within an Early Formative Community in the Valley of Oaxaca."

37) Whalen, *Excavations at Santo Domingo Tomaltepec: Evolution of a Formative Community in the Valley of Oaxaca, Mexico*.

38) Winter, "The Archaeological Household Cluster in the Valley of Oaxaca."

39) Flannery and Marcus, *Early Formative Pottery of the Valley of Oaxaca, Mexico*,"

40) 이와 상반되는 증거에도 불구하고 (Coe, "The Olmec Style and Its Distribution.")

41) Blanton et al., *Ancient Mesoamerica, A Comparison of Change in Three Regions*, pp. 180-83; Flannery, "The Olmec and the Valley of Oaxaca: A Model for Inter-Regional Interaction in Formative Times"; Grennes-Ravits and Coleman, "The Quintessential Role of Olmec in the Central Highlands of Mexico"; Flannery, Marcus, and Kowalewski, "The Preceramic and Formative of the Valley of Oaxaca."

42) Kowalewski, "The Evolution of Complexity in the Valley of Oaxaca," p. 44.

43) Blanton, "Advances in the Study of Cultural Evolution in Prehispanic Highland Mesoamerica," pp. 261-62; Blanton et al., *Ancient Mesoamerica, A Comparison of Change in Three Regions*, p. 67.

44) Blanton, "Cultural Ecology Reconsidered."

45) Blanton et al., *Ancient Mesoamerica, A Comparison of Change in Three Regions.*

46) Ibid. 또한 다음의 글 참조. Blanton, "Advances in the Study of Cultural Evolution in Prehispanic Highland Mesoamerica," p. 2.

47) Marcus, "The Iconography of Militarism at Monte Alb n and Neighboring Sites in the Valley of Oaxaca."

48) Sanders and Nichols, "Ecological Theory and Cultural Evolution in the Valley of Oaxaca."

49) Kowalewski and Feinstein, "The Economic Systems of Ancient Oaxaca: A Regional Perspective," p. 425.

50) 이 점에 관한 논의를 위해서는 *Current Anthropology* 29(1):52-80을 참조

51) Culvert and Rice, *Precolumbian Population History in the Maya Lowlands.*

52) Siemens and Puleston, "Ridged Fields and Associated Features in Southern Campeche: New Perspectives on the Lowland Maya"; Coe and Diehl, *The Land of the Olmec: The People of the River*; Turner and Harrison, *Prehispanic Maya Agriculture.* Reviewed in Matheny and Gurr, "Variation in Prehistoric Agriculture Systems of the New World"; Cowgill, "An Agricultural Study of the Southern Maya Lowlands"; Flannery, *Maya Subsistence. Studies in Memory of Dennis E. Puleston*; Ashmore, . 최근 고고학자들은 벨리즈의 쎄로스와 같은 소규모의 마야 유적에 대한 조사를 활발히 진행하고 있다. 이에 대해서는 다음의 글 참조. Robertson and Freidel, *Archaeology at Cerros, Belize, Central America: Volume I: An Interim Report.*

53) 예를 들어 다음의 글 참조. Clancey and Harrison, eds., *Vision and Revision in Maya Studies.*

54) Cowgill, "An Agricultural Study of the Southern Maya Lowlands."

55) Matheny and Gurr, "Variation in Prehistoric: Agricultural Systems of the New World"; Turner and Harrison, *Pulltrouser Swamp: Ancient Maya Habitat, Agriculture, and Settlement in Northern Belize.*

56) Coe and Diehl, *The Land of the Olmec.*

57) Marcus, *Mesoamerican Writing Systems: Propaganda, Myth, and History in Four Ancient Civilizations*, p. 693.

58) Schele and Freidel, A Forest of Kings, p. 66.

59) Ibid., p. 65.

60) Ibid., p. 66.

61) Ibid.

62) Ibid., p. 67-68.

63) Ibid., p. 70.

64) Ibid., p. 98.

65) Marcus, *Mesoamerican Writing Systems*.

66) Schele and Freidel, *A Forest of Kings*, p. 97.

67) 다음의 글 참조. Andrews, "Early Ceramic History of the Lowland Maya." and Schele and Freidel, *A Forest of Kings*.

68) 이 유적에 대한 상한 연대에 대해서는 최근 재평가가 이루어지고 있다. Pendergast, "Late Postclassic Maya Archaeology"; Hammond, "Introduction."

69) Pendergast, "Late Postclassic Maya Archaeology."

70) Schele and Freidel, *A Forest of Kings*, p. 43.

71) Rathje, "Classic Maya Development and Denouement: A Research Design."

72) Fry, *Models and Methods is Regional Exchange*.

73) Matheny, "Maya Lowland Hydraulic Systems."

74) Ibid.; Harris, *Cannibals and King: The Origins of Culture*, p. 91.

75) McAnany, *Living with the Ancestors: Kinship and Kingship in Ancient Maya Society*.

76) , The Maya.

77) Schele and Freidel, *A Forest of Kings*, p. 422에 "1989년의 개인적 의견교환"으로 인용되어 있다.

78) Matheny, "Early States in the Maya Lowlands during the Late Preclassic Period: Edzn and El Mirador."; Coe, *Breaking the Maya Code*, p. 63.

79) Schele and Freidel, A Forest of Kings, p. 103.

80) Ibid., p. 102.

81) Sanders and Price, Mesoamerica: *The Evolution of a Civilization*.

82) Houston, "Archaeology and Maya Writing," p. 26.

83) Wilcox and Scarvorough, eds. *The Mesoamerican Ballgame*.

84) 이 장면은 다음의 글에 상세히 기술되어 있다. Coe, Snow, and Benson, *Atlas of Ancient America*, pp. 108—109.

85) Fox, "Playing with Power: Ballcourts and Political Ritual in Southern Mesoamercia."

86) 다음의 기술은 대부분 다음의 글에 근거한 것이다. Fash, Scribes, *Warriors and Kings: The City of Copan and the Ancient Maya*.

87) Schele and Freidel, *A Forest of Kings*, p. 317.

88) Ibid., p. 345.

89) 다음의 기술은 대부분 다음의 글에 근거한 것이다. Schele and Freidel, *A Forest of Kings*.

90) Ibid., p. 135.

91) Dickson, "Further Simulations of Ancient Agriculture and Population and Population at Tikal, Guatemala."

92) Schele and Freidel, *A Forest of Kings*, p. 145.

93) Miller, *The Murals of Bonampak*.

94) Marcus, "The Iconography of Power Among the Classic Maya," p. 92.

95) Marcus, "The Origins of Mesoamerican Writing."

96) Houston, "Archaeology and Maya Writing," p. 26.

97) Schortman and Urban, "Core and Periphery in Southeastern Mesoamercia."

98) Chippendale, Hammond, and Sabloff, "The Archaeology of Maya Decipherment."

99) Knorozov, *Maya Hieroglyphic Codices*.

100) 다음의 글에 논의되어 있음. Coe, Breaking the Maya Code.

101) 다음의 글 참조. Houston, *Maya Glyphs*.

102) 다음의 글에 논의되어 있음. Houston, "Archaeology and Maya Writing."

103) Ibid., p. 13.

104) 다음의 글에 논의되어 있음. Houston, "Archaeology and Maya Writing."

105) Ifrah, *From One to Zero*, p. 404.

106) Marcus, "The Origins of Mesoamerican Writing."

107) Schele and Freidel, *A Forest of Kings*, p. 82.

108) Andrews, "Late Postclassic Lowland Maya Archaeology," p.54.

109) Lowe, "On Mathematical Models of the Classic Maya Collapse: The Class Conflict Hypothesis Reexamined"; Bove, "Trend Surface Analysis and the Lowland Classic Maya Collapse."

110) Webster and Gonlin, "Household Remains of the Humblest Maya."

111) 똘라에 관해서는 다음의 글에 상세히 기술되어 있음. *The Atlas of Ancient America*, Coe, Snow, and Benson eds., pp. 134－135.

112) Andrews, "Late Postclassic Lowland Maya Archaeology," p. 54.

113) Coggins, *The Sacred Cenote of Sacrifice*.

114) Pollard, "Central Places and Cities: A Consideration of the Protohistoric Tarascan State."

115) Freidel and Sabloff, *Cozumel: Late Maya Settlement Patterns*.

116) Andrews, "Late Postclassic Lowland Maya Archaeology." p. 55.

117) Smith, "The Aztec Marketing System and Settlement Pattern in the Valley of Mexico: A Central

Place Analysis."

118) Parsons, "The Development of a Prehistoric Complex Society: A Regional Perspective from the Valley of Mexico," p. 107.

119. Coe, Mexico, p. 151.

120) Parsons, "The Development of a Prehistoric Complex Society: A Regional Perspective from the Valley of Mexico,"

121) 이 기술의 일부는 다음의 글에 근거한 것이다. DePalma, "Mexico City Restoring Area Tilled by Aztecs."

122) Soustelle, *Daily Life of the Aztecs*, p. 97.

123) Harris, *Cannibals and Kings*, p. 101에 인용되어 있다.

124) Harner, "The Ecological Basis for Aztec Sacrifice."

125) Soustelle, *Daily Life of the Aztecs*, p. 135.

126) Diego de Landa, *Relacion de las Cosas de Yucatan*, p. 32 (Todorov, The Conquest of America에 인용되어 있음).

127) Todorov, *The Conquest of America*; Collier, Rosaldo, and Wirth, The Inca and Aztec State.

14장

남아메리카 안데스 복합사회의 진화

종교와 군국주의의 땅 잉카제국에서 왕은 농작물의 경작과 수확, 저장을 관리하는
감독관과 행정가를 다스린다. 경작지를 경작하고 수확하는데 필요한 노동력은
농민이 왕에게 납부하는 공물의 대부분을 차지한다……농민은 다음과 같은 방식으로 경작을 한다.
잉카왕이나……기타 고위관리가 농경지에 나타나면 이들은 금제 (삽)으로 일을 시작한다……그리고
이러한 방식을 따라 나머지 사람들이 일을 시작한다. 그러나 왕은 곧 일을 마치게 되고 다른 관리들과
귀족들도 왕을 따라 일을 멈추고 왕의 옆에 앉아 화려한 연회와 축제를 즐기게 된다.
농민은 계속해서 일을 해야 하고……각각의 농민은 아이들과 부인들을 포함한 모든 가솔들로
하여금 자신의 할당구역에 대한 경작을 돕도록 한다. 가장 많은 노동력을 소유한 농민은
할당구역의 일을 가장 먼저 마치게 되고 지역내에서 부자가 된다.
가난한 농민은 농경을 도와줄 사람이 없기 때문에 가장 오랫동안 노동을 해야 한다.

베르나베 꼬보 신부(기원후 1639년)[1]

꼬 보(Bernabe Cobo) 신부의 위와 같은 관찰은 7장과 기타 장에서 자세히 논의한 사실들과 일치하고 있다. 즉 고대 문명은 여러 가지 면에서 차이를 보이지만 가장 유사한 측면 중의 하나는 소수가 다수를 경제적으로 착취하고, 그러한 착취를 종교적이고 시민적인 미덕으로 합법화할 수 있는 사회제도를 발전시킨다는 점이다. 몇 년전 안데스 고원지대에서 냉동상태로 발견된 어린 잉카 소녀의 인골(이 인골은 1996년 스미소니언 박물관에 전시되었다)은 그 어떤 "유물(artifact)"보다도 이러한 "착취(exploitation)"의 흔적을 생생하게 보여주고 있다. 발견된 소녀는 아름답게 짠 면옷을 입고 있었다. 소녀는 의례용 복장으로 치장을 한 다음 약을 먹은 후에 두개골에 심한 타격을 받아 살해되었던 것으로 판단된다. 따라서 이 소녀는 산(山)의 신에게 바치기 위한 의례용 희생자였던 것으로 추정된다. 우리는

이러한 행위의 자세한 동기와 상황에 대해서 영원히 알지 못할 것이다. 그러나 이 소녀와 다른 지역 세계의 고대 문명에서 발견되는 유사한 증거는 오늘날 우리가 착취로 간주하는 그러한 행위의 전형적인 예이다. 그러나 희생당한 소녀와 당시의 문화는 아마도 이러한 행위를 우주의 질서를 유지하기 위한 필연적인 행위로서 당연시하고 신성시하였을 것이다.

유럽의 정복자들이 페루와 기타 남아메리카의 안데스지역에 도달했을 때 그들은 인신희생의식과 같이 여러 가지 면에서 자신들과는 이질적인 문명을 만나게 된다. 그러나 그들은 즉각 잉카제국도 자신들과 마찬가지로 절대군주하의 고도로 위계화된 사회라는 점을 발견하게 된다. 또한 그들은 잉카 제국의 핵심적 요소를 제거하면 쉽게 제국을 정복할 수 있다는 점도 알게 된다. 다시 말해 잉카 왕의 목을 베면 쉽게 제국을 정복할 수 있었던 것이다. 아래에서 살펴볼 것처럼 유럽의 정복자들은 실제로 잉카 왕의 살해를 통해 그들의 목적을 쉽게 달성하게 된다.

신세계의 다른 정치 체계와 마찬가지로 16세기의 스페인 군대가 살인, 전쟁, 유럽인의 질병을 통해 잉카제국을 몰살하지 않았다면 역사는 어떻게 전개되었을까? 스페인 사람들 역시 자신들이 옮겨온 천연두나 기타 질병이 원주민들에게 치명적인 결과를 야기할 것이라고는 생각하지 않았을 것이다. 그러나 그들에 의한 남아메리카 문명의 의도적인 파괴와 원주민에 대한 학살은(아래 참조) 처절한 전쟁으로 점철된 16세기와 17세기의 상황을 감안하더라도 너무나도 야만적인 행위라고 할 수밖에 없다.

남아메리카 안데스 문명은 집약적 농경체계, 거대한 피라미드와 신전, 거대 도시, 강력한 군사력, 경제적 부와 정치권력의 위계조직에서 다른 문명과 유사하다(그림 14.1). 그러나 남아메리카의 문명은 여러 가지 면에서 흥미로운 차이를 보여준다. 예를 들어 잉카 제국은 선콜럼비아기의 아메리카에서 가장 거대한 정치체계를 발전시켰지만 세계의 6대 문명(7장 참조)중에서 문자를 발전시키지 않은 유일한 문명이다. 남아메리카의 잉카제국과 전 단계의 문명들은 중앙정부와 지방을 연결하는 거대한 도로체계를 발전시킴으로서 문자부재의 문제를 어느 정도 극복할 수 있었다. 그러나 잉카와 신대륙의 어느 문명도 구대륙의 문명들이 수

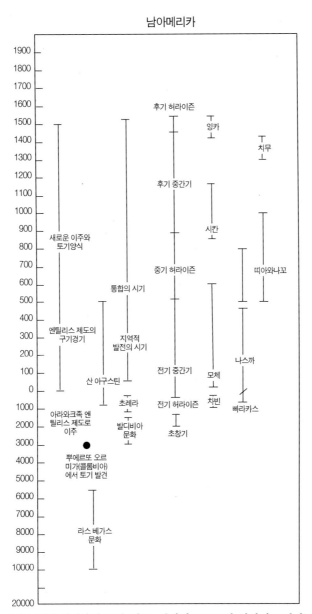

14.1 남아메리카의 문화 연표. 기원전 10,000년 이전에도 남아메리카
　　 에는 인간이 거주하였을 것으로 보이지만 그 증거는 불분명하다.

세기동안 번영을 누릴 수 있었던 수륜전차나 마차, 기타 축력을 발전시키지는 못하였다.

🟦 환경적 배경

안데스 문명은 다양한 환경과 거대한 인구를 조절하고 식량의 높은 생산성을 획득할 수 있는 생태적 상보성(相補性)을 극대화한 문명이라고 할 수 있다. 이것은 인간 역사의 레퍼토리에서 안데스 문명이 이룩한 독특한 특징을 이해하는데 도움을 주며, 심지어는 안데스 지역 미래의 모습을 비춰줄 수도 있다.

존 무라(John Murra)[2]

독립적 발달을 보이는 대부분의 복합사회와 마찬가지로 남아메리카 안데스 문명은 매우 다양한 물리적 환경의 자연 자원을 경제적으로 통합 – 안데스 문명을 이러한 경제적 통합으로 정의할 수 있을 만큼 – 할 수 있었기 때문에 가능하였다고 할 수 있다. 고대 이집트(9장)[3]는 이러한 문화적 패턴의 예외적인 경우라고 할 수 있는데, 왜냐하면 긴 나일강과 삼각주 지역의 자원이 거의 비슷하기 때문이다. 그러나 남아메리카 안데스에서는 고지대와 저지대, 해양과 육지의 다양한 자연자원을 통합하면 엄청난 경제효과를 거둘 수 있다. 안데스 산맥은 태평양에서 급격하게 솟아올라 최대폭이 60km 이하인 길고 얇은 해안지대가 바다와 산맥을 가르고 있다. 대서양으로부터 대륙을 관통하여 오는 강우성 기류를 안데스 산맥이 차단하기 때문에 이러한 긴 해안지대는 5년마다 한 두 차례의 비가 올 정도로 세계에서 가장 건조한 사막중의 하나가 된다. 해안가의 일부 지점에서는 겨울 안개로 인해 하늘이 검게 뒤덮이고, 이러한 안개는 거의 매년 작물지대(로마스〈lomas〉라고 불린다)에 충분한 습기를 제공하게 된다. 그러나 대부분의 해안지대는 극심한 건조지대로써 바람이 불면 모래언덕이 순식간에 거주 가옥과 관개수로를 뒤덮게 된다.

산맥으로부터 평야지대를 거쳐 바다로 유입되는 50여개의 소하천이 없다면 이러한 사막지대에서는 인간의 거주가 불가능했을 것이다. 대부분의 강에서는 연중 일부 계절에만 물이 흐르지만 이보다 크고 연중 물이 흐르는 강에서는 삼림과 관목이 자라고 야생식물과 동물이 서식한다. 또한 일부 지역의 강에서는 수량이 풍부하여 관개시설의 도움이 없이도 농경이 가능하다. 강 상류지대에서는 물고기, 민물새우와 어류와 패류를 채취할 수 있고, 일부 계곡에서는 거대한 충적평야가 발달하여 비옥한 농경지대를 제공한다. 해안에는 물고기, 새, 새의 알, 바다 포유동물, 연체동물, 갑각류, 켈프, 기타 식물성 자원 등 풍부한 어로자원이 발달되어 있다. 해안가의 인간생활은 이처럼 강이나 지류와 직접적으로 연결될 수밖에 없는데, 왜냐하면 이것들이 이 일대에서는 유일한 식수원이기 때문이다.

이러한 풍부한 해양 자원은 바람과 해양성 기류의 환상적인 상호작용에 의해 생산된다. 즉 바람은 해안가를 따라 북쪽으로 물을 흐르게 하고 동쪽에서 서쪽으로의 지각의 순환은 물을 서쪽으로 흐르게 하여 결과적으로 하층 해수의 용승(湧昇)을 이루어낸다. 이러한 해수는 수 많은 미세식물이 먹고 살 수 있는 풍부한 인산염(燐酸鹽)과 기타 영양물질을 제공하고 복잡한 먹이 사슬의 기반이 된다. 즉 멸치와 조그만 물고기들은 식물에 의존하고 큰 물고기, 새, 바다 포유동물은 멸치를 먹고 살고, 궁극적으로 인간은 이러한 먹이 사슬상의 어로자원에 생계를 의존하게 된다.

바람과 물의 이동은 때때로 수온을 변화시키게 되고 결과적으로 식물이 죽게 되어 먹이 사슬관계가 끊어지게 된다. 이러한 현상이 발생하면 썩은 식물과 동물로 인해 유화수소가 선박과 가옥을 검게 할 정도로 만연하게 된다. 바다의 생산성이 회복되기 위해서는 몇 년이 걸리기도 한다.[4] 엘 리뇨(el Niño ; 아기 예수라는 의미)로 알려진 이러한 환경의 교란현상이 선사시대에 얼마나 자주 발생하였는지에 대해서는 알 수 없다. 그러나 역사시대에는 상당히 정규적으로 발생하였고 최근에 이르러서는 2년에서 7년 사이에 한번씩 발생하여 약 1년 정도 지속된다. 1995년 후반기까지 이 지역에 엘 리뇨 현상이 거의 4년 동안 지속되었는데 이는 굉장히 오랫동안 발생한 것이라고 할 수 있다. 고대사회의 자여환경이 비슷하였다면 엘 리뇨는 남아메리카 안데스 해안가의 인구밀도를 제한하는 중요한 요소였을 가능성이 있다.

안데스 산맥에는 푸른 계곡과 거대한 분지, 관목의 고원지대(푸나〈puna〉라고 불린다)가 형성되어 있다. 안데스 산맥의 수렵채집문화는 기원전 1800년경 농경문화로 바꾸어진다. 후자의 농경사회는 옥수수, 감자, 킨와, 기타 작물을 재배하고 낙타과의 라마와 알파카를 사육한다.

몬타나〈montaña〉라고 불리는 안데스 산맥의 남쪽 사면은 무덥고 습한 삼림지대로서 이 지역의 가파른 경사와 집중호우는 아마도 선사시대인들이 거주하기에는 불리한 환경이었을 것이다. 안데스의 동쪽은 열대 우림지대인 아마존 분지로서 이 지역에서는 고무, 털, 기타 다양한 자원이 생산되고, 초기에는 안데스 경제 체계의 일부로 기능하기도 하지만 직접적으로 안데스 사람들의 통제하에 놓인 적은 없었다. 신세계에서 가장 이른 시기의 토기는 기원전 6000년과 5000년 사이 브라질의 아마존 저지대에서 조개잡이를 전문적으로 하던 수렵채취인에 의해 제작되었다.[5] 그러나 토기는 이후 신세계의 여러 지역에서 독립적으로 발명이 되며, 이러한 열대 우림지대의 문화가 안데스 지역의 문화에 얼마나 영향을 미쳤는가는 자세히 알려지지 않고 있다.

▨ 초기 수렵채집문화

남아메리카에서 발견된 일부 유적의 연대가 20000년에서 15000년까지 올라간다고 주장하는 학자들도 있지만 이 지역에 인간이 거주한 본격적인 증거는 기원전 10000년경에 이르러 나타나기 시작한다. 존 릭(John Rick)은 광활한 안데스 산맥에 대한 지표조사를 통해 이 시기에 속하는 화살촉, 자르개, 돌칼, 기타 초기 페루의 문화에 속하는 유물들을 동굴과 바위그늘(巖蔭)주거에서 발견하였다. 그의 조사결과에 의하면 이 시기의 사람들은 사슴과 야생 라마를 사냥하였고, 일부 지점에서는 연중 정착생활을 유지하고 있었다.[6] 이들은 또한 약 10000년전에 지금은 멸종한 거대한 나무늘보와 기타 소수의 동물들을 사냥하였다.

수렵채집인들은 계절에 따라 다양한 자원을 이용하기 위해 산맥의 위아래로 이동하였다는 점에서 '이동 방목자'라고 할 수 있다. 알파카와 라마에 대한 순화가 시작되자마자 이 지역의 고대인들은 계절적 이동을 하였을 것으로 판단된다. 왜냐하면 알파카와 라마를 사육하기 위해서는 계속적인 보호와 새로운 방목지를 찾아

다녀야 하며, 반대로 이러한 동물은 사람들로 하여금 다양한 시기에 다양한 환경의 개척을 가능하게 하기 때문이다. 안데스 산맥의 희박한 공기, 혹독한 추위, 폭풍, 심한 안개 등은 인간들의 이동을 어렵게 하는 요인이고, 이러한 환경에 수 천년동안 적응하면서 안데스인들은 뛰어난 심장혈관체계를 발전시키게 된다. 다시 말해 고대 안데스인들은 고지대의 험난한 삶의 장기적 적응과 유전을 통해 산소농도가 극히 낮은 상태에서도 고된 일을 할 수 있는 형질적능력을 발전시켰고, 이러한 환경에 적응하지 못하는 사람들은 도태될 수밖에 없었을 것이다.

우리는 남아메리카 안데스 해안지대에 언제부터 정확히 인간이 거주하기 시작했는지에 대해서 영원히 알 수 없을지도 모른다. 왜냐하면 기원전 3000년 이전의 해변과 섬이었던 많은 지역이 해안선의 상승으로 인해 지금은 바다가 되어버렸기 때문이다.[7] 범람이 발생하지 않은 일부 지역에서는 10000년전까지 올라가는 취락의 증거가 있다. 따라서 일부 학자들은 고대의 사람들이 상당히 이른 시기부터 해안가에서 거주하였을 것이라는 주장을 제기하고 있다.[8]

■ 안데스 문명의 농업기반

6장에서 논의한 바와 같이 남아메리카에서는 기원전 4500년에서 1500년 사이의 유적에서 옥수수 규조체(극소형의 단단한 식물세포 잔존물)와 화분이 발견되었다. 그러나 이러한 증거를 재검토한 데보라 피어솔(Deborah Pearsall)은 옥수수가 기원전 5000년 이전에 남아메리카로 도입되었던 것으로 보이지만 기원전 1500년까지는 기간작물이 되지 못하였을 것이라고 주장하고 있다.[9]

옥수수는 남아메리카 안데스 지역의 중요 작물중의 단지 하나였을 뿐이고, 이외에도 감자, 콩, 킨와가 주요 식량자원이 되었다. 킨와의 씨앗은 어떤 작물에 비해서도 가장 높은 단백질을 함유한 가루로 만들어질 수 있으며, 이 작물은 안데스의 많은 지역에서 재배될 수 있다. 순화종의 감자는 기원전 2250년에서 기원전 1775년 사이로 편년되는 페루의 카스마 계곡의 유적에서 발견되었고[10] 기원전 4400년까지 거슬러 올라가는 경작의 증거도 있다.[11] 감자는 생산성이 높고 다른 작물들이 잘 자라지 못하는 습하고 추운 환경의 토양에서 잘 자란다. 일반적으로 감자는 장기간 보존하기 어렵다는 문제를 가지고 있지만 안데스 고원지대의 사람들은 건조냉동 방법을 통해 감자를 오랫동안 보관하는 방법을 발전시켰다.

기원전 4000년과 1200년 사이의 목화 재배는 상대적으로 값이 싼 직물원료를 제공하게 된다. 이러한 면직물은 갈대와 기타 다른 종류의 식물을 이용하여 신발과 의복, 기타 물건 등을 제작하는 고도로 발달된 직물법에 의해 보완된다. 고대의 안데스 면직물은 형태와 기능이 오묘한 조화를 이루어낸다. 또한 안데스의 면직물은 썩지 않고 보존이 잘 되는데, 왜냐하면 보통 인골은 옷을 입은 상태로 사막지대에 매장되고 사막지대는 습기가 없기 때문에 인골과 옷의 보존에 최상의 상태를 제공하기 때문이다. 안데스인들은 광물과 식물에서 추출한 염색재료를 사용하여 기하학적 도형과 인간 및 동물의 문양으로 그들의 옷을 장식하였다.

초기 페루사회의 동물 사육에 대해서는 정확히 알 수 있지만 라마와 돼지쥐 (Guineapig)는 기원전 3500년경에 이르면 중부 페루지역에서 확실히 사육된 것으로 보인다.[12] 그러나 멕시코와 마찬가지로 안데스 지역에서는 최근까지도 사냥이 생계에서 중요한 비중을 차지한다. 안데스의 일부 고지대에 위치한 유적에서는 기원전 4000년경에 이르면 돼지쥐가 사육되었을 가능성을 보여준다. 돼지쥐의 뼈가 수많은 주거유적에서 층층히 쌓여 발견되는 것으로 보아 돼지쥐는 사육이 아니라면 사냥행위를 통해 획득되었던 것으로 판단된다. 돼지쥐는 잡기가 쉽고 다산 동물로서 사육하기가 쉽다. 또한 크기에서도 오늘날의 음식으로서 적절하다. 따라서 돼지쥐의 이름을 바꾸어 국제적인 판매활동에 나서면 상당히 성공적인 음식사업이 될 수 있을 것이다.

안데스의 초기복합사회(기원전 3000년~기원전 800년)

남아메리카 안데스 문명의 형성기는 두 기로 나누어 볼 수 있는데 하나는 선토기기 후기(Late Preceramic Period; 기원전 3000년~기원전 1800년)[13]이고 다른 하나는 초창기(Initial Period ; 기원전 1800년~기원전 800년)이다.

다른 지역과 마찬가지로 페루의 고고학자들도 페루에서 언제 처음으로 복합사회가 등장하게 되었는가를 설명하고자 한다. 여기서의 복합사회의 전환이란 위계적 관료제도, 계층의 분화, 기념비적 건축물의 축조, 경제적 차별화와 통합, 확장주의적 군국주의, 예술·수공업·이데올로기의 정교화를 갖춘 잉카제국과 같은 복합사회로의 전환을 의미한다.

다른 장에서 살펴 본 바와 같이 세계의 모든 고대 문명은 영양학적 적응에 있어서 유사한 방법을 보여주고 있다. 각 문명은 궁극적으로 탄수화물을 얻을 수 있는 생산적인 작물(쌀, 보리, 감자, 옥수수 등), 식물성 고단백질을 획득할 수 있는 콩류(콩, 완두콩, 야생 완두콩 등), 동물성 단백질을 얻을 수 있는 식량자원(일반적으로 사냥과 어로, 목축을 통해서 획득), 의복을 만들 수 있는 직물(양모, 아마포, 목화 등)을 발견하게 된다. 이러한 문화적 적응을 이룬 모든 문명이 위대한 문명을 탄생시킨 것은 아니지만(예를 들어 감자류, 돼지, 기나피 의복을 발전시킨 폴리네시아의 사회) 문명으로 발전된 거의 모든 사회는 필연적으로 이러한 경제적 적응을 하였다고 할 수 있다.

페루는 새, 패류, 물고기, 특히 멸치와 같은 해안의 풍부한 자원 때문에 매우 흥미로운 경제적 적응양상을 보여준다. 페루의 해안가에서는 농경이나 최소한의 경작을 하지 않고도 1년의 모두, 혹은 대부분을 사는 수많은 사람들을 부양할 수 있을 정도의 풍부한 음식을 획득할 수 있다.

1970년대에 고고학자 마이클 모슬레이(Michael Moseley)는 해안가 촌락의 거주민에 의해 안데스 사회의 발전이 시작되었다고 주장하였다. 그러나 이러한 촌락의 사람들은 농경보다는-최소한 처음에는-해안가의 어로와 채취경제에 의존하여 점차 사회적 계층화를 발전시키게 된다. 일면 이러한 주장은 그리 극단적인 주장으로 보이지는 않는다. 정주 취락과 최초의 복합사회의 출현에 필수요소는 생산성이 매우 높고 의존도가 높은 동물과 식물자원이지 이러한 음식이 농경에 의한 것이냐 아니냐의 여부는 그리 중요하지 않다. 예를 들어 북아메리카 북서부 해안의 원주민은 경제적 부의 차이가 존재하고 기본적인 계층의 차이를 어느 정도 보여주지만 비농업의 정주취락민이었다. 또한 서남 아시아에서 생계를 주로 수렵채취에 의존했던 사람들도 훗날 수메르나 바빌로니아와 같은 위대한 제국을 탄생시키게 된다.

그러나 안데스는 아마도 위대한 문명의 첫 단계가 집약적 어로와 해양자원의 채취에 의존하였던 유일한 예일 것이다. 또한 잉카 제국은 스페인과 접촉할 당시 기본적으로 농업경제를 유지하면서 고지대와 저지대의 환경적 다양성을 최대한 활용하였던 문명이다. 따라서 농업이 기본 경제가 되기 전에는 물론이고, 이후에도 해양자원이 이 지역의 전반적인 문화사의 진화에 어떠한 역할을 하였는지를 살펴보는 것은 매우 흥미로운 작업이다.

최소한 기원전 6000년경에 이르면 소수의 사람들이 태평양 연안에 살고 있었는데, 아마도 이들은 계곡의 강과 로마스, 그리고 해안을 이동하면서 생활하였던 것으로 추정된다.[14] 이러한 풍부한 환경지대의 수렵채취인은 이로부터 수 천년동안 사회적으로는 거의 변화된 모습을 보이지 않는다. 앞에서 기술한 바와 같이 페루는 바다, 평야, 산맥이 어우러진 복합적 환경지대로써 육지의 다양한 동식물과 함께 굴, 대합조개, 물고기를 채취할 수 있는 곳이다. 다시 말해 안데스 해안은 식량자원의 안정성과 다양성을 갖춘, 세계에서 축복받는 땅 중의 하나이다.

페루의 리마에서 남쪽으로 65km 떨어진 칠카(Chilca)계곡의 해안에 위치한 빨로마(Paloma)유적[15]의 발굴은 이러한 복합적 환경지대에서의 생활을 상세히 보여주고 있다. 빨로마유적은 해안으로부터 3.5km정도 떨어져 있고 칠카 강으로부터 7.5km 떨어진 곳에 위치하는데 이 곳은 안개로 인해 일부 식물이 서식할 수 있는 로마스 지대의 경계에 해당된다. 빨로마의 고대인은 8000년전부터 갈대로 만든 오두막집에 거주하기 시작한다. 아마 이때부터 이 지역의 사람들은 식물채집과 사냥, 채취의 복합적 경제체제속에서 살았던 것으로 추정된다. 그러나 기원전 3000년 직전 이들은 로마스지대에서 해안과 강의 계곡이 혼합된 지역으로 이동하였던 것으로 보이고, 수많은 소규모의 마을들이 이 시기에 나타나기 시작한다.[16] 기원전 2500년경에 이르면 많은 정주취락들이 해안가를 따라 형성된다. 일부 마을의 생계는 주로 해안의 자원에 의존하면서 간헐적으로 야생 혹은 순화된 식물을 이용하였던 것으로 보이지만[17] 이러한 생계유형은 유적마다 상당히 차이가 있다.

알또 살라베리(Alto Salaverry)유적[18]은 기원전 2500년부터 1800년 사이에 점유된 유적이다. 이 유적의 사람들은 생계를 주로 작물재배에 의존하였지만 상어, 가다랭이, 홍합, 기타 다양한 해양자원을 통해 많은 양의 칼로리를 획득하였다. 이 시기의 일부 유적에서 발견된 인골에서는 내이(內耳)뼈의 성장패턴이 두드러지는데, 이것은 기온이 낮은 물에서 장시간 잠수하는 사람들에게서 일반적으로 보이는 현상이다.[19]

칠카유적의 주민에게 중요한 동물성 식량은 강치였지만 홍합과 무척추 동물, 기타 채집식물도 중요한 식량자원이 된다. 이 외에도 동 시기의 다른 유적에서는 상어, 가오리, 가마우지, 갈매기, 펠리컨 등이 중요 해안자원이 되며 이러한 해안자원을 획득하는데 사용된 낚시 바늘, 그물, 낚싯줄이 발견된다. 이러한 페루의 초기 유적에서 현재까지 배는 발견되지 않았다. 하지만 해안가의 물고기와 무척추 동물들은 간단한 그물만 가지고도 충분한 양을 획득할 수 있다는 점을 유념해야 한다.

기원전 2000년경에 이르면 수많은 유적이 강의 해안가에 자리잡게 되는데 주로 강의 삼각주나 만(灣)에 분포한다. 대부분의 이러한 유적들은 채취에 기초한 상당히 단순한 사회였으며 수 백명이상의 인구를 가진 유적은 거의 없었던 것으로 보인다. 칠카 유적에서는 30명의 성인과 22명의 유소아묘가 발견되었는데, 부장품이나 인골의 매장위치로 볼 때 거의 차이가 보이지 않는다. 일부 묘에서는 방추차가 발견되고 낚시 바늘과 낚싯줄이 부장된 묘도 발견된다. 또한 일부 묘는 직물도구가 발견되었고 패각채집에 사용되었던 것으로 보이는 끝이 날카로운 막대와 주걱 등이 발견되기도 한다.

안데스 해안에 사람들이 상당히 밀집하여 분포하기 시작하면서 이제 이들도 이집트, 메소포타미아, 중국의 고대 문명과 마찬가지로 거대한 석재 기념물을 축조하기 시작한다. 일반적으로 우리 인간에게는 거대한 석조 기념물을 축조하고자 하는 어떤 본능적인 욕구가 내재하고 있다고 생각하는 것은 상당히 어리석은 발상일지도 모르겠다. 그러나 남아메리카 안데스 지역의 사람들은 신전, 무덤, 피라미드의 축조에 그들의 엄청난 경제적 부를 '소비'하기 시작할 즈음에 안정성이 높고 생산성이 높은 경제체계를 발전시키게 된다.

7장과 이전의 장들에서 논의한 바와 같이 기념비적 건축물의 등장은 문화적 격변을 예고하는 가장 이른 징조중의 하나이다. 남아메리카 안데스 지역의 문명도 이러한 문화진화상의 패턴을 보여준다. 기원전 2000년대에 이 지역의 수많은 해안가 사람들은 거대한 석재 건물과 광장, 수혈구덩이, 뜰, 방대형의 피라미드, 기타 거대하고 정연한 배치를 보이는 건물들로 어우러진 복합단지를 건설하기 시작한다.

이러한 문화적 발달의 대표적인 예는 육지쪽으로 2km 떨어진 치욘 강(Rio Chillón)의 제방위에 입지한 엘 빠라이소(El Paraíso)유적이다. 이 유적에서 가장 인상적인 유구는 거대한 신전 단지인데, 신전단지의 중앙부에는 양 측면에 두 개의 돌출부가 부착된 거대한 구조물이 위치하고 넓은 안뜰은 건물들로 둘러싸여 있다. 유적은 8개 혹은 9개의 구조적 지구로 나누어진다. 가장 큰 두 개의 단지는 인공구릉위에 건설되어 있는데 이 인공구릉은 길이 250m 이상, 폭 50m 이상, 높이 5m 이상의 초대형이다. 이러한 대규모의 유적들은 총 50 헥타르 이상의 범위에서 발견되고 있다.[20] 복합적 기능을 지닌 건물중에는 450m 이상의 길이를 가진 것도 있는데, 이 건물은 남아메리카 고대 안데스 지역에서 가장 큰 건물에 속할 것으로 판단된다.[21]

안데스 지역의 기념비적 건축물은 형태와 규모에서 상당한 다양성을 보여주지만 동시에 복잡한 이데올로기와 미적감각이 반영된 건물의 규칙성도 존재한다. 앞의 장들에서 살펴본 바와 같이 고대문명은 광활한 지역의 사람들을 통합하고 조정하는 일련의 핵심적인 이데올로기를 가지고 있다. 엘 빠라이소에서도 이러한 이데올로기의 증거를 감지할 수 있다. 제프리 퀴터(Jeffery Quiter)가 발견한 바와 같이[22] 엘 빠라이소와 또 다른 해안유적인 삐에드라 빠라다(Piedra Parada)[23]의 주요 인공구릉들은 모두 동북 25° 방향을 보이고 있다. 이러한 유적의 방향은

은하수의 북동-남서방향과 일치한다. 이러한 방향은 (기원전 1450년)의 하지(12월)에 태양이 떠오르는 방향과 동지(6월)에 태양이 지는 방향과 일치하고 있다[24]……이러한 사실은 잉카제국에서 중요한 의미를 지녔던 천문학적 개념이 이미 선토기시대에 확립되었을 가능성을 시사한다.[25]

이 시기의 다른 의례용 복합단지는 상이한 방향을 하고 있지만 대부분은 형태적으로 정형화된 건축 요소와 배치를 보여주고 있다. 다시 말해 고대 페루인들은 원형적 요소가 가미된 방형배치, 지하형의 뜰과 테라스의 배치, 기타 상이한 높이를 지닌 건축물을 복합적으로 축조하고 있다. 이집트 신전과 마찬가지로 이러한 배치는 현세인들이 '신성한' 공간으로 점차 올라가는 종교적 의미를 상징하고 있을지도 모른다.[26] 엘 빠라이소, 우아까 쁠로리다(Huaca Florida)유적의 의례용 복합단지는 기본적으로 U자형 패턴을 보이고 있다. 당시의 사람들은 이러한 U자형태의 기단과 건물로 들어 온 다음 건물 내부의 앞마당과 함몰된 뜰, 기타 건물을 통과하게 된다.

돌로 축조된 엘 빠라이소 건물의 외벽에는 진흙을 바르고 그 위에 화려한 색칠을 하였다. 고대 이집트, 마야, 그리스, 기타 문명과 마찬가지로 엘 빠라이소의 사람들은 건물의 벽을 원색으로 장식하였다.

엘 빠라이소 유적의 중요성을 평가하기란 상당히 어려운 작업인데, 왜냐하면 대부분의 주거 유적은 오랜기간의 농경으로 인해 파괴되었기 때문이다. 유적에서 간헐적으로 발견되는 유물로 보아 엘 빠라이소 유적은 의례용 중심지였을 가능성이 높아 보인다(모서레이[27]는 당시의 인구를 1,500~3,000정도로 추산하고 있다). 그러나 얼마나 많은 유구가 동시대에 점유되었는지 혹은 전체 복합단지를 축조하는데 어느 정도의 시간이 걸렸는지를 결정하기는 매우 어렵다.[28]

선토기시대 해안에 축조된 대부분의 기념비적 건축물은 종교적 목적으로 축조되었던 것으로 판단된다. 유적이 산의 정상부에 위치하고 내부의 소형 방과 무덤의 배치 등은 분명히 종교적 목적을 시사해주고 있다. 물론 다른 고대 문명과 마찬가지로 이러한 복합단지는 아마도 경제적 교역과 행정을 위한 중심지 기능도 하였을 것이다. 우리가 지금까지 살펴본 바와 같이 인류 역사상 종교와 경제는 불가분의 관계를 보여주고 있다.

리차드 버거와 루시 살라자르-버거(Richard Burger and Lucy Salazar-Burger)[29]는 기원전 1900년부터 기원전 1000년 사이의 남아메리카 안데스 지역의 건축물의 대부분이 공통적인 종교적 이데올로기, 즉 코또쉬 종교전통(코또쉬〈Kotosh〉유적의 이름에서 유래)을 표현한 것이라고 주장한다. 우리는 이러한 종교전통의 형성과정을 정확히 알 수 없지만 아마도 불이 중요한 종교적 의미를 지녔던 것으로 추정된다. 왜냐하면 수많은 유적에서 의례용 화덕이 집의 바닥에 축조되어 있기 때문이다. 퀼터[30]는 엘 빠라이소에서 발견된 4.5×4.25m 규모의 방형 구덩이가 불에 의해 상당히 그을려 있다는 사실을 주목하고 있다. 이러한 구덩이의 주위에는 벤치가 공통적으로 발견되고 있다. 이에 근거하여 퀼터는 10명에서 12명 정도의 성인들이 의례용 불 주위에 둘러앉아서 패각, 고기, 석영, 기타 물건들을 의례용 공물로 바쳤을 것이라고 주장하고 있다. 아마도 당시 주민들은 환각제나 술을 먹은 상태에서 이러한 의례행위를 하였을 것이다.

안데스 고지대의 사람들도 이러한 기념비적 건축물을 축조한다. 안데스 산맥 동쪽 사면의 해발고도 1800m에 위치한 코또쉬 유적에서는 기원전 1800년 이전부터 거대한 신전 복합단지가 건설되기 시작한다. 유적에서 가장 이른 시기의 구조물은 8m 높이의 돌기단위에 축조된 것이다. 또한 코또쉬에서는 최소한 10번에 걸쳐 건물들이 동일 지점에 계속하여 축조된다. 이러한 구조물들의 점유밀도와 규모로 보았을 때 코뛰쉬 사회는 족장단계의 사회를 유지하였던 것으로 판단된다.

이러한 "신전"중에서 가장 이른 시기의 것을 축조한 사람들은 비농경민이었던 것으로 보인다.[31] 그러나 대부분의 후대 건축물은 옥수수 경작과 동물을 사육한 농경민에 의해 축조되었다. 이러한 거대 건축물의 주위에서 발견된 잔존물로 볼 때 건물들은 주로 의례용 목적으로 사용되었지만 동시에 광범위한 지역에 분포한 농경민들사이의 경제적 교역과 사회적 교환이 이루어지는 핵심적 장소였던 것으로 판단된다.[32]

남아메리카 안데스 문명의 기초는 해안인가?

위에서 논의한 바와 같이 마이클 모서레이는 엘 빠라이소와 같이 남아메리카 안데스 지역의 초기 복합사회는 비농업경제에 기초하고 있다고 주장하고 있다.[33] 이것은 매우 흥미로운 주장이지만 그렇다고 문화 복합성의 진화에 관한 기존의 견해를 수정할 필요는 없다. 왜냐하면 이 단계의 문화진화에서 가장 중요한 것은 환경의 전반적인 생산성이지 생산방법은 아니기 때문이다.

데이비드 윌슨(David Wilson)[34]과 일련의 학자들은 페루 해안의 초기 복합사회
가 비농경민에 의해 이루어졌다는 견해[35]를 반박하고 있지만 안타깝게도 현재까지
발굴된 물질자료는 이러한 논쟁을 해결할 정도로 충분하지가 못한 실정이다. 콩,
나무 열매(예를 들어 반석류의 열매), 감자와 같은 작물은 이 당시에 재배되었고,
실제로 일부 유적에서 발견되고 있지만 대부분은 고고학적으로 보존되기가 어렵
다. 옥수수 재배의 흔적도 일부 유적에서 발견되고 있지만 기원전 1000년까지 해
안가의 생계경제에서 중요한 비중을 차지하지는 못했던 것으로 판단된다.

킬터와 스톡커(Quiter and Stocker)는 선토기시대의 대부분의 기간동안 해안자
원이 해안가의 수많은 인구를 부양했을 가능성이 있지만 동시에 여기서 가장 중요
한 문제는 해양 자원의 '신뢰도' 라는 사실을 주목하고 있다.[36] 때때로 발생하는 엘
리뇨의 피해를 감안하면 옥수수 농경은 바다자원에 비해 훨씬 안정적인(다소 단조
롭지만) 자원이 될 수 있을 것이다. 다시 말해 옥수수는 – 특히 안데스 산맥의 봄철
에 녹아내리는 물을 운반할 수 있는 관개시설을 이용하여 재배된다면 – 굴과 멸치
에 비해 안정성, 생산성, 저장성이 월등하다고 할 수 있다.

그러나 킬터와 스톡커가 지적한 바와 같이 물고기는 건조시켜 먹을 수 있고 상당
히 오랫동안 저장할 수 있는 페이스트(paste)로 전환하여 이용할 수 있다. 소금이
듬뿍 뿌려진 피자를 통해 멸치맛을 느끼는 사람들은 멸치가 남아메리카 안데스 지
역의 사람들의 입맛과 영양에 얼마나 영향을 미쳤는지를 알지 못할 것이다. 멸치는
날 것으로 바로 먹거나 건조시켜 먹을 수도 있으며 토마토 소스의 페이스트로도 사
용될 수 있다. 또한 멸치는 페루 해안가에서 채취되는 수많은 물고기 중의 단지 한
종류일 뿐이다. 예를 들어 바다 포유동물도 저장용 기름의 원료가 되고 동물성 단
백질을 획득할 수 있는 중요 식량자원이다.

빨로마 유적의 고고학적 자료는 당시의 사람들이 동물성 단백질을 사냥이나 사
육동물보다는 거의 전적으로 해양자원을 통해 획득하였다는 점을 보여준다.[37] 또
한 빨로마 유적에서는 어떠한 농업경제의 증거도 찾을 수 없었지만 우리는 아직도
이러한 논쟁을 해결할 수 있는 자료가 절대적으로 부족한 실정이다.

쉐일라와 토마스 포조르스키(Sheila and Thomas Pozorski)는 북중부 해안가의
까스마(Casma)계곡에 대한 문화사를 연구하였는데, 이들에 의하면 기원전 2500년

부터 기원전 2000년 사이에 복합사회는 고지대에 비해 해안지역에서 더 일찍 등장하였다고 한다. 그러나 동시에 고지대와 해안지대는 어느 정도 문화적으로 연결되어 있었고, 두 문화 모두 동일한 방향으로 발전하고 있음을 보여주고 있다.[38] 퀼터와 스토커도 선토기시대의 고지대와 저지대는 문화적으로 상당히 복잡한 관계를 맺고 있었다는 점을 시사하고 있다.[39] 두 지역간에는 감자, 곡물, 물고기, 기타 많은 물건들이 상당한 양으로 교역되었던 것으로 보인다. 더구나 패각 장식품에서 보이는 양 지역의 유사성은 "태평양 연안과 열대우림지대의 사람들이 공통적인 이념체계를 갖추고 있었고 경제적 상호접촉이 활발하였다"는 점을 시사한다.[40]

해안가의 많은 어촌이 점차 폐기되고 농경을 위해 사람들이 내륙으로 이동함에 따라 다양한 생계경제와 기술, 그리고 취락 분포의 변화가 발생한다. 내륙계곡의 취락의 분포와 이들 유적에서 발견된 식물유체는 기원전 1800년부터 기원전 1200년 사이에 호박, 콩류, 완두콩, 고구마와 감자, 땅콩 등이 간단한 관개수로를 통해 재배되었다는 사실을 보여주고 있다.[41] 내륙으로의 취락이동과 농업경제로의 전환은 정교하게 조직된 노동력뿐만이 아니라 관개, 파종, 수확, 저장기술 등에 필요한 주요한 사회적·기술적 변화를 요구하게 된다.[42] 예를 들어 엘 빠라이소에서 내륙쪽으로 약 8 마일 떨어진 우아까 쁠로리다 유적에서는 기원전 1700년경에 석재와 아도비벽돌로 축조한 거대한 복합단지가 조성되기 시작한다.[43] 우아까 쁠로리다 사회의 경제적 기반은 아마도 활발한 지역간의 교역으로 보이지만 동시에 관개농경에도 생계를 의존하게 된다(여기서 재배된 작물은 무명, 콩, 호박이다).

이러한 다양한 유적에서 보는 바와 같이 고대 사회의 문화진화는 하나의 특수한 경제형태에 의존하지 않는다. 다시 말해 문화진화에 절대적으로 필요한 것은 충분하고 안정적인 식량의 생산이다. 해안지대에서 내륙으로의 이동과 집약적 해양자원의 채취에서 관개농경으로의 전환은 아마도 상대적으로 높은 농업의 안정성과 생산성 때문이었을 것이다. 이러한 변화는 농경사회가 교역을 통해 해안자원을 획득할 수 있다면 더욱 가속화될 것이다.

지금까지의 논의를 종합해보면 안데스 산맥의 고지대와 해안지대는 기념비적 복합단지의 축조와 같이 상당히 중요한 사회적 변화가 일어나고 있었지만, 아직도 이 시기의 사회는 상대적으로 간단하게 조직된 사회였던 것으로 판단된다. 예를 들어 이 시기의 무덤유적은 매장풍습의 상당한 형식화와 일부 무덤의 정교화를 보여주지만 경제적 부와 사회적 지위에서 주목할 만한 차이를 보여주지 않는다. 아시아(Asia)유적에서는 49기의 무덤이 발견되었는데 인골과 소수의 실용품들이 갈대 매트로 싸여서 방형 주택단지의 바닥밑에 매장되었다.[44] 이러한 무덤에서의 상대적 차이는 어느 정도의 신분의 차이를 시사하지만 두개골만이 발견되거나 두개골이 없는 일부 인골의 존재는 이들이 공습이나 전쟁을 통해 희생되었다고 볼 수도 있다. 그러나 전반적으로 기원전 900년 이전의 무덤 자료는 약간의 비평등적 요소도 보이지만 계층의 분화가 상당히 진행된 사회는 아니었던 것으로 판단된다.

더구나 현재까지의 빈약한 자료로 볼 때 이 시기의 사람들이 생산물을 교환하고 공동의 이데올로기를 소유하고 있었지만, 경제적으로 상당히 통합된 사회였다고 볼 수는 없다. 물론 여러 지역의 소규모 마을 사람들이 협동작업을 통해 엘 빠라이소를 건설하였다고 볼 수는 있지만 이 시기에 마을간 혹은 마을내에서 기능적 전문화가 이루어졌다는 점을 보여주는 증거는 거의 없다.

▨ 전기 허라이즌기(기원전 800년~기원후 1년)

문화 복합성의 증가를 인간 사회의 자연적이고 본능적인 특성이라고 가정하는 것은 역사분석의 중대한 오류이다. 서구인들은 흔히 서구 문화는 서서히 '진보'한다라고 생각하는 경향이 있다. 결과적으로 이들은 문화진화의 급격한 변화나 돌연변이적 현상을 간과하게 된다.

남아메리카 안데스 문명은 세계의 다른 지역에서 살펴본 일반적인 진화의 경향을 보여주는 또 다른 예이다. 안데스 문명도 수 천년간에 걸쳐 서서히 식물을 재배하고 농경체계를 발전시키다가 어느 순간 고대 국가와 제국으로 급격히 변화한다. '폭발적이다'라는 용어는 오랜 기간에 걸쳐 발생하는 문화적 변화에 적용하기에는 다소 부적절한 용어일지도 모르겠다. 그러나 기원전 천 년대에 안데스 지역에 나타난 문화의 급격한 변화를 감안하면 이 용어는 크게 과장된 것은 아니다.

엘 빠라이소와 기타 다른 유적에서 발견되는 거대한 기념비적 건축물의 축조는 이 시기에 진행된 문화진화의 지표이고, 이 외에도 기원전 1000년 이후 안데스 지역이 급속한 변화를 겪는다는 사실을 보여주는 증거가 다수 존재한다. 우리가 이집트, 메조아메리카, 기타 다른 지역의 예에서 보아 왔듯이 '예술'은 고대 문명에서 등장하는 단순한 부수현상이 아니다. 오히려 예술은 문화진화과정의 핵심적인 부분이라고 할 수 있다. 모든 고대사회의 도시, 경제적 위계화, 기능적으로 상호의존적인 경제체계의 등장, 즉 복합사회의 등장은 일반적으로 토기를 통해 나타나는 예술 양식이 지역적으로 확산된 이후에 등장하는 현상이다.

페루도 이러한 문화적 패턴의 양상을 보여준다. 기원전 900년 이후 안데스 산맥의 북부 고지대에 위치한 챠빈 데 우안따르(Chavin de Huántar ; 그림 14.2)와 인근의 유적들은 토기, 건축, 기타 유물 양식에 있어서 동일한 양식을 사용하기 시작한다. 이후 광범한 지역의 수많은 사람들이 챠빈 허라이즌(Chavin Horizon)이라고 부르는 이러한 통일된 양식을 공유한다.

챠빈 예술양식의 주요 주제는 인간과 재규어를 혼합한 형상, 뱀, 박쥐, 물고기, 게, 악어등이다. 뱀, 재규어, 악어와 같은 열대우림지대의 요소가 혼합된 점으로 보면 챠빈 예술은 안데스 동쪽의 열대우림지대의 문화적 영향을 받아 형성된 것이라고 생각할 수도 있다. 그러나 기본적으로 남아메리카 안데스 문명은 해안, 산맥, 열대우림 저지대라는 상이한 지역의 문화가 서로 복합적으로 통합된 결과로 보아야 한다. 또한 챠빈양식의 공간적 전파는 훗날 환경적으로 상이한 지역이 기능적으로 통합되는 현상의 전조라고도 할 수 있다. 일부 지역에서는 챠빈 양식의 전파가 생산물의 교역, 수공업의 전문화, 인구밀도, 기념비적 건축물의 증가와 동일한 시기에 발생한다. 그러나 챠빈 예술의 일반적인 전파 경로는 메조아메리카의 올멕 예술이 처음 전파되는 양상과 거의 비슷하다. 즉 챠빈 양식은 전반적으로 정교한 정치적 위계화나 경제적 엘리트가 존재하지 않는 상태에서 미적 전통이나 종교적 전통의 확장과 궤를 같이한다고 볼 수 있다.

챠빈양식이라는 이름이 유래된 유적인 챠빈 데 우안따르(그러나 이 유적이 챠빈 유형의 유적중에서 가장 이르거나 가장 중요한 유적이라는 의미는 아니다)는 기원전 850년부터 기원전 200년 사이의 모두 혹은 대부분의 기간동안 점유되었다.[45] 이 유적은 두 개의 낮은 마운드, 테라스형의 거대한 계단, 안쪽이 하강된 안뜰 등으

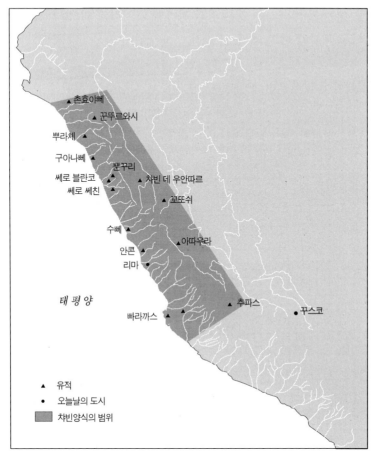

14.2 다른 초기 문명과 마찬가지로 안데스 지역에서도 최초의 문화 복합성은 토기와 기타 유물의 특정양식이 광범한 지역으로 급속하게 확산된 후에 등장한다. 챠빈양식의 유물은 그림에서 나타나는 바와 같이 안데스의 넓은 지역에서 확인된다.

로 구성된 장엄한 의례용 복합단지로서, 한변의 길이가 48m이고 내부에는 돌이 깔려져 있다. 이 복합단지는 수 세기 전 엘 빠라이소에서 보였던 것과 같은 U자형 배치를 보이고 있다. 복합단지의 핵심적 구조물인 카스띠요의 내부는 석재 대들보와 정교하게 결합된 아도비 벽에 의해 지탱이 되고, 많은 내부의 방들은 정교한 문양으로 채색되어 있다. 일부 방의 용도는 신에게 재물을 바치기 위한 것으로 보이는데, 왜냐하면 이들 방에서는 많은 양의 라마와 돼지쥐의 뼈, 멀리 떨어진 해안지대에서 유입된 물고기 뼈와 패각, 정교하게 제작된 수많은 토기들이 발견되기 때문이다.[46]

기원전 4세기대에 이르면 최대 3,000명 정도의 사람들이 챠빈 데 우안따르유적과 인근지역에서 살았던 것으로 판단된다. 이 정도의 인구는 전통적으로 '국가' 단계의 인구규모에 미치지는 못하지만 상당히 많은 인구임에 틀림이 없고, 수공업의 전문화가 상당히 이루어졌다는 증거가 이 유적에서 발견되었다. 금은 챠빈기에 가장 화려한 예술작품을 만들 수 있는 소재이다. 장인은 금을 잘라 세공을 한 다음 가열 냉각과 주조를 하고 두드려 귀마개, 코 장식물, 브로치, 왕관, 얼굴 가리개 등을 제작한다. 동과 은도 장식품을 만드는데 대량 사용되었으며 직물제조 또한 당시 사회의 정교한 예술행위가 된다.

챠빈의 핵심적인 종교적 상징물은 북부와 중부 해안가에서도 광범위하게 발견되며, 챠빈 양식의 토기와 건축물은 심지어 소규모 마을에서도 발견된다.

다른 고대 종교와 마찬가지로 챠빈의 종교의식은 공동체의 정체성과 협동을 이끌어 낼 수 있는 효과적인 수단이었을 것이다. 결과적으로 챠빈기의 엘리트들은 종교의식을 통해 정치·경제적 목적을 위해 주민을 동원할 수 있었고, 따라서 당시 사회에서 거대한 구조물의 축조는 그리 어려운 작업이 아니었을 것이다. 챠빈 양식에 나타나는 아마존의 동물상과 이러한 디자인의 분포는 챠빈 데 우안따르가 해안지대와 자원이 풍부한 아마존지대를 연결하는 점이지대였을 가능성을 시사한다. 챠빈의 종교적 의례행위를 통해 산악지대의 목축민, 계곡의 옥수수 경작자, 어민, 장인, 기타 전문가들은 국가사회의 시금석이 되는 일련의 행정적·정치적 지원과 통합혜택을 받게 된다.

그러나 챠빈기의 유적중에 요새가 존재하는 사실로 보아 이 시기는 예상외로 전쟁과 갈등이 치열했을 가능성이 있다. 다시 말해 챠빈기에 재분배 중심지가 존재하고 통일된 종교적 이데올로기가 존재한다고 해서 이 시기를 반드시 평화와 협력의 시대였다고 단정할 수는 없다.[47]

▨ 전기 중간기(기원후 1년~600년) : 초기 국가

기원후 1년부터 1000년까지의 남아메리카 안데스 사회는 통상적으로 족장사회라고 부르는 상대적으로 단순한 소규모의 정치단위에서 국가단계의 사회라고 부르는 훨씬 방대하고 인구가 많은 군국주의적 사회로 변화하게 된다.[48] 이 기간동안 안데스 지역의 인구는 불과 수천명에서 4백 혹은 5백만명 정도로 급증하게 된다. 또한 거대 도시들이 여기저기서 등장하고 수천 km 떨어진 지역에 대한 군사적 정복이 이루어지며, 관개시설은 사막과 산악지대에 풍부한 식량을 제공하게 된다. 토기, 건축, 야금술, 직물제조 또한 고고학자들이 이 시기를 전통적으로 '고전'(Classic)' 기라고 부를 수 있을 정도로 번창하게 된다.[49]

이러한 국가로의 변혁은 기원전 200년경 챠빈의 종교적 전통이 와해된 이후부터 발생하는데 최대 15개의 지역에서 지역중심지가 부상하게 된다. 이 시기의 의례용 중심지는 남아메리카 안데스 고지대, 나스까(Nazca) 계곡, 해안지대 등 여러 지역에서 발견되고 있다. 이러한 중심지중 일부는 상당한 크기의 도시로 발전하는데, 예를 들어 아까리(Acari) 계곡(나스까 지역)의 땀보 비에호(Tambo Viejo)유적에서는 수 백기의 방형 구조물들이 발견되었는데 대부분 주거용이었던 것으로 보인다. 그러나 나스까 국가는 아마도 도시와 촌락이 결합된 형태였다고 판단된다.[50] 또한 이 시기 북부 해안가에는 테라스형태의 거대한 요새들이 발견되는데 요새 내부에는 다양한 주거용 건물이 축조되고 외곽으로는 방어용 성이 구축된다.

전기 중간기(Early Intermediate Period)의 문화중에서 가장 유명한 두 개의 문화는 모체(Moche)와 나스까이다. 모체 문화는 해안을 따라 길이 400km와 내륙쪽으로 폭 50km에 걸치는 광대한 지역에 걸쳐 형성되었는데, 이러한 광활한 영토의 개척은 최전성기 때 50,000명 이상의 사람을 부양할 수 있을 정도의 정교한 관개시설 때문에 가능하였다. 예를 들어 기원전 200년경 쎄로 아레나(Cerro Arena)의 공동체는 약 1평방마일의 범위에 수많은 가옥들과 공공건물을 축조하였다. 그런데 이러한 대규모 공동체와 인근 지역 공동체들의 경제적 기반은 관개시설이었다는 사실을 주목해야 한다. 이러한 관개시설은 진흙 수로를 구릉위에 높게 설치하여 구불구불한 산악지대와 계곡을 따라 수 km 지역에 퍼져 있는 농경지에 물을 공급한다. 모체의 관개수로는 오로지 진흙만을 이용하기 때문에 매우 정교하게 축조되어야 한다. 즉 물이 너무 천천히 흐르게 되면 실트가 급속하게 퇴적되기 때문에 관개수로는 무용지물이 된다. 반면에 물이 너무 빠르게 흐르면 전체 수로가 범람을 하게 된다. 또한 풍화작용으로 인해 퇴적되는 모래를 제거하기 위해서는 아마도 매년 수천명에 이르는 노동력이 필요했을 것이다.

7장에서 우리는 이러한 관개시설이 문화진화의 결정적 요소가 될 수 있는지에 대해 논의하였는데, 대부분의 경우 이러한 전제는 타당하지 않다는 점을 살펴보았다. 일반적으로 선사시대의 거대한 관개체계는 국가의 직접적 동인이라기보다는 결과로 보인다. 그러나 모체계곡에서는 관개농경과 문화진화가 서로 밀접한 관련을 맺으면서 상호영향을 미치는 것으로 보아야 할 것이다. 다시 말해서 모체의 행정과 경제 체계의 발달은 관개체계의 발달과 병행하는 것으로 보인다.

이 시기의 사람들은 일상행위를 토기, 조각상, 벽화, 벽걸이 융단에 상세하게 묘사하고 있기 때문에 우리는 안데스 지역 사람들의 생활상을 자세히 알 수 있다. 예를 들어 토기의 표면에는 사람들이 창과 곤봉으로 사슴을 잡는 장면, 커누를 타고 바다로 나가는 어부의 모습, 새를 향해 취관*을 겨누는 사냥꾼의 모습, 직공장의 지휘하에 직물을 짜는 직공의 모습, 기타 전쟁과 인간희생의례, 폭력적인 장면 등이 상세히 묘사되어 있다. 또한 가마를 타고가는 사람이나 왕관을 쓰고 앉아 있는 사람, 조공을 받는 사람, 사형을 주재하는 사람들의 모습도 표현되어 있다.

근래에 발견된 고고학적 유적중에서 가장 극적이고 화려한 유적중의 하나는 리마에서 북서쪽으로 420km 떨어진 시빤(Sipán)의 왕실 무덤이다. 대부분의 모체 유적과 달리 이 무덤들은 도굴이 되지 않았고(페루고고학자에 의해 발굴되어 도굴이 이루어지지 못하도록 보호되고 있다) 또한 모체 문화의 많은 핵심적 요소를 보여주기 때문에 고고학적으로 특히 중요한 유적이다. 지금까지 이 책에서 논의한 이집트, 메소포타미아, 메조아메리카 등의 문명들을 살펴 본 독자라면 고대의 모체 문화가 경제적 부와 사회적 지위에 있어서 불평등에 기초한 사회라는 사실에 전혀 놀라지 않을 것이다. 또한 모체 사회는 전쟁과 정복활동이 장려되고 포로에 대한 종

---

*취관(吹管) : blowgun, 남미 인디언들이 불어서 화살을 쏘아 보내는 사냥도구.

교적 의식이 행해진다. 마지막으로 모체 사회에서는 정교한 기술과 귀중한 재료로 제작된 수많은 위신재들이 무덤에 부장되고, 확장적·군국주의적 정책을 보여주는 증거들이 발견된다.

이와 같이 모체문화의 진수를 보여주는 시빤무덤은 거대한 진흙벽돌 피라미드의 내부에서 발견되었다. 이중 한 기의 무덤에서는 고고학자 크리스토퍼 도난(Christopher Donnan)[51]이 전사 혹은 신관으로 해석한 한 남자가 목관에 똑바로 누운채로 발견되었다. 이 남자는 금으로 제작한 코와 귀장식, 청록색 구슬 팔찌, 동제 신발로 장식되었고 주변에서는 창, 전투용 곤봉, 방패, 화살 발사기, 조개, 가죽장식, 아름다운 무명 직물, 수많은 토기, 개 1개체분, 라마 2개체분이 발견되었다. 발견된 유물 중에서 특히 중요한 것은 중심 피장자를 위해 순장한 것으로 보이는 3명의 젊은 여인과 2명의 남자이다. 다른 고대 문명에서 살펴 본 바와 같이 많은 고대 사회는 이러한 인간희생을 정당화하고 순장자에게 즐겁고 안락한 사후세계를 보장하는 나름대로의 이데올로기를 가지고 있었다. 물론 우리는 문자를 사용하지 않았던 모체인의 마음속에 어떠한 생각이 자리하고 있었는지 영원히 알 수 없을지도 모른다. 그러나 전사-신관에게 소수의 여성과 남자, 음식, 도구, 장식품 등을 헌납하는 매장행위는 사자에게 안락한 영생을 부여하기 위한 모체인들의 염원을 반영하는 증거라고 할 수 있다.

시빤무덤에서 발견된 모체의 토기는 당시 사회상에 대한 일종의 '텍스트' 역할을 한다. 예를 들어 수 많은 토기에 묘사된 장면은 신관-전사가 전쟁포로의 목을 찔러 피를 분배하고 마지막으로 시체를 해체하는 모습을 보여주고 있다.

이 시기의 토기에서 보이는 또 다른 이데올로기적 표현은 생생한 성교장면이다. 모체 토기에서는 우리가 상상할 수 있는 모든 성교행위가 생생하게 묘사되어 있지만, 이 중에서 압도적으로 많은 표현은 구강섹스이다. 이처럼 노골적인 성적 표현이 묘사된 토기가 일상생활에서 사용되었을 것이고, 이러한 토기를 사용하여 물을 마시는 행위는 아직도 미국의 일부 주에서 불법으로 간주되는 행위를 최소한 상징적으로 실행하는 것이라고 할 수 있다. 만약 토기에 묘사된 성적 행위가 실제 생활의 반영이라면 – 실제로 스페인과 잉카제국의 기록에 의하면 이것은 사실적인 행위이다 – 모체사회는 매우 효율적인 인구 통제체계를 갖추었음에 틀림이 없다.[52]

왜냐하면 남성간의 성교행위가 묘사되어 있지는 않지만(대부분은 여성들간의 관계를 묘사), 자식을 생산할 수 있는 직접적 성교행위보다 구강섹스와 같이 임신과 관계없는 성교행위가 토기에 훨씬 많이 묘사되고 있기 때문이다.

만약 모체 토기가 일상생활을 정확하게 묘사하고 있다면 남성은 사냥과 어로, 농경 등의 생계행위와 전쟁을 수행하는 반면 여성은 음식을 조리하고 기타 가정의 기본적인 일을 하였던 것으로 판단된다. 토기의 장식과 후대의 민족지 기록에 의하면 여성들은 직물제작을 통한 경제적 부의 모두, 혹은 거의 대부분을 창출하였음을 알 수 있다. 유럽인의 접촉이후 오늘날까지의 민족지 증거에 의하면 거의 모든 여성은 직물을 제작하였고, 심지어 가장 정교한 직물도 촌락의 여인들에 의해 개인적으로 생산될 수 있었다.

모체에서 발견된 전반적인 고고학적 증거는 초기 복합사회의 핵심적인 양상을 모두 보여주고 있다. 예를 들어 토기에 나타난 전쟁의 증거는 취락에서도 나타난다. 다시 말해 조사가 충실하게 이루어진 모든 해안가 계곡의 마을은 요새와 성벽을 갖추고 있다. 또한 이러한 유적에서는 전쟁용 무기가 흔히 발견되는데 특히 남부 해안지대의 유적에서 많이 발견된다. 전쟁에서 살해된 포로의 목과 미이라화된 시체들도 무덤유적에서 빈번하게 발견된다.

수공업의 전문화는 아직도 상당히 단순한 수준에 머물러 있었던 것으로 보인다. 하지만 금, 은, 동을 사용하여 정교한 생산품을 제작하였고 이러한 제품을 만드는 장인들은 전업적 전문가 집단이었을 것으로 판단된다.

모체의 경제적 생산성, 신분의 위계화, 이데올로기는 기념비적 건축물에도 반영되어 있다. 모체의 다양한 지역에서 거대한 진흙 계단, 경사로, 신전, 피라미드 등이 축조되었다. 예를 들어 우아까 델 솔(Huaca del Sol)의 피라미드는 저변의 길이가 340×160m에 이르고 높이가 40m이며 1억 4천만개의 진흙 벽돌을 사용하여 축조되었다.

나스까 계곡의 고대인은 공중에서 보아야만 확인되는 거대한 선문(線文)을 사막 위에 건설하였다. 이러한 패턴에 대한 해석은 다양한데 과학적인 근거가 전혀 없는 주장에서부터 경제적인 측면으로 설명하는 주장도 있다. 전자의 대표적인 예로 에릭 본 데니켄(Erich von Daniken)을 들 수 있는데 그는 이 유적이 고대의 우주비

행사들을 위한 활주로였다고 주장한다. 후자의 예로는 이 유적이 농한기의 농경민에게 계속 노동을 시키기 위해 축조되었다는 주장을 들 수 있다.

모체의 수도는 기원후 400년부터 500년 사이 대규모 지진을 겪게 되고 결과적으로 모체 강의 유로가 바뀌게 되고 이후 크고 작은 홍수피해를 입었던 것으로 보인다.[53]

모체와 인근의 소규모 국가들은 끊임없는 전쟁의 소용돌이속에 살았지만 이들은 동시에 교역을 통해 서로 긴밀한 관계를 맺었던 것으로 보인다. 세계의 다른 고대 문명과 마찬가지로 이들 국가들은 전쟁의 승패가 갈리고 다양한 지역의 농경 생산성이 차이가 남에 따라 영역의 확장과 다양한 사회정치적 접촉을 하게 된다.

■ 중기 허라이즌기(기원후 600년~1000년) : 국가간의 경쟁

기원후 600년경에 이르면 남아메리카 안데스 지역의 수많은 경쟁 국가들은 이제 규모가 훨씬 큰 정치체계로 통합되기 시작한다. 이러한 정치체로는 만떼꼬(Manteco) 분지의 와리(Wari), 띠띠까까(Titicaca)호수 남쪽 끝에 위치한 띠와나꾸(Tiwanaku), 모체-치무(Chimú)를 들 수 있다. 이들 지역과 인근 지역에서의 치열한 정복전쟁과 이로 인한 중앙집권적 정부체계와 영역의 확대는 결과적으로 지역적 독립국가의 수를 감소시키게 된다.[54]

띠와나꾸는 호수의 늪지위에 감자를 비롯한 다양한 작물을 집약적으로 재배하였다. 식량의 대부분을 감자에 의존하였던 띠와나꾸는 거대한 영역국가중의 하나로 성장하게 된다. 띠와나꾸의 주민들은 또한 공기가 희박한 고지대에서 저지대와 교역을 할 수 있는 중요한 운송수단인 라마를 대량 사육한다.

띠와나꾸의 고대인들은 또한 뛰어난 석공이었다. 이들 석공들은 안데스 역사상 가장 인상적이고 뛰어난 기념비적 문과 조각상, 기타 건물들을 축조하였다.

와리는 겨우 1~2백년정도 밖에 존재하지 않지만 최전성기에는 북부의 카하마르카(Cajamarca)에서부터 남쪽의 시꾸아니(Sicuani)에 이르는 해안과 고지대의 대부분을 지배하게 된다. 와리 '제국'에 관한 증거는 대부분 중앙 고지대의 넓은 지역에 걸쳐 형성된 독특한 예술양식과 종교적 상징물에서 찾을 수 있다. 이러한 예술양식의 대부분은 최고위 신분을 지닌 엘리트의 무덤에서 주로 발견된다. 와리시의 전체 면적은 10㎢로서 고대 신세계에서 가장 규모가 큰 도시중의 하나라고 할 수 있다.

고대 페루 사회의 주요 도로의 일부가 이 시기동안에 축조되었다는 사실을 주목해야 한다. 왜냐하면 와리와 같이 넓은 지역을 통치했던 당시 사회에서 이러한 도로는 물자와 서비스의 교환을 촉진할 수 있는 결정적인 역할을 하였기 때문이다.

와리와 띠와나꾸는 적대적 관계의 독립국가였거나 한 정치체에 속하는 두 개의 거대한 도시였을 가능성이 있으나 현재로선 명확하지 않다. 고대 국가의 일반적 현상은 거대한 정치체들이 치열한 경쟁을 하여 영토를 확장하거나 축소하기도 하지만 장기적으로 보면 정치체의 크기가 확대되고 전쟁의 규모도 점점 증가하는 현상을 보인다. 와리와 띠와나꾸로 이러한 사회적 발전과정을 보였을 것으로 판단된다.

🏛 후기 중간기(기원후 1000년~1476년) : 초기 제국

기원후 800년에서 1000년 사이 와리와 띠와나꾸의 정치체계는 종말을 고하게 된다. 이 시기의 안데스 지역에는 최소한 7개의 상이한 정치체가 중심지로 부상하게 되는데, 이 중에서 가장 유명하고 발전된 중심지는 북부 해안의 모체계곡에 위치한 치무국가이다. 치무 정치체계의 주요 중심지는 아름다운 계획도시인 찬 찬(Chan Chan)이다. 찬 찬의 영역은 무려 11㎢에 달하였는데 이는 신세계 고대국가중에서 가장 큰 도시중의 하나이다. 찬 찬은 10개의 장방형 구역으로 나누어지는데 각 구역은 집, 테라스, 저수지, 공원, 도로, 공공건물을 공통적으로 가지고 있었다. 찬 찬이 번영할 당시의 안데스 사회는 완전히 계층화된 사회라고 할 수 있다. 피델(Fiedel)은 찬 찬의 한 지점에서 2백에서 3백명에 이르는 여성뼈가 발견된 사실에 주목하여 "이 여성들은 통치자의 장례식이나 훗날 통치자의 추모식에 희생된 왕실

의 시녀였을 가능성이 높다"라고 말하고 있다.[55]

금과 은으로 만든 위신재, 토기와 직물, 조각품들은 모두 정교하게 제작되었다. 치무사회는 경제적 부와 사회적 명성에 따라 엄격하게 위계화된 사회였으며, 치무 사회의 정치경제적 확장은 효율적으로 조직된 강력한 군대에 의해 이루어졌던 것 으로 판단된다.[56]

아마도 이 시기(기원후 1000년~1476년)의 안데스 지역에서 가장 중요한 발전은 다양한 도시 중심지의 번창이라고 할 수 있을 것이다. 남부 페루의 대부분은 아직 도 촌락의 수준에 머물러 있었지만 북부지역에서는 선정복기의 가장 거대한 도시 들이 건설되고 있었다.[57]

▨ 후기 허라이즌기(기원후 1476년~1532년) : 제국의 성장

신대륙의 문명중에서 최대의 영역과 가장 정교한 정치조직을 갖춘 잉카제국은 단지 87년이라는 짧은 기간동안 번영을 누렸던 문명이다. 꾸스꼬 계곡에 중심을 두 었던 잉카 제국(좀더 정확하게 말하면 따우안띤수유의 제국〈Empire of Tahuantinsuyu; '4 지방으로 이루어진 세계'〉)은 궁극적으로 콜롬비아에서 중부 칠레, 태평양에서 동부 정글지대까지의 광활한 지역의 정치체계를 정치경제적으 로 통치하게 된다. 최전성기의 잉카제국은 최대 6백만명의 주민을 지배하였다.[58] 이집트와 마찬가지로 잉카 제국은 달트로이(D'Altroy)의 표현을 빌리면 '전제적 영역(hegemonic-territorial)' 국가이다.[59] 즉 잉카 제국의 구성원은 광대한 지역에 걸쳐 산발적으로 분포하지만 중앙정부가 이들 주민들을 효율적으로 통치한다.

원주민과 스페인의 기록에 의하면 잉카는 기원후 13세기와 14세기에 안데스 지 역의 수많은 소국들은 제압함으로서 강력한 제국으로 부상하게 된다. 훗날 잉카의 수도가 되는 꾸스꼬의 주민들은 1435년에 경쟁국가의 침략을 받게 되지만 전쟁에 서 생존하게 된다. 꾸스꼬의 다음 군주는 정복, 협약, 합병을 통해 제국의 영역을 확장하게 된다. 스페인에 의해 기록된 잉카의 구전설화에 의하면 잉카의 왕은 1460년대에 찬 찬을 멸망시키고, 1470년대에 거대한 반란을 제압했으며 1480년대

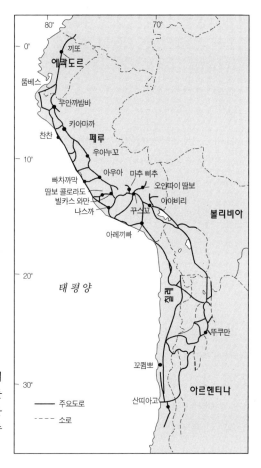

14.3 잉카의 도로 체계는 남북방향으로 달리는 두 개의 주요 도로로 구성된다. 이들 도로는 거의 모든 취락을 연결시키고 물자의 이동과 행정통치를 용이하게 해주는 역할을 하였다.

에는 성공적인 군사적 정복활동을 통해 제국의 급속한 확장을 이루게 된다.[60]

잉카 제국의 경제적 기반(그림 14.3)은 어업, 목축, 농업을 효율적으로 통합한 체계이다. 돌로 만든 수로를 통해 관개용수를 강에서 끌어왔고 수천년 동안 지속해왔던 저지대의 관개체계는 중앙적 관료제도하에서 계속하여 확장되었다. 라마와 알파카는 양모를 제공하고 개, 물오리, 돼지쥐는 대부분의 동물성 단백질을 제공하였다. 그러나 잉카제국의 가장 중요한 기간 작물은 옥수수, 콩, 감자, 퀸와, 고추였다.

잉카의 식량 저장법은 제국의 성장과 안정에 중요한 역할을 한다. 감자는 건조시키거나 냉동시켜 추노(*chuño*)라고 불리우는 검은색의 걸죽한 죽을 만드는데 사용되고, 고기는 육포로 만들어 보관하고 곡물은 영양가가 높은 맥주인 치까(*chica*)를 만드는데 사용된다.

크리스틴 하스토프와 시셀 요하네센(Christine Hastorf and Sissel Johannessen)은 기원후 500년부터 1500년까지의 남아메리카 안데스 지역의 식량체계를 분석하였다. 분석에 의하면 잉카제국은 옥수수로 맥주를 만들고 이러한 맥주를 국력의 강화와 종교적 행사를 치루기 위한 전략적 수단으로 이용한다. 다시 말해 엘리트들은 맥주의 분배를 통해 일반민에게 은혜를 베풀고 국가적 종교행사나 건축물의 축조에 그들을 동원할 수 있는 명분과 권리를 강화할 수 있게 된다.[61]

잉카제국의 고대인들은 10진법에 따라 상당히 복잡한 방법으로 조직되었는데, 예를 들어 행정관리는 10에서 10,000명까지의 단위로 조직된 납세자들을 관리하였다. 대부분의 사람들은 아이유(*ayllu*)라고 불리우는 거대한 친족조직의 구성원으로서 결혼은 동일한 아이유내에서만 가능하였다. 아이유는 공동으로 땅을 소유하는 경제적인 자급자족 단위였으며 구성원은 상호호혜적 의무로 서로 간에 강한 유대감과 소속감을 갖는다. 예를 들어 아이유의 구성원들은 어느 한 구성원이 부재시 서로의 경작을 도울 의무가 있으며, 미망인이나 노약자를 돌볼 의무가 있다. 농민은 국가 소유의 농경지에서 일정 기간 일을 해야하며 사자(使者), 직공, 금세공업자와 같은 장인과 전문가집단은 각각의 맡은 바 임무를 다해야 한다.

세금, 상거래, 인구통계의 기록들은 끼푸(*quipu*)라고 불리우는 결승문자(結繩文字 :)(그림 14.4)와 10진법을 사용하는 특수한 세습계층인 회계원에 의해 이루어졌다.[62] 메소포타미아 문명에서 사용된 것과 같은 문자체계는 종교적이거나 철학적인 정보를 전달하는데 훨씬 유용했을 것이지만 단순한 정보의 저장과 반출을 하기 위한 것이라면 끼푸도 충분한 문자의 역할을 할 수 있었을 것이다. 또한 잉카의 엄청난 행정인력은 문자로서의 끼푸의 한계를 극복하는데 많은 도움이 되었을 것이다.[63]

엘리트들에게 분배하기 위한 금, 직물, 기타 사치품들은 제국의 전역에서 수집되었다. 여성도 하나의 상품으로 취급되었다. 중앙정부의 관료는 정규적으로 각 마을을 방문하여 약 10세 정도의 소녀를 차출한다. 이 소녀들은 제국의 수도로 보내

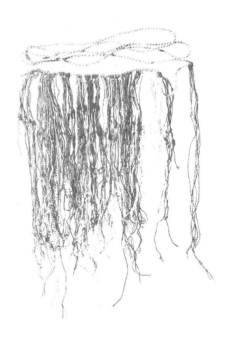

14. 4 잉카는 문자체계를 발명하지는 않았지만
     결승문자를 사용하여 정보의 전달과 기록
     을 하였다.

져 직물제작법과 요리법을 배우게 되고 이후 황제나 귀족의 배우자가 된다.

잉카 제국은 방대한 도로체계를 건설하였고 반대로 이러한 도로체계에 의해 제국이 형성되었다고 해도 과언이 아니다.[64] 대부분의 마을은 기본적으로 자급자족의 경제생활을 하였지만 물자와 정보의 교환을 위해서는 도로가 필수적이다. 이보다 더욱 중요한 것은 제국의 유지와 확장에 필수적인 군대를 빠른 시일내에 이동시키기 위해서는 도로망의 개발이 필수적이다. 이러한 목적을 달성하기 위해 잉카제국은 약 40,000km에 달하는 도로망을 건설하였다. 도로를 축조하기 위해 구릉의 사면은 깎아 내기도 하고 늪지 위에는 둑길을 만들어 건널 수 있도록 하였다. 또한 고지대에서는 산사태를 방지하기 위해 벽을 쌓아 길과 보행자를 보호하고 큰 강과 하천에서는 양쪽에 넝쿨식물의 줄기로 짜서 만든 현수교를 만들어 건너도록 하였다. 이러한 모든 도로망의 중간 중간에는 저장건물과 행정치소가 설치되었다. 정보를 전달하는 사자들은 약 1km의 간격으로 배치되어 있는데, 이러한 연락망을 통해 최대 2,400km 떨어진 지역까지 정보를 전달하는데 불과 5일밖에 걸리지 않는다.[65]

잉카인들은 뛰어난 건축가들이었지만 대부분의 사람들은 대도시보다는 소규모의 촌락에 거주하였다. 잉카의 전형적인 주거 단위는 돌이나 아도비로 방형의 담을 두른 대규모 가옥들인데, 이들 단위는 이보다 더 작은 단위로 다시 나누어진다. 잉카의 공공 건축물로는 궁궐, 신전, 저장소, 요새, 병영, 도로의 정류장 등을 들 수 있다. 이러한 건축물을 축조한 기술은 당시의 단순한 도구를 감안하면 실로 놀라운 수준이 아닐 수 없다. 잉카인들은 거대한 암반을 단단한 돌로 치거나 침식을 시켜 잘라낸 다음 돌들 사이에 칼이 들어갈 수 없을 정도로 매우 정교하게 건물의 벽이나 담을 축조한다.

잉카의 문화적 질서와 사회구조는 공공건축물뿐만이 아니라 주거용 건축물에도 반영되어 있다. 수잔 닐스(Susan Niles)는 15세기 귀족의 주택단지가 당시 사회의 엄격한 사회적 계층화를 반영하고 있다는 점을 보여주었다.[66]

잉카 수도 꾸스꼬에는 기념비적 건축물, 도로 등이 질서있게 배치되어 있으며 용수 시설과 배수시설이 잘 갖춰져 있다. 거대한 꿔리 깐차(Qori Kancha)신전은 외벽의 길이가 68×59m에 달하고 반원형의 부속건물은 34m 이상의 높이를 가지고 있다. 폭 1m의 소벽(小壁)은 외벽을 따라 설치되어 있고 입구의 통로는 판금(板金)으로 화려하게 장식되었다. 이 외에도 꾸스꼬의 많은 건축물들이 금과 은으로 화려하게 장식되었다.

잉카 제국은 내적으로 안정되어 있었기 때문에 산 정상부의 요새를 제외하고 취락을 보호할 성이 필요하지 않았다. 잉카제국의 주력부대는 전투용 곤봉과 도끼, 혹은 창으로 중무장한 보병이었다. 잉카의 군대는 본격적인 공격을 감행하기 전에 투석기, 볼라*, 투창기 등을 사용하지만 궁극적으로는 치열한 육박전이 전쟁의 승패를 가르게 된다. 잉카의 효율적인 전쟁 전략중의 하나는 군대를 매복시켜 결정적인 순간에 공격하는 것인데 이것은 나폴레옹이 즐겨 사용했던 전술과 유사한 방법이다.

---

* 볼라 : bola, 끝에 돌이나 쇳덩어리가 달린 투척용 밧줄.

📰 유럽인의 정복

남아메리카 안데스 일부 지역의 고고학적 조사는 1980년대와 1990년대 초반 농민군의 반란과 이로 인한 전쟁으로 인해 한동안 중지되었다. 남아메리카 안데스 지역의 식민지 역사는 이러한 문화적 충돌의 기원에 관해 많은 점을 설명해주고 있다.

스페인 사람들과 잉카 사람들은 1520년대에 간헐적으로 적대적인 충돌을 하였다. 이후 프란시스꼬 삐사로(Francisco Pizzaro)의 스페인 군대는 아따우알빠(Atahualpa)왕이 거주하고 있던 까아마르카(Cajamarca)를 향해 진군하였다. 스페인 군대는 이러한 정복과정중에 원주민들로부터 어떠한 저항이나 반발도 거의 받지 않았는데 아직도 이에 대한 이유는 분명하지 않다. 그러나 잉카의 왕권을 둘러싼 왕실내부의 정치적 혼란이 이에 대한 답이었을 가능성이 높다. 어쨌든 남아메리카의 원주민들은 곧 자신들의 이러한 자발적 무저항을 후회할 수밖에 없게 된다. 삐사로는 1532년 11월 15일 도시에 도착하여 도시가 거대한 요새 중심지로 축조되었음을 발견하지만, 놀랍게도 도시는 거의 폐기상태에 놓여 있었다. 몇 대의 대포와 소수의 군대로 무장한 삐사로는 잉카왕이 자신을 방문할 때까지 기다리기로 하였다. 결국 잉카왕은 가마를 타고 수천명의 군인과 시중에 둘러싸여 나타났다. 왕에게 접근한 최초의 사람은 기독교 전파를 담당하는 군대의 신부였다. 신부는 통역을 통해 우주의 창조, 아담과 이브, 마리아의 처녀 잉태설, 교황제의 확립 등에 대해 설교하기 시작하였다. 그의 설교는 로마 교황이 잉카 제국에 차알스라는 스페인 국왕자리를 부여하였다는 선언에서 절정을 이루게 된다.

잉카왕은 신부의 장황한 설교중에서 일부 대목에 주목을 하게 된다. 먼저 잉카왕은 원래 자신의 것이라고 볼 수 없는 스페인 국왕자리를 왜 교황이 자신에게 주겠다고 하는지가 궁금하였다. 또한 자신들의 신인 태양신은 영원불변한데[67] 왜 예수는 순교를 하게 되었는지가 이해되지 않았다. 아따우알빠가 신부에게 모든 이러한 일에 대해 어떻게 아느냐고 묻자 신부는 그에게 성무일과서(聖務日課書)를 건네 주었다. 왕은 이것을 대충 한번 본 후에 즉시 던져 버렸다. 이 시점에 이르러 스페인 군대는 공격을 감행하게 되고 여기서 돌이킬 수 없는 일이 발생하게 된다. 잉카왕은 스페인 군대를 공격하기보다는 무기를 버리고 달아나게 되고 공포에 휩싸여 허둥대다가 많은 군인들을 희생시키게 된다. 스페인 군대는 수 백명의 군인들을 살해하고 왕을 쉽게 생포할 수 있었다. 스페인 정복자들은 몇 달 동안을 까아마르까에서 주둔하게 된다. 이들은 잉카왕을 감금하였고 왕은 자신의 석방을 위해 스페인 정복자들에게 한 방에(약 6.5×4.5m 크기) 금을 가득 채우는 조건을 제시하였다. 이 사이에 스페인 군대는 공습을 통해 금과 은으로 정교하게 제작된 잉카의 수많은 문화유산을 착취하였고 이것들을 모두 녹여 스페인으로 보내게 된다.

스페인 사람들은 곧 여기저기서 반란이 일어날 것이라는 소문을 접하게 되고 이로 인해 왕을 처형하게 된다. 그들은 왕을 처형하였으나 화형대신에 교수형으로 처형하였다. 스페인 사람들은 왕을 교수형에 처함으로서 왕에게 세례를 받을 수 있는 대단한 은총을 베풀었다고 생각하였다. 아따우알빠의 사망, 왕권을 둘러싼 파벌간의 계속적인 내분, 유럽인에 의한 질병의 전염, 전쟁과 관개시설의 파괴가 계속되었고 고대 문명중에서도 가장 강력한 제국을 건설했던 잉카 제국도 완전히 멸망을 하게 된다. 한 때 6백만명 이상의 인구를 가졌던 남아메리카 안데스 지역의 주민은 스페인 정복후 수 십년도 지나지 않아 2백만명 이하로 급속히 감소하게 된다.

🔲 안데스 지역 복합사회의 기원 : 결론

지금까지 이 책에서 다룬 문명의 기원과 성장을 이해한 사람이라면 누구나 남아메리카 안데스 문명의 기원을 다양한 요소에서 찾아야 한다는 사실에 전혀 놀라지 않을 것이다. 그럼에도 불구하고 국가의 기원을 전쟁, 인구 증가, 환경적 포위의 결합적 요소로 설명한 로버트 카네이로의 가설(7장)은 남아메리카 안데스문명의 설명에 적절한 것으로 보인다. 일련의 문화적 복합성을 촉진하는 가장 중요한 '스트레스'(비록 카네이로가 제기한 방식으로는 아니더라도)는 전쟁이라고 주장하는 학자도 있다.[68] 그러나 지속적인 전쟁은 기념비적 건축물, 지역 경제의 조정, 수공업의 전문화, 거대한 종교전통의 등장과 같은 복합사회의 중요 요소들이 등장한 이후에 중요한 역할을 하는 것으로 보인다.

그렇다면 우리는 남아메리카 안데스 문명을 어떻게 설명해야 할 것인가? 풍부한 해양자원과 농경자원이 남아메리카 문명의 발달에 필수적인 역할을 하였음은 의심의 여지가 없다. 간단한 기술만으로도 복합사회를 유지하기에 충분한 식량을 생산할 수 있는 지역은 세계에서도 그다지 많지 않은데 안데스 지역은 그러한 소수지역중의 하나이다.

남아메리카 안데스 문명의 진화에 있어서 중요한 '부정적' 요소는 고대 중국, 이집트, 메소포타미아, 인더스 문명과 달리 안데스 지역이 인근의 고도로 발달한 정치체계로부터 지형적으로 고립되었다는 사실에서 찾을 수 있다. 구대륙의 문명들은 서로간에 활발한 접촉을 하게 되고 정치적, 경제적, 사회적으로 서로간에 상당한 자극을 한다. 그러나 바다와 정글에 의해 고립된 메조아메리카와 함께 남아메리카 안데스 지역은 고립된 환경에서 문명의 발전을 이루게 된다.

안데스 문명의 발달을 제한했던 또 하나의 요소는 견인용 사육동물의 부재이다. 라마가 어느 정도 이러한 역할을 하였지만 말, 노새, 소의 운송능력이나 농경지를 갈 수 있는 능력과는 비교할 수 없다. 남아메리카에 다양한 견인용 사육동물이 존재하였다면 문명이 어떠한 방향으로 발전하였을까를 판단하기는 어렵다. 그러나 오늘날 거의 대부분의 남아메리카의 농경지가 동물을 사용하여 경작되고 있다는 사실을 비추어 볼 때 당시 견인용 사육동물이 존재했다면 문명의 발달과 성격에 중요한 영향을 미쳤으리라 판단된다.

또한 남아메리카 문명의 성장에 철광석의 상대적 부재가 어떤 영향을 미쳤는가를 평가하기도 쉽지 않다. 구대륙에서는 각종 철제 도구와 무기가 거대한 제국의 확장과 밀접한 관련을 보여주고 있고, 따라서 철을 이용할 수 있었다면 남아메리카 문명의 발전과정도 상당한 변화가 있었을 것이다.

남아메리카 안데스 문명을 종합하자면 이 지역의 문화적 발달도 독자적인 복합사회가 발달하였던 다른 지역과 많은 점에서 유사성을 보인다. 즉 이 지역에서도 처음에는 통일적 종교의식이 지역적으로 확산되고 생산성이 높은 경제가 등장하며 기념비적 건축물의 축조가 전 지역적으로 발생한다. 또한 점차 고도로 계층화되고 경제적으로 통합된 제국단계의 정치체계가 등장하여 영화를 누리게 된다.

저 자 주

1) 이 글은 꼬보 신부가 저술한 *Inca Religion and Customs*의 다양한 버전에 나타나 있다.

2) Murra, "*Andean Ecology and Civilization*," p.11, In Masuda et al. Andean Ecology and Civilization.

3) Masuda et al., eds., *Andean Ecology and Civilization*.

4) Idyll, "The Anchovy Crisis."

5) Hoopes, "Earliest Ceramic Complexes in the New World," p. 41.

6) Rick, *Prehistoric Hunter of the High Andes*.

7) Richardson, "Maritime Adaptations on the Peruvian Coast: A Critique and Future Directions," pp. 140 – 45.

8) Quilter and Stocker, "Subsistence Economies and the Origins of Andean Complex Societies," p. 547.

9) Pearsall, "The Origins of Plant Cultivation in South American," p. 192.

10) Ugent et al., "New Evidence for Ancient Cultivation of *Canna edulis* in Peru."

11) 다음의 글에 논의되어 있음. Pearsall, "The Origins of Plant Cultivation in South American," p. 190.

12) Rick, *Prehistoric Hunters of the High Andes*.

13) 이러한 연대의 논의에 대해서는 다음의 글 참조. Quilter, "Late Preceramic Peru." p. 387.

14) Patterson, "Central Peru: Its Population and Economy."

15) Benfer, "The Challenges and Rewards of Sedentism: The Preceramic Village of Paloma, Peru"; Reitz, "Faunal Remains from Paloma, an Archaic Site in Peru."

16) Quilter and Stocker, "Subsistence Economies and the Origins of Andean Complex Societies," p. 545.

17) Parsons, "Preceramic Subsistence on the Peruvian Coast," p. 297.

18) Pozorski and Pozorski, "Alto Salaverry: A Peruvian Coastal Preceramic Site."

19) Benfer, "The Challenges and Rewards of Sedentism."

20) Engl and Engl, *Twilight of Ancient Peru*.

21) Lanning, *Peru Before the Inkas*, p. 71.

22) Quilter, "Late Preceramic Peru," p. 417.

23) Quilter, "Late Preceramic Peru." citing Feldman, *Aspero, Peru: Architecture, Subsistence Economy, and Other Artifacts of a Preceramic Maritime Chiefdom*, p. 89.

24) Quilter, "Late Preceramic Peru." 1991년 Urton과의 개인적 의견교환을 인용하고 있다.

25) Quilter, "Late Preceramic Peru."

26) Moseley, "The Exploration and Explanation of Early Monumental Architecture in the Andes."

27) Moseley, *The Maritime Foundations of Andean Civilization*.

28) Quilter and Stocker, "Subsistence Economies and the Origins of Andean Complex Societies." p. 554.

29) Richard Burger and Lucy Salazar-Burger, "Ritual and Religion at Huaricoto." and "The Early Ceremonial Center of Huaricoto."

30) Quilter, "Late Preceramic Peru." p. 420 – 21.

31) Lumbreras, *The Peoples and Cultures of Ancient Peru*, p. 47.

32) Moseley, "The Evolution of Andean Civilization."

33) Moseley, *The Maritime Foundations of Andean Civilization*.

34) Wilson, "Of Maize and Men: A Critique of the Maritime Hypothesis of State Origins on the Coast of Peru."

35) 다음의 글도 참조. Scott, "The Maritime Foundations of Andean Civilization: A Reconsideration."

36) Quilter and Stocker, "Subsistence Economies and the Origins of Andean Complex Societies."

37) Reitz, "Faunal Remains from Paloma, an Archaic Site in Peru."

38) Pozorski and Pozorski, *Early Settlement and Subsistence in the Casma Valley, Peru*.

39) Quilter and Stocker, "Subsistence Economies and the Origins of Andean Complex Societies."

40) Ibid., p. 555. Lathrap, "The Antiquity and Importance of Long-Distance Trade Relationships in the Moist Tropics of Pre-Columbian South America." 를 인용.

41) Mosely, *The Maritime Foundations of Andean Civilization*, p. 105.

42) Ibid., p. 106.

43) Patterson, "The Huaca La Florida, Rimac Valley, Peru."

44) Quilter, "Late Preceramic Peru." p. 414.

45) Burger, *Chavin and the Origins of the Andean Civilization*.

46) Lumberas, *The Peoples and Cultures of Ancient Peru*, p. 62.

47) Greider, *The Art and Archaeology of Pashash*.

48.) 다음의 글에 논의되어 있음. Keatinge, Peruvian Prehistory; Haas, Pozorski, and Pozorski, *The Origins and Development of The Andean State; Fiedel, Prehistory of the Americas* ; Donnan, ed., *Early Ceremonial Architecture in the Andes*.

49) Lanning, *Peru Before the Inkas*, pp. 114 – 15.

50) Silverman, "Cahuachi: Non-Urban Cultural Complexity on the South Coast of Peru."

51) Donnan, "Master Works Reveal a Pre-Inca World."

52) Donnan, *Moche Art and Iconography.*

53) Moseley, "The Evolution of Andean Civilization."

54) Lanning, *Peru Before the Inkas*, p. 127.

55.) Fiedel, *Prehistory of the Americas*, p. 333.

56) Keatinge, "Chim Rural Administration Centers in the Moche Valley, Peru," p. 79.

57) Moseley and Day, *Chan Chan: Andean Desert City.*

58) Collier, Rosaldo, and Wirth, eds. *The Inka and Aztec States, 1400 – 1800.*

59) D' Altroy, *Provincial Power in the Inka Empire.*

60) Lanning, *Peru Before the Inka*, pp. 159 – 60.

61) Hastorf and Johannessen, "Maize and Politics in the Pre-Hispanic Andes."

62) Lanning, *Peru Before the Inkas*, pp. 166 – 67.

63) Ascher and Ascher, *Code of the Quipu: A Study in Media, Mathematics, and Culture.*

64) Hyslop, *The Inka Road System.*

65) Von Hagan, "America' s Oldest Roads."

66) Niles, *Callachaca.*

67) Engl and Engl, *Twilight of Ancient Peru*, p. 119.

68) Carneiro, "A Theory of the Origin of the State" ; see also Wilson, "The Origins and Development of Complex Prehispanic Society in the Lower Santa Valley, Peru."

Part 15

북아메리카 초기 복합사회의 진화

당신은 (북아메리카의) 원주민에게 우주에는 오로지 한 명의 신이 존재하고
세상을 지배하는 제왕이 있으며 모든 사람은 제왕의 백성으로서
제왕을 섬겨야 한다는 점을 설명해야만 한다.

프라이 마르코스 데 닌사(Fray Marcos de Ninza)에게 내린 총독의 교시(기원후 1538년)

16세기와 17세기에 걸쳐 북아메리카를 정복하는 유럽인들은 정복과정에서 수많은 고대 문명의 흔적을 만나게 된다. 유럽인들은 오하이오와 미시시피 강의 계곡에서 이집트의 피라미드만큼 큰 규모의 수 많은 봉토분들을 발견한다. 또한 애리조나, 콜로라도, 뉴 멕시코의 주요 강이나 심지어는 건조한 고지대에서도 한 때 수 천명의 고대인들이 거주하였지만 이제는 완전히 폐기된 정교한 도시의 흔적을 발견하게 된다(그림 15.1).

세계의 모든 강대국의 시민들과 마찬가지로 자민족중심주의적 유럽인들은 이러한 인상적인 유적들이 자신들의 직접적인 선조, 예를 들어 켈트족이나 로마인, 혹은 바이킹족에 의해 건설되었으리라고 추정하였는데, 이것은 전혀 놀라운 일이 아니다. 다시 말해 유럽인들은 자신들이 본 가난하고 '퇴화된' 원주민들이 이처럼 엄청난 규모의 유적들과 어떤 상관관계가 있으리라는 점을 전혀 믿을 수가 없었던 것이다. 심지어 일부 유럽인들은 북아메리카의 원주민들이 이 지역에 살았던 원주민 이전의 '우열한' 미국 인종을 학살하였다고 비난하기도 하였다. 수많은 원주민을 학살하였던 유럽인들이 오히려 원주민을 비난하다니 이 얼마나 적반하장인가!

물론 이러한 거대한 분묘와 폐기된 취락을 건설했던 사람들은 유럽인들이 도착

남아메리카

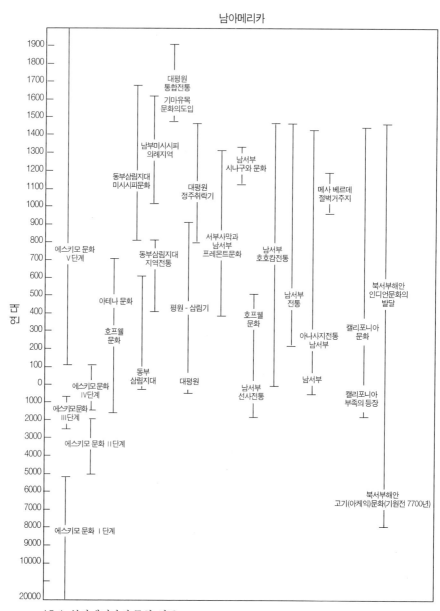

15.1 북아메리카의 문화 연표.

하기 수 백년전에 원주민의 선조들에 의해 건설된 것들이다. 오늘날 우리는 이러한 고대 미국의 원주민들이 10,000년 이상을 거슬러 올라가는 유구한 역사를 가지고 있다는 사실을 잘 알고 있다.

콜럼버스 이전 북아메리카의 고대인중 일부는 고대 메조아메리카 복합사회와의 접촉을 통해 많은 영향을 받게 된다. 물론 북아메리카 원주민의 문화가 메조아메리카나 메소포타미아의 '독립적' 고대 문명과 동일한 수준의 문화적 발달을 이룩하지 못했다는 점도 역사적 사실이다. 그러나 북아메리카의 원주민들은 상당한 수준의 문화적 복합성을 달성하였고, 그러한 복합성을 대부분 독자적으로 성취하였다. 더구나 북아메리카가 멕시코나 페루의 문화에 버금가는 문화를 건설하지 못한 생태적·문화적 이유도 고대 문명의 발전과정을 이해하기 위한 하나의 과정으로서 중요한 의미를 지닌다.

오늘날 미국의 고고학자들은 알라스카에서부터 남부 텍사스까지의 북아메리카의 많은 선사유적을 체계적으로 발굴하고 있다. 북아메리카 고고학자들의 수를 감안하면 우리는 세계의 그 어떤 지역보다도 북아메리카의 문화발달과정을 상세히 알 수 있어야 한다. 그러나 불행하게도 초기의 미국 고고학자들도 다른 지역의 고고학자들과 마찬가지로 풍부한 유물이 부장된 무덤과 대형 취락의 발굴에 치중하였고, 결과적으로 미국 원주민의 역사에 대한 편향적 지식을 얻게 되었다. 또한 수많은 미국의 문화자원이 주차장과 햄버거 가게의 건설로 인해 파괴되고 있다. 더구나 다른 지역과 마찬가지로 미국 원주민의 역사는 오늘날에도 도굴꾼에 의해 계속 훼손당하고 있어, 원주민 역사의 대부분을 영원히 알 수 없을 정도로 많은 고고학적 유적이 파괴되고 있는 실정이다.

'인디언'에 관한 전통적이고 어떤 의미에서 멸시적인 시각은 이제 이들의 사회적 조화, 생태적 정화, 우수한 원리체계를 강조하는 새로운 시각으로 바뀌고 있다. 모든 다른 문화와 마찬가지로 고대 북아메리카인들의 문화에도 우수하고 독특한 측면이 많이 있다. 현재까지의 고고학적 조사결과로 볼 때 이들은 세계의 다른 선사시대의 사람들과 유사한 생활을 하였다. 즉 이들도 소규모의 채취자 혹은 농경민이었으며 올해의 가뭄과 내년의 홍수를 걱정하고 토양과 식생이 고갈되면 작물을 바꾸고 고대의 이집트, 중국, 혹은 유럽인 못지 않게 노예제도와 경제적 착취, 전쟁의 피해에 시달렸다.

'미국 원주민(Native American)'이라는 용어가 점차 과거의 상대적으로 부정확했던 '인디언'이라는 용어를 대체하고 있는 추세이다. 그러나 모든 미국인은 본질적으로 이주민이고 현재의 사람들은 상대적으로 최근의 이주민이라는 사실을 명심해야 한다. 신세계를 개척하고 '미국 원주민'이 된 사람들은 실제로 최소한 세번의 이주를 통해 신대륙으로 이주해온 북부 아시아인이었다(5장). 다시 말해 이러한 북부 아시아인의 신대륙 이주는 이후 이어지는 수많은 이주중에서 첫 번째 이주라고 할 수 있다.

북아메리카 동부

환경적 배경

북아메리카에서 가장 복잡한 고대 문화는 동부의 거대한 강의 계곡, 특히 미시시피강과 오하이오강에서 발전하게 된다(그림 15.2).

우리는 5장에서 약 12000년전에 북아메리카의 동부를 덮고 있던 거대한 빙하가 캐나다 지역으로 퇴각함에 따라 이 지역의 식물과 동물의 분포가 오늘날과 거의 비슷하게 되었다는 점을 살펴보았다. 기원전 8000년과 6500년 사이 대부분의 북아메리카의 연중 기온은 오늘날보다 섭씨 2.5°도 정도 추웠던 것으로 보인다. 이 시기 이후 미국 원주민들은 아마도 훨씬 춥고 습기가 많은 날씨(기원전 4000년경)처럼 기후의 극심한 변화를 겪었던 것으로 판단된다.[1] 미세한 기후의 변동과 강우량의 변동은 당시 사회에 매우 중요한 식량원이었던 견과나무에 중요한 영향을 미치게 되고, 또한 초기 아메리카 수렵채취경제의 기반인 강과 호수의 크기 및 안정성에도 중대한 영향을 미치게 된다.

북아메리카의 동부는 수렵채취민에게 풍족한 자원을 제공할 수 있는 온대기후이지만 이 지역의 풍부한 농경의 잠재력은 산업기술의 도움이 있어야만 구체화될 수 있다. 미국 남서부와 서부 지역도 상당히 다양하고 풍부한 환경지대이지만 나일

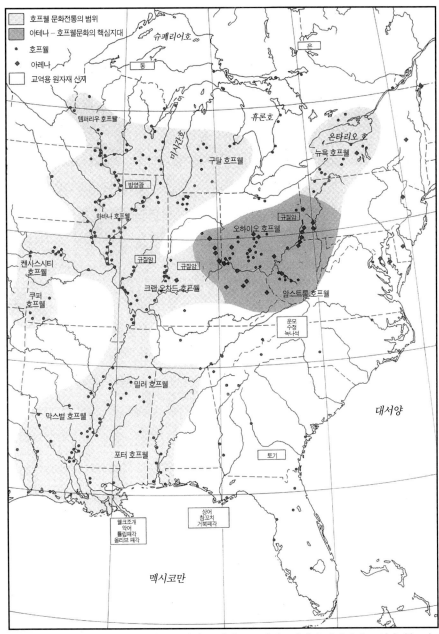

15.2 아데나 – 호프웰 문화. 아데나 문화의 중심지는 오하이오이지만 아데나의 교역관계는 멀리 뉴욕까지 이루어졌다. 아데나 문화는 기원전 100년경에 최전성기를 맞게 되고 기원후 400년 경에 이르면 쇠퇴하기 시작한다. 약 기원전 100년경부터 오하이오의 아데나 문화는 호프웰 문화에 대체되기 시작하고 이때부터 900년 동안 호프웰 문화는 동부 전역에 걸쳐 나타난다.

강이나 메소포타미아와 같은 농경의 잠재력을 지닌 곳은 전혀 존재하지 않는다. 오늘날 미국의 농업은 굉장히 생산적이기 때문에 선산업기에 이곳이 얼마나 비생산적인 농경지대였을까를 생각하기란 상당히 어려울 것이다. 이러한 이유로는 첫째, 대부분의 지역이 적도에서 벗어나 있기 때문에 태양광선의 양과 서리가 내리지 않는 날이 작다. 따라서 이들 지역은 세계 최초의 농경민이 등장하였던 근동이나 메조아메리카보다 농경의 절대적 잠재력이 부족한 곳이라고 할 수 있다. 둘째, 고대의 미국 원주민들은 오늘날 미국의 비옥한 옥토인 아이오와, 미조리, 기타 대평원과 중서부 지역의 대부분을 이용할 수 없었다. 왜냐하면 이러한 비옥한 농경지를 덮고 있는 무성한 잡목들을 제거할 수 있는 농경기술과 견인동물이 당시 사회에서는 존재하지 않았고 잡초를 제거할 수 있는 기계가 없었기 때문이다. 셋째, 대서양 연안에서 미시시피강의 서쪽 지대의 대부분은 무성한 삼림을 이루고 상당히 추운 '폐쇄적 삼림의 절정지대(closed-canopy climax forest)'이기 때문에 견과나 기타 소수의 자원을 획득할 수 있지만 오늘날의 기간작물인 옥수수-콩-호박을 재배하기에는 부적절한 지역이었다. 넷째, 오늘날 세계 식량의 주 공급지역이 된 캘리포니아와 서부 지역은 근대의 관개기술이 발달되기 전까지 작물을 재배하기에는 너무나 건조한 지역이었다.

농업의 기원 : 후기 고기(기원전 5000년~기원전 800년)

미국 원주민이 어떠한 과정을 거쳐 농경민이 되었는가를 밝히는 것은 상당히 어려운 작업이다. 북아메리카 동부지역의 초기 농경에 대한 최근의 조사를 통해 게일 프리쯔(Gayle Fritz)는 이 지역의 사람들이 서로 상이한 메카니즘과 과정을 통해 작물을 재배하기 시작하였다고 주장하고 있다.[2] 예를 들어 그녀는 해바라기가 동부 지역에서 재배되고 있었지만 원래 서부 지역에서 전파된 작물이라는 점을 주목하고 있다. 또한 담배는 주로 종교적 이유와 사회적 목적으로 사용되었기 때문에 다른 작물과는 상이한 과정을 통해 재배되었다고 보아야 한다. 옥수수나 콩과 같은 작물은 상대적으로 늦게 남부에서 유입되었지만 지역에 따라 부차적 순화과정과 적응과정을 겪는다. 옥수수 변종, 담배, 콩, 완두콩과 같은 작물은 각각 상이한 시기에 북아메리카 동부지역으로 유입되었는데 캐리비안 군도, 메조아메리카, 남아메리카를 포함한 다양한 지역에서 도입되었던 것으로 보인다.[3]

옥수수와 콩은 미국 동부에서 가장 거대하고 복잡한 문화의 기반이 되었기 때문에 가장 중요한 재배작물이었을 것이라고 생각할 수 있다. 그러나 옥수수는 상대적으로 늦게 도입되었는데 예를 들어 기원후 1000년 이후부터 가장 중요한 식량자원이 된다. 알래스카 해안의 셸비(Shelby) 호수에서는 기원전 1500년경의 옥수수 화분이 발견되었지만 이 시기에 옥수수가 이 지역에서 중요한 식량자원이었는지는 불확실하다. 북아메리카 동부지역에서 발견된 것 중에서 연대가 확실한 가장 이른 옥수수 표본은 동부 테네시의 아이스하우스 바텀(Icehouse Bottom)유적에서 발견된 일련의 탄화된 옥수수 알이다. 이 옥수수 표본의 방사성탄소연대는 기원후 75년으로 밝혀졌다. 그러나 기원후 1000년 이전까지의 옥수수는 아마도 전체 식량자원에서 차지하는 비중이 매우 낮았다고 보는 것이 합리적이다.

북아메리카 동부 지역 초기 농경의 기반을 형성했던 식량자원은 기름과 녹말이 풍부한 각종 식물류였다고 할 수 있다. 이러한 주요 재배 작물로는 명아주, 해바라기, 야생 호리병박, 소맥, 마디풀 등을 들 수 있다. 농업이 주요 생계형태로 정착되는 과정은 보통 수 천년의 세월이 걸린다. 5장에서 살펴본 바와 같이 기원전 5000년경에 이르면 북아메리카 대부분의 지역에 사람이 살기 시작하고 자원의 종류나 기술에 있어서 지역간에 상당한 차이를 보이기 시작한다. 그러나 기원전 1000년대 후반까지는 수렵과 채취가 선사시대의 대표적인 생계방식이었다고 할 수 있다. 따라서 빙하기 이후 수 천년 동안의 일반적 선사문화의 발달과정은 정주 취락의 수가 증가하고 처음에는 수렵과 식물의 집약적 채집활동이 이루어졌으나 점차적으로 옥수수와 콩이 재배되기 시작한다.

리차드 에키스(Richard Yerkes)는 기원전의 마지막 3000년 동안을 '전환기'로 부르고 있는데, 왜냐하면 이 시기 동안에 서서히 진행되는 거대한 문화변동을 통해 찬란한 원주민 문화의 씨앗이 잉태되기 때문이다.[4] 에키스에 의하면 이러한 3000년 동안 북아메리카 동부 지역의 주민들은 강연안지대의 자원을 활용하고 있었고, 이러한 지역에서 점차 농경취락이 들어서게 된다. 또한 이들은 호박, 호리병박, 명아주, 해바라기, 담배와 같은 재래식물을 처음으로 재배한 사람들이다. 또한 이 시기의 사람들은 교역물의 종류와 양을 점차 증가시키기 시작한다. 브루스 스미스(Bruce Smith)는 기원전 3000년기부터 북아메리카 동부의 고대인들이 여름철과 겨울철에 어떠한 방식으로 주요 활동공간을 이동하고 다양한 자원을 활용하였는가를 보여주고 있다.[5]

궁극적으로 수많은 북아메리카 동부인을 부양하게 되는 옥수수, 콩, 호박으로의 전환은 장기간에 걸쳐 서서히 발생하는 변화의 마지막이자 가장 생산적인 단계라고 할 수 있다. 즉 이러한 변화는 당시의 원주민들이 단순한 식물 채집과 사냥으로부터 극소수의 기간작물에 대한 의존도를 높여가는 변화를 보여준다. 옥수수가 북아메리카의 온대 지대에 도착하기 오래전에 이 지역의 사람들은 초기 농경법으로 소수의 작물을 전문적으로 재배하였다. 따라서 북아메리카 농경의 기원에 관한 의문점은 다른 지역과 동일하다. 즉 농업경제는 언제, 어디서, 어떤 과정을 거쳐 왜 발생하게 되었고 그 결과는 무엇인가? 그리고 토착재배종과 외래종의 장기적인 관계는 어떻게 나타나는가?

초기 농경이 발생한 다른 지역과 마찬가지로 우리는 북아메리카의 기후변화를 무시할 수 없다. 예를 들어 기원전 5000년부터 2000년 사이의 복잡한 기후변동은 동부 삼림지대를 따라 흐르는 강과 하천의 유로를 바꾸었을 것이고, 유로의 차단으로 형성되는 배후습지와 호수는 패류와 기타 수상자원의 종류와 수를 증가시키고 인간에 의한 접근성을 확대시켰을 것이다. 또한 이러한 환경의 변화는 명아주, 해바라기, 늪지 딱총나무, 야생 호리병박, 등의 다양한 작물이 서식할 수 있는 훨씬 다양하고 넓은 '교란' 서식지 – 범람된 물에 의해 식생이 교란되는 범람원지대 – 를 제공하게 된다.[6] 미국 원주민들은 기원전 5000년부터 기원전 2000년 사이에 이러한 식물들을 채취하였고 아마도 이들 작물의 순화와 간단한 농경(이들 용어에 대해서는 6장 참조)을 시작하였을 가능성이 있다. 예를 들어 이들은 히코리나무가 밀집분포하는 지역에 다른 종류의 나무의 껍질과 성장층을 잘라 심어 히코리나무의 성장을 촉진했을수도 있다. 또한 완두콩, 해바라기, 기타 식용작물의 성장을 촉진하기 위해 불을 피워 초목을 제거했을 가능성도 있다.[7]

북아메리카 삼림지대에서 가장 이른 시기의 순화종은 호리병박과 호박이었을 가능성이 높다. 중서부 일리노이주에서 발견된 탄화된 호박 껍질의 연대는 기원전

5000년에서 4000년 사이로 밝혀졌고,[8] 미주리, 테네시, 켄터키에서 발견된 일부는 최소한 기원전 2500년으로 편년된다. 이러한 종류의 식물은 멕시코에서 유입되었거나 지역적으로 순화되었을 가능성이 있으며, 두 가지 경로 모두를 통해 재배되었을 것으로 보인다. 초기의 유입 식물은 저장되거나 씨앗으로서 사용되었던 것으로 추정되고 가끔 식용으로도 이용되었을 것이다. 그러나 이러한 식물의 씨앗이 잘 보존되지 않은 점을 감안하면 동부지역에서 이들 식물들이 이용된 연대가 수 천년 이상 올라갈 가능성도 배제할 수 없다. 또한 호리병박은 고고학적 유적에서 발견되는 자료를 이용하여 정확하게 그 종류를 식별하기 어려운 문제가 있다.[9]

북아메리카의 식물 순화와 농경에서 가장 분명한 변화는 기원전 2050년과 1050년 사이에 발생한다. 일차적인 증거는 해바라기, 명아주, 기타 교란된 서식지 식물의 형태적 변화라고 할 수 있다. 6장에서 살펴 본 바와 같이 세계의 선사시대인들이 식물을 순화하는 방법중의 하나는 씨앗의 크기와 수를 증가(예를 들어 2열 보리에서 6열 보리로의 변화)시키고 식물의 휴면주기를 바꿈으로서 식물의 유용성을 배가시키는 것이다. 해바라기, 명아주와 같은 식물의 싹은 봄에 트는데 이들 식물은 너무나 많은 열매가 협소한 공간에 열리기 때문에 심한 생존경쟁에 직면하게 된다. 이러한 상태에서 싹이 가장 일찍 트고 다른 것에 비해 크고 경쟁력이 있는 것이 생존하게 된다. 싹을 일찍 트게 할 수 있는 가장 중요한 요인은 씨앗의 껍질, 즉 종피(種皮)의 두께이다. 부르스 스미스는 일리노이, 아칸사스, 켄터키, 기타 인근지역의 동굴유적과 생활유적에서 발견된 명아주 씨앗의 종피 두께를 분석하였다.[10] 분석결과에 의하면 명아주 종피의 평균 두께는 기원전 2500년이후 거의 모든 동부지역에서 현저한 감소를 보이기 시작한다. 순화종으로의 변화가 이 시기의 다른 종류의 식물에서도 나타나고 있지만 브루스 스미스가 지적한 바와 같이 "이러한 순화과정이 인간의 의도적인 선택행위에 의해서 발생했거나 순화종이 처음부터 인간의 생계에 중요한 비중을 차지하였다는 증거는 없다."[11]

이러한 한계에도 불구하고 오늘날의 많은 학자들은 북아메리카에서 농경이 어떻게 시작하였는가를 설명하기 위해 노력하고 있다. 마이클 오브라이언(Michael O'Brien)은 일리노이와 미주리의 경계지점의 농경 전환을 설명하기 위해 '상호진화' 모델을 제시하였다.[12] 오브라이언의 연구는 데이비드 린도스(David

Rindos)의 작물 순화에 대한 연구[13]에 기초하고 있다. 오브라이언은 북아메리카 원주민들이 기원전 300년이전의 시기까지 해바라기 씨앗, 명아주, 늪지 딱총나무를 지속적으로 사용하였고, 그 결과 순화와 농경으로 이어지는 식물과 인간의 밀접한 관계가 형성되었다고 주장하고 있다. 오브라이언에 의하면 이러한 식물자원의 이용은 전체 생계경제에서 차지하는 비중이 그리 높지 않고 채취하는 비용도 높지 않다. 왜냐하면 이러한 작물의 이용은 다른 생계행위와 시기적으로 겹치지 않고 별 다른 어려움 없이 식물의 씨앗을 대량 운반할 수 있기 때문이다. 그러나 오브라이언에 의하면 이러한 과정을 거쳐 "기원전 200년경에 이르면 인간집단과 이들 자원과의 상호작용은 인간이 정주생활을 할 수 있는 수준까지 도달하게 된다"[14] 오브라이언에 의하면 이러한 작물의 지나친 의존은 홍수나 가뭄에 생존하기 어려운 문제를 야기하지만 동시에 높은 인구밀도를 부양할 수 있는 잠재력을 지니고 있다.

북아메리카의 순화종의 열매는 대부분 단순히 건조시키거나 깨서 먹을 수 있지만 가공해서 먹을 수도 있다(그림 15.3). 데이비드 브라운(David Braun)은 중기와 후기 삼림기에 명아주와 같이 녹말이 풍부한 열매를 조리할 수 있는 토기가 점점 많이 제작된다는 사실을 보여주고 있다.[15] 이러한 토기들은 높은 열과 급격한 온도 변화를 견딜 수 있어야 한다. 전세계적으로 도공들은 보통 열매와 액체 음식을 서서히 오래 끓일 수 있도록 토기의 형태를 항아리 형태로 만들고 동일한 태토와 두께로 토기를 제작한다. 스튜와 스프는 가장 맛있는 음식은 아니지만(지중해 연안은 예외) 영양가가 매우 높은 음식이다. 더구나 이러한 음식은 건조한 명아주 열매나 식물의 찌꺼기나 남은 부분과 같이 사람들이 직접 먹기 어려운 것들을 이용하여 끓여서 먹을 수 있다는 최대 장점을 가지고 있다. 이러한 식물의 영양가를 높일 수 있는 최상의 방법은 끓여서 조리하는 방법인데 동시에 이러한 조리법은 "맛을 향상시킬 수 있는" 장점이 있다.[16] 미국 원주민은 그들의 환경에서 채취한 각종 열매를 서서히 조리하는 단순한 방법을 개발함으로서 이동거리와 이동에 따른 위험성을 줄이면서도 좀 더 많은 사람을 부양할 수 있는 수준까지 식량자원을 확대하게 된다. 미국 원주민은 이제 녹말이 풍부한 열매에 더욱 의존하게 되고 이러한 경제체계의 변화가 미친 영향은 북아메리카 동부의 많은 지역에서 발견된다.[17]

　토기제작기술은 멕시코에서 도입되었다고 주장하는 연구자도 있다. 그러나 최소한 한번은 북아메리카의 동부에서 토기가 독자적으로 발명되었고, 저장용기가 식물 채집과 저장에 중요한 역할을 함에 따라 여러 번에 걸쳐 동부지역에서 독자적으로 제작되었다고 보아야 할 것으로 판단된다.

　이러한 다양한 식물의 채집과 순화는 예외없이 항상, 그리고 어디서나 활발한 사냥과 어로행위, 견과류 채집행위와 결합되어 나타난다. 그러나 농업이 이 시기에 실시되었다는 증거는 거의 없다. 다시 말해 이 시기에는 해바라기와 기타 다양한 식물로 구성된 환경지대를 농경지로 전환하여 물을 대고 잡초를 뽑는 행위로 수정하려는 시도가 거의 없었다. 멜빈 포울러(Melvin Fowler)에 의하면 북아메리

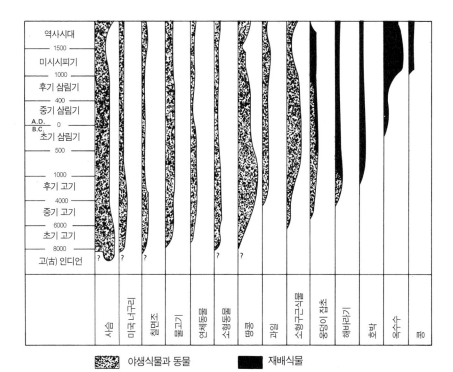

15.3 미국 중서부 선사시대에서 발생한 농경생활방식으로의 전환은 야생식물이 옥수수, 콩, 호박으로 대체되는 과정이다(그림에서 칠한 부분의 상대적 두께는 각 자원에 대한 상대적 중요성을 가리킨다)

카의 동부에서 순화되는 대부분의 토착식물은 개활지대에서 잘 자라는데 이러한 개활지대는 수렵채취자들에 의해 이용된 달팽이와 대합조개 껍질, 물고기 뼈, 기타 쓰레기 등으로 토양의 비옥도가 향상된다.[18] 이러한 식물과 인간 사이의 자연적인 관계가 언제 어떻게 농경으로 전환되었는가를 설명하는 것은 언제나 어려운 작업이다.

북아메리카 동부의 초기 문화적 복합성   세계의 다른 수렵채취민과 마찬가지로 북아메리카 동부의 선사인들도 식물의 채취를 집약화하고 이동성의 생활을 줄이고 특정 지점에 거주하는 시간이 많아짐에 따라 사회적 차별화의 증가를 보이기 시작한다.[19] 이러한 변화를 반영하는 가장 이른 증거중의 하나는 무덤유적이다. 기원전 2000년경부터 사람들은 이제 동, 패각, 옥 등을 무덤에 부장하기 시작하고 발견된 인골중의 일부는 광물안료인 붉은 황토로 덮여진다.[20] 에키스에 의하면 이러한 "개인들은 자신들이 평생동안 획득한 외래기원의 귀중품과 함께 매장되지만 자신이 생전에 획득한 지위를 자손에게 물려줄 수는 없었던 것으로 보인다."[21] 4장에서 살펴 본 바와 같이 100000년전의 네안데르탈인도 죽음이란 이승에서 저승으로 옮겨가는 하나의 과정으로 어렴풋이나마 인식을 했던 것으로 보인다. 따라서 기원전 2000년기 북아메리카 동부 지역의 일부 무덤에서 외래 기원의 물자가 발견되고 화장이 이루어진다는 사실은 놀라운 일이 아니다. 그러나 다른 지역과 마찬가지로 이러한 초기의 간단한 장례의식은 점차 사회적 차별화와 기타 문화적 복합성의 징후가 뚜렷한 정교한 매장의례로 발전하기 시작한다.

미국의 원주민문화가 이전의 문화에 비해 획기적 발전을 보이는 가장 이른 문화 중의 하나는 미시시피강 하류 삼각주지역에 위치한 포버티 포인트(Poverty Point)문화이다. 이 문화의 이름은 기원전 1200년과 600년 사이에 거대한 봉토마운드가 축조된 루이지에나의 포버티 포인트 유적에서 유래한 것이다(그림 15.4). 포버티 포인트에서는 6기의 서로 중복된 봉토분이 발견되었는데 각각은 평균 25m의 폭과 3m의 높이를 가지고 있으며 약 40m의 간격으로 배치되어 있다.[22] 이 유구의 근처에는 높이가 20m 이상이고 길이가 200m 이상인 인공 마운드도

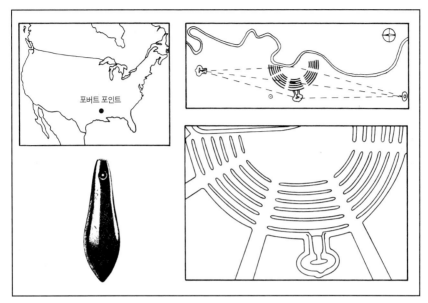

15.4 북아메리카에서 가장 인상적인 고기의 유적중 하나는 포버트 포인트유적에서 발견된 복합무덤단지이다. 기원전 1500년과 700년 사이에 이 지역의 수렵채집민은 흙을 쌓아 8각형 모양의 무덤을 축조하였다. 가장 바깥쪽의 8각형 유구의 직경은 약 1300m에 이른다. 이 복합단지의 일부는 후대의 강의 침식작용에 의해 훼손되었다. 이러한 봉토분 근처의 소형 무덤, 기타 주거유구에서는 많은 아름다운 유물이 발견되었다. 또한 이들 유구에서는 가열한 후에 음식을 끓이기 위해 자비용기에 넣는 수천개의 토주도 발견되었다.

축조되어 있다. 이러한 복합적 유구들을 축조하기 위해서는 수 백, 아마도 수 천명의 사람들이 조직되고 계획된 방법으로 흙을 운반해야하며 총 3백만 시간 이상의 노동력이 필요한 것으로 추산되고 있다. 만약 한 바구니가 1㎥의 흙을 담을 수 있다면 이 마운드를 축조하기 위해서는 약 1,236,000 바구니의 흙이 필요하게 된다. 어쨌든 이 유구는 내부에서 발견되는 무덤으로 보아 매장의례와 관련된 것임은 틀림없지만 유구의 전반전인 중요성을 평가하기는 어렵다. 포버티 포인트의 일부 사람들은 정교한 장인이었는데 이들은 동석(凍石)과 사암을 이용하여 그릇을 만들고 진흙과 돌을 이용하여 파이프를 제작하였다. 또한 이들은 매우 단단한 돌을 이용하여 도끼, 까뀌, 톱, 저울추 등을 제작하였다. 이러한 다양한 물건을 만드는 재료 중의 일부는 600km이상 떨어진 지역에서 수입된 것도 있다. 사실 외래 물품의 교역과 교역을 통한 수공업제품의 생산은 포버티 포인트가 번창한 이유가 될 수 있다. 왜냐하면 포버티 포인트유적은 6개의 주요한 강이 합류하는 곳에 위치하고 있기 때문이다. 일부 학자들은 포버티 포인트의 사람들이 메조아메리카의 올멕 문화(13장)와 문화적 접촉을 가졌다고 주장하기도 하지만 포버티 포인트의 토기나 기타 유물에 올멕 양식이 전혀 보이지 않고 있다. 다른 지역의 거대 마운드와 마찬가지로 포버티 포인트의 마운드도 천문학적 의미를 지닌다. 즉 춘분점과 추분점은 동쪽방향으로 향하는 무덤중앙의 직선과 일치하고 있다.[24] 그러나 스톤헨지와 마찬가지로 고대의 모든 거대 기념물들은 다양한 각도에서 관찰할 수 있으며, 다양한 천문학적 규칙성을 발견할 수 있지만 이러한 규칙성이 당시 축조자들에 의해 의도적으로 계획되었다는 점을 직접적으로 말해주는 것은 아니다.

메소포타미아의 예리코에서 보는 바와 같이 농경의 실시가 거대한 기념물을 축조하기 위해 반드시 필요한 선결조건은 아니다. 이러한 건축물들을 축조하기 위해 반드시 필요한 것은 식량자원의 높은 생산성이지, 그것이 어떤 형태로 생산되느냐가 아니다. 포버티 포인트의 고대인들이 원시적인 형태의 농경에 일부 종사하였을 수도 있지만 마운드 축조자들의 주요 생계형태는 사냥과 채집을 결합한 형태였을 것으로 판단된다.

어쨌든 포버티 포인트의 선사인들은 유사한 문화발전단계에 있던 다른 지역의 사람들이 행했던 사회문화적 행위를 보여준다. 다시 말해 이들은 기념비적 건축물을 축조하고 외래물자를 획득하기 위해(아마 생계자원도 포함하여) 활발한 교역을 하였고 이러한 다양한 활동을 통해 사회적 지위와 기타 사회적·민족적 차이를 심화시켰던 것으로 판단된다. 이후 이들의 문화는 다른 지역 문화의 중요성이 증가함에 따라 점차 쇠퇴하기 시작한다. 포버티 포인트 문화는 기원전 650년경부터 쇠퇴하기 시작하여 북서부의 다른 문화가 강성해짐에 따라 멸망하게 된다.

기원전 800년 이후 북아메리카의 미시시피강 계곡에서는 인간 문화의 다양한 적응양상이 나타나기 시작한다. 이 지역에서는 이제 토기가 사용되고 자생 순화종과 외래 순화종에 의존하는 경제가 나타난다. 그러나 이 시기의 원주민들은 아직도 고기의 전형적인 생계형태라 할 수 있는 사냥과 채집을 혼합한 경제행위로 그들의 생계를 의존하고 있었다.[25]

문화 복합성의 발달: 초기, 중기, 후기 삼림기(기원전 800년~기원후 800년)

기원전 800년부터 기원후 800년 사이에 북아메리카 동부의 많은 지역에서는 인구가 급증하고 수 천개의 흙으로 쌓은 거대한 마운드가 축조되고 지역간의 교역이 확대되며 대형의 마을들이 건설된다. 삼림기(Woodland Period)로 알려진 이러한 변혁기는 두 개의 중요한 문화적 전통으로 나누어진다. 하나는 오하이오 남부에 집중되고 인디애나, 켄터키, 펜실베니아, 웨스트 버지니아까지 확대되는 아데나(Adena)문화이고, 또 다른 하나는 오하이오 남부에 집중되어 나타나지만 북아메리카 동부 대부분의 지역까지 확대되는 호프웰(Hopewell)문화이다. 이 두 문화는 시기적으로 중복되지만 일부 지역에서는 아데나문화가 호프웰 문화에 비해 다소 일찍 나타난다. 두 문화 공히 독특한 토기양식, 조각된 석판, 직물, 골각기와 동기에 의해 특징지워진다.

| 아데나 문화 |　　아데나의 마운드 축조와 독특한 유물 양식은 기원전 500년과 기원후 700년 사이에 집중되어 나타난다. 마운드에서 발견된 풍부한 유물과 마운드 자체의 인상적인 크기(그림 15.5)에 근거하여 일부 학자들은 이 시기의 사람들이 농경민의 땀과 노력을 동원할 수 있는 족장단계의 사회에 살고 있다고 추정하기도 한다.

그러나 아데나의 주민은 대부분 아직도 계절적으로 이동하는 수렵채취민이었던 것으로 판단된다. 옥수수는 소규모로 재배되었을 가능성이 있지만 생계에서 그리 중요한 비중을 차지하지는 않았던 것으로 판단된다.[26] 또한 아데나에서 발견된 마운드들의 크기는 매우 인상적이지만 엘리트의 감독을 받지 않는 상태에서도 소규모의 집단을 구성하여 매년 한 두 개의 층을 쌓아 올라갈 수 있었을 것이다.[27]

대부분의 아데나 마운드에서는 한 기 이상의 인골이 통나무 관이나 다장용 토광

15. 5 오하이오주 신시네티에 위치한 아데나 문화의 거대한 뱀모양 마운드.

에 매장되고 때때로 아름다운 석기와 기타 부장품이 부장된후 마지막으로 흙을 덮는다. 만약 이러한 무덤의 상대적인 차이가 당시 사회의 사회적 차별화를 정확하게 반영한다면 아데나 사회에서는 어느 정도의 사회적 차별화가 존재했던 것으로 보인다. 예를 들어 일부 무덤은 통나무 관으로 되어 있고 발견된 인골은 황토와 석묵(石墨)장식을 하고 있으며 동과 돌, 패각으로 만든 값비싼 물품들이 부장되어 있다. 상대적으로 지위가 낮은 자들은 정교한 의례행위를 거치지 않고 단순히 화장되었던 것으로 보인다. 또한 이러한 마운드들은 물품을 교역하기 위한 의례용 유적이나 중심지였을 가능성도 있지만 동시에 영역을 표시하는 유구였을 가능성도 있다.[28]

일부 아데나 유적에서는 석재 담뱃대가 발견되는 것으로 보아 흡연행위가 의례행위에서 중요한 역할을 하였을 가능성이 높다. 당시의 담배는 오늘날의 것보다 훨씬 독하기 때문에 강력한 환각효과를 가졌을 것이다.[29]

안타깝게도 수많은 아데나 유적이 오늘날의 각종 개발로 인해 파괴되고 있으며 고고학자들은 수많은 마운드 유적을 발굴했지만 일상 주거유적은 거의 조사되지 못하고 있다. 현재까지 조사된 극소수의 취락 유적에서 나온 증거를 보면 당시 사회는 한시적인 목적으로 간단하게 축조한 구조물에서 살았던 것으로 보인다. 이러한 구조물은 아마도 지상에 일련의 기둥을 세우고 그 위를 가죽이나 목재로 덮은 북미 특유의 '오두막집(wigwam)'의 형태를 띠고 있다.

___호프웰문화___   호프웰은 기원전 200년부터 기원후 750년 사이에 중서부의 일부 주에서 유행한 문화이다. 오하이오 호프웰은 오하이오 남부지방에 집중되어 나타나고 하바나 호프웰은 일리노이강 계곡의 중부와 남부지역에서 집중적으로 발견되는 문화이다. 그러나 전반적으로 호프웰의 종교적 전통은 북으로는 위스콘신, 남으로는 루이지애나, 동으로는 뉴욕까지의 넓은 지역에 걸쳐 확인된다.

아데나 문화의 마운드에서는 일반적으로 유물이 풍부하게 발견되지 않지만 호프웰 무덤에서는 정교하게 제작된 동, 파이프스톤*, 운모, 흑요석, 운철, 패각, 귀갑(龜甲), 상어와 악어 치아, 곰 치아, 토기 등 다양한 부장품들이 발견된다. 또한 호프웰 무덤에서는 순장된 인골들도 발견되고 있다. 호프웰의 취락과 마운드는 기원후 400년 이전의 수 세기 동안에 걸쳐 크기와 수에 있어서 증가하게 되고 주요 토루는 보통 마운드의 근처에 축조된다.

무덤의 변이성이 일반적으로 피장자가 생전에 누렸던 실제적 지위와 권력을 직접적으로 반영하지 않는 경우도 있다. 그러나 고대사회의 무덤들은 공동체내에서의 사자의 지위와 신분을 반영하는 경우가 많다고 할 수 있다. 조세프 테인터(Joseph Tainter)는 500개 이상의 호프웰 무덤에 대한 통계적 분석을 시도한 후 호프웰 사회에서는 지상에 단순한 구덩이만을 갖는 것에서부터 가장 정교한 유물이 부장된 거대한 마운드까지 6등급의 신분계층이 존재하였다고 결론을 내리고 있다.[31] 아데나와 호프웰의 일부 무덤에서는 성대한 의식과 풍부한 유물이 부장된 유아와 소아의 무덤이 발견되었는데, 이는 사회적 지위와 명예를 지닌 자가 존재하였고 그러한 지위는 세습이 되고 전체 사회는 세습된 지위와 권력을 지닌 자에 의해

---

*pipestone : 미국 원주민이 담배 파이프를 만드는데 사용하는 붉은 점토의 일종.

통제되었다는 점을 시사하고 있다.

이러한 마운드 복합단지를 체계적으로 이해하기 위해서는 지역경제의 맥락에서 유적들을 살펴보아야 하지만 우리는 이 점에 대해 아는 것이 거의 없다. 많은 후대의 호프웰 건물들과 토루들이 정교하게 조직된 엄청난 노동력으로 축조되기 때문에 우리는 최소한 당시 사회에 전문적으로 노동을 조직하고 설계할 수 있는 사람이 존재하였고, 이러한 사람들은 당시 사회에서 유력한 계층이었을 가능성을 고려해야만 한다. 그러나 이러한 마운드 복합단지와 관련된 문제중의 하나는 대부분의 지역에서 이들이 주거 건물과 함께 발견되지 않는다는 점이다. 대규모의 인상적인 복합단지를 축조할 수 있는 집단은 확실한 정주 취락민이었을 것이라고 가정하기도 하지만 호프웰 사람들은 대부분 이전 시기의 사람들과 유사하게 식물을 채취하고 동물을 사냥하는 수렵채취민이었을 것으로 판단된다. 다시 말해 이 시기의 주요 식량자원은 이전과 마찬가지로 사슴, 오리, 소형 포유동물, 물고기, 달팽이, 홍합, 명아주, 해바라기, 견과류 등이었다.

아데나와 호프웰 문화권 밖의 지역에서는 생계와 취락유형이 기본적으로 별다른 변화를 보이지 않았던 것으로 보인다.[32] 그러나 이 시기는 대부분의 북아메리카 지역에서 활과 화살이 창과 창 발사기를 대체하는 시기이다. 조오지 오델(George Odell)은 화살촉과 유사한 석기 모서리의 손상흔적을 찾기 위해 일리노이 계곡에서 발견된 수 많은 석기를 분석하였다. 그는 고고학자들이 석기의 용도를 제대로 파악하지 못한 상태에서 고대의 사냥행위를 복원하고 있다고 결론짓고 있다. 다시 말해 확실한 화살촉 외에도 수 많은 석기들이 화살촉과 마찬가지로 강력한 충격을 통해 제작되고, 따라서 이러한 석기들은 화살촉의 용도로 사용되었다는 것이다. 실제로 강력한 충격을 통해 제작되는 많은 석기들은 고고학자들이 일반적으로 '재가공된 박편(retouched flakes)'[33]이라고 부르는 조잡한 편들이다. 이러한 화살촉의 사용은 4000년전 이후로 급속히 증가하게 되고 기원후 수세기에 이르면 활과 화살촉은 상당히 높은 인구의 부양이 가능한 경제체제에 동물성 단백질을 획득할 수 있는 중요 도구로 자리잡게 된다.

호프웰 문화의 고대인들은 전업적 옥수수 경작이 절대적으로 필요할 정도로 그렇게 가난했던 수렵채취민이 아니었던 것으로 보인다. 일리노이 계곡 하류에 위치한 스코빌(Scoville) 취락에 대한 가용자원 분석결과는 다음과 같은 풍부한 식량자원이 일대에 분포하고 있다는 점을 보여준다. 즉 "걸어서 반시간 정도의 거리내에서……매년 182,000~426,000 부쉘(bushel)*의 견과류, 48,000~484,000 부쉘의 도토리, 100~840마리의 사슴, 10,000~20,000마리의 다람쥐, 200마리의 칠면조가 분포하고 있다. 이 분석에서는 기타 식물의 씨앗, 과일, 소형 동물, 물고기, 패류, 이동성 조류(1955년 일리노이 계곡에서는 6백만 마리의 물오리가 서식하고 있었다고 추정된다)를 포함하지 않았다."[34] 이러한 풍부한 자원 때문에 옥수수 농경은 주로 자원이 풍부하지 못한 한계지대에서 먼저 등장하고 자원이 풍부한 지대에서는 훨씬 후대에 이르러 농경이 수렵과 채집을 대체한다.

호프웰의 고대인들은 집중적인 교역을 통해 많은 외래물품을 획득하였는데 예를 들어 몬타나로부터는 흑요석과 회색곰 치아, 온타리오로부터는 은, 북부 미시간으로부터는 동, 걸프 해안으로부터는 상어의 치아와 패각 등을 교역하였다. 기원후 수세기 경까지도 북아메리카 동부 지역의 고대인들은 이러한 거대한 교역망을 구축하고 있었다. 교역된 물자는 사회적 위신재로서 엘리트의 무덤에 사용되기 때문에 교역물에 대한 사회적 요구는 계속 높을 수밖에 없고, 따라서 이러한 교역망은 계속 작동하게 된다.

호프웰기의 사치스러운 소비행위와 거대한 마운드, 풍부한 무덤, 다양한 예술과 수공업제품의 생산은 이제 고기(古期)의 평등적 사회구조가 점차 변화고 있다는 점을 가리키고 있지만, 이러한 사회는 떼오띠와깐과 같은 메조아메리카의 도시보다는 훨씬 덜 발전된 문화라고 보아야 한다.[35] 호프웰과 아데나의 대부분의 공동체는 아직도 수렵과 채집을 하는 소규모의 정주 집단이었다. 이러한 집단들은 거대한 마운드와 의례용 복합단지를 건설하였는데 이러한 유구들은 기본적으로 자원의 분배와도 일련의 관계가 있을 것으로 보인다. 고기의 수렵채집민들은 계절적 이동 생활과 다양한 자원의 이용을 통해 그들의 필요를 충족하는 반면 호프웰 공동체는 공동체 사이의 교역을 통해 동일한 목적을 달성했던 것으로 판단된다. 그러나 아데나 마운드와 같은 거대 기념물은 공동체의 영역을 표시하는 기능도 동시에 가졌을

---

*부쉘(bushel) : 약 35리터.

것으로 추정된다.

 그러나 우리는 호프웰이나 아데나의 일반인들의 일상생활에 대해서는 상대적으로 거의 모르는 실정이다. 지금까지 발굴된 극소수의 주거구조는 기둥을 세우고 나무가죽이나 매트를 덮은 방형이나 타원형의 형태를 보여주고 있다. 대부분의 사람들은 몇 채의 가옥과 소수의 저장구덩이와 쓰레기장을 갖춘 소규모 촌락에 거주하였다. 일부 사람들은 분명히 석기제작이나 예술과 수공업 제품을 만드는 전문가였을 것이며 일부 공동체는 '대인(Big - Man)' 이나 그의 가계를 중심으로 조직되었을 것이다. 오하이오주 링킹 카운티의 머피(Murphy)유적은 발굴된 극소수의 유적중의 하나이며 기능적 전문화에 대한 분석이 이루어진 유적이다. 유적을 분석한 윌리암 덴시와 포올 후지(William Dancey and Paul Hooge)에 의하면 이 유적에서는 복잡한 경제적 · 사회적 조직의 증거를 거의 찾을 수 없다고 한다.[36] 이 유적은 기원후 수세기 동안 점유된 유적으로서 봄과 가을에 간헐적으로 점유되거나 1년 내내 점유되었을 것으로 추정된다. 덴시와 후지는 유적에서 발견된 석기 수 백점의 사용 흔적을 면밀하게 분석한 결과 대부분은 단순히 몸돌로부터 간단히 떼어진후 짧은 기간동안 이용되고 곧 쓰레기장에 버려진다는 점을 발견하였다. 결론적으로 당시 사회에서 토기가 제작되고 사용되어졌다는 점은 확실하지만 수공업의 전문화나 농업이 본격적으로 실시되었다는 증거는 찾을 수 없었다.

 후기 삼림기 기원후 400년 이후에 이르면 호프웰 문화의 '붕괴' 를 알리는 징후가 나타난다. 즉 400년 이후가 되면 호프웰 문화에서는 마운드의 축조행위가 감소하고 취락유형에서의 변화가 나타난다. 그러나 경제관계의 해체와 식량생산성 및 인구 밀도의 감소라는 측면에서도 호프웰문화가 실제로 '붕괴' 했는지에 대해서는 정확히 알 수 없다.

 리차드 에키스는 데이비드 브라운과 기타 학자들의 분석을 재검토하였다. 검토 결과 호프웰기의 말기에 살았던 사람들이 실제로 거대한 무덤의 축조, 토기 장식, 외래물자의 교역에 거의 투자를 하지는 않지만 이러한 문화적 변화는 문화적 복합성의 해체가 아니라 일종의 발전을 반영하는 것이라고 에키스는 주장하고 있다.[37]

이 시기의 인구수는 오히려 증가하고 사람들은 재래 식물의 경작을 통해 훨씬 많은 식량자원을 생산하기 시작한다. 또한 이 시기의 사람들은 주요 강의 계곡으로 이동을 하여 핵가족 집단으로 구성된 소규모의 마을들을 건설한다. 따라서 우리가 지금까지 여러 지역에서 살펴본 것처럼 기념비적 건축물은 단순히 사회적 부와 사치의 표현이라기보다는 사회적 스트레스에 대처하고 사회적 성장을 조절하기 위해 축조된다고 할 수 있다.

미시시피 문화(기원후 800년~1650년)

기원후 600년부터 1650년 사이에 농업생활방식은 이제 북아메리카 동부의 거의 전 지역으로 확산되고 미시시피 문화가 등장한다. 미시시피 문화는 문화적 영향권의 범위, 의례행위, 공공건물, 기술, 인구밀도, 사회적 계층화라는 점에서 볼 때 북아메리카 원주민 문화의 최절정기라 할 수 있다.[38]

스톨트만(Stoltman)은 미시시피 문화를 정의할 수 있는 요소를 다음과 같이 제시하고 있다. 1) 집약적 옥수수-콩-호박 농경, 2) 상당한 수준의 사회적 부와 권력을 행사할 수 있는 족장과 엘리트를 가진 복잡한 사회조직, 3) 엘리트가 종교적 권력과 정치적 권력을 동시에 가지는 신권주의적 사회조직, 4) 수 백명, 때때로 수 천명의 사람들이 연중 거주하고 성을 가진 거대 공동체, 5) 마운드와 무덤을 포함한 기념비적 건축물, 6) 농경, 교역, 행정의 직업적 전문화, 7) 봉토밑에 인골과 함께 '위신재'를 부장하는 장송의례, 8) 패각이 혼입되고 때때로 동물의 형태를 띠며 아름다운 문양이 새겨지고 표면의 정면이 이루어진 독특한 토기 양식, 9) 독특한 형태를 지닌 삼각형의 소형화살촉과 화살의 사용, 10) 진흙과 짚을 사용하여 축조하는 수혈주거.[39]

미시시피 문화의 번영은 옥수수의 계속적인 순화 및 개량과 직접적인 관련이 있다. 일조량과 기온에 민감한 옥수수는 오늘날에도 분포의 한계를 분명히 보여준다. 예를 들어 시애틀의 북쪽에서는 옥수수가 재배될 수 없고 시애틀에서도 가장 따뜻한 여름을 제외하고는 옥수수의 어떤 종도 재배될 수 없다. 그러나 적절한 환경하에서 옥수수는 매우 생산성이 높은 작물이다. 옥수수는 아마도 서리가 내리지 않는 날이 연 200일 이상인 남쪽지역에서 최초로 농경의 주요작물이 되었을 것이다. 그러나 미시시피기에 이르면 비서리기간이 120일 정도만 돼도 높은 생산량을 얻을 수 있는 새로운 옥수수의 종이 등장하게 된다. 그리고 이 새로운 종은 적응력이 매우 높아 16세기 유럽인이 도착하기전까지 북쪽의 캐나다 온타리오에서도 재배되고 있었다. 멕시코로부터 유입될 당시의 초기 옥수수는 속이 너무 작아 상당히 선택적인 품종개량이 요구되었다. 그러나 6장에서 살펴본 바와 같이 순화된 콩이 북아메리카의 농토에서 옥수수와 함께 경작되면 옥수수에 부족한 결정적인 아미노산을 제공하게 되고 따라서 수많은 사람이 밀집분포하여 살 수 있는 여건이 된다. 옥수수 농경의 전파는 고대 미국 원주민의 인골에 축적된 탄소동위원소를 분석하면 파악할 수 있다. 옥수수는 상대적으로 높은 C^{13}를 가지고 있고 따라서 옥수수를 많이 먹었던 사람은 높은 C^{13}의 함유를 보여준다. 다양한 연구에 의하면 미주리, 아칸사스, 기타 지역에서 기원후 1000년전에 살았던 사람들의 뼈에서는 C^{13}의 양이 적게 발견되지만 기원후 1000년부터는 C^{13}의 양이 급속하게 증가되는 양상을 보여주고 있다.[40]

그러나 옥수수 농경이 미시시피 문화의 경제적 기반이었다라는 사실이 미시시피 문화가 발생한 원인을 설명하는 것은 아니다. 이 책에서 살펴본 다른 복합사회의 경우와 마찬가지로 여기서도 우리는 당시의 엘리트들이 어떻게 사회적 자원을 전용하여 그들의 지배적 위치를 영속화시키는 가를 설명할 수 있어야 한다. 미시시피 문화의 경우에도 이러한 발생과정에 대해서 다양한 설명이 제시되었지만 대부분 설득력이 부족한 실정이다. 예를 들어 어떤 학자는 물자의 순환(옥수수 포함)을 촉진하는 '재분배자로서의 족장'에 의해 경제적 이득이 이루어진다고 설명하는 학자도 있고, 증가하는 직업의 전문화가 복합사회를 촉진하였다고 설명하는 학자가 있다.[41]

미시시피 형식의 유물과 마운드는 미시시피 강의 하류에서 처음 나타나지만 곧 테네시 강의 연안으로 전파된다. 기원후 800년에서 900년에 이르면 미시시피 양식은 오하이오와 미주리강의 대부분 지역으로 전파된다. 기원후 900년과 1600년 사이에는 거대한 의례용 중심지를 가진 미시시피 양식의 도시가 플로리다에서 북부 일리노이, 오하이오에서 동부 오클라호마까지 건설되지만 미시시피 문화의 핵심

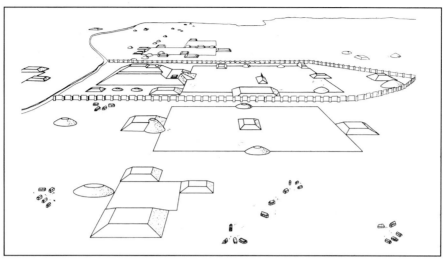

15.6 카오키아의 복원도. 카오키아유적은 기원후 1200년경에 존속했던 유적의 중심지와 중요 건축물(총 17기)로 구성되어 있다. 또한 이들 건물들은 거대한 담벽으로 둘러싸여 있다. 가장 큰 피라미드인 수도사의 마운드의 저부는 이집트 기자의 피라미드보다도 더 큰 규모를 보인다.

지대는 역시 중부 미시시피 계곡이라 할 수 있다.

멕시코 북부의 가장 규모가 큰 선사 취락은 일리노이 이스트 세인트 루이스(East St. Louis)의 카오키아(Cahokia) 유적이라 할 수 있다. 기원후 600년부터 카오키아의 고대인들은 마운드와 복잡한 유구들을 축조하기 시작하고, 기원후 1250년에 이르면 13㎢의 유적범위내에 100기 이상의 마운드가 들어서게 된다. 카오키아유적의 중심부에 흙으로 쌓은 피라미드인 수도사의 마운드(Monk's Mound)는 높이가 30m 이상이고, 저변의 길이가 241×316m로서 6.5 헥타르 이상의 면적을 차지하고 있다(그림 15.6). 기원후 1200년경에 카오키아에서는 30,000명에서 40,000명에 이르는 사람들이 몇 개의 거대도시와 소도시, 그리고 40개 이상의 마을에서 살았던 것으로 추산된다. 물론 카오키아 근처에 살았던 수많은 사람들은 카오키아 중심지와 다양한 형태의 접촉을 가졌을 것이다.[42]

카오키아 유적에서는 소수 엘리트가 전체 구성원의 부를 통제하기 시작한다는 점을 분명히 보여준다. 예를 들어 한 명의 남성이 매장된 무덤에서는 20,000개의 패각구슬, 800개의 화살촉, 많은 운모 및 동이 발견되었다. 더구나 손발이 절단된 4명의 남성과 118명의 여성인골이 발견되었는데 이들 중 많은 수는 종교적으로 희생되었던 것으로 판단된다. 중국, 메소포타미아, 메조아메리카 등지에서 살펴본 바와 같이 이러한 종교적 희생과 매장풍습은 엘리트들에게 그들이 생전에 누렸던 영화와 부를 영원히 누리게 하기 위한 일종의 의례적 행위라고 할 수 있다.

일부 엘리트 집단은 카오키아 내의 주민이었겠지만 카오키아를 건설하고 부양했던 대부분의 사람들은 아마도 주변의 옥수수 농경민이었을 것이다. 이들 농경민들은 주위의 조그만 촌락에 거주하면서 사냥과 채집을 통해 그들의 농가소득을 보완하면서 생계를 꾸려갔을 것이다.

카오키아의 마운드와 무덤들은 사회적 지위와 권력을 상징하는 거대 기념물이었지만 다른 고대 복합사회와 마찬가지로 미시시피 사회는 다양한 방법으로 사회적 역학관계를 표현하였다. 예를 들어 티모시 포커테트와 토마스 에머슨(Timothy Pauketat and Thomas Emerson)은 라메이 침선문토기(Ramey Incised; 눈, 물고기, 화살, 추상적 도상, 기타 문양이 새겨진 토기)라 불리는 미시시피의 독특한 토기가 족장의 권위를 합법화하고 전달하는 기능을 가지고 있었다고 주장한다:

> (이러한) 토기들은 질서, 위계, 신앙의 상징성이 베어 있다……풋옥수수 축제와 같은 의례행위에서 람세이 침선문 호형토기는 물품의 '재분배' 뿐만이 아니라 엘리트 이념을 전파시키는 매개체의 역할을 한다. 심지어 일반인들이 람세이 침선문토기를 일상생활에 사용하는 행위도(행정중심지의 토기들이 일반인에게 의례적으로 분배된 후의 사용) 범우주적 동력 중개자로서의 엘리트의 사회적 역할을 – 토기의 기원 – 일상생활의 일반인에게 은유적으로 전달하는 기능을 한다.[43]

고고학자들은 카오키아의 사회적 실체에 대해 오랫동안 논쟁을 해오고 있다. 일부 학자들은 카오키아가 고도로 중앙화되고 높은 인구 밀도를 지닌 족장단계의 사회이고, 심지어는 초기적 형태의 국가라고 생각한다. 이에 비해 일각에서는 카오키아가 이보다 훨씬 덜 발달된 사회라고 주장한다. 예를 들어 조오지 밀너(George Milner)는 카오키아가 "상대적으로 비중앙화되고 지형적·사회적으로 분산되며 인구밀도가 낮은 문화체계"라고 주장하고 있다.[44]

 카오키아는 여러 면에서 상당히 인상적인 유적이라고 할 수 있다. 그러나 카오키아 사회는 직업적 전문화의 정도나 생산물의 양과 종류, 사회적 계층화, 혹은 경제의 전반적 생산성이라는 측면에서 볼 때 아마도 떼오띠와깐이나 이에 버금가는 도시처럼 기능적으로 발달하지는 않았던 것으로 보인다.

 알라바마주에 위치한 마운드빌(Moundville)유적은 또 하나의 위대한 미시시피 유적이다. 유적의 중앙부에 흙으로 쌓은 마운드는 정교한 무덤, 요새, 기타 건축물이 발견된 거대 취락의 핵심적 유구라고 할 수 있다. 이러한 무덤에서 출토된 유물을 통계적으로 분석한 크리스토퍼 피블스(Christopher Peebles)에 의하면 마운드빌 사회는 상당한 내적 위계화를 지닌 사회이다.[45] 마운드빌은 매우 복잡한 역사를 보여주고 있으며, 한 국가의 중심지인 진정한 도시가 될 수 있는 잠재력을 지니고 있다.[46] 그러나 마운드빌은 거대한 도시로 발전하지 못하게 되는데 이러한 이유는 생태학적으로 설명할 수 있다. 옥수수와 기타 소수의 작물을 집약적으로 재배하고 상당한 사냥과 채취활동을 할 수 있는 온대 삼림지대에서는 관개농경, 유목민과의 상호작용, 기타 메소포타미아, 이집트, 혹은 중국의 농경사회에서 보였던 국가 단계의 특징을 발전시킬 이유가 없다. 다시 말해 마운드빌의 환경은 열대 올맥이나 나일강 유역, 기타 고대 문명이 발생한 지역에서 가능했던 그러한 농업의 집중화가 가능하지도 않고 허용되지도 않는다.

 마운드빌의 거대한 의례용 중심지의 외곽으로는 소규모의 미시시피 촌락이 산포되어 나타나는데, 이들 촌락은 몇 채의 초벽집 – 내부는 목재도리와 대들보로 구축하고 바닥은 흙을 다져서 만든다 – 으로 구성된다.[47] 미시시피 문화에서 가장 높은 인구밀도를 지닌 촌락들은 옥수수와 콩의 농경이 가능하고 가금류를 채취할 수 있는 풍부한 강의 연안지대에서 발견된다.[48] 일부 지역에서 강은 매년 범람을 통해 토양의 비옥도를 갱신시키고 이러한 지역에서는 연중 농경이 가능하다. 땅을 갈거나 발전된 기술의 지원이 없는 상태에서도 많은 지역의 미국 원주민들은 화전농경을 통해 그들의 생계를 의존할 수 있었다. 즉 원주민들은 풍부하고 배수가 잘되는 충적평야의 식생을 태운 다음에 옥수수와 기타 소수의 작물을 심는다. 이후 성장기에 잡초제거와 경작에 약간의 노동력을 투자하면 많은 양의 옥수수를 수확하고 저장할 수 있게 된다. 한 두 계절후에 농경지의 비옥도가 떨어지면 경작지역은 – 아마도 전체 마을도 – 다른 지역으로 옮겨져야 한다.

가장 생산적인 땅에서는 옥수수의 이모작이 가능하고 옥수수 옆에는 콩을 재배할 수 있다. 콩, 호박, 해바라기, 기타 작물들은 옥수수 밭의 여기저기에 함께 재배된다. 미시시피 사람들은 서남아시아의 밀을 재배하는 농부와 비교해볼 때 농부라기 보다는 정원사에 가깝다고 할 수 있다. 다시 말해 미시시피의 고대인들이 홍수를 통제하거나 관개작업을 집중적으로 하였다는 증거는 거의 없지만 작물의 생산량을 높이기 위해 호미를 사용하고 잡초제거를 집중적으로 하였다는 점은 확실하다. 미국 원주민들이 옥수수 씨앗을 묻은 흙더미위에 물고기를 뿌렸다는 선교사들의 주장은 진위여부를 확실히 알 수 없지만 이것이 사실이라면 이것도 옥수수의 산출량을 증가시키는 역할을 하였을 것이다.

16세기에 유럽인들이 도착할 당시에도 미시시피의 공동체들은 존재하고 있었기 때문에 미시시피인의 생활에 관한 우리의 견해는 고고학과 민족지 자료를 통해 도출될 수 있다. 그러나 미국 원주민에 대한 유럽인들의 최초 기록은 해석에 있어서 신중을 기해야 한다. 왜냐하면 유럽인들이 가져온 질병은 미국 원주민들사이에 급속히 – 실제로 유럽인의 전파보다 훨씬 더 빨리 – 전파되어 많은 원주민들의 목숨을 앗아갔기 때문이다. 더구나 유럽인들은 미국 원주민사회를 해체해도 문제가 없는 야만인집단으로 간주하였고, 또한 이러한 야만인을 문명화시키고 교육시키는 것이 그들의 도덕적 의무라고 생각하였다. 일부 치명적인 질병이 유럽인들에 의해 원주민들에게 전염되었음은 틀림없지만 선사시대 페루에서도 미코박테리아병(아마도 결핵)이 존재했다는 사실이 밝혀지고 있다. 그리고 미국 원주민이 결핵에 많이 걸린 이유는 "새로운 전염병에 노출되었기 때문이 아니라 강제적으로 생태적 환경을 변화시켰기 때문이다"라는 증거가 일부 존재한다.[49]

초기 유럽인들은 미시시피 사회를 공동체의 자원을 거의 무제한적으로 징수할 있는 엘리트가 존재하고 사회적 계층화가 심화된 사회로 묘사하고 있다. 또한 미시시피 족장사회간의 전쟁은 상당히 자주 치명적으로 발생했을 가능성이 높은데, 특히 생산성이 높은 농경지가 과다하게 이용되고 따라서 토양의 비옥도가 떨어짐에 따라 전쟁은 격화되었을 것이다.[50]

미시시피 문화의 최전성기보다 훨씬 이전의 16세기와 17세기에 기록된 민족지

기록에 의하면 미시시피 사회는 귀족과 전사가 당시 사회의 대부분을 구성했던 일반인, 노예, '악취를 풍기는 사람(stinkards)'을 착취하고 학대하는 계층화된 사회였다고 한다. 상류계층은 호화로운 사치를 누리고 하층민의 복종과 존경을 받았다. 이들 상류층은 하층민과 자주 결혼을 하기도 하였지만 심지어 사소한 일에도 신분이 낮은 배우자와 이혼하거나 살해할 수도 있었다. 1720년에 프랑스 탐험가 르 파쥐 드 쁘라츠(Le Page de Pratz)는 미시시피 나쩨즈(Natchez)사회의 지배자인 '위대한 태양(Great Sun)'의 장례식을 관찰하였다. 장례식에서 사람들은 위대한 태양의 배우자, 하인, 친척에게 약을 먹여 때려 죽인 후 무덤에 함께 매장을 하였다.[51]

미시시피 문화 후기의 많은 마운드와 무덤에서는 메조아메리카의 전형적인 문양, 예를 들어 뱀, 독수리, 재규어, 전쟁에서 획득한 두개골을 나르는 전사, 52년 주기의 달력이 묘사된 장식품, 토기, 기타 물건들이 발견된다. 이들 유물들은 확실히 남쪽(메조아메리카)의 종교전통과 관련된 것이다. 그러나 미시시피 문화와 메조아메리카의 문화적 접촉에 대해서는 다양한 의견이 제시되고 있다. 일부 학자들은 이들 사회가 상당히 직접적이고 실질적인 접촉을 하였다고 주장하고,있지만 일각에서는 우연한 접촉을 통해 일부 요소만을 받아들인 것으로 해석하고 있다. 어쨌든 아데나와 호프웰의 장송의례 요소와 남쪽 메조아메리카의 종교적 요소는 미시시피 사회의 문화적 복합성이 어느 정도 성취된 시기 이후에 중요성을 갖기 시작한 것으로 판단된다. 또한 이 시기는 남쪽의 다양한 종교적 요소가 종교적으로 의미를 갖게 되는 시기이기도 하다.

기원후 1000년경부터 미시시피인들은 문화적 중심지를 벗어나 인근지역으로 이주하기 시작하고 일부 집단은 알라바마와 미주리, 기타 지역까지 이주한다. 아마도 이러한 자문화 집단은 미시시피 문화의 영향력을 다른 문화집단으로 확산하려는 목적으로 이동되었다고 생각할 수도 있지만 이에 대한 증거는 미비한 실정이다.[52]

찬란한 미시시피 유적들이 이 시기 북아메리카 고고학자료를 대표하지만 이 외에도 다양한 문화적 전통을 갖는 문화들이 존재한다. 이러한 다양한 문화들은 대부분 경제적으로 상호접촉을 하지만 언어부터 사회조직까지 기본적인 측면에서 독자적인 성격을 갖는다. 북서쪽의 이로꼬이족(Iroquois)은 옥수수 – 콩 – 호박 농경을 실시하였는데, 이들의 문화는 더 추운 북쪽의 뉴욕, 뉴 잉글랜드, 남동부 캐나다에까지도 나타난다. 이로꼬이족의 화전농경은 농토의 부족과 전쟁을 야기하게 되고 따라서 요새화된 취락을 건설하는 요인이 된다. 서쪽의 네브라스카, 사우스 다코타, 기타 북중부의 주에서는 자원이 풍부한 강을 따라 들소 사냥과 식물의 채집이 이루어졌지만 유럽인의 심경법이 등장하기 전까지는 옥수수 농경이 이루어지지 못하였다. 서부 사막지대의 대부분은 유럽인의 접촉이 있기 전에는 수렵채취민에 의해 산발적으로 점유되었다. 그러나 해상과 내륙의 자연자원이 매우 풍부해서 단순한 어로 – 채취 – 사냥에 의해서도 어느 정도의 복합사회가 유지될 수 있는 북서부 해안과 캘리포니아 지역에서는 부유한 정주취락이 건설되었다.

대부분의 고대 문명과 달리 미시시피 문화의 붕괴에 대한 직접적인 원인은 분명히 알 수 있다. 미시시피 문화의 고대인들은 홍역, 천연두, 콜레라에 대한 자연 항체가 없었으며 인구밀도가 높은 미시시피 지역은 이러한 전염병이 급속히 퍼질 수 있는 이상적인 지역이었다.[53] 1718년부터 1734년까지 나쩨즈에 살았던 르 파게 드 프라즈는 심지어 매우 '미미한' 질병도 원주민들에게는 엄청난 재앙이 될 수 있다는 점을 발견하였다 :

　　다른 지역에서는 그리 치명적이지 않은 두 종류의 전염병도 이들에게는 대재앙이 될 수 있다. 여기서의 두 전염병이란 의사의 치료를 받으면 치료될 수 있는 천연두와 감기이다. 일단 천연두가 발생하면 지역 전체가 파괴될 수 있는 정도로 치명적인 전염병이 된다. 왜냐하면 모든 가족이 폭 2피트, 높이 4피트의 출입구를 제외하고는 외부의 공기가 거의 유입되지 않는 오두막집에 살기 때문에 한 사람이 전염병에 걸리면 즉시 모든 가족이 전염된다. 전염병에 걸린 노인은 고령과 영양이 부실한 음식 때문에 사망하게 되고 어린애들은 잘 보살피지 않으면 피부에 생긴 반점을 긁어 스스로를 파괴한다……겨울철의 매우 흔한 감기도 원주민에게 엄청난 피해를 안겨줄 수 있다. 겨울에 원주민들은 밤낮으로 오두막에 불을 피운다. 출입구외에는 어떠한 환기시설도 없기 때문에 오두막집의 공기는 환기가 되지 않은 상태에서 매우 따뜻하게 된다. 따라서 외출을 하게 되면 감기에 쉽게 걸리고 감기는 거의 언제나 치명적인 결과를 가져온다.[54]

앤 라멘노프스키(Ann Ramennofsky)는 북아메리카 동부의 몇 지역을 분석한 결과 유럽인들이 이들 지역을 침범하기 바로 직전의 유적의 수가 다른 시기에 비해 현저하게 적다는 사실을 발견하였다. 이러한 사실은 유럽인의 전염병이 유럽인과 물리적으로 접촉한 순간부터 원주민 사회에 급속히 퍼져나갔다는 사실을 시사한다.[55] 결론적으로 많은 수의 미국 원주민은 기존에 그들이 전혀 알지 못했던 사람들이 가져온 질병에 의해 사망하였다고 할 수 있다.

유럽인의 접촉이 있은 지 수 십년도 지나지 않아 한때 고도로 통합되고 발전된 미시시피의 문화와 인근의 사람들은 인구수도 현저하게 줄고 가난에 찌들은 집단으로 전락하게 된다. 또한 이들은 이제 이전의 선조들이 건설했던 수 많은 취락과 마운드의 폐허위에서 거주하게 된다.

결론적으로 우리는 북아메리카 동부 지역의 문화적 진화과정에서도 선사시대의 일반적인 문화진화의 패턴을 볼 수 있다. 즉 단순한 수렵채취의 경제는 점차적으로 '비용 대 편익비'의 원리에 따라 어로, 견과류 채집, 패각채취 등이 혼합된 복잡한 수렵채취경제로 전환하게 된다. 이후 오랜 기간의 조정과 선택과정을 거쳐 많은 지역에서 옥수수 중심의 농경이 이전의 생산성이 낮은 경제를 대체하게 되고, 인구증가와 거대한 촌락의 건설이 이루어진다. 식량생산이 어느 정도의 궤도에 오르게 되면 문화적 복합성의 증가를 보여주는 일련의 징조들, 예를 들어 종교적 전통과 예술양식의 전파, 기념비적 건축물, 정교한 장송의례, 다양한 예술과 수공업이 등장하게 된다(그림 15.7). 사회적·종교적 위계화는 증가하는 복합경제에 필연적으로 요구되는 의사결정의 '효과적인' 수단으로 등장하게 된다. 또한 구성원 사이의 경쟁을 통제하고 행정의 효율성을 극대화하기 위한 효과적인 수단으로서 사회적 특권과 지위가 제도화된다.

이러한 필연적인 문화진화의 과정으로 볼 때 북아메리카 동부의 문화진화는 메조아메리카의 문화진화와 거의 차이가 없다. 단지 하나의 차이가 있다면 북아메리카 동부의 대부분 지역은 메조아메리카보다 농업 생산의 잠재력이 낮고 따라서 낮은 수준의 문화적 복합성을 유지하였다고 할 수 있다. 만약 유럽인의 침입이 없었고 질병이 전파되지 않았다면, 그리고 미시시피 사회가 기술적, 농경적, 행정적 혁신을 통해서 식량생산을 획기적으로 증가시킬 수 있었다면 진정한

15.7 16세기 자퀘스 르 모이네(Jacques le Moyne)가 그린 이 그림은 플로리다 인디언 족장
의 매장의례를 보여주고 있다. 족장 무덤의 경계에는 화살이 꽂혀있고 족장의 집(상
좌)은 의도적으로 불에 태워진다.

국가 단계의 사회가 미시시피 문화의 잔재위에서 등장하였을 가능성도 배제할
수 없다.

북아메리카 서부의 선사 농경민들

남서부 지역의 아름다운 산과 청명한 하늘은 인간이 살기에 더 없이 좋은 환경을
제공한다. 남서부 지역의 자연환경은 오늘날과 같이 편리한 상수도시설과 시장, 교
통체계가 발달되어 있다면 더할 나위 없는 낙원이 될 수 있을 것이다. 그러나 선사
시대의 수렵채집민이나 농경민의 입장에서 볼 때 남서부의 대부분 지역은 인간이
거주하기에 유리한 환경지대는 아니었다. 즉 남서부 지역에는 거대한 강이나 하천
이 거의 발달되어 있지 않고, 낮은 강우량과 높은 해발고도는 대부분의 남서부 지

역을 무더운 여름과 혹한의 겨울이 교차되는 땅이 되게 한다.

남서부 지역은 선사시대의 일부 시기동안 오늘날보다도 습도가 높았지만 과거 수 천년의 대부분의 시기동안 오늘날 못지 않은 고온 건조한 날씨가 지속되었으며 극심한 가뭄도 한때 이 지역을 휩쓸었다.

남서부지역에는 수 천년동안 미국 원주민이 거주하였고 궁극적으로 옥수수 농경이 채택되고 거대한 취락이 축조되며 어느 정도의 직업적 전문화와 행정의 전문화가 나타난다. 그러한 남서부지역의 불리한 환경으로 인해 이 지역에서는 계층적 위계화와 경제적으로 전문화된 고대 문명이 등장하지는 않는다. 물론 간헐적인 식량의 부족은 집단들 사이의 협동을 이끌어내는 요인이 되기도 하지만 이 지역의 경제적 동기나 기본적 생산능력은 그러한 정교한 문화적 형태를 필요로 하지도 않았거니와 동시에 불가능하게 하는 요인이 되었다.[56]

그러나 남서부 지역의 고고학적 자료는 매우 뛰어난 문화적 자원이다. 오늘날 남서부 지역에는 주요 대학들이 자리하고 있고, 건조한 기후로 인해 고고학 자료의 보존이 잘 되기 때문에 이 지역의 고고학 수준은 세계 어느 지역에 비해서도 뛰어나다고 할 수 있다. 이 점은 고고학의 수많은 중요한 방법론적 개발이 남서부 지역에서 개발되었다는 사실에서 입증된다. 예를 들어 수륜연대법, 통계적 표본추출 연구, 유적형성과정분석, 고식물학과 고환경 분석방법 등이 이 지역에서 개발된 대표적인 연구방법론이다. 또한 남서부의 현존하는 미국 원주민은 형질적·문화적으로 고대 원주민의 직접적 후손들이고, 따라서 이 지역은 민족지 연구가 가장 발달된 곳 중의 하나이다.[57] 남서부 지역보다 생산성이 높고 문명이 발전한 지역에서는 수많은 고고학적 기록이 후대의 국가나 제국단계의 문명에 의해 훼손되지만 남서부 지역은 비록 마야 문명에 미치지는 못하지만 문화적 변동을 연구할 수 있을 정도의 충분한 정치와 경제체제를 발전시켰다.[58] 더구나 남서부 지역과 메조아메리카의 문명간에는 문화적 접촉에 관한 많은 증거가 존재하는데, 이는 고대 세계에서 좀더 강력한 문명과 강력하지 못한 문명간의 문화적 접촉의 성격을 연구할 수 있는 중요한 자료가 된다.[59] 또한 스티드만 업햄(Steadman Upham)이 지적한 바와 같이 남서부는 인간역사에 관한 필수적인 주제중의 하나인 유목민과 농경민과의 관계를 연구할 수 있는 지역이다. 왜냐하면 남서부의 농

경민은 인근의 수렵채취집단들과 복잡한 경제적 · 사회적 관계를 형성하며 발전
하기 때문이다.[60]

결론적으로 남서부의 고고학적 자료는 여러 가지 측면에서 귀중한 연구가치를
지닌 자료중의 하나이다. 예를 들어 남서부의 토기는 당시 사회의 사회정치적인 주
제와 종교적인 면을 매우 정교하고 상세하게 표현하고 있다.[61]

6장에서 살펴본 바와 같이 남서부의 선사인들은 최소한 12000년동안 이 지역을
점유해왔고 기원후 1세기까지도 건조지대에서 사냥과 식물의 채취에 근거한 생활
을 하고 있었다. 수 천년에 걸쳐 사막지대에서 식물을 채집한 사람들의 후예인 코
차이즈(Cochise)문화의 채취인들은 오랫동안 옥수수를 먹고 살았던 것으로 보인
다. 기원전 2000년기에 해당하는 옥수수 화분의 존재는 옥수수가 기간 작물이 되
기 전 수 천년동안 이 지역의 수렵채취민에 의해 이용되었다는 점을 시사한다.[62]
그러나 옥수수가 실질적으로 애용되었음을 보여주는 가장 이른 시기의 증거는 양
암운유적(Sheep Rock Shelter)과 박쥐동굴(Bat Cave)유적 등에서 발견되는데 이들
의 중심연대는 기원전 1000년경으로 알려지고 있다. 콩과 옥수수의 순화된 변종들
도 이 시기에 발견되고 있지만 주요 식량자원은 아직도 다양한 종류의 다른 식물
과 동물이었던 것으로 보인다. 심지어 오늘날에도 남서부의 원주민들은 사슴, 토
끼, 기타 동물을 사냥하고 고칼로리의 견과류, 딸기류의 채취를 통해 농가의 수입
을 보충한다.

남서부의 가장 이른 옥수수의 변종은 떼와깐(Tehuacan)보다 훨씬 이전에 발견
된 챠팔롯(Chapalote) 변종이다. 따라서 옥수수가 남서부에서 상당히 중요하게 사
용되기까지는 오랜 시간적 격차가 있다. 전통적으로 옥수수의 초기 변종은 남서부
의 지역적 환경에 적응해야만 했을 것이라고 생각해왔다. 그러나 폴 미니스(Paul
Minnis)가 지적한 바와 같이 최근 투산근처의 사막에서 발견된 고기(古期)의 옥수
수는 이러한 가설이 잘못되었다는 점을 보여주었다. 그에 의하면 형태학적으로 고
기의 옥수수에 가장 근접한 오늘날의 옥수수의 변종인 챠팔롯은 고지대와 저지대
환경 모두에서 적응을 잘 하며 많은 다양한 환경지대에서 자랄 수 있다.[63] 어쨌든
남서부의 사람들은 그들의 환경에 옥수수를 적응시켜 사용하였고 옥수수와 함께
콩, 호박, 기타 다양한 종류의 자원을 활용하여 충분한 식량을 생산할 수 있는 경제

를 발전시켰다. 이러한 경제적 기반이 훗날 농경생활방식과 정교한 문화적 발전을 이룩할 수 있는 토대가 된다.

호호캄 문화

호호캄 문화(Hohokam Culture)는 기원후 500년부터 1200년 사이에(이 연대에 대해서는 의문을 제기하는 학자도 있다) 애리조나의 솔트강과 길라강에서 번창하였고[64], 이 문화에는 고기의 수렵채집 전통과 메조아메리카 문화의 요소가 결합되어 나타난다(그림 15.8). 후아리(Huary)와 같은 일부 고고학자는[65] 호호캄 문화가 발전된 멕시코 문명과의 단순한 접촉을 통해 형성된 문화로 볼 수 없다고 말하고 있다. 호호캄 문화의 후기에 나타난 건축물과 축조기술, 토기, 터키 옥 장식품, 기타 유물로 볼 때 호호캄과 멕시코의 문화는 너무나 유사하다. 따라서 이들 고고학자들에 의하면 발전된 문화를 소유한 멕시코의 이주민들이 수렵채집민이 었던 호호캄의 문화를 근본적으로 바꾸어놓았다는 것이다. 그러나 호호캄의 문화는 멕시코 문화전통의 간접적 영향을 받은 토착민에 의해 건설되었다고 보는 것이 더욱 합리적이다.[66] 초창기부터 오늘날까지 우리는 신세계의 이주와 개척의 수많은 예를 보아왔다. 그러나 세계의 많은 지역의 초기 농경체계는 굉장히 불안정하고 아마도 한 지역에서 농경을 점진적으로 실시할 때 훨씬 안정적인 발전을 기할 수 있을 것이다. 결과적으로 생계의 불안정성을 감수하면서 자신들의 재산을 가지고 장거리를 성공적으로 이동할 수 있는 초기 농경민 집단은 거의 없었을 것이다.

호호캄 문화의 가장 흥미로운 측면중의 하나는 농경체계이다. 이들의 거주지는 근동지방의 고고학자들도 견뎌낼 수 없을 정도의 무더운 여름을 가진 남서부의 가장 건조한 사막지대에 위치하고 있다. 기원전 300년부터 호호캄의 선사인들은 옥수수와 기타 작물을 재배하기 위해 솔트와 길라강을 연결하는 관개수로를 축조하였다. 오늘날의 건물들로 인해 이러한 관개시설은 대부분 파괴되었지만 피닉스 근처의 두 개의 관개수로는 축조당시 길이가 16km 이상이고 폭은 수 m에 달하고 약 60cm의 깊이를 보였다. 이러한 관개시설은 조밀하게 짜여진 목초 매트를 사용하

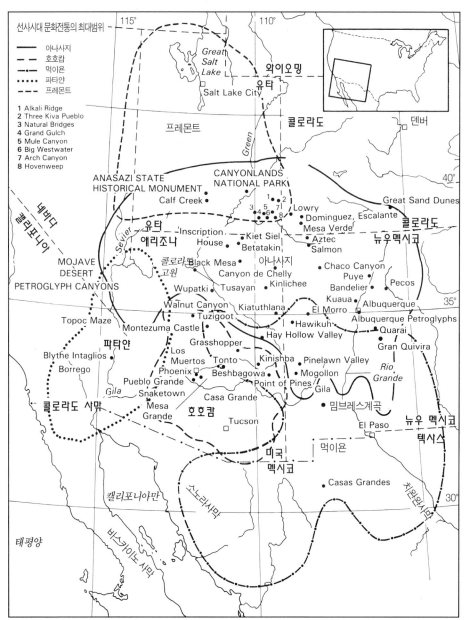

15.8 북아메리카 남서부의 주요 문화전통. 이러한 문화권의 범위는 각 문화의 최전성기를 표시한 것이며 각 문화는 동일한 시점에 전성기를 맞지는 않았다.

여 수로를 열거나 막았으며 흙으로 축조한 댐을 이용하여 각 농경지에 물을 공급하였는데 무려 50km 이상 떨어진 사막지대까지 물을 공급할 수 있다.

　다른 지역의 유사한 농경체계와 마찬가지로 얼마전까지도 미국 원주민의 관개시설은 상대적으로 단순한 부족단계의 사회조직을 지닌 수 천명에 의해서 이용되어왔다. 오늘날의 이들 원주민 사회는 강제 노동과 영구적 권력이 존재하지 않으며 치안경찰이 필요하지 않은 사회인데 이러한 사회상은 호호캄의 당시 사회를 어느 정도 반영하리라 판단된다.

　호호캄의 문화에서 가장 대규모의 관개시설은 기원후 800년 이후에 축조되는 것으로 보이지만 기원후 300년경에 이르면 호호캄의 문화는 상당히 복잡해진다. 예를 들어 길이 29m, 폭 23m, 높이 3m의 낮은 계단식 마운드가 스네이크타운(Snaketown)유적에서 축조되며, 이 유적과 인근 유적에서는 메조아메리카에서 발견된 것과 유사한 지하식의 구기장이 발견된다. 구기장은 바닥이 약간 들어간 동서방향의 타원형 형태인데 길이가 약 60m에 이르고 4.5~6m 높이의 경사진 흙둑을 쌓아 경계를 만들었다. 경기는 두 개로 나누어진 팀이 상대방 진영으로 고무공(남서부 지역에서 몇 개가 발견되었다)을 넣는 방식으로 진행되었던 것으로 보인다. 또한 경기는 공을 차거나 때리는 방식이 아니라 무릎이나 팔꿈치, 몸통을 이용하여 공을 이동시키는 방식으로 진행된다.

　이러한 경기에서는 공을 손으로 잡아서는 안된다. 메조아메리카에서와 마찬가지로 이러한 경기는 단순한 스포츠가 아니다. 즉 공은 태양을 상징하고 구기장과 경기는 종교적이고 우주적인 의미를 지닌다. 패배한 팀의 선수는 때때로 의례적인 목적으로 희생된다(13장 참조).

　남서부 지역의 구기장은 멕시코 메이저리그가 북쪽 원정경기를 하기 위한 장소는 아니었을 것이지만 계단식 마운드와 마찬가지로 메조아메리카와 밀접한 관련성을 보여주는 유구이다. 또한 기원후 900년부터 1200년 사이에는 많은 메조아메리카 문화의 요소들, 예를 들어 무명직물, 특정한 토기양식, 황철광(黃鐵鑛) 거울, 조각상이 새겨진 그릇, 동종, 귀마개, 식각(蝕刻)의 패각장식품 등이 남서부지역으로 유입되었다. 심지어는 앵무새와 마코앵무새도 메조아메리카에서 유입되었는데 이들 새의 깃털은 호호캄의 사회에서 귀중한 물건으로 간주되었던 것으로 보인다.

그러나 전반적으로 호호캄의 경제, 취락, 혹은 장송의례에서 보이는 고고학증거는 사회적 지위와 경제적 차이를 보여주지 않는다. 대부분의 호호캄 사람들은 나무 기둥을 세우고 진흙과 초목으로 지붕을 만든 방형의 소형 움집에 살았던 것으로 보인다. 초기의 가옥들은 몇 가족이 기거할 수 있을 정도로 규모가 대형이었지만 후대의 것들은 대부분 한 가족을 위한 것이다.

호호캄의 취락 유형에 대해서는 거의 알려지지 않고 있다. 예를 들어 마을 전체의 평면배치나 마을내의 경제적 전문화에 대한 증거가 거의 존재하지 않고 있다. 이 당시의 취락은 대부분 비슷한 경제 행위를 하였던 것으로 판단된다. 다만 생산성이 높은 지역에 위치한 일부 취락은 옥수수, 콩, 호박, 기타 작물에 대한 의존도가 더 높았을 것이다. 그럼에도 불구하고 호호캄 문화에서는 수 많은 창촉과 화살촉이 발견되었고, 발견된 식물자료에 의하면 거의 모든 공동체는 기간작물과 함께 야생 겨자, 아마란스, 선인장 열매, 다양한 콩류, 기타 야생 식물에 의존하여 살았음을 알 수 있다.[67]

호호캄 양식의 유물은 넓은 지역에 걸쳐 발견되고 있다. 다양한 학자들은 이러한 유물의 분포가 인간의 이주나 교역을 나타내는지, 아니면 사회정치적 연대와 함께 정규적인 교역망을 반영하는지를 설명하기 위해 노력하고 있다.[68]

먹이온 문화

호호캄과 마찬가지로 먹이온(Mogollon)의 선사인들은 수 천년동안 지속된 고기(古期) 채취문화의 후손으로서 주로 중동부 애리조나와 중서부 뉴우맥시코의 산악지대에 거주하였다. 먹이온의 정주 취락과 토기는 기원전 수세기 전에 이미 형성되었던 것으로 보이지만 먹이온의 독특한 적갈색 토기는 기원후 3세기경부터 제작된 것으로 판단된다. 또한 이 시기에는 15기 내외의 수혈 움집으로 구성된 마을들이 산등성이와 절벽, 혹은 강의 단구를 따라 산발적으로 분포하고 있었다. 미국 동시대의 다른 마을과 같이 먹이온 사람들은 옥수수-콩-호박에 주로 의존하고 많은 야생 식물과 동물을 간헐적으로 이용하였다. 이 시기의 무덤은 보통 집의 바닥에 축조되는데, 무덤내부에서는 소수의 토기, 터키 옥 장식품, 평등사회에서 전형적으로 발견되는 석기 등이 출토된다.

뉴멕시코 밈브레스(Mimbres)계곡에 위치한 스와츠 루인스(Swarts Ruins)는 중요한 먹이온 유적이다. 이 유적의 사람들은 아도비벽돌과 강돌을 사용하여 거대한 주택단지를 건설하였는데, 이러한 주택단지의 내부에는 방형의 가옥이 서로 연접되어 축조되어 있다. 주택단지에는 출입구시설이 없기 때문에 단지내부로의 출입은 지붕을 통해 이루어졌던 것으로 판단된다. 내부 벽에는 진흙을 발랐으며 방과 방사이의 출입은 문을 통해 이루어졌다. 단지에서 발견된 주요 가구는 저장상자, 선반, 화덕, 의자를 들 수 있다. 인골은 보통 폐기된 방이나 현재 거주하는 집의 바닥이나 주택단지내에 매장된다. 또한 대부분의 무덤은 매우 단순한 형태와 부장품을 보여주고 있다.

먹이온 문화는 피라미드나 구기장, 혹은 주요 관개시설을 축조하지는 않았지만 매우 아름다운 토기들을 제작하였다. 이러한 토기중에서 '밈브레스(Mimbres)' 토기는 특히 주목되는데, 이 토기는 개구리, 벌레, 물고기, 사슴, 기타 동물의 모습을 검은 바탕색의 표면에 생생하게 묘사하고 있다. 스페펜 제트와 피터 모일(Stephen Jett and Peter Moyle)은 밈브레스 토기에 묘사된 물고기들이 캘리포니아만에서 남서쪽으로 1,500km 이내의 범위에서 포획되지 않는 어종이라는 사실을 보여주고 있다.[69] 먹이온 토기의 미적 아름다움은 수많은 도굴을 초래하였고 이러한 행위는 미국 원주민문화의 또 다른 파괴라고 할 수 있다.

먹이온 취락 유형은 사회적 계층화가 점진적으로 이루어지고 있다는 점을 보여준다. 마을은 두 종류로 나누어진다. 하나는 5채 미만의 수혈 움집으로 구성된 소규모 마을들로서 이러한 마을에서는 거대한 의례용 키바*가 발견되지 않는다. 다른 한 종류는 1백채 이상의 움집으로 구성된 거대 마을로서 여기서는 거대한 키바가 발견된다. 이러한 공동체에서 가장 큰 집에서는 가장 큰 저장공간과 수 많은 외래기원의 물건이 발견되고 농경 생산물이 훨씬 많이 소비되었음을 보여준다. 라이트푸트와 페인만(Lightfoot and Feinman)은 다양한 증거에 기초하여 먹이온 사회에서는 개별 가옥의 수준을 뛰어넘는 의사결정조직이 발달되었고, 경쟁적 정치지

---

*키바 : kiva, 지하식으로 축조된 신전

도자들 사이의 치열한 경쟁에 살아남기 위해서 이러한 의사결정조직이 발달된 것으로 보고 있다.[70] 그러나 이러한 유물 분포의 변화와 마을 전체를 대표하는 의사결정조직의 등장과 같은 상당히 미세한 사회변화를 직접적으로 연결시키는 작업은 상당히 어렵다는 사실을 명심해야 한다. 어쨌든 먹이욘 사회가 복합사회로 나아가기 위한 급격한 사회변화를 겪고 있다는 사실을 보여주는 증거는 거의 존재하지 않고 있다. 먹이욘 사회의 사회정치적 발달이 느린 이유는 아마도 농경 집약화를 하기 어려운 지역내의 환경적 배경 때문으로 판단된다.[71]

남서부 문화사에서 가장 중요한 취락유형의 변화는 기원후 1년부터 기원후 1000년 사이에 발생한다. 이 시기의 선사인들은 이제 반수혈움집으로 구성된 소규모 마을에서의 삶을 버리고 점차 '퓨에불로(Pueblo)' 양식의 취락, 즉 방형의 지상식 가옥을 서로 연접하여 축조하는 취락에 거주하기 시작한다.

남서부 지역의 이러한 장기적이고 지역적인 변화는 도대체 왜 발생하게 되었을까? 물론 고고학자는 이러한 변화를 보통 적응적 개념으로 설명한다. 마이클 왈렌(Michael Whalen)은 이러한 변화가 인구밀도의 증가, 거대한 공동체의 등장, 주요 생계수단으로서 옥수수 농경의 증가, 가옥의 건축양식과 가구에 나타난 정교한 의례행위의 등장과 깊은 관련이 있다고 주장하고 있다.[72]

왈렌에 의하면 인구증가와 기후변화, 그리고 취락이 다른 지대로 확산됨에 따라 사람들은 물의 공급이 가능한 강 유역의 경계지대로 농경을 확산시킴으로서 자신들의 전통적인 생활방식을 유지하려 한다. 식량의 생산성을 제고할 수 있는 강 유역의 경계지대는 결과적으로 기본적 사회경제적 단위가 가족보다는 공동체가 되는 일련의 경제적 전문화를 촉진시키게 된다. 멕과이어와 쉬퍼(McGuire and Schiffer)는 수혈움집에서 지상가옥으로의 변화가 장기간의 시행착오를 거쳐 발생한다는 점을 보여주고 있다.[73]

프레드 플락(Fred Plog)은 기원후 400년부터 1540년까지 콜로라도 고원에서 발생한 문화사를 분석하였다. 분석결과 그는 이 시기 동안에 다양한 공동체가 서로 간에 '연맹관계'를 형성한다는 점을 발견하였다.[74] 이러한 연맹사회에서는 상당한 정도의 교역이 공동체간에 행해지고 초보적 수준의 사회적 위계화가 등장하며 행정과 교역의 중심지가 형성되기 시작한다. 플락은 또한 콜라라도 고원의 정치체계와 이보다 훨씬 발전된 형태의 메조아메리카와 기타 지역의 정치체계를 비교하였다. 그 결과 콜로라도 고원의 사회는 좀더 복잡한 사회를 부양할 수 있을 정도로 농경을 집약화시키지 못했고, 행정중심지에서의 전업적 장인계층의 발달을 이루지 못했음을 발견하였다. 또한 남서부 사회에서 발생한 사회변화는 전반적으로 인구밀도와 자원사이의 불균형을 해소하기 위해 등장하지만 이러한 변화는 언제나 상대적으로 심한 환경적 다양성과 농경의 낮은 잠재력으로 인해 제한을 받게 된다.

북부 멕시코의 카사스 그랜데스(Casas Grandes)와 같은 먹이욘 유적에서는 먹이욘 양식의 유물과 함께 구기장, 계단식 마운드, 터키 옥과 패각제 장식품 등 메조아메리카의 다양한 문화요소가 함께 발견된다. 여기서도 이러한 유적이 메조아메리카 상인의 직접적 이주를 반영하는 것인지, 아니면 단순히 일시적이고 간접적인 접촉의 결과인지에 대해 학자간에 의견이 엇갈리고 있다. 또한 이러한 사회가 얼마나 복잡한 발달을 이룩한 사회인가에 대해서도 의견의 일치를 보지 못하고 있다.

먹이욘의 문화적 전통과 인구밀도는 기원후 1300년경에 급속히 쇠퇴하기 시작한다. 아마도 이러한 쇠퇴는 이 지역에 불어닥친 가뭄이나 인근의 아나사지(Anasazi)집단의 침략 혹은 문화적 흡수 때문에 발생하였을 것으로 판단된다.

아나사지

먹이욘이나 호호캄과 마찬가지로 아나사지(Anasazi) 문화는 기본적으로 사막의 채취문화에서 발전하였고 가장 이른 선토기시대의 아나사지 문화는 바구니 제작문화(Basket-maker culture)로 널리 알려져 있다. 이러한 초기의 아나사지 집단들이 얼마나 자주 이동생활을 하였는가는 불확실하지만 기원후 수세기대에 이르면 많은 정주 취락에서 생활을 하기 시작한다. 취락은 강의 대지나 대지의 정상, 혹은 남서부 중앙부에 위치한 높은 고원지대의 강 계곡에 형성된다.[75] 가장 이른 시기의 가옥은 통나무로 기초를 한 원형 초벽집이나 반지하형 움집이다. 초기 아나사지인들은 아직 토기를 사용하고 있지 않았다. 이들은 옥수수, 콩, 호박을 이용하였지만 이들 작물의 재배에 많은 노동력을 투자하지는 않았다. 대신에 이들은 나무뿌리와 열매, 견과류, 옥수수, 딸기류, 선인장 열매, 해바라기, 사슴, 토끼, 영양, 야생 양을 식량으로 이용하였다.

기원후 약 400년부터 아나사지인들은 토기를 제작하기 시작하였고 규모가 큰 수혈 움집을 축조하기 시작하였다. 수혈 움집은 원형이나 방형이고 직경이 3∼7.5m에 달하며 중앙의 기둥위로 통나무와 진흙을 덮어 지붕을 만들었다. 내부 벽은 진흙을 바르거나 돌로 치장을 하였고 아래로 경사진 통로를 통해 출입이 이루어졌다. 화덕과 의자는 이들 집에서 기본적으로 발견되는 가구이다. 일부 유적에서는 거대한 의례용 건물인 키바가 발견된다. 기원후 700년 이후에는 일부 아나사지 취락에서 지상식의 석기제작용 건물이 축조되지만 수혈움집과 키바는 13세기 말까지 계속하여 마을의 기본적인 건물양식이 된다.

아나사지 사회에서는 기원후 약 700년경부터 좀 더 생산적인 옥수수 품종을 재배하게 되고 기후의 변화가 발생한다. 이러한 점들이 아나사지의 유명한 '절벽 도시'를 건설하게 하는 요인이 되었던 것으로 보인다.[76] 화분분석과 지질학적 연구에 의하면 기원후 700년 이후 여름철에는 폭우로 인해 강우량이 증가하고 겨울철에는 강우량이 감소한다. 이러한 기후변화는 강의 유량과 유로의 변화를 야기하고 결과적으로 아나사지인들은 규모가 좀 더 크고 영구적으로 물이 흐르는 하천주변으로 이동할 수밖에 없었을 것이다.[77] 아나사지인들은 여름철의 침수를 방지하기 위해 구릉을 깎아 계단식으로 만들고 여름철의 많은 물을 통제하고 저장하기 위해 수로와 댐을 축조하였다. 예를 들어 메사 베데(Mesa Verde)지역의 챠핀 메사(Chapin Mesa)의 선사인들은 정교한 댐을 건설하여 8∼12헥타르의 새로운 농경지를 확보하였다.

일부 지역의 잦은 침식작용은 취락의 이동을 야기하고 따라서 사람들은 새로운 농경지를 개척해야 했을 것이다. 일부 공동체에서는 가족의 규모를 줄여서 변화하는 농경조건을 극복하기도 하지만 대부분의 사람들은 주요 강가에 위치한 거대한 취락으로의 이동을 통해 문제를 해결한다. 기원후 1100년까지의 시기 동안에 메사 베데, 챠코 케년(Chaco Canyon), 케년 데 첼리(Canyon de Chelly), 기타 지역에서 대규모 취락이 형성되는데, 이들은 남서부 문화 최전성기의 유적이라 할 수 있다.

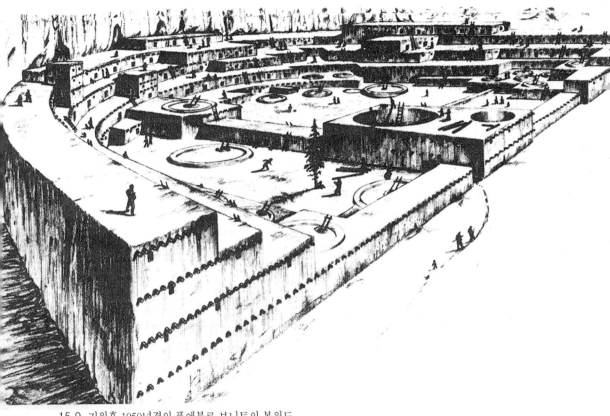

15.9 기원후 1050년경의 퓨에블로 보니토의 복원도.

챠코 케넌에서는 12개의 거대한 공동체들이 축조되는데 이중에서 퓨에블로 보니토(Pueblo Bonito)에서는 8백개 이상의 방에서 1200명 정도의 사람들이 살았던 가장 큰 공동체이다(그림 15.9). 이러한 거대하고 다층으로 축조된 퓨에블로 외에도 단층으로 축조되고 계획적인 배치를 보이지 않는 수 많은 마을유적들이 발견된다. 이러한 건축방식의 상반된 차이에 기초하여 일부 학자들은 아나사지가 민족적 혹은 문화적으로 상이한 두 집단이 통합되어 나타난 사회로 추정한다. 비비안(Vivian)[78]은 챠코 협곡이 통일된 관개시설을 갖추고, 600km 이상의 도로로 연결된 거대한 조직체계의 일부라는 점을 보여주었다. 이러한 도로는 수많은 소규모촌락들을 연결시키고 토기, 터키 옥, 음식, 기타 물자의 교역을 촉진시키는 역할을 하였다. 두 종류의 상이한 건축양식은 두 종류의 상이한 사회조직을 반영하고 있다. 하나는 이중적 혹은 '반족(半族)' 체계로서 한 부족이 두 개의 상호보완적인 집단으로 나누어지는 체계이다. 또 다른 하나는 씨족 혹은 혈족기반의 체계이다. 이러한 지역 문화의 등장은 상당히 급속히 이루어지지만 이들 문화는 궁극적으로 문화진화의 일반적 현상이라 할 수 있는 붕괴와 해체의 길로 들어선다. 챠코 협곡 사회의 성장과 붕괴에 대해서는 관리형 엘리트의 등장이나 기후요소와 같은 다양한 설명이 제시되고 있다[79].

기원후 약 1150년경에 이르면 포어 코너스(Four Courners) 지역에서 수 많은 절벽도시들이 건설되고 이들 도시들은 서로 유사한 구조와 형태를 보인다. 비록 구체적인 경쟁국가의 실체는 알수 없지만 절벽도시들의 고립된 위치는 아마도 적으로부터의 방어를 고려하였기 때문으로 판단된다(그림 15.10).

아나사지 후기의 많은 취락은 고도로 발전된 사회는 아니었던 것으로 보인다. 환경을 최대한 고려하여 축조된 아나사지의 건축물들은 상당히 조잡하게 만들어졌다. 토기제작과 직물, 터키옥의 가공을 전문적으로 담당하는 사람들도 존재했지만 대부분은 – 모두는 아니더라도 – 농경에 종사하는 사람들이었다. 또한 주거용 건축물이나 무덤의 부장품에서도 사회적 위계화가 진전됐다는 증거를 찾을 수 없다. 아나사지의 관개시설도 상당히 정교하고 효과적으로 축조되었지만 이러한 시설은 간단한 친족체계에 의해 운영되었을 것으로 판단된다.

한 때 번영을 구가하였던 수많은 아나사지 유적은 기원전 1300년 직후부터 폐기되기 시작한다. 스페인 사람들이 16세기에 도착했을 때 아사나지의 후손들은 그란데 강을 따라 형성된 소규모의 마을에서 자율적인 정치적·경제적 체제를 유지하고 있었다.

📓 요약과 결론

미국의 불법이주민은 항상 문제를 일으켜 왔다.
인디언 누구에게라도 물어보라.

로버트 오벤(Robert Orben)

15.10 콜로라도 메사 베데의 절벽궁궐(Cliff Palace)은 거대한 절벽아래에 건설된 가
　　　장 인상적인 공동체중의 하나이다.

신세계는 유럽과 아시아의 영향을 받지 않은 상태에서도 수 천년에 걸쳐 다양하
고 풍부한 토착문화를 건설한 진정한 '제 2의 대륙'이라 할 수 있다. 견인 동물, 발
달된 야금술, 온화하고 건조한 광범위한 충적평야, 기타 기술환경적 요소가 부족하

였기 때문에 북부 아메리카의 온대지대에서 국가와 제국이 등장하지 못하였다고 결론내리고 싶지 않다. 그러나 이것은 피할 수 없는 역사적 사실이다. 오늘날의 시각에서 볼 때 신대륙과 구대륙의 폭력적인 충돌은 두 대륙의 인구와 기술환경 등 다양한 요소의 복잡한 진화과정에서 피할 수 없는 경쟁의 결과이다. 그러나 구대륙과 신대륙의 문화를 이러한 진화선상으로 서열화하는 것은 단지 하나의 편리한 연구방법일 뿐이다. 다시 말해 우리는 두 지역의 고대 문화가 모두 나름대로 우수하고 독창적이었다는 사실을 간과해서는 안될 것이다.

저자주

1) Yerkes, "The Woodland and Mississippian Traditions in the Prehistory of Midwestern North America," pp. 311 – 12.

2) Fritz, "Multiple Waysto Farming in Precontact Eastern North America."

3. Riley, Edging, and Rossen, "Cultigens in Prehistoric North America."

4) Yerkes, "The Woodland and Mississippian Traditions in the Prehistory of Midwestern North America,"

5) Smith, "Middle Mississippi Exploitation of Animal Populations"; Smith, "The Role of Chenopodium as a Domesticate in the Pre-Maize Garden System of the Eastern United States." p. 32.

6) Smith, The Rivers of Change: Essays on Early Agriculture in Eastern North America, pp. 102 – 106.

7) Smith, The Rivers of Change: Essays on Early Agriculture in Eastern North America, p. 106.

8) Asch and Asch, "Prehistoric Plant Cultivation in West-Central Illinois."

9) Fritz, "Multiple Ways to Farming in Precontact Eastern North America." p. 399.

10) Smith, The Rivers of Change: Essays on Early Agriculture in Eastern North America, p.107.

11) Ibid.

12) O' Brien, "Sedentism, Population Growthm and Resource Selection in the Woodland Midwest: A Review of Coevolutionary Developments."

13) Rindos, The Origins of Agriculture.

14) O' Brien, "Sedentism, Population Growth, and Resource Selection in the Woodland Midwest: A Review of Coevolutionary Developments." p. 186; also see Keegan, ed., Emergent Horicultural Economics of the Eastern Woodlands.

15) Braun, "Pots as Tools," and "Comment on M. J. O' Brien, 'Sedentism, Population Growth, and Resource Selection in the Woodland Midwest: A Review of Coevolutionary Developments.'"

16) Braun, "Comment on M. J. O' Brien, 'Sedentism, Population Growth, and Resource Selection in the Woodland Midwest: A Review of Coevolutionary Developments.'" p. 189.

17) Braun and Plog, "Evolution of 'Tribal' Social Networks: Theory and Prehistoric North American Evidence."

18) Fowler, "Agriculture and Village Settlement in the North American East: The Central Mississippi Valley Area, a Case History."

19) Price, and Feinman, eds., *Foundations of Social Inequality*.

20) Stoltman, *Prehistoric Mound Buliders of the Mississippi Valley*; Marquardt, "Complexity and Scale in the Study of Fisher-Gatherer-Hunters"; Rothschild, "Mortuary Behavior and Social Organization at Indian Knoll and Dickson Mounds."

21) Yerkes, "The Woodland and Mississippian Traditions in the Prehistory of Midwestern North America," p. 315.

22) Fiedel, *Prehistory of the Americas*, p. 111.

23) Fagan, *Ancient North America*, p. 331.

24) Ibid.

25) Farnsworth and Emerson, *Early Woodland Archaeology*; Morse and Morse, *Archaeology of the Central Mississippi Valley*.

26) Murphy, *An Archaeological History of the Hocking Valley*, pp. 161 – 63; Terkes, "The Woodland and Mississippian Traditions in the Prehistory of Midwestern North America," p.317.

27) Yerkes, "The Woodland and Mississippian Traditions in the Prehistory o Midwestern North America," p. 317.

28) Brown, "Long-term Trends to Sedentism and the Emergence of Complexity in the American Midwest," p. 219.

29) Coe, Snow, and Benson, *Atlas of Ancient America*, p. 50.

30) Bush, "A Ceramic Analysis of the Late Adena Buckmeyer Site"; Baby and Langlois, "Prehistoric Agriculture," p. 3.

31) Tainter, "Social Inference and Mortuary Practices: An Experiment in Numerical Classification."

32) Dragoo, "Some Aspects of Eastern North American Prehistory: A Review," pp. 18–19.

33) Odell, *Stone Tools*.

34) Jenninhs, *Prehistory of North America*, p. 232.

35) Brose and Greber, *Hopewell Archaeology: The Chillicothe Conference*.

36) Yerkes, "The Woodland and Mississippian Traditions in the Prehistory of Midwestern North America," p. 323.

37) Braun, "The Social and Technological Roots of 'Late Woodland.'"

38) 미시시피 문화에 대한 최근의 다양한 견해에 대해서는 다음의 글 참조. Smith, ed., *The Mississippian Emergence*.

39) Stoltman, "Ancient Peoples of the Upper Mississippi River Valley," pp. 232–33.

40) Lynott et al., "Stable Carbon Isotopic Evidence for Maize Agriculture in Southeast Missouri and Northeast Arkansas."

41) 다음의 글에 논의되어 있음. Brown, Kerber, and Winters, in Smith, *The Mississippian Emergence*.

42) Porter, *The Mitchell Site and Prehistoric Exchange Systems at Cahokia: A.D. 1000-300*. See also Yerkes, "The Woodland and Mississippian Tradition in the Prehistory of Midwestern North America."

43) Pauketat and Emerson, "The Ideology of Authority and the Power of the Pot." p. 935.

44) Milner, "The Late Prehistoric Cahokia Cultural System of the Mississippi River Valley: Foundations, Florescence, and Fragmentation." p. 2; also Smith "The Archaeology of the Southeastern United States: From Dalton to de Soto, 10,500-500 B.P."

45) Peebles, "Moundville and Surrounding Sites."

46) Steponaitis, *Ceramics, Chronology, and Community Patterns: An Archaeological Study at Moundville*.

47) Jennings, *Prehistory of North America*, p. 256.

48) Smith, "Middle Mississippi Exploitation of Animal Populations - A Predictive Model."

49) Clark et al., "The Evolution of Mycobacterial Disease in Human Populations."

50) Dickson, "The Yanomamo of the Mississippi Valley? Some Reflections on Larson···Gibson··· and Mississippi Period Warfare in the Southeastern United States."

51) Fagan, *Ancient North America*, p. 256.

52) Yerkes, "The Woodland and Mississippian Traditions in the Prehistory of Midwestern North America," p. 346.

53) Stewart, *The People of America*.

54) Le Page du Pratz.

55) Ramenofsky, *Vectors of Death*.

56) Minnis, *Social Adaptation to Food Stress*.

57) 예를 들어 다음의 글 참조. Redman, *People of the Tonto Rim: Archaeological Discovery in Prehistoric Arizona*.

58) 예를 들어 Cordell and Gumerman, eds., *Dynamics of Southwest Prehistory*; Wills and Leonard, eds., *The Ancient southwestern Community: Models and Methods for he Study of Prehistoric Social Organization*.

59) Woosley and Ravesloot, *Culture and Contact*.

60) Upham, "Nomads of the Desert West."

61) Crown, *Ceramics and Ideology: Salado Pollychrome Pottery*.

62) Cordell, *Prehistory of the Southwest*; Simmons, "New Evidence for the Early Use of Cultigens in

the American Southwest."

63) Minnis, "Earliest Plant Cultivation in the Desert Borderlands of North America," pp. 128 – 29.

64) 예를 들어 다음의 글 참조. Schiffer, "Hohokam Chronology.

65) Haury, *The Hohokam Desert Farmers and Craftsman*.

66) Crown, "The Hohokam of the American Southwest"; Crown and Judge, *Chaco and Hohokam: Regional Systems in the American Southwest*.

67) Washburn, "The American Southwest," p. 124.

68) 다음의 글에 논의되어 있음. Cordell, *Prehistory of the Southwest*.

69) Jett and Moyle, "The Exotic Origins of Fishes Depicted on Prehistoric Mimbres Pottery from New Mexico.

70) Lightfoot and Feinman, "Social Differentiation and Leadership Development in Early Pithouse Village in the Mogollon Region of the American Southwest," p. 81.

71) Minnis, *Social Adaptation to Food Stress*.

72) Whalen, "Cultural-Ecological Aspects of the Pithouse-to-Pueblo Transition in a Portion of the Southwest."

73) McGuire and Schiffer, "a Theory of Architectural Design."

74) Plog, "Political and Economic Alliances on the Colorado Plateaus, A.D. 400 to 1450."

75) Powell, *Mobility and Adaptation: The Anasazi of Black Mesa, Arizona*.

76) Dickson, "Settlement Pattern Stability and Change in the Middle Northern Rio Grand Region, New Mexico: A Test of Some Hypotheses."

77) Washburn, "The American Southwest." p. 114; Rice, " A Systematic Explanation of a Change in Mogollon Settlement Patterns."

78) Vivian, *The Chacoan Prehistory of the San Juan Basin*.

79) 다음의 글에 논의되어 있음. *Vivian, The Chacoan Prehistory of the San Juan Basin*.

Part 16

세계 선사문화의 회고와 전망

……과거는 곧 시작이다.

세익스피어[1]

지금까지 우리는 레오톨리(Leotoli)에서 발견된 3백만년 전의 인류의 발자취로부터 16세기 유럽인이 아메리카에 도착할때까지의 인간과 문화의 발전과정을 살펴보았다. 이제 다시 이 책의 첫 장에서 제기한 질문으로 돌아가보자. 세계의 고고학적 기록은 수백만년동안 전개된 역사에 대해 무엇을 말해줄 수 있고 미래의 역사에 대해 과연 무엇을 배울 수 있는가? 인간의 과거는 고대사회를 구성했던 천문학적 규모의 인간집단 각각의 일상생활을 종합할 수 있는 어떤 '의미'를 가지고 있는가? 과거는 무엇을 의미하는가? 혹은 좀 더 정확하게 우리는 과거를 어떻게 이해할 것인가? 과거에 대한 정보를 수집하고 해석하는 측면에서 볼 때 과거는 과연 누구의 소유인가?

물론 이러한 질문들은 수세기에 걸쳐 끊임없이 제기된 것들이다. 지금까지 이 책을 통해 머나먼 과거여행을 다녀온 독자라면 누구나 이 책이나 기타 다른 고고학서적으로부터 이러한 질문에 대해 분명하고 완벽한 해답을 기대하지는 않을 것이다.

중요한 질문을 제기하고 증거를 검토한 후에 "어떤 것도 확신할 수 없다"라고 결론내리는 것은 상당히 어리석은 교육방식이라고 할 수 있다. 그러나 대부분의 현대 고고학자들은 이러한 입장을 취할 수 밖에 없다. 우리는 고대 문화변동의 중요한 원인과 결과에 대해 어느 정도 추정할 수는 있지만 강력하고 설득력이 있는 하나의 유일한 설명을 제시할 수가 없다. 우리는 문화와 역사에 대한 구체적인 모델의 근거와 정확성을 입증하기보다는 이들 모델이 갖는 한계와 가능성만을 살펴보았다. 지금까지 살펴본 바와 같이 일부 고고학자들은 과거에 대한 통일적·객관적·'과학적'인 이해나 설명이란 불가능한 작업이며, 따라서 새로운 대안을 모색해야 한다고 주장하고 있다.

필자의 비판을 받았던 이론적 사조는 계몽주의와 19세기의 기계적 문화진화론이다. 이러한 사조의 핵심적 개념은 우리 인류가 무식하고 잔인한 야만인의 단계에서 산업기술과 자유, 민주주의라는 좀더 향상되고 인간적인 세계로 '진보'하였다는 것이다. 우리는 빅토리아시대 문화진화론의 선구자들 – 역사상 가장 위대한 석학중의 일부 – 이 가졌던 진보에 대한 이러한 믿음을 어느 정도 이해할 수 있다. 왜냐하면 이들은 역사와 문화에 대한 우리의 인식을 획기적으로 바꾸고 확산시킨 선구자들이라고 할 수 있기 때문이다. 예를 들어 다윈의 진화론은 우리의 세상과 우리들 자신, 그리고 과거를 보는 방식을 혁명적으로 바꾸게 만든 획기적 패러다임이라고 할 수 있다. 역사의 과학성에 대한 주장이 19세기 후반의 사람들에게 전폭적 지지를 받을 수 있었다는 점은 전혀 놀라운 일이 아니다. 왜냐하면 당시 사람들은 자신들의 일생에서 인간사의 모든 '진보'를 경험하였기 때문이다. 예를 들어 미국의 위대한 법학자였던 올리버 웬델 홈스 (Oliver Wendell Holmes, Jr.: 1841~1935)와 같은 사람이 경험했던 기술과 이데올로기의 변화를 살펴보자. 홈스는 아브라함 링컨이 대통령에 당선되기 직전에 미국의 조용한 소도시에 위치한 하버드 대학에서 학부졸업 논문을 썼다. 이후 그는 남북전쟁(여러 면에서 최초의 '근대적' 전쟁이라고 할 수 있다)에 참여하였고 프랭클린 루스벨트 대통령의 재임기간에는 라디오 방송활동에 종사하였다. 홈스와 동시대의 많은 사람들은 어떤 다른 세대도 경험하지 못했던 과학과 기술의 발전에 의한 세상의 변화를 경험하였다.

그러나 시몬 웨일(Simone Weil)에 의하면 "19세기의 가장 큰 실수는 우리 인류가 앞으로 똑바로 걸어가면 하늘까지도 올라갈 수 있다고 가정하는 것이었다". 진보적 진화에 관한 가장 위대한 선구자중의 두 사람은 허버트 스펜서와 칼 마르크스라고 할 수 있다. 오늘날 이 두 사람은 사망한 이후에도 실제적인 면에서나 상징적인 면에서 서로 쌍벽을 이루고 있다. 이들은 런던의 하이게이트 묘지에 안치되어 있는데 공교롭게도 자갈길을 사이에 두고 서로 마주보고 있다. 불쌍한 허버트 스펜서와 달리 칼 마르크스의 묘지는 아직도 붉은 장미로 추모되고 있다. 그러나 조만간 칼 마르크스의 저작들도 스펜서와 마찬가지로 애독되기보다는 인용이 될 것이고 점점 사람들로부터 잊혀질 것이다.

그러나 역사란 '진보적' 궤도를 거쳐 우리에게 다가온다는 인식을 완전히 배제하기도 힘들고, 실제로 이러한 생각은 오늘날의 문화에 깊이 베어 있다.[2] 그러나 고고학적 자료를 검토한 결과 우리의 과거는 사회적, 물질적, 기술적, 도덕적 진화의 부드러운 상승 곡선을 보여주기보다는 일련의 굴곡이 심한 순환과정을 보여주고 있다. 즉 우리의 과거는 사회적 형태와 기술에서 성장의 한계까지 도달하였다가 붕괴를 하고 다시 새로운 사회적 형태와 기술에 의해 대체된다. 이러한 새로운 사회적 형태와 기술은 이전보다 여러 면에서 분명히 더욱 복잡해지지만 영구성을 띠거나 도덕이나 철학적인 측면에서 더 '향상' 되는 것은 아니다. 우리 인류 사회가 지상의 낙원을 향해 직진하고 있다는 사실을 보여주는 명백한 고고학적 증거는 없다.[3] 오늘날 세계 인구의 2/3는 생계수준, 질병과 사망률, 그리고 일반적인 생활수준에서 갱신세의 대부분의 수렵채집민에 비해서도 열악한 '비자발적 채식주의자(involuntary vegetarians)' 들이라고 할 수 있다. 심지어 가장 산업화된 나라에서도 대부분의 사람들은 선사 시대의 사람들보다 훨씬 많은 시간을 그들의 생계활동에 투자해야 한다. 더구나 오늘날의 만연한 재앙, 가난, 전쟁, 인종적 적대관계, 포악성과 잔인성은 인류의 과거가 일련의 '도덕적 진화' 를 이루었다는 주장을 무색하게 하고 있으며, 따라서 과거는 궁극적으로 다윈의 진보지향적 이상적인 개념으로 설명될 수 없다.[4]

그러나 빅토리아시대의 개념으로 본 '진보' 의 증거가 부족하다고 해서 역사를 '진화' 의 한 형태이자 고고학의 기본적인 연구주제인 장기적 방향성이 있는 변화로 보지 말자는 의미는 아니다. 계속되는 지역적 역전과 오랜 정체상황에도 불구하고 과거 3백만년은 우리에게 인간성의 많은 측면에서 정형화된 변화의 방향성을 제시해 주고 있다. 예를 들어 사회적·정치적·경제적 체계의 크기 및 차별화의 변화, 상호의존도의 변화, 그리고 자연세계의 에너지를 추출할 수 있는 능력이란 측면에서 볼 때 우리 인류는 일정한 변화, 즉 점점 복잡한 문화를 건설하여 오고 있다.

아마도 우리의 과거 역사중에서 서로 유사하지만 독자적으로 발전을 하였던 초기 문명만큼 문화진화를 야기하는 강력하고도 일반적인 결정요소를 보여주는 예도 없다. 이 점에 대한 부르스 트리거의 평가(7장에서 논의)는 다시 반복할만한 가

치가 있다 :

> 필자는 이들 문명이 갖는 생태적 한계때문에 (초기 국가사이의) 경제체계의 차이는 제한을 받을 수 밖에 없지만 사회정치조직, 종교체계, 예술양식에서는 좀더 많은 변이가 있을 것으로 예상하였다. 실제로 필자는 다양한 종류의 경제적 행위가 고대 문명에서 이루어졌고, 모든 문명의 상위 계층은 공납관계를 통해 잉여생산물을 착취한다는 점을 발견하였다. 그러나 동시에 필자는 모든 문명이 오로지 한 가지 형태의 위계적 계층관계, 두 개의 일반적 정치조직형태, 하나의 기본적 종교 패러다임을 보인다는 사실을 발견할 수 있었다.……필자는 문명간의 커다란 차이가 예술양식과 문화적 가치라는 측면에서만 존재한다는 사실을 발견하게 되었다.[5]

세계의 고고학적 자료를 모호하고 변덕스러운 인간의 행위나 비체계적이고 우발적인 것으로 간주하면 과거를 정확히 이해할 수 없다. 우리는 지금까지 과거의 수많은 문화적 정형성과 유사성을 확인할 수 있었다. 전세계적으로 보이는 범문화적 발달은 종교, 전쟁, 인구증가, 사회적 계층화와 경제적 생산성의 증가 등 기본적으로 동일한 패턴을 보여준다.

그러나 이러한 과거의 문명을 생산한 '인과관계적' 과정에 대한 분석은 다시 거대한 복합성과 불확실성에 직면하게 된다. 가장 기본적이고 일면 '단순' 해 보이는 예를 하나 들어보자. 과거의 인구 증가는 최초의 석기 사용시기부터 산업국가의 등장시기까지의 거의 모든 문화적 변형과 상관관계를 보이고 있다. 이러한 관계는 하나의 인과적 관계로 간주될 수도 있다. 예를 들어 일련의 문제를 해결하고 혁신을 창출할 수 있는 인구의 증가는 기술을 변화시킬 수 있는 확률을 높여 줄 것이다. 그러나 이것은 분명히 과거의 변화에 대한 불완전한 설명이다. 수많은 고고학적 기록은 인구 증가와 문화변화의 관계가 지속적이거나 직접적이 아니라는 점을 보여준다. 따라서 고고학자들은 아직도 세계의 증가하는 인구가 선사시대와 역사시대의 구체적이고 결정적인 변화와의 사이에 – 만약 어떤 관계가 있다면 – 직접적인 관계가 있다는 것을 증명해야만 한다.

인간 사회의 가장 기본적인 인구 변동이 문화변동에 어떠한 영향을 미쳤는가를 정확히 이해할 수 없는 사실만 보더라도 역사와 문화의 발달을 기계적이고 결정론적인 과학으로 설명할 수 없다는 점을 알 수 있다. 왜냐하면 선사시대의 인구는 기술이나, 사회, 이데올로기의 변화와 비교해 볼 때 인간의 과거에서 발생한 변화중에서 가장 쉽게 이해할 수 있는 요소이기 때문이다.

과거 사회의 인과적 관계를 규명해 줄 수 있는 복합성의 또 다른 요소를 살펴보자. 인간 역사상 초기의 호미니드에서 보이는 식인풍습에서부터 2차 세계대전까지 인간사회에 발생하는 다양한 폭력성은 분쟁과 전쟁이 상당히 중요한 진화적 동인이 될 수 있다는 점을 강력히 시사한다. 다시 말해 분쟁과 갈등은 동서고금을 떠나 모든 인간사회에 중대한 의미를 가진다. 그렇지 않다면 인간사회에 전쟁이 만연하는 이유를 설명하기가 힘들어진다. 그러나 여기서도 다른 문화 요소와 분쟁이 어떻게 결합하여 과거의 문화변동이 발생하는가를 설명할 수 있는 실제적 메카니즘이 알려지지 않고 있다.

일반적으로 고대사회의 구체적인 문화변동에 필수적인 요소를 파악하기란 어려운 일이며 심지어는 그러한 요소를 예상하기도 불가능하다. 고대의 문화변동이란 본질적으로 우리가 다시 되돌아볼 때만이 그 방향을 볼 수 있는 진화적 패턴이라고 할 수 있다. 아이비 콤톤-버네트(Ivy Compton-Burnett)는 "실제 생활이 일련의 계획에 따라 그대로 이루어지는 것은 아니다"라고 관찰하고 있는데, 동일한 의미로 진화적 역사란 다시 되돌아볼 때를 제외하고는 일련의 계획에 따라 기계적으로 이루어지는 것은 아니다. 예를 들어 생계작물로서 야생 밀을 도입한 최초의 수렵채집자들은 자신들의 이러한 행위가 궁극적으로 오늘날의 고도로 기계화된 북아메리카 농경의 주요 작물이 되는 엄청난 결과를 야기할 것이라고 예상하고 계획을 세우지는 않았을 것이다. 또한 신석기시대의 채취민들이 농업경제의 창출에 필수적인 변이성, 즉 무작위적 유전적 변이를 통해 밀을 좀 더 생산적이고 안정적이며 수확하기가 좋은 종으로 변화시킬려고 처음부터 의도하지는 않았을 것이다.

우리는 과거를 다시 되돌아봄으로서 다양한 진화과정을 인식할 수 있을 뿐이다. 예를 들어 최초의 석기부터 산업자본주의 사회까지의 변화를 보면 인간은 자연으로부터 에너지의 생산성을 지속적으로 향상시켜 온다는 사실을 알 수 있다. 그러나 이러한 문화적 발달의 장기적 연결관계를 확인하는 것이 역사를 '설명'하는 것이라고 할 수는 없다. 장기간에 걸쳐 형성된 진화적 역사를 설명하기 위해 현재까지 제시된 이론중에서 전세계적으로 완벽한 지지를 받는 이론은 없다. 대부분의 고고학자는 상당히 모호한 진화론적 견해를 취하고 있다고 할 수 있다. 다시 말해 고고학자는 인간사회에서 문화적 혁신이 끊임없이 발생하고 있다고 가정하고, 이러한 혁신중의 일부는 특수한 문화체계에 정착될 수 있는 적응적 이점을 가지고 있기 때문에 이러한 요소가 너무 오래되거나 다른 혁신요소에 의해 대체될 때까지 존속한다고 설명하고 있다. 또한 많은 고고학자는 문화적 형태와 역학관계가 기술적, 환경적, 경제적 변이의 제약을 받고 형성된다고 가정한다는 점에서 매우 단순한 물질결정론적 입장을 취하고 있다. 바빌론과 같은 거대한 도시가 선산업기의 알라스카에서 등장할 수 없고, 최초의 생산적 농업경제가 야생종의 식물이 풍부하게 서식할 수 있는 비옥한 환경지대에서 등장한다는 점은 하나도 이상할 것이 없다. 또한 갱신세의 수렵채집사회의 사회적 평등성과 국가단계 사회의 엄격한 사회적 계층화처럼 극단적인 문화형태는 각 단계의 사회가 처한 경제적 기반에 영향을 받는다고 할 수 있다. 그럼에도 불구하고 많은 현대의 고고학자들은 주요 경제 및 환경, 사회경제적 체계와의 상관관계를 자료분석의 첫단계로 간주하고 있다. 예를 들어 인구증가, 전쟁, 도시화의 요소사이에 시공간적 상관관계가 있다고 증명할 수 있다고 하더라도 그러한 것들이 특정 요소나 또는 요소간의 관계를 아주 강력하고 합리적으로 '설명'하였다고 볼 수는 없다. 이러한 분석적 모호함에 직면한 현대의 고고학자들은 이제 이론적 접근으로서 '사회적이고 행위적인' 측면을 중시하고 있다. 즉 고고학자들은 점점 고대사회의 구체적인 사회경제적·정치적 체계와 이데올로기가 문화적으로 어떻게 형성되는가에 연구의 초점을 맞추고 있다. 이 책에서 우리는 고대 사회의 사회구조, 역학관계, 이데올로기를 분석하고 해석하기 위한 다양한 시도들을 살펴보았다. 다시 말해 권력관계, 민족성, 사회적 성(性)의 관계, 사회적 재생산 등에서 보이는 전세계적인 역사적 패턴을 생산하기 위해 고대의 다양한 사회가 어떻게 동일한 조직적 메카니즘을 사용하는가를 설명하는 사회정치적 이론들이 개발되고 있다.

　그러나 일각에서는 고고학 자료를 통해 사회정치적 행위와 이데올로기를 '과학적'으로 할 수는 없다고 반박하고 있다. 더구나 현존하는 고고학적 잔존물과 '계층갈등'이나 '정치적 지배'와 같은 개념을 연결하기 위해 사용되는 유추의 사슬은 고고학적 기록으로 측정될 수 없고, 과학적인 접근으로 볼 수 없다고 주장하는 학자도 있다. 로버트 던넬은 고고학에서 유물은 존재하지만 행위는 존재하는 것이 아니기 때문에 고고학은 결코 '행위' 의 과학이 될 수 없다고 못박고 있다. 또한 그에 의하면 모든 과학은 일련의 현상을 다루기 때문에 과학적 고고학은 유물을 분석해야지 추론된 행위를 다룰 수는 없다는 것이다. 그러나 그러한 유물의 과학은 던넬이 주장하는 것처럼 물리학이 될 수는 없다. 왜냐하면 물리적 세계를 지배하는 통일된 고정법칙과는 대조적으로 유물과 유구는 주로 변화무쌍한 진화적 과정에 의해 만들어지기 때문이다.

던넬과 많은 학자들[6]은 다윈의 진화 이론을 역사와 문화의 분석에 적용하고 있고 '복합성 이론' 과 '혼돈 이론' , 그리고 인공지능의 연구와 같은 분석은 궁극적으로 고고학의 이론화에 중대한 영향을 미칠 수도 있을 것이다. 이러한 최근의 진화론적 연구중에서 흥미로운 주장중의 하나는 비직선적 체계분석과 복합체계의 초기 특징에 관한 분석을 들 수 있다.[7] 최근에 발간된 책자인 '복합성(complexity)'[8]은 물리학자, 생물학자, 인류학자, 기타 학자들이 불분명한 과정을 통해 복합성이 증가하는 단순체계를 분석한 것이다. 이 중에서 가장 분명한 예는 우리 자신과 같은 생물조직의 복합성이다. 즉 하나의 단일 세포가 분열을 일으키고 이어서 형성된 세포들이 피부, 털, 뼈, 피, 기타 조직과 기관을 형성하여 우리의 몸이 형성된다. 따라서 우리의 유전자속에서는 일련의 완벽한 정보 세트가 존재하고 있다고 할 수 있다. 우리는 인간 생물체의 형성과 고대 국가의 진화사이의 일련의 관계를 직접적으로 비교하여 정확하게 유추할 수는 없다. 그러나 이들 체계는 단순한 이전시기의 특질과 요소들이 계속적으로 세습되어 복합성이 증가한다는 진화상의 공통점을 가지고 있다. 다시 말해서 이러한 견해는 다윈의 진화론보다는 라마르크(Lamarck)의 진화론에 가깝다고 할 수 있다.

그러나 1장에서 살펴본 바와 같이 고고학을 다윈의 진화론이나 실증주의적 시각으로 접근하려는 시도는 '과학' 이 과거의 설명에 대한 설명적 틀이 될 수 없다는 고고학자들에 의해 비판받고 있다. 다시 말해 고고학은 결코 유물에 대한 중립적이고 경험적인 과학이 될 수 없다는 것이다. '탈과정주의자'[9]와 일련의 학자들은 하나의 텍스트에 정확한 하나의 결정적 의미를 부여할 수 없는 것과 마찬가지로 고고학적 자료를 경험적으로 입증하고 결정적으로 해석할 수 없다고 주장한다. 이들에 의하면 과거란 우리가 창조하는 것이고 과거에 대한 해석은 우리 자신의 문화적 맥락에 의해 제약을 받고 그러한 문화적 맥락하에서 창출되는 것이다. 1장에서 논의한 바와 같이 현대의 일부 고고학자들은 우리에게는 단 하나의 '과거'만이 있는 것이 아니라고 믿고 있다. 오히려 각각의 고고학자가 나름대로의 과거를 만나고 과거에 대해 독특한 이해를 할 수 있는 끊임없는 변증법적 과정이 존재한다.

이 책에서 접근한 고고학적 시각은 브루스 트리거의 '총체적' 접근이나 콜린 렌프루와 존 빈트리프(Colin Renfrew and John Bintliff)[10]의 '인지과정주의적' 접근이라 할 수 있는데(1장 참조) 이것은 고고학의 자료를 해석할 수 있는 어느 정도 적절하고 중용적인 시각이라 할 수 있을 것이다. 우리는 과거에 대한 이해를 향상시킬 수 있는 최상의 분석적 방법을 사용해야 할 것이다. 고대의 이데올로기에 대해서는 '비과학적' 해석의 사용을 주저할 필요가 없고 증거와 가설을 평가하기 위해서는 과학적 엄격함을 잃어버려서는 안된다. 그러나 많은 탈과정주의 고고학자들에게는 실증주의적 과학이 일부 기술적 적용을 제외하고는(예를 들어 방사성탄소연대측정법) 고고학에 불필요한 것이다. 또한 다윈의 진화론적 접근이나 과학적인 접근을 옹호하는 고고학자들에게 고대의 이데올로기와 '의미'에 대한 비과학적 분석이란 개인적 수준의 표현이나 예술의 한 형태일 뿐이지 결코 과학적 분석이 될 수 없다.

이러한 이론적 논쟁은 앞으로도 끊임없이 계속될 것이다. 또한 고고학자들은 각자의 이론적 시각이 어떠하든 그들 나름의 조사와 연구를 계속해 나갈 것이다. 또한 이러한 조사와 연구는 과거의 잔존물을 연구하는 하나의 과정이라고 할 수 있다. 즉 조사와 연구는 과거의 잔존물이 고고학자에게 어떤 의미가 있으며 또한 과거의 사람들에게 어떤 의미를 지니는가를 이해하기 위해 반드시 거쳐야 하는 일련의 고고학적 과정이라고 할 수 있다.

빌 나이(Bill Nye)는 와그너의 음악을 "생각보다는 훨씬 훌륭한" 것으로 기술하고 있는데 고고학도 이러한 측면을 가지고 있다. 즉 고고학의 한계는 명확하지만 고고학의 업적도 간과해서는 안된다. 이제 우리는 불과 백년전에는 상상도 할 수 없었던 인간의 과거를 고고학 연구를 통해 어느 정도 이해할 수 있게 되었다. 앞장에서 논의한 고고학 정보를 다시 상세히 나열할 필요는 없지만 초기 호미니드의 분류, 구석기시대의 기술, 농경의 기원, 문화 복합성의 등장, 기타 수많은 선사시대의 문화적 변화에 대해 백년전에는 도저히 상상도 할 수도 없었고 오늘날처럼 분석이 가능하지도 않았다. 그러나 이보다 더 중요하고 궁극적인 질문은 왜 이러한 지식이 우리 인류에게 필수적으로 요구되는가이다. 그리고 이 질문에 대해서도 고고학자 간에는 심각한 이견이 존재하고 있다.

🔲 선사문화의 교훈?

모든 지나간 과거를 생각해 보라,
현재를 생각해 보라, 시간은 강물처럼 끊임없이 흘러가고 있다.
당신 자신의 삶이 계속되지 않을 것이라고 상상해 본적이 있는가?
당신은 대지의 한낱 딱정벌레를 두려워하고 사는가?
현재는 당신에게 아무 의미도 없는 것인가? 시작이 없는 과거는 아무 의미도 없는 것인가?
미래가 당신에게 무의미한 것이라면 과거와 현재도 아무 의미가 없는 것이다.

월트 휘트만(Walt Whitman)[11]

만약 우리가 세계 선사문화의 이해를 통해 우리의 미래에 관해 어떤 중요한 예견을 해줄 수 있다면 더할 나위 없겠지만 지금까지 살펴본 바와 같이 고고학은 미래를 예견하는 과학이 아니다. 이 말은 우리가 과거를 통해 미래에 대한 어떠한 방향도 추론 할 수 없다는 의미는 아니다. 단지 이 말은 이러한 방향의 필연적 과정이 없다는 것이다. 즉 진화적 역사는 역사상 발생했던 일련의 독특한 과정이지 과거에 발생해야 했거나 앞으로 발생해야할 과정이 아니다.

이제 인류는 우리의 생명과 지구를 단 한번에 멸망시킬 수 있는 첨단기술을 보유하고 있기 때문에 우리의 미래가 어떠한 방향으로 나아갈지를 예측하기란 거의 불가능하다. 우리가 앞으로 수 백년동안 하나의 종으로서 생존한다고 하더라도 적응적 도구로서의 문화를 가지고 미래를 예측하는 것은 무지의 소산이거나 오만적 행위라고 할 수 밖에 없다. 2백만년전 어느 일요일 오전에 올두바이 계곡을 거닐었던 그 어떤 인류의 조상도 20세기의 화려한 기술과 끊임없이 변하는 사회정치적 형태를 예상하거나 상상하지는 않았을 것이다. 따라서 20세기의 현대 문명을 우리의 올두바이 선조가 의도했던 필연적인 결과라고 볼 수는 없을 것이다.

그러나 세익스피어의 "과거는 곧 시작이다"라는 말을 전혀 근거없는 것이라고 할 수 있을까? 세익스피어의 이말은 일면 명확해 보이지만 사실은 그리 분명하지 않다. 물론 삶의 모든 과정이 반드시 어떤 행위가 발생한 후에 등장한다는 점에서 과거는 시작이라고 할 수 있다. 그러나 세익스피어는 연극의 서막이 앞으로 전개될 연극의 주제와 전체 내용을 이끌어 가는 등장인물을 소개한다는 의미에서 과거는 곧 미래를 보여 줄 수 있다고 주장하고 있다. 따라서 우리는 인간의 과거가 향후 전개될 등장인물과 역학관계에 대한 발단이 되고 단서가 된다는 의미에서 과거가 진정한 시작이 될 수 있는지의 여부와 될 수 있다면 어느 정도인가를 생각해보아야 한다.

우리는 현재와 – 아마 미래도 – 과거를 연결하는 지속적이고 강력한 일련의 경향을 무시할 수는 없다. 이러한 경향은 인류역사상 나타났던 단순한 인구밀도의 점진적 증가나 에너지 획득의 기술적 향상만을 의미하는 것이 아니다. 이 외에도 오늘날 세계 경제와 사회의 기능적 전문화와 통합이 증가하고 있는 점은 세계의 어느 시장이나 공항에서도 쉽게 찾아 볼 수 있다. 150000만년전의 르발루아 기술의 개발이 좀 더 효율적인 석기제작을 가능하게 하고 이를 통해 인간이 좀 더 다양한 환경으로 이주와 확산을 했던 사실과(4장 참조) 오늘날의 급속하게 변하고 전파되는 인터넷의 전자정보체계가 서로 아무런 관련이 없다고 생각할 수도 있다. 그러나 여기서 중요한 점은 두 사건 모두 환경에 대한 인간의 적응능력과 문화의 '복합성'이 증대되는 예라는 점이다.

또한 이러한 변화는 단지 기술적인 변화만을 의미하는 것이 아니다. 1장에서 우리는 우리의 정신세계에 미친 다윈의 혁명에 대해 논의했지만 그렇다고 모든 인간을 위한 최종적이고 완성된 형태의 이념이나 가치체계가 등장할 것이라고 생각할 필요가 없다. 종교의 예를 보자. 필자는 필자보다 능력이 뛰어난 학자에게 인간이 지닌 광적인 신앙의 궁극적인 본질에 대한 연구를 부탁하고 싶을 정도로 인간세계의 종교란 복잡한 문제이다. 다시 말해 선사문화의 연구 혹은 그 어떤 예술이나 과학도 무한한 우주의 조그만 지구 위에 우리가 왜 존재하는가와 같은 본질적인 질문에 완벽한 답을 줄 수는 없다. 그럼에도 불구하고 종교가 문화의 다른 측면에 미친 영향으로만 본다면 종교는 효율적·적응적으로 사회통제를 할 수 있는 일종의 역학으로 작용한다고 할 수 있다. 우리는 신을 위해 수 천명의 목숨을 희생시키는 행위이든 수 천명의 적을 화장시키는 행위이든 간에 모든 종교적 행위는 그 사회내에서는 법적·도덕적으로 허용이 되고 심지어 미덕으로 간주된다는 점을 고고학적 기록과 역사적 기록을 통해서 살펴보았다. 거대한 피라미드의 축조에서 보이는 소수에 의한 다수의 착취, 다양한 변태적 성적 행위, 특정 음식에 대한 기피 등 모든 이러한 과거의 사회적 행위는 오늘날의 기독교의 사랑과 희망, 자비를 전파하는 행위못지 않게 국가적 종교라는 명목으로 정당화되고 합리화될 수 있었다.

최근 산업국가의 일부 지역에서 보이는 공식적인 종교의 감소에도 불구하고 보스니아, 중앙 아프리카, 알제리 등의 지역에서 발발한 전쟁은 사회를 분쟁의 소용돌이로 빠지게 하는 이데올로기의 파워가 아직도 변하지 않았다는 점을 보여준다. 이러한 분쟁은 부분적으로 장기간에 걸친 경제문제 때문에 기인할 수도 있다. 하지만 현대의 정치를 관찰한 사람이라면 누구나 적을 무참히 학살하고 민족적 정체성을 향상시킬 수 있는(예를 들어 1995~96년의 르완다 내전) 기반은 여전히 역사와 민족성을 둘러싼 이데올로기라는 사실을 알 수 있을 것이다.

예나 지금이나 자본주의와 칼빈주의의 결합, 혹은 관개농경과 수메르 신의 관계에서 보듯이 경쟁에서 우월한 위치를 점하는 문명은 소속구성원을 구체적이고 '효율적인' 방향으로 동원할 수 있는 일련의 이념적 종교체계를 가지고 있다. 마르크스는 조직적 종교가 민주주의와 평등사회가 등장하면 사라질 것이라고 예상하였지만 이 주장의 사실여부는 오로지 미래만이 말해 줄 수 있을 것이다. 그러나 설사 비종교적 도덕론이 궁극적으로 세상을 지배한다 하더라도 종교와 매우 유사한 일련의 이데올로기가 다시 등장하게 될 것이다.

주지하다시피 20세기 후반의 서구사회는 사회적·경제적 불평등이 극대화된 사회라고 할 수 있다. 이런 점에서 세계 선사 문화에 대한 연구가 우리에게 미래의 계층문제, 사회적 성과 민족성의 차별화에 대해 어떤 혜안을 줄 수 있다면 매우 중요한 의미를 지닐 것이다. 그러나 사회적·경제적 불평등의 기원과 중요성에 관한 고고학적 기록은 일면 분명해 보이지만 실제로는 그리 분명한 정형성을 보여주지 않고 있다. 경제적으로 강력하고 사회정치적으로 복잡한 사회는 - 특히 무계층사회라고 주장하는 러시아와 중국의 마르크스 사회도 포함하여 - 동시에 경제적 부와 사회적 권력, 명성에 대한 집단간의 차별화도 발달한 사회라고 생각할 수밖에 없을 것이다. 그러나 기능적 복합성과 통합이 사회적 계층화와 밀접한 관련이 있는 지의 여부는 향후 검증되어야 할 사안이다. 과거의 예로 볼 때 농업경제나 후대의 화석연료와 결부된 농업경제를 운영하기 위해 요구되는 복합성은 행정적 · 사회적 위계화, 계층화된 사회구조가 존재해야만 효율적으로 작동되었던 것으로 보인다. 인간의 물자와 서비스에 대한 기능적 역할과 소비는 자신이 타고난 계층에 의해 대부분 결정되기 때문에 이러한 사회적 · 문화적 형태는 사회체제의 안정성을 확보하고 미래에 대한 예측이 가능하도록 해준다. 그러나 미래의 인구가 안정화되거나 줄어든다면, 그리고 에너지와 식량자원의 통제가 비중앙화되고 물질적 부의 생산이 자율화된다면 인간사회는 언젠가는 후기 갱신세의 '사회적 정의(social justice)'에 근접하는 사회가 될 가능성도 있다.

고고학적 자료를 통해 우리의 가까운 미래에 대해 생각해 볼 수 있는 문제 중에서 가장 우울한 것은 아마도 '삶의 질'과 관련된 것이라고 할 수 있다. 우리는 이미 오늘날 대부분의 사람들이 여러 가지 면에서 갱신세의 수렵채집자보다 열등한 식량과 생활수준속에서 살고 있다는 점을 살펴보았다. 의학기술, 태양열, 피임약 등이 세계의 대부분 지역을 산업화된 서구의 생활방식으로 전환시킬 수 있다 하더라도 이것이 결코 인류사회를 위한 확실한 해결책이 될 수는 없다. 다시 말해 충분한 에너지와 급속한 산업화가 가능하다고 하더라도 지구상에 살고 있는 인간의 삶의 질에 대한 기본적인 문제는 여전히 남는다. 오늘날 가장 부유한 나라의 일부 계층은 물질적 풍요와 안락을 얻고 있지만 오늘날의 경제는 강제적으로 동원되거나 생계상의 문제로 선택의 여지가 없는 수많은 노동자의 노동에 의해 작동된다고 할 수 있다. 삶의 질이 문제되는 계층은 가난한 노동자 집단만이 아니다. 잘 알려진 바와 같이 기원전 5세기의 아테네 사람들은 오늘날의 전문가집단 – 의사, 정치가, 교수, 축구선수 등—을 불완전하고 구제되야될 사람들이라고 간주하였다. 왜냐하면 이들 직종의 사람들이 '성공'을 하기 위해서는 삶의 대부분을 일에 투자해야 하기 때문이다. 따라서 이들은 고대 그리스사회에서 '완벽한' 인간의 필수적 구성요소인 웅변기술과 대화능력, 철학, 농업, 미학적 기술을 가진 자에 비해 열악한 삶을 사는 사람들이었다.

오늘날 인간사회의 복잡성과 어려운 생활여건을 가진 사람에게 과거는 장미빛 낭만으로 보일 수 있지만 동시에 우리는 고대 아테네를 포함한 모든 고대의 복합사회에서 보이는 문맹과 전쟁의 문제, 엄청난 사회적 착취를 무시할 수 없다. 어쨌든 자본주의 국가의 국민이건 사회주의 국가의 국민이건 오늘날 우리는 현대의 사회적·경제적 체계가 대부분의 사람들에게 자유롭고 균형된 삶을 누릴 수 있는 최적의 환경을 제공하지 못한다고 느끼고 있다. 찰스 다윈은 "사람이 밀집된 도시의 삶은 불편한 점이 많다. 장기적으로 이러한 도시의 문제는 그러한 불편한 점을 완전히 교체하기보다는 사람들이 그것들을 좋아하게 함으로서 극복해야 한다"라고 쓰고 있다.

이러한 우울한 회고와 전망은 과거 세대의 근시안적 시각을 대표하는 것으로서 후대의 학자에 의해 인용될 수 있고 필자는 그렇게 되기를 진정으로 희망한다. 그러나 오늘날의 수많은 산업기술의 혜택에도 불구하고 인간의 전문화와 기계화는 가속화되고 있으며 결과적으로 인간사이의 소외와 좌절, 실망은 증가일로에 있다. 안타깝게도 인간의 삶의 질과 사회의 진화사이에는 직접적인 관계가 거의 없는 것으로 보인다. 진-폴 사트레(Jean-Paul Satre)가 불평한 바와 같이 "어떻게 살아야 하는 가를 제외하고는 모든 것이 분명하고 명확하게 보인다"

인간이 걸어온 과거 역사의 진화 경향을 파악하고 그러한 경향으로부터 미래를 예견해 보는 것이 하나의 작업이라면, 한편으로 이러한 일부 요소의 개혁이나 변화를 통해 그러한 진화적 흐름을 바꿔보려는 시도도 있을 수 있다. 사회개혁가들은 일반적으로 고고학적 기록이 다소 삭막하다고 생각할 것이다. 복합사회는 말 그대로 복합체계이고 과거 수 천년 동안 전 세계에서 발전했던 사회적 형태는 유사하고 평행적인 전개과정을 보여준다. 이러한 사실은 막대한 자원을 투자하여 일부 문화요소를 교체하더라도 인간의 사회체계가 좀 더 바람직한 방향으로 쉽게 변하지 않는다는 점을 시사하고 있다.

고고학의 미래

내가 14살의 어린 소년이었을 때 나의 아버지는 너무 무식해서 아버지의 주위에 서 있을 수도 없었다. 그러나 내가 21살이 되었을 때 아버지가 7년동안 얼마나 많이 배웠는가에 놀라지 않을 수가 없었다.

— 마크 트웨인 —

분자의 분해를 통해 생산될 수 있는 에너지는 매우 미미한 것일 뿐이다. 분자의 변형을 통해 에너지의 획득을 기대하는 사람은 실로 어리석은 사람이다.
  어니스트 루써포드(Earnest Rutherford; 1871~1937), 물리학자, 최초로 원자를 분해한 후.

단기간의 경험과 상황에 기초하여 머나먼 미래를 예측하면 중대한 오류를 범할 수 있다는 점을 역사는 가르쳐 주고 있다. 현대의 고고학과 역사학은 끊임없는 패러다임의 변화속에 있기 때문에 우리는 이러한 분야들이 백년후나 이백년후에 어떤 모습이 될 것인지 전혀 예상할 수가 없다.

어쨌든 고고학 자료는 선사문화에 관한 야외고고학의 미래가 불투명할 정도로 급속히 사라지고 있다. 고고학 자료 파괴의 주범인 전 세계적인 산업화의 물결은 앞으로도 더욱 급속하게 진행될 것으로 보인다.

이러한 미래의 불확실성과 고고학 자료의 파괴라는 문제에도 불구하고 미래의 고고학을 생각해 본다면 향후 고고학의 중요한 발전은 단순한 뼈와 석기의 발견보다는 이론과 방법론의 재검토 작업과 현존하는 자료의 재분석에 의해 주도될 것으로 예상된다. 우리는 이 책에서 현재의 분석방법에 대한 논의를 하였고, 이러한 논의와 앞으로 이루어질 다양한 논의는 과거에 대한 우리의 지식을 상당히 넓혀줄 것이다. 그렇다면 이러한 논의가 언젠가는 문화 복합성의 기원과 같은 고고학적 문제를 플라스틱 제조법칙처럼 매우 명확하고 간결하게 설명할 수 있을 것인가? 아마 그렇게 되지는 않을 것이다. 문화와 역사의 기원과 같은 본질적인 문제는 다양한 해답이 나올 수 있는 것으로서 자연현상과는 매우 상이한 종류의 문제이다. 그러나 과학의 역사를 보면 해결이 불가능해 보였던 수많은 난제들이 어느 순간에는 해결이 되고 일반 상식이 되어버리는 많은 예를 보여주고 있다. 우리가 지금까지 논의한 선사문화의 일반적인 문제들도 언젠가는 오늘날 우리가 전혀 인식하지 못하는 용어와 기술로 해결될지도 모른다. 불과 수 세기전의 사람들은 오늘날의 과학과 기술을 상상하지도 못했을 뿐만 아니라 우리가 알고 있는 선사문화의 역학관계에 대해서도 전혀 알 수 없었다는 점을 생각해 보면 향후 고고학의 미래가 그리 어둡지는 않아 보인다.

저자주

1) Shakespeare, *The Tempest,* act II, scene I.

2) Gamble, *Timewalkers: The Prehistory of Global Colonization.*

3) Harris, *Cannibals and Kings*, p. x.

4) Durham, "advances in Evolutionary Culture Theory."

5) Trigger, *Early Civilizations: Ancient Egypt in Context*, p. 110.

6) 예를 들어 다음의 글 참조. Dunnell, "Science, Social Science, and Common Sense: The Agonizing Dilemma of Modern Archaeology." and "Is a Scientific Archaeology Possible?"; Neiman "Stylistic Variation in Evolutionary Perspective: Inferences from Decorative Diversity and Interassemblage Distance in Illinois Woodland Ceramic assemblages."

7) 예를 들어 Lansing and Kremer ("Emergent Properties of Balinese Water Temple Networks")는 이러한 아이디어를 인류학적 문제인 발리의 경제체계의 진화에 적용시킨 최초의 예를 발간하였다.

8) Waldrop, *Complexity.*

9) 예를 들어 다음의 글 참조. Shanks et al., *Interpreting Archaeology: Finding Meaning in the Past.*

10) 예를 들어 다음의 글 참조. Bintliff, "Archaeology at the Interface," and "Why Indiana Jones Is Smarter than the Post-Processualists."

11) From Whitman's "To Think of Time."

12) Pile, *The Book of Heroic Failure*, p. 216에 인용되어 있다.

　　로버트 웬키 교수의 '선사문화의 패턴'은 고고학이란 무엇인가에서 부터 고고학의 방법과 목적, 고대 문명의 기원과 발전과정을 총체적으로 서술한 책이다. 이 책을 통해 독자들은 세계 전 지역에서 발견된 유적과 유물의 이해를 통해 고대 문명의 발자취를 추적할 수 있을 것이다. 또한 각 지역 고대 문명의 독특한 발전과정뿐만이 아니라 세계 고대 문명의 상사성과 상이성을 상호 비교할 수 있을 것이다.

　　이 책은 일반인을 위한 인문학적 교양서로 뿐만이 아니라 대학의 학부 학생들의 교재로 활용하기 위해 집필된 개론서라고 할 수 있다. 독자들은 이 책을 통해 세계 각 지역의 고대인들이 남긴 다양한 물질의 변천과정을 이해할 수 있을 것이다. 고고학(考古學)이란 말 그대로 옛것(古)을 생각(考)하는 학문이다. 다시 말해 고고학은 우리의 조상들이 남긴 물질을 통해 물질에 베어있는 당시 사회의 생활상과 정신을 복원하는 분야이다. 이 점은 고고학의 학문적 존재이유이면서 동시에 고고학자를 괴롭게 하는 점이다. 새로운 유적과 유물의 발견은 항상 고고학자를 흥분의 도가니로 몰아넣는다. 그러나 그러한 유구와 유물의 구체적인 의미는 무엇이며 당시 사회의 문화와 역사는 어떻게 구성되었을까? 이러한 점에서 이 책이 시중에 나와있는 일반적인 고고학 개론서와 차이가 있다. 즉 웬키 교수는 고대 인간이 남긴 물질의 사회정치적 의미를 설명하기 위해 다양한 시도를 하고 있다. 예를 들어 저자는 인류학, 종교학, 철학, 문학, 역사학 등 다양한 지식을 동원하여 정적인 고고학자료를 살아 숨쉬는 자료로 치환하고 있다. 따라서 독자들은 이 책을 통해 수백만년전 고인류의 등장에서부터 고대 문명까지의 쓰여지지 않은 역사의 역동적인 변화상을 이해할 수 있을 것이다. 결과적으로 이 책은 과거에 대한 인문학적 소양을 함양할 수 있는 개론서로 뿐만이 아니라 고고학 전공자를 위한 전문적인 학술서로 적당하다고 할 수 있다.

"쌍둥이간에도 세대차이가 난다"라는 우스개 소리처럼 우리 현대인은 하루가 다르게 급변하는 세계에 살고 있다. 인터넷과 컴퓨터에 익숙한 우리 현대인에게 과거란 도대체 무엇을 의미하는가? 의식주 해결에 급급한 우리 현대인은 과거를 통해 무엇을 배우고 미래의 삶에 어떤 도움을 얻을 수 있을까? 이러한 질문은 고고학의 궁극적인 목적이자 존재이유가 될 수 있다. 안타깝게도 이 질문에 대한 답은 그리 명쾌하지 않다. 고고학자를 포함하여 인류학자, 역사학자, 철학자들은 과거란 현재와 미래를 비춰주는 거울이라고 흔히 말한다. 그러나 저자도 기술하고 있듯이 고고학은 현대의 의식주를 해결하는데 어떤 도움을 주거나 미래를 예견하는 학문이 아니다.

그러나 우리는 과거로의 산책을 통해 우리의 미래에 대해 예측할 수는 없지만 어떠한 방향으로 나아가야 하는지에 대한 실마리를 발견할 수 있다. 요즘 "과학기술이 미래의 희망이다"라는 구호로 온 나라가 난리이다. 물론 부존자원이 부족한 우리의 현실에서 21세기에 살아 남을 수 있는 중요한 방법중의 하나는 첨단과학에 대한 투자와 연구일 것이다. 또한 에너지 생산능력의 향상은 분명히 인간과 문화의 장기적 진화과정에 나타나는 중요한 특징중의 하나라고 할 수 있다. 그러나 이 책의 14장에서 자세히 논하고 있는 바와 같이 과학기술의 발전이 우리 인간의 삶의 질을 바로 향상시켜주는 것은 아니다. 역사와 문화에 대한 이해가 동반되지 않는 과학기술의 발전은 빈부격차, 배금주의, 환경의 파괴 등 수 많은 현대사회의 질병을 양산하게 된다. 과거로의 여행을 통해 우리 인간이 걸어온 길과 향후 걸어가야 할 길을 한번쯤 생각해 볼 수 있는 기회를 이 책이 제공할 수 있기를 고대한다.

이 책은 미국 워싱턴대학 교수인 로버트 웬키의 《Patterns in Prehistory》(Oxford University Press: New York, 1999, 제4판)를 번역한 것이다. 이 책의 내용중에서 인류의 기원과 확산, 농업의 전개과정을 다룬 선사시대 부분은 원광대 안승모 교수가 번역하였고 복합사회의 기원과 발전과정은 옮긴이가 번역하였다. 이 책을 번역하게 된 경위와 과정에 대해서는 안승모 교수의 번역 후기에 자세히 언급되어 있기에 여기서는 자세히 기술하지 않겠다. 번역방법과 전문용어의 번역 등은 안교수와의 협의하에 되도록 일관성을 유지하기 위해 노력하였지만 책의 내용이 워낙 방대하고 전문용어가 많아 간혹 일치하지 않는 경우도 있을 것이다. 또한 저자의 원래의 뜻을 벗어나지 않는 선에서 되도록 의역을 하고 쉽게 풀어쓰려고 노력하였지만 능력의 한계로 매끄럽지 못한 부분이 있을 것이다. 독자들의 양해를 바란다.

끝으로 번역에 많은 분들의 도움이 있었다. 안승모 교수는 용어의 선택과 조정에 도움을 주었으며 옮긴이와 같은 과에 근무하는 이형우 교수는 12장의 번역에 많은 도움을 주었다. 이 책에서는 세계 각 지역의 유적과 유물, 다양한 학자들의 학문적 성과를 소개하고 있으며 시를 포함한 다양한 문학작품이 인용되고 있다. 이러한 수많은 지명과 인명, 문학작품을 번역하는데 있어서 이종민 교수(영문과), 정동섭 교수와 조한경 교수(유럽어문학부), 최영준 교수(동양어문학부), 김성규 교수(인문학부)의 도움을 받았다. 모든 분들께 다시 한번 진심으로 감사드린다. 물론 이 책의 최종원고에 대한 책임은 전적으로 옮긴이의 책임이다. 끝으로 어려운 출판사 사정에도 불구하고 선뜻 이 책의 출판을 맡아주신 서경문화사의 김선경 사장과 직원 여러분께 I, II권 옮긴이 모두 깊은 감사를 드린다.

옮긴이 김 승 옥

참고문헌

Abu es–Soof, B. 1968. "Tell Es–Sawwan: Excavations of the Fourth Season (Spring 1967) Interim Report." *Sumer* 24 : 3—16.

Adams, R. E. W. 1977. *Prehistoric Mesoamerica*. Boston: Little, Brown.

Adams, R. E., W. E. Brown, Jr., and t. P. Culvert. 1981. "Rader Mapping, Archaeology, and Ancient Myan Land Use." *Science* 213 : 1457—63.

Adams, R. McC. 1955. "Developmental Stages in Ancient Mesopotamia." In *Irrigation Civilizations. A Comparative Study*, ed. J. H. Steward. Washington, DC: Pan–American Union, Social Science Monograph.

———— 1965. *Land Behind Baghdad*. Chicago: University of Chicago Press.

———— 1966. *The Evolution of Urban Society*. Chicago: Aldine.

———— 1966. *The Evolution of Urban Society : Early Mesopotamia and Prehispanic Mexico*. Chicago: Aldine.

———— 1972. "Patterns of Urbanization in Early Southern Mesopotamia." In *Man, Settlement and Urbanism*, eds. P. G. Ucko, R. Tringham, and G. Dimbleby. London: Duckworth.

———— 1975. "The Mesopotamian Social Landscape: A View from the Frontier." In *Re–constructing Complex Societies*. Supplement to the Bulletin of the America Schools of Oriental Research, No. 20.

———— 1979. "The Natural History of Urbanism." In Ancient Cities of the Indus, ed. G. L. Possehl. New Delhi: Vikas Publishing House.

———— 1981. *Heartland of Cities*. Chicago : Aldine.

Adams, R. McC., and H. Nissen. 1972. *The Uruk Countryside*. Chicago: University of Chicago Press.

Adams, R. N. 1981. "Natural Selection, Energetics, and Cultural Materialism." *Current Anthropology* 22(6) : 603—24.

———— 1988. *The Eighth Day*. Austin: University of Texas Press.

Agrawal, D. P. 1971. *The Copper Bronze Age in India*. New Delhi: Manoharlal.

———— 1982. *The Archaeology of India*. Guildford: Curzon Press.

———— 1984. "Metal Technology of the Harappans." In *Frontiers of the Indus Civilization*, eds. B. B. Lal and S. P. Gupta. New Delhi: Books and Books.

Agrawal, D. P., and S. D. Kusumgar. 1974. *Prehistoric Chronology and Radiocarbon Dating in India*. New Delhi: Manoharlal.

Aikens, C. M. K. M. Ames, and D. Sanger. 1986. "Affluent Collectors at the Edges of Eurasia and North America: Some Comparisons and Observations on the Evolution of Society among North–Temperate Coastal Hunter–Gatherers." In *Prehistoric Hunter–Gatherers in Japan*, eds. T, Akazawa and C. M. Aikens. Tokyo: University of Tokyo Press.

Aikens, C. M., and T. Higuchi. 1981. *Prehistory of Japan*. New York: Academic Press.

Akazawa, T. 1982. "Cultural Change in Prehistoric Japan." *Advances in World Archaeology* 1 : 151—212.

Akazawa, T., and C. M. Aikens, ed. 1986. *Prehistoric Hunter–Gatherers in Japan*. Tokyo: University Museum, University of Tokyo, Bulletin No.27.

Akkermans, P. P. M. G. 1989. "Tradition and Social Change in Northern Mesopotamia during th Later Firth and Fourth Millenium B.C." In *Upon This Foundation–The Ubaid Reconsidered*, eds. E. F. Henrickson and I. Thuesen. Copenhagen: Museum Tusculanum Press.

Alden, J. R. 1979. "A Reconstruction of the Toltec Period Political Units in the Valley of Mexico." In *Transformations : Mathematical Approaches to Culture Change*, eds. C. Renfrew and K. L. Cooke. New York: Academic Press.

—— 1982. "Trade and Politics in Proto-Elamite Iran." *Current Anthropology* 23(6) : 613—40.

Aldred, C. 1961. *The Egyptians*, New York: Praeger.

Alexander, R. D. 1975. "The Search for a General Theory of Behavior." *Behavioral Science* 220 : 77—100.

—— 1979. "Evolution and Culture." In *Evolutionary Biology and Human Social Behavior: An Anthropological Perspective*, eds. N. Chagnon and W. Irons. North Scituate, MA: Duxbury Press.

—— 1987. *The Biology of Moral Systems*. Hawthorne, NY: Aldine de Gruyter.

Algaze, G. 1989. "The Uruk Expansion." *Current Anthropology* 30(5) : 571—608.

—— 1989a. "A New Frontier: First Results of the Tigris-Euphrates Archaeological Reconnaissance Project, 1988." *Journal of Near Eastern Studies* 48 : 241—81.

—— 1989b. "The Uruk Expansion, Cross-cultural Exchange in Early Mesopotamian Civilization." *Current Anthropology* 30(5) : 571—608.

—— 1993. *The Uruk World System*. Chicago: University of Chicago Press.

Algaze, G.. M. E. Evins, M. L. Ingraham, L. Marfoe, and K. A. Yener. 1990. *Town and Country in Southeastern Anatolia. Vol. 2: The Stratigraphic Sequence at Kurban Höyük*. Oriental Institute Publications 110. Chicago: Oriental Institute.

Algaze, G., R. Breuninger, C. Lightfoot, and M. Rosenberg. 1991. "The Tigris-Euphrates Archaeological Reconnaissance Project: A Preliminary Report on the 1989—1990 Seasons." *Anatolica* 17 : 175—240.

Allchin, F. R. 1960. *Piklihal Excavations*. Hyderabad, India: Government of Andhra Pradesh.

—— 1961. Utnur Excavations. Hyderabad, India: Government of Andhra Pradesh.

—— 1963. *Neolithic Cattle-keepers of South India*. Cambridge: Cambridge University Press.

—— 1968. "Early Domesticated Animals in India and Pakistan." In *Man, Settlement and Urbanism*, eds. P. J. Ucko, R. Tringham, and G. W. Dimbleby. London: Duckworth

—— 1969. "Early Cultivated Plants in India and Pakistan." In *The Domestication and Explanation of Plants and Animals*, eds. P. J. Ucko and G. W. Dimbleby. London: Duckworth.

—— 1974. "India from the Late Stone Age to the Decline of Indus Civilizations." *Encyclopaedia Britannica* 9 : 336—48.

—— 1989. "City and State Formation in Early Historic South Asia." *South Asian Studies* 5:1—16.

Allchin, B., and F. R. Allchin. 1968. *The Birth of Indian Civilization*. Baltimore: Penguin.

—— 1983. *The Rise of Civilization in India and Pakistan*. Cambridge: Cambridge University Press.

Allchin, F. R., and D. K. Chakrabarti, eds. 1979. *A Source Book of India Archaeology*, Vol 1. New Delhi: Munshirman Maroliarlal.

Allen, R. O., H. Hamroush, and D. J. Stanley. 1993. "Impact of the Environment on Egyptian Civilization before the Pharaohs." *Analytical Chemistry* 65(1) : 36—43.

Alva, W., and C. Donnan. 1993. *Royal Tombs of Sipán*. Los Angeles: Flower Museum of Cultural History, UCLA.

Ammerman, A. J. and L. L. Cavalli–Sforza. 1973. "A Population Model for the Diffusion of Early Farming in Europe." In *The Explanation of Culture Change*, ed. C. Renfrew. Pittsburgh, PA: University of Pittsburgh Press.

Anderson, A. 1987. "Recent Developments in Japanese Prehistory : A Review." *American Antiquity* 61(232) : 270—81.

Anderson, A. O., and C. Dibble, eds. 1978. *The Florentine Codex*. Salt Lake City: University of Utah Press.

Andeson, D. G., and G. T. Hanson. 1988. "Early Archaic Settlement in the Southeastern United States: A Case Study from the Savannah River Valley." *American Antiquity* 53(2) : 262—86.

Anderson, W. 1992. "Badarian Burials: Evidence of Social Inequality in Middle Egypt during the Predunastic Era." *Journal of the American Research Center in Egypt* xxix : 51—66.

Andrews, E. W., and N. Hammond. 1990. "Redefinition of the Swasey Phase at Cuello, Belize." *American Antiquity* 55(3) : 570—84.

Andrews, A. P. 1993. "Late Postclassic Lowland Maya Archaeology." *Journal of World Prehistory* 7(1) : 35—70.

Angel, J. L. 1972. "Biological Relations of Egyptians and Eastern Mediterranean Populations during Pre—dynastic and Dynastic Times." *Journal of Human Evolution* 1 : 307—13.

An, Zhimin, 1994. "China during the Neolithic." In *History of Humanity*, Vol. 1: *Prehistory and the Beginnings of Civilization*, ed. S. J. De Laet. New York: Routledge.

Anonymous (trans. Du YouLiang [sic]). 1982. *Neolithic Site at Banpo Near Xian*. Guide to the Banpo Museum, printing data written in Chinese.

Appadurai, A., ed. 1986. *The Social Life of Things*. Cambridge : Cambridge University Press.

Areshian, G. E, 1990. "Further Thoughts on the Uruk Expansion." *Current Anthropology* 31 : 396—98.

Armillas, P. 1971. "Gardens on Swamps." *Science* 174 : 653—61.

Arnold, J. E., and A. Ford. 1980. "A Statistical Examination of Settlement Patterns at Tikal, Guatemala." *American Antiquity* 45 : 713—26.

Asante, M. K. 1990. *Kemet, Afrocentricity, and Knowledge*. Trenton, NJ: Africa World Press.

Asch, D. L., and N. B. Asch. 1985. "Prehistoric Plant Cultivation in West–Central Illinois." In *Prehistoric Food production in North America*, ed., R. I. Ford, University of Michigan Museum of Anthropology, Anthropological Papers 75.

Ascher, M., and R. Ascher. 1982. *Code of the Quipu: A Study in Media, Mathematics, and Culture*. Ann Arbor: University of Michigan Press.

Ashmore, W., ed. 1981. *Lowland Maya Settlement Patterns*. Albuquerque: University of New Mexico Press.

Athens, J. S. 1977. "Theory Building and the Study of Evolutionary Process in Complex Societies." In *for Theory Building in Archaeology*, ed. L. S. Binford..New York: Academic Press.

——— 1977. "Theory Building and the Study of Evolutionary Process in Complex Societies." In *For Theory Building in Archaeology*, ed. L. R. Binford. New York: Academic Press.

Atzler, M. 1971—72. "Randglossen zur Agyptischen Vorgeschichte." *Jaarbericht Ex Oriente Lux* 22 : 228—46.

Audouze, F. 1987. "Des mod les et des faits: Les modeles de A. Leroi–Gourhan et de L. Binford confront s aux re sultats re cents." *Bulletin Societe Pr historique Francaise* 84 : 343—52.

Aveni, A. F., ed. 1988. *World Archaeoastronomy*. Cambridge University Press.

Baby, R., and S. Langlois. 1977. "Prehistoric Agriculture : A Study of House types in the Ohio Valley." *Ohio Historical Society Echoes* 16(2) : 1—5.

Badawy, A. 1967. "The Civic Sense of the Pharaoh and Urban Development in Ancient Egypt." *Journal of the American Research Center in Egypt* 6 : 103—9.

Baer, K. 1960. *Rank and Title in the Old Kingdom*. Chicago: University of Chicago Press.

Bahn, P. G., and J. Vertut. 1988. *Images of the Ice Age*. New York: Facts on File.

Baines, J. 1990. "Restricted Knowledge, Hierarchy, Decorum: Modern Perceptions and Ancient Institutions." *Journal of the American Research Center in Egypt* xxvii : 1—23.

Bakr, M. 1988. "The New Excavations at Ezbet el–Tell, Kufur Nigm: The First Season(1984)." In *The Archaeology of the Nile Delta : Problems and Priorities*, ed. E. C. M. van den Brink. Amsterdam: Netherlands Foundation for Archaeological Research in Egypt.

Ball, W., D. Tucker, and T. J. Wilkinson. 1989. "The Tell Al–Hawa Project: Archaeological Investigations in the North Jazira, 1986—87." *Iraq* 41 : 1—66.

Bar—Yosef, O. 1980. "Prehistory of the Levant." *Annual Review of Anthropology* 9 : 101—33

——— 1987. "Late Pleistocene Adaptations in the Levant." In *The Pleistocene Old World: Regional Perspectives*. ed. O. Soffer. New York: Plenum Press.

Barber, R. L. N. 1988. *The Cyclades in the Bronze Age*. Iowa City: University of Iowa Press.

Bard, K. 1987. "The Geography of Excavated Predynastic Sites and the Rise of Complex Society." *Journal of the American Research Center in Egypt*. 24 : 81—93.

——— 1992. "Toward an Interpretation of the Role of Ideology in the Evolution of Complex Society in Egypt." *Journal of Anthropological Archaeology* II:1—24.

——— 1994. *From Farmers to Pharaohs*. Monographs in Mediterranean Archaeology 2. Sheffield, England: Sheffield Academic Press.

Bard, K. A., and R. L. Carneiro, 1989. "Patterns of Predynastic Settlement Location, Social Evolution, and the Circumscription Theory." *Societes Urbaines en Egypte et au Soudan, Cahiers de Recherches de l' Institut de Papyrtologie et d' Egyptologie de Lille* 11 : 15—23.

Barker, G. 1985. *Prehistoric Farming in Europe*. Cambridge, England: Cambridge University Press.

Barker, G., and C. Gamble. 1985. *Beyond Domestication in Prehistoric Europe*. New York: Academic Press.

Barnard, A. 1983. "Contemporary Hunter–Gatherers: Current Theoretical Issues in Ecology and Social Organization." *Annual Review of Anthropology* 12 : 193—214

Barnard. N. 1961. *Bronze Casting and Bronze Alloys in Ancient China*. Canberra: Australian National University.

——— 1972. "The First Radiocarbon Dates from China." *Monograph on Far Eastern History* 8. Canberra: School of Pacific Studies, Australian National University.

Barnes, G. L. 1990. *Bibliographic Reviews of Far Eastern Archaeology 1990: Hoabhinian, Jomon, Yayoi*. Oxford University Press.

——— 1993. *China, Korea, and Japan*. London and New York: Thames and Hudson.

Bartel, B. 1982. "A Historical Review of Ethnological and Archaeological Analyses of Mortuary Practice." *Journal of Anthropological Archaeology* 1(1) : 32—58.

Bass, G. F. 1978. "Splendors of the Bronze Age." *National Geographic*, 693—732.

Bass, G. F., C. Pulak, D. Collon, and J. Weinstein. 1989. "The Bronze Age Shipwreck at Ulu Burun: 1986 Campaign." *American Journal of Archaeology* 13(4): 271—79

Bauer, B. S. 1992. *The Development of the Inca State*. Norman, OK: University of Oklahoma Press.

Baugh, T. G., and J. E. Ericson. 1995. *Prehistoric Exchange Systems in North America*. New York: Plenum Press.

Bayard, D. 1979. "The Chronology of Prehistoric Metallurgy in North-East Thailand; silabhumi or Samrddhabhumil." In *Early South-East Asia*, eds. R. B. Smith and W. Watson. London: Oxford University Press.

——— 1986. "Agriculture, Metallurgy, and State Formation in Southeast Asia." *Current Anthropology* 25(1)L 103—5.

Beck, L. A., ed. 1995. *Regional Approaches to Mortuary Analysis*. New York: Plenum Press.

Behm-Blancke, R. M. 1989. "Mosaiksifte am oberen Euphrat-Wandschmuck aus Uruk-Zeit." *Istanbuler Mitteilungen* 39: 73—83.

Bellwood, P. 1986. *The Prehistory of the Indo-Malaysian Archipelago*. Sydney: Academic Press.

——— 1987. *The Polynesians*. London: Thames and Hudson.

——— 1987. "The Prehistory of Island Southeast Asia: A Multidisciplinary Review of Recent Research." *Journal of World Prehistory*. 1(2): 171—224

Bellwood, P., and J. Koon. 1989. "Lapita Colonists Leave Boats Unburned." *Antiquity* 63(240): 613—22.

Bender, B. 1985. "Emergent Tribal Formations in the American Midcontinent." *American Antiquity* 50(1):52—62

Benfer, R. A. 1982. "The Lomas Site of Paloma (5000 to 7500 B.P.), Chilca Valley, Peru." In *Andean Archaeology*, ed. R. Matos. New York: Academic Press, pp. 27—54.

——— 1984. "The Challedges and Rewards of Sedentism: The Preceramic Village of Paloma, Peru." In *Paleopathology and the Origin of Agriculture*, eds. M. N. Cohen and G. J. Armelagos. New York: Academic Press.

Benson, E. P., ed. 1971. *Dumbarton Oaks Conference on Chavin*. Washington, DC: Dumbarton Oaks Research Library and Collection.

Berlinski, D. 1976. *On systems Analysis*. Cambridge, MA: MIT Press.

Berlo, J. C., ed. 1992. *Art, Ideology and the City of Teotihuacán: A Symposium at Dumbarton Oaks, 8th and 9th October 1988*. Washington, DC: Dumbarton Oaks.

Bernal, M. 1987. *The Afroasiatic Roots of Classical Civilization*. New Brunswick, NJ: Rutgers University Press.

——— 1987. *Black Athena: The Afroasiatic Roots of Classical Civilization*, Vol. 1: *The Fabrication of Ancient Greece*. New Brunswick, NJ: Rutgers University Press.

Berrin, K., and Pasztory, R., eds. 1994. *Teotihacan*. London: Thames and Hudson.

Berry, B. 1967. *Geography of Market Centers and Retail Distribution*. Englewood Cliffs, NJ: Prentice-Hall.

Bettinger, R. I. 1991. *Hunter-Gatherers: Archaeological and Evolutionary Theory*. New York: Plenum Press.

Berzig, L. L. 1986. *Despotism and Differential Reproduction: A Darwinian View of History*. Hawthorne, NY: Aldine de Gruyter.

Bhan, K. K. 1989. "Late Harappan Settlements of Western India, With Specific Reference to Gujurat. In *Old Problems and New Perspectives in the Archaeology of South Asia*, ed. J. M. Kenoyer. Madison: Wisconsin

Archaeological Reports, Vol. 2.

Bietak, M. 1979. "The Present State of Egyptian Archaeology." *Journal of Egyptian Archaeology* 65 : 156—60.

Binford, L. R. 1971. "Mortuary Practices: Their Study and Their Potential." In *Approaches to the Social Dimensions of Mortuary Practices,* ed. J. A. Brown. Memoirs of the Society for American Archaeology 25 : 6—29.

Bintliff, J. 1986. "Archaeology at the Interface: An Historical Perspective." In *Archaeology at the Interface,* eds. J. L. Bintliff and C. F. Gaffney. Oxford : BAR International Series 300.

——— 1993. "Why Indiana Jones Is Smarter Than the Post—Processualists." *Norwegian Archaeological Review* 26(2) : 91—100.

Bintliff, J., ed. 1984. *European Social Evolution.* Bradford, England: Bradford University Press.

Bisht, R. S. 1984. "Structural Remains and Town Planing of Banawali." In *Frontiers of the Indus Civilization,* eds. B. B. Lal and S. P. Gupta. New Delhi: Books and Books.

Blanton, R. E. 1972. "Prehistoric Adaptation in the Ixtapalapa Region, Mexico." *Science* 175 : 1317—26.

——— 1976. "The Origins of Monte Alb n." In *Cultural Change and Continuity,* ed. C. E. Cleland. New York: Academic Press.

——— 1978. Monte Alban : Settlement Patterns at the Ancient Zapotex Capital. New York : Academic Press.

——— 1980. "Cultural Ecology Reconsidered." *American Antiquity* 45 : 145—51.

——— 1983. "Advances in the Study of Cultural Evolution in Prehispanic Highland Mesoamerica." In *Advances in World Archaeology,* Vol. 2, eds. F. Wendorf and A. E. Close. New York : Academic Press.

——— 1995. *Houses and Households: A Comparative Study.* New York : Plenum Press.

Blanton, R. E., S. A. Kowalewski, G. Feinman, and J. Appel. 1981. *Ancient Mesoamerica, A Comparison of Change in Three Regions.* Cambridge : Cambridge University Press.

Boehmer, R. M. 1991. "Uruk 1980—1990: A Progress Report." *Antiquity* 65 : 465—78.

Bogucki, P. 1987. "The Establishment of Agrarian Communities on the North European Plain." *Current Anthropology* 28(1) : 1—24.

——— 1988. *Forest Farmers and Stockherders.* Cambridge, England: Cambridge University Press.

Bokonyi, S. 1985. "The Animal Remains of Maadi, Egypt: A Preliminary Report." In *Studi di Paletnologia in Onore di* S. M. Puglisi. Rome: Universita di Roma "La Sapienza."

Boserup, E. 1965. *The Conditions of Agricultural Growth.* Chicago: Aldine.

Bourriau, J. 1981. *Umm el–Ga' ab: Pottery from the Nile Valley before the Arab Conquest.* Cambridge : Fitzwilliam Museum.

Bove, F. J. 1981. "Trend Surface Analysis and the Lowland Classic Maya Collapse." *American Antiquity* 46 : 93—112.

Boyd, R., and P. J. Richerson. 1985. *Cultural and the Evolutionary Process.* Chicago : University of Chicago Press.

Brace, C. L., D. P. Tracer, L.A. Yaroch, J. Robb, K. Brandy, and A. R. Nelson. 1993. "Clines and Clusters Versus 'Race' : A Test in Ancient Egypt and the Case of a Death on the Nile." *Yearbook of Physical Anthropology* 36 : 1—31.

Braun, D. P. 1983. "Pots as Tools." In *Archaeological Hammers and Theories,* eds. A. Keene and J. Moore. New York: Academic Press.

―――― 1986. "Midwestern Hopewellian Exchange and Supralocal Interaction." In *Peer Polity Interaction and Socio―Political Change*, eds. C. Renfrew and J. F. cherry. Cambridge : Cambridge University Press.

―――― 1987. "Comment on M. J. O' Brien, 'Sedentism, Population Growth, and Resource Selection in the Woodland Midwest: A Review of Coevolutionary Developments.' " *Current Anthropology* 28(2) : 189―90.

―――― 1988. "The Social and Technological Roots of 'Late Woodland.' " In Interpretations of Cultural Change in Eastern Woodland During the Late Woodland Period, ed. R. W. Yerkes. *Department of Anthropology, Ohio State University, Occasional Papers in Anthropology* 3 : 17―38.

Braun, D. P., and S. Plog. 1982. "Evolution of 'Tribal' Social Networks: Theory and Prehistoric North American Evidence." *American Antiquity* 47 : 504―25.

Breniquet, C. 1989. "Les origines de la culture d' Obeid en Mésopotamie du nord." In *Upon This Foundation-The Ubaid Reconsidered*, eds. E. F. Henrickson and I. Thuesen. Copenhagen: Museum Tusculanum Press.

Brewer, D. J. 1991. "Temperature in Predynastic Egypt Inferred from the Remains of the Nile Perch." *World Archaeology* 22(3) : 288―303.

Brewer, D. J., and R. Friedman. 1989. *Fish and Fishing in Ancient Egypt*. Warminster : Aris & Phillips.

Brewer, D. J., and R. J. Wenke. 1992. "Transitional Late Predynastic-Early Dynastic Occupations at Mendes: A Preliminary Report." In *The Nile Delta in Transition :4th-3rd Millennium BC, Proceedings of the Seminar held in Cairo, 21 ― 24 October*, 1990, ed. E. C. M. van den Brink. The Netherlands Institute of Archaeology and Arabic Studies.

Bronson, B. 1980. "South-east Asia : Civilizations of the Tropical forest." *Cambridge Encyclopedia of Archaeology*, pp. 262―66. New York : Crown Publishers / Cambridge University Press.

Brose, D. S., and N. Greber, eds. 1979. *Hopewell Archaeology: The Chilliothe Conference*. Kent, OH : The Kent State University Press.

Brothwell, D. R., and B. A. Chiarelli, eds. 1973. *Population Biology of the Ancient Egyptians*. London: Academic Press.

Browman, D. L. 1974. "Pastoral Nomadism in the Andes." *Current Anthropology* 15 : 188―96.

―――― 1975. "Trade Patterns in the Central Highlands of Peru in the First Millennium B.C.." *World Archaeology* 6 : 322―30

Brown, J. A. 1977. "Current Directions in Midwestern Archaeology." *Annual Review of Anthropology* 6 : 161―79.

―――― 1985. "Long-term Trends to Sedentism and the Emergence of Complexity in the American Midwest." In *Prehistoric Hunter-Gatherers: The Emergence of Cultural Complexity*, eds. T. D. Price and J. A. Brown. Orlando, FL: Academic Press.

Broyles, B. J. 1971. *Second Preliminary Report: the St. Albans Site, Kanawha County, West Virginia*. West Virginia Geological and Economic Survey Report, Archaeological investigation 3.

Brumfiel, E. 1976. "Regional Growth in the Eastern Valley of Mexico: A Test of the 'Population Pressures' Hypothesis." In *The Early Mesoamerican Village*, ed. K. V. Flannery. New York: Academic Press.

―――― 1983. "Aztec State Making: Ecology, Structure, and the Origin of the State." *American Anthropologist*

85(2):261—84.

Brumfiel, E. M., and T. K. Earle, eds. 1987. *Specialization, Exchange, and Complex Societies.* Cambridge, England: Cambridge University Press.

———. 1987. "Specialization, Exchange, and Complex Societies: An Introduction." In *Specialization, Exchange, and Complex Societies,* eds. E. M. Brumfiel and T. K. Earle. Cambridge, England: Cambridge University Press.

Brush, C. F. 1969. "A Contribution to the Archaeology of Coastal Guerrero, Mexico." Doctoral dissertation. Columbia University, New York.

Buchanan, B. "A Dated Seal Impression Connecting Babylonia and Ancient India." In *Ancient Cities of the Indus,* ed. G. L. Posshl. New Delhi: Vikes Publishing House.

Buck, R. C. 1956, "On the Logic of General Behavior Systems Theory." In *The Foundations of Science and the Concept of Psychology and Psychoanalysis,* eds. H. feigland M. Scriven. Minnesota Studies in the Philosophy of Science 1 : 223—28. Minneapolis: University of Minnesota Press.

Bullen, R. P. 1971. "The Beginnings of Pottery in Eastern United States as Seen from Florida." *Eastern States Archaeological Federation Bulletin,* 30 : 10—11.

Burger, R. L. 1985. "Concluding Remarks: Early Peruvian Civilization and Its Relation to the Chavin Horizon." In *Early Ceremonial Architecture in the Andes,* ed. C. B. Donnan. Washinton, DC: Dumbarton Oaks.

———. 1992. *Chavin and the Origins of the Andean Civilization.* London and New York : Thames and Hudson.

Burger, R. L., and L. Salazar-Burger, 1980. "Ritual and Religion at Huaricoto." *Archaeology* 33 : 26—33 : 26—32.

———. 1985. "The Early Ceremonial Center of Huaricoto." In *Early Ceremonial Architecture in the Andes,* ed. C. B, Donnan. Washington, DC: Dumbarton Oaks.

———. 1986. "Early Organizational Diversity in the Peruvian Highland: Huaricoto and Kotosh." In *Andean Archaeology, Papers in Memory of Clifford Evans, Monograph* 27, eds. M. R. Matos, S. A. Turpin, and H. H. Eling, Jr. Los Angeles : Insitute of Archaeology, University of California.

———. 1990. "The Chronology and Function of Cardal' s Public Architecture." Paper persented at the 18th Annual Midwest Conference on Andean and Amasonian Archaeology and Ethnohistory, February 24. Chicago : University of Chicago.

Burger, R. L., and N. Van Der Merwe. 1990. "Maize and the Origin of Highland Chavin Civilization: An Isotopic Perspective." *American Anthropologist* 92(1) : 85—95.

Bush, D. E. 1975. "A Ceramic Analysis of the Late Adena Buckmeyer Site, Perry Coutry, Ohio." *Michigan Archaeologist* 21 : 9—23.

Bushnell, G. H. S. 1963. *Peru,* Rev. ed. New York: Praeger.

Butzer, K. W. 1976. *Early Hydraulic Civilization in Egypt.* Chicago : University of Chicago Press.

———. 1978. "Perspectives on Irrigation Civilization in Egypt." In *Immortal Egypt,* ed. D. Schmandt-Beserat. Malibu, CA: Undena,

———. 1980. "Pleistocene History of the Nile Valley in Egypt and Lower Nubia." In *The Sahara and the Nile,* eds. M. Willians and H. Faure. Rotterdam: Balkema.

———. 1984. "Long-Term Nile Flood Variation and Political Discontinuities in Pharaonic Egypt." In *From*

Hunters to Farmers, eds. J. D. Clark and S. A. Brandt. Berkeley: University of California Press.

Butzer, K. W., G. Isaac, J. L. Richardson, and C. K. Washbourn- Ramau. 1972. "Radiocarbon Dating of East African Lake Levels." *Science* 175 : 1069—76.

Byrd, B. F. 1989. "The Natufian: Settlement Variability and Economic Adaptation in the Levant at the End of the Pleistocene." *Journal of World Prehistory* 3(2) : 159—98.

———— 1994. "Public and Private and Private, Domestic and Corporate: The Emergence of the Southwest Asian Village." *American Antiquity* 59(4) : 639—666.

Caldwell, J. 1958. *Trend and Tradition in the Prehistory of the Eastern United States* Menasha, WI: Memorial Series of the American Anthropological Association 88.

———— 1971. "Eastern North America." In *Prehistoric Agriculture*, ed. S. Struever. Garden City, NY: Natural History Press.

Camp, J. M. 1986. *The Athenian Agora*. New York: Thames & Hudson.

Caneva, I, M. Frangipane, and A. Palmieri. 1987. "Predynastic Egypt : New Data from Maadi." *The African Archaeological Review* 5 : 105—14.

Carniero, R. 1970. "A Theory of the Origin of the State." *Science* 169 : 733—38

Carr, C., and J. E. Neitzel, eds. 1995. *Style, Society, and Person: Archaeological and Ethnological Perspectives*. New York: Plenum Press.

Castleden, R. 1993. *Minoans : Life in Bronze Age Crete*. New York: Routledge.

———— 1994. The Making of Stonehenge. New York: Routledge.

Cavalli-Sforza, L. L., and M. W. Feldman. 1981. *Cultural Transmission and Evolution. A Quantitative Approach*. Princeton, NJ : Princeton University Press.

Chagnon, *N. Yanomamö : The Fierce People*. New York : Holt, Rinehart and Winston.

Chakrabarti, D. K. 1984. "Origins of the Indus Civilization : Theories and Problems." In *Frontiers of the Indus Civilization*, eds. B. B. Lal and S. P. Gupta. New Delhi : Indian Archaeological Society.

Champion, T. G., et al. 1984. *Prehistoric Europe*. New York: Academic Press.

Chang, K. C. 1970. "The Beginning of Agriculture in the Far East." *Antiquity* 44 : 175—85.

———— 1976. *Early Chinese Civilization : Anthropological Perspectives*. Cambridge, Ma : Harvard University Press.

———— 1977. *The Archaeology of Ancient China*, 3rd ed. New Haven: Yale University Press.

———— 1980. *Shang Civilization*. New Haven, CT: Yale University Press.

———— 1981. "In Search of China's Beginnings: New Light on an Old Civilization." *American Scientist* 69 : 148—58.

Chang, S. 1963. "The Historical Trend of Chinese Urbanization." *Annuals of the Association of American Geographers* 53 : 109—43.

Chang, T. 1957. *Archaeological Studies in Szechwan*. Cambridge, England : Cambridge University Press.

———— 1963. *Archaeology in China, Vol. 3: Chou China*. Cambridge : Heffer.

Charoenwongsa, P., and D. Bayard. 1983. "Non Chai : New Dates on Metalworking and Trade from Northeastern Thailand." *Current Anthropology* 24(4) : 521—23.

Chase-Dunn, C., and T. D, Hall. 1991. "Conceptualizing Core/Periphery Hierarchies for Comparative

Study." In *Core/Periphery Relations in Pre-capitalist Worlds*, eds. C. Chase-Dunn and T. D. Hall. Boulder, CO : Westview Press.

Childe, V. G. 1934. *New Light on the Most Ancient East*. London: Kegan Paul

——— 1936. *Man Makes Himself*. London: Routledge & Kegan Paul.

——— 1952. *New Light on the Most Ancient East*, 4th Ed. London: Routledge and Kegan Paul.

——— 1953. *New Light on the Most Ancient East*. New York: Praeger.

——— 1958. *The Prehistory of European Society*. Baltimore: Penguin.

——— 1979. "The Urban Revolution." In *Ancient Cities of the Indus*, ed. G. L. Possehl. New Delhi: Vikas Publishing House.

Chippendale, C., N. Hammond, and J. Sabloff. 1988. "The Archaeology of Maya Decipherment." *Antiquity* 62(234) : 119—22.

Clancy F. S., and P. D. Harrison, eds. 1995. *Vision and Revision in Maya Studies*. Albuquerque: University of New Mexico Press.

Clark, G. A., M. A. Kelley, J. M. Grange, and M. C. Hill. 1987. "The Evolution of Mycobacterial Disease in Human Populations." *Current Anthropology* 28(1) : 45—62.

Clark, J. G. D. 1071. "A Re-Examination of the Evidence for Agricultural Origins in the Nile Valley." *Proceedings of the Prehistoric Society* 37(2).

——— 1976. "Prehistoric Populations and Resources Favoring Plant Domestication in Africa." In *Origins of African Plant Domestication*, eds. J. R. Harlan et al. The Hague : Mouton.

——— 1986. *Symbol of Excellence: Precious Materials as Expressions of Status*. Cambridge: Cambridge University Press.

Cleland, C. E. 1966. *The Prehistoric Animal Ecology and Ethnozoology of the Upper Great Lakes Region*. Ann Arbor: Museum of Anthropology, Anthropological Papers, University of Michigan, no. 29.

Clendinnen, I. 1991. *The Aztecs: An Interpretation*. Cambridge: Cambridge University Press.

Clist, B. 1987. "Early Bantu Settlements in West Central Africa: A Review of Recent Research." *Current Anthropology* 28(3) : 380—82.

Close, A. E., ed. 1987. *Prehistory of Arid North Africa. Essays in Honor of Fred Wendorf*. Dallas : Southern Methodist University Press.

Cobo, Bernabe. 1990. (original c. A.D. 1639). *Inca Religion and Customs* (translated and edited by Roland Hamilton). Austin: University of Texas Press.

Coe, M. D. 1965a. *The Jaguar's Children: Pre-Classic Central Mexico*. New York : Museum of Primitive Art.

——— 1965b. "The Olmec Style and Its Distribution." *Handbooks of Middle American Indians* 3 : 739—75.

——— 1968a. *America's First Civilization : Discovering the Olmec*. New York : American Heritage.

——— 1968b. "San Lorenzo and the Olmec Civilization." In *Dumbarton Oaks Conference on the Olmec*, ed. E. P. Benson. Washington, DC: Dumbarton Oaks.

——— 1970. "The Archaeological Sequence at San Lorenzo Tenochtitlán, Veracruz, Mexico." *Contributions of the University of California Archaeological Research Facility*, n. 8, pp. 21—34.

——— 1984. *Mexico*. New York : Thames and Hudson.

——— 1992. *Breaking the Maya Code*. London and New York : Thames and Hudson.

—— 1993. *The Maya*, 5th ed. London: Thames and Hudson.

—— 1994. *Mexico*, 4th ed. New York: Thames and Hudson.

Coe, M., and R. Diehl. 1980. *The Land of the Olmec: The People of the River*, Vol. 2. Austin : University of Texas Press.

Coe, M., D. Snow, and E. Benson. 1986. *Atlas of Ancient America*. New York: Facts on File

Coe, M., and W. A. Haviland. 1982. *Introduction to the Archaeology of Tikal, Guatemala*. Philadelphia: University Museum, University of Pennsylvania.

Coggins, C. 1985. *The Sacred Cenote of Sacrifice*. Austin : University of Texas Press.

Cohen, G. A. 1978. *Karl Marx's Theory of History* : A Defense. Princeton, NJ : Princeton University Press.

Cohen, R. 1981. "Evolutionary Epistemology and Human values." *Current Anthropology* 22 : 201—18.

Coles, J. M., and A. F. Harding. 1979. *The Bronze Age in Europe*. London : Methuen.

Collier, G. A., R. I. Rosaldo, and J. D. Wirth, eds. 1982. *The Inka and Aztec States, 1400—1800*. New York: Academic Press.

Collis, J. 1984. *The European Iron Age*. London : Batsford.

Connah, G. 1987. *African Civilizations*. Cambridge, England: Cambridge University Press.

Conrad, G. W. 1981. "Cultural Materialism, Split Inheritance, and the Expansion of Ancient Peruvian Empires." *American Antiquity* 46 : 3—26.

Conrad, G. W., and A. A. Demarest. 1984. *Religion and Empire : The Dynamics of Aztec and Inca Expansionism*. Cambridge: Cambridge University Press.

Cook, B. F. 1987. *Greek Inscriptions*. London: British Museum Publications.

Cook, S. 1946. "Human Sacrifice and Warfare as Factors in the Demography of Precolonial Mexico." *Human Biology* 18 : 81—102.

Cordell, L. S. 1984. Prehistory of the Southwest. New York : Academic Press.

—— 1984. "Southwestern Archaeology." *Annual Review of anthropology* 13 : 301—32.

Cordell, L. S., and F. Plog. 1979. "Escaping the Confines of Normative Thought-A Reevaluation of Puebloan Prehistory." *American Antiquity* 44 : 405—29.

Cordova, C., A. L. M. del Pozzo, and J. L. Camacho. 1994. "Palaeolandforms and Volcanic Impact on the Environment of Prehistoric Cuicuilco, Southern Mexico City." *Journal of Archaeological Science* 21 : 585—96.

Cornwall, P. B. 1979. "On the Location of Dilmun." In Ancient Cities of the Indus, ed. G. L Possehl. New Delhi : Vikas Publishing House.

Costin, C. L. 1991. "Craft Specialization: Issues in Defining, Documenting, and Explaining the Organization of Production." In *Archaeological Method and Theory*, Vol. 3, ed. M. B. Schiffer. Tucson : University of Arizona Press.

—— 1996. "Ceramic Production and Distribution." In *Empire and Domestic Economy : Transformation in household Economics of Xauxa Soceity Under the Inkas*, eds. T. D' Altroy and C. Hastorf. Washington, DC: Smithsonian Institution Press.

Costin, C. L. and T. Earle. 1989. "Status Distinction and Legitimation of Power as Reflected in Changing Patterns of Consumption in Late Prehispanic Peru." *American Antiquity* 54(4) : 691—714

Coutellier, V., and D. J. Stanley. 1987. "Late Quaternary Stratigraphy and Paleo-geography of the Eastern Nile Delta, Egypt." *Marine Geology* 77 : 257—75.

Cowgill, G. 1974. "Quantitative Studies of Urbanization at Teotihuacán." In *Mesoamerican Archaeology : New Approaches*, ed. N. Hammond. Austin : University of Texas Press, pp. 363—96.

———— 1975. "On the Causes and Consequences of Ancient and Modern Population Changes." *American Anthropologist* 77 : 505—25.

Cowgill, U. 1962. "An Agricultural Study of the Southern Maya lowlands." *American Anthropologist* 64 : 273—86.

———— 1971. "Some Comments on Manihot Subsistence and the Ancient Maya." *Southwest Journal of Anthropology* 27 : 51—63.

Crawford, H. 1991. *Sumer and the Sumerians*. Cambridge : Cambridge University Press.

Cressman, L. S. 1977. *Prehistory of the Far West*. Salt Lake City: University of Utah Press.

Cribb, R. 1991. *Nomads in Archaeology*. Cambridge: Cambridge University Press.

Crown, P. L. 1990. "The Hohokam of the American Southwest." *Journal of World Prehistory* 4(2) : 223—55.

———— 1995. *Ceramics and Ideology : Salado Polychrome Pottery*. Albuquerque : University of New Mexico Press.

Crown, P. L., and J. W. Judge. 1991. *Chaco and Hohokam: Regional Systems in the American Southwest*. Santa Fe, NM : School of American Research.

Crumley, C. L. 1979. "Three Locational Models. An Epistemological Assessment for Anthropology and Archaeology." In *Advances in Archaeological Method and Theory*, Vol. 2, ed. M. B. Schiffer. New York : Academic Press.

———— 1987. "A Dialectical Critique of Hierarchy." In *Power Relations and State For-mation*, eds. T. C. Patterson and C. W. Gailey. Washington, DC : American Anthropological Association.

———— 1992. "A Dialectical Critique of Hierarchy." In *Power Relations and Status Formation*, eds. T. Patterson and C. Gailey. Salem, WI: Sheffield Publishing Company.

Crumley, C. L., and W. H. Marquardt, eds. 1987. *Regional Dynamics: Burgundian Landscapes in Historical Perspective*. Orlando, FL: Academic Press.

Cruz-Uribe, E. 1985. *Saite and Persian Demotic Cattle Documents*. Chico, CA: Scholars Press.

Culbert, T. P. 1973. *The Classic Maya Collapse*. Albuquerque: University of New Mexico Press.

———— 1988. "Political History and the Decipherment of Maya Glyphs." *Antiquity* 62(234) : 135—52.

Culbert, T. P.,and D. S. Rice, eds. 1995. *Precolumbian Population History in the Maya Lowlands*. Albuquerque: University of New Mexico Press.

Cunnungham, A. 1979. "Harappa." In Ancient Cities of the Indus, ed. G. L. Posshl. New Delhi: Vikas Publishing House.

Dales, G. F. 1964. "The Mythical Massacre at Mohenjo Daro." *Expedition* 6(3) : 36—43.

———— 1965. "New Investigations at Mohenjo Daro." *Archaeology* 18(2) : 145—50.

———— 1966a. "Recent Trends in the Pre- and Protohistoric Archaeology of South Asia." *Proceedings of the American Philosophical Society* 110 : 130—39.

———— 1966b. "The Decline of the Harappans." *Scientific American* 214(5) : 93—100.

——— 1968. "Of Dice and Men." *Journal of the American Oriental Society* 88(1) : 14—23.

——— 1973. "Archaeological and Radiocarbon Chronologies for Protohistoric South Asia." In *South Asian Archaeology*, ed. N. Hammond. Park Ridge: Noyes Press.

——— 1979. "The Balakot Project: Summary of Four Years Excavations in Pakistan." In *South Asian Archaeology 1977*, ed., M. taddei. Naples: Istituto Universitario Orientale.

Dales, G. F., and J. M. Kenoyer. 1990. "Excavation at Harappa—1988." *Pakistan Archaeology* 24 : 68—176.

D' Altroy, T. N. 1992. *Provincial Power in the Inka Empire*. Washington, DC : Smithsonian Institution Press,

Darwin, C. 1871. *The Descent of Man and Selection in Relation th Sex*. New York : Appleton.

Davis, W. 1989. *The Canonical Tradition in Ancient Egyptian Art*. Cambridge, England : Cambridge University Press.

——— 1992. *Masking the Blow*. Berkeley: University of California Press.

Davison, J. 1985. "New Zealand Prehistory." *Advances in World Archaeology* 4 : 239—292.

De, Zhou Shi. 1987. "Classical Chinese Contributions to Shipbuilding." *Endeavour* NS. 11(1):2—4.

Decker, W. (trans. A. Guttmann). 1992, *Sports and Games of Ancient Egypt*. New Heven : Yale University Press.

Dejarnette, D. L. 1967. "Alabama Pebble Tools: The Lively Complex." *Eastern States Archaeological Federation Bulletin*, no. 26.

Demarest, A. A. and G. W. Conrad, eds.1992. *Ideology and Pre-columbian Civilizations*. Santa Fe, NM: School of American Research.

Dennell, R. C. 1983. *European Economic Prehistory : A New Approach*. New York : Academic Press.

——— 1992. "The Origins of Crop Agriculture in Europe." In *The Origins of Agriculture*, eds. C. W. Cowan and P. J. Watson. Washington, DC: Smithsonian Institution Press.

DePalma, A. 1993. "Mexico City Restoring Are Tilled by Aztecs." *New York Times*, Sept. 14, 1993, p. B7.

Derrida, J. 1976. *Of Grammatology*. Baltimore: Johns Hopkins University Press.

Diakonoff, I. M., ed. 1969. *Ancient Mesopotamia*. Moscow: Nauka.

Diakonov, I., ed. 1969. *Ancient Mesopotamia*. Moscow: Nauka.

——— 1991. *Early Antiquity*. Chicago: University of Chicago Press.

Diaz del Castillo, B. 1928. *The Discovery and Conquest of Mexico*. London : Routledge.

Dickinson, O. 1994. *The Aegean Bronze Age*. Cambridge, England: Cambridge University Press.

Dickson, D. B. 1975. "Settlement Pattern Stability and Change in the Middle Northern Rio Grande Region, New Mexico: A Test of Some Hypotheses." *American Antiquity* 40 : 159—71.

——— 1981. "The Yanomamo of the Mississippi Valley? Some Reflections on Larson ⋯ Gibson ⋯ and Mississippi Period Warfare in the southeastern United States." *American Antiquity* 46 : 909—16.

——— 1981. "Further Simulations of Ancient Agriculture and Population at Tikal, Guatemala." *American Antiquity* 46 : 922—26.

Dillehay, T. D. 1990." Mapuche Ceremonial Landscapes, Social Recruitment and Resource Rights." *Journal of World Archaeology* 22(2) : 223—41.

Dillehay, T. D., P. Netherly, and J. Rossen. 1989. "Early Preceramic Public and Residential Sites on the Forested Slope of the Western Andes, Northern Peru." *American Antiquity* 54(4) : 733—58.

Diop, C. A. 1974. *The African Origin of Civilization: Myth or Reality*. New York : L. Hill.

Diringer, D. 1962. *Writings*. New York : Praeger.

Donnan, C. B. 1973. *Moche Occupation of the Santa Valley, Peru*. University of California Publications in Archaeology, no. 8. Berkeley : University of California.

———— 1976. *Moche Arth and Iconography*. Los Angeles: U.C.L.A. Latin American Center Publications.

———— 1990. "Master Works Revel a Pre-Inca World." *National Geographic Magazine* 177(6) : 34—49.

Donnan, C. B., ed. 1985. *Early Ceremonial Architecture in the Andes*. Washington, DC : Dumbarton Oaks.

Doty, D. C. 1979. "A New Mayan Long Count-Gregorian Conversion Computer Program." *American Antiquity* 44 : 780—83.

Doyel, D. E. 1986. "A Short History of Hohokam Research." In *Emil W. Haury's Prehistory of the American Southwest*, eds. J. J. Reid and D. E. Doyel. Tucson : University of Arizona Press.

Dragoo, D. W. 1963. "Mounds for the Dead." *Annuals of Carnegie Museum* 37 : 1—315.

———— 1976. "Some Aspects of eastern North American Prehistory: A Review." *American Antiquity* 41 : 3—27.

Drennan, R. D. 1976. Religion and Social Evolution in Formative Mesoamerica." In *The Early Mesoamerican Village*, ed. K. V. Flannery. New York : Academic Press.

———— 1995. "Chiefdoms in Northern South America." *Journal of World Prehistory* 9(3) : 301—40

Drennan, R. D., and C. A. Uribe, eds. 1987. *Chiefdoms in the Americas*. Lanham, MD : University Press of America.

Dunnell, R. C. 1967. "The Prehistory of Fishtrap, Kentucky: Archaeological Interpretation in Marginal Areas." Unpublished doctoral dissertation, Yale University.

———— 1971. Systematics in Prehistory. New York: Free Press.

———— 1978. "Style and Function : A Fundamental Dichotomy." *American Antiquity* 43 : 192—202

———— 1980. "Evolutionary Theory and Archaeology." In *Advances in Archaeological Method and Theory*, Vol. 3, ed. M. B. Schiffer. New York: Academic Press.

———— 1982. "Science, Social Science, and Common Sense: The Agonizing Dilemma of Modern Archaeology." *Journal of Anthropological Research* 38 : 1—25

———— 1987. "Methodological Issues in Americanist Artifact Classification." In M. B. Schiffer (ed.), *Advances in Archaeological Method and Theory*, 149—27. New York : Academic Press.

———— 1992. "Is a Scientific Archaeology Possible?" In *Metaarchaeology*, ed. L. Embre. pp. 73—97. The Netherlands : Kluver.

———— 1994. Personal communication.

Dunnell, R. C., and R. J. Wenke. 1980. "An Evolutionary Model of the Development of Complex Societies." Paper presented at the Annual Meeting of the American Association for the Advancement of Science, San francisco.

Durante, S. 1979. "Marine Shells from Balakot, Shahr-i Sokhta and Tepe Yahya: Their Significance for Trade and Technology in Ancient Indo-Iran." In *South Asian Archaeology* 1977, ed. M. taddei. Naples: Istituto Universitario Orientale.

Durham, W. H. 1990. "Advances in Evolutionary Culture Theory." *Annual Review of Anthropology* 19 : 187—242.

During-Caspers, E. L. C. 1984. "Sumerian Trading Communities Residing in Harappan Society." In *Frontiers of the Indus Civilization*, eds. B. B. Lal and S. P. Gupta. New Delhi : Books and Books.

Dyson, R. H. 1982. "Paradigm Changes in the Study of the Indus Civilization." In *Harappan Civilization: A Contemporary Perspective*, ed. G. L. Possehl. New Delhi : AIIS.

Earle, T. K. 1976. "A Nearest-Neighbor Anlysis of Two Formative Settlement Systems." In *The Early Mesoamerica Village*, ed. K. V. Flannery. New York: Academic Press.

————— 1987. "Chiefdoms in Archaeological and Ethnohistorical Perspective." *Annual Review of Anthropology* 16 : 279—308.

————— ed., 1991. *Chiefdoms : Power, Economy, Ideology*. Cambridge, England : Cambridge University Press.

Earle, T. and R.W. Preucel. 1987. Processual Archaeology and the Radical Critique. *Current Anthropology* 28(4) : 501—38.

Edwards, I. E. S. 1961. *The Pyramids of Egypt*. London : Parrish.

Eisenstadt, S. N. 1963. *The Political System of Empires*. New York: Free Press of Glencoe.

Eiwanger, J. 1987. "Die Archaeologie der spaten Vorgeschichte : Bestand und Perspektiven." In *Problems and Priorities in Egyptian Archaeology*, eds. J. Assmann, G. Burkard, and V. Davies. London: Routledge & Kegan Paul.

Ekholm, K. 1981. "On the Structure and Dynamics of Gloval Systems." In *The Anthropology of Pre-Capitalist Societies*, eds. J. Kahn and J. Lobera. London: Macmillan.

Ember, C. R. 1975. "Residential Variation among Hunter-Gatherers." *Behavioral Science Research* 10 : 199—227.

Engel, F. 1957. "Early Sites on the Peruvian Coast." *Southwestern Journal of Anthropology* 13 : 54—68.

Engl, L., and T. Engl. 1969. *Twilight of Ancient Peru*. Trans. A. Jaffe. New York : McGraw-Hill.

d' Errico, F. 1989. "Paleolithic Lunar Calendars: A Case of Wishful Thinking?" *Current Anthropology* 30 :117—18, 491—500.

Ericson, J. E., and T. G. Baugh, eds. 1995. *The American Southwest and Mesoamerica*. New York : Plenum Press.

Evans, S. "Settlement Models in Archaeology." *Journal of Anthropological Archaeology* 1 : 275—304

Evins, M. A. 1989 "The Late Chalcolithic/Uruk Period in the Karababa Casin, Southeastern Turkey." In "Out of the Heartland: The Evolution of Complexity in Peripheral Mesopotamia during the Uruk Period, Workshop Summary," ed. M. Routhman. Paléorient 14:270—71.

Fagan, B. 1995. *People of the Earth*, 8th ed. New York: HarperCollins College Publishers.

————— 1995. *Ancient North America*, 2nd ed. New York: Thames and Hudson.

Fairservis, W. A. Jr. 1956. " Excavations in the Quetta Valley, West Pakistan." *Anthropological Papers of the American Museum of Natural History* 45(2).

————— 1961. "The Harappan Civilization : New Evidence and More Theory." *Novitates* 2055 : 1—35.

————— 1967. "The Origin, Character and Decline of an Early Civilization." Novitates 2302 : 1—48.

————— 1972. "Preliminary Report on the First Two Seasons at Hierakonpolis." *Journal of the American Research Center in Egypt* 9 : 7—27, 67—99.

————— 1975. The Roots of Ancient India, 2nd ed. Revised. Chicago: University of Chicago Press.

————— 1984. "Archaeology in Blauchistan and the Harappan Problem." In *Frontiers of the Indus Civilization*, eds. B. B. Lal and S. P. Gupta. New Delhi: Books and Books.

———— 1991. "A Revised View of the *Na'rmr* Paletette." *Journal of the American Research Center in Egypt* XXVIII:1—20.

Fairservis, W. A., and F. C. Southworth. 1989. "Linguistic Archaeology and the Indus Valley Culture." In *Old Problems and New Perspectives in the Archaeology of South Asia*, ed. J. M. Kenoyer. Madison: Wisconsin Archaeological Reports, Vol. 2.

Falconer, S. E., and S. H. Savage. 1995. "Early Urbanization in Mesopotamia and the Southern Levant."

———— 1995." Heartlands and Hinterlands : Alternative Trajectories of Early Urbanization in Mesopotamia and the Southern Levant." *American Antiquity* 60(1) : 37—58.

Farnsworth, K. B. 1973. *An Archaeological Survey of the Macoupin Valley.* Springfield: Illinois State Museum, Reports of Investigations, no. 26.

Farnsworth, K. B., and T. E. Emerson, eds. 1986. *Early Woodland Archaeology.* Kampsville Seminars in Archaeology, No. 2. Kampsville, IL: Kampsville Archaeological Center, Center for American Archaeology.

Farooq, M. 1973. "Historical Development." In *Epidemiology and Control of Schistosomiasis (Bilharziasis)*, ed, N. Ansari. Baltimore: University Park Press.

Fash, W. L. 1991. *Scribes, Warriors and Kings : The City of Copan and the Ancient Maya.* New York: Thames and Hudson.

———— 1988. "A New Look at Maya Statecraft From Copan, Honduras." *Antiquity* 62(234) : 157—69.

Fattovich, R. 1979. "Trends in the Study of Predynastic Social Structure." *First International Congress of Egyptology, Cairo, Actes* (Berlin) : 17—39.

Feldman, R. A. 1980. Aspero, *Peru : Architecture, Subsistence Economy, and Other Artifacts of a Preceramic Maritime Chiefdom.* Ph. D. Dissertation, Department of Anthropology, Harvard University,

———— 1985. "Preceramic Corporate Architecture : Evidence for the Development of Nonegalitarian Social Systems in Peru." In *Early Ceremonial Architecture in the Andes*, ed. C. B. Donnan. Washington, DC : Dumbarton Oaks.

Fentress, M. A. 1976. *Resource Access, Exchange Systems and Regional Interaction in the Indus Valley : An Investigation of Archaeological Variability at Harappa and Mohenjodaro.* Ann Arbor: University Microfilms.

———— 1979. "Indus Charms and Urns, a Look at the Religious Diversity at Harappan and Mohenjodaro." *Man and Environment* 3 : 9—104.

———— 1985. "Water Resources and Double Cropping in Harappan Food Production." In *Recent Advances in Indo–Pacific Prehistory*, eds. V. N. Misra and P. Bellwood. New Delhi: Oxford and IBH.

Ferdon, E. M. 1959. "Agriculture Potential and the Development of Cultures." *Southwestern Journal of Anthropology* 15 : 1—19.

Fiedel, S. J. 1987. *Prehistory of the Americas.* Cambridge: Cambridge University Press.

———— 1992. *Prehistory of the Americas*, 2nd ed. Cambridge: Cambridge University Press.

Finegan, J. 1964. *Handbook of Biblical Chronology: Principles of Time Reckoning in the Ancient World and Problems of Chronology in the Bible.* Princeton: Princeton University Press.

Finney, B. 1988. "Voyaging Against the Direction of the Trades: A Report of an Experimental Canoe Voyage from Samoa to Tahiti." *American Anthropologist* 90(2) : 401—5.

Fischer, A., P. V. Hansen, and P. Rasmussen. 1984. "Macro and Micro Wear Traces on Lithic Projectile Points." *Journal of Danish Archaeology* 3:19—46.

Fitzhugh, W. 1975. *Prehistoric Maritime Adaptations of the Circumpolar Zone.* The Hague: Mouton.

Flam, L. 1991. "Excavations at Ghazi Shah, Sindh, Pakistan." In *Harappan Civilization : A Contemporary Perspective*, 2nd Ed., ed. G. L. Possehl. New Delhi: Oxford and IBH.

Flannery, K. V. 1968. "The Olmec and the Valley if Oaxaca: A Model for Inter–Regional Interaction on Formative Times." In *Dumbarton Oaks Conference on the Olmec*, ed. E. P. Benson. Washington, DC: Dumbarton Oaks.

—— 1972. "The Cultural Evolution of Civilizations." *Annual Review of Ecology and Systematics* 3 : 399—426.

—— 1973. "Archeology with a Capital S." In *Research and Theory in Current Archeology*, ed. C. L. Redman. New York: Wiley.

—— 1973. "The Origins of Agriculture." *Annual Review of Anthropology* 2 : 271—310.

—— 1976a. "The Early Mesoamerican House." In *The Early Mesoamerican Village*, ed. K. V. Flannery. New York: Academic Press.

—— 1976b. "Evolution of Complex Settlement Systems." In *The Early Mesoamerican Village*, ed. K. V. Flannery. New York : Academic Press.

—— 1976c. "Linear Stream Patterns and Riverside Settlement Rules." In *The Early Mesoamerican Village*, ed. K. V. Flannery. New York; Academic Press.

—— 1976d. "Contextual Analysis of Ritual Praphernalia from formative Oaxaca." In *The Early Mesoamerican Village*, ed. K. V. Flannery. New York; Academic Press.

—— 1979. "The Cultural Evolution of Civilizations." In *Ancient Cities of the Indus*, ed. G. L. Possehl. New Delhi: Vikas Publishing House.

Flannery, K. V., ed. 1982. *Maya Subsistence: Studies in Memory of Dennis E. Puleston.* New York: Academic Press.

Flannery, K. V., and J. Marcus. 1994. *Early Formative Pottery of the Valley of Oaxaca, Mexico* (with a technical ceramic analysis by W. O. Payne). Memoirs of the Museum of Anthropology 27. Ann Arbor: University of Michigan Press.

Flannery, K. V., J. Marcus, and S. A. Kowalewski. 1981. "The Preceramic and Formative of the Valley of Oaxaca." *Supplement to the Handbook of Middle American Indians.* Austin: University of Texas Press, pp. 48—93.

Flannery, K. V., and M. C. Winter. 1976. "Analysing Household Activities." In *The Early Mesoamerican Village*, ed. K. V. Flannery. New York: Academic Press.

Folan, W. J., E. R. Kintz, and L. A. Fletcher. 1983. *Coba: A Classic Maya Metropolis.* New York : Academic Press.

Ford, R. I. 1974. "Northeastern Archaeology Past and Future Directions." *Annual Review of Anthropology* 3 : 385—414.

—— 1981. "Gardening and Farming before A.D. 1000: Patterns of Prehistoric Cultivation North of Mexico." *Journal of Ethnobiology* 1(1) : 6—27.

Foster, J. L. (Illustrator, Translator) ; Davis, Nina M. (Illustrator). 1992. *Love Songs of the New Kingdom* (Reprint ed.). Austin: University of Texas Press.

Foucault, M. 1986. *The Foucault Reader*, ed. P. Rabinow. Harmondsworth: Penguin.

Fowler, M. L. 1969. *Explorations into Cahokia Archaeology*. Illinois Archaeological Survey Bulletin 7.

——— 1971. "Agriculture and Village Settlement in the North American East : The Central Mississippi Valley Area, a Case History." In *Prehistoric Agriculture*, ed. S. Struever. Garden City, NY : Natural History Press.

——— 1975. "A Pre-Columbian Urban Center on the Mississippi." *Scientific American* 233(2): 93—101.

Fox, J. W. 1987. *Maya Postclassic State Formation*. Cambridge: Cambridge University Press.

Fox, J. G. 1996. "Playing with Power: Ballcourts and Political Ritual in Southern Mesoamerica." *Current Anthropology* 37(3): 483—509.

Frank, A. G. 1993, "Bronze Age World System Cycles." *Current Anthropology* 34(4): 83—430.

Frankfort, H. 1956. *The Birth of Civilization in the Near East*. Garden City, NY: Doubleday.

Frankfort, H., J. Wilson, and T. Jacobsen. 1949. *Before Philosophy*. Baltimore : Penguin.

Frankfort, H.-P., and M.-H.. Pottier. 1978. "Sondage Preliminaire sur l' Establissement Protohistorique Harapeen et Post—Harapeen de Shortugai." *Ars Asiatique* 34: 29—86.

Freidel, D. A., and J. A. Sabloff. 1984. Cozumel: Late Maya Settlement Patterns. New York : Academic Press.

Fried, M. H. 1960. "On the Evolution of Social Stratification and the State." In *Culture in History*, ed. S. Diamond. New York: Columbia University Press.

——— 1967. The Evolution of Political Society. New York: Random House.

Friedman, J., and M. J. Rowlands. 1977. *The Evolution of Social Systems*. Pittsburgh:University of Pittsburgh Press.

Fritz, G. 1990. "Multiple Ways to Farming in Precontact Eastern North America." *Journal of World Prehistory* 4(4):387—436.

——— 1994. "Are the First American Farmers Getting Younger?" *Current Anthropology* 35(3): 305—309.

Fry, R., ed. 1980. *Models ad Methods in Regional Exchange*. SAA Papers no.1. Washington.

Fry, R., and S. Cox. 1974. "The Structure of Ceramic Exchange at Tikal, Guatemala." *World Archaeology* 6 : 209—25.

Gadd, C. J. 1979. "Seals of Ancient Indian Style Found at Ur." In *Ancient Cities of the Indus*, ed. G. L. Possehl. New Delhi: Vikas Publishing House.

Gadd, C. J., and S. Smith. 1979. "The New Links Between Indian and Babylonian Civilization." In *Ancient Cities of the Indus*, ed. G. L. Possehl. New Delhi: Vikas Publishing House.

Gamble, C. 1986. *The Palaeolithic Settlement of Europe*. Cambridge : Cambridge University Press.

——— 1994. *Timewalkers: The Prehistory of Global Colonization*. Cambridge, MA: Harvard University Press,

Gautier, A. 1984. "Archaeozoology of the Bir Kiseiba Region, Eastern Sahara." In *Cattle-Keepers of the Eastern Sahara. The Neolithic of Bir Kiseiba*, ed. A, E. Close. New Delhi: Pauls Press, pp. 49—72.

——— 1987. "Prehistoric Men and Cattle in North Africa: A Dearth of Data and a Surfeit of Models." In *Prehistory of Arid North Africa*, ed. A. E. Close. Dallas: Southern Methodist University.

Gelb, I. J. 1952. A *Study of Writing: The Foundations of Grammatology. Chicago* : University of Chicago Press.

———— 1969. "On the Alleged Temple and State Economics in Ancient Mesopotamia." *Estratto da studi in onore di Edouard Vtoltera* 4 : 139—54.

Gellner, E., ed. 1980. Soviet and Western Anthropology. London: Duckworth.

Getz–Preziosi, P. 1987. *Early Sculptors of the Cyclades*. Ann Arbor: University of Michigan Press.

Ghoneim. W. 1977. "Die Okonomische Bedeutung des Rindes im Alten Agypten." *Lexikonder Agyptologie* 5:259.

Gibson, M. 1972. "Population Shift and the Rise of Mesopotamian Civilization." In *The Explanation of Cultural Change: Models in Prehistory*, ed. C. Renfrew. London: Duckworth.

Giddens, A. 1981. *A Contemporary Critique of historical Materialism*, Vol 1. *Power, Property and the State*. London: Macmillan.

———— 1985. *A Contemporary Critique of historical Materialism*, Vol 2. *The Nation–State and Violence*, Cambridge: Polity Press.

Gilman, A. 1981. "The Development of Social Stratification in Bronze Age Europe." *Current Anthropology* 22 : 1—8.

Glassow, M. A. 1980. *Prehistoric Agricultural Development in the Northern Southwest: A Study in Changing Patterns of Land Use*. Socorro, NM: Ballena Press.

Goedicke, H. 1967. *Konigliche Dokumente aus dem alten Reich*. Wiesbaden: Harrasowitz.

Goldstein, P. S. 1989. "The Tiwanaco Occupation of Moquegua." In *Ecology, Settlement, and History in the Osmore Drainage, Peru*, eds. D. S. Rice, C. Stanish, and P. R. Scarr. Oxford: British Archaeological Review, International Series 545.

Gould, S. J. 1987. An Urchin in the Storm. New York: W. W. Norton.

———— 1989. *Wonderful Life*. New York: W. W. Norton.

Graber, R. B. 1994. *A Scientific Model of Social and Cultural Evolution*. Lanham, MD : University Press of America.

Graham, I. 1988. "Homeless Hieroglyphs." *Antiquity* 62(234) : 122—26.

Green, M. 1993. *Symbol and Image in Celtic Religious Art*. New York: Routledge.

Greider, T. 1978. *The Art and Archaeology of Pashash*. Austin: University of Texas Press.

Gregg, S. A. 1988. *Foragers and Farmers*. Chicago : University of Chicago Press.

Grennes–Ravits, R., and G. Coleman. 1976. "The Quintessential Role if Olmec in the Central Highlands of Mexico." *American Antiquity* 41:196—205,

Griffin, J. B. 1967. "Eastern North American Archaeology: A Summary." *Science* 156 :175—91.

Grigg. D. B. 1982. *The Dynamics of Agricultural Change*. London: Hutchinson.

Grimal, N. 1991. *A History of Ancient Egypt* (trans. I. Shaw). Cambridge, MA:Balckwell.

Gross, D. R. 1975. "Protein Capture and Cultural Development in the Amazon Basin." *American Anthropologist* 77:526—49.

Grove, D. C. 1968. "The Pre–Classic Olmec in Central Mexico: Site Distribution and Inferences." In *Dumbarton Oaks Conference on the Olmec*, ed. E. P. Benson. Dumbarton Oaks, Washington, DC: Dumbarton Oaks.

———— 1992. "Ideology and Evolution at the Pre–State Level." In *Ideology and Pre–Columbian Civilizations*, eds.

A. Demarest and G. W. Conrad. Santa Fe. NM: School of American Research Press.

Grove, D. C., ed. 1987. *Ancient Chalcatzingo*. Austin: University of Texas Press.

Gumerman, G. J., ed. 1988. *The Anasazi in a Changing Environment*. Cambridge: Cambridge University Press.

Gupta, S. P. 1978. *Archaeology of Soviet Central Asia and the Indian Borderlands*, Vol. 1. New Delhi: B. R. Publishing Co.

Haaland, R. 1987. *Socio-Economic Differentiation in the Neolithic Sudan*. Oxford, England: British Archaeological Reports International Series 350.

Haas, H., J. Devine, R. J. Wenke, M. E. Leghner, W. Wolfli, G. Bonani. 1987. "Radiocarbon Chronology and the Historical Calendar in Egypt." In *Chronologies in the Near East* eds. O. Avrenche, J. Evin, and P. Hours. *British Archaeological Reports* 379 : 585—606.

Haas, J. 1982. *The Evolution of the Prehistoric State*. New York: Columbia University Press.

——— 1987. "The Exercise of Power in Early Andean State Development." In *The Origins and Development of the Andean State*, eds. J. Haas, S. Pozorski, and T. Pozorski, New York: Cambridge University Press.

Haas, J., S. Pozorski, and T. Pozorski, eds. 1987. *The Origins and Development of the Andean State*. New York: Cambridge University Press,

Hadidi, N. 1980. "Vegetation of the Nubian Desert (Nabta Region)." In *Prehistory of the Eastern Sahara*, eds. F. Wendorf and R. Schild. New York: Academic Press.

Hagelberg, E. 1993. "Ancient DNA Studies." *Evolutionary Anthropology* 2(6) : 199—207.

Hagelberg, E., S. Quevedo, D. Turbon, and J. B. Clegg. 1994. "DNA from Ancient Easter Islanders." *Nature* 369 : 25—26.

Hall, M. 1987. *The Changing Past: Farmers, Kings, and Traders in Southern Africa*, 200—1860. Cape Town, South Africa: David Phillip.

Hamblin, D. J., et al. 1973. *The First Cities*. New York: Time-Life.

Hamilton, E. 1930. *The Greek Way*. New York: Norton.

Hammond, N. 1991. "Introduction." In *Classic Maya Political History*, ed. P. T. Culbert. Cambridge and Santa Fe (NM): Cambridge University Press and the School of American Research.

——— 1995. *Ancient Mayan Civilization*. New Brunswick, NJ : Rutgers.

Haopes, J. 1994. "Ford Revisited: A Critical Review of the Chronology and Relationships of the Earliest Ceramic Complexes in the New World, 6000—1500 B.C." *Journa of World Prehistory* 8(1) : 1—50.

Harding, A. F. 1984. *The Mycenaeans and Europe*. New York : Academic Press.

Harlan, J. R. 1982. "The Origins of Indigenous African Agriculture." In *The Cambridge History of Africa*, Vol. 1, ed. J. D. Clark. Cambridge, England: Cambridge University Press.

Harlan, J. R., J. M. de Wet, and A. B. Stemler, eds. 1976. *Origins of African Plant Domestication*. The Hague : Mouton.

Harner, M. 1977. "The Ecological Basis for Aztec Sacrifice." *American Ethnologist* 4 : 117—35.

Harris, J. E., and K. R. Weeks. 1973. X-Raying the Pharaohs. New York : Scribner' s.

Harris, M. 1968. *The Rise of Anthropological Theory*. New York: Crowell.

——— 1977. *Cannibals and Kings. The Origins of Cultures*. New York: Random House.

——— 1979. *Cultural Materialism: The Struggle for a Science of Culture*. New York: Vintage Press.

Harris, M., and E. B. Ross. 1990. *Death, Sex and Fertility: Population Regulation in Preindustrial and Developing Societies.* Irvington, NY : Columbia University Press.

Hassan, F. 1986. "Desert Environment and Origins of Agriculture in Egypt." *Norwegian Archaeological Review* 19:63—76.

—— 1988. "The Predynastic of Egypt." *Journal of World Prehistory* 2(2) : 135—85.

—— 1992. "Primeval Goddess to Divine King. The Mythogenesis of Power in the Early Egyptian State." In *The Followers of Horus: Studies Dedicated to Michael Allen Hoffman,* eds. R. Frideman and B. Adams. Oxford : Oxbow.

—— 1993. "Town and Village in Ancient Egypt: Ecology, Society, and Urbanization." In *The Archaeology of Africa,* eds. T. Shaw, P. Sinclair, B. Andah, and A. Okpoko. London: Routledge & Kegan Paul.

Hassan, F. A., and S. W. Robinson. 1987, "High-Precision Radiocarbon Chronometry of Ancient Egypt and Comparisons with Nubia, Palestine and Mesopotamia." *Antiquity* 61(231) : 119—35.

Hastorf, C. A. and S. Johannessen. 1993. "Pre-Hispanic Political Change and the Role of Maize in the Central Andes of Peru." American Anthropologist 95(1) : 115—137.

Haury, E. W. 1976. *The Hohokam Desert Farmers and Craftsmen.* Tucson : University of Arizona Press.

Helck, W. 1971. *Die Beziehungen Agyptens su Vorderasien im 3. und 2. Jahatausend v. Chr.* Wiesbaden : Harrasowitz.

—— 1974. *Die altagyptische Gaue.* Weisbaden : Harrassowitz.

—— 1975. *Wirtschaftsgeschichte des alten Agyptens im 3. und 2. Jahatausend vor Chr.* Leiden—Koln: Brill.

Henry, D. O. 1989. *From Foraging to Agriculture.* Philadelphia: University of Pennsylvania Press.

Herodotus (trans. A. D. Godley). 1972. *Books I and II.* London: Loeb Classical Library.

Hern, W. M. 1993. "Is Human Culture Carcinogenic for Uncontrolled Population Growth and Ecological Destruction?" *Bioscience* 43(11) : 768—73.

Hess, R. 1993. *Amarna Personal Names,* ASOR Diss Series 9, Eisenbrauns.

Hyslop, J. 1984. *The Inka Road System.* New York: Academic Press.

Higham, C. 1988. *The Archaeology of Mainland Southeast Asia.* Cambridge, England: Cambridge University Press.

—— 1989. *The Archaeology of Mainland Southeast Asia.* Cambridge: Cambridge University Press,

Hill, J. N. 1966. "A Prehistoric Community in Eastern Arizona." *Southwestern Journal of Anthropology* 22 : 9—30

—— 1970. *Broken K Pueblo : Prehistoric Social Organization in the American Southwest.* Tucson : University of Arizona Press.

—— 1977. *Explanation of Prehistoric Change.* Albuquerque : University of New Mexico Press.

Hill, K., and A. M. Hurtado. 1995. *Aché Life History : The Ecology and Demography of a Foraging People.* Hawthorne, NY: Aldine de Gruyter.

Hines, P. 1977. "On Social Organization in the Middle Mississippian-States or Chiefdems?" *Current Anthropology* 18 : 337—38.

Hodder, I. 1986.*Reading the Past: Current Approaches to Interpretation in Archaeology.* Cambridge : England: Cambridge University Press.

—— 1990. *The Domestication of Europe.* Oxford: Blackwell.

Hodder, I. Shanks, M., Alexandri, A., Buchli, V., Carman, J., Last, J., and Lucas, G. 1995. *Interpreting Archaeology: Finding Meaning in the Past*. New York Routledge.

Hodge, M. 1991. "Land and Lordship. The Politics of Aztec Provincial Administration in the Valley of Mexico." In *Land and Politics in the Valley of Mexico : A Two-Thousand Year Perspective*, ed. H. R. Harvey. Albuquerque. NM: University of New Mexico Press.

—— 1995. "Polities Composing the Aztec Empire's Core." In *Economies and Polities in the Aztec Realm*, eds. M. E. Smith and M. G. Hodge. Albany, NY: State University of New York.

Hoffman, M. 1980. *Egypt Before the Pharaohs : The Prehistoric Foundations of Egyptian Civilization*. New York : Knopf.

—— 1982. *The Predynastic of Hierakonpolos–An Interim Report*. Egyptian Studies Association, Publication no. 1. Cairo: Cairo University Herbarium and the authors.

—— 1989. "A Stratified Predynastic Sequence from Hierakonpolis (Upper Egypt)." In *Late Prehistory of the Nile Basin and the Sahara*, eds. L. Krzyzaniak and M. Kobusiewicz. Poznan: Muzeum Archaeologicznew Poznaniu.

Hoffman, M. A., H. A. Hamroush, and R. O. Allen. 1986. "A Model of Urban Development for the Hierakonpolis Region from Predynastic through Old Kingdom Times." *Journal of the American Research Center in Egypt* 23 : 175—87.

Hoffmeier, J. K. 1994. "The Structure of Joshua 1—11 and the Annals of Thutmoses III." in *Faith, Tradition and History*. Winona Lake : Eisenbrauns.

Hole, F. 1977." Pastoral Nomadism in Western Iran." In *Exploration in Ethnoarchaeology*, ed. R. A. Gould. Albuquerque: University of New Mexico Press.

—— 1978. "The Prehistory of Herding: Some. Suggestions from Ethnography." *Colloques International du CNBS*, no. 580.

—— 1987. "Settlement and Society in the village Period." In The Archaeology of Western Iran, ed. F. Hole. Washington, DC: Smithsonian Institution Press.

—— 1994. "Environmental Instabilities and Urban Origins." In *Chiefdoms and Early States in the Near East: The Organizational Dynamics of Complexity. Monographs in World Archaeology* 18 : 121—151.

Hole, F., K. V. Flannery, and J. A. Neely. 1969. *Prehistory and Human Ecology of the Deh Luran Plain*. Memoirs of the Museum of Anthropology, University of Michigan, no. 1.

Hood, S. 1973. *The Minoans*. London : Thames & Hudson.

Houart, G. L. 1971. *Koster–A Strarified Archaic Site in the Illinois Valley*. Springfield: Illinois State Museum Reports of Investigations, no. 22.

Houston, S. D. 1988. "The Phonetic Decipherment of Mayan Glyphs." *Antiquity* 62(234) : 126—35.

—— 1989. "Archaeology and Maya Writing." *Journal of World Prehistory* 3(1):1—32.

—— 1989. *Maya Glyphs*. Berkeley: University of California Press.

Hout, J-L. 1979. "Ubaidian Villages of Lower Mesopotamia." In *Upon This Foundatio n–The Ubaid Reconsidered*, eds. E. F. Henrickson and I. Thuesen. Copenhagen: Museum Tusculanum Press.

Hunt, R. C., and E. Hunt. 1976. "Canal Irrigation and Local Social Organization." *Current Anthropology* 17 : 389—411.

Hunter–Anderson, R. L. 1981. "Comments on Cordell and Plog' s 'Escaping the Confines of Normative Thought.'" *American Antiquity* 46 : 194—97.

———— 1986. Prehistoric Adaptation in the American South—West. Cambridge: Cambridge University of Press.

Ibrahim, M., J. A. Sauer, and K. Yassine. 1976. "The East Jordan Valley Survey, 1975." *Bulletin of the School of Oriental Research* 22 : 42—64.

Idyll, C. P. 1973. "The Anchovy Crisis." *Scientific American* 228 : 22—29.

Ifrah, G. 1985. *From One to Zero*. Trans. L. Bair. New York : Viking Penguin.

Ikawa–Smith, F., ed. 1978. *Early Paleolithic in South and East Asia*. The Hague : Mouton.

Irwin, G. 1992. The Prehistoric Exploration and Colonisation of the Pacific. Cambridge, England : Cambridge University Press.

Irwin–Williams, C. 1968. "The Reconstruction of Archaic Culture History in the Southwestern United States." In *Archaic Prehistory in the Western United States*, ed. C. Irwin–Williams. Portales, NM: Eastern New Mexico University Contributions in Anthropology.

Isager, S., and J. E. Sydsgaard, eds. 1995. *Ancient Greek Agriculture : An Introduction*. New York: Routledge.

Izumi, S. 1971. "Development of the Formative Culture in the Ceja de Montaña of the Central Andes." In *Dumbarton Oaks Conference on Chavin*, ed. E. P. Benson. Washington, DC : Dumbarton Oaks.

Jacobsen, J. 1979. "Recent Developments in South Asian Prehistory and Protohistory." *Annual Review of Anthropology* 8 : 467—502.

Jacobsen, T., and R. Adams. 1958. "Salt and Silt in Mesopotamian Agriculture." *Science* 128 : 1251—58.

Jacquet–Gordon, H. 1962. *Les Noms des Domaines Funeraires sous l' Ancien Empire Egyptien*. Cairo : Institut Francais d' Archaeologie Orientale.

Jansen, M. 1979. "Archaitectural Problems of the Harappa Culture." In *South Asian Archaeology 1977*, ed. M. Taddei. Naples: Instituto Universitario Orientale.

———— 1981. "Settlement Patterns in the Harappa Culture." In *South Asian Archaeology 1979*, ed. H. Hartel. Berlin: Dietrich Reimer.

———— 1987. "Mohenjo–Daro–Stadt am Indus." In *Vergessen Städt am Indus*, ed. M. Jansen and G. Urban. Mainz am Rhein: Phillip von Zabern.

Janssen, J. J. 1978. "The Early State in Egypt." In *The Early State*, ed. H. J. M. Claessen and P. Skalnik. The Hague : Mouton.

Janssen, R., and J. Janssen. 1989. *Egyptian Household Animals*. Aylesbury, England : Shire.

Japanese Scientific Expedition to Nuclear America. 1979. *Excavations at La Pampa in the North Highlands of Peru*, 1975. Tokyo: University of Tokyo Press.

Jarrige, J. F. 1981. "Economy and Society in the Early Chalcolithic/Bronze Age of Baluchistan." In *South Asian Archaeology 1979*. Berlin : Dietrich Reiner.

———— 1984. "Chronology of the Early Period of the Greater Indus as Seen from Mehrgarh, Pakistan." In *South Asian Archaeology 1981*, ed. B. Allchin. Cambridge: Cambridge University Press.

Jarrige, J. F., and M. Lechevaleier. 1979. "Excavations at Mehrgarh, Baluchistan : Their Significance in the Prehistorical Context of the Indo–Pakistan Borderlands." In *South Asian Archaeology 1977*, ed. M.

Taddei. Naples: Istituto Universitario Orientale.

Jarrige, J. F., and R. H. Meadow. 1980. "The Antecedents of Civilization in the Indus Valley." *Scientific American* 243(2): 122—33.

Jawad, A. J. 1965. *The Advents of the Era of Townships of Northern Mesopotamia*. Leiden: Brill.

Jeffreys, D. G. 1985. *The Survey of Memphis I*. London: The Egypt Exploration Fund.

Jennings, J. D. 1974. *Prehistory of North America*, 2nd ed. New York: McGraw-Hill.

Jett, S. C., and P. B. Moyle. 1986. "The Exotic Origins of Fishes Depicted on Prehistoric Mimbres Pottery from New Mexico." *American Antiquity* 51(4):688—720.

ben—Jochannan, Y. B. 1972, *Cultural Genocide in the Black and African Studies Curriculum*. New York: ECA Associates.

Joffee, A. 1991. "Early Bronze I and the Evolution of Social Complexity in the Southern Levant." *Journal of Mediterranean Archaeology* 4(1): 3—58.

——— n.d. "Parallelisms and Divergences in a Third Millennium Periphery: The Case of the Northern and Southern Levant." Manuscript on file with the author.

Johnson, A. L., and N. C. Lovell. 1994. "Biological Differentiation at Predynastic Naqada, Egypt: An Analysis of Dental Morphological Traits." *American Journal of Physical Anthropology* 93: 427—33.

Johnson, G. A. 1973. *Local Exchange and Early State Development in Southwestern Iran*. Museum of Anthropological Papers, University of Michigan, no. 51. Ann Arbor.

——— 1975a. "Locational Analysis and the Investigation of Uruk Local Exchange Systems." In *Ancient Civilization and Trade*, eds. J. Sabloff and C, Lamberg-Karlovsky. Albuquerque: University of New Mexico Press.

——— 1975b. "Early State Organization in Southwestern Iran:Preliminary Field Report." *Proceedings of the 4th Annual Symposium on Archaeological Research in Iran*. Teheran.

——— 1977. "Aspects of Regional Analysis in Archaeology." *Annual Review of Anthropology* 6: 479—508.

——— 1980. "Rank-size Convexity and System Integration: A View from Archaeology." *Economic Geography* 56: 234—47.

——— 1981. "Monitoring Complex System Integration and Boundary Phenomena with Settlement Size Data." In *Archaeological Approaches to the Study of Complexity*, ed. S. E. van der Leeuw. Amsterdam: University of Amsterdam.

——— 1982. "Organizational Structure Scalar Stress." In *Theory and Explanation in Archaeology*. eds. C. Renfrew, M. J. Rowlands, and B. A. Seagraves. New York: Academic Press.

——— 1987a. "The Changing Organization in Uruk Administration on the Susiana Plain." In F. Hole (ed.), *The Archaeology of Western Iran*. Washington, DC: Smithsonian Institution Press.

——— 1987b. "Nine Thousand Years of Social Change in Western Iran." In *The Archaeology of Western Iran*, ed. F. Hole. Washington, DC: Smithsonian Institution Press.

Jones, G. D., and R. R. Kautz, eds. 1981. *The Transition to Statehood in the New World*. Cambridge: Cambridge University Press.

Joshi, J. P., and M. Bala. 1981. "Manda: A Harappan Site in Jammu and Kashmir." In *Harappan Civilization: A Contemporary Perspective*, ed. G. L. Possehl. New Delhi: Oxford and IBH.

Joyce, R. A. 1986. "Terminal Classic Interaction on the Southeastern Maya Periphery." *American Antiquity* 1986 : 313—29.

Just, P. 1980. "Time and Leisure in the Elaboration of Culture." *Journal of Anthropological Research* 36 : 105—15.

Justeson, J. S., and T. Kaufman. 1993. "A Decipherment of Epi-Olmec Hieroglyphic Writing." *Science* 259 : 1665—1796.

Kaiser, W. 1964. "Einige Bermerkungen zur agyptische Fruhzeit." *Zeitschrift agyptische Sprache Altertumskunde* 91 : 86—125.

————— 1985. "Zur Sudausdehnung der vorgeschichtlichen Deltakulturen und zur fruhen Entwicklung Oberagyptens." *Mitteilungen des Deutschen Archaeologischen Instituts Abteilung Kairo* 41 : 61—87.

Kanawati, N. 1977. *The Egyptian Administration in the Old Kingdom: Evidence on Its Economic Decline.* London: Warminster, Aris & Phillips.

Kantor, H. J. 1992. "The Relative Chronology of Egypt and Its Foreign Correlations before the First Intermediate Period." In *Chronologies in Old World Archaeology*, 3d ed., ed. R. Ehrich. Chicago: University of Chicago Press.

Kaplan, L., T. Lynch, and E. E. Smith, Jr. 1973. "Early Cultivated Beans (*Phaseolus vulgaris*) from an Intermontane Peruvian Valley." *Science* 179 : 76—77.

Kaster, J., trans. and ed. 1968. *Wings of the Falcon.* New York : Holt.

Keatinge, R. W. 1974. "Chimú Rural Administration Centers in the Moche Valley, Peru." *World Archaeology* 6 : 66—82.

————— 1988. *Peruvian Prehistory: An Overview of Pre-Inka and Inka Society.* New York: Cambridge University Press.

Keegan, W. F., ed. 1987. *Emergent Horticultural Economics of the Eastern Woodlands.* Occasional Paper No. 7. Carbondale, IL : Center for Archaeological Investigations, Southern Illinois University.

Kees, H. 1961. *Ancient Egypt : A Cultural Topogrphy.* Chicago: University of Chicago Press.

Kelly, D. H., and B. Wells. 1995. "Recent Progress in Understanding the Indus Script." *The Review of Archaeology* 16(1) : 15—23.

Kelley, D. H. 1981. *Mayan Culture History as Process.* Ithaca, NY: Cornell University Press.

————— 1993. "The Decipherment of Epi-Olmec Script as Zoquean by Justeson and Kaufman." *The Review of Archaeology* 14(1):29—32.

Kemp, B. J. 1977. "The Early Development of Towns in Egypt." *Antiquity* 51 : 185—200.

————— 1982. "Old Kingdom, Middle Kingdom and Second Intermediate Period in Egypt." In *The Cambridge History of Africa*, Vol. 1, ed. J. D. Clark. Cambridge, England: Cambridge University Press.

————— 1983. "Old Kingdom, Middle Kingdom and Second Interrmediate Period c. 2686—1552 B.C." In *Ancient Egypt: A Social History*, eds. B. Trigger, B. J. Kemp, D. O' Connor, and A. Lloyd. Cambridge, England: Cambridge University Press.

————— 1989. *Ancient Egypt : Anatomy of a Civilization.* London and New York: Routledge.

————— 1993. Ancient Egypt: Anatomy of a Civilization. New York: Routledge.

Kennedy, K. 1982. "Skulls, Aryans and Flowing Drains: The Interface of Archaeology and Skeletal Biology in the Study of the Harappan Civilization." In *Harappan Civilization*, ed. G. Possehl. Warminster,

England: Aris & Phillips.

―――― 1984. "Trauma and Disease in the Ancient Harappans." In *Frontiers of the Indus Civilization*, eds. B. B. Lal and S. P. Gupta. New Delhi: Books and Books.

Kennedy, K., and G. L. Possehl, eds. 1976. *Ecological Backgrounds of South Asian Prehistory*. South Asia Occasional Papers and Theses, No. 4..

Kenoyer, J. M. 1991. "The Indus Valley Tradition of Pakistan and Western India." *Journal of World Prehistory* 5(4): 331―85.

Kim, S. O. 1994. "Burials, Pigs, and Political Prestige in Neolithic China." *Current Anthropology* 35(2): 119―42.

Kinnes, . 1982. "Les Fouaillages and Megalithic Origins." *Antiquity* 56: 24―30.

Kipp, R. S., and E. M. Schortman. 1989. "The Political Impact of Trade in Chiefdoms." *American Anthropologist* 91(2): 370―85.

Kirby, A. 1973. *The Use of Land and Water Resources in the Past and Present Valley of Oaxaca, Mexico*. Ann Arbor: Memoirs of the Museum of Anthropology, University of Michigan, no. 5.

Kirch, P. V. 1984. *The Evolution of Polynesian Kingdoms*. Cambridge, England: Cambridge University Press.

―――― 1988. "Circumscription Theory and Sociopolitical Evolution in Polynesia." *American Behavioral Scientist* 31(4): 416―27.

―――― 1990. "The Evolution of Sociopolitical Complexity in Prehistoric Hawaii: An Assessment of the Archaeological Evidence." *Journal of World Prehistory* 4(3): 311―346.

Kirch, P. V., ed. 1986. *Island Societies. Cambridge,* England: Cambridge University Press.

―――― 1988. "Circumscription Theory and Sociopolitical Evolution in Polynesia." *American Behavioral Scientist* 31(4): 416―27.

―――― 1990. "The Evolution of Sociopolitical Complexity in Prehistoric Hawaii: An Assessment of the Archaeological Evidence." *Journal of World Prehistory* 4(3): 311―345.

Kirch, P. V., and R. C. Green. 1987. "History, Phylogeny, and Evolution in Polynesia." *Current Anthropology* 28(4): 431―56.

Kirch, P. V., and T. L. Hunt. 1988. *Archaeology of the Lapita Cultural Complex : A Critical Review*. Seattle: Burke Museum.

Kitchen, K. A. 1989. "The Rise and Fall of Covenant, Law, and Treaty." TynBul 40.

―――― 1995. "The Patriarchal Age–Myth or History?" BAR 21 (2)

Kitto, H. D. F. 1951. The Greeks. Harmondsworth : Pelican.

Knapp, A. B. 1988. *The History and Culture of Ancient Western Asia and Egypt*. Chicago: Dorsey.

Knorozov, Y. 1982. *Maya Hieroglyphic Codices*. Trans. by S. D. Cole. Austin: University of Texas Press.

Kohl, P. L. 1979. "The 'World Economy' of West Asia in the Third Millenium B.C." In *South Asian Archaeology 1977*, ed., M. Taddei. Naples: Istituto Universitario Orientale.

―――― 1987. "The Use and Abuse of World Systems Theory." *Advances in Archaeological Method and Theory*, Vol. 11, ed. M. B. Schiffer. New York: Academic Press.

―――― 1987. "State Formation: Useful Concept or Id e Fixe?" In *Power Relations and State Formation*, eds. T. C. Patterson and C. W. Gailey. Washington, DC: American Anthropological Association.

Kowalewski, S. A. 1990. "The Evolution of Complexity in the Valley of Oaxaca." *Annual Review of*

Anthropology 19 : 39—58.

Kowalewski, S. A., and L. Feinstein. 1983. "The Economic Systems of Ancient Oaxaca : A Regional Perspective." *Current Anthropology* 24(4) : 413—41.

Kramer, S. N. 1959. *History Begins at Sumer.* Garden City, NY : Doubleday.

———— 1964. "The Indus Civilization and Dilmun : The Sumerian Paradise Land." *Expedition* 6(3) : 44—52.

Kroeper, K. 1988. "The Excavations of the Munich East-Delta Expedition in Minshat Abu Omar." In *The Archaeology of the Nile Delta : Problems and Priorities,* ed. E. C. M. van den Brink. Amsterdam: Foundation for Archaeological Research in Egypt.

———— 1989. "Settlement in the Nile Delta to the End of the Old Kingdom." Doctoral dissertation. Warsaw: Uniwersytet Warszawski Wydzial Historcyczny.

———— 1990. "Tell Ibrahim Awad North-eastern Delta." *Bulletin de Liaison* 14 : 6—8.

Kroeper, K., and D. Wildung. 1985. *Minshat Abu Omar.* Munich : Staatliche Agyptischer Kunst.

Kromer, K. 1978. "Siedlungsfunde aus dem fruhen Alten Reich in Giseh." *Denkschriften, Oesterreichische Akademie der Wissenschaften, Philisophisch-historische Klasse* 136 : 1—130.

Krzyzaniak, L. 1977. *Early Farming Cultures on the Lower Nile : The Predynastic Period in Egypt.* Warsaw : Polish Academy of Sciences.

———— 1988. "Research on the Location of the Predynastic Settlement at Minshat Abu Omar." Paper presenten at the Fifth International Congress of Egyptology, Cairo.

Krzyzaniak, L., and M. Kobusiewicz, eds. In press. *Late Prehistory of the Nile Basin and Sahara.* Poznan: Poznan Archaeological Museum.

Kurtz, D. V. 1987. "The Economics of Urbanization and State Formation at Teotihuacán." *Current Anthropology* 28(3) : 329—53.

Lamberg-Karlovsky, C. C. 1967. "Archaeology and Metallurgical Technology in Prehistoric Afghanistan, India and Pakistan." *American Anthropology* 69 : 145—62.

———— 1975. "Third Millennium Modes of Exchange and Modes of Production." In *Ancient Civilization and Trade,* eds. J. Sabloff and C. C. Lamberg-Karlovsky. Albuquerque: University of New Mexico Press and the School of American Research.

———— 1979. "Trade Mechanisms in Indus-Mesopotamian Interrelations." In *Ancien Cities of the Indus,* ed. G. L. Possehl. New Delhi: Vikas Publishing House.

Lambrick, H. T. 1967. "The Indus Flood Plain and the 'Indus' Civilization." *Geographical Journal* 133(4) : 483—95.

———— 1979. "Stratigraphy at Mohenjo Daro." In *Ancient Cities of the Indus,* ed. G. L. Possehl. New Delh i: Vikas Publishing House.

Landa, D. de. 1975. *The Maya Account of Affairs of Yucatan.* Chicago: J. O' hara.

Lanning, E. P. 1967. *Peru Before the Inkas.* Englewood Cliffs, NJ : Prentice-Hall.

Lansing, J. S. and J. N. Kremer. 1993. "Emergent Properties of Balinese Water Temple Networks." *American Anthriplogist* 95(1) : 97—114.

Larsen, C. E. 1975. "The Mesopotamian Delta Region: A Reconsideration of Lees and Falcon." Journal of the *American Oriental Society* 95 : 43—57.

Larsen, C. E., and G. Evans. 1978. "The Holocene History of The Tigris - Euphrates - Karun Delta." In *The Environment History of the Near and Middle East Since the Last Ice Age*, ed. W. C. Brice. London : Academic Press.

Lathrap, D. W. 1968. "Relationships Between Mesoamerica and the Andean Areas." In *Handbook of Middle American Indians*. Vol. 4. Austin : University of Texas Press.

———. 1973. "The Antiquity and Importance of Long-Distance Trade Relationships in the Moist Tropics of Pre-Columbian South America." *World Archaeology* 5 : 170—86.

———. 1985. "Jaws : The Control of Power in the early Buclear American Ceremonial Center." In *Early Ceremonial Architecture in the Andes*, ed. C. Donnan. Washington, DC : Dumbarton Oaks, pp. 241—68.

Lattimore, O. 1951. *Inner Asian Frontiers of China*. Boston : Beacon Press.

LeCarré, J. 1974. *Tinker, Tailor, Soldier, Spy*. New York: Knopf.

Lees, S. H. 1973. *Sociopolitical Aspects of Canal Irrigation in the Valley of Oaxaca*. Ann Arbor : Memoir of the Museum of Anthropology, University of Michigan, no. 6.

Lees, S. H. and D. G. Bates. 1974. "The Origins of Specialized Nomadic Pastoralism: A Systematic Model." *American Antiquity* 30 : 187—93.

Lee, R. E. 1969. "!Kung Bushmen Subsistence: An Input - Output Analysis." In *Environment and Cultural Behavior*, ed. A. P. Vayda. Garden City, NY : Natural History Press.

Legros, D. 1977. "Chance, Necessity and Mode of Production : A Marxist Critique of Cultural Evolutionism." *American Anthropologist* 79 : 26—41.

Lehner, M. 1983. "Some Observations on the Layout of the Khufu and Khafre Pyramids." *Journal of the American Research Center in Egypt* 20 : 7—29.

———. 1985. *The Pyramid Tomb of Hetep - heres and the Satellite Pyramid of Khufu*. Mainz am Rhein: Philipp von Zabern.

Le Page du Pratz, A. S. n.a. *Histoire de la Louisiane*.

Leprohon, R. Personal communication.

Leshnik, L. S. 1968. "The Harappan 'Port' at Lothal: Another View." *American Anthropologist* 70 : 911—22.

Levy, T. E. 1993a. "Production and Social Change in the Southern Levant." In *Spatial Boundaries and Social Dynamics: Case Studies from Agrarian Societies*, eds. A. F. C. Holl and Thomas E. Levy. Ann Arbor : International Monographs in Prehistory.

———. 1993b. "Regional Interaction in the Southern Levant." Paper presented at the Annual Meeting of the Society for American Archaeology, St. Louis.

Lewarch, D. E. 1977. "Locational Models and the Archaeological Study of Complex Societies: A Dilemma in Data Requirements and Research Design." Paper presented at the 76th Annual Meeting of the American Anthropological Association, Houston, Texas.

Lewontin, R. C. 1979. "Sociobiology as an Adaptationist Program." *Behavioral Science* 24 : 5—14.

Lewis, D. 1972. *We the Navigators*. Honolulu : University of Hawaii Press.

Lewthwaite, J. 1981. "Comment on A. Gilman, 'The Development of Social Stratification in Bronze Age Europe.'" *Current Anthropology* 22 : 14

Li, C. 1957. *The Beginnings of Chinese Civilization*. Seattle : University of Washington Press.

Lightfoot, R. G., and G. M. Feinman. 1982. "Social Differentiation and Leadership Development in early Pithouse Villages in the Mogollon Region of the American Southwest." *American Antiquity* 47 : 64—81.

Locke, J. 1980. (orig. A.D. 1690). *Second Treatise on Government*. Indianapolis : Hackett.

Loding, D. 1976. *Ur Excavations: Economic Texts from the Third Dynasty*. Philadelphia : Publication of the Joint Expedition of the British Museum and the University Museum, University of Pennsylvania.

Longacre, W. A. 1975. "Population Dynamics at the Grasshopper Pueblo, Arizona." In *Population Studies in Archaeology and Biological Anthropology : A Symposium*, ed. A. C. Swedlund. American Antiquity 40:71—74, memoir 30.

Lounsbury, F. G. 1991. "Distinguished Lecture: Recent Work in the Decipherment of Palenque' s Hieroglyphic Inscriptions." *American Anthropologist* 93(4) : 809—25.

Lovell, N. 1990. "Biosocial Consequences of the Development of Complex Societies in the Nile Valley and Delta." Proposal to the Social Sciences and Humanities Research Council of Canada. Maunscript on file with the author, Seattle, WA.

Lowe, J. W. G. 1982. "On Mathematical Models of the Classic Maya Collapse: The Class Conflict Hypothesis Reexamined." *American Antiquity* 47 : 643—52.

Lubell, D., P. Sheppard, and M. Jackes. 1984. "Continuity in the Epipaleolithic of Northern Africa with Emphasis on the Maghreb." *Advances in World Archaeology* 3 : 143—68.

Lumbreras, L. G. 1974. *The Peoples and Cultures of Ancient Peru*. Trans. B. J. Meggers. Washington, DC: Smithsonian Institution Press.

Lumsden, C. J. and E. O. Wilson. 1981. *Genes, Mind, and Culture*. Cambridge, MA: Harvard University Press.

Lynch, T., ed. 1980. *Guitarrero Cave: Early Man In the Andes*. New York: Academic Press.

———— 1991. "Lack of Evidence for Glacial-Age Settlement of South America: Reply to Dillehay and Collins and to Bruhn and Bryan." *American Antiquity* 5(20) : 348—55.

Lynott, M. J., T. W. Boutton, J. E. Price, D. e. Nelson. 1986. "Stable Carbon Isotopic Evidence for Maize Agriculture in Southeast Missouri and Northeast Arkansas." *American Antiquity* 51(1) : 51—65.

McAnany, P. 1994. *Living with the Ancestors: Kinship and Kingship in Ancient Maya Society*. Austin: University of Texas Press.

MacNeish, R. 1962. *Second Annual Report of the Tehuacan Archaeological-Botanical Project*. Andover, MA: R. S. Peabody Foundation for Archaeology.

———— 1964. "Ancient Mesoamerican Civilization." *Science* 143 : 531—37.

———— 1971. "Early Man in the Andes." *Scientific American* 4 : 36—46.

MacNeish, R. S., R. K. Vierra, A. Nelken-Terner, R. Lurie, and A. G. Cook. 1983. *Prehistory of the Ayacucho Basin, Peru, Volume IV: The Preceramic Way of Life*. Ann Arbor: University of Michigan Press.

McCorriston, J., and F. Hole. 1991. "The Ecology of Seasonal Stress and the Origins of Agriculture in the Near East." *American Anthropologist* 93 : 46—69.

McEvedy, C. 1967. *The Penguin Atlas of Ancient History*. Harmondsworth: Penguin.

McGuire, R. H. 1992. A Marxist Archeology. San Diego: Academic Press.

————— 1992. *Death, Society, and Ideology in a Hohokam Community.* Boulder, CO: Westview Press.

McGuire, R. H., and R. Payntee, eds. 1991. *The Archaeology of Inequality.* Cambridge, MA: Basil Blackwell.

McGuire, R. H. and M. B. Schiffer. 1982. *Hohokam and Patayan: Prehistory of Southwestern Arizona.* New York: Academic Press.

————— 1983. "A Theory of Architectural Design." *Journal of Anthropological Archaeology* 2 : 277—303.

McIntosh, S. K., and R. J. McIntosh. 1983. "Current Directions in West African Prehistory." *Annual Review of Anthropology* 12 : 215—58.

McIntosh, S. K., and R. J. McIntosh. 1988. "From Stone to Metal: New Perspectives on the Later Pregistory of West Africa." *Journal of World Prehistory* 2(1) : 89—133.

Mackay, E. J. H. 1979. "Further Links Between Anceint Sind, Suner and Elsewhere." In *Ancient Cities of the Indus,* ed. G. L. Possehl. New Delhi: Vikas Publishing House.

Madsen, D. B. 1979. "The Fremont and the Sevier: Defining Prehistoric Agriculturalists North of the Anasazi." *American Antiquity* 44 : 711—22.

Madsen, D., and D. Rhode, eds. 1995. *Across the West: Human Population Movement and the Expansion of the Numa.* Salt Lake City : University of Utah Press.

Madsen, T. 1982. "Settlement Systems of Early Agricultural Societies in East Jutland, Denmark: A Regional Study of Change." *Journal of Anthropological Archaeology* 1 : 197—236.

Mahadevan, I. 1979. "Study of the Indus Script through Bi-lingual Parallels." In *Ancient Cities of the Indus,* ed. G. L. Possehl. New Delhi : Vikas Publishing House.

Maisels, C. K. 1990. The Emergence of Civilization. London: Routledge & Kegan Paul.

————— 1993a. *The Emergence of Civilization: From Hunting and Gathering to Agriculture, Cities and the State in the Near East.* New York: Routledge.

————— 1993b. *The Near East : Archaeology in the "Cradle of Civilization."* New York : Routledge.

Mallory, J. P. 1988. I*n Search of the Indo-Europeans.* New York : Thames and Hudson.

Mallowan, Sir M. E. L.1965. *Early Mesopotamia and Iran.* London : Thames and Hudson.

Mann, M. 1986. *The Sources of Social Power I : A History of Power from the Beginning to AD 1760.* Cambridge: Cambridge University Press.

Marcus, J. 1973. "Territorial Organization of the Lowland Classic Maya." *Science* 180 : 911—16.

————— 1974. "The Iconography of power Among the Classic Maya." *World Archaeology* 6 : 83—94.

————— 1976a. "The Size of the Early Mesoamerican Village." In *The Early Mesoamerian Village,* ed. K. V. Flannery. New York : Academic Press.

————— 1976b. "The Origins of Mesoamerican Writing." *Annual Review of Anthropology* 5 : 35—68.

————— 1976c. "The Iconography of Militarism at Monte Alb n and Neighborinh Sites in the Valley of Oaxaca." In *The Origins of Religious Art ad Iconography in Preclassic Mesoaeria,* ed. H. B. Nicholson. Los Angeles: Latin American Center, U.C.L.A.

————— 1993. *Mesoamerican Writing Systems: Propaganda, Myth, and History in Four Ancient Civilizations.* Princetor, NJ: Princeton University Press.

Margueron, J—Cl. 1992. "Le bois dans l' architecture." *Bulletin in Sumerian Agriculture* 6 : 79—96.

Marquardt, W. H. 1985. "Complexity and Scale in the Study of Fisher - Gatherer - Hunters: An Example from the Eastern United States." In *Prehistoric Hunter - Gatherers: The Emergence of Cultural Complexity*, eds. T. D. Price and J. A. Brown. Orlando, FL : Academic Press.

Marshall, J. 1979a. "First Light on a Long - Forgotten Civilization." In *Ancient Cities of the Indus*, ed. G. L. Possehl. New Delhi: Vikas Publishing House.

———— 1979b. "Harappa and Mohenjo Daro." In *Ancient Cities of the Indus*, ed. G. L. Possehl. New Delhi: Vikas Publishing House.

Marx, K. 1932.(orig. 1859). *Capital and Other Writings*. New York: The Modern Library.

———— 1973. (original manuscript 1857—1858). *Grundrisse : Foundations of the Critique of Political Economy*, New York: Vintage Press,

Marx, K., and F. Engels. 1970. *Selected Works*, in 3 Vols. Moscow: Progress Publishers.

Masuda, S., I. Shimada, and C. Morris, eds. 1985. *Andean Ecology and Civilization*. Tokyo: University of Tokyo Press.

Matheny, R. T. 1976. "Maya Lowland Hydraulic Systems." *Science* 193 : 639—46.

———— 1986. "Early States in the Maya Lowlands during the Late Preclassic Period : Edzn and El Mirador." In *City-States of the Maya*, ed. E. P. Benson. Denver : Rocky Mountain Institute for Pre - Columbian Studies, pp. 1—44.

Matheny, R. T., and D. L. Gurr. 1983. "Variation in Prehistoric Agricultural Systems of the New World. *Annual Review of Anthropology* 12 : 79—103.

Mathien, F. J., and R. H. McGuire, eds. 1986. Ripples in the Chichimec Sea : *New Considerations of Southwestern-Mesoamerican Interactions*. Carbondale, IL : Southern Illinois University Press.

May, D. A., and D. M. Heer. 1968. "Son Survivorship, Motivation and Family Size in India : A Computer Simulation." *Population Studies* 22 : 199—210.

Meacham, W. 1977. "Continuity and Local Evolution in the Neolithic of South China: A Non - Nuclear Approach." *Current Anthropology* 18 : 419—40.

Meadow, R. H. 1984. "Animal Domestication in the Middle East: A View from the Eastern Margin." In *Animals and Archaeology*, eds. J. Clutton- Brock and C. Grigson. Vol. 3. Oxford: British Archaeological Reports, S—202.

———— 1993. *Harappan Civilizations* : A Recent Perspective, 2nd ed., ed. G. Possehl. New Delhi: Oxford and IBH Publishing.

Meggers, B. J. 1954. "Environmental Limitation in the Development of Culture." *American Anthropologist* 56.

Melikishvili, G. A. 1987. "Some Aspects of the Question of the Socioeconomic Structure of Ancient Near Eastern Societies." *Soviet Anthropology and Archaeology* 7 : 25—72.

Mellaart, J. 1965. *Earliest Civilizations of the Near East*. London: Thames and Hudson.

———— 1975. *The Neolithic of the Near East*. London: Thames and Hudson.

Mellink, M.1989. "Archaeology in Asia Minor, Samsat." *American Journal of Archaeology* 93 : 114.

Milanich, J. T., and C. H. Fairbanks. 1987. *Florida Archaeology*. New York : Academic Press.

Milisauskas, S. 1978. *European Prehistory*. New York : Academic Press.

Miller, D. 1985. "Ideology and the Harappan Civilization." *Journal of Anthropological Archaeology* 4(1):34—71.

Miller, M. E. 1986. *The Murals of Bonampak*. Princeton : Princeton University Press.

Miller, M., and K. Taube. 1993. *The Gods and Symbols of Ancient Mexico and the Maya*. London and New York: Thames and Hudson

Millet, N. B. 1990. "The Narmer Macehead and Related Objects." *Journal of the American Research Center in Egypt* 27 : 53—59.

Millon, R. 1974. "The Study of Urbanism at Teotihuacán, Mexico." In *Mesoamerican Archaeology : New Approaches*, ed. N. Hammond. Austin: University of Texas Press.

Millon, R., R. B. Drewitt, and G. L. Cowgill. 1973. *Urbanization at Teotihuacán, Mexico*, Vol. 1, Parts 1 and 2. Austin : University of Texas Press.

Mills, A. 1984. "Research in the Dakhleh Oasis." In *Origin and Early Development of Food – Producting Cultures in North – Eastern Africa*, eds. L. Krzyzaniak and M. Kobusiewicz. Poznan: Poznan Archaeological Museum.

Milner, G. 1990. "The Late Prehistoric Cahokia Cultural System of the Mississippi River Valley: Foundations, Florescence, and Fragmentation." *Journal of World Prehistory* 4(1) : 1—44.

Minnis, P. E. 1985. *Social Adaptation to Food Stress*. Chicago: University Chicago Press.

———— 1992. "Earliest Plant Cultivation in the Desert Borderlands of North America." *The Origins of Agriculture*, eds. C. W. Cowan and P.J. Watson. Washington, DC: Smithsonian Institution Press.

Mitchell, W. 1973. "The Hydraulic Hypothesis: A Reappraisal." *Current Anthropology* 4 : 532—34.

Mithen, S. 1990. *Thoughtful Foragers : A Study of Prehistoric Decision Making*. Cambridge: Cambridge University Press.

Moctzuma, E. M. 1988. *The Great Temples of the Aztecs*. New York: Thames and Hudson.

Moens, M., and W. Wetterstrom. 1989. "The Agricultural Economy of an Old Kingdom Town in Egypt' s West Delta: Insights from the Plant Remains." *Journal of the American Research Center in Egypt* 27 : 53—59.

Moor, A. T. 1985. "The Development of Neolithic Societies in the Near East." *Archaeology*. 4 : 1—70.

de Montmollin, O. 1989. *The Archaeology of Political Structure: Settlement Analysis in a Classic Maya Polity*. Cambridge: Cambridge University Press.

Moratto, M. J. 1984. *California Archaeology*. Foreword by F. A. Riddell. Contributions by D. A. Frederickson, C. Raven, and C. N. Warren. New York : Academic Press.

Morenz, S. (trans. A. E. Keep). 1973. *Egyptian Religion*. Ithaca, NY: Cornell University Press.

Morris, C. 1985. "From Principles of Ecological Complementarity to the Organization and Administration of Tawantinsuyu." In *Andean Ecology and Civilization*, eds. S. Masuda, I. Shimada, and C. Morris. Tokyo: University of Tokyo Press.

Morse, D. F., and P. A. Morse. 1983. *Archaeology of the Central Mississippi Valley*. New York: Academic Press.

Moseley, M. E. 1972. "Subsistence and Demography: An Example of Interaction from Prehistoric Peru." *Southwestern Journal of Anthropology* 28 : 25—49.

———— 1975. *The Maritime Foundations of Andean Civilization*. Menlo Park, CA: Cummings.

———— 1983a. "The Evolution of Andean Civilization." In *Ancient Native Americans*, ed. J. D. Jennings. San Francisco: Freeman.

———— 1983b. "Central Andean Civilization." In *Ancient Native Americans*, ed. J. D. Jennings. San Francisco:

W. H. Freeman.

──── 1985. "The Exploration and Explanation of Early Monumental Architecture in the Andes." In *Early Ceremonial Architecture in the Andes*, ed. C. Donnan. Washington, DC: Dumbarton Oaks, pp. 28─58.

──── 1992. *The Incas and their Ancestors*. London and New York: Thames and Hudson.

Moseley, M. E., and K. C. Day, eds. 1982. *Chan Chan : Andean Desert City*. Albuquerque: University of New Mexico Press.

Mughal, M. R. 1970. "The Early Harappan Period in the Greater Indus Valley and Northern Baluchistan." Doctoral dissertation, University of Pennsylvania.

──── 1972. "Present State of Research on the Indus Valley Civilization." In *Proceedings of the International Symposium on Mohenjo Daro*. Karachi: National Book Foundation.

──── 1974. "New Evidence of the Early Harappan Culture from Jalilpur, Pakistan." *Archaeology* 27 : 106─13.

──── 1990. "Further Evidence of the Early Harappan Culture in the Greater Indus Valley: 1971─90." *South Asian Studies* 6 : 175─200.

Muller, J. 1986. *Archaeology of the Lower Ohio River Valley*. New York: Academic Press.

Murdy, C. N. 1981. "Congenital Deformities and the Olmes Were‐Jaguar Motif." *American Antiquity* 46 : 861─69.

Murphy, J. L. 1975. *An Archaeological History of the Hocking Valley*. Athens: Ohio University Press.

Murra, J. 1958. "On Inka Political Structure." In *Systems of Political Control and Bureaucracy in Human Society*, ed. V. F. Ray. Seattle : University of Washington Press.

──── 1965. "Herds and Herders in the Inka State." In *Man, Culture and Animals*. Washington, DC : American Association for the Advancement of Science.

──── 1985. "The Limits and Limitations of the 'Vertical Archipelago' in the Andes." In *Andean Ecology and Civilization*, eds. S. Masuda, I. Shimada, and C. Morris. Tokyo: University of Tokyo Press.

Murra, J, and C. Morris. 1976. "Dynastic Oral Tradition, Administrative Records, and Archaeology in the Andes." *World Archaeology* 7 : 269─79.

Nations, J. D. 1980. "The Evolutionary Potential of Lacondon Maya Sustained‐Yield Tropical Forest Agriculture." *Journal of Anthropological Research* 36 : 1─30.

Neiman, F. D. 1995. "Stylistic Variation in Evolutionary Perspective: Inferences from Decorative Diversity and Interassemblage Distance in Illinois Woodland Ceramic Assemblages." *American Antiquity* 60(1) : 7─36.

Nelson, S. M., ed. 1995. *The Archaeology of Northeast China: Beyond the Gear Wall*. New York: Routledge.

Nichols, D. L. 1982. "A Middle Formative Irrigation System Near Santa Clara Coatitlan in the Basin of Mexico." *American Antiquity* 47 : 133─44.

──── 1988. "Infrared Aerial Photography and Prehispanic Irrigation at Teotihuacán : The Tlajinga Canals." *Journal of Field Archaeology* 1 : 17─27.

──── 1995. "The Organization of Provincial Craft Production and the Aztec City─States of Otumba." In *Economies and Polities in the Aztec Realm*, eds. M. Hodge and M. Smith, Albany, NY: Institute for Mesoamerican Studies, State University of New York.

Niederberger, C. 1979. "Early Sedentary Economy in the Basin of Mexico." *Science* 203 : 131—46.

Niles, S. A. 1988. *Callachaca*. Iowa City: University of Iowa Press.

Nishida, M. 1983. "The Emergence of Food Production in Neolithic Japan." *Journal of Anthropological Archaeology* 2(4) : 305—22.

Nissen, H. 1972. "The City Wall of Uruk." In *The Explanation of Cultural Change : Models in Prehistory*, ed. C. Renfrew. London: Duckworth.

——— 1988. *The Early History of the Ancient Near East, 9000—2000 B.C.* Chicago: University of Chicago Press.

Nutzel, W. 1976. "The Climatic Change of Mesopotamia and Bordering Areas." *Sumer* 32

Nygaard, S. E. 1989. "The Stone Age of Northern Scandinavia : A Review." *Journal of World Prehistory* 3(1):71—116.

Oates, J. 1980. "The Emergence of Cities in the Near East." *The Cambridge Encyclopedia of Archaeology*. New York: Crown Publishers / Cambridge University Press.

O' Brien, M. J. 1987. "Sedentism, Population Growth, and Resource Selection in the Woodland Midwest: A Review of Coevolutionary Developments." *Current Anthropology* 28(2) : 177—97.

O' Brien, M. J., J. A. Ferguson, T. D. Holland, and D. E. Lewarch. 1989. "On Interpretive Competition I th Absence of Appropriate Data: Monte Alb n Revisited." *Current Anthropology* 30(2) : 191—99.

O' Brien, M. J., R. D. Mason, D. E. Lewarch, and J. A. Neely. 1982. *A Late Formative Irrigation Settlement Below Monte Albán*. Austin: University of Texas Press.

O' Connor, D. 1983. "New Kingdom and Third Intermediate Period, 1552—664 B.C." In *Ancient Egypt. A Social History*, eds. B. Trigger, B. Kemp, D. O' Connor, and A. Lloyd. Cambridge, England: Cambridge University Press.

——— 1987. "The Old Kingdom Town at Buhen." Paper presented at the Annual Meetion of the American Research Center in Egypt.

——— 1989. "New Funerary Enclosures (*talbezirke*) of the Early Dynastic Period at Abydos." *Journal of the American Research Center in Egypt* 26 : 51—86.

O' Connor, D., and D. Silverman, eds. 1994. *Ancient Egyptian Kingship*. New York: E. J. Brill.

Odell, G., ed. 1996. *Stone Tools. Theoretical Insights into Prehistory*. New York: Plenum Press.

Offner, J. A. 1981. "On the Inapplicability of 'Oriental Despotism' and the 'Asiatic Mode of Production' to the Aztecs of Texcoco." *American Antiquity* 46 : 43—61.

Olsen, S. J. 1987. "The Practice of Archaeology in China Today." *Antiquity* 61(232) : 282—90.

Oppenheim, A. L. 1964. *Ancient Mesopotamia: Portrait of a Dead Civilization*. Chicago: University of Chicago Press.

——— 1979. "The Seafaring Merchants of Ur." In Ancient Cities of the Indus, ed. G. L. Possehl. New Delhi: Vikas Publishing House.

Oren, E. 1989. "Early Bronze Age Settlement in Northern Sinai: A Model for Egypto - Canaanite Interconnections." In *L' urbanization de la Palestine à l' âge du Bronze Ancient*, ed. P. de Miroschedji. Oxford: British Archaeological Review, International Series 527.

——— 1989. "Early Bronze Age Settlement in Northern Sinai: A Model for Egypto - Canaanite Interconnections." In *Proceedings of The Colloque d' Emmaus, British Archaeological Reports* (5271):389—

405.

Ortiz, A. 1979. "Southwest." *Handbook of North American Indians*. Vol. 9. Washington, DC: Smithsonian Institution Press.

Ortloff, C. R., M. E. Moseley, and R. A. Feldman. 1982. "Hydraulic Engineering Aspects of the Chimú /Chicama‐Moche Intervalley Canal." *American Antiquity* 47:572—95.

O' Shea, J. M. 1984. *Mortuary Variability‐An Archaeological Investigation*. New York: Academic Press.

Palerm, A., and E. Wolf. 1957. "Ecological Potential and Cultural Development in Mesoamerica." In *Studies in Human Ecology* 3:1—38.

Palmieri, A. 1989. "Storage and Dsitribution at Arslantepe‐Malatya in the Late Uruk Period." In *Anatolia and the Ancient Near East: Studies in Honor of Tahsin Özgüç*, eds. K. Emre et al. Anakara: Türk Tarish Kurumu.

Pande, B. M. 1973. "Inscribed Copper Tablets from Mohenjo Daro: A Preliminary Analysis." In *Radiocarbon and Indian Archaelogy*, ed. D. P. Agrawal and A. Ghosh. Bombay: Tata Institute of Fundamental Research.

Parpola, A. 1986. "The Indus Script: A Challenging Puzzle." *World Archaeology* 17(3) : 399—419.

───── 1994. *Deciphering the Indus Script*. Cambridge: Cambridge University Press,

Parsons, J. 1968. "An Estimate of Size and Population for Middle Horizon Tiahuanaco, Bolivia." *American Antiquity* 33 : 243—45.

───── 1968. "Teotihacán, Mexico, and Its Impact on Regional Demography." *Science* 162 : 872—77.

───── 1971. *Prehistoric Settlement Patterns in Texcoco Region, Mexico*. Ann Arbor: Memoir of the Museum of Anthropology, University of Michigan, no. 3.

───── 1974. "The Development of A Prehistoric Complex Society: A Regional Perspective from the Valley of Mexico." *Journal of Field Archaeology* 1 : 18—108.

───── 1977. Personal Communication.

Parsons, J., and N. Psuty. 1975. "Sunken Fields and Prehispanic Subsistence on the Peruvian Coast." *American Antiquity* 40 : 259—82.

Parsons, M. 1970. "Preceramic Subsistence on the Peruvian Coast." *American Antiquity* 35 : 292—303.

Pattee, H. H. 1973. *Hierarchy Theory: The Challenge of Complex Systems*. New York: Braziller.

Patterson, T. C. 1966. "Early Cultural Remains on the Central Coast of Peru." *Nawpa Pacha* 4 : 145—55.

───── 1971a. "*Chavin*: An Interpretation of Its Spread and Influence." In *Dumbarton Oaks Conference on Chavin*, ed. E, Benson. Washington, DC: Dumbarton Oaks.

───── 1971b. "Central Peru: Its Population and Economy." *Archaeology* 24 : 316—21.

───── 1983. "The Historical Development of a Coastal Andean Social formation in Central Peru, 6000 to 500 B.C." In *Investigations of the Andean Past, Papers from the First Annual Northeast Conference on Andean Archaeology and Ethnohistory*, ed. D. H. Sandweiss. Ithaca, NY: Cornell University Latin Studies Program.

───── 1985. "The Huaca La Florida, Rimac Valley, Peru." In *Ceremonial Architecture in the Andes*, ed. C. B. Donnan. Washington, DC: Dumbarton Oaks.

───── 1992. *The Inca Empire*. London : Berg.

Patterson, T. C., and C. W. Gailey, eds. 1987. *Power Relations and State Formation.* Washington, DC: American Anthropological Association.

Patterson, T. C., and E. P. Lanning. 1964. "Changing Settlement Patterns on the Central Peruvian Coast." *Nawpa Pacha* 2 : 113—23.

Patterson, T. C., and M. E. Moseley. 1968. "Late Preceramic and Early Ceramic Cultures of the Central Coast of Peru." *Nawpa Pacha* 6 : 115—33.

Pauketat, T., and T. Emerson. 1991. "The Ideology of Authority and the Power of the Pot." *American Anthropologist* 93(4) : 919—41.

Paynter, R. 1989. "The Archaeology of Equality and Inequality." *Annual Review of Anthropology* 18 : 369—99.

Pawley, A., ed. 1991. *Man and a Half.* Auckland, New Zealand: Polynesian Society, Memoir 48.

Pearsall, D. M. 1992. "The Origins of Plant Cultivation in South American." In *The Origins of Agriculture. An International Perspective,* eds. C. W. Cowan and P. J. Watson. Washington: Smithsonian Institution Press.

Peebles, C. S. 1971. "Moundville and Surrounding Sites: Some Structural Considerations of Mortuary Practices, II." In *Approaches to the Social Dimensions of Mortuary Practices,* ed. J. A. Brown. Society for American Archaeology Memoir no. 25.

——— 1977. "Moundville and surroundings Sites: Some Stuctural Considerations of Mortuary Practices, II." In *Approaches to the Social Dimensions of Mortuary - Practices,* ed. J. A. Brown. Society for American Archaeology memoir, no. 25.

——— 1987. "Moundville from 1000—1500 AD." In *Chiefdoms in the Americas,* eds. R. D. Drennan and C. A. Uribe. Lanham MD: University Press of America.

——— 1998. "From Art to Algebra in Maya Studies." *Antiquity* 62(234) : 170—72.

Pelzer, R. J. 1945. *Pioneer Settlement in the Asiatic Tropics.* Special Publications, no. 29. New York: American Geographical Society.

Pendergast, D. M. 1993. "Late Postclassic Maya Archaeology." *Journal of World Prehistory* 7(1) : 35—70.

Perrtula, T. 1977. "Between the Indus Euphrates: The Comparison of the Evolution of Complex Societies." Seattle: Mimeographed.

Peterson, N. 1993. "Demand Sharing: Reciprocity and the Pressure for Generosity Among Foragers." *American Anthropologist* 95(2) : 860—874.

Petrie, W. M. F. 1900. "The Royal Tombs of the First Dynasty, Part 1." *Egypt Exploration Fund Memoir* 18. London.

Pfeiffer, J. E. 1977. *The Emergence of Society.* New York: Mcgraw - Hill.

Phillips, J., and J. Brown, eds. 1983. *Archaic Hunter–Gatherers in the Midwest.* Orlando, FL: Academic Press.

Pickersgill, B. 1969. "The Archaeological Record of Chile Peppers (Capsicum spp.) and the Sequence of Plant Domestication in Peru." *American Antiquity* 34 : 54—61.

Pickersgill, B., and A. Bunting. 1969. "Cultivated Plants and the Kon - Tiki Theory." *Nature* 222 : 225—27.

Piggott, S. 1950. *Prehistoric India.* London: Pelican.

Pile, S. 1979. *The Book of Heroic Failure.* London: Macdonald Futura Publishers.

Pires-Ferreira, J. W. 1975. *Formative Mesoamerican Exchange Networks with Special Reference to the Valley of*

Oaxaca. Ann Arbor: Memoirs of the Museum of Anthropology, University of Michigan, no. 7.

Plog, F. 1983. "Political and Economic Alliances on the Colorado Plateaus, A.D. 400 to 1450." In *Advances in World Archaeology*, Vol. 2. eds. F. Wendorf and A. E. Close. New York: Academic Press.

Pollard, H. P. 1980. "Central Places and Cities: A Consideration of the Protohistoric Tarascan State." *American Antiquity* 45 : 677—97.

Pollock, S. 1983. "Style and Information: An Analysis of Susiana Ceramics." *Journal of Anthropological Archaeology* 2(4) : 354—90.

———— 1992. "Bureaucrats and Managers, Peasants and Pastoralists, Imperialists and Traders: Research on the Uruk and Jemdet Nasr Periods in Mesopotamia." *Journal of World Prehistory* 6(3) : 297—336.

Polyani, K., C. M. Arensberg, and H. W. Pearson. 1957. *Trade and Market in the Early Empires.* Glencoe: Free Press.

Porten, B., and A. Yardeni. 1993. *Textbook of Aramaic Documents from Ancient Egypt,* (2 vols.). Jerusalem: The Hebrew University; Winona Lake: Eisenbrauns.

Porter, J. W. 1969. *The Mitchell Site and Prehistoric Exchange Systems at Cahokia: A.D. 1000—300.* Illinois Archaeological Survey Bulletin, no. 7.

Porter, M. N. 1953. *Tlatilco and the Pre-Classic Cultures of the New World.* New York: Viking Fund Publications in Anthropology 24 : 330—36.

Posener-Krieger, P. 1976. *Les Archives du Temple Funeraire de Neferirkare-kaki.* 2. vols. Cairo: Institut Francais d' Archeologie Orientale du Caire.

Posnansky, M., and R. McIntosh. 1976. "New Radiocarbon Dates for Northern and Western Africa." *Journal of African History* 17 : 161—95.

Possehl, G. L. 1974. "Variation and Change in the Indus Civilization." Doctoral dissertation, University of Chicago.

———— 1976. "Lothal: A Gateway Settlement of the Harappan Civilization." In *Ecological Backgrounds of South Asian Prehistory,* eds. A. P. Kennedy and G. L. Possehl. *South Asia Occasional Paper and Theses* 4 : 118—31.

———— 1977. "The End of a State and the Continuity of a Tradition in Proto-Historic India." In *Realm and Region in Traditional India,* ed. R. Fox. Durham: Duke University Program in South Asian Studies.

———— ed. 1979. *Ancient Cities of the Indus.* New Delhi: Vikas Publishing House Pvt Ltd.

———— 1980. "African Millets in South Asian Prehistory." Mimeographed.

———— ed. 1982. *Harappan Civilization.* Warminste (U.K.): Aris & Phillips.

———— 1990a. *Radiocarbon Dates for South Asian Archaeology* (Manuscript). Philadelphia: University of Pennsylvania, University Museum.

———— 1990b. "Revolution in the Urban Revolution: The Emergence of Indus Urbanism." *Annual Review of Anthropology* 19 : 261—82.

———— 1992. "The Harappan Civilizations in Gujarat: The Sorath and Sindhi Harappans." *The Eastern Anthropologist* 45(No. 1 & 2) : 117—54.

———— ed. 1993. *Harappan Civilization: A Recent Perspective,* 2nd ed. New Delhi: Oxford and IBH Publishing.

Possehl, G. L., and M. H. Raval. 1989. *Harappan Civilization and Rojdi.* New Delhi: Oxford and IBH and AIIS.

Postgate, N. 1994. *Early Mesopotamia: Economy and Society at the Dawn of History.* New York: Routledge.

Powell, S. 1983. *Mobility and Adaptation: The Anasazi of Black Mesa, Arizona.* Carbondale: Southern Illinois University Press.

Pozorski, S. 1987. "Theocracy vs, Militarism: The Significance of the Casma Valley in Understanding Early State Formation." In *The Origins and Development of the Andean State*, eds. J. Haas, S. Pozorski, and T. Pozorski. New York: Cambridge University Press.

Pozorski, T. 1987. "Changing Priorities Within the Chimu State: The Role of Irrigation Agriculture." In *The Origins and Development of the Andean State*, eds. J. Haas, S. Pozorski, and T. Pozorski. New York: Cambridge University Press.

Pozorski, S., and T. Pozorski. 1979. "Alto Salaverry: A Peruvian Coastal Preceramic Site." *Annals of the Carnegie Museum of Natural History* 49 : 337—75.

—— 1986. "Recent Excavations at Pampa de las Llamas - Moxeke, A Complex Initia Period Site in Peru." *Journal of Field Archaeology* 13(4) : 381—401.

—— 1987. "*Chavín*, the Early Horizon, and the Initial Period." In *The Origins and Development of the Andean State*, eds. J. Haas, S. Pozorski, and T. Pozorski. New York: Cambridge University Press.

—— 1988. *Early Settlement and Subsistence in the Casma Valley, Peru.* Iowa City: University of Iowa Press.

—— 1990. "Huaynun, a Late Cotton Paraceramic Site on the North Coast of Peru." *Journal of Field Archaeology* 17(1) : 17—26.

Prescott, W. H. 1908. *History of the Conquest of Peru.* London and New York: Everyman's Library.

—— 1989. *Life and Death at Paloma: Society and Mortuary Practices in Preceramic Peruvian Village.* Iowa City: University of Iowa Press.

Preucel, R. W., ed. 1992. "Processual and Postprocessual Archaeologies." *Center for Archaeological Investigations, Occasional Paper* 10. Carbondale, IL.

Price, T. D. 1986. "The Earlier Stone Age of Northern Europe." In *The End of the Paleolothic in the Old World*, ed. L. G. Straus. Oxford: B.A.R. International Series 284.

—— 1987. "The Mesolithic of Western Europe." *Journal of World Prehistory* 1(3) : 225—305

Price, T. D., and J. A. Brown, eds. 1985. *Prehistoric Hunter-Gatherers: The Emergence of Cultural Complexity.* Orlando, FL: Academic Press.

Price, T. D., and G. M. Feinman, eds. 1995. *Foundations of Social Inequality.* New York: Plenum Press.

Protzen, J.-P. 1986. "Inca Stonemasonry." *Scientific American* 254(2) : 94—105.

Proulx, D. 1985. "An Analysis of the Early Cultural Sequence in the Nepeña Valley, Peru." *Research Report of Department of Anthropology, University of Massachusetts, Amherst*, no. 25.

Prufer, O. H. 1964. "The Hopewell Cult." *Scientific American* 211 : 90—102.

—— 1965. "The McGraw Site: A Study in Hopewellian Dynamics." Cleveland Museum of Natural History Scientific Publications, n.s. 4(1).

Puleston, D. E. and O. S. Puleston. 1971. "An Ecological Approach to the Origins of Maya Civilization." *Archaeology* 24 : 330—36.

Pyne, N. M. 1976. "The Fire-Serpent and Were-Jaguar in Formative Oaxaca: A Contingency Table Analysis." In *The Early Mesoamerican Village*, ed. K. V. Flannery. New York: Academic Press.

Quilter, J. 1985. "Architecture and Chronology at El Para so, Peru." *Journal of Field Archaeology* 12(3) : 274—98.

—— 1991a. "Late Preceramic Peru." *Journal of World Prehistory* 5(4) : 387—438.

—— 1991b. "Problems with the Late Preceramic of Peru." *American Anthropologist* 93(2) : 450—54.

Quilter, J., and T. Stocker. 1983. "Subsistence Economies and the Origins of Andean Complex Societies." *American Anthropologist* 85(3) : 545—62.

Quirke, S. 1990. *The Administration of Egypt in the Late Middle Kingdom: The Hieratic Documents*. New Malden: Sia.

—— 1992. *Ancient Egyptian Religion, London*: British Museum Press.

Quirke, S., and J. Spencer, eds. 1992. *The British Museum Book of Ancient Egypt*. new York: Thames & Hudson.

Raikes, R. L. 1964. "The End of the Ancient Cities of the Indus." *American Anthro pologist* 66(2) : 284—99.

—— 1965. "The Mohenjo-Daro Floods." *Antiquity* 39 : 196—203.

Raikes, R. L, and R. H. Dyson, Jr. 1961. "The Prehistoric Climate of Baluchistan and the Indus Valley." *American Anthropologist* 63(2) : 265—81.

Ralph, E. K., H. N. Michael, and M. Han. 1979. "Radiocarbon Dates and Reality." In *Ancient Cities of the Indus*, ed. G. L. Possehl. New Delhi: Vikas Publishing House.

Ramaswamy, C. 1968. "Monsoon over the Indus Valley During the Harappan Period." *Nature* 217(5129) : 628—29.

Ramenofsky, A. 1987. *Vectors of Death: The Archaeology of European Contact*. Albuquerque: University of New Mexico Press.

Rao, S. R. 1968. "Contacts Between Lothal and Susa." *Proceedings of the Twenty - sixth International Congress of Orientalists*, Vol. II, pp. 35—37.

—— 1973. *Lothal and the Indus Civilization*. Bombay: Asia House.

—— 1979. "A 'Persian Gulf Seal from Lothal." In *Ancient Cities of the Indus*, ed. G. L. Possehl. New Delhi: Vikas Publishing House.

Ratnagar, S. 1981. *Encounters, The Westerly Trade of the Harappan Civilization*. Delhi: Oxford University Press.

Rathje, W. L. 1971. "The Origin and Development of Lowland Classic Maya Civilization." *American Antiquity* 36 : 275—85.

—— 1973. "Classic Maya Development and Denouement: A Research Design." In *The Classic Maya Collapse*, ed. T. P. Culbert. Albuquerque: University of New Mexico Press.

Raymond, J. S. 1981a. "Subsistence Economics and the Origins of Andean Complex Societies." *American Anthropologist* 46(4) : 806—20.

—— 1981b. "The Maritime Foundations of Andean Civilization: A Reconsideration of The Evidence." *American Antiquity* 46 : 806—20.

Redding, R. W. 1992. "Egyptian Old Kingdom Patterns of Animal Use and the Value of Faunal Data in Modeling Socioeconomic System." *Paleorient* 18(2)99—107.

Redfield, R. 1979. "Civilizations as Things Thought About." In *Ancient Cities of the Indus*, ed. G. L. Possehl. New Delhi: Vikas Publishing House.

Redford, D. B. 1986. "Egypt and Western Asia in the Old Kingdom." *Journal of the American Research Center in Egypt* 23 : 125—43.

———— 1989. "Prolegomena to Archaeological Investigations of Mendes," Manuscript on file with the author, Seattle, WA.

———— 1992. Egypt, Canaan, and Israel in Ancient Times. Princeton, NJ: Princeton University Press.

Redman, C. L. 1978. *The Rise of Civilization*. San Francisco: Freeman.

———— 1993. *People of the Tonto Rim: Archaeological Discovery in Prehistoric Arizona*. Washigton, DC: Smithsonian Institution Press.

Reeves, C. 1992. *Egyptian Medicine*. Buckinghamshire, England: Shire.

Reeves, N. 1990. *The Complete Tutankhamun*. New York: Thames and Hudson.

Reeves, N., and J. H. Taylor. 1992. *Howard Carter before Tutankhamun*. London: British Museum Press.

Reilly, K. 1991. "Olmec Iconographic Influences on the Symbols of Maya rulership: An Examination of Possible Sources." In *Sixth Palenque Round Table, 1986*, ed. V. M. Fields. Norman: University of Oklahoma Press, pp. 151—74.

Reimer, S. 1989. "Tell Qraya on the Middle Eurphrates." In "Out of the Heartland: The Evolution of Complexity in Peripheral Mesopotamia during the Uruk Period, Workshop Summary." ed. M. Routhman. *Paléorient* 15 : 273.

Reitz, E. J. 1988. "Faunal Remains from Paloma, an Archaic Site in Peru." *American Anthropologist* 90(2) : 310—22.

Renfrew, C. 1972. *The Emergence of Civilization*. London: Methuen.

———— 1972. *The Explanation of Civilization of Culture Change: Models in Prehistory*. London: Duckworth.

———— 1973. *Before Civilization*. New York: Alfed A. Knopf.

———— 1975. *The Emergence of Civilization*. London: Methuen.

———— 1986. "Varna and the Emergence of Wealth in Prehistoric Europe." In *The Socia Life of Things*, ed. A. Appaudrai. Cambridge: Cambridge University Press.

———— 1987. *Archaeology and Language*. London: Jonathan Cape.

———— 1988. "Archaeology and Language." *Current Anthropology* 29(3) : 437—68.

———— 1989. "Comments on Archaeology into the 1990s." *Norwegian Archaeological Review* 22(1) : 33—41.

Renfrew, C., and J. F. Cherry, eds. 1986. *Peer Polity Interaction and Socio-political Change*. Cambridge: Cambridge University Press.

Richardson, J. B., III. 1981. "Maritime Adaptations on the Peruvian Coast: A Critique and Future Directions." Paper Presented at the 47th annual Meeting of the Society for American Archaeology, San Diego, California.

Rice, G. E. 1975. "A Systemic Explanation of a Change in Mogollon Settlement Patterns." Unpublished doctoral dissertation, University of Washington.

Rice, M. 1990. Egypt's Making: *The origins of Ancient Egypt*. London: Routledge & Kegan Paul.

Rick, J. W. 1980. *Prehistoric Hunters of the High Andes*. New York: Academic Press.

Riley, T. J., R. Edging, and J. Rossen. 1990. "Cultigens in Prehistoric Eastern North America." *Current Anthropology* 31(5) : 525—41.

Rindos, D. 1984. *The origins of Agriculture: An Evolutionary Perspective*. New York: Academic Press.

Ritchie, W. A. 1969. *The Archaeology of New York State*, 2nd ed. Garden City, NY: Natural History Press.

Rizkana, I., and J. Seeher. 1984. "New Light on the Relation of Maadi to the Upper Egyptian Cultural Sequence." *Mitteilungen des Deutchen Archaologischen Instituts Abteilung Kairo* 40 : 237—52.

Roberts, N. 1989. *The Holocene: An Environmental History.* Oxford: Blackwell.

Robertson, R. A., and D. A. Freidel, eds. 1988. *Archaeology at Cerros, Belize, Central America. Volume I: An Interim Report.* Dallas: Southern Methodist University Press.

Robins, G. 1986. *Egyptian Painting and Relief.* Aylesbury: Shire.

Rothschild, N. A. 1979. "Mortuary Behavior and Social Organization at Indian Knoll and Dickson Mounds." *American Antiquity* 44(4) : 658—75.

Roux, G. 1964. *Ancient Iraq.* Baltimore: Penguin

——— 1976. *Ancient Iraq.* Baltimore: Penguin

Rowe, J. H. 1946. "Inka Culture at the Time of the Spanish Conquest." *Bureau of American Ethnology Bulletin* 143:183—331.

——— 1967. "Form and Meaning in *Chavın* Art." In *Peruvian Archaeology: Selected Readings,* Palo Alto: Peek Publishers.

Rowlands, M., M. Larsen, and K. Kristiansen, eds. 1987. *Center and Periphery in the Ancient World.* Cambridge, England: Cambridge University Press.

Rowley-Conwy, P., M. Zvelebil, and H. P. Blankholm. 1987. *Mesolithic Northwest Europe: Recent Trends.* Sheffield, England: John R. Collis.

Rust, W. and R. Sharer. 1988. "New Settlement Data from La Venta." *Science* 242 : 102—4.

Sabloff, J. A. 1989. *The Cities of Ancient Mexico,* London and New York: Thames & Hudson.

——— 1990. *The New Archaeology and the Ancient Maya.* New York: Scientific American Library.

Sabloff, J. and C. C. Lamberg-Karlovsky, eds. 1975. *Ancient Civilization and Trade.* Albuquerque: University of New Mexico Press.

Saggs, H. W. F. 1989. *Civilization Before Greece and Rome.* New Haven: Yale University Press.

——— 1991. *Civilization before Greece and Rome.* Yale University Press.

Sahagum, F. B. de. 1976. *A History of Ancient Mexico.* Trans. F. R. Bandelier. Glorieta NM: Rio Grande Press.

Sahlines, M. 1968. "Notes on the Original Affluent Society." In *Man the Hunter,* eds, R. Lee and I, DeVore. Chicago: Aldine de Gruyter.

——— 1976. *Culture and Practical Reason.* Chicago: University of Chicago Press.

——— 1978. "Comment on A. H. Berger's 'Structural and Eclectic Revisions of Marxist Strategy. A Cultural Materialist Critique.'" *Current Anthropology* 17 : 298—300.

Salmon, M. H., and W. C. Salmon. 1979. "Alternative Models of Scientific Explanation." *American Anthropologist* 81:61—74.

Sanders, W. T. 1973. "The Cultural Ecology of the Lowland Maya: A Re-Evaluation." In *The Classic Maya Collapse,* ed. T. P. Culbert. Albuquerque: University of New Mexico Press.

Sanders, W. T., and B. J. Price. 1968. *Mesoamerica.* New York: Random House.

Sanders, W. T., and D. L. Nichols. 1988. "The Valley of Oaxaca and Ecological Theory." *Current Anthropology* 29 : 33—80.

Sanders, W. T., J. R. Parsons, and M. H. Logan. 1976. "Summary and Conclusions." In *The Valley of Mexico,* ed.

E. Wolf. Albuquerque: University of New Mexico Press.

Sanders, W. T., J. R. Parsons, and R. S. Santley. 1979. *The Basin of Mexico: Ecological Preocesses in the Evolution of a Civilization*. New York: Academic Press.

Sanders, W. T., and B. Price. 1968. *Mesoamerican: the Evolution of a Civilization*. New York: Random House.

Sanders, W. T., and D. Webster. 1978. "Unilinealism, Multilinealism, and the Evolution of Complex Societies." In *Social Archaeology*, eds. C. L. Redman, et al. New York: Academic Press, pp. 249—302.

Sankalia, H. 1974. *The Prehistory and Protohistory of India and Pakistan*. Pune, India: Deccan College.

———— 1979. "The 'Cemetery H' Culture." In *Ancient Cities of the Indus*, ed. G. L. Possehl. New Delhi: Vikas Publishing House.

Sankalia, H. 1979a. "The Private House at Mohenjodaro." In *South Asian Archaeology 1977*, ed. M. Taddei. Naples: Istituto Universitario Orientale.

———— 1979b. "A Statistical Assessment of House Patterns at Mohenjodaro." *Mesopotamia* 13/14 : 155—99.

Saunders, N. 1989. *People of the Jaguar*. London: Souvenir Press.

Sayce, A. H. 1979. "Remarkable Discoveries in India." In *Ancient Cities of the Indus*, ed. G. L. Possehl. New Delhi: Vikas Publishing House,

Scammell, G. V. 1989. The First Imperial Age. London: Unwin Hyman.

Schacht. R. M. 1987. "Early historic Cultures." In T*he Archaeology of Western Iran*, ed. F. Hole. Washington, DC: Smithsonian Institution Press.

———— 1988. "Circumscription Theory." *American Behavioral Scientist* 31(4) : 438—48.

Schele, L., and D. Freidel. 1990. A *Forest of Kings*. New York: Morrow.

Schele, L., D. Freidel, and J. Parker. *Maya Cosmos*. New York: Morrow.

Schele, L., and M. E. Miller. 1986. T*he Blood of Kings.: Dynasty and Ritual in Maya Art*. Fort Worth: Kimbell Art Museum.

Schortman, E. M. and P. A. Urban. 1994. "Core and Periphery in Southeastern Mesoamerica." *Current Anthropology* 35(4) : 401—30.

Sciffer, M. B. 1982. "Hohokam Chronology: An Eassy on History and Method." In *Hohokam and Patayan Prehistory of Southwestern Arizona*, R. H. McGuire and M. B. Schiffer, eds. New York: Academic Press.

Sciffer, M., and J. Skibo. 1987. "Theory and Experiment in the Study of Technological Change." *Current Anthropology* 28(5) : 595—623.

Schmandt–Besserat, D. 1981. "Decipherment of the Earliest Tablets." *Science* 211 : 283—84.

Schoenwetter, J. 1962. "Pollen Analysis of Eighteen Archaeological Sites in Arizona and New Mexico." In *Prehistory of Eastern Arizona*, eds. P. S. Martin et al. (Fieldian): Anthropology 53 : 168—209.

Schreiber, K. J. 1987. "Conquest and Cinsilidation: A Comparison of the Wari and Inka Occupation of a Highland Peruvian Valley." *American Antiquity* 52(2) : 266—84.

Schwartz, G. M., and S. E. Falconer, eds. 1994. *Archaeological Views from the Countryside: Village Communities in Early Complex Societies*. Washington, DC: Smithsonian Institution Press.

Scott, R. J. 1981. "The Maritime Foundations of Andean Civilization: A Reconsideration." *American Antiquity* 46 : 806—21.

Seidlmayer, S. 1987. "Wirtschaftliche und gesellschaftliche Entwicklung im Übergang vom Alten zum

Mittleren Reich: Ein Beitrag zur Archaologie der Graberfelder der Region Qau-Matmar in der Ersten Zwischenzeit." In *Problems and Priorities in Egyptian Archaeology*, eds. J. Assman, G. Burkhard, and V. Davies. London: Routledge & Kegan Paul.

Sempowski, M. L., and M. W. Spence. 1995. *Mortuary Practices and skeletal Remains at Teotihuacán*, ed. R. Millon. Salt Lake City: University of Utah Press.

Service, E. 1962. *Primitive Social Organization*. New York: Random House.

——— 1975. *Origins of the State and Civilization*. New York: Norton.

Shady, R., and A. Ruiz. 1979. "Evidence for Interregional Relationships During the Middle Horizon on the North-Central Coast of Peru." *American Antiquity* 44 : 670—84.

Shafer, B. E., ed. 1991. *Religion in Ancient Egypt: Gods, Myths, and Personal Practice*. Ithaca, NY: Cornell University Press.

Shaffer, J. G. 1978. *Prehistoric Baluchistan*. Delhi: B. R. Publishers.

——— 1982. "Harappan Culture: A Reconsideration." In *Harappan Civilization*, ed. G. L. Possehl. New Delhi: Oxford and IBH.

——— 1984. "The Indo—Aryan Invastions: Cultural Myth and Archaeological Reality." In *The People of South Asia*, ed. J. R. Lukacs. New York: Plenum Press.

——— 1988. "One Hump or Two: The Impact of the Camel on Harappan Society." In *Orientalia Iosephi Tucci Memoriae Dicata*, eds. G. Gnoli and L. Lanciotti. Rome: IsMEO.

——— 1991. "The Indus Valley, Baluchistan and Helmand Traditions: Neolithic Through Bronze Age." In *Chronologies in Old World Archaeology*, 3rd Ed., ed. R. Ehrich. Chicago: University of Chicago Press.

Shanks, M., and C. Tilley. 1987a. *Re-Constructing Archaeology*. Cambridge, Cambridge University Press.

——— 1987b. *Social Theory and Archaeology*. Oxford: Polity Press.

——— 1989." Archaeology into the 1990' s." *Norwegian Archaeological Review* 22(1) : 1—12.

Shanks, M., et al. 1995. *Interpreting Archaeology: Finding Meaning in the Past*. New York: Routledge.

Sharer, R. 1989. "Olmec Studies: A Status Report." In *Regional Perspectives on the Olmec*, eds. R. Sharer and D. Grove. Cambridge: Cambridge University Press, pp. 3—7

Sharer, R., and D. Grove, eds. 1989. *Regional Perspectives on the Olmec*. Cambridge: Cambridge University Press.

Shaw, I. 1991. *Egyptian Warfare and Weapons*. Aylesbury: Shire.

Sheets, P. D., ed. 1983. *Archaeology and Volcanism in Central America*. Austin: University of Texas Press.

Shennan, S. J. 1987. "Trends in the Study of Later European Prehistory." *Annual Review of Anthropology* 16 : 365—82.

——— 1988. *Quantifying Archaeology*. Edinburgh: Edinburgh University Press.

Siements, A. H., and D. E. Puleston. 1972. "Ridged Fields and Associated Features in Southern Campeche: New Perspectives on the Lowland Maya." *American Antiquity* 37 : 228—39.

Silverman, H. 1988. "Cahuachi: Non-Urban Cultural Complexity on the South Coast of Peru." *Journal of Field Archaeology* 15(4) : 403–30.

Simmons, A. H. 1986. "New Evidence for the Early Use of Cultigens in the american Southwest." *America Antiquity* 51(1) : 73—89.

Simmons, A. H., I. Kohler-Rollefson, G. O. Rollefson, R. Mandel, and Z. Kafafi. 1988. "Ain Ghazal: A Major Neolithic Settlement in Central Jordan." *Science* 240 : 35—39.

Singh, G. 1979. "The Indus Valley Culture." In *Ancient Cities of the Indus*, ed. G. L. Possehl. New Delhi: Vikas Publishing House.

Sisson, E. B. 1970. "Settlement Patterns and Land Use in the Northwester Chontalpa, Tabasco, Mexico: A Progress Report." *Ceramica de culture Maya* 6 : 41—54.

Sjoberg, G. 1960. *The Preindustrial City*. New York: The Free Press.

———— 1965. "The Origin and Evolution of Cities." *Scientific American* 213(3) : 54—63.

Skinner, G. W. 1964. "Marketing and Social Structure in Rural China." *Journal of Asian - Studies* 24 : 3—43.

Smith, B. 1974. "Middle Mississippi Exploration of Animal Populations - A Predictive Model." *American Antiquity* 39 : 274—91.

———— 1985. "The Role of *Chenopodium* as a Domesticate in the Pre - Maize Garden System of the Eastern United States." *Southeastern Archaeology* 4 : 51—72.

———— 1986. "The Archaeology of the Southeastern United States: From Dalton to de Soto, 10,500—500 B.P." *Advances in World Archaeology* 5 : 1—92.

Smith, B. D., ed. 1990. *The Mississippian Emergence*. Washington, DC: Smithsonian Institution Press.

———— 1992. *The Rivers of Change: Essays on Early Agriculture in Eastern North America*. Washington, DC: Smithsonian Institution Press.

Smith, H. S., and D. G. Jeffreys. 1986. "A Survey of Memphis, Egypt." *Antiquity* LX : 88—95.

Smith, M. 1979. "The Aztec Marketing System and Settlement pattern in the Valley of Mexico: A Central Place Analysis." *American Anthropology* 44 : 10—24.

Smith, M. E. 1977. "States Systems of Settlement: Response to Crumley." *American Anthropologist* 79 : 903—6.

Smith, P. E. L., and T. C. Young, Jr. 1972. "The Evolution of Early Agriculture and Culture in Greater Mesopotamia. A Trial Model." In *Population Growth: Anthropological Implications*, ed. B. Spooner. Cambridge, MA: MIT Press.

Soustelle, J. 1961. *Daily Life of the Aztecs*, Trans. P. O' Brian. Stanford: Stanford University Press.

Soylemez, M., and C. S. Lightfoot. 1991. "The Tigris-Euphrates Archaeological Reconnaissance Project Numismatic Notes." In *Recent Turkish Coin Hoards and Numismatic Studies*, ed. C, Lightfoot. Oxford: Oxbow Books.

Spencer, A. J. 1982. *Death in Ancient Egypt*. Harmondsworth: Penguin.

Spielmann, K. A., M. J. Schoeninger, and K. Moore. 1990. "Plais-Pueblo Interdependence and Human Diet at Peco Pueblo, New Mexico." *American Antiquity* 55(4) : 745—65.

Spooner, B., ed. 1972. *Population Growth: Anthropological Implications*. Cambridge, MA: MIT Press.

Spuhler, J. 1985. "Anthropology, Evolution and 'Scientific Creationism.' " *Annual Review of Anthropology* 14 : 103—33.

Stager, L. 1992. "The Periodization of Palestine from Neolothoc to Early Bronze Times." In *Chronologies in Old World Archaeology*, 3d ed., ed. R Ehrich. Chicago: University of Chicago Press.

Stahl, A. 1994. "Innovation, Diffusion, and Culture Contact: The Holocene Archaeology of Ghana." *Journal of World Prehistory* 8(1) : 51—112.

Stark, B., L. Heller, F. W. Nelson, R. Boshop. D. M. Pearsall, D. S. Whitley, and H. Wells.

——— 1985. "El Balsamo Residential Investigation: A Pilot Project and Research Issues." *American Anthropologist* 87(1) : 100—11.

Stein, G. J., and M. J. Blackman. 1993. "The Organizational Context of Specialized Craft Production in Early Mesopotamian States." *Research in Economic Anthropology* 14 : 29—59.

Stein, G. J., and P. Wattenmaker. 1990. "Settlement Trends and the Emergence of Social Complexity in the Leilan Region of the Habur Plains (Syria) From the Fourth to the Third Millennium B. C." In *The Origins of North Mesopotamian Civilization: Ninevite 5 Chronology, Economy, Society*, ed. H. Weiss. New Haven: Yale University Press.

Steponaitis, V. P. 1981. "Settlement Hierarchies and political Complexity in Non-marke Societies: The Formative Period in the Valley of Mexico." *American Anthropologist* 83 : 320—63.

——— 1983. *Ceramics, Chronology, and Community Patterns: An Archaeological Study at Moundville*. New York : Academic Press.

Steward, J. 1936. "The Economic and Social Basis of Primitive Bands." In *Essays in Anthropology in Honor of Alfred Louis Kroeber*. Berkeley: University of California Press.

——— 1949. "Cultural Causality and Law: A Trial Formulation of the Development of Early Civilizations." *American Anthropologist* 51 : 1—27.

Stewart, T. D. 1973. *The People of America*. New York: Scribner' s.

Stoltman, J. B. 1983. "Ancient Proples of the Upper Mississippi River Valley." In *Historic Lifestyles of the Upper Mississippi River Valley*, ed. J. Wozniak. New York: University Press of America.

——— 1986. *Prehistoric Mound Builders of the Mississippi Valley*. Davenport, IA: Putnam Museum.

Storey, R. 1985. "An Estimate of Mortality in a Pre-Columbian Urban Population." *American Anthropologist* 87(3) : 519—35.

——— 1992. *Life and Death in the Ancient City of Teotihuacán*. Birmingham: University of Alabama Press.

Stover, L. E. 1974. *The Cultural Ecology of Chinese Civilization*. New York: Pica Press.

Straus, L. G. 1986. "The End of the Paleolithic in Cantabrian Spain and Gascony." In *The End of the Paleolithic in the Old World*, ed. L. G. Straus. Oxford: B.A.R. International Series 284.

Streuve, V. V. 1969. "The Problem of the Genesis, Development and Disintegration of the Slave Societies in the Ancient Orient," trans. I. Levit. In *Ancient Mesopotamia*, ed. I. M. Diakonov. Moscow: Nauka.

Strudwick, N. 1985. *The Administration of Egypt in the Old Kingdom: The Highest titles and Their Holder*, London: KPI.

Struever, S., and G. L. Houart. 1972. "Analysis of the Hopewell Interaction Sphere." In *Social Exchange and Interaction*. Ann Arbor: University of Michigan, Museum of Anthropology, Anthropological Papers, no. 46.

Struever, S., and K. D. Vickery. 1973. "The Beginnings of Cultivation in the Midwest-Riverine Area of the United States." *American Anthropologist* 75 : 1197—1220.

Tainter, J. A. 1975. "Social Inference and Mortuary Practices: An Experiment in Numerical Classification." *World Archaeology* 7 : 1—15.

——— 1987. *The Collapse of Complex Societies*. Cambridge, England: Cambridge University Press.

Tannahill, R. 1982. *Sex in History*. Briarcliff Manor, NY: Scarborough Books.

Taylor, R. E., and R. Berger. 1980. "The Date of Noah's Ark." *Antiquity* 54 : 35—36.

Teeter, E. 1993. Personal communication.

Teltser, J. A. 1995, ed. *Evolutionary Archaeology: Methodological Issues*. Tucson: University of Arizona Press.

Terrell, J. 1986. *Prehistory in the Pacific Islands*. New York: Cambridge University Press.

Testart, A. 1982. "The Significance of Food Storage among Hunter-gatherers: Residence Patterns, Population Densities, and Social Inequalities." *Current Anthropology* 23(5): 523—37.

Thaper, B. K. 1975. "Kalibangan: A Harappan Metropolis beyond the Indus Valley." *Expedition* 17(2): 19—32.
——— 1993.

Thomas, P. M. 1981. *Prehistoric Maya Settlement Patterns at Becan, Campeche, Mexico*. New Orleans: Middle American Research Institute, Tulane University.

Todorov, T. 1984. *The Conquest of America*. Trans. R. Howard. New York: Harper & Row.

Tolstoy, P. 1981. "Advances in the Basin of Mexico, pt. 1." *The Quarterly Review of Archaeology* 2 : 33—34,36.

Tolstoy, P., and A. Guinette. 1965. "Le Placement de Tlatilco dans le Cadre duPre-Classique de Basin de Mexico." *Journal de la Societe des Americanistes* (Paris) 54:47—91.

Tolstoy, P., and L. Paradis. 1970. "Early and Middle Preclassic Culture in the Basin of Mexico." *Science* 167 : 344—51.

Torrence, R. 1986. *Production and Exchange of Stone Tools: Prehistoric Obsidian in the Aegean*. Cambridge: Cambridge University Press.

Tosi, M. 1972. "The Early Urban Revolution and Settlement Pattern in the Indo-EropeanBorderland." In *The Explanation of Cultural Change: Models in Prehistory*, ed. C. Renfrew. London: Duckworth.
——— 1984. "The Notion of Craft Specialization and Its Representation in the Archaeological Record of Early States in the Turanian Basin." In *Marxist Perspectives in Archaeology*, ed. M. Spriggs. Cambridge: Cambridge University Press.

Toynbee, A., ed. 1973. *Half the World*. New York: Holt.

Triestman, J. 1972. *The Prehistory of China*. Garden City, NY: Natural History Press.

Trigger, B. 1972. "Determinants of Urban Growth in Pre-Industrial Societies." In *Man, Settlement and Urbanism*, eds. P. J. Ucko, R. Tringham, and G. W. Dimbleby. London: Duckworth.
——— 1979. "Egyptology and Anthropology." In *Egyptology and the Social Sciences*, ed. K. Weeks. Cairo: American University in Cairo Press.
——— 1982a. "The Rise of Civilization in Egypt." In *The Cambridge History of Africa*, Vol. 1, ed. J. D. Clark. Cambridge, England: Cambridge University Press.
——— 1982b. "Archaeological Analysis and Theories of Causality." *Culture* 2(2): 31—42.
——— 1983a. "The Rise of Egyptian Civilization." In *Ancient Egypt: A Social History*, eds. B. Trigger, B. J. Kemp, D. O'Connor, and A. B. Lloyd. Cambridge, England: Cambridge University Press.
——— 1983b. "Archaeology at the Cross-roads: What's New?" *Annual Review of Anthropology* 13 : 275—300
——— 1984. "The Mainlines of Socioeconomic Development in dynastic Egypt to the End of the Old Kingdom." In *Origin and Early Development of Food-Producing Cultures in North-Eastern Africa*, eds. L. Krzyzaniak and M. Kobusiewicz. Poznan: Poznan Archaeological Museum.

—— 1985. "The Evolution of Pre-industrial Cities: A Multilinear Perspective." *Melanges offerts Jean Vercoutter*. Paris: Editions Recherce sur les Civilisations.

—— 1989. *History of Archaeological Thought*. Cambridge University Press.

—— 1989. "Comments on Archaeology into the 1990s." *Norwegian Archaeological Review* 22(1): 28—31.

—— 1990. "Monumental Architecture: A Thermodynamic Explanation of Symbolic Behavior." *World Archeology* 22:119—31.

—— 1991. "Distinguished Lecture in Archaeology: Constraint and Freedom." *American Anthropologist* 93(3): 551—69.

—— 1993. *Early Civilizations: Ancient Egypt in Context*. Cairo: American University in Cairo Press.

Trump, D. 1980. *The Prehistory of the Mediterranean*. New Haven: Yale University Press.

Tuck, J. A. 1971. "An Archaic Cemetery at Port au Choix, Newfoundland." *American Antiquity* 36: 343—58.

Turner, B. L. 1974." Prehistoric Intensive Agriculture in the Maya Lowlands." *Science* 185: 118—24.

Turner, B. L., and P. D. Harrison, eds. 1978. *Prehispanic Maya Agriculture*.

—— 1984. *Pulltrouser Swamp: Ancient Maya Habitat, Agriculture, and Settlement in Northern Belize*. Austin: University of Texas Press.

Ucko, P., R. Tringham, and G. Dimbleby, eds. 1972. *Man, Settlement and Urbanism*. London: Duckworth.

Ugent, D., S. Pozorski, and T. Pozorski 1984. "New Evidence for Ancient Cultivation of *Canna edulis* in Peru." *Economic Botany* 38(4): 417—32.

Upham, S. 1988. "Archaeological Visibility and the Underclass of Southwestern Prehistory." *American Antiquity* 53(2): 245—61.

—— 1994. "Nomads of the Desert West: A Shifting Continuum in Prehistory." *Journal of World Prehistory* 8(2): 113—68.

Upham, S., K. G. Lightfoot, and G. M. Feinman. 1981. "Explaining Socially Determined Ceramic Distributions in the Prehistoric Southwest." *American Antiquity* 46: 822—36.

Uphill, E. P. 1988. *Egyptian Towns and Cities*. Aylesbury, England: Shire.

Urban, P. A., and E. M. Schortman, eds. 1986, *The Southeast Maya Periphery*. Austin: University of Texas Press.

Utah Museum of Natural history. 1995. *Treading in the Past: Sandals of the Anasazi*. Salt Lake City: University of Utah Press.

Valentin, B. 1989. "Nature et Fonctions des Foyers de' Habitation No. 1á Pincevent." *Nature et Fonction des Foyers Pr historiques*. Actes du Colloque de Nemours 1987. Mémoires du Musée de Préhistoire de I' Ile de France 2: 209—19.

Van den Brink, E., ed. 1988. *The Archaeology of the Nile Delta: Problems and Priorities*. Amsterdam: Amsterdam Foundation for Archaeological Research in Egypt.

Van Lohnizen-de Leeuw, J. E., and J. M. M. Ubagns, eds. 1974. *South Asian Archaeology*. Leiden, Netherlands: Brill.

Vescelius, G. 1981. "Early and/or Not-so-Early Man in Peru: Guitarrero Cave Revisited." *Quarterly Review of Archaeology* 2: 8—13.

Vinogradov, I. V. 1982. "The Predynastic Period and the Early and Old Kingdoms in Egypt." In *Early Antiquity*, ed. I. M. Diakonoff, Chicago: University of Chicago Press.

Vishnu–Mittre. 1977. "Discussion on Local and Introduced Crops." In *The Early History of Agriculture: A Joint Symposium of the Royal Society and the British Academy,* organized by J. Hutchinson. London: Oxford University Press.

Vivian, G. 1990. *The Chacoan Prehistory of the San Juan Basin.*

Vogel, J. C., and N. J. Van Der Merwe. 1977. "Isotopic Evidence for Early Maize Cultivation in New York State." *American Antiquity* 42 : —42.

Von der Way, T. 1987. "Tell el–Fara' in–Buto, 2 Bericht mit einem Beitrag von Klaus Schmidt zu den lithischen Kleinfunden." *Mitteilungen des Deutschen Archaeologischen Instituts Abteilung Kairo* 3 : 241—50.

———. 1988. "Investigations Concerning the Early Periods in the Northern Delta of Egypt." In *The Archaeology of the Nile Delta: Problems and Priorities,* ed. E. C. M. van den Brink. Amsterdam: Netherlands Foundation for Archaeological Research in Egypt.

———. 1992. "Indications of Architecthre with Niches at Buto." In *The Followers of Horus: Studies Dedicated to Michael Allen Hoffman,* eds. R. Friedman and B. Adams. Oxford: Oxbow.

Von Hagen, V. W. 1952. "America's Oldest Roads." *Scientific American* 187 : 17—21.

———. 1965. *The Desert Kingdoms of Peru.* London: Weidenfeld and Nicolson.

Waldrop, M. M. 1992. *Complexity. Touchstone,* New York: Touchstone,

Wallerstein, I. 1974. *The Modern World System.* New York: Academic Press.

Washburn, D. R. 1975. "The American Southwest." In *North America,* eds. S. Gorenstein et al. New York: St. Martin's Press.

Watson, P. J. 1974. *Archaeology of the Mammoth Cave Area.* New York: Academic Press.

Watson, R. A. 1990. "Ozymandias, King of Kings: Postprocessual Radical Archaeology as Critique." *American Antiquity* 55(4) : 673—89.

Watson, W. 1960. *Archaeology in China.* London: Parrish

———. 1971. *Cultural Frontiers in Ancient East Asia.* Edinburgh: Edinburgh University Press.

———. 1974. *Ancient China.* Greenwich, CT: New York Graphic Society.

Wattanmaker, P. 1990. "On the Uruk Expansion." *Current Anthropology* 31 : 67—68.

Wattanmaker, P., and G. Stein. 1989. "Leilan 1987 Survey: Uruk Summary." In "Out of the Heartland: The Evolution of Complexity in Peripheral Mesopotamia during the Uruk Period, Workshop Summary," ed. M. Rothman. Paléorient 15 : 273.

Weaver, M. P. 1991. *The Aztecs, Maya, and Their Predecessors,* 3d ed. New York: Academic Press.

Webb, M. 1975. "The Flag Follows Trade: An Essay on the Necessary Integration of Military and Commercial Factors in State Formation." In *Ancient Civilization and Trade,* eds. J. Sabloff and C. C. Lamberg–Karlovsky. Albuquerque: University f New Mexico Press.

Webster, D. 1975. "Warfare and the Evolution of the State: A Reconsideration" *American Antiquity* 40 : 471—75.

———. 1988. "Copan as a Classic Maya Center." In *The Southeast Classic Maya Zone,* eds. E. Boone and G. Willey. Washington, DC: Dumbarton Oaks.

———. 1992. "Maya Elites: The Perspetive from Copan." In *Mesoamerican Elites,* eds. D. Chase and A. Chase.

Norman: University of Oklahoma Press.

Webster, D., and N. Gonlin. 1988. "Household Remains of the Humblest Maya." *Journal of Field Archaeology* 15(2):169—90.

Weisler M. 1990. "Sources and Sourcing of Volcanic Glass in Hawaii: Implications for Exchange Studies." *Archaeology in Oceania* 25;16—23.

Weiss, H. 1977. "Periodization, Populationm and Early State Formation in Khuzestan." In *Mountains and Lowlands: Essays in the Archaeology of Greater Mesopotamia*, eds. L. D. Levine and T. C. Young, Jr. Malibu: Undena.

Weiss, H., ed. 1986. *The Origins of Cities in Dry-farming Syria and Mesopotamia in the Third Millennium* B.C. Guildford, CT: Four Quarters Publishers.

Weiss, R. M. 1976. "Demographic Theory and Anthropological Inference." *Annual Review of Anthropology* 5: 351—81.

Weissleder, W. 1978. *The Nomadic Alternative: Models and Models of Interaction in the African-Asian Deserts and Steppes*. The Hague: Mouton.

Wernick, R., and the Editors of Time-Life. 1973. *The Monument Builders*. Alexandria, VA: Time-Life.

Wendorf, F. 1968. *The Prehistory of Nubia*. 2 vols. and atlas. Dallas : Fort Bergwin Research Center and Southern Methodist University Press.

——— 1976. "The Use of Ground Grain during the Late Paleolithic of the Lower Nile Valley, Egypt." In *Origins of African Plant Domestication*, eds, J. R. Harlan et al. The Hague: Mouton.

Wendorf, F., R. Said, and R. Schild. 1970. "Egyptian Prehistory: Some New Concepts." *Science* 169 : 1161.

Wendorf, F., and R. Schild. 1975. "The Paleolithic of the Lower Nile Valley." In *problems in Prehistory: North Africa and the Levant*, eds. F. Wendorf and A. Marks. Dallas: Southern Methodist University Press.

——— 1980. *Prehistory of the Eastern Sahara*. New York: Academic Press.

——— 1980. *Loaves and Fishes: The Prehistory of Wadi Kubbaniyya*, ed. A. E. Close. New Delhi: Pauls Press.

——— 1984. *Cattle-Keepers of the Eastern Sahara. The Neolithic of Bir Kiseiba*. New Delhi: Pauls Press.

——— 1989. *The Prehistory of Wadi Kubbaniyya*, Vols. 2 and 3. Dallas: Southern Methodist University Press.

Wenke, R. J. 1975—76. "Imperial Investments and Agricultural Developments in Parthian and Sasanian Khuzestan: 150 B.C. to A.D. 640." *Mesopotamia* 10—11 : 31—217.

——— 1981. "Explaining the Evolution of Cultural Complexity: A Review." In *Advances in Archaeological Method and Theory*, Vol. 4. ed. M. B. Schiffer. New York: Academic Press.

——— 1986. "Old Kingdom Community Organization in the Western Egyptian Delta." *Norwegian Archaeological Review* 19(1) : 15—33.

——— 1987." Western Iran in the Partho-Sasanian Period: The Imperial Transformation." In *The Archaeology of Western Iran*, ed. F. Hole. Washington, DC: Smithsonian Institution Press.

——— 1989a. "Egypt, Origins of Complex Societies." *Annual Review of Anthropology* 18 : 129—55.

——— 1989b. "Comments on Archaeology into the 1990s." *Norwegian Archaeological Review* 22(1):31—33

——— 1991. "The Evolution of Early Egyptian Civilization: Issues and Evidence." *Journal of World Prehistory* 5(3):279—329.

Wenke, R. J. and D. J. Brewer. 1996. "The Archaic-Old Kingdom Delta: The Evidence from Mendes and

Kom el-Hisn." In *House and Palace in Egypt*, ed. M. Bietak. Vienna: Austrian Archaeological Institute.

Wenke, R., J. Long, and P. Buck. 1988. "Epipaleolithic and Neolithic Settlement in the Fayyum Oasis of Egypt." *Journal of Field Archaeology* 15(1): 29—51.

Wenke, R. J., R. Redding, P. Buck, H. A. Hamroush, M. Kobusiewicz, and K. Kroeper. 1988. "Kom el-Hisn: Excavations of an Old Kingdom West Delta Community." *Journal of the American Research Center in Egypt* xxv:5—34.

Whalen, M. 1974. "Community Development and Integration During the Formative Period in the Valley of Oaxaca, Mexico." Paper read at the Annual Meeting of the American Anthropological Association, Mexico City.

—— 1976. "Zoning Within an Early Formative Community in the Valley of Ozxaca." In *The Early Mesoamerican Valley*, ed. K. V. Flannery. New York: Academic Press.

—— 1981. "Cultural-Ecological Aspects of the Pithouse-to-Pueblo Transition in a Portion of the Southwest." *American Antiquity* 46:75—91.

—— 1981. *Excavations at Santo Domingo Temaltepec: Evolution of A formative Community in the Valley of Ozxaca, Mexico*. Ann Arbor: Museum of Anthropology, University of Michigan, no. 12.

Wheatley, P. 1971. *The Pivot of the Four Quarters*. Chicago: Aldine de Gruyter.

—— 1972. "The Concept of Urbanism." In *Man, Settlement and Urbanism*, eds. P. J. Ucko, R. Tringham, and G. W. Dimbleby. London: Duckworth.

Wheeler, Sir M. 1966. *Civilizations of the Indus Valley and Beyond*. New York: McGraw-Hill.

—— 1968. *The Indus Civilization*, 3rd ed. Supplementary volume to The Cambridge History of India. Cambridge: Cambridge University Press.

—— 1979. "Harappan Chronology and the Rig Veda." In *Ancient Cities of the Indus*, ed. G. L. Possehl. New Delhi: Vikas Publishing House.

Wheeler, R. E. M. 1950. *Five Thousand Years of Pakistan*. London: Oxford University Press.

White, L. 1949. *The Science of Culture*. New York: Grove Press.

Whittle, A. 1987. "Neolithic Settlement Patterns in Temperate Europe." *Journal of World Prehistory* 1(1):5—52.

Wilcox, V. L. and D. R. Scarvorough, eds. 1993. The *Mesoamerican Ballgame*. Tucson; University of Arizona Press.

Wilk, R. R., and W. ashmore, eds. 1987. House and Household in the *Mesoamerican Antiquity* 62(237):703—07.

Wilkinson, T. J. 1990a. *Town and Country in Early Southeastern Anatolia*. Vol. 1: *Settlement and Land Use in the Lower Karababa Basin*. Oriental Institute Publications 109. Chicago: Oriental Institute.

—— 1990b. "The Development of Settlement in the North Jazira Region between the Seventh and First Millennia B.C." *Iraq* 52: 49—62.

Willcox, G. H. 1992. "Timber and Trees." *Bulletin on Sumerian Agriculture* 6: 1—31.

Willey, G, R. 1962. "The Early Great Art Styles and the Rise of Pre-Columbian Civilizations." American Anthropologist 64: 1—14.

—— 1966. An *Introduction to American Archaeology, Vol. 1: North and Middle America*. Englewood Cliffs, NJ: Prentice-Hall.

—— 1971. *South America*. Vol.2, An Introduction to American Archaeology. Englewood Cliffs, NJ:

Prentice–Hall.

Wills, W. H., and R. D. Leonard, eds. 1995. *The Ancient Southwestern Community: Models and Methods for the Study of Prehistoric Social Organization. Albuquerque:* University of New Mexico Press.

Wilson, D. J. 1981. "Of Maize and Men: A Critique of the Maritime Hypothesis of State Origins on the Coast of Peru." *American Anthropologist* 83 : 93—114.

——— 1983. "The Origins and Development of Complex Prehispanic Society in the Lower Santa Valley, Peru: Implications for theories of State Origins." *Journal of Anthropological Archaeology* 2 : 209—76.

Wilson, H. n.d. *Egyptian Food and Drink.* Princes Risborough, England.

Wilson, J. A. 1946. "Egypt: The Nature of the Universe." In *Before Philosophy,* eds. H. A. Frankfort et al. Baltimore: Penguin.

——— 1951. *The Culture of Ancient Egypt.* Chicago: University of Chicago Press.

——— 1960. "Civilizations Without Cities." In *City Invincible,* eds. C. H. Kraeling and R. McC. Adams. Chicago: University of Chicago Press.

Wing, E. S. 1977. "Animal Domestication in the Andes." In *Origins of Agriculture,* ed. C. A. Reed. The Hague: Mouton Publishers.

Winter, M. 1972. "Tierras Largas: A Formative Community in the Valley of Oaxaca, Mexico." Doctoral thesis, University of Arizona.

——— 1976. "The Archaeological Household Cluster in the Valley of Oaxaca, Mexico." In *The Early Mesoamerican Village,* ed. K. V. Flannery. New York: Academic Press.

Wittfogel, K. A. 1957. *Oriental Despotism: A Comparative Study of Total Power.* New Haven: Yale University Press.

Wolf, E. R. 1959. *Sons of the Shaking Earth.* Chicago: University of Chicago Press.

——— 1966. *Peasants.* Englewood Cliffs, NJ: Prentice–Hall.

Wolf, E., ed. 1976. *The Valley of Mexico.* Albuquerque: University of New Mexico Press.

Wolpert, S. A. 1977. *A New History of India.* London: Oxford University Press.

Wolkstein, D., and S. N. Kramer. 1983. *Inanna, Queen of Heaven and Earth.* New York: Harper & Row.

Woodburn, J. 1982. "Egalitarian Societies." *Man* (NS) 17 : 432—51.

Woodbury, R. B.1961." A Reappraisal on the Hohokam Irrigation." *American Anthropologist* 63(3) : 550—60.

Woolley, Sir L. 1965. *Excavation at Ur.* New York: Crowell.

Woosley, A. I., and J. C. Ravesloot, ed. 1995. *Culture and Contact:* Charles C. DiPeso's *Gran Chichimeca.* Albuquerque: University of New Mexico Press.

Wright, H. T. 1969. *The Administration of Rural Production in an Early Mesopotamian Town.* Ann Arbor: Museum of Anthropology, Anthropological Papers, University of Michigan, n. 38.

——— 1977. "Recent Research on the Origin of the State." *Annual Review of Anthropology* 6 : 379—98.

——— 1986. "The Evolution of Civilizations." In *American Archaeology. Past and Future,* eds. D. Meltzer, D. Fowler, and J. Sabloff. Washington, DC: Smithsonian Institution Press.

——— 1987. "The Susiana Hinterlands During the Era of Primary State Formaton." In *The Archaeology of Western Iran,* ed. F. Hole Washongton, DC: Smithsonian Institution Press.

Wright, H., and G. A, Johnson. 1975. "Population, Exchange, and Early State Formation in Southwestern

Iran." *American Anthropologist* 77 : 267—89.

Wright, H. T., and S. Pollock. 1985. "Regional Socio-economic Organization in Southern Mesopotamia: The Middle and Late Fifth Milliennium B.C." In *La Mesopotamie: Preet Protohistorie*, ed. J.—L. Huot. Paris: C.N.R.S.

Wright, R. P. 1989. "The Indus Valley and Mesopotamian Civilizations: A Comparative View of Ceramic Technology." In *Old Problems and New Perspecrives in the Archaeology of South Asia*, ed. J. M. Kenoyer. Madison: Wisconsin Archaeological Report, Vol. 2.

Wu, Z. 1985. "The Museum of Qin Shi Huang." *Museum* 147 : 140—47.

Yarnell, R. A. 1965. "Early Woodland Plant Remains and the Question of Cultivation." *The Florida Archaeologist* 18:78—81.

Yasin, W. 1970. "Excavation at Tell Es-Sawwan, 1969 (6th Season)." *Sumer* 26 : 4—11.

Yellen, J. E. 1976. "Settlement Patterns of the !Kung: An Archaeological Perspective." In *Kalahari Hunter-Gatherers: Studies of the !Kung San and Their Neighbors*, eds. R. Lee and I. DeVore. Cambridge, MA: Harvard University Press.

Yener, A. K. H. Ozbal, A, Minzoni-Deroche, and B. Alsoy. 1989. "Bokardag: Archaeo-metallurgy Surveys in the Taurus Mountains, Turkey." *National Geographic Research* 5 : 477—94.

Yener, A. K., E. V. Sayre, E. C. Joel, H. Ozbal, et al. 1991. "Stable Lead Isotope Studies of Central Taurus Ore Sources and Related Artifacts From Eastern Mediterranean Chalcolithic and Bronze Age Sites." *Journal of Archaeological Science* 18 : 541—77.

Yerkes, R. W. 1988. "The Woodland and Mississippian Traditions in the Prehistory of Midwestern North America." *Journal of World Prehistory* 2(3) : 307—58.

Yoffee, N. 1979. "The Decline and Rise of Mesopotamian Civilization: An Ethnoarchae-ological Perspective on the Evolution of Social Complexity." *American Antiquity* 44 : 5—35.

——— 1988. "The Collapse of Ancient Mesopotamian States and Civilization." In *The Collapse of Ancient States and Civilization*, eds. N. Yoffee and G. L. Cowgill. Tucson: University of Arizona Press,

Yoffee, N., and G. Cowgill, eds. 1988. *The Collapse of Ancient States and Empires*. Tucson: University of Arizona Press.

Yoffee, N., and A. Sherratt, eds. 1993. *Archaeological Theory: Who Sets the Agenda?* Cambridge: Cambridge University Press.

Young, C. T., Jr. 1972. "Population Densities and Early Mesopotamian Origins." In *Man, Settlement and Urbanism*, eds. P. J. Ucko, R. Tringham, and G. W. Dimbleby. London: Duckworth.

Young, C. T., Jr., P. E. L. Smith, and P. Mortensen, eds. 1983. *The Hilly Flanks and Beyond: Essays on the Prehistory of Southwestern Asia*. Chicago: Studies in Ancient Oriental Civilization, No. 36, University of Chicago.

Younger, K. L. 1990. *Ancient Conquest Accounts: A Study in Ancient Near Eastern and Biblical History Writing.* JSOP Supp 98, JSOT Press.

Yule, P. 1982. Lothal. Munich: C. H. Beck.

Zagarell, A. 1986. "Trade, Women, Class, and Society in Ancient Western Asia." *Current Anthropology* 27(5) : 415—30.

Zide, A. R. K. 1979. "A Brief Survey of Work to Date on the Indus Script." In *Ancient Cities of the Indus*, ed. G.

L. Possehl. New Delhi : Vikas Publishing.

Zvelebil, M., ed. 1986. *Hunters in Transition*. Cambridge, England: Cambridge University Press.

Zvelebil, M., and P. Rowley-Conwy. 1984. "Transition to Farming in Northern Europe: A Hunter-Gatherer Perspective." *Norwegian Archaeological Review* 17:104—28

Zvelebil, M., and P. Dolukhanov. 1991. "Transition to Farming in eastern and Northern Europe." *Journal of World Prehistory* 5(3) : 233—278.

선사문화의 패턴 II

고대 문명의 기원과 발전

초판 인쇄일 | 2004년 2월 11일
초판 발행일 | 2004년 2월 16일

저 자 | 로버트 웬키
역 자 | 김 승 옥

발행인 | 김 선 경
발행처 | **서 경**
　서울특별시 종로구 동숭동 199 – 15(105호)
　TEL : 743 – 8203
　FAX : 743 – 8210
　E—mail : sk8203@chollian.net

등록번호 1– 1664호

값 19,000원
ISBN 89 – 86931 – 62 – 1(93900)

＊잘못된 책은 교환해 드립니다.